JAN. 2019

L'ASSASSINAT DE JFK

AFFAIRE CLASSÉE

Infographie : Chantal Landry
Révision : Karine Picard
Correction : Anne-Marie Théorêt

Catalogage avant publication de Bibliothèque et Archives
nationales du Québec et Bibliothèque et Archives Canada

Waldron, Lamar, 1954-

[Hidden history of the JFK assassination. Français]

L'assassinat de JFK : affaire classée : les preuves irréfutables enfin dévoilées

Traduction de : *The hidden history of the JFK assassination.*
Comprend des références bibliographiques et un index.

ISBN 978-2-7619-3176-2

1. Kennedy, John F. (John Fitzgerald), 1917-1963 -
Assassinat. 2. Conspiration - États-Unis - Histoire -
20e siècle. 3. Mafia - États-Unis. I. Titre.
II. Titre : Hidden history of the JFK assassination. Français.

E842.9.W3414 2014   973.922092   C2014-940995-8

08-14

Dépôt légal : 2014
Bibliothèque et Archives nationales du Québec

ISBN 978-2-7619-3176-2

DISTRIBUTEURS EXCLUSIFS :

Pour le Canada et les États-Unis :
MESSAGERIES ADP*
2315, rue de la Province
Longueuil, Québec J4G 1G4
Téléphone : 450-640-1237
Télécopieur : 450-674-6237
Internet : www.messageries-adp.com
* filiale du Groupe Sogides inc.,
   filiale de Québecor Média inc.

Pour la France et les autres pays :
INTERFORUM editis
Immeuble Paryseine, 3, allée de la Seine
94854 Ivry CEDEX
Téléphone : 33 (0) 1 49 59 11 56/91
Télécopieur : 33 (0) 1 49 59 11 33
Service commandes France Métropolitaine
Téléphone : 33 (0) 2 38 32 71 00
Télécopieur : 33 (0) 2 38 32 71 28
Internet : www.interforum.fr
Service commandes Export – DOM-TOM
Télécopieur : 33 (0) 2 38 32 78 86
Internet : www.interforum.fr
Courriel : cdes-export@interforum.fr

Pour la Suisse :
INTERFORUM editis SUISSE
Case postale 69 – CH 1701 Fribourg – Suisse
Téléphone : 41 (0) 26 460 80 60
Télécopieur : 41 (0) 26 460 80 68
Internet : www.interforumsuisse.ch
Courriel : office@interforumsuisse.ch
Distributeur : OLF S.A.
ZI. 3, Corminboeuf
Case postale 1061 – CH 1701 Fribourg – Suisse
Commandes :
Téléphone : 41 (0) 26 467 53 33
Télécopieur : 41 (0) 26 467 54 66
Internet : www.olf.ch
Courriel : information@olf.ch

Pour la Belgique et le Luxembourg :
INTERFORUM BENELUX S.A.
Fond Jean-Pâques, 6
B-1348 Louvain-La-Neuve
Téléphone : 32 (0) 10 42 03 20
Télécopieur : 32 (0) 10 41 20 24
Internet : www.interforum.be
Courriel : info@interforum.be

Gouvernement du Québec – Programme de crédit
d'impôt pour l'édition de livres – Gestion SODEC –
www.sodec.gouv.qc.ca

L'Éditeur bénéficie du soutien de la Société de
développement des entreprises culturelles du
Québec pour son programme d'édition.

 Conseil des Arts   Canada Council
du Canada   for the Arts

Nous remercions le Conseil des Arts du Canada de
l'aide accordée à notre programme de publication.

Nous reconnaissons l'aide financière du gouvernement du Canada par l'entremise du Fonds du livre
du Canada pour nos activités d'édition.

LAMAR WALDRON

L'ASSASSINAT DE JFK

AFFAIRE CLASSÉE

LES PREUVES
IRRÉFUTABLES
ENFIN DÉVOILÉES

Traduit de l'anglais (États-Unis)
par Henri-Charles Brenner

LES ÉDITIONS DE
L'HOMME
Une société de Québecor Média

À Abraham Bolden, le premier agent noir des services secrets américains à être affecté à la présidence. Choisi par JFK lui-même, Bolden fut piégé par la Mafia il y a plus de cinquante ans et lutte encore aujourd'hui pour blanchir son nom.

AVANT-PROPOS

Cinquante années se sont écoulées depuis le meurtre du président John F. Kennedy. Or, bien que des millions de mots aient été écrits sur cette affaire, *L'assassinat de JFK : affaire classée* se propose de mettre en place, pour la première fois de l'histoire, les derniers morceaux du casse-tête. Des centaines d'ouvrages traitant de l'assassinat du président Kennedy ont été publiés au cours des cinq dernières décennies, et pourtant moins d'une vingtaine d'entre eux ont pris en compte la véritable marée de nouvelles preuves et informations qui ont émergé au cours des récentes années. La majorité de ces nouvelles révélations proviennent des 4,5 millions de pages, issues des dossiers de l'assassinat de JFK, qui furent rendues publiques dans les années 1990 dès l'entrée en vigueur du JFK Records Act, loi spéciale qui fut adoptée en 1992.

Plus rares encore sont les livres qui ont su présenter cette information avec clarté et concision, afin de la rendre accessible aux lecteurs et lectrices qui ne connaissent pas la terminologie complexe et cabalistique liée aux recherches sur l'assassinat de JFK. Les quelques ouvrages qui se basaient sur une documentation crédible et exhaustive avaient le défaut de s'étirer en longueur. J'en sais quelque chose, puisque mes deux premiers livres sur l'assassinat de JFK, *Ultimate Sacrifice* et *Legacy of Secrecy*, comptaient chacun plus de neuf cents pages et arboraient un total combiné de près de quatre mille notes de référence – le genre de brique rébarbative que le lecteur moyen a bien du mal à digérer !

De nouvelles révélations concernant l'affaire continuent d'émerger avec régularité, certaines provenant de dossiers gouvernementaux ayant été rendus publics, et d'autres de témoignages d'individus qui ont participé à des opérations dont les dossiers sont tenus jusqu'ici sous le sceau du secret. Par conséquent, des précisions et mises à jour sont parfois nécessaires. Ainsi, dans la première édition de mon livre *Legacy of Secrecy*, je levais le voile sur une opération secrète du FBI, l'opération CAMTEX, qui fut menée en 1985 et 1986 – c'est dans le cadre de cette opération, plus précisément le 15 décembre 1985, que le parrain de la Mafia Carlos Marcello avoua avoir ordonné le meurtre de JFK. La première édition de *Legacy of Secrecy* fut publiée en 2008. Or, déjà l'année suivante, j'avais de nouvelles informations à ajouter à ce sujet dans l'édition de poche – j'y révélais notamment l'identité du principal informateur du FBI dans l'opération CAMTEX : son nom était Jack Van Laningham.

Les renseignements divulgués dans *Legacy of Secrecy* étaient tirés pour l'essentiel de dossiers non censurés du FBI que j'avais obtenus par l'entremise de personnes qui travaillaient au sein du gouvernement américain et qui avaient participé d'une manière ou d'une autre à CAMTEX. Depuis la parution de ce livre, j'ai eu la chance de m'entretenir avec Van Laningham et de l'interviewer des dizaines de fois. Ses observations ont clarifié certains aspects du meurtre de JFK que les dossiers officiels ne permettaient pas d'élucider, particulièrement en ce qui avait trait à l'implication de Marcello – ainsi qu'à celle de Lee Oswald et de Jack Ruby – dans l'affaire. Van Laningham était une source fiable du fait qu'il avait été le compagnon de cellule et confident de Marcello en 1985 et 1986. Néanmoins, j'ai jugé bon de confirmer ses dires par l'intermédiaire de sources indépendantes. Bon nombre d'entre elles ont corroboré ses affirmations.

En plus d'étayer les faits les plus importants que l'on connaît déjà sur l'affaire, ces nouvelles données permettent enfin de jeter un regard définitif sur le mystère qui entoure l'assassinat de JFK.

Carlos Marcello, Jack Van Laningham et le meurtre de JFK seront les principaux sujets de *Legacy of Secrecy*, un film produit par et mettant en vedette Leonardo DiCaprio, avec Robert De Niro dans le rôle de Marcello. La version cinématographique ne peut bien sûr raconter qu'une portion des faits ; le livre offre un compte rendu beaucoup plus détaillé de l'affaire et fournit par ailleurs toutes les sources et références sur lesquelles je me suis appuyé.

La crédibilité est un aspect à considérer quand vient le temps de jauger la validité de l'information et des ouvrages relatifs à l'assassinat de JFK. Si mes livres ont bénéficié d'une couverture médiatique plus importante que la plupart des autres ouvrages sur le sujet, c'est que j'ai toujours pris soin de présenter des informations rigoureusement documentées provenant de sources crédibles, et que j'ai l'habitude de consulter ensuite d'autres sources indépendantes pour corroborer ou infirmer ces informations. J'ai fait plusieurs apparitions sur la chaîne de nouvelles CNN, de même que dans des documentaires télé portant sur mes enquêtes qui étaient produits pour le canal Discovery par une division de NBC News, ainsi que par la télévision publique allemande. Ces organisations ont été en mesure de vérifier l'authenticité des dossiers gouvernementaux rendus accessibles au public et d'interviewer certaines de mes sources-clés. Aux États-Unis comme à l'étranger, on a fait état de mon travail dans des centaines de journaux, magazines, émissions de radio et de télévision. Dans les années 1990, j'ai aidé le Conseil de révision des dossiers reliés à l'assassinat de John F. Kennedy (JFK Assassination Records Review Board) à cibler les dossiers importants qui auraient dû être remis au Conseil ainsi que la loi l'exigeait, ce que certaines agences gouvernementales avaient omis de faire.

Les révélations les plus importantes que vous trouverez ici proviennent pour la plupart d'une vingtaine d'associés ayant travaillé en étroite collaboration avec John et Robert Kennedy. Ces individus ont été interviewés par moi et par mon collaborateur des premiers jours, le commentateur télé Thom Hartmann. Une fois ces gens interviewés, j'ai trouvé les dossiers qui étaient susceptibles d'authentifier leurs témoignages et fait en sorte qu'ils soient rendus publics. J'ai par ailleurs été aidé dans mes recherches par certains des meilleurs auteurs, historiens et ex-enquêteurs gouvernementaux qui se soient penchés sur l'assassinat de JFK; plusieurs d'entre eux sont cités dans ce livre, et j'ai pris soin de les mentionner tous à la section « Remerciements ».

Au cours des vingt-cinq dernières années, j'ai effectué des recherches exhaustives en me basant sur les travaux de ces spécialistes ainsi que sur les constatations des cinq comités d'enquête gouvernementaux qui sont venus à la suite de la commission Warren. J'ai passé le plus clair de ce temps à travailler sur l'affaire. *L'assassinat de JFK : affaire classée* représente, en condensé, le point culminant de mes recherches.

À la demande de mes lecteurs et lectrices, j'ai doté le présent ouvrage d'une bibliographie annotée, afin qu'ils et elles puissent aisément se référer aux livres, articles et documents sur lesquels je me suis appuyé. La bibliographie propose aussi des livres traitant de certains aspects bien documentés de l'assassinat de JFK, de même que des sites Internet où l'on trouve des collections importantes de documents originaux reliés à l'incident. Cette façon de faire représente une nette amélioration par rapport à mes livres précédents, où l'information bibliographique était disséminée à travers des milliers de notes de référence situées à la fin de l'ouvrage. Bien que *L'assassinat de JFK : affaire classée* ait fait l'objet d'une documentation aussi exhaustive que mes livres précédents, j'ai décidé d'omettre la section des notes finales, principalement parce qu'il est maintenant plus pratique et facile de simplement lancer une recherche sur Google à partir d'une citation pour en trouver la source. Et comme je voulais écrire un livre moins volumineux que ses prédécesseurs, je me suis concentré uniquement sur les personnages les plus importants de l'histoire – je citais dans mes ouvrages précédents des centaines de noms de fonctionnaires et représentants gouvernementaux, de témoins, de participants, de journalistes et de sources diverses ; j'en citais parfois plusieurs dizaines dans un même chapitre ! Ceux d'entre vous qui désireront obtenir davantage d'information à propos d'un des protagonistes ou sujets dont il est question dans ce livre pourront se référer aux éditions de poche révisées et mises à jour d'*Ultimate Sacrifice* (2006) et de *Legacy of Secrecy* (2009), ou à l'édition 2013 de *Watergate : The Hidden History*, dans lequel je consacre près de deux cents pages à l'assassinat de JFK.

Lorsque j'ai amorcé mes recherches en 1988, j'ai abordé l'affaire sans idées préconçues et sans tirer de conclusions hâtives, en regardant simplement les preuves amassées contre les individus et organisations que certains considéraient comme suspects. Je me suis concentré d'entrée de jeu sur des sources, des renseignements et de la documentation crédibles, confirmés par une corroboration indépendante qui n'a pas été démentie depuis. Cela m'a permis de découvrir des faits qui n'avaient jamais été exposés auparavant, puis de dresser un portrait cohérent de ce qui était réellement arrivé au président Kennedy. Le résultat final de ces recherches, vous l'avez entre les mains.

Depuis 1966, des dizaines d'ouvrages richement documentés, issus d'une recherche rigoureuse, ont discrédité les conclusions et le processus même de la commission Warren, en se basant bien souvent sur les preuves qui furent déposées durant les audiences ainsi que sur des renseignements qui n'avaient pas été divulgués.

J'ai dressé la liste des meilleurs d'entre eux dans la bibliographie annotée. Parmi les plus récents, on trouve *Breach of Trust* (2005) de Gerald D. McKnight, un historien respecté, et *A Cruel and Shocking Act*, un livre sur la commission Warren publié en 2013 par un vétéran du *New York Times*, le journaliste Philip Shenon. Au chapitre 2 du présent ouvrage, certaines des erreurs les plus grossières de la commission Warren seront mises au jour. Notez cependant que ce n'est pas le sujet principal de ce livre: *L'assassinat de JFK: affaire classée* se concentre essentiellement sur les événements qui ont mené au meurtre de John F. Kennedy, le but étant ici de relater ces événements de manière aussi simple et concise que possible.

Nous commencerons d'abord par donner un bref aperçu des preuves écrasantes – et fort nombreuses – qui laissaient entendre que le meurtre de JFK découlait d'un complot. Nous ferons ensuite état de la conclusion tirée par la commission Warren en 1964 (conclusion que de nombreux auteurs tels Bill O'Reilly, Vincent Bugliosi, Gerald Posner et Stephen King ont embrassée) et démontrerons en quoi elle est erronée. Nous présenterons également des faits nouveaux et solidement documentés qui permettront au lecteur de voir l'assassin présumé du président Kennedy, Lee Oswald, sous un tout autre jour.

Après avoir révélé de nouvelles informations au sujet de l'opération CAMTEX et de Carlos Marcello, nous ferons le récit chronologique de l'ascension de Marcello dans le monde interlope. Nous expliquerons pourquoi celui-ci fut ciblé plus spécifiquement par John et Robert Kennedy, et comment ses associés criminels et lui en sont arrivés à être impliqués, à l'insu des Kennedy, dans les opérations de la CIA contre Fidel Castro.

L'assassinat de JFK: affaire classée dévoilera également, dans une démonstration point par point, que JFK a été assassiné d'une manière qui a obligé plusieurs hauts dirigeants du gouvernement américain, dont le procureur général Robert Kennedy, à cacher au public, à la presse et à la commission Warren des informations absolument cruciales, cela afin d'éviter, un an à peine après la crise des missiles de Cuba, une confrontation potentiellement désastreuse avec l'Union soviétique. De plus, nous révélerons l'identité des trois agents de la CIA qui furent impliqués dans le meurtre de JFK – deux d'entre eux ont avoué la chose juste avant de mourir. Ce livre renferme aussi de nouveaux renseignements fournis par Carlos Marcello au sujet de Lee Oswald, de Jack Ruby et des tueurs à gages de la Mafia qui se trouvaient à Dealey Plaza au moment où JFK fut assassiné.

Nous explorerons ensuite l'histoire cachée des événements qui ont succédé au meurtre de JFK, y compris le fait que la vérité a failli éclater au grand jour à plusieurs occasions. Il sera question dans cette section des enquêtes secrètes qui ont été menées par la CIA, par les services de renseignement de la marine américaine, et par Robert Kennedy lui-même. Nous verrons pourquoi les associés de ce dernier ont plaidé avec tant d'insistance en faveur de la création de la commission Warren, et pourquoi celle-ci s'est essentiellement bornée à soutenir la conclusion hâtive qui avait été présentée au public quelques heures à peine après le meurtre de JFK. C'est alors que nous relaterons l'histoire tragique d'Abraham Bolden, que le président Kennedy avait lui-même choisi pour faire partie de sa garde personnelle – il fut le premier agent noir des services secrets américains à se voir accorder cet honneur. Victime d'un coup monté orchestré par la Mafia, Bolden fut arrêté alors qu'il était sur le point de dévoiler à la commission Warren qu'il y avait eu deux autres tentatives d'assassinat visant JFK, l'une à Tampa et l'autre à Chicago. Nous parlerons aussi des cinq comités d'enquête qui furent constitués après la commission Warren. Ces comités qui avaient à leur disposition davantage d'information que cette dernière ont amené le Congrès américain à conclure en 1979 que le meurtre de JFK s'inscrivait probablement dans un complot que Carlos Marcello avait «le mobile, les moyens et l'opportunité» de mener à bien.

Ce livre racontera également ce qui s'est passé après la confession de Marcello, révélant en des mots tirés directement d'enregistrements audio réalisés en secret par le FBI des détails étonnants concernant le meurtre de JFK. Nous verrons pourquoi le «JFK Act» de 1992, loi qui fut adoptée à l'unanimité par le Congrès américain, a exigé que le FBI rende accessibles ces enregistrements et leurs transcriptions, et nous énumérerons les raisons pour lesquelles la CIA et les services de renseignement de la marine devraient rendre publics tous les dossiers restants qui sont relatifs au meurtre de JFK – selon le réseau de nouvelles NBC News, ces agences détiendraient des «millions» de pages de documents qui sont encore tenus secrets. (Les documents les plus importants à avoir été rendus publics récemment apparaissent à la section «Documents officiels du gouvernement américain», certains étant publiés pour la première fois.) Basé sur des entrevues réalisées auprès des proches associés des Kennedy et sur des témoignages de première main, *L'assassinat de JFK : affaire classée* vous révélera ce qui se cache dans ces dossiers secrets.

Au fil des chapitres, nous ferons la lumière sur des mythes parmi les plus persistants à propos du meurtre de JFK. Certains de ces mythes continuent d'être véhiculés sur Internet plusieurs années après que leur fausseté eut été démontrée. Nous identifierons les individus impliqués dans l'assassinat de JFK, ainsi que ceux dont l'implication demeure nébuleuse et ne pourra être prouvée que lorsque la CIA, le FBI et les services de renseignement de la marine rendront publics le reste de leurs dossiers secrets.

Il est important que les dossiers portant sur l'assassinat de JFK soient rendus accessibles au public, si ce n'est que pour faire avancer les relations entre les États-Unis et Cuba. L'embargo qui fut décrété du temps du meurtre de John F. Kennedy perdure aujourd'hui en partie parce que certaines des têtes dirigeantes du gouvernement américain, notamment le président Lyndon Johnson et le directeur de la CIA John McCone – et tous ceux qui participèrent aux opérations contre Cuba en 1963 et accédèrent par la suite aux hautes sphères du gouvernement (Alexander Haig, par exemple, qui sera secrétaire d'État sous Ronald Reagan) –, accordaient crédit aux rapports fragmentaires dans lesquels la CIA affirmait que l'attentat contre JFK était l'œuvre de Fidel Castro. Auteurs et historiens ont démontré depuis que Castro n'avait rien à voir là-dedans et que les rapports qui prétendaient qu'il avait tué Kennedy avaient été concoctés par des parrains de la Mafia et leurs complices au sein de la CIA – certains de ces individus avouèrent par la suite leur rôle dans la mort de JFK. Une fois la supercherie démasquée, nous pourrons jeter bas l'un des derniers obstacles qui subsistent entre Cuba et l'Amérique, et enfin mettre un terme à cette guerre froide qui oppose nos deux nations depuis un demi-siècle.

CHAPITRE 1
Sur les traces d'une conspiration

La face cachée de l'assassinat de JFK présente de nouvelles preuves saisissantes, provenant de sources gouvernementales et d'associés de John et Robert Kennedy, qui démontrent clairement pour la première fois que le meurtre du président John F. Kennedy résulte d'une conspiration menée par deux parrains de la Mafia. S'appuyant sur des faits jusqu'à récemment tenus secrets, le présent ouvrage documente avec exactitude les événements tels qu'ils se sont déroulés et donne réponse aux questions suivantes : qui sont les auteurs véritables de l'attentat ? Pour quelles raisons ont-ils tué le président Kennedy ? Et comment ont-ils fait pour s'en tirer en toute impunité ?

Certaines de ces nouvelles données nous viennent des enquêtes que Robert Kennedy a commandées dans le plus grand secret, ainsi que des travaux du House Select Committee on Assassinations (HSCA), une commission spéciale dirigée par la Chambre des représentants qui avait pour mission d'enquêter sur les meurtres de John F. Kennedy, de son frère Robert et de Martin Luther King. En 1979, le HSCA concluait que JFK « avait probablement été assassiné dans le cadre d'une conspiration » et que Carlos Marcello et Santo Trafficante[1], deux parrains de la Mafia qui avaient l'habitude de travailler en étroite collaboration, « avaient les mobiles, les moyens et l'opportunité d'assassiner le président Kennedy ».

En nous appuyant sur des entrevues exclusives et des dossiers auxquels le HSCA n'avait pas accès parce qu'ils n'ont été rendus publics que depuis peu, nous ferons ici la preuve qu'il y a bel et bien eu conspiration. D'autres membres de la pègre étaient impliqués dans le complot en plus de Marcello et Trafficante, notamment Johnny Rosselli, *don* (chef) de la Mafia et proche collaborateur des deux hommes, ainsi que le mafioso John Martino. Très peu de gens sont au courant du fait que ces quatre individus ont avoué avoir participé à l'assassinat de JFK, cela dans des confessions très crédibles. Certains dossiers et sources du FBI nous apprennent que ce serait Marcello qui aurait fait le compte rendu le plus complet des événements. Vous en lirez le récit détaillé en grande première en ces pages.

Marcello, Trafficante, Rosselli et Martino avaient collaboré avec la CIA au début des années 1960, travaillant avec elle à ourdir divers complots visant à éliminer Fidel Castro. L'élaboration de ces complots a débuté en septembre 1960, soit avant que JFK soit élu président, sous la direction de Richard Nixon, qui était alors vice-président. Tout au long de l'année 1963, la CIA et la Mafia continuèrent d'échafauder ensemble des projets d'attentat contre Castro, cela à l'insu du président Kennedy, de son frère Robert, qui était alors procureur général, et du directeur de la CIA sous JFK, John McCone.

Marcello et Trafficante eurent recours à deux éléments actifs de la CIA dans leur projet d'assassinat, soit l'agent Bernard Barker et l'officier David Morales. Un enquêteur de la commission spéciale de la Chambre a découvert que Morales, qui en 1963 était un ami intime de Johnny Rosselli, avait confié à deux de ses proches associés qu'il avait participé au meurtre de JFK. Barker a avoué sous serment avoir été témoin de la fusillade qui avait tué JFK, ce qui signifiait qu'il était sur les lieux, puisque le passage du président à Dealey Plaza n'avait pas été télédiffusé en direct, pas même à Dallas. Deux témoins oculaires crédibles, dont un shérif adjoint de la ville de Dallas, ont identifié Barker comme étant l'une des personnes qui se trouvaient derrière la palissade située sur le fameux talus herbeux (grassy knoll) au moment de l'attentat.

Grâce à des dossiers secrets et des témoignages issus du personnel du FBI, nous sommes en mesure de présenter ici, pour la première fois, le récit des événements tels qu'ils ont été relatés par Carlos Marcello lui-même, et notamment comment il a planifié et mis en œuvre le meurtre de JFK avec l'aide de quelques hommes de confiance. Ces nouveaux renseignements nous permettent aujourd'hui de mettre en place les divers aspects de l'affaire et de lier Marcello aux tireurs, à Lee Oswald et à Jack Ruby. Ce qui avait été jusque-là un fouillis de preuves convaincantes quoique disparates, comportant encore quelques éléments manquants et des zones nébuleuses, s'assemble enfin en un tout clair, concis et cohérent. La véritable histoire du meurtre de JFK peut enfin être racontée.

Les sondages effectués au cours des cinquante dernières années démontrent que la majorité des Américains croient que JFK a été tué dans le cadre d'un complot. De nombreux historiens et universitaires réputés – parmi lesquels Douglas Brinkley, consultant chez CBS News, David Kaiser du Naval War College, Gerald McKnight, David Wrone et Michael Kurtz – ont tous jugé concluantes les preuves historiques plaidant en faveur d'un complot. Malgré cela, les médias d'information américains persistent à présenter la chose comme si la commission Warren avait été la seule cellule officielle à enquêter sur le meurtre de JFK. Et le verdict «officiel» de cette dernière tient toujours, à savoir que JFK a été tué par un seul et unique assassin, que l'on présentait à l'époque et continue de dépeindre à ce jour comme un «fou solitaire». Mais comment un tireur solitaire aurait-il pu, d'une seule balle, blesser JFK à deux reprises et atteindre ensuite le gouverneur texan John Connally aux côtes, au poignet et à la cuisse ? Sans parler du fait que le projectile en question a ensuite été retrouvé en parfaite condition, comme s'il n'avait jamais atteint sa cible ! Dans les pages suivantes, nous nous emploierons à démontrer qu'il est impossible qu'une seule balle ait été tirée lors de l'attentat contre le président Kennedy – les détracteurs de cette hypothèse farfelue lui ont donné un nom : ils l'appellent la «théorie de la balle magique». Nous avons concocté à l'intention de nos lecteurs et lectrices une petite expérience qui leur permettra de constater d'eux-mêmes l'impossibilité de la chose.

Dans les faits, une demi-douzaine de comités gouvernementaux ont fait enquête sur le meurtre de JFK au cours des trois dernières décennies, dont le HSCA et plus récemment le JFK Assassination Records Review Board, un comité de révision constitué dans les années 1990 par le président Clinton pour étudier les dossiers liés au meurtre de John F. Kennedy. Durant cette décennie, le comité a rendu publiques quelque 4,5 millions de pages issues des dossiers du gouvernement. Or, on trouvait parmi elles un dossier non censuré du FBI dans lequel Carlos Marcello se confessait clairement, directement du meurtre de JFK. J'ai découvert ce document dans les Archives nationales en 2006, plusieurs années après avoir aidé les têtes dirigeantes du comité de révision à identifier des documents d'une importance capitale en ce qui avait trait au meurtre de JFK, et qui n'avaient pas encore été rendus publics.

Les médias d'information mentionnent rarement le fait que Robert F. Kennedy lui-même et de nombreux associés des Kennedy au sein du gouvernement américain ont exprimé la possibilité qu'un complot soit à l'origine du meurtre de JFK. Robert Kennedy a confié à Richard Goodwin, l'un de ses adjoints, qu'il croyait que c'était « le mafioso de La Nouvelle-Orléans », c'est-à-dire Marcello, qui était derrière le meurtre de son frère – Goodwin m'a lui-même confirmé la chose. RFK était au courant du rôle qu'avait joué Marcello dans l'attentat parce qu'il avait demandé à plusieurs de ses collaborateurs les plus dévoués – dont Walter Sheridan, qui avait mené l'enquête contre Jimmy Hoffa au département de la Justice, et Frank Mankiewicz, secrétaire de presse de RFK – d'enquêter secrètement sur les circonstances entourant le meurtre de son frère. Au terme de leurs recherches, Sheridan et Mankiewicz ont tous deux conclu que le meurtre de JFK procédait d'une conspiration.

D'autres personnages de premier plan ont exprimé leur adhérence à la théorie du complot : le président Lyndon Johnson ; le directeur de la CIA John McCone ; le médecin particulier de JFK, l'amiral George Burkley (qui fut le seul médecin à accompagner le corps du défunt président à la fois à l'hôpital Parkland et au centre médical de la marine de Bethesda, où eut lieu l'autopsie) ; le secrétaire de presse de JFK, Pierre Salinger ; ainsi que Ted Sorensen, Arthur Schlesinger Jr. et Harris Wofford, qui étaient adjoints de JFK à l'époque. Joseph A. Califano Jr. et Alexander Haig, tous deux adjoints auprès du président Lyndon Johnson, ont affirmé eux aussi qu'ils croyaient à un complot. Plusieurs procureurs du département de la Justice qui furent affectés aux causes impliquant la Mafia du temps de JFK étaient également de cet avis – ce fut le cas de Ronald Goldfarb et de Robert Blakey, qui dirigea l'enquête du HSCA et fut l'instigateur du RICO Act, la loi anti-gangstérisme américaine créée pour lutter contre le crime organisé. Un article publié dans le magazine *Vanity Fair* déclarait que même le chef de police de Dallas, Jesse Curry, « croyait que deux tireurs étaient impliqués ». L'un des adjoints du président Kennedy, Arthur Schlesinger Jr., écrivit que le directeur de la CIA John McCone avait dit à Robert Kennedy qu'il « pensait que deux personnes étaient impliquées dans la fusillade ».

Les deux adjoints les plus proches de JFK, Dave Powers et Kenneth O'Donnell, assurèrent que deux coups avaient été tirés du talus herbeux. Installés dans la limousine qui suivit directement celle de JFK, les deux hommes étaient idéalement positionnés pour voir la chose, ce qui faisait d'eux des témoins parfaits. (Un des agents des services secrets qui se trouvait dans la même limousine qu'eux soutiendra lui aussi, dans son témoignage, que le coup fatal qui avait atteint JFK à la tête avait été tiré à partir du talus herbeux.) Lors d'un échange avec Tip O'Neill, le président de la Chambre des représentants, Powers et O'Donnell ont tous deux confirmé que les coups de feu provenaient de la butte herbeuse – chose qu'O'Neill relate dans son autobiographie de 1987, *Man of the House*. Par la suite, à l'occasion d'une entrevue exclusive réalisée par mon assistant et recherchiste Thom Hartmann, Powers raconta qu'on avait fait pression sur lui pour qu'il change la teneur de son témoignage à la commission Warren, cela « dans l'intérêt de la nation », lui précisa-t-on. J'ai plus tard découvert, grâce à des documents contenus dans les Archives nationales, que la déclaration sous serment dans laquelle Powers avait été contraint de se parjurer avait été enregistrée par Arlen Specter, avocat de la commission Warren et fervent défenseur de la théorie de la balle unique – un détail que la commission a omis de mentionner à l'époque de la publication de ladite déclaration.

Je dois insister sur le fait que mes renseignements ne proviennent pas uniquement d'entrevues exclusives avec une vingtaine de proches collaborateurs de John et Robert Kennedy, mais aussi d'ex-agents et employés du FBI, des services secrets, des services de renseignement militaires et du Congrès américain. Ces sources, dont certaines désapprouvent fortement la manière dont l'agence qui les employait a mené l'enquête, m'ont fourni une information de première main qui s'est avérée extrêmement pertinente. Bien que j'aie fait état de certaines de leurs révélations dans les autres livres que j'ai écrits au sujet des Kennedy – notamment dans *Ultimate Sacrifice* (2005 ; édition mise à jour, 2006), dans *Legacy of Secrecy* (2008 ; édition augmentée, 2009) et dans plusieurs chapitres de *Watergate : The Hidden Story* (2011) –, l'ouvrage que vous avez entre les mains renferme plusieurs révélations d'une importance capitale, mises au jour ici pour la première fois.

Il aura fallu plus de cinquante ans avant que la lumière soit faite sur l'assassinat de JFK. La véritable histoire n'a pu être relatée et publiée avant aujourd'hui d'abord pour des raisons de sécurité nationale – nous reviendrons là-dessus un peu plus loin –, mais aussi parce que des agences telles que le FBI et la CIA se sont longtemps montrées réticentes à exposer les erreurs qu'elles ont commises dans l'affaire ainsi que la teneur de leurs opérations non autorisées.

Les agences et membres du gouvernement détenaient à l'époque des centaines de milliers de pages de documents et renseignements pertinents qui auraient dû être dévoilés à la commission Warren, mais qui ont été occultés parce qu'ils relevaient d'opérations secrètes. Le public et la plupart des journalistes ignoraient cela lorsque le rapport Warren fut publié, en septembre 1964. Une quantité phénoménale d'information qui avait été cachée à la commission Warren nous a été rendue accessible dans les dernières décennies : nous avons appris que la CIA avait orchestré avec de dangereux caïds de la pègre des complots visant à éliminer Fidel Castro ; nous savons qu'il y avait eu un attentat contre JFK à Tampa, quatre jours avant celui de Dallas, et un autre avant cela à Chicago ; nous avons vu quel genre de travail Jack Ruby faisait pour la Mafia ; nous avons appris que Lee Oswald entretenait des liens étroits avec Carlos Marcello ; et bien d'autres choses encore. Aujourd'hui, nous savons tout cela, mais, à l'époque de la commission Warren, les médias d'information américains ont embrassé sans discrimination les conclusions du rapport de la commission et en ont fait la promotion, le proclamant véridique et authentique du fait qu'il avait été approuvé par un jury des plus respectables présidé par l'honorable juge Earl Warren, président de la Cour suprême.

Bien des gens ignorent qu'en plus de la publication du *Warren Report* en un volume – ouvrage qui se vend très bien, d'ailleurs –, la commission a également publié vingt-six volumes de documentation complémentaire. Dès 1966, des auteurs et des journalistes ont commencé à souligner le fait que les preuves et documents contenus dans ces vingt-six volumes n'appuyaient pas du tout les conclusions du rapport Warren. Des ouvrages critiquant ledit rapport ne tardèrent pas à voir le jour : il y eut d'abord le fameux livre de l'ex-enquêteur parlementaire Harold Weisberg, *Whitewash : The Report on the Warren Report* ; puis *The Unanswered Questions about President Kennedy's Assassination* du vétéran reporter Sylvan Fox, qui se joignit peu après à l'équipe du *New York Times*. Vint ensuite *Inquest* d'Edward Jay Epstein, ouvrage que les anciens adjoints de JFK jugèrent captivant. Cette première bordée de bouquins fustigeant le rapport Warren fut suivie d'une série de livres à succès tels que *Rush to Judgment* de Mark Lane, *Six Seconds in Dallas* de Josiah Thompson, professeur à Harvard, et *Accessories after the Fact* de Sylvia Meagher. Tous ces auteurs ont utilisé l'information mise de l'avant par la commission Warren, l'étayant de nouvelles entrevues et de renseignements qui avaient été diffusés dans les médias, mais dont personne n'avait tenu compte, afin de discréditer la théorie du «fou solitaire» et de la «balle unique» que la commission préconisait dans son rapport.

Ces diverses publications ont incité le *New York Times* ainsi que les magazines *Life*, *Look* et *The Saturday Evening Post* à lancer des enquêtes majeures sur le sujet. Cependant, certains documents récemment déclassifiés nous ont appris que J. Edgar Hoover et Richard Helms, qui étaient respectivement directeurs du FBI et de la CIA à l'époque, n'ont pas tardé à orchestrer une virulente contre-attaque de relations publiques contre les détracteurs du rapport Warren. Dans une note de cinquante-trois pages datée du 4 janvier 1967, la CIA donnait des instructions très spécifiques quant à la manière de contrer les livres et articles qui jetaient un doute sur la théorie du «fou solitaire» qu'avançait la commission. Cette opération de dénigrement outrepassait largement le mandat de l'agence. Les efforts du FBI et de la CIA en ce sens se sont étendus sur plusieurs décennies, et certains auteurs prétendent même que ces initiatives se poursuivent encore aujourd'hui.

Les investigations initiées en 1966 et au début de 1967 par les grands médias d'information furent entravées par l'enquête mise en branle à la fin de 1966 par le procureur général de La Nouvelle-Orléans, Jim Garrison (c'est le personnage que campe Kevin Costner dans le film *JFK*). Bien que Garrison ait d'abord ciblé un acolyte de Carlos Marcello du nom de David Ferrie – il travaillait pour lui en tant que pilote et détective privé –, le nom de Marcello n'a jamais été évoqué dans le cadre de son enquête. Des documents du FBI indiquent que Garrison est passé près de nommer Marcello publiquement à deux reprises, mais qu'il ne l'a pas fait.

Au tout début de la commission d'enquête, Ferrie mourut subitement. Garrison détourna alors son attention de la Mafia et son initiative se changea vite en cirque médiatique. Des centaines d'articles furent publiés dans la presse, mais aucun ne faisait mention du fait que Ferrie avait travaillé pour Marcello en 1963 ou n'évoquait la possibilité que la Mafia puisse être impliquée dans l'assassinat de JFK.

À l'été de 1967, les médias avaient déjà cessé d'enquêter sérieusement sur le meurtre de JFK et ils se montraient très critiques à l'endroit de Garrison. Les journalistes des grands quotidiens ne s'intéressèrent de nouveau au sujet qu'à la fin de 1974 et au début de 1975, dans la foulée des enquêtes visant le scandale du Watergate, car c'est alors qu'ont éclaté au grand jour les complots contre Fidel Castro qui furent élaborés conjointement par la CIA et la Mafia au début des années 1960. Ces révélations incitèrent le gouvernement américain à lancer de nouvelles enquêtes, dont celles de la commission Rockefeller et de la commission du Senate Church Committee (commission sénatoriale Church), lequel s'est plus tard enrichi d'un sous-comité qui concentrerait ses efforts sur l'assassinat de JFK, et dont le sénateur Gary Hart ferait partie. Durant l'été de 1975, la Mafia fit obstruction à ces investigations en assassinant deux des protagonistes des complots CIA-Mafia – l'ancien patron de Rosselli, Sam Giancana, et Jimmy Hoffa – avant qu'ils puissent témoigner. Le FBI et la CIA se firent fort d'occulter une quantité massive d'information pertinente, ce qui a également nui au bon déroulement des enquêtes. Le meurtre brutal de Johnny Rosselli l'année suivante fit sensation dans les médias, ce qui poussa le gouvernement à créer le House Select Committee on Assassinations. Mais ce comité d'enquête spécial verra lui aussi ses efforts minés par la mort de plusieurs témoins potentiels liés à la Mafia – dans certains cas il s'agissait de meurtres, dans d'autres de suicides ; certains, Martino et Morales parmi eux, moururent de mort naturelle. Et comme dans les précédentes enquêtes, la CIA, le FBI et les services de renseignement militaires omettront de divulguer un grand nombre d'informations significatives. La CIA désigna même en tant qu'agent de liaison au HSCA et à la commission Church un vétéran de l'agence qui avait participé aux complots de 1963 contre Castro et qui aurait donc dû être appelé comme témoin.

Alliée à la publication de livres tel *The Hoffa Wars* de Dan Moldea, l'enquête du HSCA eut tout de même un impact positif en ce sens qu'elle permit à la presse de lier Marcello et Trafficante à l'assassinat de JFK. Incroyablement, Jack Ruby ne fut identifié dans la presse comme un membre de la Mafia qu'à la fin des années 1970, cela en dépit du fait que certains journalistes savaient depuis plusieurs années déjà qu'il entretenait des liens avec la pègre. En 1979, le HSCA boucla son enquête en concluant que le meurtre de JFK était bel et bien le fruit d'un complot. D'autres livres, articles et reportages furent publiés sur le sujet, chacun apportant de nouveaux éléments de preuve intéressants dans l'affaire. Parmi les ouvrages dignes de mention, on compte ceux de Gaeton Fonzi, qui fut enquêteur à la Chambre et au Sénat, et de William Turner, un ex-agent du FBI qui fut le premier à confronter publiquement

J. Edgar Hoover. Fonzi et Turner m'ont apporté une aide précieuse à la fin des années 1980, alors que j'amorçais mes recherches sur le meurtre de JFK.

En 1985, Carlos Marcello se confesse de l'assassinat de JFK aux gens du FBI, leur disant tout de la manière dont il a procédé et donnant le détail de ses rencontres avec Oswald et Ruby. Ces renseignements de première importance furent gardés secrets, et cela même en novembre 1988 durant la très vive couverture médiatique qui a marqué le vingt-cinquième anniversaire du meurtre de JFK. À l'époque, de nombreux articles et documentaires soulevaient la possibilité que Marcello et la Mafia aient pu être impliqués dans l'attentat. Pourtant, ce n'est que bien des années plus tard que le public sera informé de la confession du mafioso.

Réalisé en 1991 par Oliver Stone, le film *JFK* ne fait pratiquement aucune mention de la Mafia – Stone évoque à peine la relation entre Marcello et David Ferrie (incarné de manière mémorable à l'écran par Joe Pesci). Ce film demeure néanmoins une pièce d'anthologie, brodée à partir de faits authentiques et documentés – exception faite de certaines des remarques du procureur général Jim Garrison (qui fut l'associé de Joe Marcello, frère de Carlos) et de tous les commentaires émis par le personnage fictif de « Monsieur X^2 ».

La popularité et l'impact culturel du film d'Oliver Stone ont tout de même eu une conséquence directe sur le déroulement du dossier, puisqu'ils ont mené à l'adoption en 1992 du JFK Records Act, une loi qui exigeait que soient rendus publics tous les documents d'archives relatifs à l'assassinat du président Kennedy. Il faudra cependant attendre encore trois ans avant que les premiers documents soient libérés. Dans l'intervalle, le journaliste Gerald Posner publia *Case Closed*, un ouvrage paru en 1993 qui s'inscrivait dans une campagne médiatique soigneusement orchestrée dont le but était de discréditer les faits mis de l'avant dans *JFK* et dans les livres de complot tels ceux de Mark Lane, lesquels connurent un succès retentissant dans la foulée du film. Posner fut vertement critiqué pour ce qui était essentiellement une condamnation unilatérale d'Oswald doublée d'un panégyrique en faveur de la théorie du fou solitaire et de la balle unique que prônait le rapport Warren. (En 2010, soit dix-sept années plus tard, Posner admit dans un communiqué de presse que « si Mark Lane avait représenté Oswald, il aurait sûrement été acquitté ».) Quatorze ans après, on exprima des réserves similaires à l'endroit de *Reclaiming History*, un ouvrage volumineux dont l'approche relevait davantage de la fiction que du journalisme : l'auteur, Vincent Bugliosi, se basait en effet sur un pastiche du procès d'Oswald réalisé pour la télévision britannique et dans lequel il tenait le rôle du procureur.

Encore aujourd'hui, certains auteurs continuent d'ignorer le rôle pourtant avoué de la Mafia dans le meurtre de JFK et ne tiennent aucun compte des constatations du HSCA ni des nouveaux documents qui ont été rendus publics. C'est le cas de Bill O'Reilly, qui accepte d'emblée la conclusion du rapport Warren dans son livre *Killing Kennedy*, et de Brian Latell dans son ouvrage de 2012, *Castro's Secrets*. Latell admet avoir travaillé pour la CIA dans les années 1960 dans le cadre de la guerre froide contre Cuba et il laisse entendre que le gouvernement de Castro était lié d'une manière ou d'une autre au meurtre de JFK – une hypothèse que la CIA défend depuis des décennies sans jamais avoir pu la démontrer.

Bien que la culpabilité de Marcello dans le meurtre de JFK ait été évidente avant même qu'il ne passe aux aveux, les renseignements que nous détenons désormais nous éclairent quant aux raisons qui ont motivé son geste et aux méthodes qu'il a employées pour mettre son projet à exécution. À cette époque, Marcello était le parrain le plus puissant de la Mafia américaine, et il l'est demeuré très longtemps : pendant près de quarante ans, il a régné en maître sur un vaste territoire incluant l'ensemble de la Louisiane ainsi qu'une bonne part du Texas et du Mississippi. Alors que dans des villes comme New York les diverses factions de la Mafia se faisaient la guerre, Marcello, lui, s'associait aux autres parrains et de cette manière étendait son territoire encore davantage. Des enquêteurs gouvernementaux prouvèrent que Marcello était une figure importante du réseau de trafic d'héroïne lucratif et brutal de la French Connection, qui avait à sa tête Santo Trafficante – la présence de Marcello expliquait pourquoi plusieurs membres de ce réseau ont eu un rôle à jouer dans l'assassinat de JFK.

Les enquêteurs ont calculé que, dans les années 1960, les revenus générés par le vaste empire criminel de Marcello égalaient ceux de General Motors, la plus grande compagnie américaine de l'époque. Cette fortune colossale lui permettait de soudoyer des maires, des juges, des gouverneurs, des membres du Congrès et des sénateurs. Marcello employait une des firmes d'avocats et un des lobbyistes les plus influents de Washington (des pays comme le Nicaragua avaient recours à ses services). Néanmoins, c'était un homme discret qui était parvenu à éviter le regard scrutateur des médias et du public... du moins jusqu'à ce que John et Robert Kennedy le traînent devant les caméras de télé lors des débats sur la criminalité que le Sénat tint en 1959 et qui marquèrent le début de la guerre des Kennedy contre la Mafia en général, et contre Marcello en particulier.

En avril 1961, les Kennedy obtinrent que Marcello soit déporté en Amérique centrale – un geste extra-légal sans précédent dont nous reparlerons dans les prochains chapitres. Marcello fut escorté par un convoi policier jusqu'à l'aéroport de La Nouvelle-Orléans où un avion l'attendait pour l'amener au Guatemala, pays pour lequel le mafioso avait obtenu un faux acte de naissance. Demeuré intouchable sous le gouvernement Eisenhower-Nixon, Marcello était furieux contre les Kennedy. Et sa haine se fit encore plus vive lorsque le Guatemala lui ordonna de quitter le pays : avec son avocat pour seul compagnon, Marcello, ce puissant parrain de la Mafia américaine, dut alors se frayer un chemin à travers la jungle, avançant de peine et de misère dans ses chics chaussures Gucci, pestant à chaque pas et jurant contre le président Kennedy et son frère une vengeance éternelle. Aidé de David Ferrie, qui était alors son pilote d'avion attitré, Marcello réussit à rentrer illégalement aux États-Unis. Mais John et Robert Kennedy ne tarderaient pas à flairer sa trace : le président et le procureur général lui mettraient la main au collet et, en novembre 1963 à La Nouvelle-Orléans, intenteraient contre lui un procès criminel au fédéral.

Marcello fut acquitté le 22 novembre 1963, juste après l'assassinat de JFK. Ayant soudoyé un membre-clé du jury, il s'attendait à ce verdict et avait même organisé une fête pour célébrer l'événement avec sa famille et ses associés. Curieusement, la date prévue pour la fête tombait le jour du meurtre de JFK. (Le soir même de l'assassinat, le complice de Marcello dans l'affaire, Santo Trafficante, porta en compagnie de son avocat Frank Ragano un toast à la mort du président. La scène se déroula en public, dans le restaurant chic d'un hôtel de Tampa où JFK avait fait un discours quatre jours auparavant.)

Marcello était à la tête de la plus vieille famille de la Mafia américaine, aussi n'avait-il pas besoin du consentement de la commission nationale de la Mafia pour commander un meurtre, et ce, même s'il s'agissait d'éliminer un personnage important. Et contrairement aux autres familles de la Mafia (à l'exception de celles de Chicago), Marcello et ses proches collaborateurs avaient l'habitude de s'en prendre aux membres du gouvernement qui osaient les menacer – l'assassinat en 1954 du procureur général de l'Alabama, qui s'opposait farouchement à la Mafia, est un bon exemple de cela.

Après avoir accédé respectivement aux postes de président et de procureur général des États-Unis, John et Robert Kennedy lancèrent une grande offensive contre la pègre et tentèrent en vain de faire condamner Marcello. C'est pour cette raison, pour mettre fin à cette guerre et empêcher Robert Kennedy de le traduire en justice, que Marcello décida d'éliminer JFK. Les historiens ont cru pendant de nombreuses années que le FBI n'avait pas suivi les conseils du HSCA qui en 1979 avait recommandé que l'on enquête plus avant sur l'implication de Marcello dans le meurtre de JFK. Je fus le premier à mettre la main sur les dossiers non censurés qui démontrent que le FBI a fait enquête sur Marcello sous l'égide de l'opération CAMTEX. J'ai découvert ces documents aux Archives nationales en 2006. Or, bien qu'en 2008 je leur aie consacré une douzaine de pages dans *Legacy of Secrecy*, ils renferment tellement d'information que je n'ai pas pu l'inclure toute dans mon livre – et c'est sans compter les entrevues exclusives que j'ai réalisées avec deux figures du FBI qui ont joué un rôle majeur dans CAMTEX, dont le superviseur de l'opération lui-même, ainsi qu'avec un autre individu impliqué dans celle-ci. Le réseau d'information NBC News avait obtenu la participation de l'informateur de CAMTEX, Jack Van Laningham, pour une émission spéciale du canal Discovery portant en partie sur mes recherches et sur *Legacy of Secrecy*. C'était une découverte intéressante, mais ayant déjà ajouté trois chapitres de nouvelles informations dans l'édition de poche de *Legacy*, qui devait paraître peu après, j'eus tout juste le temps d'insérer quelques phrases additionnelles révélant l'existence et l'identité de Van Laningham.

Depuis ce temps, j'ai réalisé avec Van Laningham plus d'une douzaine d'entrevues exclusives qui m'ont appris énormément de choses sur Marcello et m'ont permis de clarifier certains des renseignements contenus dans les dossiers de CAMTEX. Van Laningham était un homme d'affaires tout à fait ordinaire qui s'était retrouvé en prison à la suite d'une gaffe monumentale, commise alors qu'il était en état d'ébriété : il avait dévalisé une banque armé d'une télécommande de téléviseur et d'un sac de linge sale, disant qu'il s'agissait d'une bombe et d'un détonateur. Le FBI l'avait fait mettre dans la même cellule que Marcello et lui avait demandé de le faire parler.

Au fil des mois et des conversations, Van Laningham a su gagner la confiance du mafioso et les deux hommes sont devenus amis. L'informateur enregistrait ses échanges avec Marcello à l'aide d'une radio à transistors dans laquelle le FBI avait caché un micro, cela bien sûr avec l'autorisation des tribunaux.

Dans des chapitres à venir, nous citerons Marcello décrivant à Van Laningham tout le processus qui a mené au meurtre de JFK; ces déclarations du parrain de la Mafia seront corroborées dans bien des cas par une ou plusieurs sources indépendantes. La haine que Marcello a maintes et maintes fois exprimée à l'endroit de John et Robert Kennedy fut sans contredit à l'origine du complot d'assassinat qu'il fomenta contre JFK. Cette haine était alimentée par la déportation que les Kennedy lui ont imposée, par l'acharnement avec lequel ils l'ont poursuivi en justice, ainsi que par cette guerre impitoyable qu'ils déclarèrent au crime organisé en général, mais qui le ciblait, lui, plus spécifiquement, de même que ses alliés Jimmy Hoffa et Santo Trafficante. Mais Marcello n'était pas homme à agir de façon hâtive, et surtout pas lorsqu'il était question d'éliminer un individu gênant: le HSCA découvrit que Marcello et Trafficante avaient mis plus d'un an à planifier le meurtre de JFK.

Le pontife de la Mafia de Chicago à Hollywood et Las Vegas, Johnny Rosselli, dont le patron Sam Giancana était lui aussi sous la loupe des Kennedy et du département de la Justice, se rallia bientôt au complot de Marcello. Jouant de prudence, Marcello, Trafficante et Rosselli élaborèrent un plan qui permettrait de tuer JFK sur la route dans l'une des trois villes suivantes: à Chicago, quartier général du clan Rosselli; à Tampa, sur le territoire de Trafficante; ou à Dallas, fief de Marcello. Les mafieux bénéficiaient ainsi d'un plan B (Tampa) et d'un plan C (Dallas).

Dans l'assassinat de JFK, les données médicales prouvent sans l'ombre d'un doute qu'au moins deux tireurs étaient impliqués. Ainsi que nous le verrons au prochain chapitre, les preuves contre Oswald ne tiennent pas la route. Alors, quels doigts ont appuyé sur ces gâchettes? Carlos Marcello prétendait qu'il avait fait venir deux tueurs à gages d'Europe pour remplir cette mission. D'ailleurs, une autre source a en effet confirmé que c'était là une méthode qu'il avait employée par le passé – il la favorisait parce qu'il devenait ainsi plus difficile de retracer les meurtriers, une considération non négligeable lorsque l'identité de la cible rendait l'opération plus délicate. Dans les prochains chapitres, nous expliquerons pourquoi ces deux hommes furent choisis, comment ils ont obtenu les fausses identités et documents dont ils avaient besoin pour entrer aux États-Unis, et nous verrons ce que le FBI a appris au sujet de leurs véritables identités. Nous verrons aussi pourquoi Marcello affirmait que les assassins étaient entrés aux États-Unis à partir du Canada par le Michigan au lieu de traverser la frontière plus près de Dallas.

Le Michigan était un choix logique compte tenu du fait que le premier attentat à la vie de JFK était prévu pour le 2 novembre 1963, à Chicago. Dans cette ville, le cortège de voitures transportant le président passerait devant un entrepôt dans lequel travaillait un ex-soldat de la marine dont le parcours récent s'apparentait à celui d'Oswald. Mais l'attentat n'aura pas lieu : informés de la présence de quatre tueurs à gages dans la ville, des agents des services secrets appréhendèrent l'ex-marine, sabordant à leur insu les plans de Marcello et de ses complices. JFK annula précipitamment sa visite à Chicago et, bien que certains reporters fussent au courant de la chose, il n'y eut aucune mention d'un attentat potentiel dans la presse, la nouvelle ayant été réprimée par la Maison-Blanche et les services secrets.

Marcello et ses complices comptaient tenter de nouveau leur chance le 18 novembre 1963 à Tampa, ville où Trafficante tenait son quartier général. Le chef de police de la ville, J. P. Mullins, m'a confié que les autorités fédérales avaient appris qu'il y aurait un attentat pour tuer JFK sur la route, au beau milieu de ce défilé qui promettait d'être le plus long qu'il ait connu depuis son accession à la présidence. En dépit de cette menace, John Kennedy décida de ne pas annuler l'événement : sans son épouse Jackie à ses côtés, il défila dans les rues de Tampa, protégé par une sécurité des plus serrées. Les hommes du président insistèrent encore une fois pour que la nouvelle de la menace n'apparaisse pas dans les journaux. Un court article se faufila entre les mailles du filet le lendemain de l'assassinat de JFK, mais il fut promptement étouffé et ne fut jamais présenté à la commission Warren ou au HSCA.

Les deux premières tentatives ayant échoué, la Mafia n'avait plus d'autre choix que d'assassiner JFK à Dallas, sur le territoire de Carlos Marcello. Pour la première fois de l'histoire, nous vous présenterons les propos de Marcello expliquant comment son lieutenant et bras droit à Dallas, le gangster et restaurateur Joe Campisi Sr., avait joué un rôle-clé dans l'affaire en recrutant lui-même les tireurs pour le meurtre de JFK. Le HSCA entretiendra de sérieux soupçons à l'égard de Campisi, qui était par ailleurs un proche collaborateur de Jack Ruby – Ruby avait été aperçu au restaurant de Campisi la veille du meurtre de JFK, et Campisi visita Ruby en prison peu après que celui-ci eut abattu Oswald. On a longtemps prétendu que Ruby était l'homme qui distribuait les pots-de-vin à la police de Dallas pour le compte de la Mafia. Cependant, pendant des années ce fut Campisi que le détective en chef de la ville allait rencontrer le dimanche soir pour parler affaires.

Nous verrons un peu plus tard que Marcello et Trafficante bénéficiaient à Dallas d'autres associés susceptibles de les aider dans l'assassinat de JFK : se trouvaient parmi eux Michel Victor Mertz, chef de la French Connection et ex-assassin disposant de contacts dans les réseaux de renseignement du gouvernement ; ainsi que Bernard Barker, un agent de la CIA affecté à Cuba qui travaillait à ce moment-là sur l'opération anti-Castro la plus délicate que l'agence ait jamais autorisée.

Les confidences que Carlos Marcello fit en prison à son ami et compagnon de cellule Jack Van Laningham, qui à l'insu de Marcello était informateur pour le FBI, sont les pièces qui manquaient au puzzle de l'assassinat de JFK. Marcello avait demandé à son homme de main David Ferrie d'organiser en secret une rencontre avec Oswald – cela faisait partie du guet-apens que le mafioso entendait tendre à ce dernier. Le HSCA découvrit que Ferrie connaissait Oswald depuis plusieurs années déjà, puisqu'il avait été l'un des superviseurs de l'unité d'Oswald à l'époque où celui-ci faisait partie de la patrouille aérienne civile, et que, durant l'été de 1963, Oswald et Ferrie travaillaient ensemble.

À l'occasion de ses conversations avec Van Laningham, Marcello parla également de ses rencontres avec Jack Ruby, précisant que la boîte de nuit de Dallas dont Ruby était censé être le tenancier appartenait en fait en secret à l'organisation de Marcello, laquelle était propriétaire de plusieurs autres établissements de ce genre dans la ville ; Ruby agissait tout simplement comme prête-nom pour le compte de Marcello. Mais un jour, Ruby fut pris la main dans le sac alors qu'il était en train de piger dans la caisse parce qu'il avait besoin d'argent pour régler des impôts impayés. Le convoquant à son domaine de Churchill Farms, Marcello fit à un Ruby tremblant de peur une offre qu'il ne pouvait pas refuser : Ruby devait s'arranger pour qu'un flic de Dallas tue Oswald immédiatement après que JFK eut été éliminé ; à défaut de trouver un policier qui serait partant dans la combine, Ruby aurait à s'occuper lui-même d'Oswald. (Le détail des rencontres de Marcello avec Ruby et

Oswald se trouve dans les dossiers déclassifiés de l'opération CAMTEX.)

Ainsi que nous le verrons dans des chapitres subséquents, ce que Marcello raconte au sujet des deux assassins qu'il a engagés et de ses rencontres avec Oswald et Ruby est soutenu par de nombreuses données et preuves additionnelles provenant de sources indépendantes. L'ensemble forme désormais un tout crédible et cohérent qui trouve enfin son sens après avoir croulé pendant des décennies sous un fardeau de preuves tentaculaires et disparates, au sein d'un récit parsemé de trous béants.

Les renseignements que renferme ce livre au sujet de l'opération CAMTEX n'ont pour la plupart jamais été publiés ou divulgués au public auparavant. Cela est dû au fait que je suis le seul auteur à avoir mené des entrevues exhaustives avec Van Laningham, avec Thomas Kimmel, superviseur de CAMTEX, ainsi qu'avec l'agent du FBI qui a entendu toutes les conversations de Marcello qui ont été enregistrées en secret.

J'ai également obtenu confirmation des propos de Marcello lors d'entrevues avec deux hommes d'affaires de la Louisiane. Ces individus ne sont pas des criminels, mais l'un d'eux était proche de la famille du parrain alors que l'autre s'était lié d'amitié avec Marcello lui-même. Un autre ami du mafioso m'a rapporté des propos tenus par Marcello dans un élan d'emportement, propos qui s'avèrent très semblables à ceux qu'il tiendra lorsqu'il se confessera du meurtre de JFK aux agents de CAMTEX. De plus, un homme de la Louisiane qui avait courtisé la fille de Marcello et avait acheté avec lui un grand bateau de pêche m'a raconté qu'un employé de Marcello l'avait mis au courant du plan que le mafioso avait concocté pour assassiner JFK.

Une autre nouvelle source s'est manifestée en la personne d'un homme d'affaires qui s'était lié d'amitié avec Joe Marcello, le frère de Carlos, et qui se trouvait en sa compagnie lorsque Carlos a découvert que son ami Van Laningham était informateur pour le FBI. Carlos Marcello chercha par la suite à se venger de cette trahison en tentant de faire assassiner Van Laningham alors que celui-ci était en libération conditionnelle à Tampa. Cet attentat manqué est un fait documenté.

Les autorités détiennent une autre confession en plus de celle, explicite et faite en présence de deux témoins, que Marcello a déposée au FBI : Santo Trafficante a lui aussi avoué le rôle qu'il a joué dans le meurtre de JFK. Il y aura dans les prochains chapitres de nouvelles révélations concernant l'aveu de Trafficante. Nous réviserons également en détail les confessions de Johnny Rosselli et John Martino, deux mafiosi associés à Marcello qui, tout comme lui et Trafficante, consentiront à jouer les espions pour le compte du FBI. Selon l'ancien procureur du département de la Justice William Hundley, Rosselli aurait avoué son implication dans le meurtre de JFK peu de temps avant d'être lui-même assassiné de façon brutale, juste après sa dernière rencontre avec Trafficante. John Martino se confessa quant à lui du meurtre de JFK à un reporter de *Newsday*; il mourut peu de temps après d'une mort naturelle. En réalité, la plupart des mafiosi auxquels Marcello et Trafficante ont eu recours dans le complot contre JFK avaient précédemment travaillé pour la CIA sur des opérations anti-Castro – tout comme Marcello et Trafficante, d'ailleurs –, ce qui leur a permis de faire de la désinformation au sein des réseaux de renseignement américains avant et après le meurtre de JFK, cela afin de forcer le gouvernement à étouffer l'affaire par voie de dissimulation.

Utilisant la connaissance privilégiée qu'ils avaient des opérations secrètes menées par les États-Unis contre Castro, Marcello et Trafficante firent en sorte que JFK soit assassiné d'une manière qui obligerait les têtes dirigeantes du gouvernement américain – y compris le président Johnson, Robert Kennedy, J. Edgar Hoover et la CIA – à cacher certaines informations cruciales aux enquêteurs, à la presse et au public. Afin de s'assurer qu'il y aurait dissimulation, les deux parrains de la Mafia et leurs alliés ont fabriqué de toutes pièces des preuves qui impliquaient Fidel Castro dans le meurtre de JFK. Le gouvernement se vit contraint de dissimuler ces renseignements afin d'éviter, un an après la crise des missiles de Cuba, une autre confrontation nucléaire avec les Soviétiques. À l'automne de 1963, Marcello et Trafficante ont appris de leurs complices de la CIA que John et Robert Kennedy avaient formé un sous-comité secret du Conseil de sécurité nationale qui aurait pour mandat d'élaborer des plans d'urgence au cas où Castro tenterait d'assassiner des membres du gouvernement américain en réponse aux efforts faits par les États-Unis pour le renverser. Bref, les dirigeants américains étaient déjà sur les dents lorsque les faux renseignements impliquant Fidel dans le meurtre de JFK firent surface, déclenchant une vaste opération de dissimulation visant à protéger la sécurité nationale. Et la mystification n'est pas encore terminée, puisque, sous certains aspects, elle se poursuit aujourd'hui.

Les États-Unis avaient une autre raison de taire la vérité sur l'assassinat de JFK : avant sa mort, le président américain avait planifié dans le plus grand secret avec le chef de l'armée cubaine, le commandant Juan Almeida, un coup d'État visant à renverser Castro. La prise de pouvoir était prévue pour le 1er décembre 1963 – dix jours avant Dallas. Le secrétaire d'État de JFK, Dean Rusk, fut le premier à me révéler l'existence de ce projet, mais la chose m'a été confirmée depuis par d'autres proches collaborateurs de JFK et j'en ai trouvé le détail dans des centaines de pages de dossiers secrets qui furent déclassifiés dans les années 1990. JFK avait tenu la Mafia à l'écart de l'affaire et fait en sorte qu'elle ne puisse pas ouvrir des casinos à Cuba après le putsch. Néanmoins, Marcello et Trafficante avaient réussi à infiltrer l'opération par l'entremise de contacts tels Bernard Barker et David Morales, qui travaillaient sur l'affaire au sein de la CIA. Dans des chapitres à venir, nous citerons des documents du FBI qui démontrent qu'un nombre étonnant d'associés de Marcello – dont Jack Ruby, John Martino et David Ferrie – étaient au courant de ce plan qui était pourtant si secret que même les comités gouvernementaux, de la commission Warren au HSCA, n'ont jamais eu vent de son existence.

JFK espérait que le coup d'État aurait pour effet de démocratiser Cuba et de l'affranchir de l'influence de la Mafia. De son côté, Marcello trouva le moyen d'utiliser certains aspects de cette machination pour forcer le gouvernement à passer en mode dissimulation après le meurtre de JFK. Si le plan venait qu'à être ébruité, cela risquait de déclencher, en ce temps de guerre froide, une troisième guerre mondiale. À tout le moins sa divulgation risquait-elle de coûter la vie au commandant Almeida, allié de JFK dans l'affaire. C'est l'une des raisons pour lesquelles les États-Unis ont caché pendant si longtemps la vérité au sujet de l'assassinat de JFK : il ne fallait pas compromettre Almeida, qui resta d'ailleurs en poste sans être inquiété pendant plusieurs décennies ; au moment de sa mort en 2009, il occupait toujours un poste élevé au sein du gouvernement cubain et demeurait un personnage respecté aux yeux du peuple.

Les reporters qui se trouvaient à Dallas au moment de l'assassinat du président ont été sommés d'abandonner leurs recherches lorsqu'ils étaient sur une piste qui aurait pu les amener à exposer l'opération secrète contre Castro, cela pour des raisons de sécurité nationale. Un cameraman du réseau de télévision NBC se souvient que deux jours après le meurtre de JFK, alors que le lien entre

Oswald et David Ferrie était sur le point d'être révélé, «un agent du FBI [lui] a dit que, dans l'intérêt de la nation, [il] ne devai[t] jamais parler à qui que ce soit de ce qu['ils avaient] découvert». Le gouvernement avait également employé l'expression «dans l'intérêt de la nation» quand il avait fait pression sur Powers et O'Donnell pour qu'ils changent leur témoignage et cachent à la commission Warren que des coups de feu avaient été tirés à partir du talus herbeux. Le même principe était à l'œuvre à Dallas : des gens de NBC News qui étaient sur place ont dit au journaliste télé Peter Noyes qu'ils étaient convaincus que leurs supérieurs voulaient réprimer certaines informations à la demande de quelqu'un à Washington.

Empêcher que ne se déclare une troisième guerre mondiale était également l'objectif réel de la commission Warren, et sur ce plan, elle a réussi. C'est pour cela que le nom de Marcello n'apparaît nulle part dans le rapport Warren, et ce, en dépit du fait qu'une douzaine de ses proches et de ses lieutenants aient été interrogés au sujet du meurtre de JFK – certains d'entre eux avaient même été appréhendés par la police en tant que suspects.

À l'approche du cinquantième anniversaire de l'assassinat de JFK, il est consternant de constater quelle quantité de renseignements importants le FBI détenait en 1985 dans la foulée de l'opération CAMTEX et des révélations faites par Carlos Marcello. Si cette information avait été divulguée en 1988, année du vingt-cinquième anniversaire du tragique incident, nous aurions aujourd'hui une tout autre perception du meurtre de JFK. Le FBI a malheureusement choisi de cacher cette information pendant plusieurs années aux membres du JFK Assassination Records Review Board, ne leur fournissant tout au plus que quelques dizaines de pages sur CAMTEX et sur la confession de Marcello, et ce, à la toute dernière minute, alors que le mandat du conseil de révision tirait à sa fin. Je découvris ces documents non censurés sept ans plus tard, ce qui me permet de vous faire à présent, pour la première fois de l'histoire, le compte rendu complet de ce qui se cache dans les dossiers de l'opération CAMTEX et dans la confession pour le moins saisissante de Carlos Marcello.

CHAPITRE 2
La théorie de la balle unique et la culpabilité
d'Oswald : deux mythes à rectifier

Les deux pierres angulaires du rapport Warren qui parut en 1964 sont la « théorie de la balle unique » et la culpabilité de Lee Oswald, que le rapport dépeint comme un « fou solitaire », communiste et détraqué, qui aurait été le seul à tirer sur le cortège de voitures qui transportait JFK, tout cela à partir du sixième étage de l'entrepôt de livres scolaires où il travaillait. Or, de nombreuses preuves qui mettent en cause ou démolissent carrément ces deux théories ont été rendues publiques, certaines datant d'aussi loin que 1966, d'autres ayant émergé au cours des décennies suivantes. Tout au long du présent chapitre, nous démontrerons pourquoi la théorie de la balle unique ne tient pas la route et nous brosserons un portrait de Lee Oswald bien différent de celui auquel le public est habitué, tout cela en nous appuyant sur des faits documentés. Cette vision d'Oswald est la seule qui tient compte de tout ce que nous savons à son sujet.

La théorie de la balle unique telle qu'elle a été présentée par le rapport Warren – et par les auteurs qui l'ont défendue au fil des ans – maintient que seulement trois coups de feu ont été tirés sur la limousine qui roulait dans Elm Street et avait à son bord le président Kennedy et son épouse, Jackie ; le gouverneur Connally et sa femme, Nellie, qui étaient installés sur la banquette devant eux ; ainsi que deux agents des services secrets, postés sur la banquette avant. Selon la théorie de la commission Warren, un des coups de feu aurait complètement manqué la limousine, n'atteignant même pas la rue, pour aller se loger dans une chaîne de trottoir en faisant voler un fragment de béton sur un badaud du nom de James Teague.

La commission dit qu'un autre projectile, le premier à toucher Kennedy, l'aurait atteint au dos pour émerger ensuite de la gorge, juste sous la pomme d'Adam. La balle aurait poursuivi sa course pour toucher le gouverneur Connally qui était assis devant JFK, fracturant ses côtes sur dix centimètres, fracassant les os de son poignet et lui transperçant la cuisse, avant de terminer enfin sa ravageuse trajectoire en parfaite condition. C'est cette balle remarquable que l'on aurait trouvée à l'hôpital Parkland, sur le brancard du gouverneur Connally, une heure à peine après la fusillade. Il a ensuite été déterminé que le projectile avait été tiré à partir du fusil Mannlicher-Carcano d'Oswald – une arme bon marché vendue par correspondance –, ce qui a permis à la commission de se prononcer à l'unanimité sur la culpabilité de l'ex-marine. Le coup de feu fatal qui aurait atteint JFK à la tête était selon la commission le troisième et dernier qu'Oswald aurait tiré, ce qu'il aurait fait en se postant directement derrière le président.

Dans le rapport Warren, les commissaires – ou plus précisément l'équipe d'avocats qui a rédigé le rapport en se basant sur l'enquête préliminaire du FBI et sur quelques témoignages additionnels – affirment que la théorie de la balle unique n'était pas le seul élément à venir confirmer la culpabilité d'Oswald. Cela est tout à fait faux. La seule chose sur laquelle s'entendent tous les auteurs et historiens qui ont écrit sur le meurtre de JFK, c'est que la commission Warren n'aurait pas pu conclure qu'Oswald était le seul tireur impliqué sans la théorie de la balle unique. Lorsqu'on examine de près la cadence des détonations, on voit qu'il aurait été impossible pour Oswald de tirer aussi rapidement plus de trois coups de feu avec une arme aussi peu performante, et ce, même si l'on ne tient pas compte du temps qu'il lui aurait fallu pour viser de nouveau avant de tirer son second et son troisième coup. Du moment que l'on suppose qu'il y ait eu quatre coups de feu ou qu'un des coups de feu ait été tiré à partir d'une position autre que celle du tireur qui était censé être embusqué au sixième étage de l'entrepôt de livres, on doit conclure à la présence d'un second tireur et donc à l'existence d'un complot.

Les sept commissaires qui siégeaient à la commission Warren n'adhéraient pas tous à la théorie de la balle unique. Nous savons maintenant que Richard B. Russell, un politicien d'extrême droite qui était alors sénateur de la Géorgie, s'est catégoriquement opposé à l'inclusion de cette théorie dans le rapport et qu'il tenait à exprimer une opinion divergente, mais qu'il accepta à la dernière minute le compromis d'une formulation différente. Le sénateur Sherman Cooper du Kentucky et le sénateur Hale Boggs de la Louisiane exprimèrent eux aussi certains doutes quant à la crédibilité de cette théorie.

Certaines des personnes qui ont été témoins de la fusillade et des événements qui lui ont succédé s'opposent avec encore plus de véhémence à la théorie de la balle unique et comprennent qu'une fois cette théorie écartée, on ne peut conclure qu'à la présence d'au moins deux tireurs. Le gouverneur John Connally a toujours affirmé avoir été touché par le premier coup de feu et que c'est un autre projectile qui a atteint JFK, fait que Nellie Connally a confirmé dans son témoignage. Dans le certificat de décès qu'il a lui-même rempli, le médecin personnel de JFK, l'amiral George Burkley (qui fut le seul médecin présent à la fois à l'hôpital Parkland de Dallas et à l'hôpital de Bethesda, où eut lieu l'autopsie), précise que la blessure au dos de JFK était trop basse pour que la balle ait pu sortir juste sous sa pomme d'Adam, chose que les photos de l'autopsie démontrent clairement. Dans leurs témoignages à la commission, les trois médecins qui ont officiellement réalisé l'autopsie – les docteurs James Humes, Pierre Finck et J. Thornton Boswell – ont déclaré sous serment que la balle qui avait fracassé les côtes et le poignet du gouverneur Connally n'était pas la même qui avait atteint JFK au dos. Cyril Wecht, un médecin légiste réputé, en arriva à la même conclusion lorsqu'il siégea au panel médico-légal de la commission spéciale de la Chambre (HSCA) en 1978[3].

Dave Powers et Kenny O'Donnell, les deux adjoints de JFK qui se trouvaient dans la limousine suivant la sienne, ont affirmé que deux des coups de feu provenaient de la droite du cortège, où se trouvaient la butte herbeuse et sa palissade. Plusieurs autres témoins présents à Dealey Plaza ont également vu ou entendu des coups de feu venant de cet endroit. Parmi eux, Abraham Zapruder, l'homme qui a filmé les images désormais célèbres de l'assassinat et qui se tenait devant le talus herbeux, un peu vers la gauche. «Les coups de feu ont été tirés derrière moi», a-t-il dit dans son témoignage. Le journaliste d'enquête Anthony Summers abonde en ce sens. «Une douzaine de personnes se trouvaient sur le talus au moment où le président a été tué, écrivait Summers. Or, presque toutes ont dit avoir entendu des détonations derrière elles, en provenance du sommet de la butte.» Summers ajoute que «la plupart de ces gens n'ont jamais été appelés à la commission Warren» et que «seize personnes qui se trouvaient à l'intérieur ou juste à l'extérieur de l'entrepôt de livres ont indiqué que des coups de feu avaient été tirés à partir de la butte ». Alors que l'ensemble des témoins connus qui se trouvaient sur Dealey Plaza ont rapporté avoir entendu entre deux et cinq coups de feu, en 1966 l'auteur Josiah Thompson notait que « les témoins qui se trouvaient loin à l'intérieur de l'entrepôt de livres, dans les couloirs ou à leur poste de travail, ont tous rapporté sans exception avoir entendu moins de trois coups de feu » – c'est-à-dire un ou deux. Lorsque les défenseurs de la théorie de la balle unique affirment que la plupart des gens qui se trouvaient à Dealey Plaza ont entendu trois coups de feu qui provenaient tous de l'entrepôt de livres, ils incluent dans ce groupe des témoins comme Powers et O'Donnell, qui ont admis par la suite qu'on les avait contraints à modifier leur témoignage. En 1986, c'est-à-dire plusieurs années avant que les 4,5 millions de pages de documents que j'ai mentionnées précédemment soient rendues publiques, l'auteur Henry Hurt a découvert qu'au moins « soixante témoins ont affirmé que le FBI a altéré d'une manière ou d'une autre la teneur de leur témoignage ». Au fil des ans, ce genre d'allégations est devenu monnaie courante, et il est intéressant de noter que, dans tous les cas, la subornation du témoin ou l'altération du témoignage vise à favoriser la théorie d'Oswald en tant que coupable et assassin solitaire. Bref, la manipulation des témoins et des témoignages avait toujours pour but de renforcer la conclusion tirée par le FBI dans les heures qui ont suivi le crime.

Les vêtements de JFK ainsi que les rapports d'autopsie indiquent que la balle qui l'a atteint au dos l'a touché à quinze centimètres sous le collet de sa veste. Même dans les reconstitutions effectuées par le FBI en 1964, la blessure se trouvait à quinze centimètres sous le collet, cela en dépit du fait que le FBI menait une enquête biaisée dont le but avoué était de démontrer qu'Oswald était le seul tireur impliqué. La blessure est également au bon endroit sur une photo de reconstitution publiée dans l'un des volumes de la commission Warren, un fait que la commission a choisi d'ignorer en embrassant la théorie de la balle unique.

Si le projectile qui avait atteint JFK au dos avait été tiré à partir du sixième étage de l'entrepôt de livres ainsi que le prétendait le rapport Warren, il se serait déplacé vers le bas selon une trajectoire abrupte. Or, s'il faut en croire la théorie du tireur solitaire et de la balle unique, ce même projectile aurait causé la blessure à la gorge de JFK, laquelle est beaucoup plus haute que la blessure au dos. En admettant que la balle ait ricoché sur un os dans le corps de JFK pour remonter ensuite vers sa gorge, il était tout de même impossible qu'elle ait changé ensuite de trajectoire en plein vol pour toucher Connally à la cuisse. En 1997, un des commissaires de la commission Warren, Gerald Ford, a admis à un reporter de l'Associated Press qu'il avait changé le terme *back wound* (blessure au dos) pour *back of the neck wound* (blessure à la nuque) dans le rapport Warren. D'élever ainsi la blessure au dos de près de quinze centimètres rendait la théorie de la balle unique plus crédible.

Vous pouvez vous-même réfuter la théorie de la balle unique en vous prêtant à l'expérience suivante. Faites asseoir une personne mesurant environ 1 m 80 sur une chaise. Partant du haut de son collet, mesurez une distance de quinze centimètres vers le bas, puis faites une marque à cet endroit. Faites ensuite une marque directement sous sa pomme d'Adam. Je vous dirais ensuite de mesurer l'angle exact de la trajectoire du projectile, mais c'est un point sur lequel les spécialistes ne s'entendent pas tout à fait. Le médecin légiste qui a étudié la blessure au dos de JFK a estimé que l'angle d'entrée pouvait aller de 45 à 60 degrés. Cependant, tous les experts soutiennent que la balle a suivi une trajectoire descendante de 15 à 20 degrés, si ce n'est plus. Pour peu que votre sujet soit une personne adulte normalement constituée, je vous garantis que le point que vous avez marqué sous sa pomme d'Adam sera nettement plus élevé que celui que vous avez fait quelque quinze centimètres sous son col. Cela démontre que la théorie de la balle unique est physiquement impossible et qu'elle mérite amplement son surnom de « théorie de la balle magique ». L'historien Gerald D. McKnight disait ceci à son sujet :

> Une théorie est une hypothèse, ou une série d'hypothèses, que l'on a éprouvée par l'expérimentation en s'appuyant sur des faits. Le modèle de la balle unique tel qu'il a été conçu par la commission Warren n'a jamais été soumis à un examen rigoureux : il s'agit d'une invention fabriquée de toutes pièces par la commission dans le but de fournir au meurtre de Kennedy une explication relevant d'un assassin solitaire, et non d'un complot.

En de telles circonstances, il me semble tout à fait légitime d'affubler du nom de « balle magique » l'étonnant projectile qui est censé avoir causé la mort de JFK. C'est donc ainsi que je le désignerai désormais.

Dans *Breach of Trust*, ouvrage critique sur la commission Warren, le professeur McKnight consacre de nombreuses pages aux diverses raisons qui font de la théorie de la balle magique une impossibilité. Une partie de ses informations proviennent de documents qui avaient été tenus secrets jusqu'à récemment. Toutefois, il invoque pour l'essentiel des faits qui sont connus depuis plusieurs décennies, mais que les partisans de la théorie de la balle magique ont choisi de déprécier ou d'ignorer.

Une des raisons qui plaident en défaveur de la théorie de la balle magique est évidente pour quiconque regarde le film de Zapruder : après avoir brièvement disparu derrière un panneau de signalisation, JFK reparaît et lève les bras à la hauteur de son cou, vraisemblablement parce qu'il a été touché à la gorge ; au même instant, on voit John Connally tenir son chapeau Stetson de la main droite, alors que ses côtes et son poignet droit sont censés avoir été fracassés par la fameuse « balle magique ». Autre fait intéressant, les médecins qui ont retiré les fragments de balle qui s'étaient logés dans les blessures de Connally ont noté que le poids de ces fragments était de beaucoup supérieur au poids du matériel manquant à la balle magique – cette dernière avait perdu environ l'équivalent du poids d'un timbre-poste.

Les médecins qui examinèrent JFK à Dallas qualifièrent sa blessure à la gorge « d'orifice d'entrée », ce qui signifiait que le tireur se trouvait devant et non derrière lui. Au chapitre 16, nous expliquerons comment il se fait que cette plaie d'entrée qui n'avait qu'entre trois et cinq centimètres de diamètre au moment où les médecins de Dallas l'ont examinée soit devenue cette blessure large et béante que l'on aperçoit sur les photos de l'autopsie qui fut pratiquée à Bethesda. N'ayant pas retrouvé la balle qui était censée avoir causé la blessure au dos de JFK, les médecins légistes de Bethesda furent soulagés d'apprendre qu'un projectile en parfait état – nulle autre que la « balle magique » – avait été retrouvé à Dallas. Le docteur David Osborne, qui deviendra par la suite amiral et sous-chef du service de la santé de la marine, a dit aux enquêteurs du gouvernement américain qu'il avait vu « une balle intacte rouler [...] sur la table d'autopsie », cela avant le début de l'autopsie officielle, au moment où JFK fut retiré de son cercueil. « J'ai pris la balle et je l'ai examinée, raconte le docteur Osborne. Elle m'a paru propre et peu abîmée. Puis des gars des services secrets me l'ont enlevée des mains. » Un technicien en radiologie qui était présent durant l'autopsie a vu lui aussi «une balle de bonne taille [...] qui est apparue quand on a soulevé JFK». Le capitaine John Stover, qui était le commandant de l'école médicale de la marine à ce moment-là, a dit à deux auteurs différents : «Il y avait une balle à la morgue de Bethesda.» Il ne s'agissait toutefois pas de la balle magique, puisque celle-ci se trouvait ce jour-là au laboratoire du FBI, à des kilomètres de Bethesda. Pour des raisons que nous expliquerons dans des chapitres à venir, la balle trouvée à Bethesda, comme bien d'autres preuves capitales reliées à l'affaire – dont le cerveau de JFK –, disparaîtra complètement des registres officiels.

L'allégation, soutenue par le FBI et par certains scientifiques, selon laquelle la balle magique provenait du même lot de munitions que les éclats de balle trouvés dans la limousine de JFK fut démentie en 2007 par Cliff Spiegelman et Dennis James, deux chercheurs de l'Université d'agriculture et de mécanique du Texas. Ce n'était pas la première fois que ce fait était contesté. À l'époque de la commission Warren, l'armée américaine avait offert aux commissaires les services de son meilleur expert en balistique, le docteur Joseph R. Dolce. Le docteur Dolce et son assistant, le docteur Fredrick Light Jr., avaient déterminé que la balle magique «ne pouvait pas avoir fracassé le poignet de Connally et en ressortir en parfait état». Les deux experts en étaient venus à cette conclusion au terme d'une expérience qui consistait à tirer, avec le fusil Mannlicher-Carcano d'Oswald, «dix coups de feu dans les poignets de dix cadavres». Dans chacun des cas, la balle était ressortie «sensiblement déformée», et non en parfait état. On ne fait bien entendu aucune mention des tests du docteur Dolce dans le rapport Warren. La commission a plutôt choisi de s'en remettre à l'avis d'Arlen Specter, recherchiste affecté à la commission et créateur de la théorie de la balle magique, qui a entrepris de «prouver» sa théorie à l'aide de tests effectués par un vétérinaire qui consistaient à tirer des coups de feu dans des quartiers de viande de cheval, dans des blocs de gélatine et dans des carcasses de chèvres. Quelques décennies plus tard, un expert en balistique réussira à tirer dans le poignet d'un cadavre sans que la balle ne soit trop abîmée, mais, pour ce faire, il devra réduire la vitesse du projectile de moitié et tirer directement dans le poignet, sans passer d'abord par une côte.

Dans une tentative désespérée de faire fonctionner la théorie de la balle magique, certains auteurs ont prétendu que la hauteur des trous de balle ne concordait pas, parce que JFK était assis sur le bout de la banquette et penché vers l'avant, ou parce que son veston et sa chemise étaient chiffonnés et remontaient donc sur sa nuque. Le film de Zapruder et les photos prises lors de l'incident démontrent que cela n'était pas le cas ; le col de JFK était peut-être un peu relevé, mais de façon mineure. Les dessins et photos réalisés durant l'autopsie nous montrent que les trous dans les vêtements de JFK sont parfaitement alignés avec sa blessure au dos : tous les orifices se situent à environ quinze centimètres sous le sommet du col. Une émission de télévision portant sur l'assassinat de JFK a tenté de prouver la théorie de la balle magique à l'aide d'une animation par ordinateur, mais pour ce faire, il fallait manipuler le cou et les épaules du président, tant et si bien qu'au bout du compte, il n'avait plus allure humaine ! Lors d'une autre émission spéciale, diffusée celle-là sur la chaîne Discovery (ce n'est pas l'une des émissions auxquelles j'ai participé), une reconstitution plus juste de la fusillade a démontré que la balle qui a atteint JFK au dos ne pouvait pas ressortir par sa gorge sous la pomme d'Adam, mais que, compte tenu de l'angle de tir, elle serait sortie par la poitrine à la hauteur du cœur.

L'équipe qui a réalisé cette émission pour Discovery a par ailleurs eu du mal à faire fonctionner le fusil Mannlicher-Carcano identique à celui d'Oswald qu'elle a utilisé pour les besoins de la cause, et ce, en dépit du fait qu'il avait été ajusté par un spécialiste – un privilège dont l'arme d'Oswald n'avait pas bénéficié. Le fusil employé par les gars de Discovery avait de l'âge, soit, mais là n'était pas le problème. En 1967, le réseau CBS avait éprouvé des problèmes semblables lors d'une autre émission sur le meurtre du président, et dans ce cas-ci avec un Mannlicher-Carcano de fabrication récente, qui de surcroît était plus rapide et en meilleure condition que celui qu'avait utilisé Oswald. Comme le rapporte l'auteur Michael T. Griffith, plus du tiers des essais tentés lors de cette émission se sont soldés par un échec « dû à des problèmes avec le fusil ». « Pas un des onze tireurs d'élite qui ont participé à l'émission n'a pu toucher la cible deux fois de suite [ainsi que l'exige la théorie de la balle magique] dès sa première tentative, d'ajouter Griffith. Mieux encore, sept d'entre eux n'ont jamais réussi à le faire, même au bout de plusieurs essais. Oswald est censé avoir réussi cet exploit du premier coup. »

Les défenseurs de la théorie de la balle magique et de l'assassin solitaire se font généralement un devoir de mentionner qu'à l'époque où il était dans la marine, Oswald avait accédé au rang de *marksman*, laissant entendre par là qu'il était un tireur hors pair. En réalité, il y a dans la marine américaine trois niveaux d'aptitude au tir ; celui de *marksman* est le plus bas et nécessite un pointage minimal de 190, le pointage maximal étant de 250. Oswald a obtenu le grade de *marksman* grâce à un pointage de 191, soit un seul point au-dessus du minimum exigé, et durant le test il lui était même arrivé de manquer complètement la cible. Malgré cela, les tenants de la théorie de la balle magique et de l'assassin solitaire continuent de présenter Oswald comme un tireur de haut niveau qui aurait réussi ce qu'aucun autre tireur d'élite n'a pu réussir dans les reconstitutions réalisées depuis l'assassinat de JFK.

De plus, nous détenons aujourd'hui des preuves selon lesquelles la balle magique ne se trouvait pas sur le brancard du gouverneur Connally. C'est un ingénieur du nom de Darrell Tomlinson qui trouva le projectile à l'hôpital Parkland de Dallas, une heure et quinze minutes après la fusillade durant laquelle JFK a perdu la vie. Deux brancards se trouvaient côte à côte dans le couloir de l'hôpital : l'un a probablement servi à transporter Connally ; l'autre a été utilisé soit pour une patiente adulte qui « saignait de la bouche », soit pour « un enfant de deux ans et demi qui présentait une entaille profonde au menton ».

Lors de sa première rencontre avec avec Arlen Specter, Tomlinson affirma qu'il avait trouvé la balle sur le second brancard et non sur celui où avait reposé Connally. Après que Specter eut fait pression sur lui pour qu'il change son témoignage, Tomlinson a déclaré qu'il ne savait plus trop sur quel brancard il avait trouvé la balle – il n'a cependant jamais accepté de dire qu'il l'avait trouvée sur le brancard de Connally. Le professeur McKnight a récemment analysé les témoignages de l'infirmière Jane C. Wester et du préposé R. J. Jamison, qui travaillaient tous deux à l'hôpital Parkland. Il en a conclu que ces témoignages venaient corroborer la déclaration initiale de Tomlinson et qu'ils « appuyaient fortement la conclusion que » la balle n'avait PAS été trouvée sur le brancard de Connally.

Les deux brancards avaient été laissés sans surveillance pendant environ une demi-heure, dans un couloir relativement achalandé. Il y avait peut-être suffisamment de taches de sang sur le brancard qui n'était pas celui du gouverneur pour que les gens croient que Connally – ou que Kennedy lui-même – l'avait occupé. Et quelqu'un aurait très bien pu déposer la « balle magique » sur le brancard dans le but d'incriminer Oswald.

Aux alentours de 13 h 30, soit environ quinze minutes avant que la balle magique soit découverte, deux témoins fiables ont aperçu Jack Ruby à l'hôpital Parkland. L'un d'entre eux, le journaliste Seth Kantor, aurait même parlé à Ruby – un fait qu'il a rapporté aux autorités et qu'il m'a personnellement confirmé. Ruby, qui faisait alors partie de l'organisation de Carlos Marcello, mentit par la suite à la police en soutenant qu'il n'était pas allé à Parkland ce jour-là. Pourquoi Ruby ressentait-il le besoin de mentir pour cacher sa présence à l'hôpital ? Sans doute parce qu'il s'était adonné là à une activité illégale. Peut-être était-ce lui qui avait déposé la balle magique sur le brancard où elle fut trouvée – ou peut-être avait-il chargé quelqu'un de le faire à sa place. Que ce soit lui ou un autre qui ait placé là le mystérieux projectile, il n'en reste pas moins que c'est cette balle qui a amené les autorités à lier l'arme d'Oswald à la fusillade dans laquelle Connally et JFK furent touchés.

Maintenant qu'il a été démontré que la « théorie de la balle magique » défie les lois de la physique et que le projectile trouvé sur un brancard à l'hôpital Parkland fut déposé là pour piéger Oswald – sans parler des nombreuses pièces à conviction et témoignages qui prouvent qu'au moins deux tireurs étaient impliqués –, que doit-on penser de la théorie du « fou solitaire » que nous présente le rapport Warren ?

Le rapport Warren insistait beaucoup sur le fait que l'engagement d'Oswald dans l'idéologie marxiste et communiste était un facteur important dans sa motivation de tuer le président Kennedy. On y précisait qu'Oswald était devenu communiste marxiste à l'adolescence et qu'il avait toujours éprouvé une grande fascination envers la Russie, fascination qui s'est poursuivie même après qu'il se fut joint à la marine américaine. Selon la version officielle des faits, Oswald aurait demandé à être libéré de son service militaire en 1959, prétextant qu'il devait subvenir aux besoins financiers de sa mère. En réalité, il profita de l'occasion pour faire défection en Russie. Il revint aux États-Unis en 1962 après avoir épousé une citoyenne russe du nom de Marina Prusakova. Cet automne-là, à Dallas, il travailla dans une entreprise de cartographie, puis il partit vivre en Louisiane chez son oncle au printemps suivant, peu après avoir acheté le fusil et le pistolet qu'il aurait prétendument utilisés le 22 novembre 1963. Marina alla plus tard le rejoindre à La Nouvelle-Orléans, où Oswald travailla brièvement pour une compagnie de café avant de tomber au chômage en août 1963. Ce mois-là, Oswald fit bonne presse à son chapitre local du Fair Play for Cuba Committee, un comité pro-Castro prônant l'équité envers Cuba.

Après avoir envoyé Marina et leur enfant vivre à Dallas chez un ami, Oswald fit un voyage mystérieux à Mexico, y visitant l'ambassade russe ainsi que l'ambassade cubaine. Puis il retourna à Dallas, occupant d'abord une chambre au YMCA pour loger ensuite dans une maison de chambres du quartier Oak Cliff. Il y vivait seul et visitait son épouse durant le week-end. C'est alors qu'il commença à travailler à l'entrepôt de livres scolaires du Texas, l'un des grands bâtiments surplombant Dealey Plaza. S'il fallait en croire le rapport Warren, ce serait de là qu'Oswald, agissant seul, aurait fait feu sur le cortège de voitures transportant JFK et qu'il aurait abattu, non loin de là, le policier J. D. Tippit. Un an à peine après la menace nucléaire de la crise des missiles cubains, en plein cœur d'une terrifiante guerre froide avec la Russie, les Américains ne demandaient qu'à croire à cette histoire d'un homme qui, communiste depuis l'adolescence, en serait venu à assassiner leur président. De nombreux auteurs tels Gerald Posner et Bill O'Reilly se sont ralliés, au cours des dernières décennies, à cette version des faits.

Mais ce scénario «officiel» commença à être remis en doute aussitôt qu'Oswald fut assassiné par Jack Ruby. L'incident souleva alors et continue de soulever de nombreuses questions, dont celle du motif – ou de l'absence de motif – qui poussa Oswald à tuer Kennedy.

Le rapport Warren dépeignait Oswald comme un marxiste de longue date qui au fil du temps serait devenu un personnage solitaire, instable et meurtrier. Compte tenu de ce que l'on sait à présent, ce portrait de l'homme n'est plus du tout crédible. En plus du rapport et des vingt-six volumes publiés initialement, nous avons maintenant accès à des milliers de pages additionnelles issues des documents de la commission Warren. Ces nouvelles données démontrent clairement que le FBI et, dans une plus vaste mesure, la CIA et les services de renseignement de la marine ont tenu cachées des informations capitales au sujet d'Oswald. Nous avons également ment accès aujourd'hui à des milliers de pages jusqu'ici occultées provenant de l'enquête du HSCA, auxquelles sont venues s'ajouter des millions de pages tirées de dossiers connexes. Tous ces documents nous ont aidés à voir Oswald sous un tout autre jour.

Le rapport Warren soutient qu'Oswald était un adolescent marxiste. Il s'agit là d'une affirmation absurde que l'on peut aisément réfuter. Selon vous, combien d'adolescents marxistes se

sont joints à la patrouille aérienne civile ainsi que l'a fait Oswald ?
Et durant l'ère McCarthy, par-dessus le marché ! Combien d'ados
marxistes se sont enrôlés dans la marine dans les années 1950 ?
(Oswald était si empressé de faire partie de ce corps militaire qu'il
a tenté de s'y enrôler avant l'âge légal.) Et à votre avis, combien de
soldats de la marine américaine, sous le règne ultraconservateur
de gens comme Nixon et McCarthy, professaient à tous vents sur
les bases militaires leur amour de la Russie et se vantaient d'étudier
la langue en autodidacte ? Le rapport Warren nous dit que, dans la
marine, le comportement russophile d'Oswald lui avait valu le surnom d'Oswaldskovitch. Et pourtant, Oswald n'aurait jamais été
réprimandé pour son amour avoué de l'ennemi, pas même lorsqu'il
était stationné à la base navale très sensible d'Atsugi, au Japon, sur
laquelle se trouvaient les premiers avions d'espionnage et de recon-
naissance U-2. Lors d'une entrevue sur le réseau de télévision PBS,
le procureur qui s'était attaqué à la Mafia sous Robert Kennedy et
qui avait dirigé le HSCA, G. Robert Blakey, s'était étonné qu'un
communiste puisse évoluer ainsi au sein des forces armées sans
être inquiété :

> Comment se fait-il que des mesures n'aient pas été prises
> contre lui ? demandait Blakey. Pourquoi ses supérieurs
> n'ont-ils pas réagi lorsqu'ils ont eu vent de son engouement
> pour la Russie ? Cet individu détient un certificat de sécu-
> rité qui lui donne accès à des renseignements classifiés, et
> personne ne fait rien quand il dit s'intéresser au marxisme ?

Blakey avait raison de s'inquiéter, étant donné qu'Oswald avait
été radariste (technicien spécialiste en systèmes radars) pour la
marine à Atsugi, d'où partaient les U-2 ultrasecrets dont la CIA se
servait pour épier l'ennemi en territoire soviétique.

N'était-il pas également étrange de penser qu'au plus fort de la
crise des missiles à Cuba, les autorités américaines aient pu permettre à Oswald de travailler dans une entreprise de Dallas qui
fabriquait pour le compte du gouvernement américain des cartes
géographiques faites à partir de photos prises à bord des avions
espions U-2 (c'était cette entreprise qui réalisait le lettrage sur les
cartes qu'utilisaient les représentants du gouvernement, et notamment le président Kennedy, lors des présentations télévisées), cela
peu après le retour fortement médiatisé d'Oswald aux États-Unis à
la suite de sa « défection » en URSS ? Et il revenait de surcroît avec

une épouse russe à son bras ! La version des faits que prônent les Warren, Posner, Bugliosi et O'Reilly de ce monde laisse supposer que le FBI et la CIA n'auraient vu aucun inconvénient, en plein cœur de la guerre froide, à ce qu'un transfuge de la trempe d'Oswald soit exposé à du matériel photographique lié aux U-2. Nous savons pourtant qu'à cette époque le gouvernement américain surveillait sur son propre territoire des milliers de citoyens américains, fussent-ils communistes, gauchistes, socialistes, progressistes ou libéraux, qui occupaient des emplois non sensibles.

Les actions d'Oswald n'ont un sens que si on les regarde à la lumière de tous les faits, et non seulement de quelques morceaux choisis. Force m'est d'admettre qu'il est plus facile d'évaluer Oswald aujourd'hui, maintenant que plusieurs décennies nous séparent de la guerre froide et de l'attitude résolument anticommuniste – *better dead than Red* : plutôt mort que rouge, disait-on à l'époque – qui prévalait aux États-Unis dans les années 1960.

Son père étant mort avant sa naissance, Lee Oswald s'appuyait beaucoup sur ses frères aînés, qui avaient tous deux embrassé la vie militaire – l'un d'eux était affecté à un service de renseignement qui faisait la chasse aux communistes. Quand Lee était petit, son émission de télé favorite était *I Led Three Lives*, laquelle était basée sur l'histoire vécue d'un Américain en apparence ordinaire qui avait infiltré pendant plusieurs années un réseau communiste pour connaître ensuite la fortune et la célébrité lorsqu'on apprit qu'il était en fait un agent secret du gouvernement américain. Oswald avait un QI au-dessus de la normale, mais il souffrait de troubles d'apprentissage qui l'ont empêché de briller à l'école et ont énormément restreint ses possibilités. Il a grandi dans les quartiers malfamés de La Nouvelle-Orléans ; sa mère connaissait des membres de l'organisation criminelle de Carlos Marcello et son oncle favori, « Dutz » Murret, qu'il considérait un peu comme son père, était preneur de paris pour Marcello. Confronté à des perspectives d'avenir plutôt limitées, Oswald aura vraisemblablement choisi de suivre l'exemple du protagoniste de *I Led Three Lives*. De nombreuses preuves, incluant des déclarations faites par ses collègues de l'époque, nous apprennent qu'Oswald fut recruté par les services secrets militaires alors qu'il était dans les marines.

Oswald aurait dit un jour à l'un de ses compagnons d'armes qu'il avait « un contact civil dans les services secrets à la base d'Atsugi » et qu'il « croyait que ce contact était dans la CIA ». L'auteur Dick Russell souligne un fait intéressant : Oswald est parti s'installer en Russie en 1959. Or, à la même époque, six autres jeunes Américains sont « passés à l'Est ». Et de ces sept jeunes hommes, six, dont Oswald, sont revenus aux États-Unis avec une épouse russe. Pendant des années, la CIA a nié avoir interrogé Oswald à son retour aux États-Unis, cela en dépit du fait qu'elle avait l'habitude de sonder de manière plus ou moins systématique les voyageurs revenant de Russie, et qui dans la plupart des cas représentaient un danger potentiel beaucoup moins grand qu'Oswald. Et vu qu'Oswald avait une cote de sécurité au sein de la marine, ne serait-il pas raisonnable de croire que la CIA aurait à tout le moins cherché à savoir s'il avait partagé des renseignements sensibles avec les Soviétiques ?

Bien des années plus tard, après des décennies de déni, l'ancien directeur de la CIA Richard Helms a enfin admis à l'historien John Newman (qui est également un major à la retraite des services secrets militaires) qu'Oswald avait été interrogé par la CIA à son retour de Russie. Helms, comme l'ont fait à l'époque bien des représentants du gouvernement, avait menti à ce sujet à la commission Warren et au HSCA. Mais pourquoi au juste a-t-il fait ça ?

Dans son livre *Killing Kennedy*, Bill O'Reilly nous dit qu'Oswald a obtenu son poste dans l'entreprise de cartographie de Dallas grâce à un Russe érudit, aristocrate et résolument anticommuniste du nom de George DeMohrenschildt. Cependant, il omet de mentionner que DeMohrenschildt était à cette époque un atout de la CIA – un fait documenté dont l'agence ne s'est jamais cachée – et qu'il avait l'habitude de tenir le chef du bureau de la CIA à Dallas au courant des activités d'Oswald[4].

En 2005, j'ai révélé pour la première fois, en m'appuyant principalement sur des renseignements qui avaient été cachés au House Select Committee on Assassinations (HSCA), que, de son retour de Russie jusqu'à son arrestation pour le meurtre de JFK, Oswald était surveillé de près par les services secrets militaires. Et selon ma source, qui a participé à la rédaction des rapports issus de cette surveillance, la CIA et aussi parfois le FBI prêtaient main-forte à leurs homologues militaires en épiant eux aussi les mouvements d'Oswald et de ses associés. Un numéro de téléphone à appeler pour joindre la CIA si Oswald éprouvait quelque ennui que ce soit apparaissait bien en évidence dans un des dossiers de surveillance, ce qui indiquait que l'agence utilisait ou projetait d'utiliser Oswald d'une manière ou d'une autre. Cette surveillance d'Oswald devait se faire discrètement, car les services secrets militaires tenaient à voir si le KGB communiquerait avec lui pour tenter de le recruter ou de recruter son épouse. Ils épiaient probablement de cette manière tous les autres transfuges récemment rentrés au pays[5]. George DeMohrenschildt, qui collaborait à cette époque avec la CIA, avait aidé Oswald à obtenir le poste dans l'entreprise de cartographie liée aux avions espions U-2 afin qu'il soit plus tentant pour les Russes de l'embrigader. Parce qu'Oswald travaillait pour les services de renseignement de la marine et jouait un rôle à la CIA, cette dernière de même que son directeur, Richard Helms, considéraient qu'il était pleinement justifiable de prétendre qu'ils ne l'avaient pas interrogé à son retour de Russie. Ils ont carrément menti aux enquêteurs du HSCA et de la commission Warren sur ce point – et sur bien d'autres encore, ainsi que l'a relevé John Newman.

Flairant la supercherie, le KGB ne communiqua pas plus avec Oswald à Dallas qu'il ne l'avait fait en Russie. Sans doute ses agents avaient-ils observé la même chose que nous remarquons aujourd'hui lorsque nous nous penchons sur les activités d'Oswald après son retour aux États-Unis, à savoir qu'il évitait les communistes, marxistes et socialistes américains comme la peste, alors qu'il aurait été très facile pour lui de les côtoyer dans les collèges et quartiers cool de Dallas et de La Nouvelle-Orléans. Il se contentait de communiquer avec ces gens et ces organisations par voie postale, tactique plutôt louche qui laissait supposer qu'il tenait à laisser une trace écrite de ses tractations avec les diverses factions communistes de la région, probablement à la demande de ses supérieurs à la CIA et aux services de renseignement de la marine. La ruse était d'autant plus évidente que le meilleur ami d'Oswald à Dallas était nul autre que George DeMohrenschildt, un homme farouchement anticommuniste, et qu'Oswald travaillait également avec deux autres individus qui étaient reconnus comme des anticommunistes et anti-Castro purs et durs.

Dans les premiers mois de 1963, Oswald était probablement impatient de se voir confier une mission de nature différente. Quelle ironie que de trouver enfouies dans les vingt-six volumes de la commission Warren les notes personnelles d'Oswald, dans lesquelles il admet détester le communisme! Ce sont là des aveux qu'il n'aurait été autorisé à faire publiquement que si les opérations anticastristes auxquelles il a participé avaient été couronnées de succès. Une fois affranchi de ses fonctions d'espion, il aurait pu révéler ses véritables allégeances et accéder, ainsi qu'il l'espérait sans doute, à son juste tribut de fortune et de gloire.

Le 24 avril 1963, congédié de son boulot à la firme de cartographie, Oswald partit s'établir à La Nouvelle-Orléans. Laissant son épouse Marina à Dallas, il alla vivre chez son oncle Dutz Murret, qui, comme je l'ai mentionné, était bookmaker pour Carlos Marcello. Mais Oswald n'était pas encore établi en Nouvelle-Orléans que déjà il se retrouvait en prison, où il fut interrogé par un agent de l'Immigration and Naturalization Service (INS). Cette entrevue a probablement eu lieu en février ou en mars, avant même qu'Oswald perde son emploi à Dallas, puisque l'agent qui l'a interrogé a été transféré à l'extérieur de La Nouvelle-Orléans le 1er avril 1963. L'agent en question ne se souvient pas pourquoi Oswald avait été emprisonné, mais il s'agissait de toute évidence d'une infraction mineure, car elle n'est pas documentée. Usant probablement d'une fausse identité à consonance hispanique, Oswald s'est présenté durant l'entrevue comme un ressortissant cubain, cela en dépit du fait qu'il parlait très mal l'espagnol ! Peu de temps après, Oswald devint membre (en s'inscrivant par la poste, évidemment) du Comité d'équité envers Cuba, un groupuscule procastriste que la CIA avait ciblé en 1961, voire avant, et qu'elle cherchait à infiltrer.

C'est en 1963 qu'Oswald commanda le fusil et le pistolet bon marché qu'on l'accusera d'avoir utilisé pour tuer JFK et l'agent de police J. D. Tippit. Dans un étalage maladroit d'allégeance communiste, il demanda à son épouse de prendre une photo de lui ses armes à la main, et une autre sur laquelle il exhibait deux publications communistes d'opinions divergentes : *The Worker*, qui était la gazette du parti communiste américain, et *The Militant*, un journal trotskiste. Le professeur Philip Melanson, qui de son vivant était président du conseil de l'Université de Massachusetts Dartmouth, écrivait que de tenir ainsi deux publications aux vues diamétralement opposées n'avait pas plus de sens que si l'on tentait de présenter une vision cohérente de la politique américaine en brandissant d'un même geste le très conservateur *National Review* et l'hebdomadaire d'allégeance libérale *The Nation*. Un véritable communiste n'aurait jamais fait ça – et surtout pas quelqu'un qui, comme Oswald, avait déjà habité en Russie.

Une chose est certaine, c'est que l'essentiel des activités réelles et présumées d'Oswald en lien avec le marxisme et le communisme sont typiques d'un individu qui chercherait à bâtir et maintenir une couverture, un peu comme l'espion qui fut son idole d'enfance et de qui état inspirée l'émission *I Led Three Lives*. Mais qui pouvait bien diriger les activités d'Oswald en 1963 ? Nous savons que quelques mois après s'être installé à La Nouvelle-Orléans, ce qu'il fit en août, Oswald a travaillé avec deux associés de Carlos Marcello : Guy Banister était le détective privé attitré de Marcello, tandis que David Ferrie remplissait auprès du parrain les fonctions de pilote d'avion et d'enquêteur.

Banister et Ferrie sont des personnages souvent évoqués par les auteurs et journalistes d'enquête. Pourtant, on mentionne très rarement le lien qu'ils entretenaient avec Carlos Marcello – un lien connu, puisque Marcello a lui-même admis aux enquêteurs du gouvernement américain qu'il connaissait les deux hommes. Ferrie avait déjà été pilote de ligne pour Eastern Airlines, mais bien avant cela il avait supervisé l'unité de patrouille aérienne civile à laquelle Oswald s'était joint alors qu'il n'était encore qu'un adolescent. Certains témoignages nous laissent supposer que ce serait Ferrie qui, le premier, aurait encouragé le jeune Oswald à s'enrôler dans la marine. En 1963, Ferrie ne travaillait déjà plus chez Eastern Airlines : accusé d'avoir abusé d'un garçon de quinze ans, il avait été promptement congédié. À La Nouvelle-Orléans, Ferrie travaillait officiellement pour l'avocat de Marcello. Cependant, Marcello a avoué que Ferrie avait travaillé directement sous ses ordres durant les deux week-ends précédant l'assassinat de JFK. Victor Marchetti, qui était à l'époque l'adjoint du vice-directeur de la CIA, a confirmé qu'au début des années 1960 « Ferrie travaillait sous contrat comme agent de la CIA [...] dans certaines des activités liées à Cuba ». Marchetti se souvient par ailleurs qu'au printemps de 1963 son patron, Richard Helms, lui avait dit que « David Ferrie était un agent de la CIA ». L'historien Michael Kurtz a pour sa part rapporté que le chef adjoint de la CIA à La Nouvelle-Orléans, Hunter Leake, lui avait personnellement confirmé le fait que Ferrie avait travaillé pour l'agence en 1963. Leake lui avait également affirmé que Guy Banister avait lui aussi travaillé pour la CIA dans le cadre des opérations visant Cuba.

Banister avait des contacts plus nombreux et plus haut placés que David Ferrie au sein des agences de renseignement. Et ces contacts, il avait entrepris de les établir bien avant de commencer à travailler pour Carlos Marcello. Banister avait dirigé le bureau du FBI à Chicago au début des années 1950, et avant cela il avait été pendant deux ans et demi chef adjoint du service de police de La Nouvelle-Orléans, emploi qu'il avait perdu en raison de son comportement erratique – lequel était dû à une trop forte consommation d'alcool.

Banister avait ensuite fondé sa propre agence de détective, mais il se spécialisait davantage dans la collecte de renseignements ainsi que dans les affaires liées à la lutte au communisme ou à l'avancement de la race blanche que dans les boulots de détective privé traditionnels. Il maintenait de bonnes relations avec le bureau du FBI à La Nouvelle-Orléans ainsi qu'avec les services de renseignement de la marine, et la CIA lui confiait des tâches reliées aux opérations secrètes qu'elle menait à Cuba. Le *States-Item*, un quotidien de La Nouvelle-Orléans, rapportait que Banister avait « participé à toutes les révolutions anticommunistes d'Amérique centrale et d'Amérique du Sud, agissant en tant qu'agent de liaison dans les initiatives anticommunistes du gouvernement américain en Amérique latine ». Banister dirigeait sa propre organisation, Anti-Communist League of the Caribbean (Ligue anticommuniste des Caraïbes), laquelle fut impliquée dans un complot contre Fidel Castro en décembre 1960. Quatre mois plus tôt, alors que les complots CIA-Mafia impliquant Marcello et Trafficante en étaient au stade de la planification, la CIA avait considéré Banister pour une mission secrète qui aurait servi de couverture à une opération très délicate de l'agence. La mission fut finalement confiée à l'assistant de Howard Hughes, Robert Maheu, qui quelques années auparavant avait été le partenaire de Banister – c'était avant que celui-ci s'établisse à La Nouvelle-Orléans. (Les deux hommes avaient eu un autre associé, Carmine Bellino, qui déjà en 1963 travaillait en étroite collaboration avec les Kennedy dans leur lutte contre la Mafia.) Dans les années 1930, époque où il était au FBI, Banister avait même travaillé sur deux dossiers avec le général Joseph Carroll, qui en 1963 s'était vu confier la direction d'une agence nouvellement créée, la Defense Intelligence Agency, qui avait pour mandat de superviser les services de renseignement de la marine ainsi que les autres agences militaires du renseignement.

On dit qu'au début de 1961 Banister et Ferrie auraient tous deux aidé la CIA dans l'opération de la baie des Cochons. La Nouvelle-Orléans abritait à cette époque un des camps d'entraînement secrets dans lesquels la CIA formait les exilés cubains qui prendraient part à la mission. Le 20 janvier 1961, à La Nouvelle-Orléans, une des organisations de Banister avait acheté sous le nom d'« Oswald » des camions destinés à être utilisés dans une opération anti-Castro. Il n'y avait aucun risque à employer ce pseudonyme trois mois avant le débarquement de la baie des Cochons, puisque le véritable Oswald se trouvait encore en Union soviétique à ce moment-là.

En 1963, Ferrie et Banister continuèrent de travailler pour la CIA au sein d'opérations visant Cuba, et durant l'été Oswald se joignit à eux. Le professeur Michael Kurtz, qui fréquentait cette année-là l'Université de La Nouvelle-Orléans, vit Banister et Oswald discuter d'intégration raciale avec d'autres étudiants. Le professeur et ancien secrétaire d'État de l'Arizona Richard Mahoney a publié en 1999 un livre sur John et Robert Kennedy. Dans cet ouvrage intitulé *Sons and Brothers*, qu'il a rédigé après avoir obtenu un accès privilégié à la bibliothèque présidentielle John F. Kennedy, Mahoney écrit que six témoins ont vu Oswald en compagnie de Ferrie et Banister durant l'été de 1963 – à cette même époque, Oswald s'employait à attiser l'attention des médias avec son chapitre bidon du Comité d'équité envers Cuba, dont il était le seul et unique membre. Deux témoins ont déclaré qu'Oswald travaillait pour Banister dans ce temps-là.

Le professeur Kurtz a maintenant ajouté trois noms à la liste des témoins qui ont vu Ferrie et Banister ensemble, dont celui de Hunter Leake, ancien chef adjoint de la CIA à La Nouvelle-Orléans. Ce dernier affirme que Ferrie et Banister travaillaient ensemble, et il a même confirmé le fait que Lee Oswald effectuait lui aussi des petits boulots pour la CIA. « Leake dit avoir personnellement remis diverses sommes à Oswald en paiement de ses services », précise Kurtz. Lors d'une entrevue réalisée par la suite avec Richard Helms, qui était responsable des opérations spéciales de la CIA en 1963 avant de devenir directeur de l'agence, Kurtz a interrogé Helms à ce sujet et il se souvient que « Helms n'a ni confirmé ni nié cette affirmation ».

Une fiche issue des dossiers déclassifiés de la CIA lie définitivement Oswald à Banister et Ferrie : « Le fait que Banister, David William Ferrie et le sujet [Oswald] puissent se connaître ou avoir fait connaissance n'est un secret pour personne à la CIA. » C'est le moins qu'on puisse dire ! En vérité, la CIA tenait à La Nouvelle-Orléans des fichiers détaillés concernant Oswald, Ferrie et Banister. Nous parlerons de ce qu'il est advenu de ces documents dans un prochain chapitre.

Banister et Ferrie étaient en bonne position pour manipuler Oswald étant donné que celui-ci avait toujours besoin d'argent, qu'il n'avait ni voiture ni permis de conduire et qu'il avait été libéré de son service militaire dans des conditions moins qu'honorables du fait de sa «défection» en Russie. (Oswald avait par ailleurs besoin d'une dernière mission qui viendrait couronner sa carrière d'espion et lui permettrait d'en tirer profit une fois qu'il aurait publiquement révélé la vérité sur lui-même.) C'est peut-être Banister qui a incité Oswald à acheter des armes par la poste et à fonder un chapitre du Comité d'équité envers Cuba à La Nouvelle-Orléans, sachant qu'à cette même époque le Congrès américain enquêtait à la fois sur la vente d'armes par correspondance et sur le comité en question. Il est également possible que Ferrie et Banister aient eu pour mission de surveiller les agissements d'Oswald pour le compte de la CIA et des services de renseignement de la marine. Une chose est certaine, c'est que quelqu'un surveillait Oswald sous les ordres des services secrets militaires. En acceptant cette charge, Banister et Ferrie pouvaient faire croire à Oswald qu'une nouvelle mission secrète l'attendait et le manipuler ainsi à leur guise. Il se peut même que Ferrie et Banister aient contrôlé Oswald spécifiquement pour faire de lui le bouc émissaire dans l'assassinat du président Kennedy – une hypothèse probable compte tenu du nombre de témoins qui ont aperçu les trois hommes ensemble à La Nouvelle-Orléans dans les mois précédant le meurtre de JFK. Il faut aussi prendre en considération le fait que, quelques mois à peine avant qu'Oswald commande, de son propre chef ou sous l'influence de Ferrie et Banister, le fusil et le pistolet qui étaient en sa possession le jour du meurtre du président, Carlos Marcello avait exprimé le souhait de tuer JFK pour mettre fin au procès que son frère, Robert Kennedy, avait intenté contre lui. Un informateur avait entendu Marcello proférer cette menace et avait rapporté la chose à son contact du FBI. Bien que le rapport n'ait pas encore fait surface dans les dossiers que le FBI a rendus accessibles, le témoignage dudit informateur fut étudié par le HSCA, qui a conclu que l'incident avait bel et bien eu lieu.

Oswald se prêta en 1963 à des activités pour le moins étranges que l'on pourrait expliquer par le fait qu'il ait été manipulé par Ferrie et Banister pour le compte de Marcello, cela à l'insu de la CIA et des services secrets militaires. En août de cette année-là, alors même qu'on l'apercevait en compagnie de Banister et Ferrie, Oswald défraya la chronique après s'être bagarré dans les rues de La Nouvelle-Orléans contre le leader d'un regroupement d'exilés cubains. La couverture que l'on fit de l'incident à la télé, à la radio et dans les journaux était étonnante du fait qu'au début des années 1960 il était très difficile pour les groupes d'extrême gauche d'attirer l'attention des médias dans des États politiquement conservateurs tels le Texas et la Louisiane. Appréhendé par la police après la bagarre, Oswald fut promptement libéré lorsqu'un associé de Carlos Marcello se présenta pour payer sa caution. (À cette époque, Oswald, Banister et Ferrie commirent une petite bourde : ils inscrivirent l'adresse de l'entrée de service du bureau de Banister, 544 Camp Street, sur un lot de prospectus procastristes qu'Oswald distribua ensuite avec ostentation dans les rues de La Nouvelle-Orléans.)

La CIA disposait d'un expert en propagande médiatique du nom de David Atlee Phillips, qui avait maintes fois contribué à renverser des gouvernements d'Amérique latine pour le compte de l'Agence centrale du renseignement. Il est très probable que Phillips, qui était par ailleurs bon ami avec un agent de la CIA nommé E. Howard Hunt, ait orchestré les coups de publicité dont Oswald avait été le bénéficiaire – Guy Banister lui-même avait sollicité Phillips deux ans plus tôt pour monter une publicité anti-Castro. Il y a aussi de fortes chances que le propagandiste ait rencontré Oswald et le leader exilé cubain Antonio Veciana à Dallas vers la fin août, début septembre, dans le but de fomenter un attentat contre Castro. Selon l'enquêteur gouvernemental Gaeton Fonzi, cette rencontre s'est réellement tenue ; mon assistant à la recherche a également confirmé la chose à la suite d'une entrevue avec Veciana. Il est important de noter qu'en 1963 Richard Helms travaillait toujours à l'élaboration de complots contre Castro avec la collaboration de la Mafia, cela à l'insu de son propre patron (John McCone, directeur de la CIA), de Robert Kennedy et du président Kennedy. Marcello et Trafficante ont bien sûr participé à ces complots, assistés de leur partenaire avoué dans le meurtre de JFK, Johnny Rosselli – qui avait lui aussi visité Guy Banister cet été-là.

Les mésaventures d'Oswald à Mexico avaient également des allures de manipulation. Oswald s'était rendu dans cette ville – où David Atlee Phillips avait son quartier général bien qu'il fît fréquemment des missions pour Washington sans passer par le chef de la CIA à Mexico City – pour visiter les ambassades russe et cubaine dans le but d'obtenir droit d'entrée à Cuba. Après le passage d'Oswald, un individu qui parlait un excellent espagnol mais un très mauvais russe – tout le contraire d'Oswald – appela les ambassades pour s'assurer qu'Oswald n'aurait pas la permission de se rendre à Cuba. On eût dit que quelqu'un voulait empêcher Oswald de quitter les États-Unis, du moins jusqu'à l'automne.

Marcello avait les moyens et les relations nécessaires pour contrecarrer le projet d'Oswald. À cette époque, la police fédérale mexicaine (DFS) aidait la CIA à effectuer une surveillance téléphonique des ambassades russe et cubaine. Mais la DFS était une organisation corrompue qui était mêlée au même réseau de trafic d'héroïne que Marcello et Trafficante. Peu de temps auparavant, un atout de la CIA qui était impliqué avec Marcello et Trafficante dans les complots CIA-Mafia avait installé des dispositifs d'écoute dans une autre ambassade communiste de Mexico. La CIA et la Mafia américaine avaient donc à portée de main un homme capable de mettre sous surveillance ou sous écoute les ambassades communistes auxquelles Oswald s'était adressé.

Aux chapitres 14 et 15, nous examinerons en détail les faits et gestes d'Oswald le jour de l'assassinat de JFK, mais, pour le moment, il nous faut souligner un fait important survenu ce jour-là : immédiatement après qu'Oswald eut été identifié en tant que suspect potentiel, des employés des services de renseignement de la marine ont reçu l'ordre d'assainir ou de détruire l'essentiel des rapports de surveillance dont il avait fait l'objet – la chose m'a été confirmée par une source interne qui dit avoir été rappelée à son bureau de Washington pour participer à la destruction des documents en question. Une note du FBI rédigée quelques mois plus tard nous apprend que la destruction des dossiers liés à Oswald s'est poursuivie jusqu'au milieu de la journée du dimanche 24 novembre. La note précise qu'un agent du FBI du nom de T. N. Goble a rapporté le fait que trois marines « ont mentionné avoir été interrogés au sujet d'Oswald ». Cela dit, « Goble a noté qu'on ne trouve aucune mention d'une telle affirmation ou de tels interrogatoires » dans les documents que la marine et ses services de renseignement ont fournis au FBI. Un post-scriptum rattaché au dossier souligne ceci : « Goble est convaincu sans l'ombre d'un doute que ces interrogatoires ont eu lieu. Leur absence dans les dossiers du corps des marines et du Bureau des renseignements de la marine "laisse supposer qu'ils ont été détruits". »

Curieusement, la destruction des documents liés à Oswald fut stoppée aussitôt que Washington fut informé de la mort de celui-ci. Oswald n'étant plus, il n'y aurait pas de procès, aussi n'était-il plus nécessaire de détruire les documents le concernant ; il suffisait de les cacher pour les tenir à l'abri du regard scrutateur des autres agences. Paul Hoch, un recherchiste chevronné qui a participé à plusieurs enquêtes gouvernementales sur JFK, a mis la main sur d'autres notes déclassifiées indiquant que la marine détenait davantage de documents secrets sur Oswald que ce qu'elle avait fourni à la commission Warren. Les notes faisaient référence à trois dossiers inconnus, ainsi qu'à un « dossier complémentaire » qui n'avait jamais été produit ou mentionné devant quelque comité que ce soit.

Une fois Oswald assassiné par Jack Ruby, un procès n'était plus dans les cartes. Les différents services de renseignement de la marine militaire américaine décidèrent alors de mener leur propre enquête sur Oswald. Afin de maintenir le secret le plus strict, et ce, même dans les rangs des services de renseignement de la marine, on fit appel aux mêmes individus qui avaient travaillé à la surveillance d'Oswald – ma source confidentielle faisait partie de ce groupe.

L'enquête débuta le 24 novembre 1963, immédiatement après la mort d'Oswald, et elle s'étendit sur six semaines. Étant donné que les services de renseignement de la marine avaient fait d'Oswald l'objet d'une surveillance top secret, il n'était pas étonnant qu'ils veuillent savoir dans quelle mesure il pouvait être impliqué dans le meurtre de JFK. Même en l'absence de procès, il se pouvait que la presse et le public en viennent à être informés du travail qu'avait fait Oswald pour les agences de renseignement et de la surveillance étroite sous laquelle il avait été placé ; s'ensuivrait un véritable cauchemar de relations publiques pour les services secrets militaires et pour les agences qui, telle la CIA, avaient participé à la surveillance d'Oswald. Les dirigeants des services de renseignement militaires allaient devoir avoir en main le plus d'information possible dans l'éventualité où ils seraient interrogés par le président Johnson ou par les leaders du Congrès. Pour ces raisons, l'enquête militaire visant Oswald fut menée dans le plus grand secret – la nouvelle ne se propagea même pas au sein des réseaux de renseignement de la marine. Tous les enquêteurs impliqués devaient signer des ententes de confidentialité stipulant qu'ils seraient traduits en cour martiale s'ils divulguaient quelque information que ce soit. Au bout du compte, l'enquête militaire ne fut pas ébruitée. Même la commission Warren n'en fut pas informée.

En 1978, l'épouse d'un navigateur militaire désormais à la retraite qui avait participé à l'époque à plusieurs vols transportant les enquêteurs dévoila au House Select Committee on Assassinations (HSCA) l'existence de l'enquête militaire qui avait visé Oswald. Lorsqu'il fut appelé à témoigner devant le HSCA, l'ex-navigateur affirma qu'il avait effectivement participé à l'enquête secrète, puis il révéla aux gens du comité une foule de renseignements très précis : qui étaient les commandants responsables ; combien de personnes faisaient partie de l'unité d'enquête ; les voyages qu'ils avaient faits et les endroits où ils étaient allés pour fouiller le passé d'Oswald ; ce genre de détails. Le rapport final du comité nous apprend cependant que, lorsque les enquêteurs du Congrès ont tenté d'examiner ces pistes, ils n'ont reçu de la part du département de la Défense que des réponses évasives.

Ce n'est qu'à la toute fin de son mandat que le HSCA obtint une première confirmation officielle de l'existence d'une enquête militaire visant Oswald. Les services secrets n'avaient jamais communiqué de rapport final ni de conclusions à la commission parlementaire de la Chambre. Toutefois, l'ancien navigateur qui avait été appelé à comparaître devant le comité confirma qu'il y avait bel et bien eu rapport d'enquête, puisque lui-même en avait pris connaissance, et il témoigna du fait que ledit rapport concluait que « l'assassinat n'a[vait] pas pu être commis par une seule personne ».

La source dont je dispose au sein des services de renseignement de la marine a participé à l'enquête sur Oswald et m'a fourni de plus amples détails à ce sujet. Elle m'a confié que le rapport de l'enquête déduisait qu'Oswald « ne pouvait pas être le tireur, puisqu'il n'avait pas les aptitudes de tir ni l'arme nécessaires pour toucher une telle cible ». Ma source disait que le rapport insistait sur ce fait, et qu'on pouvait y lire un peu plus loin : « Oswald était incapable d'orchestrer un attentat pareil ou de réussir lui-même un tel tir de précision. »

J'ai localisé par la suite une source indépendante additionnelle, un ex-marine qui m'a confirmé l'existence du rapport et le fait qu'il concluait que « le tireur n'était pas Oswald », et que celui-ci « était incapable d'orchestrer un attentat pareil ». Favorisé par le grade élevé d'un père amiral, cet ancien marine avait été affecté à un job de bureau peinard sur l'une des plus importantes bases navales américaines du Pacifique. En classant des dossiers, il avait remarqué ce rapport et, intrigué, l'avait lu en entier. Il m'a dit que, si ce document avait abouti si loin de Washington, c'était probablement parce qu'on voulait le garder secret et éviter qu'il ne tombe entre les mains de politiciens ou de fonctionnaires qui en révéleraient l'existence aux journalistes.

Ces conclusions font écho aux réserves de certains membres du gouvernement américain qui en privé se disaient peu convaincus de la validité des preuves ayant servi à incriminer Oswald, alors qu'en public ils se devaient de proclamer sa culpabilité. De tels commentaires étaient issus des plus hautes sphères du gouvernement, ainsi qu'en fait foi l'enregistrement d'une conversation téléphonique privée entre le président Lyndon Johnson et J. Edgar Hoover. Au cours de cet appel qui a eu lieu peu après l'assassinat de JFK, Hoover dit à Johnson que « les preuves » contre Oswald « ne sont pas très solides ». Pourtant, à cette époque, Hoover clamait haut et fort la culpabilité d'Oswald sur toutes les tribunes publiques.

L'ancien chef de police de Dallas Jeff Curry, qui avait fait partie du défilé présidentiel, se montre aujourd'hui catégorique quant à l'absence de preuves contre Oswald : « Nous n'avons aucune preuve comme quoi ce serait Oswald qui aurait fait feu, et nous n'en avons jamais eu. Personne n'a jamais pu prouver qu'il se trouvait dans cet édifice avec une arme à la main. » À l'époque, Curry, à l'instar de Hoover, ne laissa transparaître aucun doute quant à la culpabilité d'Oswald dans ses déclarations publiques, mais en son for intérieur soupçonnait, ainsi qu'il l'admit publiquement bien des années plus tard, qu'Oswald « était sans doute une sorte d'agent, entraîné pour résister aux interrogatoires ».

Avec un peu de recul, il est aisé de comprendre pourquoi le public américain a initialement accepté la théorie soutenue par Hoover et Curry ainsi que par d'autres représentants du gouvernement, selon laquelle ce serait un « fou solitaire », communiste de surcroît, qui aurait tué JFK. Au plus fort de la guerre froide opposant l'Amérique au communisme, ces propos avaient de quoi rassurer. Et si l'on se fiait aux apparences, Oswald était le coupable idéal : il travaillait dans un édifice qui bordait la route empruntée par le cortège de Kennedy; il était membre du Comité d'équité envers Cuba; et il semblait coupable d'un autre meurtre, celui du policier J. D. Tippit.

Ainsi qu'on l'a maintes fois rapporté depuis la parution, en 1966 et 1967, des premières analyses critiques de l'information contenue dans les vingt-six volumes de la commission Warren, les allégations invoquées par la commission pour prouver la culpabilité d'Oswald ne concordent pas du tout avec les faits. Par exemple, Oswald n'a pas été la seule personne à quitter l'entrepôt de livres après la fusillade, d'autres employés l'ont fait aussi. Oswald ne s'est pas enfui en voiture comme on l'a prétendu (il n'avait même pas de permis de conduire) : il a quitté les lieux à bord d'un autobus du réseau de transport en commun de la ville. Et il n'avait que 13,87 $ en poche lorsqu'on l'a appréhendé au Texas Theatre.

Fait encore plus important que le chef de police Curry a souligné: aucune preuve crédible ne place Oswald au sixième étage de l'entrepôt de livres, là où le tireur était censé avoir été embusqué. Bien au contraire, les preuves les plus convaincantes que nous détenons – et qui incluent des témoignages tirés des volumes de la commission Warren – situent Oswald dans la cantine de l'immeuble au moment de la fusillade, et plus exactement à proximité d'un téléphone public, comme s'il attendait de faire ou de recevoir un appel. Ainsi que nous le verrons un peu plus tard, les preuves et témoignages de témoins oculaires qui incriminent Oswald dans les événements de Dealey Plaza et de l'affaire Tippit sont peu concluants et pour le moins problématiques. Le comportement d'Oswald au Texas Theatre, la salle de cinéma où il fut arrêté, semble quant à lui indicatif d'un individu qui se serait rendu là pour rejoindre un contact dans le cadre d'un rendez-vous. De fait, John Martino, un mafioso associé à Marcello et Trafficante, aurait dit ceci à un ami: «Oswald allait rencontrer son contact au Texas Theatre. Les gars étaient censés aller le chercher dans le ciné, et après ils allaient le faire sortir du pays.»

Oswald peut sembler être un personnage étrange quand on l'examine tel un élément isolé, mais en fait il n'était pas le seul suspect dans le meurtre de JFK. Nous l'avons mentionné plus tôt et nous en reparlerons plus en détail dans les prochains chapitres, Marcello et les autres parrains de la Mafia avaient planifié des attentats contre JFK dans d'autres villes que Dallas. Et Oswald n'était pas le seul ex-marine à avoir été arrêté et interrogé en lien avec le meurtre du président. Thomas Vallee, un ancien marine qu'on disait perturbé, fut appréhendé à Chicago le matin du 2 novembre 1963, jour où le cortège transportant JFK devait traverser la ville. Les rues étaient déjà bordées de gens venus pour voir le président lorsque le défilé fut annulé. On justifia l'annulation en donnant deux raisons bidon, mais en vérité c'étaient les services secrets qui avaient pris cette décision après avoir eu vent de la présence dans la région de quatre assassins potentiels. L'enquête du HSCA a révélé qu'au moment de son arrestation, Vallee avait dans sa voiture «un fusil semi-automatique M-1, un pistolet et 3000 cartouches». On a relevé en outre des parallèles saisissants entre la situation de Vallee à Chicago et celle d'Oswald à Dallas: à l'instar d'Oswald, Vallee avait récemment obtenu un emploi dans un entrepôt situé juste en bordure de la route qu'emprunterait le défilé présidentiel; il avait élu domicile dans un YMCA presque en même temps qu'Oswald; et tout comme Oswald plus tôt en 1963, Vallee était en contact avec un groupe d'exilés cubains anti-Castro parrainé par la CIA.

Il y avait encore plus de parallèles entre Oswald et Gilberto Lopez, un jeune homme qui vivait à Tampa au moment de l'attentat prévu pour le 18 novembre 1963. Ce jour-là, l'endroit où Lopez travaillait était situé tout près de l'itinéraire de JFK. Oswald et lui étaient à peu près du même âge et avaient la même description physique générale. (La description du suspect qui avait été identifié à Tampa avant l'attentat contre JFK dans cette ville concordait davantage à celle d'Oswald et de Lopez que la description que la police de Dallas a émise après que JFK eut été tué.) Des sources et documents gouvernementaux démontrent qu'il n'y avait pas moins de dix-neuf parallèles entre les deux hommes, dont ceux-ci : ils étaient tous deux liés au Comité d'équité envers Cuba (ce qui était en soi une drôle de coïncidence) ; ils avaient tous deux participé à des bagarres pour défendre leurs prétendues allégeances procastristes ; l'un et l'autre avaient fait un voyage plutôt étrange à Mexico pour tenter d'obtenir le droit d'entrée à Cuba ; ni l'un ni l'autre ne savait conduire, ni l'un ni l'autre n'avait de voiture ; ils étaient tous deux partis s'établir dans une nouvelle ville, laissant derrière eux leur épouse, quelques mois avant l'assassinat de JFK. Après le passage de JFK à Tampa (le président avait pu terminer son défilé, l'attentat n'ayant pas eu lieu), Lopez quitta cette ville de la Floride qui était le port d'attache de Trafficante et serait allé s'installer à Dallas, sur le territoire de Marcello. Lopez fit plus tard l'objet d'une enquête menée par le FBI et la CIA pour le meurtre de JFK, et les rapports issus de ces enquêtes secrètes furent mis à la disposition des services de renseignement de la marine.

Si JFK avait été tué à Chicago le 2 novembre 1963, sur le territoire de Johnny Rosselli, ou à Tampa le 18 novembre 1963, sur celui de Trafficante, un individu très semblable à Oswald aurait été identifié pour prendre le blâme. Un bouc émissaire avait été mis en place dans chacune des trois villes où passa le cortège présidentiel. Le plan de base des conspirateurs, qui était de viser JFK alors qu'il défilait à bord d'un véhicule décapotable, pouvait être mis en œuvre tant à Chicago qu'à Tampa ou Dallas. Mais alors qu'un bouc émissaire différent avait été prévu dans chacune de ces villes, les autres protagonistes, eux, restaient sensiblement les mêmes. Jack Ruby, par exemple, faisait partie de l'organisation de Marcello à Dallas, mais ses liens avec la Mafia de Chicago, d'où il était originaire, étaient bien documentés. Et on sait que Ruby a touché de grosses sommes à Chicago et à Tampa, juste avant les dates prévues pour les attentats.

Oswald est longtemps demeuré un mystère pour les gens qui se sont penchés sur l'assassinat de JFK. Cependant, une fois qu'on l'insère dans un contexte incluant Carlos Marcello, ses associés ainsi que les services secrets américains, tout devient plus clair. Comment Oswald pouvait-il prétendre être communiste et en même temps s'acoquiner avec des individus farouchement anticommunistes et anticastristes de la trempe de Banister, Ferrie et George DeMohrenschildt? Parce qu'il était un agent (ou atout) anticommuniste des services secrets américains. (Nombreux sont les libéraux, y compris JFK, qui se déclaraient anticommunistes au début des années 1960. Oswald pouvait aisément assumer ce rôle sans adopter pour autant les vues ultraconservatrices d'individus comme Ferrie et Banister.) Il avait fait partie d'un groupe d'atouts envoyés en Union soviétique par les services secrets américains, et qui avaient pour mission de feindre la défection et de revenir aux États-Unis après avoir épousé une Russe. Voyant que le KGB ne mordait pas à l'hameçon, les services de renseignement de la marine ou la CIA ont affecté Oswald à une opération anti-Castro qui était en cours de développement. C'est à ce moment que Banister et Ferrie, eux aussi des atouts des services secrets, entreprirent de manipuler Oswald pour des motifs obscurs qui n'étaient pas liés aux agences de renseignement gouvernementales. Les deux hommes travaillaient également pour Carlos Marcello, un parrain de la Mafia qui projetait de tuer le président Kennedy pour mettre fin à la guerre que le frère du président, Robert Kennedy, avait déclarée à la Mafia en général, mais plus particulièrement à Marcello et à ses alliés.

Oswald devait très certainement se concentrer à ce moment-là sur cette mission à Cuba qui lui était promise, et sur la grande révélation à venir de son passé d'agent secret, qui lui amènerait gloire et fortune. Quelle ironie de constater que les gestes qu'il a posés pour façonner l'image procastriste et procommuniste nécessaire à son travail d'espion auraient plaidé en faveur de sa culpabilité s'il avait un jour été accusé d'avoir assassiné le président! John Martino, un associé de Marcello et de Trafficante qui a avoué avoir participé au complot contre JFK, a très bien décrit le destin tragique d'Oswald lorsqu'il disait à l'un de ses hommes de confiance: «Oswald ignorait dans quel pétrin il s'était foutu. Il ne savait pas pour qui il travaillait vraiment – il se faisait manipuler sans savoir qui tirait les ficelles.»

CHAPITRE 3
Confessions d'un parrain de la Mafia

Le 15 décembre 1985, Carlos Marcello, parrain de la Mafia, s'entretint avec deux de ses proches collaborateurs dans la cour du pénitencier où les trois hommes étaient incarcérés. Le mafioso se trouvait encore à pester contre les frères Kennedy. Bien que John et Robert Kennedy fussent morts depuis belle lurette, Marcello avait l'habitude de se lancer dans des tirades interminables à leur sujet, les maudissant avec une haine sans cesse renouvelée. Ce jour-là, le parrain poussa plus loin les confidences, probablement parce qu'il faisait confiance à ses interlocuteurs et qu'il n'y avait pas d'oreilles indiscrètes dans les parages. Marcello, qui maîtrisait habituellement fort bien ses émotions, s'enflamma soudain en évoquant la croisade que les Kennedy avaient menée contre lui : ils avaient commencé par le traîner devant le Congrès, puis ils l'avaient déporté en Amérique centrale, et enfin ils avaient intenté un procès contre lui à La Nouvelle-Orléans, épicentre de son vaste empire criminel.

Au paroxysme de sa rage contre les Kennedy, Marcello laissa échapper un aveu des plus déconcertants. Parlant de John F. Kennedy, il lança : « Ouais, c'est moi qui l'ai fait buter, ce salaud. Et j'en suis fier ! » Sans doute aurait-il aimé appuyer lui-même sur la gâchette, puisqu'il ajouta, s'adressant toujours à ses collègues abasourdis : « Je regrette de ne pas avoir pu le faire moi-même. »

Carlos Marcello était devenu le parrain le plus puissant d'Amérique parce qu'il était impitoyable, certes, mais aussi parce qu'il était prudent et discret. Or, il sentait qu'il était allé trop loin en livrant cette remarquable confession. Sans plus piper mot, il tourna les talons et s'éloigna. Ses deux associés avaient peine à croire ce qu'ils venaient d'entendre. L'un dit à l'autre : « Je ne sais pas pour toi, mais moi, je n'ai rien entendu. » À ces mots, il s'éloigna lui aussi, laissant leur troisième compagnon seul dans la cour de la prison à soupeser la gravité de la situation. Ce troisième était nul autre que Jack Van Laningham.

Van Laningham, qui était alors âgé de cinquante-six ans, était le compagnon de cellule de Marcello au Texarkana Federal Correction Institute. Au fil du temps, les deux hommes s'étaient liés d'amitié, et Marcello en était venu à considérer Van Laningham comme un fils qu'il se devait de protéger et de conseiller.

Ce que Marcello ignorait, c'était que son bon ami Jack était également un informateur actif du FBI.

Après avoir conclu officiellement en 1979 que Carlos Marcello avait « le mobile, les moyens et l'opportunité d'assassiner le président Kennedy », le HSCA avait remis le dossier entre les mains du département de la Justice afin que celui-ci poursuive l'enquête. Ce dernier ferma le dossier en 1988, apparemment sans avoir donné suite aux recommandations du comité. Cependant, nous savons aujourd'hui qu'en 1985 et 1986, Marcello fut la cible d'une enquête majeure et extrêmement secrète dont le nom de code était CAMTEX, acronyme tiré des mots « Carlos », « Marcello » et « Texas ». L'opération fit appel à l'informateur du FBI Jack Van Laningham, qui en 1985 obtint de la bouche de Marcello la confession que nous venons de décrire, mais qui permit aussi aux autorités de glaner, par le biais de conversations enregistrées en secret par le FBI, des détails additionnels au sujet du puissant parrain. Sur ces enregistrements, Marcello décrit comment l'assassinat de JFK fut orchestré et donne le détail de ses rencontres avec Lee Oswald et Jack Ruby. Pour des raisons qui ne peuvent être que politiques, des personnages haut placés dans l'administration Reagan-Bush et au département de la Justice décidèrent de ne pas révéler au Congrès, au public ou aux médias l'existence de CAMTEX et de la confession de Marcello, ce qu'ils auraient pourtant eu l'occasion de faire en 1986 quand l'opération CAMTEX prit fin, ou en 1992 lorsque le Congrès américain adopta le JFK Assassination Records Act, qui ordonnait que soient rendus publics tous les dossiers gouvernementaux relatifs au meurtre de JFK.

Cette loi spéciale mena à la formation d'un comité de révision dont le mandat se terminait en septembre 1998. Or, ce n'est qu'à la toute fin que le FBI remit entre les mains du comité près d'une centaine de pages issues des dossiers de CAMTEX. Surchargés par cet ajout de dernière minute – ainsi que par une masse de documents encore plus volumineuse en provenance de la CIA –, les membres du comité de révision et de son personnel n'ont vraisemblablement pas eu le temps de prendre connaissance des documents contenant la confession de Marcello, et ils n'auront probablement feuilleté que quelques pages du dossier CAMTEX avant la fermeture définitive de leurs bureaux.

Au cours des sept années suivantes, les auteurs et journalistes qui s'intéressaient à l'affaire n'ont trouvé aux Archives nationales qu'une poignée de pages tirées des dossiers de CAMTEX, dont certaines étaient incompréhensibles dû au fait que plus de 90 % du texte avait été caviardé. En 2006, après des mois de travail acharné et avec l'aide du personnel des Archives nationales, j'ai enfin réussi à mettre la main sur l'essentiel des documents que CAMTEX avait remis au comité de révision… et la majorité d'entre eux n'avaient pas été censurés ! C'est en 2008, au cœur de la couverture médiatique qui accompagnait la publication de mon livre *Legacy of Secrecy*, que le public a été informé pour la première fois de la confession de Marcello. On trouve également dans cet ouvrage des entrevues avec les agents du FBI qui furent les principaux acteurs de CAMTEX. L'année suivante, j'ai participé à une émission spéciale réalisée en partenariat avec NBC News pour la chaîne Discovery, qui s'intitulait *Did the Mob Kill JFK* ? Jack Van Laningham, qui s'était fait très discret depuis sa sortie de prison, fut localisé pour les besoins de la cause.

Le livre que vous avez entre les mains dévoile des faits saisissants au sujet de la confession de Marcello et de CAMTEX. Cette information, qui n'a jamais été divulguée auparavant, provient des dossiers déclassifiés du FBI, de Jack Van Laningham lui-même, mais aussi de certaines figures-clés du FBI qui ont participé à cette vaste opération de dissimulation. J'ai réalisé de nombreuses entrevues avec Jack Van Laningham depuis 2009, certaines en personne et d'autres par téléphone. Or, ces échanges viennent étoffer ou clarifier des portions importantes du récit que relatent les dossiers du FBI et les agents impliqués. Il est remarquable de constater à quel point cette information vient confirmer certaines des découvertes les plus cruciales de la commission spéciale de la Chambre (HSCA) et d'historiens tel John H. Davis, biographe attitré de Carlos Marcello – le livre que Davis a publié en 1989, *Mafia Kingfish*, demeure à ce jour la seule biographie définitive du parrain. Les nouvelles révélations relatives à CAMTEX que j'exposerai ici viennent également étayer sur certains points fondamentaux les conclusions avancées par le HSCA, par les enquêteurs gouverne-mentaux ainsi que par d'autres historiens et journalistes réputés.

La crédibilité est une considération de première importance quand il est question d'évaluer une information liée à l'assassinat de JFK. Or, l'information contenue dans les dossiers de CAMTEX au sujet de Marcello est d'une fiabilité absolue. Tous les documents de CAMTEX auxquels je fais référence dans ce livre proviennent des dossiers du FBI qui se trouvent aux Archives nationales, et qui ont tous été officiellement déclassifiés. Plusieurs agents et superviseurs du FBI ont participé à CAMTEX. Cette dangereuse opération d'infil-tration qui débuta en 1985 pour se poursuivre jusqu'au début de 1987 était autorisée par le FBI et par le département de la Justice, et elle a permis de mettre Marcello sous écoute et d'ainsi réaliser des enregistrements très compromettants. Elle ciblait Carlos Marcello lui-même, mais aussi des membres de sa famille, dont son frère Joe. Durant l'opération, un membre de la famille de Marcello s'est fait prendre à verser deux pots-de-vin à un agent d'infiltration du FBI qui se faisait passer pour un ami de Van Laningham.

Jack Van Laningham a une excellente mémoire et se souvient très bien de ces événements qui remontent à plus de vingt-cinq ans. On peut aisément vérifier la fiabilité de son souvenir en comparant ses commentaires d'aujourd'hui au récit détaillé qu'il fit de ces évé-nements dans les années 1980 et que l'on trouve dans les dossiers du FBI. Quand j'ai réalisé ma première entrevue avec lui pour NBC, il y avait plus de deux décennies que Van Laningham n'avait pas revu les notes qu'il avait prises à l'époque – et pour cause, puisqu'elles étaient restées consignées depuis ce temps dans les archives du FBI. De fait, j'ai eu l'occasion d'interviewer Van Laningham plusieurs fois, et en profondeur, avant qu'il ait l'occa-sion de revoir ses notes personnelles. Or, même en l'absence de ces aide-mémoire, ses souvenirs concordaient tout à fait aux événe-ments qu'il décrivait sur ces pages dactylographiées vieilles d'une vingtaine d'années.

Le FBI avait fait passer un test polygraphique à Van Laningham après sa sortie de prison en 1989. À cette occasion, le détecteur de mensonges avait déterminé que Van Laningham disait la vérité au sujet de la confession de Marcello. Il faut souligner que Van Laningham n'était pas un criminel de profession : avant de com-mettre la bourde qui l'a mené à son incarcération, il n'était qu'un simple père de famille qui gagnait bien sa vie. Il n'avait même pas de casier judiciaire !

En 1985, à l'âge de cinquante-six ans, Jack Van Laningham avait passé le plus clair de sa vie à travailler, en tant que civil, comme contrôleur aérien pour l'armée de l'air américaine. Il avait changé de carrière dans les années 1970 pour devenir vendeur de voitures. Il vivait alors en Californie et gagnait un salaire suffisant pour pourvoir aux besoins de son épouse, qui était d'origine britannique, et de leurs trois enfants. Mais la femme de Jack était alcoolique. Elle le quitta au début des années 1980, ce qu'il eut beaucoup de mal à accepter. Dévasté, Van Laningham sombra lui aussi dans les affres de l'alcool. À son plus bas, il buvait régulièrement et logeait dans un petit motel de Tampa, en Floride. Lorsque l'argent vint à lui manquer, il commit le seul crime qu'il ait fait de sa vie : sous l'influence de l'alcool, il dévalisa une banque armé d'un sac de linge sale et d'une télécommande de téléviseur, faisant croire aux caissiers qu'il s'agissait d'une bombe et d'un détonateur.

Jack réussit son coup, mais, rongé par les remords, il décida de se livrer aux autorités. À la suite de son arrestation, un agent du FBI de Tampa a admis qu'ils n'auraient jamais trouvé le coupable si Van Laningham ne s'était pas lui-même manifesté. Notre homme écopa tout de même de huit ans de prison pour vol à main armée, peine qu'il purgerait au pénitencier fédéral de Texarkana.

À son arrivée au pénitencier, Van Laningham eut tôt fait de remarquer cet homme court mais costaud qui répondait au nom de Carlos Marcello. Parlant de Marcello, un autre détenu dit à Jack : « C'est lui le maître ici. » Van Laningham fut étonné de constater que, même en prison, « Marcello allait où il voulait et faisait ce qu'il voulait, [...] on sentait que c'était quelqu'un d'important ». Alors que Van Laningham passait ses nuits dans un dortoir où s'entassaient une centaine de prisonniers, Marcello, lui, était l'un des rares détenus à bénéficier d'une cellule semi-privée, qu'il ne devait partager qu'avec un autre homme. « Marcello portait des vêtements neufs et fraîchement pressés, et ses chaussures étaient toujours bien cirées, notait Van Laningham. C'était un type élégant. »

Van Laningham ne savait pas du tout qui était Marcello. Il ignorait que celui-ci était à la tête d'un vaste empire criminel. Jack n'avait pas suivi le récent procès de Marcello à la télé. Il n'avait pas non plus suivi, six ans plus tôt, les audiences du House Select Committee. Il avait bien aimé le président Kennedy, mais il ne s'intéressait pas spécialement à son assassinat. Jack ignorait qu'à la fin des années 1970, le FBI et le département de la Justice avaient ciblé Marcello dans le cadre de l'opération BRILAB, une opération d'infiltration ambitieuse née des enquêtes liées au scandale du Watergate.

Les enquêteurs de BRILAB avaient bénéficié de l'aide d'un informateur du FBI du nom de Joe Hauser, qui était un partenaire d'affaires de Marcello. À la fin des années 1970, Hauser avait enregistré ses conversations avec Marcello pour le compte du FBI au moyen d'un magnétophone caché. Pour des raisons que nous expliquerons dans un moment, le FBI n'avait pas été en mesure de placer Marcello sous écoute ou de l'espionner de la sorte dans les années 1950, 1960 et pour une bonne part des années 1970[6]. C'était un gros coup que le Bureau fédéral d'enquête réalisait là. Les renseignements recueillis grâce à Hauser ont permis à la justice de condamner Marcello sous plusieurs chefs d'accusation. Le 15 avril 1983, Marcello fut conduit au centre médical pour prisonniers fédéraux de Springfield, dans le Missouri. Douze ans plus tôt, le parrain avait purgé une peine confortable et étonnamment courte – il avait été condamné à deux ans, mais libéré au bout de cinq mois – dans cette prison à sécurité minimale (niveau 1) qui s'apparentait davantage à une colonie de vacances qu'à un établissement carcéral. Marcello était sorti de cette première visite plus en forme que jamais et prêt à entamer la décennie criminelle la plus prospère de sa vie.

Mais les choses ne seront pas si roses pour le parrain dans les années 1980. Après avoir passé une année au centre médical de Springfield, il fut transféré au pénitencier fédéral de Texarkana, un établissement de niveau 3 où règnent des conditions bien plus difficiles. Ce transfert était sans doute dû au fait que les autorités carcérales soupçonnaient que Marcello continuait de diriger son empire criminel à partir du pénitencier de Springfield. Avant d'entrer en prison, Marcello avait confié les rênes de l'organisation à son frère Joe. Néanmoins, il continuait de prendre les décisions majeures qui concernaient son territoire, lequel englobait la Louisiane, la majorité du Texas et tout le sud du Mississippi. Mais Carlos Marcello avait également forgé avec d'autres parrains des alliances qui lui avaient permis d'étendre son influence par-delà ces frontières – il s'était associé par exemple au chef de la Mafia de Kansas City, ainsi qu'à Trafficante en Floride. Il ne fait aucun doute que les procès et l'emprisonnement de Marcello – de même que la nature changeante du crime organisé dans les années 1980 – ont eu un impact sur ses finances. Le puissant mafioso n'en demeurait pas moins à la tête d'un empire colossal, qui à son apogée générait des revenus de deux milliards de dollars par année.

Jack Van Laningham ne savait rien de tout cela quand, entre les murs de la prison, il a vu Marcello pour la première fois. Il faut dire qu'à l'époque ce dernier n'était pas aussi connu qu'il ne l'est aujourd'hui. Personne n'avait encore écrit de livre ou réalisé de documentaire télé à son sujet, l'attention des médias étant tournée tout entière vers des mafiosi hauts en couleur tel John Gotti. Quoi qu'il en soit, Van Laningham a vite compris, par ses propres observations, mais aussi par le comportement et les commentaires des autres détenus, que Marcello était un homme qu'on se devait de respecter : le parrain avait droit à un menu spécial, fait d'aliments fins et de plats gastronomiques ; ainsi que nous l'avons mentionné, sa tenue était impeccable ; il avait son mot à dire dans l'attribution des corvées et des cellules « deux places » telles que la sienne, convoitées parce qu'infiniment plus tranquilles et confortables que ces immenses dortoirs dans lesquels les autres prisonniers étaient entassés.

Van Laningham avait remarqué que « certains détenus gravitaient vers Marcello et essayaient de capter son attention ». Ils donnaient constamment à Marcello leur temps de téléphone – une denrée convoitée en prison – et ne manquaient pas une occasion de lui rendre service. Un autre détenu dira à Van Laningham que Marcello était « un bon ami à avoir ».

Van Laningham se démarquait en ce sens des autres détenus : il n'essayait pas de s'attirer les faveurs de Marcello ni même de le rencontrer. Il faut dire que Van Laningham, tout comme Marcello, était plus vieux que la moyenne des détenus de Texarkana, qui étaient pour la plupart dans la vingtaine. De fait, Van Laningham était le deuxième plus vieux détenu de la prison après Marcello, qui était de dix-neuf ans son aîné.

Un jour de mars 1985, alors que Van Laningham était assis par hasard à côté de Marcello, celui-ci s'est présenté en disant tout simplement : « Bonjour. Je suis Carlos Marcello. » Montrant à Van Laningham le journal qu'il avait entre les mains, Marcello lui a demandé s'il avait entendu parler du procès d'un homme politique qui faisait la manchette à ce moment-là. Les deux hommes ont discuté brièvement, puis Marcello « est parti en disant : "Fais-moi signe si tu as besoin de quoi que ce soit." »

Une amitié s'est tissée petit à petit. Peu après leur première rencontre, Marcello a demandé à Van Laningham de lui lire le journal, ce qu'il fit bientôt tous les jours – le mafioso avait du mal à lire, d'une part parce qu'il était âgé, d'autre part parce qu'il n'était pas éduqué. Marcello manifestait un intérêt particulier pour le procès du politicien dont il avait parlé précédemment, mais aussi pour l'actualité criminelle issue des différentes parties de son empire. Plus près en âge de Van Laningham que des autres détenus, Marcello partageait avec lui certains goûts musicaux : entourés de jeunes gens friands de musique rock, les deux hommes prenaient plaisir à évoquer les grands orchestres, les émissions de radio et les cinémas de leur époque, ou à discuter de la Deuxième Guerre, de marques de voitures désormais disparues. De plus, ils avaient un autre point en commun : le premier crime pour lequel ils avaient été arrêtés était un vol de banque. Marcello se moquait gentiment de l'amateurisme de Jack, mais il ne pouvait s'empêcher d'admirer le courage d'un gars qui était prêt à dévaliser une banque sans autre arme qu'un sac à linge et une télécommande.

Le fait que Van Laningham ait déjà vécu à Tampa jouait aussi en sa faveur, puisque c'était le fief de Trafficante, qui était le plus proche allié de Marcello dans la Mafia. Marcello appréciait également le fait que Van Laningham, contrairement aux autres détenus, n'était pas toujours à essayer d'entrer dans ses bonnes grâces. Un jour, Marcello produisit le dossier pénitentiaire de Van Laningham et permit à l'intéressé d'en prendre connaissance. Le parrain révélait ainsi l'étendue de son pouvoir à Jack, ce qui signifiait qu'il avait commencé à lui faire confiance.

Or, tout le personnel de la prison n'était pas tombé sous l'influence de Marcello. Un employé qui ne s'était pas laissé corrompre rapporta à un administrateur de la prison que Van Laningham et Marcello s'étaient liés d'amitié. La nouvelle en vint à parvenir aux oreilles de Thomas Kimmel, qui travaillait comme chef d'unité au quartier général du FBI à Washington. Le territoire que couvrait Kimmel incluait le Texas.

Dès notre première entrevue, Thomas Kimmel a pu confirmer un grand nombre d'informations se trouvant dans les dossiers de CAMTEX, et il a éclairé ma lanterne sur bien des points. Il y avait douze ans déjà qu'il travaillait au FBI lorsque l'opération CAMTEX fut lancée – il avait toujours manifesté un intérêt particulier pour le crime organisé, ce qui l'avait amené à diriger une section du FBI consacrée au racketérisme syndical.

Il y avait trois prisons sur le territoire dont Kimmel avait la charge, dont celle de Texarkana. Kimmel savait que Marcello était emprisonné là et que le HSCA avait enquêté sur le rôle possible de celui-ci dans l'assassinat de JFK. Néanmoins, il savait aussi qu'il ne pourrait jamais convaincre le FBI de mener des investigations sur le meurtre du président, puisque l'organisation avait toujours maintenu publiquement que le tragique incident n'était pas l'œuvre d'une conspiration. Fort astucieusement, Kimmel proposa à ses supérieurs une opération qui aurait pour mandat de voir comment Marcello dirigeait son organisation à partir de la prison, ainsi qu'il l'avait fait en 1971 lors de sa brève incarcération au centre médical de Springfield. Le FBI approuva cette initiative ciblant Marcello à Texarkana, et qui serait connue sous le nom de CAMTEX. Kimmel était justement en train de chercher un moyen de coincer le mafioso lorsqu'il eut vent de l'amitié qui s'était tissée entre lui et Van Laningham. C'était là une chance inespérée : Kimmel pourrait se servir de Van Laningham pour percer enfin l'armure impénétrable qui protégeait le très prudent et très secret parrain de la Mafia.

Les agents du FBI qui ont quitté le Bureau ont longtemps hésité à parler publiquement de l'assassinat de JFK, sans doute parce que leur ex-employeur continue de souscrire à l'hypothèse selon laquelle Oswald est le meurtrier et qu'il a agi seul. Mais Thomas Kimmel avait plusieurs raisons de se prononcer officiellement sur l'affaire et de devenir le premier vétéran du FBI à être interviewé au sujet de CAMTEX et de la confession de Marcello. Il y avait d'abord le fait que quantité de documents non censurés étaient désormais accessibles au public. Kimmel accepta de discuter avec moi du contenu de ces dossiers, ce qui était à son avantage, puisque, bien que CAMTEX ait été un succès sous de nombreux aspects, le public et le Congrès américains, de même que la majorité du personnel du FBI, ne savaient absolument rien de cette opération. Kimmel savait par ailleurs que le culte excessif du secret, paradoxalement, pouvait nuire à la sécurité nationale. En 1999, deux ans avant l'arrestation de l'agent du FBI et espion soviétique Robert Hanssen, Kimmel avait alerté le directeur du FBI de l'époque, Louis Freeh, sur la présence potentielle d'une « taupe » au sein du Bureau. L'avertissement de Kimmel fut ignoré et ses collègues du FBI l'empêchèrent d'examiner la chose, notamment en refusant de lui donner accès à des documents qui l'auraient aidé à élucider le mystère – les grandes lignes de cette affaire furent exposées dans le *New York Times* et à l'émission *60 Minutes*[7]. Voilà les raisons pour lesquelles Kimmel a accepté d'être interviewé par moi – il a même participé en 2009 à mon émission spéciale sur la chaîne Discovery, dans laquelle figurait également Jack Van Laningham.

Kimmel a choisi dans les rangs du FBI un agent «hors pair», basé au Texas, qui veillerait au bon déroulement de l'opération sur place. (J'ai interviewé cet agent, mais il a demandé à ne pas être identifié.) Un agent plus âgé du nom de Tom Kirk complétait l'équipe ; il aurait pour mission d'infiltrer la prison pour travailler de l'intérieur avec Jack Van Laningham.

Avant de rencontrer Kirk, Van Laningham fut appelé au bureau du directeur de son pavillon cellulaire, qui lui demanda s'il «voulait venir en aide aux fédéraux». Jack se montra réticent de prime abord, mais on lui assura que quelqu'un viendrait s'entretenir avec lui la prochaine fois qu'il y aurait jour de visites. Ce jour-là, ce fut Tom Kirk qui se présenta. Sa couverture durant l'opération : se faire passer pour un homme d'affaires peu scrupuleux, vieil ami de Jack, qui serait à la recherche de bonnes occasions sans nécessairement rester dans la légalité.

D'entrée de jeu, l'agent s'employa à convaincre Van Laningham de devenir informateur pour le FBI. L'intéressé se révéla d'abord appréhensif, ce qui était compréhensible, mais Kirk se fit insistant. «Vous donneriez un sérieux coup de main au FBI en devenant informateur contre Carlos Marcello», dit-il à Van Laningham. Ce dernier se souvient que Kirk «a alors commencé à [lui] dire des choses pas très jolies au sujet de Marcello, et qu'il [lui] enverrait un livre qui [lui] apprendrait tout ce qu['il] devai[t] savoir sur lui».

Le livre en question traitait du crime organisé en général et comptait à peine une dizaine de pages sur Carlos Marcello – c'était à peu près tout ce qu'on savait à ce moment-là sur le très discret parrain. «Jack a tout de même appris beaucoup de choses sur Marcello en lisant ce livre, d'affirmer Tom Kirk. Voilà un homme qui a escroqué les gens de la Louisiane, qui avait recours au mensonge, à la corruption et même au meurtre pour arriver à ses fins. La Nouvelle-Orléans était son territoire, un fief qu'il administrait d'une main de fer [...]. Il a trempé à un moment ou un autre dans à peu près toutes les magouilles, et il a fait des millions en dirigeant la Mafia en Louisiane.» Van Laningham se souvient qu'il y «avait dans ce livre des choses qui [l]'ont amené à croire que Marcello était responsable du meurtre de JFK». Incroyablement, Van Laningham décida de montrer des pages du livre à Marcello. «Ça l'a captivé, se souvient-il. La seule chose qu'il m'a dite là-dessus, c'est qu'il avait été kidnappé sous les ordres de Kennedy et qu'il les détestait.» Ces mots de Van Laningham, ainsi que d'autres propos que nous citerons ici, sont tirés directement des dossiers déclassifiés du FBI qui contiennent les lettres et rapports qu'il composait au fil des événements. (Au début, il rédigeait ces comptes rendus lui-même à la main, mais par la suite il les dictait à un codétenu en qui il avait confiance et qui les tapait à la machine.)

Le livre que le FBI avait fait parvenir à Jack eut l'effet escompté. «La fois d'après où Kirk est revenu me voir, je lui ai dit que j'aiderais les autorités du mieux que je le pouvais», raconte Van Laningham. Le futur informateur posa toutefois trois conditions :

1. Il voulait que le FBI le protège en cas de danger.
2. Il demandait qu'une petite somme d'argent soit déposée dans son compte à la prison.
3. Il voulait enfin – et c'était le point le plus important – obtenir une réduction de peine pour avoir aidé le FBI dans cette dangereuse opération d'infiltration.

«J'étais convaincu que je me ferais buter si je n'étais pas prudent, raconte Van Laningham. Il y avait des limites à ce que le FBI pouvait faire pour me protéger. Si Marcello apprenait que je travaillais pour le FBI, je n'aurais pas le temps d'appeler à l'aide.» Bien des années plus tard, les craintes de Van Laningham s'avéreront fondées.

Une fois qu'il eut accepté de jouer les informateurs pour le FBI, Van Laningham s'est rapproché encore davantage de Marcello. Ce dernier lui faisait de plus en plus de confidences au sujet de ses activités criminelles. Après que Kirk fut venu le voir à quelques reprises les jours de visites, Van Laningham lui a fait rencontrer Marcello. «Kirk trouvait que c'était une très bonne idée de le présenter à Marcello», notait Van Laningham. Selon les dossiers du FBI, Kirk et Van Laningham auraient ensuite tenté de leurrer Marcello avec toutes sortes de manigances aussi lucratives qu'illégales, basées sur ses opérations criminelles existantes. Mais le mafioso ne mordit pas à l'hameçon, guidé sans doute par ce sixième sens qu'il avait développé après plus de cinquante ans dans le milieu interlope et qui l'incitait à la prudence.

Van Laningham écrivait, que pour qu'il soit encore plus près de Marcello, «le FBI a demandé au chef de section de la prison de [le] placer dans la même cellule que Marcello, ce qu'on fit quelques jours plus tard». Jack partageait maintenant l'une de ces cellules conçues pour deux détenus. Peu de temps après, Kirk annonça à Van Laningham que les rapports qui étaient directement liés à son travail d'informateur étaient désormais acheminés jusqu'au procureur général des États-Unis, Edwin Meese.

Désireux de meubler les longues heures passées en cellule, Marcello commença à s'ouvrir encore davantage à Jack, lui prodiguant des conseils sur un ton paternel, lui révélant encore plus de détails sur ses activités criminelles et lui faisant part de ses projets d'avenir. Van Laningham apprit un détail intéressant, qui expliquait probablement pourquoi les propositions d'affaires de Kirk avaient laissé le parrain plutôt froid: « Marcello n'est intéressé qu'à une chose: sortir de prison. Il a lancé une offre ouverte à tous les avocats, proposant un million de dollars à celui qui le fera sortir de taule. »

Ce précieux renseignement permit à Thomas Kimmel de lancer son opération sur une nouvelle tangente, en se basant sur un tout autre scénario. Van Laningham annonça bientôt à Marcello que Kirk avait un ami qui travaillait au Federal Bureau of Prisons, organisme qui administre l'ensemble des prisons fédérales américaines, et que cet ami serait en mesure de transférer Marcello dans une prison plus confortable – et pourrait même faire beaucoup plus pour lui, si Marcello allongeait les dollars. Le nouvel objectif de CAMTEX serait désormais d'amener Marcello à verser un pot-de-vin à Kirk pour que celui-ci le fasse transférer dans un établissement carcéral de niveau 2 puis, par la grâce d'une seconde gratification financière, de le ramener à une prison de niveau 1, style « colonie de vacances ». Une fois que Marcello constaterait que « l'ami » de Kirk obtenait des résultats, le FBI poserait son dernier piège en amenant Marcello à verser, par l'entremise d'un membre de sa famille ou d'un associé, un pot-de-vin d'un million de dollars pour acheter sa libération. Une fois que ce troisième et dernier pot-de-vin aurait été payé, Marcello et les autres individus impliqués seraient inculpés. Le FBI espérait qu'à ce stade de l'opération quelqu'un retournerait sa veste – peu importe que ce fût Marcello lui-même, qui risquait d'écoper de la prison à perpétuité, ou l'un de ses parents ou associés – et parlerait en échange d'une réduction ou de l'abandon des accusations portées contre lui.

Le plan du FBI présentait un autre avantage: il permettrait aux agents du Bureau de découvrir par quels moyens Marcello communiquait avec ses subordonnés. À ce stade-ci, Kirk annonça à Van Laningham qu'il irait voir son patron pour demander que la cellule que Jack partageait avec Marcello soit mise sous écoute. « Kirk est venu me voir deux semaines plus tard, de raconter Van Laningham, et il m'a dit : "Le juge nous a donné le feu vert pour l'écoute électronique, en se basant sur l'information que tu nous as fournie."

« On m'a dit que le téléphone situé dans le couloir de ma section serait mis sous écoute, rapporte Van Laningham, et qu'il y aurait un micro caché dans la cellule que je partageais avec Marcello. On m'a dit d'acheter une radio Panasonic au magasin [de la prison]. Après que j'ai eu acheté l'appareil, [le chef de section] m'a dit qu'il devait le prendre pour vérifier s'il était en règle. J'ai appelé Kirk et il m'a dit que le micro serait caché dans la radio et qu'on me la rendrait une fois l'installation terminée. Le 17 septembre [1985, le chef de section] m'a ramené la radio en me disant que j'avais le droit de la conserver... Je me suis dit : me voilà dans cette pièce minuscule avec le parrain de la Mafia de La Nouvelle-Orléans et j'ai une radio avec un micro caché à l'intérieur. J'avais vraiment peur. S'il découvrait le pot aux roses, j'étais un homme mort. »

J'ai obtenu confirmation auprès de Kimmel et dans les dossiers du FBI que l'opération d'écoute électronique décrite par Van Laningham a effectivement eu lieu. Une note marquée « prioritaire » qui fut expédiée à William Sessions, qui était alors directeur du FBI, confirme que Van Laningham « [était] le compagnon de cellule de Carlos Marcello, patron du crime organisé à La Nouvelle-Orléans, à l'institut correctionnel fédéral de Texarkana, au Texas » et qu'il « a contribué à fournir un motif raisonnable d'initier une écoute électronique de Marcello et du téléphone de la prison ». La note en question confirme aussi que Van Laningham « a réussi à présenter un agent d'infiltration du FBI à Marcello ». Van Laningham écrivit à l'époque que l'opération d'écoute avait généré « des centaines d'heures » d'enregistrement, une affirmation qu'il réitérerait lors de l'émission du canal Discovery et que Kimmel a lui aussi confirmée. Ce dernier m'a confié que le FBI avait écouté tous les enregistrements, mais n'avait transcrit que les passages où Marcello mentionnait un détail digne d'intérêt. Un des agents de CAMTEX que j'ai interviewés m'a dit être le seul à avoir écouté tous les enregistrements de Marcello que le FBI avait réalisés.

Au fil de ces conversations qui étaient enregistrées en secret, le lien entre Marcello et Van Laningham s'est resserré. Le parrain « pouvait parler pendant des heures de ses jeunes années passées à La Nouvelle-Orléans et des événements qui l'[avaient] mené à devenir le chef de la Mafia en Louisiane ». Marcello racontait librement à Jack les aspects les plus intimes de sa vie personnelle, dévoilant maints détails sur ses nombreuses copines et maîtresses et au sujet des membres de sa famille. Il s'assurait que Van Laningham aurait des vêtements seyants à porter, lui faisait éviter les corvées les plus pénibles et le protégeait des autres détenus, et particulièrement de ceux qui jalousaient l'amitié que Jack entretenait avec lui. Marcello prodiguait même à l'intention de Van Laningham des conseils concernant son avenir à l'extérieur de la prison, cela avec la bienveillance d'un père.

Couvé de la sorte, Van Laningham ne pouvait bien sûr qu'apprécier certains aspects de la personnalité de son compagnon de cellule. Son attitude changea cependant lorsque Marcello lui révéla les détails horrifiants de l'assassinat de JFK. Au terme de cette terrible confession, Jack comprit que son destin était désormais inextricablement lié à celui d'un homme impitoyable, au tempérament meurtrier. Carlos Marcello avait trouvé le moyen de tuer le président des États-Unis sans se faire prendre. Alors quelle chance avait-il, lui, Jack Van Laningham, de s'en tirer vivant si le dangereux mafioso apprenait qu'il l'avait trahi et livré au FBI ?

CHAPITRE 4
Le règne de Carlos Marcello

S ous bien des aspects, Carlos Marcello se distinguait des autres parrains de la Mafia. On peut même dire qu'il était un cas unique. Il a gouverné librement son vaste empire de la fin des années 1940 au début des années 1980, ce qui est un règne étonnamment long pour une profession si meurtrière.

Lorsqu'on étudie de près la jeunesse de Marcello, on comprend mieux comment il a pu acquérir l'incroyable assurance qu'il fallait pour commander le meurtre de JFK, et comment il a acquis l'expérience nécessaire pour réaliser un coup pareil sans se faire pincer. Marcello n'était pas comme les autres parrains américains du fait que sa «famille» criminelle avait des origines bien loin des leurs : avec des racines remontant jusque dans les années 1860, la Mafia de La Nouvelle-Orléans pouvait se vanter d'être la plus ancienne aux États-Unis, ce qui lui donnait le droit de prendre certaines décisions – commander le meurtre d'un personnage important, par exemple – sans d'abord obtenir le consentement de la «commission» nationale de la Mafia. À partir du moment où Marcello en devient le parrain, le territoire de La Nouvelle-Orléans se fait monolithique : il est contrôlé par un seul homme, ce qui est très différent de ce que l'on voit dans des villes comme New York, où plusieurs familles de la Mafia se font compétition – et parfois même la guerre.

Rares étaient les familles de la Mafia qui auraient osé assassiner des membres du gouvernement américain. La Mafia de La Nouvelle-Orléans, elle, n'avait aucun problème à prendre de telles mesures. Les seules autres familles qui se risquaient à ce genre d'entreprises étaient celle de Trafficante à Tampa et celle de

Chicago, toutes deux complices de Marcello dans le trafic de stupéfiants comme dans le meurtre de JFK.

Dans les années 1800, à la fin de la guerre de Sécession, La Nouvelle-Orléans devint la destination américaine favorite des immigrants siciliens – sans doute parce que le climat de la Sicile, berceau de la Mafia, est si semblable à celui de La Nouvelle-Orléans. Le biographe de Carlos Marcello, John H. Davis, note que de « 1869 à 1889, la police de La Nouvelle-Orléans a attribué plus de cent meurtres à la Mafia sicilienne locale ».

La Mafia sicilienne de La Nouvelle-Orléans était forte de cent membres à l'époque où le chef de police de la ville, David Hennessey, fut abattu à coups de carabine et de revolver. L'incident eut lieu le 15 octobre 1890 ; le lendemain, la victime rendait son dernier souffle. Les dix-neuf mafiosi inculpés du meurtre d'Hennessey furent tous acquittés, un résultat qu'ils devaient au fait que les témoins avaient été menacés et les membres du jury, soudoyés. Outrés du meurtre de leur chef de police et de l'acquittement de ses présumés assassins, les citoyens de La Nouvelle-Orléans se soulevèrent ; une émeute éclata dans la ville et onze membres de la Mafia furent assassinés. Mais l'organisation se remit très rapidement de cette perte : moins de deux ans plus tard, la Mafia de La Nouvelle-Orléans était plus forte que jamais.

Dès 1922, la Mafia de La Nouvelle-Orléans a un nouveau chef, Sam Carolla, un trafiquant de drogue né en Sicile qui, ainsi que nous l'apprend John Davis, « a abattu un agent de la brigade fédérale des stupéfiants du nom de Cecil Moore ». En expiation de ce crime, Carolla ne passa que deux ans entre les murs d'un pénitencier fédéral et, à sa sortie de prison, il continua de diriger la Mafia louisianaise jusqu'au milieu des années 1940.

Carlos Marcello est né le 6 février 1910 à Calogero Minacore, en Tunisie. Peu après sa naissance, sa mère, qui est d'origine sicilienne, part rejoindre son mari à La Nouvelle-Orléans. Issu d'une famille de neuf enfants – il a six frères et deux sœurs –, Carlos quitte l'école à quatorze ans pour travailler à la ferme familiale et livrer des légumes au marché de la ville, lequel est contrôlé par la Mafia. Le jeune Carlos constate très vite que le crime est plus payant que l'agriculture : à l'âge de dix-neuf ans, il braque une banque avec trois de ses amis, réalisant un bénéfice de 7000 $. Mais les quatre complices se feront prendre et devront rendre l'argent, en échange de quoi les accusations qui pesaient contre eux seront retirées.

Ayant déterminé qu'il est plus avantageux de faire commettre par d'autres les crimes que l'on envisage de commettre soi-même, Marcello recrute deux adolescents qui dévaliseront pour lui une épicerie. Marcello était à planifier son prochain crime, un autre vol de banque, lorsque ses deux complices furent arrêtés. L'un d'eux avoua tout et Marcello fut appréhendé. L'incident lui inculqua une précieuse leçon : à partir de ce jour, Marcello ne fit plus confiance qu'à des membres de sa famille et proches collaborateurs qui n'auraient pas le réflexe de le vendre à la police. Il faut dire qu'il eut amplement le temps de réfléchir à ce genre de considérations durant la peine de « neuf à douze ans de prison » dont il écopa et qu'il commença à purger en mai 1930, alors qu'il n'avait que vingt ans. Par la grâce d'un gouverneur corrompu, il fut libéré au bout de quatre ans seulement.

À sa sortie de prison, Marcello se porte acquéreur d'un débit de boissons, amorçant avec ce premier établissement un mouvement qui, au fil des ans, l'amènera à acheter ou contrôler des dizaines de bars, clubs et restaurants sur un territoire allant de La Nouvelle-Orléans à Dallas – il contrôlera même en secret certains bars gais de Dallas, ainsi que le Carousel Club, qui était officiellement la propriété de Jack Ruby. En 1936, à l'âge de vingt-six ans, Marcello se joint officiellement à la Mafia de La Nouvelle-Orléans et épouse la fille d'un des sous-chefs de Sam Carolla. Moins de deux ans plus tard, on l'arrête pour vente de stupéfiants – il a écoulé plus de dix kilos de marijuana à partir de son bar. Marcello est condamné à un an et un jour d'incarcération plus une amende de 76 839 $, mais, grâce à l'influence de la Mafia, il s'en tire avec une amende de 400 $ et est libéré après neuf mois de prison. Il évitera dans le futur ce genre de désagréments en laissant à d'autres le soin de vendre sa drogue.

À sa libération, Marcello investit ses énergies dans une compagnie de musique qu'il a fondée avec un de ses frères, mais qui a en fait pour objectif de placer des juke-box et billards électriques dans les bars, restaurants et clubs de Gretna et Algiers, deux villes situées en banlieue de La Nouvelle-Orléans. Les propriétaires d'établissements qui refusaient de prendre les appareils de Marcello s'exposaient à de violentes représailles.

Un tout autre genre d'appareil électronique donnera à Marcello l'occasion en or qu'il attendait. À cette époque, Sam Carolla venait tout juste de conclure une grosse affaire avec le parrain new-yorkais Frank Costello : les deux mafiosi s'étaient entendus pour placer mille machines à sous dans les bars et boîtes de nuit de

La Nouvelle-Orléans et des environs. Deux cent cinquante de ces machines étaient destinées au secteur ouest de la ville. Or, Carolla confia à Marcello le mandat de les mettre en place. Marcello conserverait les deux tiers des profits générés par les machines, le dernier tiers revenant à Costello. Encore une fois, la réputation et les tactiques de persuasion de Marcello firent leur petit effet, si bien que l'initiative s'avéra incroyablement lucrative pour lui et Costello. De son propre aveu, Marcello fut aidé dans son entreprise par quelques pots-de-vin bien placés, disant qu'il devait remettre « 50 000 $ *cash* tous les deux ou trois mois » au chef de police de Gretna. Des sommes de moindre importance étaient également distribuées à d'autres membres de la police locale.

Marcello était d'une efficacité si redoutable et ses machines à sous si profitables que Costello et Meyer Lansky décidèrent de s'associer à lui dans leur prochaine entreprise : les deux hommes offrirent à Marcello une part de 12,5 % dans le Beverly Country Club, un casino huppé qu'ils firent construire en banlieue de La Nouvelle-Orléans et qui ouvrit ses portes en 1945. L'endroit accueillit bientôt les grandes vedettes de variétés de l'heure, dont le célèbre chanteur Jimmy Durante. En plus du Beverly Country Club, Marcello se vit bientôt confier la gestion de toutes les opérations de jeu que détenait Costello dans la région de La Nouvelle-Orléans. Cela s'ajoutait aux autres activités hautement lucratives de Marcello – il était notamment à la tête du « plus important service de paris hippiques de La Nouvelle-Orléans », et récoltait « des profits faramineux à travers le réseau de stupéfiants de Sam Carolla ».

Fidèle à sa réputation, Carlos Marcello n'hésite pas à recourir à la violence quand il s'agit de maintenir l'ordre dans les rangs de son organisation. Les hommes qui travaillent pour lui, les gens qui ont affaire à lui en savent quelque chose. John H. Davis souligne le fait que « Carlos s'est imposé comme suspect principal dans plusieurs meurtres pour lesquels il n'a jamais été inculpé ». Un voyou qui répondait aux noms de Constantine Masotto et (selon les dossiers du FBI) de Thomas Siracusa figure au nombre de ses victimes. En 1943, désireux de montrer à la police, à ses collègues de la Mafia et aux propriétaires de commerces de la région de quel bois il se chauffe, Marcello torture Siracusa jusqu'à ce que mort s'ensuive. Comble de l'audace, il exécute sa sale besogne à la Willswood Tavern, un restaurant rustique situé en banlieue de La Nouvelle-Orléans dont la famille de Marcello est propriétaire, sous l'œil incrédule et terrifié des clients de l'établissement.

Davis ne mentionne que brièvement le meurtre de Siracusa dans la biographie de Marcello qu'il a publiée en 1989 – et qui a été ma principale référence lors de la rédaction du présent chapitre. Cependant, j'ai trouvé dans les dossiers du FBI le témoignage d'une femme qui dînait au Willswood ce soir-là et qui a vu de ses propres yeux des bribes de cette scène macabre. Elle était encore sous le choc vingt-quatre heures plus tard, lorsqu'elle raconta aux agents du FBI ce qu'elle avait vu. Elle était si effrayée qu'elle refusa de témoigner en cour et demanda au FBI de ne pas dévoiler son identité.

Cette femme disait que Marcello était attablé avec plusieurs convives, et que, « quand Siracusa est arrivé, il a d'abord eu l'air surpris, puis terrifié ». Elle poursuit en rapportant que « Siracusa est entré dans la cuisine, suivi immédiatement de Marcello et de trois autres hommes ». La témoin a entendu des cris et des bruits de lutte, puis un client a « ouvert la porte de la cuisine » et elle a alors vu « Siracusa assis sur une chaise de métal ». Un des hommes de Marcello « tenait un revolver à canon court sur la tempe de Siracusa tandis que Carlos Marcello le giflait ». Siracusa « semblait craindre pour sa vie et criait en italien ».

La femme dit qu'elle et ses compagnons ont alors quitté les lieux, « terrifiés ». Un jour ou deux plus tard, elle a remarqué « qu'on parlait de la disparition de Siracusa en première page de tous les journaux », ce qui l'a incitée à « communiquer avec le service de police de La Nouvelle-Orléans ». La suite des événements nous est relatée en ces mots dans le dossier du FBI : « On a demandé à la témoin d'aller voir le shérif Clancy […]. Elle lui a raconté ce qu'elle avait vu et lui a dit qu'elle avait peur. Le shérif Clancy lui a répondu qu'il ne lui arriverait aucun mal si elle se la fermait. La témoin est allée voir par la suite un capitaine de la police à son domicile, et il lui a dit lui aussi de ne répéter à personne ce qu'elle venait de lui raconter, que ces gens la tueraient si elle parlait de ce qu'elle avait vu à qui que ce soit d'autre. Quelques semaines plus tard, un adjoint de Clancy lui a également conseillé de tenir sa langue. » L'adjoint a ajouté qu'il était déjà au courant du fait que « Carlos Marcello avait rudoyé Siracusa et que Siracusa avait été tué ».

Il peut sembler incroyable que des agents de police aient pu intimider une témoin de la sorte et par le fait même aider Marcello à se tirer d'affaire, mais on comprend mieux leur motivation lorsqu'on apprend que la femme a mentionné au FBI que l'homme qui tenait le revolver sur la tempe de Siracusa était nul autre que « l'enquêteur en chef du procureur général de La Nouvelle-Orléans ».

John H. Davis cite un autre rapport du FBI qui révèle qu'«un an après que Siracusa eut été porté disparu [...] son squelette rongé par la chaux fut découvert dans le marécage se trouvant juste derrière le Willswood». Le rapport nous apprend d'autres détails au sujet de l'incident: «Siracusa a été battu à mort par Carlos Marcello et un complice, à coups de boyaux de caoutchouc. Son corps a ensuite été laissé à tremper dans un bassin rempli de chaux jusqu'à ce qu'il commence à se décomposer, après quoi ses restes partiellement liquéfiés ont été jetés dans le marécage.» Cette façon de tuer et de disposer du corps devint le modus operandi de Marcello, sa façon bien à lui de punir ceux qui le contrariaient, qui lui devaient de l'argent ou qui lui désobéissaient.

Le meurtre brutal de Siracusa secoua le monde interlope et terrorisa tous ceux qui faisaient affaire avec Marcello, y compris les membres des forces de l'ordre. La peur et la corruption devinrent les armes de prédilection du mafioso, les tactiques qu'il employait pour dominer ceux qui l'entouraient. Viendrait bien sûr un temps où il ne se salirait plus lui-même les mains, laissant à ses hommes ou à d'autres professionnels le soin d'abattre les individus qu'il voulait éliminer.

Mais Carlos Marcello n'était pas qu'un monstre: il pouvait se montrer sociable et avenant à ses heures, tant avec ses parents et amis qu'avec ses partenaires d'affaires. Compte tenu du nombre de meurtres dont il fut l'instigateur, il serait tentant de dire que Marcello tenait à la fois du sociopathe et du psychopathe, mais je crois qu'il serait plus juste de le comparer à un grand requin blanc qui devait continuer d'avancer pour ne pas mourir. Jack Van Laningham décrivait Marcello en ces termes: «Je n'ai jamais rencontré quelqu'un d'aussi égocentrique et cruel. S'il vous aimait, il était prêt à tout faire pour vous. Mais s'il ne vous aimait pas... eh bien, j'imagine que je n'ai pas besoin de vous faire un dessin.» Van Laningham disait aussi que Marcello «avait besoin de gagner à tout prix, même si pour ce faire il devait tricher», ce qu'il n'hésitait pas à faire même durant les parties de rami amicales qu'il jouait avec lui en prison. Tuer n'était peut-être pour Marcello qu'une autre façon de gagner, de poursuivre sa course vers l'avant. Contrairement à son ami Santo Trafficante, Marcello n'avait pas hérité de son père la position qu'il occupait dans les rangs de la Mafia: il s'était élevé de lui-même, et il lui fallait donc se battre contre ses rivaux locaux et contre les patrons qui régnaient sur d'autres territoires pour conserver ce pouvoir qu'il avait acquis à la force de ses bras.

Au fur et à mesure où il gagnait en expérience, Marcello devint de plus en plus adroit dans ses démêlés avec la justice. Il n'avait pas son pareil pour éviter les poursuites, fait que souligne John H. Davis dans sa biographie du personnage : « À la fin des années 1930 et au début des années 1940, Carlos fit face à plusieurs accusations : voies de fait ; vol à main armée ; violation des lois fédérales du revenu ; agression d'un policier de La Nouvelle-Orléans avec intention de tuer ; vente de stupéfiants ; agression à main armée d'un journaliste d'enquête de La Nouvelle-Orléans. Il ne fut poursuivi en justice pour aucun de ces chefs d'accusation, et plusieurs des rapports d'arrestation liés à ces incidents ont disparu mystérieusement. » Pas mal pour un individu que l'on disait « quasiment analphabète ».

Marcello fut aidé dans son ascension au sein de la Mafia par le caïd new-yorkais Frank Costello, qui lui tenait lieu à la fois de mentor et de partenaire d'affaires. La figure dominante de la Mafia dans les années 1930 était sans contredit Charles « Lucky » Luciano. À cette époque, Luciano fut emprisonné et laissa les rênes de son organisation entre les mains de Costello. Luciano fut plus tard libéré en récompense de l'aide qu'il avait accordée aux services de renseignement de la marine durant la Deuxième Guerre mondiale – on dit qu'il avait empêché que les quais de New York ne soient sabotés, et qu'il avait contribué à rétablir l'ordre en Italie et en Sicile après l'invasion des forces alliées. Après sa libération, Luciano s'exila définitivement en Italie, ce qui solidifia le pouvoir de Costello à New York ainsi que dans les sphères nationales de la Mafia américaine. Marcello bénéficia énormément de ce nouvel événement.

Costello et les autres parrains appréciaient de toute évidence les talents de Marcello, puisqu'ils firent de lui le successeur de Sam Carolla à la tête de la Mafia louisianaise lorsque celui-ci fut déporté en Sicile. Nous sommes à ce moment-là en mai 1947. Marcello ne fut cependant pas sacré parrain de facto, car, même en son absence, Carolla continuait en principe de régner sur le territoire. Mais Marcello poursuivit sa lancée avec la même détermination impitoyable qu'on lui connaissait jusque-là, si bien que, quelques années plus tard, à force d'étoffer ses contacts et d'approfondir l'étendue de son pouvoir, il devint officiellement le parrain d'un empire en pleine expansion. Il s'imposa également sur la scène nationale de la Mafia, fait que Davis souligne dans sa biographie : « Costello et Meyer Lansky, qui était un grand conseiller et financier au sein de la

Mafia, décidèrent d'établir à La Nouvelle-Orléans un centre national de communications ainsi qu'un bureau central de blanchiment d'argent à l'usage du crime organisé. » Ces initiatives durent profiter à Marcello, car, ainsi que l'écrit Davis, le mafioso de trente-sept ans acheta alors « une fastueuse demeure de style italien comptant huit chambres [...] et installa sa petite famille [il avait alors un fils et trois filles] dans ce décor digne des anciennes fortunes de La Nouvelle-Orléans ».

Au fil des ans, Marcello devint de plus en plus puissant, riche et influent. Son influence se faisait sentir au sein de la Mafia, mais aussi dans les milieux politiques de la Louisiane. À cette époque, plusieurs personnages politiques importants – dont le procureur général des États-Unis, Howard McGrath, et le directeur du FBI, J. Edgar Hoover – exprimaient publiquement leur scepticisme quant à l'existence même de la Mafia. Estes Kefauver, sénateur démocrate du Tennessee, savait que la Mafia existait et qu'elle représentait un danger réel, ce qui l'amena à lancer en 1950 une enquête publique très médiatisée qu'il serait lui-même appelé à présider. Bien que le Special Committee to Investigate Organized Crime in Interstate Commerce ciblât des individus tel Frank Costello, qui contrôlaient le crime organisé à l'échelle nationale, Kefauver considérait Marcello comme « le génie diabolique du crime organisé à La Nouvelle-Orléans » et choisit donc de tenir les audiences du comité dans cette ville. Kefauver avait décidé de s'en prendre plus spécialement à Marcello non seulement parce que La Nouvelle-Orléans avait depuis longtemps la réputation d'être la capitale du vice, mais aussi parce que le journaliste bien connu Drew Pearson avait écrit dans sa chronique à sensation que le très discret Marcello y était « le tsar du crime ».

Le 25 janvier 1951, Carlos Marcello fut sommé de comparaître devant la commission du sénateur Kefauver. En réponse à cent cinquante-deux questions, Marcello invoqua le cinquième amendement de la Constitution américaine, lequel stipule qu'on ne peut pas contraindre un citoyen à s'incriminer lui-même. Il refusa même de répondre à des questions de base comme « Quel âge avez-vous ? », « Quel est votre statut social ? » et, ce qui était très significatif pour Marcello, « Où êtes-vous né ? ». La seule question à laquelle il accepta de répondre brièvement était : « Quelles lois avez-vous violées ? » Ce à quoi il répondit : « N'étant pas un avocat, je ne saurais vous le dire. » Son avocat, G. Wray Gill, était assis à son côté, ce qu'il continuerait de faire pendant encore de nombreuses années

– il était là, par exemple, le jour de l'assassinat de JFK, lorsque Marcello fut appelé à comparaître devant un tribunal fédéral.

Ce jour de janvier 1951, Marcello fut reconnu coupable d'outrage au tribunal pour avoir invoqué tant de fois le cinquième amendement. Il porta cependant sa cause en appel et la condamnation fut renversée. Davis souligne le fait que Kefauver avait «recommandé au procureur général qu'une procédure de déportation soit initiée contre Marcello le plus tôt possible». La justice mit deux ans à suivre son cours, mais, enfin, «en 1953, le gouvernement fédéral a émis un premier ordre d'expulsion contre Marcello». L'avis n'entrerait toutefois en vigueur qu'après que John F. Kennedy eut accédé à la présidence, ce qu'il ne ferait que huit ans plus tard. Or, durant ces huit années, sous l'égide du président Dwight Eisenhower et plus particulièrement de son vice-président, Richard Nixon, Marcello devint de plus en plus puissant.

Pour des raisons qui nous échappent encore, l'avis de déportation de 1953 contre Carlos Marcello ne produisit aucun résultat durant le mandat de Nixon et Eisenhower. Marcello confia plus tard sa cause à un puissant avocat de Washington, Jack Wasserman, et continua d'avoir recours aux services de son lobbyiste dans la capitale. Il est fort possible que Marcello ait évité l'expulsion durant cette période grâce à quelques pots-de-vin bien placés, distribués en haut lieu. Il avait après tout l'habitude de soudoyer les politiciens de la Louisiane – et il ferait de même avec ceux du Texas une fois que, son territoire se serait étendu jusque-là. On observe en fait que, sous la vice-présidence de Richard Nixon, Marcello et la Mafia ont connu un essor incroyable non seulement aux États-Unis, mais aussi dans des pays comme Cuba et le Guatemala. Marcello et Santo Trafficante, son plus proche allié dans la Mafia, furent même associés en 1954 et 1955 à des attentats visant des membres du gouvernement.

En tant que shérif de La Nouvelle-Orléans, Frank Clancy n'était pas autorisé à invoquer le cinquième amendement lorsqu'il fut convoqué devant la commission Kefauver. C'est avec réticence qu'il témoigna du fait qu'on trouvait «5000 machines à sous dans sa paroisse» et que «Carlos Marcello, patron de la Mafia à La Nouvelle-Orléans, [avait] ouvert trois casinos sur ce territoire». Un livre sur la Mafia nous apprend qu'en 1955 le shérif Clancy «était déjà en contact avec des agents fédéraux au sujet des maisons de jeu en Louisiane».

En avril 1955, Clancy fut hospitalisé pour un problème de santé. Un de ses hommes fut posté devant sa porte pour monter la garde, puis retiré sous un prétexte quelconque. Le patient qui se trouvait dans la chambre voisine de Clancy, qui était caissier dans une institution financière, se fit ouvrir le crâne avec une « hache de boucher » peu de temps après, alors qu'il reposait tranquillement sur son lit d'hôpital. Nous ne savons pas si l'assassin s'était trompé de chambre ou si le meurtre du caissier était un avertissement lancé au shérif, mais reste qu'à partir de ce moment, Clancy « a cessé de donner des renseignements aux agents fédéraux ». Une préposée aux soins qui « avait vu l'assassin et fourni à la police sa description détaillée » a elle aussi fini par comprendre le message, puisque « trois jours plus tard, elle ne savait plus du tout de quoi avait l'air l'assassin ». Aucun suspect ne fut arrêté en lien avec ce meurtre. Et, curieusement, c'est exactement à ce genre de subornation de témoins que l'on assisterait après l'assassinat de JFK.

Dans les années 1950, Carlos Marcello s'implique de plus en plus dans les opérations de Santo Trafficante. Les deux hommes partagent une même approche, préférant éviter la publicité pour exercer dans l'ombre leur pouvoir grandissant. À l'instar de Marcello, Trafficante ne démontre aucune pitié envers ses ennemis : des témoignages entendus à la commission Kefauver lient l'organisation de Trafficante à au moins quatorze meurtres au cours des deux décennies précédentes. On trouve parmi les victimes un témoin de la commission Kefauver, assassiné avant qu'il ait pu livrer son témoignage. Le chef de police de Tampa, quant à lui, fut en mesure de témoigner devant la commission, et il mentionna que Trafficante « avait une façon bien précise de procéder quand il s'agissait d'éliminer un individu : il faisait venir des tueurs à gages de l'extérieur et mettait en place un pigeon qui porterait le blâme ».

Contrairement à Marcello, Trafficante venait d'une famille de la Cosa Nostra et avait été préparé dès son plus jeune âge à suivre les traces de son père, Santo Trafficante Sr., dont les réussites au sein de la Mafia incluaient l'implantation du réseau d'héroïne de la French Connection en sol américain. L'histoire nous dit que le réseau « partait de Marseille et passait par Cuba pour atteindre la Floride ». De son point d'attache dans la bourgade floridienne de Tampa, la famille Trafficante expédiait l'héroïne venue de France vers des villes telles New York et Chicago. Dans les années 1950, l'organisation de Marcello était active au sein de ce réseau : elle faisait entrer la drogue aux États-Unis par les ports de la Louisiane et du Texas, et à travers la frontière mexicaine.

Trafficante Sr. avait envoyé son fils à Cuba en 1946 en lui donnant pour mission de rétablir les voies de trafic d'héroïne qui s'étaient rompues durant la Deuxième Guerre, et pour négocier au nom de la famille une part des casinos de La Havane. Santo fils géra les casinos de son père jusqu'à la mort de celui-ci en 1954, et c'est alors qu'il devint le chef du clan mafieux des Trafficante.

Après son accession au pouvoir, Santo, qui parlait l'espagnol couramment, continua de passer le plus clair de son temps à Cuba et à Tampa – quoiqu'il se rendait régulièrement à Miami, ville que les différentes factions de la Mafia considéraient comme une sorte de «zone franche» qui n'appartenait en propre à aucune d'entre elles. Contrairement à Trafficante, Marcello ne pouvait pas voyager librement à Cuba, puisqu'il n'était pas citoyen américain et n'avait pas de passeport américain. C'était ennuyeux pour lui, car, dans les années 1950, la Mafia contrôlait l'essentiel des casinos cubains, et que Cuba était la destination de prédilection des riches voyageurs américains friands de jeux de pari. Trafficante était l'un des deux plus gros exploitants de casinos de La Havane, le second étant le génie financier de la Mafia Meyer Lansky. Trafficante était seul propriétaire du casino Sans Souci et il détenait des parts dans trois autres établissements de jeu.

On a cru pendant des années que, parce qu'il ne pouvait pas voyager à Cuba, Marcello n'avait jamais eu de parts dans les casinos de la Mafia à La Havane. Nous vous révélons ici en grande primeur que ce n'était pas le cas. Bien des décennies plus tard, alors qu'il partageait sa cellule avec Jack Van Laningham, Marcello admit qu'il «était partenaire de l'homme qui dirigeait la Mafia en Floride, Santo Trafficante, qu'ils étaient associés dans un casino à Cuba et avaient fait des millions avant que Castro prenne le pouvoir et mette la clé dans tout ça».

Les casinos de la Mafia avaient prospéré librement durant le règne brutal du dictateur Fulgencio Batista, dont le régime était appuyé par le vice-président Richard Nixon et toléré par le président Eisenhower. On dit que Nixon aurait partagé des intérêts commerciaux sur l'île avec son bon ami Charles «Bebe» Rebozo, un individu ayant des liens reconnus avec la Mafia. Lors d'un de ses voyages à Cuba, Nixon avait visité les casinos de la Mafia et avait été honoré par Batista, qui détenait lui-même une part lucrative des casinos de La Havane de par son association avec des gangsters de la trempe de Meyer Lansky et Santo Trafficante. Tandis que son dictateur s'enrichissait grâce aux casinos de la Mafia, le peuple cubain était mal nourri, mal payé et souffrait aux mains d'un État policier d'une incroyable brutalité.

Dès 1957, une guérilla commence à se fomenter dans les montagnes de la Sierra Maestra. Aidé de son frère Raul, de son compatriote Juan Almeida et d'un médecin argentin du nom de Che Guevara, Fidel Castro est identifié comme la figure de proue du mouvement. Cependant, d'autres leaders et factions rebelles s'emploient à lutter contre le régime, exerçant une pression de plus en plus grande sur l'État policier corrompu de Batista. Eisenhower décréta un embargo sur les armes, ce qui ne tempéra en rien le conflit et permit à la CIA et à Trafficante de jouer sur deux tableaux, vendant des armes aux tenants du régime d'un côté, et aux rebelles de l'autre.

Mais la guérilla et ses enjeux se jouaient très loin de La Havane. Tandis que Castro et ses hommes faisaient la guerre au régime dans les montagnes, les fastueux casinos de la Mafia continuaient de prospérer et de proliférer. Les revenus faramineux qu'ils généraient finirent par attiser la convoitise d'Albert Anastasia, parrain de l'une des grandes familles de la Mafia new-yorkaise, qui exigea soudain une grosse part du gâteau. Pris de court, Trafficante aurait bien voulu solliciter l'aide de l'ancien mentor de Marcello, Frank Costello, mais celui-ci avait été « mis à la retraite » quelque temps plus tôt. Le 24 octobre 1957, Trafficante se rendit à la suite qu'occupait Anastasia au Park Sheraton Hotel pour parlementer avec lui, mais leur rencontre se solda par une impasse. Le lendemain, deux hommes abattirent Anastasia alors qu'il était installé dans la chaise du barbier de l'hôtel. Une heure plus tard, Trafficante réglait sa note au Park Sheraton et quittait New York. Bien que le *Washington Post* l'identifiât comme le « suspect principal » dans l'affaire, Trafficante ne fut jamais inculpé du meurtre d'Anastasia.

Deux semaines plus tard, Trafficante put retourner dans l'État de New York en toute sécurité – telle était la tolérance du gouvernement envers la Mafia sous le règne d'Eisenhower et de Nixon – pour participer à une rencontre réunissant près d'une centaine de chefs de la Mafia venus des quatre coins du pays. Aussi prudent et méfiant qu'à son habitude, Carlos Marcello n'assista pas à l'événement, préférant envoyer son frère Joe et ses premiers lieutenants de Dallas, Joseph Civello et Joe Campisi Sr., afin de le représenter. Les gangsters avaient beaucoup à discuter ; il fut notamment question de trouver un remplaçant pour Anastasia, ainsi que des affaires que la Mafia menait à Cuba avec Batista tout comme avec Fidel Castro.

Cette rencontre au sommet fut tenue non loin du village d'Apalachin, dans une somptueuse résidence nichée au creux de la campagne new-yorkaise. Or, la prudence de Carlos Marcello s'avéra pleinement justifiée en la circonstance : la police locale fit irruption dans la pièce où les mafiosi étaient réunis et appréhenda cinquante-huit d'entre eux, dont Santo Trafficante et Joe Marcello. Aucun d'eux ne fut détenu très longtemps. Néanmoins, la nouvelle de cette réunion peu banale, conjuguée au bruit que l'assassinat d'Anastasia avait fait dans les journaux, vint alimenter la frustration que ressentaient bien des Américains – et certains membres du Congrès – à l'égard de la Mafia et de la quasi-impunité dont elle jouissait en ces temps où J. Edgar Hoover était à la tête du FBI et Eisenhower et Nixon, à celle du pays.

Les assassinats de deux membres du gouvernement américain furent liés, dans les années 1950, à des proches collaborateurs de Carlos Marcello. L'un de ces meurtres eut lieu la même année que la réunion d'Apalachin, c'est-à-dire en 1957 ; l'autre était survenu quelques années auparavant, en 1954. Bien que Marcello n'ait pas joué un rôle actif dans ces deux homicides, ceux-ci nous aident tout de même à comprendre la méthode qu'il emploierait pour assassiner JFK et font en quelque sorte la démonstration de ce que Marcello avait appris en s'associant aux autres parrains.

L'associé de prédilection de Marcello, Santo Trafficante, fut l'un des exécutants dans le meurtre très publicisé du procureur général élu de l'Alabama en 1954. L'attentat se déroula à Phenix City, ville qui avait depuis longtemps la réputation d'être la plus corrompue d'Amérique. En traversant la rivière, on se retrouvait en Géorgie, et plus précisément dans la ville de Colombus, où était située l'immense base militaire de Fort Benning. Par la force des choses, Phenix City était devenue le lieu où soldats et officiers venaient assouvir leurs vices : c'était un ramassis de revendeurs de drogue, de tripots, de maisons de jeu, de boîtes de nuit plutôt louches grouillantes de prostituées et d'entraîneuses payées pour inciter le client à boire. (Dans les années d'avant-guerre, Franklin Roosevelt avait confié au général George Patton la mission de nettoyer la ville, ce qu'il n'avait pas réussi à faire.) Santo Trafficante jouissait d'une présence fort influente à Phenix City par l'entremise d'un de ses lieutenants de longue date, et Marcello avait lui aussi des intérêts criminels en Alabama. Les politiciens et officiels de cet État ne semblaient que trop heureux de fermer les yeux sur les activités clandestines de la Mafia – quand ils n'y prenaient pas carrément part, ainsi que le fit le successeur du procureur général Albert Patterson, qui fut assassiné en 1954.

Patterson avait posé cette année-là sa candidature au poste de procureur général de l'Alabama, promettant de nettoyer Phenix City s'il était élu. Il remporta la nomination démocrate – ce qui dans l'Alabama des années 1950 suffisait à faire de lui le procureur général élu –, mais fut abattu peu après. Les auteurs de l'assassinat n'ayant pas pris la peine de faire porter le chapeau à un quelconque pigeon, il devint très vite évident que c'était là l'œuvre du crime organisé.

Le meurtre de Patterson a défrayé la chronique partout au pays. Bien que l'administration Eisenhower-Nixon et le directeur du FBI J. Edgar Hoover aient eu une attitude laxiste et permissive face au crime organisé, le général de la Garde nationale Walter Hanna fit pression auprès du gouverneur de l'Alabama, qui à son tour fit pression sur Eisenhower et l'incita finalement à passer à l'action. La Garde nationale institua la loi martiale à Phenix City, plaçant ainsi la ville sous l'occupation de l'armée américaine. Cette mesure radicale arracha Phenix City à l'emprise du crime organisé. Cependant, au bout d'un temps, la Mafia et les autres groupes criminels reprirent le fil de leurs activités, quoiqu'à plus petite échelle, de l'autre côté de la rivière à Columbus, en Géorgie.

C'était une tout autre histoire que d'amener les assassins du procureur Patterson devant la justice. Immédiatement après le meurtre, deux des principaux proxénètes de Phenix City étaient allés se réfugier en Floride sur le territoire de Trafficante, tandis que le chef de police corrompu qui était affecté au quart de nuit s'était enfui au Texas – qui faisait désormais partie du territoire de Marcello, avec le sud du Mississippi. Un autre officiel corrompu de l'Alabama, le procureur général en exercice Si Garrett, tomba sous la loupe du jury d'accusation qui faisait enquête sur l'assassinat. Se voyant soudain dans l'embarras, Garrett « se fit admettre dans une clinique psychiatrique de Galveston, au Texas ». Il resta terré au Texas ou au Mississippi jusqu'en 1963, année où les accusations qui pesaient contre lui furent mystérieusement retirées. Marcello et Trafficante ne furent pas atteints, parce que, comme dans bien des affaires de meurtre les impliquant, les témoins-clés furent éliminés ou intimidés, ce qui empêcha l'enquête d'avancer. Des quatre individus qui furent inculpés pour l'assassinat de Patterson, un seul fut reconnu coupable de meurtre et condamné, mais il ne purgea que sept années de sa peine. Un autre des accusés fut acquitté, et un troisième déposa un plaidoyer de *nolo contendere* (renonciation à contester les faits) pour une accusation mineure.

L'assassinat du procureur général de l'Alabama aurait dû inciter l'administration Eisenhower-Nixon à déclarer la guerre au crime organisé, mais ce ne fut pas le cas. J. Edgar Hoover continua de fermer les yeux sur les activités de la Mafia en général et de Carlos Marcello en particulier. En 1975, le magazine *Time* mettait au jour l'amitié qui existait entre Hoover et le chef mafieux Frank Costello, et révélait que les deux hommes se réunissaient régulièrement lors de rencontres secrètes – ces faits furent confirmés par William Hundley, qui dirigeait les enquêtes sur le crime organisé pour le département de la Justice sous John F. Kennedy. Il faut dire que la Mafia avait amplement de quoi faire chanter J. Edgar Hoover : le directeur du FBI était un joueur invétéré qui aimait parier sur les courses de chevaux, en plus d'être un homosexuel inavoué.

Les confrères de Carlos Marcello avaient réussi à éliminer le gênant procureur Patterson sans se faire pincer ; en revanche, ils avaient perdu cette vache à lait éminemment lucrative qu'avait toujours été pour eux Phenix City. Mais la Mafia est prompte à tirer leçon de ses erreurs : la prochaine fois que les associés de Marcello décideraient de tuer un officiel du gouvernement, ils s'assureraient d'avoir en place un bouc émissaire sur qui ils mettraient le blâme avant de l'éliminer à son tour, tenant ainsi le crime organisé à l'écart des soupçons des autorités.

Dans les années 1950, Carlos Marcello s'associa, outre Trafficante, à un autre membre éminent de la pègre : Johnny Rosselli, qui veillait aux intérêts de la Mafia de Chicago à Los Angeles et Las Vegas. Rosselli était un type suave qui avait côtoyé les patrons des grands studios de cinéma dans les années 1940, jusqu'à ce qu'il se fasse attraper parce qu'il exploitait pour le compte de la Mafia un racket d'extorsion visant les syndicats hollywoodiens. À sa sortie de prison, ce *don* de la Mafia avait encore de l'influence à Las Vegas. Néanmoins, ses anciennes fréquentations de l'industrie cinématographique jugèrent bon de se distancer de lui. On découvre toutefois en consultant les archives judiciaires qu'il était encore suffisamment influent à Hollywood pour agir à titre de producteur délégué de trois films noirs à petits budgets qui furent réalisés à la fin des années 1940, cela en dépit du fait que son nom ne pouvait pas apparaître au générique. Un de ces films, *He Walked by Night*, raconte l'histoire d'un ancien militaire détraqué qui, animé par des délires homicides, finira par abattre un policier se trouvant à bord de son auto-patrouille. Le jeune tueur fou possède une carabine qu'il cache en l'enveloppant d'une couverture, mais c'est avec un pistolet qu'il commettra son crime. Après que Rosselli eut avoué le rôle qu'il avait joué dans l'assassinat de JFK, il était difficile de ne pas remarquer que le scénario du film semblait présager le geste de Lee Oswald lorsqu'il tua l'agent de police Tippit.

Avant de quitter l'industrie du cinéma pour les verts pâturages des casinos de Las Vegas et de Cuba, Rosselli aida son copain Frank Sinatra à décrocher un rôle de soutien dans le désormais classique *Tant qu'il y aura des hommes*, rôle qui donna un nouveau souffle à la carrière de Sinatra. Les biographes de Rosselli prétendent que la pression que le mafioso exerça sur les producteurs du film afin qu'ils accordent à Sinatra le rôle convoité est à l'origine de la célèbre scène de la «tête de cheval dans le lit» que l'on retrouve dans le roman et le film *Le parrain*.

Johnny Rosselli fut très actif au Guatemala au milieu des années 1950. S'appuyant sur deux sources différentes, ses biographes affirment que «l'objectif principal de Rosselli au Guatemala était de protéger et d'augmenter les intérêts» d'une compagnie de La Nouvelle-Orléans qui avait des liens avec Carlos Marcello. En 1956, Marcello décida que «le Guatemala serait le meilleur pays où obtenir un faux acte de naissance», du fait qu'il s'agissait d'un endroit «facilement accessible à partir de La Nouvelle-Orléans, soit par téléphone, par télégraphe ou par avion». Le Guatemala avait alors à sa tête un dictateur, le président Castillo Armas, qui avait été mis en place en 1954 après que l'administration Eisenhower-Nixon eut confié à la CIA la mission de renverser le gouvernement démocratiquement élu de Jacobo Arbenz[8]. Et si le président Armas avait la réputation de ne pas accepter de pots-de-vin de la Mafia, il n'en allait pas de même de son premier ministre, qui reçut 100 000 $ de Carlos Marcello en échange de faux acte de naissance et certificat de citoyenneté.

Le Guatemala était un autre endroit où la Mafia détenait des casinos – ceux-ci étaient dirigés par Ted Lewin, l'associé de Johnny Rosselli à Los Angeles. Désireux de voir ces établissements fermer leurs portes, le président Armas fit emprisonner Lewin. Quatre jours plus tard, Armas fut assassiné. C'était en juillet 1957. Le meurtrier présumé fut identifié comme un communiste qui aurait agi seul et qui «se serait suicidé tout de suite après avec le fusil qu'il avait utilisé pour tuer le président». Un historien nota que la police avait très commodément «trouvé des tracts de propagande gauchiste dans les poches de l'assassin, de même qu'un "journal intime" plutôt louche. Cependant, très peu de Guatémaltèques croyaient en l'explication officielle». Les biographes de Rosselli entrevoyaient une autre possibilité : «Il était plus plausible de croire que Castillo Armas avait été éliminé par la Mafia. C'était cette explication qui prévalait dans la ville de Guatemala à l'époque de l'attentat.»

Il existe des parallèles étonnants entre le bouc émissaire guatémaltèque de 1957, Vasquez Sanchez, et Lee Oswald, cet ancien militaire qui fut en mesure d'obtenir un emploi dans une entreprise cartographique de Dallas qui manipulait des photos secrètes prises à partir de l'avion espion U-2, et ce, en dépit du fait qu'il se disait communiste et avait récemment été rapatrié après un long séjour en Union soviétique. Le gouvernement du Guatemala décrivit Sanchez comme un « "communiste fanatique" [...] qui avait été expulsé six mois plus tôt de l'armée guatémaltèque parce qu'il affichait une "idéologie communiste", mais qui avait ensuite été autorisé à se joindre à la garde du palais présidentiel ». Tout comme Oswald, le bouc émissaire guatémaltèque était censé être un ardent communiste. Pourtant, «on n'a jamais trouvé quelque preuve que ce soit démontrant qu'il était membre [...] du parti communiste».

Toujours sous l'emprise de la «Terreur rouge» de l'ère maccarthyste et de la vaste chasse aux sorcières qu'elle a entraînée, le gouvernement américain et les médias d'information acceptèrent d'emblée la théorie voulant qu'un tueur solitaire communiste ait assassiné le président Armas. John Eisenhower, fils du président Eisenhower, déclara que le tueur présumé avait «agi sous les ordres de Moscou». Les autorités guatémaltèques disaient avoir trouvé sur Sanchez une lettre issue de sa correspondance avec Moscou qui était ni plus ni moins que son ordre de mission pour tuer le président Armas ; plusieurs historiens ont précisé depuis qu'il ne s'agissait en réalité que d'une carte postale générique provenant de Radio Moscou.

Armas fut remplacé par un autre dictateur de droite appuyé par le gouvernement américain... et Carlos Marcello conserva sa fausse citoyenneté guatémaltèque. À l'époque où le président Armas fut assassiné, Marcello finalisait les détails de sa seule incursion officielle à Las Vegas : Rosselli était en train de l'aider à décrocher une part du Tropicana, un nouvel hôtel et casino qui se voulait «le plus luxueux du Las Vegas Strip». La ville avait besoin d'un établissement de ce genre pour concurrencer les fastueux casinos que la Mafia faisait construire à La Havane. Contrairement à Marcello qui avait atteint le rang de patron ou parrain de la Mafia, Rosselli n'était qu'un *don*, un chef. Néanmoins, c'était un négociateur hors pair, aussi parvint-il à obtenir la part que Marcello convoitait et il fut même pendant un temps le gérant du Tropicana.

Mais Rosselli et ses associés ne savaient pas encore trop comment s'y prendre pour cacher à la Commission des jeux du Nevada (Nevada Gaming Commission) le fait que la Mafia détenait des parts dans les casinos de Vegas. Marcello évoquerait ces problèmes dans ses conversations avec Jack Van Laningham. «Il s'est lancé dans l'exploitation d'un casino à Vegas par le biais d'un prête-nom, raconte Van Laningham, et tout s'est bien passé jusqu'au jour où la Commission des jeux du Nevada a appris que Carlos Marcello était impliqué. La Commission a alors obligé le casino à fermer ses portes. Marcello a perdu beaucoup d'argent dans l'affaire, et après ça, il est resté à l'écart de Vegas.» Il peut paraître étrange que Marcello ait plié ainsi l'échine, mais, d'un autre côté, il a toujours pris soin d'éviter la publicité et l'œil indiscret des médias. Et puis, il pouvait exploiter des casinos et maisons de jeu en Louisiane sans être inquiété par une gênante commission comme c'était le cas au Nevada. Marcello n'a plus jamais retenté sa chance à Las Vegas après cette première expérience désastreuse, et ce, même dans les années 1970, alors qu'il avait la possibilité d'investir dans le grand casino que le réalisateur Martin Scorsese dépeindrait bien des années plus tard dans son film *Casino*. Marcello se contenta dans ce cas-ci de refiler l'affaire à la Mafia de Kansas City, en échange bien sûr d'une somme faramineuse (et impossible à retracer) représentant ses honoraires d'intermédiaire – un fait que le FBI connaissait mais n'a jamais révélé au public.

Même après le fiasco du Tropicana, Marcello a continué de faire affaire avec l'onctueux et éloquent Rosselli – il faut dire que ce dernier était copain non seulement avec Frank Sinatra, mais aussi avec plusieurs autres célébrités telles que Dean Martin et Marilyn Monroe. Tout comme Marcello, Rosselli n'était pas citoyen américain: son vrai nom était Filippo Sacco et il était né le 4 juillet 1905 dans la commune d'Esperia, en Italie. Mais alors que dans le cas de Marcello c'était un fait connu, ce n'est qu'en 1966 que le gouvernement des États-Unis réalisa que Rosselli n'était pas citoyen américain. Cette soudaine constatation mettrait en branle une série d'événements qui mèneraient au scandale du Watergate et finalement, en 1976, au meurtre sanglant de Rosselli, commandé par Trafficante avec l'approbation de Marcello. Cela dit, en 1957, Rosselli et Marcello, qui avaient respectivement cinquante-deux ans et quarante-sept ans, étaient encore en très bons termes.

Les deux hommes avaient un autre point en commun : ils étaient prompts à éliminer les individus qui se dressaient sur leur route ou suscitaient d'une quelconque manière leur colère. Ce fut le cas de Willie Bioff, témoin-clé dans le procès au terme duquel Rosselli s'était vu condamné – c'était son témoignage qui avait expédié le mafioso derrière les barreaux, mettant fin par le fait même à son idylle hollywoodienne. Au milieu des années 1950, Bioff vivait à Phoenix et était très ami avec un sénateur de l'Arizona du nom de Barry Goldwater. Mais Bioff avait beau bénéficier de l'amitié et du soutien politique d'un sénateur, cela n'empêcha pas Rosselli et la Mafia de se venger de lui : le 4 novembre 1955, Bioff perdait la vie alors que son camion explosait dans l'allée menant à sa résidence. Son véhicule avait été piégé avec une « bombe à la dynamite ». Aucun suspect ne fut arrêté en lien avec ce meurtre.

Trois ans plus tard, Rosselli approuvait le meurtre de Gus Greenbaum, un autre bon ami du sénateur Goldwater. Greenbaum était propriétaire du Riviera, un casino de Las Vegas, et il était aussi le « maire » du Las Vegas Strip[9]. Voyant qu'il avait une accoutumance à l'héroïne, la Mafia lui avait ordonné de vendre ses parts dans le Riviera, ce que Greenbaum avait refusé de faire. Le 3 décembre 1958, lui et son épouse, Bess, furent assassinés. Selon l'auteur de romans policiers Ovid Demaris, Greenbaum avait été presque complètement « décapité », alors que sa femme s'était fait « trancher la gorge avec un couteau de boucher ». Le sénateur Goldwater fut présent aux obsèques de Greenbaum, mais, encore une fois, aucun suspect ne fut appréhendé. Bien des années plus tard, Demaris découvrit que deux tueurs à gages étaient arrivés à Miami peu de temps avant l'assassinat des Greenbaum et qu'ils étaient repartis à bord d'un avion privé juste après que ces meurtres eurent été commis. Il est probable que les assassins aient été fournis par Santo Trafficante, ami commun de Marcello et Rosselli. Déjà à cette époque, lorsqu'ils avaient un individu à éliminer, les trois mafiosi avaient pris l'habitude d'engager des tueurs à gages venus de l'extérieur, et donc plus difficiles à retracer. Cinq ans après, Rosselli, Marcello et Trafficante emploieraient une variante de cette technique contre JFK.

Pendant ce temps, l'empire de Carlos Marcello continuait de grandir. Son biographe écrivait que « les opérations criminelles de Marcello en Louisiane, au Mississippi et au Texas en [viendraient] à générer des revenus de deux milliards de dollars par année ». Une bonne part de cette somme finissait en pots-de-vin destinés à des officiels municipaux, régionaux, étatiques et fédéraux, mais, au final, Marcello réalisait suffisamment de profits pour investir dans des propriétés et commerces légitimes. Toutefois, même au sein de ces entreprises légales, il avait recours à des tactiques criminelles pour bénéficier d'un avantage sur ses concurrents. Il se vanta de la chose lors d'une conversation dont Van Laningham se souvient fort bien :

> Marcello n'avait pas nécessairement à acheter ces commerces et biens légitimes : ce qu'il voulait, il le prenait par la force, et tous ceux qui s'opposaient à sa volonté étaient éliminés d'une manière ou d'une autre. En fait, il n'a jamais acheté un seul des bars qui lui appartenaient. Il m'a aussi parlé des bars et commerces d'alcool avec lesquels il transigeait à La Nouvelle-Orléans. Quand Marcello voulait vendre son alcool dans un de ces établissements, il envoyait ses hommes voir le propriétaire pour l'avertir du fait qu'il devait désormais s'approvisionner exclusivement chez lui. Le propriétaire qui s'entêtait à refuser voyait de violentes bagarres éclater dans son établissement. Son mobilier était vandalisé et ses clients, harcelés. Des prostituées étaient dépêchées sur les lieux pour causer du grabuge. Il ne lui restait alors que deux choix : fermer boutique, ou faire affaire avec Marcello. Le mafioso possédait sa propre distillerie à La Nouvelle-Orléans et il importait aussi de l'alcool du Texas par bidons de cinq gallons. Et il était inutile pour le propriétaire récalcitrant d'appeler la police, vu que Marcello avait soudoyé tout le monde. Il avait la police et les juges dans sa poche.

Marcello a appliqué cette tactique de harcèlement et d'intimidation des dizaines, voire des centaines de fois. Et ce n'était pas seulement les bars et restaurants qui étaient visés, mais aussi les fournisseurs qui faisaient affaire avec eux. Marcello avait expliqué un jour à Van Laningham que « la meilleure façon de faire de l'argent et de le conserver, c'[était] en achetant des terrains ».

Marcello avait confié à Van Laningham qu'il était «propriétaire de centaines d'acres de terres, qu'il avait acheté tout ça pour une bouchée de pain et que ça valait maintenant des millions».

Marcello détenait en Louisiane et dans des villes telles que Dallas un nombre impressionnant de propriétés immobilières, nombre qui ne cessait de croître. On trouvait parmi elles Churchill Farms, l'immense domaine de six mille quatre cents acres qu'occupait Marcello. La grande maison de ferme où le mafioso tenait ses réunions les plus secrètes – dont certaines concernaient le futur attentat contre JFK – était isolée des alentours du fait qu'elle se trouvait campée au milieu d'un vaste terrain marécageux qui avait été drainé partiellement.

À partir de 1957, Marcello avait son bureau dans un motel tout à fait banal de La Nouvelle-Orléans, le Town and Country, où il mènerait ses affaires courantes pendant près de vingt-cinq ans. Situé en bordure de la tout aussi banale Airline Highway, route qui relie la ville à son aéroport international, le Town and Country était le refuge idéal pour ce parrain extrêmement discret et peu friand de publicité. Le biographe de Marcello décrivait l'Airline Highway comme une «hideuse et interminable procession de stations-service, de terrains de stationnement, de panneaux publicitaires, de motels bon marché, d'enseignes au néon tapageuses et de bars peu recommandables dont certains offraient des spectacles de danseuses nues». On retrouvait ce genre d'endroits en bordure d'à peu près toutes les grandes villes d'Amérique à l'époque.

Marcello administrait à partir du Town and Country Motel un réseau de prostitution qui s'étendait sur plusieurs États américains, ainsi que son empire de jeu, lequel incluait un «réseau national de paris hippiques». Chaque dimanche, Marcello accordait des audiences dans le restaurant du motel, mais, durant la semaine, c'était dans le bureau situé à l'arrière qu'il recevait ses visiteurs et associés. Il disposait également un peu partout à travers son empire de plus petits bureaux – et de nombreuses maîtresses, qui l'attendaient. Cependant, son bureau principal arborait une caractéristique digne de mention. Il y avait d'accroché sur la porte de sortie un écriteau qui rappelait aux visiteurs à qui ils avaient affaire. On y lisait ceci :

Trois personnes peuvent garder
Un secret
Si deux d'entre elles sont mortes

Fatigué des méthodes et manigances de Marcello, un groupe de citoyens de La Nouvelle-Orléans décida un jour de faire appel à une aide policière extérieure : l'ex-agent du FBI qui avait mené les opérations du Bureau à Chicago, Guy Banister, fut convoqué et sacré chef adjoint de la police de La Nouvelle-Orléans. Alors qu'il avait pour mandat de lever le voile sur les rapports qui s'étaient tissés entre le service de police et le crime organisé, le très conservateur et très raciste Banister préféra s'en prendre aux individus de gauche et aux présumés communistes de la ville. Mais son règne au sein des forces de l'ordre locales fut de courte durée : Banister était un alcoolique ; or, un jour, dans un bar, il menaça un serveur à la pointe de son arme, ce qui l'obligea à rendre sa démission. Il fonda alors à La Nouvelle-Orléans sa propre agence de détective privé, et, dès le début des années 1960, il comptait parmi ses clients Carlos Marcello. Les relations de Banister au sein de la police et du FBI, l'intérêt qu'il portait aux groupes voués à la suprématie de la race blanche de même que ses activités anticommunistes secrètes sont autant d'éléments qui vinrent assister Marcello dans son complot pour tuer JFK.   .

Bref, Carlos Marcello était libre d'étendre son empire criminel comme bon lui semblait, ayant recours au meurtre en cas de besoin. Selon le biographe de Marcello, John H. Davis, la Commission criminelle de La Nouvelle-Orléans tenait le parrain responsable de « l'exécution de deux associés qui faisaient partie de son réseau de trafic de stupéfiants ». Des entreprises que Marcello partageait avec Trafficante, nulle n'était plus lucrative, plus secrète et par conséquent plus mortelle que leur réseau de trafic et de revente d'héroïne.

Marcello continuait de s'appuyer sur ses frères ainsi que sur les autres membres de sa famille. De ses six frères, c'était le plus jeune, Joe, qui était son préféré, celui en qui il avait le plus confiance. Joe était « le bras droit de Carlos et son sous-chef immédiat ». Cela dit, les autres frères de Carlos – Pete, Pascal, Vincent, Tony et Sammy – ont tous joué des rôles-clés dans la gestion de son empire florissant.

Carlos Marcello n'avait rien à craindre du gouvernement fédéral américain dans les années 1950 : tout au long de cette décennie, Richard Nixon, profitant du fait que le président Eisenhower souffrait de problèmes de santé, ne cessa de gagner en puissance. Nixon avait esquivé les deux seuls scandales potentiels auxquels il avait fait face récemment, l'un avec l'aide de son supporter de longue date, le milliardaire Howard Hughes. L'autre scandale concernait les liens que l'avocat Murray Chotiner, le plus proche conseiller de Nixon, entretenait avec la Mafia.

C'est un fait documenté que Nixon et Chotiner étaient mêlés depuis longtemps à la Mafia. Le gangster de Los Angeles Mickey Cohen disait avoir versé à Nixon une contribution de 5000 $ (l'équivalent de 50 000 $ aujourd'hui) en 1946, à l'occasion de la première campagne qu'il a menée pour se faire élire au Congrès en Californie. Cohen fit beaucoup mieux durant la course sénatoriale de 1950, donnant alors à Nixon la coquette somme de 75 000 $ (ce qui serait près de 700 000 $ de nos jours). Ces «contributions» avaient été orchestrées par Chotiner, qui demeurerait le principal stratège et adjoint de Nixon de 1946 jusqu'à l'époque du Watergate. Sur une période de quatre ans, Chotiner et son frère avaient représenté en tant qu'avocats deux cent vingt et un *bookmakers* qui travaillaient pour Cohen.

Chotiner n'était pas le seul proche de Nixon à être lié avec la Mafia. L'individu qui fut le meilleur ami de Nixon des années 1950 jusqu'à sa mort, Charles «Bebe» Rebozo, menait des activités bancaires, immobilières et commerciales avec la pègre, notamment avec des associés de Santo Trafficante et de Meyer Lansky. De nombreuses preuves, incluant des aveux faits par d'anciens membres du gouvernement tel John Mitchell, démontrent que Rebozo a souvent servi de prête-nom à Nixon dans des affaires financières et commerciales plutôt louches, tant à Cuba qu'en Floride et aux Bahamas.

Tous ces liens suspects ont amené les membres démocrates du Congrès à s'intéresser au conseiller de Nixon. Une commission fut mise sur pied pour enquêter sur Chotiner, mais l'initiative s'avéra trop hâtive : la commission ne disposant pas de suffisamment de preuves contre lui, Chotiner s'en tira sans une égratignure. L'enquête ayant été fortement médiatisée, il dut néanmoins délaisser ses fonctions de conseiller pour adopter un rôle plus discret auprès du vice-président. Les autres liens que Nixon entretenait avec la Mafia ne furent pas exposés.

L'un des avocats qui siégeaient à la commission d'enquête était nul autre que Robert F. Kennedy. RFK était jeune à l'époque. Or, il apprendra beaucoup des erreurs commises par la commission. En 1957, il s'associe à son frère John, qui était alors sénateur au Massachusetts, pour enquêter sur la corruption au sein du syndicat des Teamsters. Leur première cible est le président du groupement,

Dave Beck, qui se distingue par le fait qu'il est le seul chef syndical à soutenir le duo férocement antisyndicaliste Eisenhower-Nixon. Les accusations de corruption que John et Robert Kennedy portent contre Beck forcent celui-ci à démissionner de son poste. Les Kennedy focaliseront alors leurs efforts sur son successeur, Jimmy Hoffa.

Cette enquête sera lourde de conséquences pour toutes les parties concernées. Les Kennedy entreprirent d'exposer les crimes de Hoffa, ses actes de corruption et ses rapports avec la Mafia, tout d'abord par l'entremise d'une commission parlementaire, puis dans le cadre d'un procès criminel au terme duquel Hoffa écopa d'une peine de prison. La guerre entre Hoffa et les Kennedy était lancée, et elle se terminerait dans le sang avec l'assassinat de JFK et celui, cinq ans plus tard, de Robert Kennedy.

Les liens que les deux frères découvrirent entre la Mafia et les syndicats durant l'enquête sur Hoffa les amenèrent à se concentrer encore plus intensément sur la lutte contre le crime organisé. Certains prétendent que leur zèle n'avait d'autre but que de taire les rumeurs disant que leur propre père, l'immensément riche Joseph P. Kennedy Sr., avait lui aussi noué des liens d'affaires et d'amitié avec certains membres du crime organisé – ces rumeurs nuisaient bien entendu aux ambitions politiques de John. D'autres soutiennent que JFK s'en est pris à la Mafia pour attirer sur lui l'œil des médias. Il est vrai que les audiences de la commission anti-Mafia lui ont fait énormément de publicité. Cependant, lorsqu'on lit les journaux de l'époque, force est de conclure qu'il était grand temps que quelqu'un s'attaque au crime organisé en Amérique. Surtout étant donné que J. Edgar Hoover et l'administration Eisenhower-Nixon ne faisaient rien en ce sens-là. Dès la fin des années 1950, John F. Kennedy a pris sur lui d'amorcer la lutte.

Les Kennedy ne tardèrent pas à cibler Carlos Marcello et Santo Trafficante, qui étaient tous deux sur le point de devenir de proches alliés du nouveau chef des Teamsters, Jimmy Hoffa. Le sénateur Kennedy dépêcha l'ex-journaliste Pierre Salinger en Nouvelle-Orléans en lui donnant pour mission d'enquêter sur les activités criminelles de Marcello. Bien des années plus tard, Salinger m'a parlé de son expérience, du climat de peur et d'intimidation qui régnait à La Nouvelle-Orléans à la fin des années 1950. L'ex-journaliste avait pu retracer les activités de Marcello à travers certains documents écrits, mais les témoins étaient frileux. Personne n'osait parler. Salinger lui-même avait peur de ne pas sortir vivant de cette enquête. Avec l'aide de la New Orleans Crime Commission, un groupement de citoyens engagés dirigé par Aaron Kohn, Salinger est néanmoins parvenu à dresser la liste des entreprises criminelles de Marcello.

Sachant que Marcello craignait la publicité, les Kennedy le convoquèrent à Washington pour l'obliger à témoigner devant une commission sénatoriale spéciale, le Senate Select Committee on Improper Activities in Labor and Management. Cette commission était présidée par le sénateur John McClellan de l'Arkansas, mais les Kennedy en étaient les réels piliers, aussi furent-ils au centre de l'impressionnante couverture médiatique que les audiences générèrent à la télé, à la radio et dans les journaux.

Comme Kennedy et Salinger prévoyaient que Marcello invoquerait le cinquième amendement, ils ont mis au point une stratégie qui permettrait au peuple américain de savoir qui était ce puissant parrain de la Mafia. Les Kennedy commencèrent par interroger Aaron Kohn de la New Orleans Crime Commission, faisant de son témoignage un compte rendu détaillé de la vie et des crimes de Marcello. Ils appelèrent ensuite Salinger à témoigner afin qu'il donne un aperçu, avec force détails et documents à l'appui, du réseau complexe et tentaculaire de compagnies que Marcello contrôlait.

Mais le clou du spectacle vint le 24 mars 1959, lorsque Carlos Marcello lui-même fut contraint d'affronter caméras de télévision et projecteurs pour répondre aux questions des Kennedy et de leur commission.

Le mardi 24 mars 1959, dans une salle d'audience du Capitole, Robert F. Kennedy confronta personnellement pour la première et dernière fois Carlos Marcello, parrain de la Mafia. RFK était procureur en chef du Senate Select Committee on Improper Activites in Labor and Management, une commission sénatoriale qui visait désormais plus particulièrement le crime organisé. Bien qu'il fût reconnu pour son impétuosité et son franc-parler, RFK conservait dans l'exercice de cette auguste fonction une qualité enfantine, un petit air gamin qui contrastait avec le sérieux de son frère, le sénateur John F. Kennedy. Pris par d'autres engagements, JFK et le sénateur Barry Goldwater n'étaient pas présents à l'audience ce jour-là, ce qui donnait à RFK le plein contrôle de l'interrogatoire. Cet interrogatoire fut le premier d'une série d'événements qui s'avéreraient tragiques pour RFK, pour son frère et parfois même pour Marcello lui-même.

Vêtu d'un costume à fines rayures impeccablement coupé et visiblement très coûteux, le parrain de quarante-neuf ans était assis à la table des témoins, son regard occulté par des lunettes noires qui ne quitteraient jamais son visage durant l'audience. Marcello essayait toujours d'avoir l'air décontracté lors de ces rares occasions où il était vu en public. Cependant, il pouvait être prompt à la colère ; peut-être portait-il des lunettes fumées pour que RFK et les sénateurs aient plus de mal à déchiffrer ses réactions. L'avocat de Marcello, Jack Wasserman, était assis à ses côtés. Wasserman était l'un des meilleurs avocats d'immigration au pays. Or, le fait que Marcello ait choisi d'être représenté par lui devant la commission plutôt que par un avocat spécialisé en droit criminel démontre bien que ce qu'il craignait le plus, c'était la déportation. Contrairement à Santo Trafficante qui était citoyen américain, Marcello ne pouvait pas se réfugier temporairement dans un autre pays pour éviter de comparaître devant la commission puis revenir tranquillement aux États-Unis. Marcello n'ayant pas la citoyenneté américaine, il était fort probable qu'il ne serait pas autorisé à rentrer aux États-Unis s'il en sortait. Sachant cela, Wasserman lui avait dit qu'il n'avait d'autre choix que de se présenter à l'audience.

Avec son nœud papillon et ses lunettes fines et élégantes, Wasserman avait plus l'air d'un professeur d'université que d'un avocat de la Mafia. Un des frères du parrain, Vincent Marcello, était assis à côté de Wasserman. Vincent était responsable d'un créneau bien spécifique de l'empire de Carlos, puisqu'il s'occupait de la rentabilisation des machines à sous.

Les deux frères étaient très différents en apparence : Carlos était un type trapu ; plus grand et séduisant, Vincent ressemblait davantage à un homme d'affaires distingué qu'à un sous-chef de la Mafia. Cela ne revient pas à dire que Carlos manquait de prestance, bien au contraire ! Son profil romain et son attitude impérieuse faisaient de lui une présence imposante dans la salle d'audience. Mais Robert Kennedy en avait vu d'autres. Ayant croisé le fer avec Jimmy Hoffa lors de précédentes audiences, il ne s'en laissa pas imposer et posa à Marcello des questions soigneusement préparées qui avaient pour but de révéler au public américain la vaste étendue de son empire criminel.

RFK tenait entre autres à démontrer que Marcello contrôlait la ville de Dallas et qu'il jouait un rôle majeur dans le commerce d'héroïne. Lorsque RFK demanda à Marcello : « Êtes-vous un associé de Joe Civello, de Dallas, Texas, qui a participé à la réunion d'Apalachin ? », Marcello répliqua : « Je refuse de répondre, sous prétexte que ça aurait tendance à m'incriminer. » Un rapport qui fut déposé au Sénat par la suite affirmait sans l'ombre d'un doute que « Joe Civello [...] [contrôlait] tous les rackets à Dallas et dans ses environs ». Tout comme le restaurateur Joe Campisi Sr., qui était lui aussi un sous-chef de Marcello à Dallas, Civello transmettait les ordres de Marcello aux mafiosi de Dallas qui occupaient les rangs inférieurs de l'organisation – Jack Ruby était de ceux-là.

RFK a ensuite demandé à Marcello s'il était un associé de « Sam Carolla, qui fut déporté en 1947 en tant que trafiquant de stupéfiants ». La réponse de Marcello fut laconique : « Je refuse de répondre, pour la raison citée précédemment. » Son silence comptait peu, car, avec l'aide de grands tableaux explicatifs et des autres témoignages recueillis devant la commission, l'importance de Marcello et de La Nouvelle-Orléans au sein du réseau de stupéfiants de la French Connection serait bientôt démontrée.

RFK poursuivit en demandant : « Avez-vous déjà eu recours à des membres des forces de l'ordre pour vous assister dans vos opérations, monsieur Marcello ? » Le mafioso en appela encore une fois à son droit de ne pas s'incriminer, ce qu'il ferait pour presque toutes les questions qui lui seraient posées ce jour-là. Bien que Marcello se fût réfugié derrière le cinquième amendement, les questions de RFK, conjuguées à l'information fournie plus tôt par le procureur adjoint Pierre Salinger et par Aaron Kohn de la New Orleans Crime Commission, suffisaient en elles-mêmes à donner au public américain une bonne idée de ce qu'était l'empire criminel de Marcello : maisons de jeu clandestines, prostitution, corruption de politiciens et de hauts fonctionnaires, fraudes immobilières, intimidation d'hommes d'affaires légitimes et trafic de narcotiques étaient autant d'éléments qui en faisaient partie. Et ce n'était qu'un début ! Ce fut ensuite au tour des sénateurs d'interroger le parrain. RFK ayant mentionné le fait que « monsieur Carlos Marcello [faisait] l'objet d'une ordonnance de déportation depuis environ 1953 », les sénateurs cherchèrent surtout à comprendre pourquoi Marcello était encore autorisé à vivre aux États-Unis. Dans le témoignage qu'il avait livré précédemment, Aaron Kohn avait précisé que Marcello « en avait appelé de cette décision à trente-sept reprises devant les tribunaux ». Néanmoins, plusieurs des sénateurs qui siégeaient à la commission se doutaient bien que ce n'étaient pas uniquement les talents d'avocat de Jack Wasserman qui avaient permis à Marcello d'éviter la déportation, que le gouvernement Eisenhower-Nixon y était très certainement pour quelque chose.

Le sénateur Sam Ervin de la Caroline du Nord – qui présiderait au début dès années 1970 la commission sénatoriale chargée d'enquêter sur le scandale du Watergate – commença par évoquer les deux condamnations antérieures de Marcello. « Comment un homme qui a ce genre de dossier criminel peut-il rester aux États-Unis pendant cinq ans, neuf mois et vingt-quatre jours après avoir été déclaré étranger indésirable ? demanda-t-il. Comment vous y êtes-vous pris pour rester ici ? » Marcello marqua une pause, puis répondit : « Je ne saurais le dire. » Le sénateur Ervin exprima ensuite sa frustration envers l'administration Eisenhower-Nixon : « Le peuple américain mérite d'être mieux protégé par ses lois, dit-il. Il est inacceptable de l'exposer ainsi à un étranger indésirable que l'on continue d'héberger malgré le fait qu'il ait commis des crimes graves.» Ervin ajouta que Marcello était une sangsue qui «s'en prenait aux gens honnêtes [et qui] devait être chassé[e] du pays».

Le sénateur Karl Mundt du Dakota du Sud prit le relais en exhortant le sénateur John McClellan, président de la commission, d'écrire «une lettre au procureur général des États-Unis pour lui demander pourquoi l'ordonnance de déportation visant Marcello n'[avait] pas été exécutée».

Bien que les sénateurs fussent indignés, Marcello sortit indemne de l'audience. En dépit de la mauvaise presse dont il avait fait l'objet, il ne serait visé par aucune autre tentative de déportation tant que le président Eisenhower et le vice-président Nixon seraient au pouvoir.

John et Robert Kennedy n'avaient peut-être pas accompli ce qu'ils désiraient en ce qui concernait Marcello, mais ils n'en avaient pas fini pour autant avec la Mafia. Le patron de la pègre de Chicago, Sam Giancana, aurait droit au même traitement que le parrain louisianais. Ancien tueur à gages pour la Mafia, Giancana était aussi charmant que cruel et impitoyable. (Il vivrait peu de temps après sa comparution devant la commission une idylle qui fit beaucoup de bruit avec Phyllis McGuire, qui était à l'époque une des chanteuses les plus populaires d'Amérique.) Giancana n'avait peut-être pas accédé au titre de parrain, reste que c'était lui qui dirigeait les opérations de la Mafia de Chicago pour le compte de deux patriarches de la pègre locale. Avec l'aide de Johnny Rosselli, son patron dans la Mafia, Giancana était parvenu à étendre son influence par-delà Chicago jusqu'à Las Vegas, Hollywood et Reno.

Le 9 juin 1959, Sam Giancana comparaissait devant la commission sénatoriale. Dès le début de son interrogatoire, Robert Kennedy tenta de le secouer pour l'amener à parler: «Dites-nous, monsieur Giancana, les personnes qui s'opposent à vous finissent-elles dans le coffre d'une voiture? Est-ce le sort que vous réservez à ceux qui vous contrarient?» Giancana ne prenait visiblement pas la commission ni les questions de RFK au sérieux, car il manqua de pouffer de rire. «Vous trouvez ça drôle, monsieur Giancana? continua Kennedy. Allez-vous nous parler de vos opérations ou allez-vous vous mettre à glousser chaque fois que je vous pose une question? Et moi qui croyais qu'il n'y avait que les petites filles qui gloussaient comme ça!»

Au bout du compte, RFK ne put faire sortir le mafioso de ses gonds. À l'instar de Marcello, Giancana esquiva ses questions en invoquant le cinquième amendement, ce qu'il fit à près de quarante reprises. Mais tout n'était pas perdu, car, ainsi qu'il l'avait fait avec Marcello, Kennedy parvint à travers ses questions à brosser le portrait des activités illicites de Sam Giancana, lesquelles incluaient un réseau de stupéfiants. (Cette révélation n'empêcherait pas la Mafia de nier pendant encore plusieurs années qu'elle s'adonnait au trafic et à la vente de drogue.) Appelé encore une fois à témoigner, Pierre Salinger vint apporter de nombreuses précisions quant aux pratiques criminelles du gangster de Chicago.

Alors qu'ils cherchaient à interroger d'autres leaders de la Mafia, le sénateur Kennedy et RFK virent à un certain moment leurs efforts entravés par la CIA, présage des problèmes qu'ils auraient tous deux avec l'Agence dans les années à venir, et ce, même après que JFK fut devenu président. Un reportage du journaliste et lauréat du prix Pulitzer Seymour Hersh, qui parut dans le *New York Times* en 1975, nous apprend qu'en 1959 la CIA avait mis sous sa protection un patron de la Mafia qui l'avait aidée dans ses tentatives d'assassiner Fidel Castro. À l'époque de la commission sénatoriale menée par les Kennedy, RFK et ses adjoints tentèrent d'interroger en privé le mafioso en question. «Vous pouvez pas me toucher, leur dit-il. J'ai l'immunité.» Robert Kennedy lui demanda alors: «Qui vous a donné l'immunité?» Ce à quoi le chef mafieux répliqua: «La CIA. Je travaille pour eux, mais je peux pas vous en dire plus. C'est top secret.» RFK devait être estomaqué d'entendre cela. La nouvelle était en fait si incroyable qu'il prit la peine d'en vérifier la véracité. Il découvrit que la CIA avait effectivement «conclu un marché» avec ce patron de la Mafia.

Dans les années 1970, Dan Moldea, un spécialiste de Jimmy Hoffa, écrivait que la CIA travaillait en 1959 avec trois patrons de la Mafia, James Plumeri, Russell Bufalino et Salvatore Granello, qui régnaient dans le nord-est des États-Unis. Le but de cette collaboration était encore une fois de planifier l'assassinat de Fidel Castro. Agissant à titre d'émissaire pour la CIA, Jimmy Hoffa avait lui-même communiqué avec les trois hommes. Le président des Teamsters était le choix logique pour ce genre de boulot, puisque tant la Mafia que Castro le considéraient comme un allié. Castro et ses troupes avaient pris le pouvoir le 1er janvier de cette même année. Or, avant que le gouvernement cubain soit renversé, Hoffa avait fourni des armes de contrebande aux rebelles, avec bien sûr la bénédiction de la CIA. Au début de l'été de 1959, Hoffa était occupé à coordonner une transaction complexe qui permettrait à ses contacts de la Mafia de vendre au gouvernement cubain des avions provenant des surplus de l'armée américaine, le tout étant financé à même la caisse des Teamsters – des valeurs mobilières volées auraient aussi été utilisées. Les Kennedy demandèrent à leurs enquêteurs de se pencher sur cette histoire louche et tortueuse, mais ceux-ci se butèrent à une impasse lorsque vint le temps de localiser un mystérieux associé de Hoffa qui était impliqué dans l'affaire et n'était connu que sous le pseudonyme de Jack La Rue.

Il était fort probable que cette transaction pour le moins bizarre n'était qu'une couverture ménagée pour Hoffa par la CIA dans le cadre des complots visant à éliminer Castro. Ces projets d'assassinat échafaudés conjointement par la CIA et la Mafia s'étendirent sur près d'une année, puis ils furent abandonnés du fait que, depuis l'accession de Castro au pouvoir, Plumeri, Bufalino et Granello n'avaient plus suffisamment de ressources à Cuba pour mener à bien leurs plans.

Pendant ce temps, la commission sénatoriale sur le crime organisé faisait son chemin. John et Robert Kennedy tenaient à ce que Santo Trafficante soit appelé à comparaître, car ils voulaient le questionner au sujet du meurtre d'Albert Anastasia. Le parrain évita l'interrogatoire en allant se terrer à Cuba, aussi les Kennedy durent-ils s'en remettre au témoignage du chef de la Miami Crime Commission. Celui-ci parla du réseau de trafic d'héroïne que dirigeait Trafficante et raconta que vingt et un membres du crime organisé avaient été exécutés à Miami au cours des vingt dernières années. «Aucun de ces meurtres n'a été résolu», précisa-t-il. Le jour précédent, comble de l'audace, Trafficante avait fait assassiner un autre de ses rivaux pour montrer aux Kennedy et aux membres de la commission qu'il n'avait pas peur d'eux. «Il y a eu un autre meurtre hier», annonça RFK durant l'audience. Et ce meurtre, tout comme les autres, ne serait jamais résolu.

Le 9 juin 1959, Fidel Castro ordonna que Trafficante et plusieurs autres membres de la Mafia qui s'étaient réfugiés à Cuba soient emprisonnés dans un centre de détention de La Havane. Les historiens s'interrogent toujours sur les motifs qui auraient pu pousser Castro à poser un tel geste. Certains prétendent que le parrain avait été incarcéré à sa propre demande, prétexte idéal qui lui évitait d'avoir à expliquer pourquoi il ne rentrait pas aux États-Unis pour témoigner du meurtre d'Anastasia devant les Kennedy et, plus tard, devant les autorités new-yorkaises. Trafficante bénéficiait de conditions de détention plutôt confortables, et il avait même été autorisé à sortir pour assister au somptueux mariage de sa fille, qui avait lieu au Habana Hilton. Un historien rapportait que le mafioso était demeuré à La Havane pendant près de trois mois suivant sa « libération ».

D'autres historiens accordent plutôt crédit à un témoignage que Trafficante fit par la suite – et qui était en accord avec les renseignements fournis par quelques-uns de ses associés –, dans lequel il affirmait que sa détention n'avait pas été volontaire et qu'à certains moments, il avait même craint pour sa vie. Eu égard à ces récits contradictoires, il est probable que la détention de Trafficante avait initialement été inattendue et potentiellement dangereuse, mais qu'il avait ensuite payé pour en changer les conditions et acheter plus tard sa libération. Quoi qu'il en soit, il est intéressant de noter que le parrain ne quitta Cuba qu'une fois la commission des Kennedy terminée.

Durant cette période de détention, Trafficante n'avait pas facilement accès à sa fortune considérable et ne pouvait pas communiquer aussi librement qu'il l'aurait voulu avec Carlos Marcello, son plus puissant allié. Il ne pouvait obtenir l'aide de Marcello que par l'intermédiaire de messagers, d'hommes de confiance capables de voyager entre Cuba et les États-Unis sans éveiller les soupçons des autorités cubaines ou américaines. Or, il y avait dans l'organisation de Marcello un individu qui convenait parfaitement pour ce genre de rôle. Il s'agissait de Jack Ruby. Un Britannique du nom de John Wilson Hudson qui avait été détenu à La Havane avec Trafficante a par la suite confirmé le fait qu'à cette époque, Ruby faisait office de coursier et de messager entre les deux parrains. Contrairement à la plupart des individus qui avaient été mis en détention en même temps que Trafficante, Hudson possédait un casier judiciaire vierge. Il causerait tout un émoi après l'assassinat de JFK lorsqu'il dirait aux autorités que, durant sa détention à Cuba en 1959, il avait rencontré l'homme « qui accompagnait la personne qui apportait à Trafficante ses repas », que cet homme visitait Trafficante en prison « fréquemment », et qu'il identifierait celui-ci comme étant Jack Ruby.

Quelles sont les circonstances qui ont amené Jack Ruby à assurer la liaison entre Marcello et Trafficante en 1959 et celles qui le conduiraient, quatre ans plus tard, à jouer un rôle crucial pour les deux parrains dans l'assassinat du président Kennedy ? On ne peut répondre à cette question et découvrir la vérité sur la mort de JFK sans d'abord connaître le passé de Ruby, sans savoir qui il était vraiment et quel rôle il a joué au sein du crime organisé dans les décennies qui ont précédé.

Né à Chicago le 25 mars 1911, Jack Ruby, de son vrai nom Jack Rubenstein, quitta prématurément l'école secondaire afin de travailler pour la Mafia. Le très respecté journaliste Seth Kantor – c'était lui qui avait aperçu Ruby à l'hôpital Parkland au moment où le corps du président y était transporté – disait qu'à cette époque la tâche du jeune Jack consistait à « livrer des enveloppes scellées à Al Capone, qui était alors le racketteur numéro un de Chicago ». En échange de ses services, Ruby touchait un salaire d'« un dollar par livraison ».

L'enquêteur Scott Malone a lui aussi certains détails à révéler sur le personnage : « Ruby a quitté Chicago pour s'installer à Los Angeles en 1933. Son premier job a été de vendre des fiches sur lesquelles étaient inscrits les handicaps et les bons tuyaux à l'hippodrome de Santa Anita. En 1951, quand Johnny Rosselli a témoigné devant la commission Kefauver, il a dit qu'il avait lui aussi déménagé de Chicago à Los Angeles en 1933, et que son boulot consistait à superviser les paris à l'hippodrome de Santa Anita pour la Mafia de Chicago. » Ruby revint à Chicago en 1939. Il devint secrétaire « au syndicat des travailleurs de l'industrie de la gestion des déchets » et fut interrogé « en lien avec le meurtre du secrétaire-trésorier de la section locale du syndicat ». Bien que la victime fût un ami de Ruby, celui-ci refusa de divulguer quelque information que ce soit à la police, montrant ainsi aux patrons de la Mafia locale qu'il savait tenir sa langue.

Malone souligne que le FBI « décrivait le syndicat des éboueurs comme une vaste "opération d'extorsion" » et précise que « ce meurtre a permis à la Mafia, et plus tard aux Teamsters, de prendre le contrôle du syndicat ». Bien des années après l'événement, Robert Kennedy écrira que ce meurtre était très important du fait qu'il constituait un premier pas vers la domination des Teamsters par la Mafia. Luis Kutner, un avocat de Chicago ayant travaillé sur la commission Kefauver, dit que, durant cette période, « Ruby gravitait autour du mafioso Sam Giancana et de son entourage ».

Auteur de deux ouvrages récents portant sur le Bureau fédéral des narcotiques (Federal Bureau of Narcotics, ou FBN), Michael Valentine nous apprend que « la famille de Jack Ruby était impliquée depuis très longtemps dans le commerce illicite de la drogue ». Un des frères de Ruby « avait été condamné en 1939 pour avoir acheté deux onces d'héroïne ». Une personne haut placée au sein du FBI révélait qu'un autre des frères de Ruby « avait été son informateur à partir de juillet 1946 ». Jack ne tarda pas à tremper lui aussi dans le commerce des stupéfiants. En 1947, la Mafia de Chicago cherchait à s'installer à Dallas ; or, selon l'ancien shérif de la ville, Steve Guthrie, Ruby participa à cette initiative. À cette époque, Carlos Marcello venait tout juste de prendre le contrôle de la Mafia de La Nouvelle-Orléans, et il en vint peu après à contrôler également les activités de racket à Dallas. C'est alors que Ruby a commencé à travailler pour son organisation. Bien qu'étant comme eux d'origine juive, Jack Ruby se doutait bien qu'il n'atteindrait jamais le rang d'un Meyer Lansky ou d'un Mickey Cohen, car rares étaient les non-Siciliens qui accédaient à de telles positions de pouvoir au sein de la Mafia. Ses premières années dans la Mafia, il les passa donc à se débattre sur les échelons inférieurs de l'organisation, faisant de son mieux ce que les grands pontes de la pègre locale exigeaient de lui.

Luis Kutner précise qu'en 1950 Jack Ruby « a révélé à la commission Kefauver le fonctionnement du crime organisé à Chicago ». Ruby se serait présenté à cette occasion comme « le lieutenant d'un syndicat criminel, envoyé à Dallas pour représenter les hauts dirigeants de la Mafia de Chicago ». Ruby avait choisi de coopérer avec les autorités afin d'obtenir l'immunité dans ses activités clandestines, pour lui-même et pour ses supérieurs. Il emploierait cette stratégie de nombreuses fois tout au long de sa carrière criminelle, tantôt pour se sauver la mise, et tantôt pour essayer de découvrir ce que savaient les autorités.

Michael Valentine écrivait qu'en janvier 1958 un agent du FBN du nom de Jack Cusack « [avait] informé la commission McClellan du fait que le mafioso Joseph Civello dirigeait le commerce de l'héroïne à Dallas » et que « Civello était lié à Marcello, Trafficante et Jimmy Hoffa ». Ainsi que le rapporte le spécialiste de la Mafia David E. Scheim, Civello aurait admis au FBI qu'il « connaissait Ruby depuis "environ dix ans" ». S'adressant lui aussi au FBI, un employé de Civello aurait confirmé le fait que « Ruby rendait souvent visite à Civello et était un de ses plus fréquents collaborateurs ». Le journaliste d'enquête Ovid Demaris affirme pour sa part que Civello lui a dit un jour : « Ouais, je connais Jack. J'allais souvent à son club à l'époque où on était amis. » Ainsi que nous l'avons mentionné précédemment, Civello était le principal *underboss* (sous-patron) de Carlos Marcello à Dallas.

Les rapports étroits que Jack Ruby entretenait avec la police influencèrent énormément la façon dont les choses se sont déroulées après l'assassinat de JFK. Ce lien qui avait commencé à se tisser dans les années 1950 s'est solidifié au début de la décennie suivante. Un document de la commission Warren nous apprend que Ruby « connaissait personnellement presque tous les policiers de Dallas », et un autre document nous dit que Ruby était celui qui « distribuait les pots-de-vin au service de police de Dallas ». Mais Jack Ruby n'était à cette époque qu'un criminel de petite envergure, alors pour qui travaillait-il, au juste ? Nous savons aujourd'hui que son patron était Carlos Marcello, ce qui fut confirmé par Marcello lui-même sur les enregistrements réalisés en secret durant l'opération CAMTEX. Il a par ailleurs été confirmé que la police de Dallas ne se faisait pas corrompre uniquement avec de l'argent : Ruby serait plus tard lié à diverses boîtes de nuit et aurait alors accès à des danseuses nues ainsi qu'à des prostituées ; dans les clubs de Jack, les policiers buvaient à l'œil et on disait qu'ils se faisaient parfois offrir des femmes.

Ruby était « un ami très proche » de Will Fritz, capitaine de la police de Dallas et chef du bureau des homicides. L'avocat de J. D. Tippit, le policier qui fut abattu par Lee Oswald, soulevait un fait intéressant : « En dépit de sa réputation de "bandit", Ruby avait libre accès au bureau des homicides. » C'est cette position avantageuse qui permettrait par la suite à Ruby de tuer Oswald.

Mais Ruby disposait dans la police de Dallas de contacts encore plus haut placés que le capitaine Fritz. Un document du FBI mentionne qu'en 1956 Ruby avait « emmené le chef de police de Dallas à Hot Springs, en Arkansas », ville reconnue à cette époque pour ses casinos. Les rapports que le gangster juif entretenait avec les forces de l'ordre lui étaient très utiles, détail que les biographes de Johnny Rosselli ne manquent pas de souligner : « Jack Ruby [...] a été arrêté neuf fois sur une période de seize ans s'étalant de 1947 à 1963, mais les liens qu'il avait tissés avec la police de Dallas étaient si forts qu'il n'a jamais eu à comparaître devant les tribunaux. »

Un document de la commission Warren révèle que Ruby travaillait à Dallas pour le réseau de trafic d'héroïne de la French Connection, dont Trafficante et Marcello étaient les principaux acteurs – c'était sur ce réseau que John et Robert Kennedy avaient enquêté durant la commission sénatoriale de 1959. « Jack Ruby de Dallas était actif dans la portion locale d'un grand réseau de narcotiques englobant le Mexique, le Texas et l'est du pays », lit-on dans le document en question. Ruby semblait cependant jouer un rôle mineur au sein du réseau : il était l'un de ceux qui veillaient à ce que l'héroïne qui provenait du Mexique et transitait à Dallas soit acheminée jusqu'à Chicago. Certains documents déclassifiés indiquent que le réseau de la French Connection était impliqué dans l'assassinat de JFK : une femme qui travaillait pour Ruby et livrait de l'héroïne pour le réseau avait tenté d'exposer le complot pour tuer Kennedy juste avant que l'attentat survienne ; un des gros trafiquants du réseau, le Français Michel Victor Mertz, se trouvait à Dallas lorsque JFK fut tué. Autre lien révélateur : le trafiquant d'héroïne québécois Lucien Rivard, associé de Mertz dans la French Connection, était l'un de ceux qui avaient été détenus à La Havane en 1959 en même temps que Trafficante.

Michael Ewing, enquêteur au Congrès américain, écrivait que « Ruby avait des dizaines d'amis, de connaissances, d'employés et d'associés qui étaient impliqués de manière significative dans le crime organisé ». Il notait également que Ruby « était très ami » avec le « chef d'une unité spéciale de la police de Dallas qui avait pour mission d'enquêter sur le crime organisé, ainsi que sur les crimes reliés aux stupéfiants et à la prostitution ». Ewing souligne que « des témoignages de la commission Warren démontrent que cet individu visitait régulièrement » un des clubs de danseuses nues dont Ruby avait la charge, et qu'à certaines périodes il y allait même « tous les soirs ».

Des dossiers du FBI – qui furent déposés pour la plupart à la commission Warren – nous apprennent aussi qu'à la fin des années 1950, Ruby était impliqué dans des activités de trafic d'armes à Cuba avec plusieurs collaborateurs de Santo Trafficante, dont les gangsters Norman Rothman et Dominick Bartone, et l'ex-président cubain corrompu Carlos Prio. Le mafioso de Los Angeles Mickey Cohen vendait lui aussi des armes clandestines à Cuba en ce temps-là. Or, Ruby « avait dit à un de ses partenaires d'affaires [...] qu'il était un très bon ami de Mickey Cohen ». Le FBI a d'ailleurs établi des rapprochements entre Ruby et la petite amie de Cohen, une danseuse de cabaret burlesque très connue au Texas dont le nom d'artiste était Candy Barr. Jack Ruby connaissait également Jimmy Hoffa – ce que le fils de Hoffa a confirmé. Une multitude de preuves et témoignages révèlent qu'à cette époque Ruby était impliqué dans les mêmes activités criminelles que le dénommé Jack La Rue. En 1959, alors même que Robert Kennedy se montrait incapable de mettre la main sur le mystérieux personnage, Jack Ruby faisait du trafic d'armes à Cuba avec des associés de La Rue. Il est d'ailleurs probable que Ruby était Jack La Rue lui-même, ou du moins l'un de ceux qui utilisaient ce pseudonyme pour brouiller les pistes.

Les activités de trafic auxquelles Ruby s'adonnait à Cuba en 1959 faisaient de lui le candidat idéal pour assurer la liaison entre Carlos Marcello et Santo Trafficante durant la période où celui-ci serait détenu à La Havane. Ruby était d'autant plus parfait pour ce rôle qu'il bénéficiait désormais d'une protection inespérée : en mars 1959, les gens du FBI l'avaient rencontré et lui avaient demandé de travailler pour eux en tant qu'informateur. Ruby avait accepté, sans doute après avoir obtenu l'approbation de Civello, de Campisi ou d'un autre de ses supérieurs à Dallas. Cette entente avec le FBI était avantageuse pour Ruby en ce sens qu'elle lui assurait une certaine immunité dans la pratique de ses activités criminelles, mais elle l'était aussi pour la Mafia en général, puisqu'elle permettrait à Ruby de savoir sur quels crimes ou individus le Bureau était en train d'enquêter.

Selon l'historien Gerald D. McKnight, Ruby aurait été en communication avec le FBI «à au moins huit occasions» en 1959, un fait que la commission Warren a caché au peuple américain. Ce n'est que «douze ans après que le rapport de la commission Warren fut publié que le public américain» fut informé du fait que Ruby était informateur pour le FBI. Le fait que Ruby était informateur durant la période où il visitait Trafficante à Cuba explique peut-être pourquoi la commission Warren a refusé de dévoiler son rôle au FBI. Car il y avait en effet chevauchement : Ruby avait rencontré ses agents superviseurs du FBI le 2 juillet 1959, soit moins d'un mois après que Trafficante eut été placé en détention, et il les rencontrerait de nouveau le 21 juillet.

Il y avait à l'origine un autre messager sur lequel Trafficante pouvait compter, un expert en électronique du nom de John Martino. «Martino disait que sa principale mission consistait à libérer des fonds provenant des opérations de jeu de Trafficante», pouvait-on lire dans un article paru dans le magazine *Vanity Fair*. Trafficante avait besoin de ces fonds pour tenter d'acheter sa liberté. Malheureusement pour lui, Martino fut arrêté à Cuba le 23 juillet 1959 – ayant fait plusieurs fois la navette entre Miami et Cuba, il avait fini par se faire repérer. Mais alors que Trafficante était détenu dans des conditions favorables, Martino fut incarcéré pendant trois ans dans une prison cubaine, dans des conditions qu'il qualifia lui-même d'abominables. En l'absence de Martino, Ruby s'imposa comme un messager-coursier potentiel.

Scott Malone et les autres enquêteurs du Congrès américain ont constaté qu'à cette époque plusieurs personnes «voulaient voir Trafficante libéré, dont Johnny Rosselli et son patron, Sam Giancana, [...] qui visitèrent tous deux Trafficante en prison à Cuba en 1959». Certains témoins rapportent que «Carlos Marcello avait tenté lui aussi de faire libérer Trafficante», d'où l'implication de Jack Ruby qui travaillait à ce moment-là pour Marcello.

Plusieurs témoignages s'entendent sur le fait que Ruby avait essayé d'acheter la liberté de Trafficante en fournissant aux Cubains des armes de contrebande. Selon Scott Malone, les enquêteurs du Congrès avaient mentionné dans une note de service qu'en 1959 «Jack Ruby s'était rendu à Cuba pour visiter Santo Trafficante en prison». Malone ajoute que le journaliste britannique John Wilson avait également été «brièvement emprisonné par Castro» et que, «durant son incarcération, il avait "rencontré un gangster nommé Santo" qui, disait-il, "recevait régulièrement la visite d'un autre type qui avait des allures de gangster américain et qui se nommait Ruby"». Un ami commun de Rosselli et Giancana qui «avait témoigné devant la commission sénatoriale» dans les années 1970 «se souvient que Rosselli lui avait dit que "Ruby était impliqué dans les rackets de Trafficante à La Havane"».

Ruby et Trafficante avaient plusieurs associés en commun, mais c'était probablement Lewis McWillie qui, le premier, avait fait venir Ruby à Cuba pour le présenter à Trafficante. McWillie supervisait les casinos et activités de jeu de Trafficante à Cuba – Ruby disait de lui qu'il «avait de la classe». La plupart des gens pensent que Fidel Castro avait fait fermer les casinos de la Mafia tout de suite après avoir pris le pouvoir, ce qui n'est pas tout à fait vrai : ces établissements de jeu avaient en effet été contraints de fermer boutique après la révolution, mais ils avaient rapidement été rouverts pour des raisons économiques. Plusieurs mafiosi, dont McWillie, étaient restés sur place afin d'en assurer la gestion et l'exploitation. Frank Fiorini, un bandit à la solde de Trafficante qui s'était battu aux côtés de Fidel (et qui se donnerait par la suite le surnom de Frank Sturgis), fut désigné pour assurer la liaison entre le gouvernement cubain et les patrons de la Mafia qui continuaient d'exploiter les casinos de Cuba, bien qu'ils n'en fussent plus les propriétaires. Ces casinos demeureraient ouverts jusqu'à l'automne de 1961.

Jack Ruby a souvent dit que Lewis McWillie était son «idole», qu'il l'admirait parce qu'il détenait au sein de la Mafia le pouvoir et le rang dont lui-même rêvait. Bien des années plus tard, McWillie dut comparaître devant le House Select Committee on Assassinations (HSCA). La commission lui demanda si Ruby l'accompagnait lorsqu'il allait visiter Trafficante en prison, ce à quoi McWillie ne donna qu'une réponse évasive : « C'est possible, dit-il d'un ton hésitant... Je ne m'en souviens pas, mais c'est possible qu'il soit venu. Je n'en suis pas sûr... Il m'est arrivé d'y aller avec quelqu'un, mais je ne me souviens pas de qui c'était. C'était peut-être Ruby. Non, je ne crois pas. Ou peut-être que oui. » Le témoignage de McWillie venait peu après les meurtres de Giancana, Rosselli, Hoffa et Nicoletti, ainsi que ceux de plusieurs autres associés de Marcello et Trafficante qui avaient été appelés à comparaître devant la commission. Il ne fait aucun doute que McWillie tournait autour du pot parce qu'il craignait les foudres des deux parrains, qui étaient encore vivants à ce moment-là et toujours aussi puissants – et il ne faut pas oublier que McWillie travaillait dans leurs casinos ! Sa réticence à donner une réponse claire était très révélatrice ; il aurait tout aussi bien pu dire : « Oui, Ruby était avec moi. »

Un grand reportage d'enquête paru dans le magazine *Rolling Stone* viendrait confirmer la chose : « En août 1959, Ruby se rendit à La Havane sur l'invitation de Lewis McWillie, un individu qu'il disait admirer et qui était le gérant du Tropicana, un casino de la Mafia. Un ami de Ruby a récemment confié aux enquêteurs du HSCA que Ruby avait été convoqué à Cuba pour aider à faire libérer Santo Trafficante. »

On se rend compte, en consultant les documents officiels des autorités cubaines et américaines, que Ruby est allé à Cuba plusieurs fois à la fin de l'été 1959. Il y a cependant quelque chose de déroutant dans ses déplacements, des absences inexpliquées qui laissent supposer qu'il entrait parfois à Cuba et en sortait de manière illicite. Le 6 août 1959, Ruby rencontra encore une fois son superviseur du FBI. Deux jours plus tard, il s'envolait pour Cuba en partance de La Nouvelle-Orléans, inscrivant comme destination officielle le Capri Hotel and Casino, un établissement dont Santo Trafficante était le principal propriétaire. Dix jours après l'arrivée de Ruby à Cuba, Trafficante était libéré de prison. L'avocat de Trafficante, Frank Ragano, a affirmé que son client lui avait dit qu'il « avait rencontré Raul Castro [le frère de Fidel] et qu'il en était arrivé avec lui à une entente ». Ragano ajoutait que « la rencontre avec Raul [avait] probablement contribué à le faire libérer», mais qu'il «devait nécessairement y avoir quelque part dans le processus un pot-de-vin qui avait mené à sa libération». Ruby avait sans doute quelque chose à voir avec cette histoire de pot-de-vin, car ses mystérieux séjours à Cuba se poursuivirent durant tout le mois de septembre. Le 2 octobre 1959, au retour du dernier voyage qu'il ferait à Cuba, Ruby avisa le FBI qu'il mettait fin à ses activités d'informateur.

Ruby serait impliqué dans une autre affaire étrange à Cuba au début des années 1960. Les complots contre Castro ébauchés en 1959 par la CIA en collaboration avec la Mafia – et dans lesquels Jimmy Hoffa servait d'intermédiaire – continuèrent dans les premiers mois de 1960. Aucun document ne démontre que Trafficante ou Marcello étaient impliqués dans ces conspirations. Cependant, on disait que le puissant financier de la Mafia Meyer Lansky – qui, contrairement à Trafficante, n'était pas arrivé à s'entendre avec les frères Castro – avait offert une prime d'un million de dollars à quiconque tuerait Fidel.

En janvier 1960, le gérant du casino Tropicana, Lewis McWillie, demanda à Jack Ruby d'acheter légalement quatre revolvers Colt Cobra à Dallas et de les lui apporter personnellement à La Havane. Ruby était alors le gérant de deux petites boîtes de nuit de Dallas, dont l'une appartenant à Marcello, pour laquelle il servait de prête-nom. Avec toute la contrebande d'armes qui se faisait à Cuba, un gangster comme McWillie n'aurait eu aucun mal à se procurer des revolvers Colt à La Havane; et un criminel de profession tel Ruby aurait aisément pu acheter ces armes illégalement à Dallas. Mais pour une raison quelconque, McWillie voulait des pistolets que l'on pourrait retracer jusqu'à une vente légale à Dallas et qui ne seraient donc pas associés au crime organisé ou aux activités de contrebande d'armes auxquelles la Mafia (et avec elle la CIA) s'adonnait à Cuba.

Bien que ce fût à la demande expresse de son grand ami McWillie, Ruby ne se montra pas chaud à l'idée de s'envoler pour Cuba – il y était pourtant allé à plusieurs reprises l'été précédent. Devant le refus de Ruby de venir à lui, McWillie lui demanda d'expédier les quatre Colt à La Havane. Les témoignages et documents officiels ne sont pas clairs quant à la suite des événements: nous ignorons si les pistolets que McWillie exigeait lui furent expédiés; par contre, nous savons que Ruby fit l'acquisition d'au moins un Colt Cobra.

Auteurs et journalistes se sont longtemps demandé si les pistolets que McWillie avait demandés à Jack Ruby étaient destinés à être utilisés pour attenter à la vie de Fidel Castro. Certains faits indiquent que l'achat de ces armes pouvait en effet s'inscrire dans la lignée des complots anti-Castro impliquant Jimmy Hoffa, la Mafia et la CIA. Le fait, par exemple, que McWillie avait trempé l'année précédente dans le réseau de trafic d'armes dont Ruby et l'associé de Hoffa, Dominick Bartone, faisaient partie. Et que Lewis McWillie entretenait des liens solides avec la Mafia, et plus particulièrement avec Meyer Lansky, qui était lui aussi en faveur de l'assassinat de Castro. Lorsqu'il alla acheter le Colt Cobra que McWillie lui avait demandé, Ruby était accompagné de Barney Baker, un ex-boxeur et présumé proche collaborateur de Jimmy Hoffa – Robert Kennedy avait dit de Baker qu'il était «un des émissaires de violence» de Hoffa. Plus tard en 1960, les autorités cubaines arrêtèrent un «gangster» qui avait tenté de tuer Fidel Castro avec quelques complices. Les armes des suspects furent confisquées et photographiées, et parmi elles se trouvait un pistolet qui pouvait très bien être un Colt Cobra.

Comment pouvons-nous savoir que Jack Ruby a acheté en janvier 1960 un des Colt Cobra que McWillie désirait? Parce que c'est avec ce pistolet que Ruby tirera sur Lee Oswald le 24 novembre 1963, sous l'œil des caméras de télé. Cette arme désormais notoire était donc directement liée à Ruby et à la Mafia, et peut-être même aux complots que la Mafia et la CIA avaient élaborés ensemble dans le but d'éliminer Castro.

Un bar de danseuses de Dallas, le Carousel Club, s'impose dès 1960 comme un facteur d'influence par rapport à Ruby et à ses agissements en lien avec l'assassinat de JFK. Nous savons aujourd'hui que Carlos Marcello et son organisation contrôlaient le Carousel, et non Jack Ruby. Ce dernier s'en était vu confier la gestion et on lui permettait de se présenter comme le propriétaire de l'endroit. Or, tout indiquait que ces privilèges lui avaient été accordés en récompense de ce qu'il avait fait pour Trafficante lors de sa détention à Cuba.

Avant le Carousel, Ruby avait dirigé plusieurs clubs qui avaient tous été voués à l'échec. Toutefois, il avait un ami du nom de Ralph Paul qui lui prêtait régulièrement de l'argent pour renflouer ses entreprises déficitaires. Les autorités américaines et les historiens ont cru pendant des décennies que Paul n'était pour Ruby qu'un simple partenaire d'affaires, mais à la lumière de ce que l'on sait maintenant, on peut dire que ses contributions n'étaient pas très nettes. Au début des années 1960, Ruby devait des sommes importantes au fisc américain : une dette d'un peu moins de 20 000 $ avait gonflé pour atteindre 40 000 $ en 1963, soit l'équivalent de 240 000 $ de nos jours. Or, les enquêtes du HSCA ont révélé qu'en dépit de cette dette fiscale accablante, Paul avait prêté à Ruby « des sommes pouvant totaliser environ 15 000 $, plus une somme additionnelle de 15 000 $ ou 17 000 $ » qui avait pour but d'aider Ruby à payer ses impôts. On parle donc en dollars d'aujourd'hui d'un prêt total d'au moins 180 000 $. Ralph Paul n'était pourtant qu'un modeste commerçant dont la seule propriété était un petit restaurant de Dallas, le Bull-Pen Drive-In. On imagine difficilement qu'il ait pu disposer des sommes dont il gratifiait Ruby, et même si c'était le cas, il était totalement illogique qu'il continue d'accorder des prêts aussi importants à un individu qui devait déjà tant d'argent à l'impôt.

Ralph Paul était officiellement propriétaire à 50 % du Carousel Club. Bizarrement, en dépit des efforts déployés en ce sens par les enquêteurs du FBI et de la commission Warren, personne n'a jamais pu déterminer à qui appartenait l'autre moitié du Carousel. Plus étrange encore, Ralph Paul a cédé ses parts du club tout de suite après que Ruby eut tiré sur Oswald, alors qu'on parlait du Carousel partout aux États-Unis. Rendu célèbre par le geste de Ruby, le club aurait pu devenir une attraction touristique très lucrative, et ce, même si la ville de Dallas lui avait retiré son permis d'alcool. Et c'est ce moment que Ralph Paul aurait choisi pour se retirer de l'affaire, abandonnant ses 50 % en même temps que les 180 000 $ (en dollars d'aujourd'hui) qu'il avait investis dans le club et dans Ruby ? Ça n'a aucun sens.

Sur les enregistrements d'écoute électronique réalisés en secret durant l'opération CAMTEX, Carlos Marcello confie à Jack Van Laningham que c'était lui qui contrôlait le Carousel Club et que les fonds que Ralph Paul prêtait à Ruby ou investissait dans le club provenaient de son organisation. Un des sous-patrons de Marcello à Dallas, probablement Joe Campisi Sr., acheminait l'argent à Paul pour qu'il le blanchisse à travers le Carousel. Lorsqu'il avait été interrogé par le FBI, Campisi avait affirmé que « Ralph Paul [était] son associé ». Or, les enquêteurs du HSCA n'avaient pas su interpréter la chose. Gangster puissant, propriétaire d'un restaurant égyptien très rentable et populaire, Campisi n'avait aucunement besoin d'un petit associé de la trempe de Ralph Paul. Mais sa déclaration prenait tout son sens si l'on considérait qu'il avait voulu dire que Paul était son associé dans les activités de blanchiment d'argent qui gravitaient autour du Carousel Club[10].

Dans les derniers mois de 1960, Ruby se comportait comme s'il était seul propriétaire du Carousel et il dirigeait l'endroit comme bon lui semblait, mais en réalité le club appartenait à Carlos Marcello. Ruby ne faisait qu'en assurer la gestion et, en échange de ses services, il touchait un petit pourcentage des revenus que l'établissement générait. Cette entente convenait parfaitement à Ruby et elle donnait à Marcello énormément d'ascendant sur lui. C'est de cette influence dont le parrain se servirait pour convaincre Ruby de risquer sa vie pour lui après l'assassinat de JFK.

CHAPITRE 6
La CIA complote contre Castro

En août 1960, les complots d'assassinat contre Castro concoctés de connivence par la CIA et la Mafia prirent une ampleur insoupçonnée. Trafficante et Marcello participèrent à cette nouvelle conspiration qui en viendrait à représenter l'un des aspects les plus sombres de la guerre secrète que les États-Unis menaient contre Cuba, et qui serait liée trois ans plus tard au meurtre du président Kennedy – la plupart des individus impliqués dans la cabale contre Castro joueraient en effet un rôle ou un autre dans l'assassinat de JFK.

En 1960, dans cette même salle d'audience où il avait interrogé Carlos Marcello l'année précédente, John F. Kennedy annonce sa candidature à la présidence. Son opposant est nul autre que Richard Nixon, qui vient de terminer son second mandat en tant que vice-président. Le président Eisenhower ne permettait à Nixon d'intervenir dans la politique étrangère des États-Unis qu'en de rares exceptions, l'une d'elles étant Cuba. L'année précédente, par exemple, Eisenhower avait quitté Washington lors de la visite de Castro aux États-Unis, laissant à Nixon le soin d'accueillir le nouveau chef d'État. Castro avait cru que les États-Unis lui proposeraient une aide financière vu que l'ancien dictateur cubain, Fulgencio Batista, qui était un ami de Nixon et avait bénéficié tout au long de son règne de l'appui des États-Unis, avait fui Cuba en emportant avec lui une bonne part du Trésor national. Plutôt que d'offrir à Castro l'aide espérée, Nixon s'était contenté de lui faire la morale. Le vice-président américain avait dit peu après à certains de ses proches qu'il considérait Castro comme un homme dangereux. C'est alors que la CIA avait approché Jimmy Hoffa afin qu'il convainque les trois parrains du Nord-Est américain de faire éliminer Castro. Ces complots n'avaient pas abouti ; or, il y avait urgence, car l'élection présidentielle de 1960 approchait à grands pas.

Pourquoi y avait-il urgence ? Parce que le président Nixon estimait que, si Castro était tué avant l'élection et que des troupes armées étaient envoyées à Cuba pour protéger les citoyens et intérêts américains, les électeurs auraient tendance à choisir le politicien aguerri (Nixon, qui avait huit ans d'expérience à la vice-présidence) plutôt que le jeune nouveau venu relativement peu expérimenté (le sénateur Kennedy). Selon le journaliste d'enquête Anthony Summers, Nixon aurait dit « à un membre de la presse que renverser Castro serait "un atout de taille" » pour sa campagne électorale.

Homme d'État chevronné qui avait commandé les troupes américaines au débarquement de Normandie, Eisenhower entendait aborder la question cubaine avec prudence ; il ne voulait pas, à la fin de son dernier mandat, quitter la présidence au milieu d'une guerre contre une nation insulaire. Curieusement, il délégua malgré tout certains aspects de la politique américaine à Cuba à son vice-président. Plusieurs sources, dont le président Eisenhower lui-même, affirment que ni l'invasion de la baie des Cochons ni les complots d'assassinat de la CIA-Mafia contre Castro ne furent approuvés lors de la réunion du Conseil de sécurité nationale de mars 1960. La résolution générale adoptée par le Conseil visait plutôt le soutien des opérations anti-Castro et la création d'une coalition d'exilés cubains. Parmi les individus qui travailleraient à la coordination de cette coalition, on trouverait deux vétérans du coup d'État orchestré par la CIA en 1954 pour renverser le gouvernement du Guatemala : il s'agirait d'E. Howard Hunt et de David Atlee Philips.

Partisan d'une action plus directe, Nixon discuterait à de nombreuses reprises du problème cubain avec la CIA. Bien que les notes prises durant leurs réunions n'aient jamais été rendues publiques, nous connaissons leur teneur : elles portaient essentiellement sur l'assassinat de Fidel Castro. Les complots CIA-Mafia ébauchés en 1959 et qui avaient eu Jimmy Hoffa pour intermédiaire avaient échoué parce qu'ils avaient été élaborés avec une extrême prudence, dans le souci d'en protéger les principaux acteurs – ils avaient en fait été tenus si secrets qu'il est probable que même le président Eisenhower ignorait tout de leur existence. Estimant qu'il faudrait cette fois agir vite et de façon plus directe, Nixon ordonna à son adjoint à la sécurité nationale, le général Robert Cushman, d'organiser une rencontre avec E. Howard Hunt. C'est Hunt qui, de son propre aveu, a rédigé une des premières notes dans lesquelles la CIA réclamait l'assassinat de Castro. Comme tant d'autres renseignements au sujet de l'agent Hunt, la note ne fut pas divulguée aux enquêteurs de la commission sénatoriale – et à ce jour n'a pas encore été rendue accessible au public. Hunt apporterait plus tard certaines précisions quant au rôle de Nixon dans les complots contre Castro : « Cushman m'a informé du fait que le vice-président était là pour nous aider si le projet se heurtait à quelque écueil que ce soit, écrivait-il. Il m'a dit que Nixon était bien déterminé à ce que notre initiative soit couronnée de succès. » Cushman avait également dit à Hunt que Nixon était « le principal architecte » de l'offensive américaine pour renverser Castro, ce que Nixon lui-même confirmerait bien des années plus tard lorsqu'il admettrait à un adjoint à la Maison-Blanche qu'il avait été « profondément impliqué » dans l'opération.

E. Howard Hunt a confirmé par la suite avoir « discuté de la possibilité d'assassiner Castro en juin [1960] lors d'une rencontre avec le général Cushman, qui était l'adjoint de Nixon ». Anthony Summers souligne le fait que « Cushman avait très certainement communiqué cette information à Nixon, car cela faisait partie de ses responsabilités ». Il est tout à fait logique de présumer que Nixon ait accueilli favorablement la proposition de Hunt concernant l'assassinat potentiel de Castro, étant donné que les rencontres précédentes entre Hunt et Nixon s'étaient bien déroulées et que Hunt avait joué un rôle-clé dans le coup d'État du Guatemala, lequel avait été une réussite. Et puis, Nixon connaissait sans doute l'existence de cette conspiration infructueuse qui se tramait contre Castro depuis l'année précédente.

Si Hunt n'était pas impliqué dans un complot visant Castro avant de rencontrer le général Cushman, il le devint à l'issue de cette rencontre. Howard Hunt, tout comme Nixon d'ailleurs, a toujours nié publiquement avoir participé à l'élaboration des attentats échafaudés de concert par la Mafia et la CIA, et affirmait même qu'il ne soupçonnait rien de leur existence. Le mentor de Hunt, Richard Helms – qui serait nommé directeur de la CIA sous Nixon –, soutenait pourtant le contraire : dans un témoignage qu'il livrerait bien des années plus tard, Helms déclarerait que les complots d'assassinat contre Fidel associant la CIA et la Mafia « étaient connus de presque tous les individus occupant des postes élevés au gouvernement ».

Robert Maheu, cet ex-agent du FBI et atout de la CIA qui avait été l'associé de Guy Banister, assurait pour sa part que Richard Nixon avait été l'instigateur de ce nouvel effort pour éliminer Castro. Maheu disait qu'il avait été choisi par Nixon pour servir d'intermédiaire entre la CIA et la Mafia, un fait qu'il révéla huit ans plus tard à son ami Pierre Salinger. «Maheu m'a dit que la CIA avait été en contact avec le vice-président, se souviendra Salinger, et que Nixon leur avait demandé d'aller de l'avant avec le projet [...]. Nixon lui-même avait confié à Maheu la mission de négocier le meurtre de Castro avec la Mafia de la Floride.»

Par le passé, Nixon avait travaillé avec Maheu sur deux opérations secrètes qui avaient été couronnées de succès; il était donc logique qu'il veuille que Maheu fasse partie de l'équipe qui concevrait l'attentat contre Castro[11]. C'était aussi le souhait de Howard Hughes, qui, en plus d'être le principal client de Maheu, était plus près de Nixon que de tout autre politicien. À cette époque, l'excentrique milliardaire vivait en reclus, à l'abri des regards du public. Néanmoins, une note issue du bureau de Nixon confirme que Hughes avait rendu visite à ce dernier l'année précédente.

J'ai publié en 2013 une information, révélée pour la première fois, qui démontrait que Santo Trafficante lui-même avait confirmé que Nixon était à l'origine du regain d'activité que connurent les complots anti-Castro durant l'été de 1960. Trafficante, Johnny Rosselli et Carlos Marcello furent bientôt impliqués dans la conspiration. En 1973, au plus fort du scandale du Watergate, Trafficante était représenté par le célèbre avocat F. Lee Bailey – un fait qu'a rapporté l'avocat militant Daniel Sheehan, qui travaillait pour Bailey en ce temps-là. Sheehan soutient que Trafficante avait dit à l'enquêteur en chef de Bailey que, durant l'été de 1960, le vice-président Nixon avait sollicité l'aide de son grand ami et bienfaiteur Howard Hughes dans la lutte contre Castro. Hughes, qui jouait déjà un rôle dans bien des causes du gouvernement américain, avait confié cette mission à son principal adjoint, Robert Maheu. Ce dernier s'était tourné vers le mafioso Johnny Rosselli, qui à son tour avait demandé à Santo Trafficante de se joindre à l'opération.

Les casinos cubains dont il avait été le propriétaire étant demeurés ouverts, Trafficante disposait toujours à Cuba d'un vaste réseau de contacts, ce qui faisait de lui un allié indispensable. Le parrain exprimerait toutefois certaines réserves par rapport à l'opération, ce qui était normal vu que lui et les autres chefs de la Mafia qui avaient quitté Cuba en étaient arrivés à une manière d'entente avec le nouveau régime en place. Trafficante dit à Rosselli et à Maheu qu'avant de s'impliquer dans cette conspiration, il voulait avoir l'assurance que c'était bel et bien le vice-président Nixon qui était derrière tout ça. Trafficante et Rosselli se réunirent à quelques reprises pour discuter de l'affaire. Dès leur troisième rencontre, qui eut lieu à Miami, un agent de la CIA issu du département de la Sûreté se joignit à eux et confirma à l'intention de Trafficante le fait que le vice-président Nixon avait personnellement lancé cette opération d'assassinat contre Fidel Castro. Rassuré, Trafficante accepta de se joindre à l'entreprise et de mettre ses hommes à contribution. Le patron de Rosselli, Sam Giancana, se mêla lui aussi à la conspiration, imité quelque temps après par Carlos Marcello.

Les complots CIA-Mafia que Nixon fomenta en septembre 1960 en collaboration avec Trafficante, Rosselli et Giancana ne furent pas divulgués à la commission Warren ; ils ne seraient officiellement mis au jour qu'en 1975, lors d'une commission d'enquête qui viendrait un an après que le scandale du Watergate eut forcé Nixon à démissionner de la présidence. Personne n'a jamais déclaré publiquement que les complots anti-Castro étaient liés à Watergate, et ce, malgré le fait que j'aie publié en 2012 des notes qui prouvent que les enquêteurs sénatoriaux affectés à l'affaire Watergate avaient établi un rapport entre les deux événements quelque huit mois avant la démission de Nixon. Et bien que le rôle de Carlos Marcello dans la conspiration anti-Castro ait été exposé en 1989, nombreux sont les historiens qui, encore aujourd'hui, choisissent d'en faire abstraction. Les complots CIA-Mafia furent liés au meurtre de JFK pour la première fois en 1975, et cette révélation engendra deux commissions d'enquête parlementaires. Mais le gouvernement américain et la CIA ayant décidé à l'époque d'occulter le rôle qu'avait joué Marcello dans la conspiration contre Castro, le lien qui existait entre ces complots et le meurtre de JFK ne fut jamais révélé. Ce n'est que tout récemment que nous avons découvert la vérité.

Un fait important rattaché aux complots CIA-Mafia ne serait connu qu'en 2012 : en septembre 1960, au moment même où la conspiration contre Castro était lancée, les patrons de la Mafia qui étaient impliqués dans l'affaire gratifièrent le vice-président Richard Nixon d'un pot-de-vin des plus généreux. Marcello, Trafficante et Giancana figuraient bien entendu au rang des donateurs.

Il faut revenir quelques années en arrière pour comprendre ce qui avait valu à Nixon ce pot-de-vin et pourquoi il avait fait appel à la Mafia pour éliminer Fidel Castro. Comme nous l'avons mentionné précédemment, Nixon entretenait des liens avec la Mafia depuis 1946, année où il avait posé sa candidature pour la première fois au Congrès américain ; on se souvient qu'à cette occasion le gangster de Los Angeles Mickey Cohen avait remis à Nixon une contribution de 5000 $, ce qui équivaut à plus de 40 000 $ de nos jours. Cohen avouerait par la suite que la Mafia avait remis au politicien des sommes encore plus importantes pour financer ses campagnes électorales subséquentes. Les rapports entre Nixon et la Mafia ont continué de se resserrer dans les années 1950, un fait que l'auteur Anthony Summers a largement documenté. Summers écrivait que, lors de la première course à la vice-présidence de Nixon, Sam Giancana, qui était alors une étoile montante du crime organisé aux États-Unis, avait dit ceci : « J'aime bien Ike [Eisenhower], mais j'aime encore mieux son colistier, Nixon… Nous, on a couvert nos arrières en donnant des contributions électorales aux deux camps. Nos gars en Californie ont accordé leur appui à Nixon. » Lorsque Giancana disait « nos gars en Californie », il faisait référence à Johnny Rosselli et à ses associés.

Nixon avait également pu compter dès sa première campagne électorale sur l'appui de son bon ami Howard Hughes, qui multiplia les faveurs et contributions illicites après que Nixon eut accédé à la vice-présidence. Par deux fois, Hughes avait demandé à Robert Maheu, son spécialiste en opérations clandestines, d'aider Nixon à se sortir d'un mauvais pas.

Marcello avait toutes les raisons du monde de voir JFK défait aux mains de Richard Nixon. Santo Trafficante favorisait lui aussi Nixon. Selon Frank Ragano, l'avocat de Trafficante, « Santo considérait Nixon comme un réaliste, un politicien conservateur qui n'essaierait pas de jouer les zélotes et de s'en prendre à lui et à ses associés. La Mafia ne craignait pas Nixon ».

Marcello et Trafficante étaient prêts à faire tout ce qui était en leur pouvoir pour assurer à Nixon la victoire. Les deux mafiosi s'attendaient à ce que des accusations soient déposées incessamment contre leur allié Jimmy Hoffa, cible des Kennedy dans leur enquête contre le crime organisé, ce qui rendait d'autant plus nécessaire une victoire éventuelle de Nixon aux dépens de JFK. Marcello entreprit donc de collecter des fonds pour l'aspirant président. Trafficante et Giancana admirent avoir contribué à la campagne de Nixon, de même que Tony Provenzano, un mafioso du New Jersey qui faisait partie des Teamsters et était un proche collaborateur de Marcello.

En septembre 1960, Richard Nixon accepta un pot-de-vin d'au moins 500 000 $ provenant de ces mêmes mafieux qui avaient commencé ce mois-là à orchestrer un attentat contre Fidel Castro en collaboration avec la CIA. À une date que nous savons antérieure au 26 septembre 1960, le président des Teamsters, Jimmy Hoffa, se rendit en Louisiane «pour rencontrer Carlos Marcello», et ce, alors qu'il s'attendait à se voir traîner en justice d'un jour à l'autre pour des crimes que les Kennedy avaient exposés. Ainsi que l'a révélé pour la première fois le spécialiste de Hoffa Dan Moldea, un adjoint de Hoffa du nom de Grady Edward Partin était présent lors de cette rencontre. Partin, qui travaillait avec Hoffa en Louisiane et deviendrait plus tard informateur pour le gouvernement, décrivit la scène en ces termes: «Marcello avait une mallette remplie d'argent. Il y avait 500 000 $ en liquide là-dedans, et tout cet argent était destiné à Richard Nixon.» Et cela ne représentait que la moitié du paiement total d'un million de dollars (l'équivalent de six millions de nos jours) promis à Nixon. «L'autre moitié, disait Partin, serait fournie par les gars du New Jersey et de la Floride.» Le donateur floridien était bien sûr nul autre que Santo Trafficante, qui concéda cette contribution à Nixon alors même qu'il se joignait aux complots CIA-Mafia. Parmi «les gars du New Jersey», on trouvait Tony Provenzano, un *capo* (capitaine) de la Mafia qui était très proche de Marcello. À cette époque, Sam Giancana aurait dit à un membre de sa famille qu'il faisait partie d'un groupe qui «avait donné un million de dollars à la campagne de Nixon».

Le pot-de-vin de septembre 1960 impliquant Nixon, Hoffa et la Mafia a été documenté en détail par le département de la Justice américain. Ainsi que nous l'avons mentionné, Grady Partin, un représentant des Teamsters de la Louisiane, était présent lorsque Hoffa a accepté de Marcello les 500 000 $ destinés à Nixon. Deux ans plus tard, Partin retournait sa veste et devenait informateur pour le département de la Justice; il en viendrait à témoigner contre Hoffa devant les tribunaux, et son témoignage enverrait le président des Teamsters derrière les barreaux. Le gouvernement fit passer à Partin un test polygraphique dans lequel il fut interrogé au sujet du pot-de-vin, et qui s'avéra concluant. Le département de la Justice avait par ailleurs mis la main sur «des renseignements indépendants confirmant la contribution financière que Marcello avait remise à Hoffa» à l'intention de Nixon. L'existence du pot-de-vin avait également été confirmée par des sources indépendantes lors d'enquêtes menées dans les années 1960 par l'enquêteur sénatorial Michael Ewing. Le fait était donc connu, et pourtant le public n'aurait vent du pot-de-vin versé à Nixon qu'en 1978, bien après que les enquêtes liées au scandale du Watergate eurent été bouclées[12].

Le pot-de-vin que Marcello et ses associés versèrent à Richard Nixon ne tarda pas à faire son petit effet. Immédiatement après que ce tribut eut été remis à son bénéficiaire, «le département de la Justice mit abruptement fin au processus de mise en accusation qui avait été lancé contre Hoffa». Mais la contribution illicite de Marcello avait aussi un autre objectif: Grady Partin se souvient qu'en remettant l'argent à Hoffa, Marcello lui avait dit qu'il «espérait [...] obtenir l'assurance que l'administration Nixon ne chercherait pas à le déporter». Cette remarque du parrain de la Mafia laissait supposer qu'il avait déjà soudoyé Nixon par le passé, et que c'était par la grâce de ces pots-de-vin précédents qu'il avait évité la déportation tout au long de sa vice-présidence. La contribution versée par Marcello, Trafficante et les autres membres de la Mafia fut accompagnée de certains avantages marginaux: plus tard en septembre, les Teamsters accordèrent officiellement leur appui à Nixon. Ce serait l'une des seules allégeances syndicales dont bénéficierait le républicain durant sa course à la présidence.

Certains rapports et documents déclassifiés de la CIA nous apprennent qu'à la fin de septembre 1960, la planification des attentats commandés par Nixon allait déjà bon train. La CIA souhaitait que Trafficante et les autres gangsters impliqués abattent Fidel Castro dans le style typique de la Mafia, comme s'il s'agissait d'un règlement de comptes, pour que les gens croient que ce n'était pas l'œuvre de la CIA ou du gouvernement américain. La CIA voulait que la Mafia porte le chapeau dans l'affaire – c'était d'ailleurs la principale raison pour laquelle l'Agence s'était associée à elle. Mais les patrons de la Cosa Nostra se doutaient bien qu'ils ne pourraient pas reprendre le contrôle de leurs casinos à Cuba si le peuple cubain apprenait que c'était la Mafia qui avait abattu son vénéré leader. Conscients de la chose, Trafficante, Rosselli et leurs complices optèrent pour une méthode d'assassinat plus discrète: l'empoisonnement. La CIA admit plus tard qu'à cette époque elle avait confié à ses scientifiques la tâche de concevoir des toxines meurtrières destinées à être utilisées contre Castro.

Deux attentats pour empoisonner Castro ont été documentés dans les semaines précédant l'élection présidentielle de 1960. Le premier impliquait Richard Cain, un membre reconnu de la Mafia de Chicago qui travaillait aussi pour le service de police de la ville. Le second attentat comptait parmi ses protagonistes Frank Fiorini, un associé de la Mafia qui avait combattu dans les troupes de Castro pour devenir ensuite l'agent de liaison entre Fidel et les mafiosi qui géraient les casinos de La Havane – et qui en avaient précédemment été les propriétaires. Ayant quitté Cuba, Fiorini travaillait désormais pour la CIA. Plusieurs années après, il changerait son nom pour Frank Sturgis et participerait avec E. Howard Hunt au cambriolage qui serait l'élément déclencheur du scandale du Watergate. Bien que largement documentés aujourd'hui, les liens que Fiorini entretenait avec la Mafia et la CIA n'étaient pas connus à l'époque du scandale.

En tant qu'agent de la CIA, E. Howard Hunt a joué un rôle majeur dans les complots de l'automne 1960 visant à éliminer Castro. Si ce dernier était tué par des assassins de la Mafia et que des troupes de l'armée américaine étaient déployées pour protéger les citoyens américains se trouvant à Cuba, il suffirait de l'intervention d'un petit groupe d'exilés cubains entraînés pour ce genre de mission pour que les États-Unis puissent mettre en place un autre leader ou dictateur de leur choix. Un modeste bataillon de quelques centaines d'hommes fut constitué, avec Hunt supervisant l'aspect politique de l'entraînement.

Hunt s'y connaissait en coups d'État; par contre, il ne connaissait rien à la Mafia. C'est pour pallier cette lacune qu'en septembre 1960 Bernard Barker, un associé de longue date de la pègre, fut désigné pour devenir l'assistant de Hunt, rôle qu'il conserverait pendant de nombreuses années. Issu d'un père américain, Barker était né à Cuba mais avait fait ses classes aux États-Unis. Il avait originellement bénéficié de la double citoyenneté cubaine-américaine, mais les États-Unis avaient révoqué sa citoyenneté au milieu des années 1950 en raison de son implication dans la police secrète cubaine, qui était brutale et corrompue. Barker prétend avoir travaillé pour la CIA pendant plusieurs années dans les années 1950, ce que Hunt a confirmé. Cependant, le dossier de Barker à la CIA indique qu'il n'a commencé à travailler pour l'Agence qu'au printemps de 1959, alors qu'il était âgé de quarante et un ans. Après avoir quitté Cuba, Barker s'intègre à l'organisation de Santo Trafficante et en deviendra un collaborateur de longue date, mais il est probable que son copinage avec la Mafia datait de bien avant cela : une note du FBI précisait que Barker était impliqué « dans des activités de gangstérisme à Cuba depuis la fin des années 1940 ».

Une note du 18 octobre 1960 adressée à un haut fonctionnaire de la CIA démontre que le directeur du FBI, J. Edgar Hoover, était au courant des complots qui se tramaient contre Castro. Dans la note en question, Hoover raconte que « lors d'une récente conversation en présence de plusieurs amis, [Sam] Giancana a dit que "l'assassin" avait retenu les services d'une fille, qu'il n'a pas décrite, et qui aurait pour mission de glisser une "pilule" dans le verre ou la nourriture de Castro ». La description de Hoover concorde parfaitement avec d'autres descriptions du rôle qu'aurait joué Frank Fiorini dans le complot d'assassinat.

Bien que Nixon continuât de comploter avec la Mafia et la CIA jusqu'aux présidentielles de 1960, ses efforts ne furent pas récompensés : au final, c'est JFK qui remporta l'élection, quoique de justesse. Sam Giancana dirait un jour que c'était lui qui avait donné à Kennedy sa victoire, mais cette affirmation serait réfutée par la suite. Il aurait de toute manière été bien difficile de croire que le fils d'un des hommes les plus riches aux États-Unis ait pu nécessiter l'aide de Giancana pour remporter les suffrages à Chicago, ville résolument démocrate dont le maire, le très influent Richard Daley, était un proche allié de JFK. L'historien Michael Beschloss soulignait que « le contrôle que Daley exerçait sur la ville semblait peser plus lourd dans la balance que les sections électorales qui tombaient sous l'influence de la Mafia, et qui de toute manière étaient résolument campées du côté des démocrates ». Une analyse statistique publiée par le politicologue Edmund Kallina en était arrivée à la conclusion suivante : « Il est clair que le vote présidentiel dans l'Illinois n'a pas été faussé par la Mafia ou par qui que ce soit d'autre au bénéfice de Kennedy. » Contrairement à Marcello, Giancana ne s'opposait pas à ce que Kennedy soit président ; il s'était même servi de leur ami et associé mutuel, Frank Sinatra, pour tenter d'assouplir la position de JFK face à la Mafia – plus tôt cette année-là, Sinatra avait présenté JFK à Judith Campbell, qui serait l'une des maîtresses du président.

Les efforts de Giancana s'avérèrent infructueux : une fois JFK président, celui-ci et son frère Robert, maintenant procureur général des États-Unis, s'empressèrent de déclarer la guerre à la Mafia. En lisant les journaux de l'époque, on voit clairement que Carlos

Marcello et Santo Trafficante devinrent la cible préférée des Kennedy et plus particulièrement de RFK, qui avait vu les effectifs du département de la Justice augmenter en vue des enquêtes et procès à venir.

À peine ébranlée par l'attention que le crime organisé générait dans la presse, la CIA continua de collaborer avec la Mafia aux complots d'assassinat contre Castro. Les protagonistes de ce plan secret poursuivirent leur œuvre en décembre 1960 et jusqu'en 1961, sans jamais en informer le nouveau président. Le mois de décembre 1960 s'avéra spécialement mouvementé pour les conspirateurs : le détective privé de La Nouvelle-Orléans Guy Banister fut lié ce mois-là à un complot de la CIA visant à simuler une offensive contre la base navale américaine de Guantanamo, cela dans le but de donner aux États-Unis un prétexte suffisant pour attaquer Cuba. Les autorités cubaines eurent vent du complot et arrêtèrent quarante Cubains impliqués dans l'affaire. Le gouvernement cubain parla dans la presse de la « participation de la CIA » et dénonça l'organisation qui était à l'origine de la fausse attaque, la Ligue anticommuniste des Caraïbes, laquelle était contrôlée en grande partie par Banister.

La CIA a également commencé à travailler à ce moment-là avec Rolando Cubela, un fonctionnaire relativement peu influent, issu des échelons intermédiaires du gouvernement cubain. Un télégramme expédié en décembre 1960 « évoquait la possibilité de confier la "capsule H" [la pilule de poison] à Rolando Cubela, un ancien leader de regroupement étudiant qui travaillait désormais pour Castro et était très mécontent de son sort ». Cubela était mêlé sur plusieurs plans à l'organisation de Trafficante et aux complots CIA-Mafia. L'historien David Kaiser a mis la main sur le témoignage d'un responsable de la CIA qui disait, à une audience du Congrès américain, qu'à la fin de 1960 « l'Agence [avait] expédié un fusil à lunette à La Havane, introduisant l'objet à Cuba dans une valise diplomatique ».

Ce ne sont là que quelques-uns des renseignements que la CIA tint cachés après l'élection de Kennedy, et cette politique de dissimulation se poursuivit après l'assermentation du président élu. Bien des années plus tard, la CIA avoua lors d'une audience au Congrès qu'elle avait instauré en 1960 un programme visant à éliminer les leaders étrangers problématiques. Cette initiative nommée ZR/RIFLE avait ciblé entre autres personnages le charismatique leader du Congo, Patrice Lumumba. L'attentat orchestré par la CIA atteignit son objectif: Lumumba fut assassiné quelques jours avant que JFK soit assermenté. Un recruteur de tueurs à gages européen à qui la CIA avait donné le nom de code QJWIN avait eu un rôle à jouer dans l'affaire. Ainsi que nous le verrons un peu plus loin, QJWIN a aussi été utilisé dans les complots contre Castro, et son nom serait évoqué par rapport au meurtre de JFK.

Allen Dulles, qui était directeur de la CIA à l'époque et un proche associé de Richard Nixon, n'a jamais averti JFK du fait que la CIA continuait de comploter la mort de Castro en collaboration avec la Mafia. Cependant, il a encouragé le président à élaborer des opérations clandestines pour renverser le leader cubain. Conscient que les quatre cents hommes que la CIA entraînait en secret en Amérique centrale ne suffiraient pas à la tâche, Dulles révéla à JFK que l'Agence planifiait une invasion de Cuba menée par une milice d'exilés cubains. JFK approuva le projet, si bien que Dulles vit le nombre de ses troupes augmenter rapidement, pour atteindre quelque deux mille combattants.

Mais Dulles savait fort bien que deux mille exilés cubains, fussent-ils entraînés par la CIA, ne suffiraient pas à renverser un gouvernement protégé par une force militaire forte de deux cent mille membres et soutenu par une population largement favorable à Fidel Castro. Parallèlement aux complots orchestrés de connivence avec la Mafia, Dulles affecta certains de ses agents, dont David Atlee Phillips, à un nouveau plan inspiré de la fausse attaque contre Guantanamo que la CIA avait concoctée en décembre, mais que les autorités cubaines avaient stoppée avant qu'elle puisse véritablement être mise en œuvre. Alors que la vaste majorité des exilés cubains que la CIA avait recrutés étaient entraînés dans des camps secrets au Guatemala, une note de la CIA qui fut «communiquée à David Atlee Phillips» mentionne la présence d'une base d'entraînement secrète de trois mille cinq cents acres à treize kilomètres de La Nouvelle-Orléans, «sur le site du camp d'entraînement de Belle Chasse, non loin de l'entrepôt de munitions de la marine». La CIA dira à JFK que les exilés qui étaient entraînés là participeraient à une manœuvre de diversion, à une fausse attaque qui détournerait l'attention de l'armée cubaine et l'attirerait loin des troupes d'exilés qui mèneraient à bien l'invasion.

Il s'agissait encore une fois d'un mensonge. En vérité, la CIA destinait ces hommes à une tout autre mission. Une fois leur entraînement terminé, les exilés quitteraient cette base située sur les rives du Mississippi par la voie des eaux et se rendraient à Cuba à bord du *Santa Ana*. La CIA avait raconté à ces combattants la même histoire qu'elle avait racontée à JFK, leur laissant croire qu'ils procéderaient à un débarquement de diversion sur la côte est de Cuba dans le but de détourner les troupes de Castro des réels envahisseurs. Ce n'est qu'une fois arrivés à destination que les commandants de la CIA dévoilèrent le but véritable de la mission : exhibant des uniformes de l'armée cubaine, ils expliquèrent à leurs troupes qu'ils allaient se déguiser en soldats cubains et prendre d'assaut la base navale américaine de la baie de Guantanamo.

E. Howard Hunt, l'associé de David Atlee Phillips, était responsable de la propagande pour l'ensemble de l'opération ; il en reviendrait donc à lui de répandre la nouvelle de l'attaque partout aux États-Unis et dans le monde entier. Si la Mafia ne parvenait pas à assassiner Fidel et si le coup d'État projeté par la CIA échouait, la fausse attaque sur Guantanamo forcerait JFK à lancer une intervention militaire contre Cuba, rompant ainsi l'une des promesses qu'il avait faites au peuple américain durant sa campagne électorale.

La base d'entraînement des exilés cubains se trouvant juste à l'extérieur de La Nouvelle-Orléans, Guy Banister et David Ferrie étaient en bonne position pour se rallier au complot. Présage des événements à venir, l'un des associés de Banister emploierait le pseudonyme d'« Oswald » pour acheter chez un concessionnaire Ford de la ville des camionnettes nécessaires à l'opération – Lee Oswald était en Union soviétique à ce moment-là. Un des associés de Banister connaissait Oswald pour l'avoir embauché du temps où il était adolescent ; cela, et le fait que la défection d'Oswald avait fait beaucoup de bruit dans les médias, expliquait probablement pourquoi on avait utilisé son nom comme couverture dans l'achat des véhicules.

Carlos Marcello ne pouvait plus rester en retrait maintenant que La Nouvelle-Orléans était devenue le centre des opérations secrètes menées contre Cuba – un rôle qu'elle continuerait de jouer jusqu'en 1963. Le mafioso s'impliqua dans les complots pour assassiner Castro et donna de l'argent pour financer les groupes d'exilés cubains qui étaient mêlés à l'opération. Les liens que Marcello nouerait avec Guy Banister et David Ferrie lui permettraient de s'immiscer encore plus profondément dans l'univers secret des manigances anticastristes du gouvernement américain. (David Ferrie travaillait comme pilote chez Eastern Airlines au début de 1961, mais il disait avoir pris un congé sans solde pour participer aux projets d'invasion de la CIA.)

E. Howard Hunt et son assistant, Bernard Barker, eurent tous deux des rôles à jouer dans ces projets d'invasion. Dans les premiers mois de 1961, juste après que JFK fut devenu président, Hunt a travaillé avec plusieurs ex-leaders cubains qui avaient trouvé refuge aux États-Unis et avaient été désignés pour remplacer Castro une fois celui-ci écarté. Tony Varona et Manuel Artime, le meilleur ami de Hunt, faisaient partie de ce groupe. La CIA admettrait par la suite que Varona et Artime contribuaient également à ce moment-là aux complots d'assassinat contre Castro, ce qu'ils faisaient en collaboration avec leur associé commun, Santo Trafficante. Hunt et Barker étaient eux aussi impliqués dans les complots CIA-Mafia, ce qui était logique, puisque les ex-leaders cubains qui se trouvaient sous leur tutelle devaient être prêts à prendre le pouvoir aussitôt que la Mafia aurait éliminé Fidel. Barker travaillait avec Trafficante à la coordination de ces deux aspects du projet.

Il y eut en 1961 une collaboration entre Hunt et Rosselli, fait que l'ancien agent de la CIA Bayard Stockton confirma en 2006. Stockton écrivait qu'en « mars 1961 [Johnny] Rosselli [était] allé en République dominicaine accompagné de l'agent de la CIA Howard Hunt ». Stockton fut chef de bureau pendant plusieurs années au magazine *Newsweek* après avoir quitté l'Agence, et en 2006 il publia un livre intitulé *Flawed Patriot*, dans lequel il confirmait le fait que Hunt avait travaillé avec Rosselli. Dans cet ouvrage lu et approuvé par la CIA, Stockton nous apprend que Howard Hunt travaillait sur un complot d'assassinat avec Johnny Rosselli parallèlement aux complots visant Castro.

Au début de 1961, le directeur de la CIA, Allen Dulles, était convaincu que Castro serait assassiné dans le cadre des complots CIA-Mafia, ou sinon que la fausse attaque sur Guantanamo forcerait JFK à employer la puissance militaire des États-Unis contre Cuba. Dulles était si persuadé du succès imminent de l'un ou l'autre de ces scénarios qu'il a négligé une belle occasion de renverser Fidel sans avoir à duper JFK.

Une note de la CIA datée du 20 février 1961 est porteuse d'une nouvelle étonnante : « Le commandant Juan Almeida, qui est le chef de l'armée de Fidel à Cuba, est sur le point de faire défection. » Une autre note de la CIA, datée celle-là du 7 mars 1961, nous apprend que « le major Juan Almeida, chef d'état-major de l'armée cubaine, a communiqué avec certains ambassadeurs latino-américains de La Havane dans le but de déterminer si ceux-ci accepteraient de lui accorder l'asile politique ».

Ces notes qui témoignaient de l'insatisfaction d'Almeida par rapport à Castro furent transmises au quartier général de la CIA à Washington. C'était là une occasion dont la CIA aurait dû se saisir. Le commandant Almeida était un personnage extrêmement populaire à Cuba et beaucoup plus puissant que Che Guevara, qui n'était pas d'origine cubaine. Au sein d'une population qui était à 70 % d'ascendance africaine, Almeida avait l'insigne honneur d'être le citoyen de race noire le plus haut gradé du gouvernement cubain. On pouvait dire de lui qu'il était le troisième homme le plus puissant au pays après Fidel et Raul Castro. Les États-Unis auraient bénéficié en sa personne d'un allié inespéré.

Allen Dulles devait être très certain que les complots CIA-Mafia et la fausse attaque sur Guantanamo produiraient les résultats escomptés, car ni lui ni la CIA ne firent d'effort pour communiquer avec le commandant Almeida. La CIA ne prit même pas la peine de communiquer au président Kennedy ce qu'elle venait d'apprendre au sujet d'Almeida. Les notes de la CIA faisant allusion à la défection potentielle du commandant cubain ne furent pas divulguées durant l'enquête qui succéda, plus tard dans la même année, à l'invasion bâclée de la baie des Cochons. L'inspecteur général de la CIA ne fut pas informé lui non plus de leur existence. Ces notes étaient en fait jugées si sensibles qu'elles ne furent déclassifiées que plusieurs décennies plus tard – je fis état de leur existence en 2005, ayant été le premier à les découvrir aux Archives nationales.

Le directeur de la CIA a donc ignoré les notes concernant le commandant Almeida et a caché leur existence à JFK, tout comme il tenait secrets les complots CIA-Mafia et la fausse attaque projetée à Guantanamo. Le président n'avait été véritablement informé que d'un seul projet : celui de renverser Castro à l'aide d'une milice d'exilés cubains et de faciliter cette invasion en procédant à un débarquement qui ferait diversion. Ayant combattu durant la Seconde Guerre mondiale sur les bateaux torpilleurs de l'armée américaine, JFK était un vétéran d'expérience et il n'approuvait pas le site de débarquement que la CIA avait choisi, jugeant qu'il se trouvait trop près de la ville de Trinidad. Selon JFK, il était préférable d'opter pour un site plus isolé. Une nouvelle tête de pont fut désignée sur la côte sud-ouest de Cuba, dans le secteur de la baie des Cochons. Ironie du sort, Fidel avait décidé de diviser le pays en trois zones militaires pour mieux en assurer la défense dans l'éventualité d'une invasion ; or, il avait placé la zone dans laquelle se trouvait la baie des Cochons sous le commandement de Juan

Almeida. Si la CIA avait informé JFK des notes concernant Almeida, le président aurait pu persuader celui-ci d'aider les États-Unis dans son projet d'invasion, ce qui aurait changé le cours de l'histoire.

Tandis que JFK planifiait l'invasion de Cuba, son frère, le procureur général Robert F. Kennedy, était occupé à tenir Carlos Marcello dans sa mire. La guerre qu'il avait déclarée au crime organisé faisait beaucoup de bruit dans les médias, ce qui incita le Service d'immigration et de naturalisation des États-Unis (INS) à se mobiliser enfin contre Marcello. RFK insista pour que des mesures plus sévères soient prises contre ce mafioso qui était né en Turquie, qui n'avait pas la citoyenneté américaine et qui n'avait pour toute identité qu'un acte de naissance falsifié provenant du Guatemala. Exploitant cette dernière faille, RFK s'arrangea avec l'INS pour que Marcello soit déporté dans ce pays.

Le 4 avril 1961, l'INS convoqua Marcello à son bureau local en lui laissant croire qu'il s'agissait d'une simple visite de routine. À son arrivée, le parrain de la Mafia louisianaise fut placé en détention, puis promptement déporté au Guatemala sans autre forme de procès. RFK assuma publiquement l'entière responsabilité de l'expulsion de Marcello, et la semaine suivante il demanda à l'agence du revenu américaine, l'IRS, de déclarer « un privilège fiscal de plus de 835 000 $ » sur les biens et avoirs liquides de Marcello et de son épouse.

Sept mois plus tôt, Marcello avait donné un demi-million de dollars à Nixon, croyant qu'il s'attirerait par là les faveurs de celui qui serait président, et voilà qu'il était soudain chassé des États-Unis et expédié au Guatemala ! Le leader du pays, un dictateur qui avait l'appui des États-Unis, était déjà très critiqué dans la presse et par le peuple pour avoir permis à la CIA de venir entraîner au Guatemala les exilés cubains qui participeraient à l'invasion projetée de Cuba. Ne voulant pas susciter davantage la grogne générale en accueillant au pays un parrain de la Mafia américaine, le dictateur guatémaltèque fit arrêter Marcello ainsi que son avocat américain dès leur arrivée et les fit escorter jusqu'à la frontière. Les deux hommes furent « conduits au Honduras puis abandonnés sans cérémonie dans les hauteurs d'une forêt montagneuse, à trente kilomètres de la frontière et loin de toute civilisation ». Celui qui était alors le plus puissant parrain d'Amérique dut traverser de peine et de misère la jungle hondurienne, avançant péniblement dans ses somptueux souliers Gucci sur les chemins cahoteux.

Le biographe de Marcello, John Davis, relate l'expérience : « Marcello et son associé portaient encore leurs vêtements et chaussures de ville. […] Ils n'avaient presque rien à boire et à manger, et Marcello avait de la difficulté à respirer du fait que la route était difficile et qu'elle se trouvait en altitude. Il s'est affalé dans la poussière à trois reprises en disant qu'il n'en pouvait plus, qu'il était à bout de forces et que tout ça était la faute de Robert Kennedy. À un moment, gisant épuisé sur le bord de la route, Marcello avait dit à son associé : "Si je crève ici et que tu t'en sors, tu iras voir mon frère et tu lui raconteras ce que nous a fait ce sale gosse de riche de Bobby Kennedy. Tu lui diras de faire le nécessaire." »

Marcello et son avocat arrivèrent finalement à un petit aéroport, non sans avoir d'abord connu d'autres déboires. « Marcello a déboulé jusqu'en bas d'une pente, raconte Davis. Le chemin n'avait pas été dégagé et était recouvert de végétation. Il a achevé sa dégringolade au fond d'un trou, son corps meurtri par les pierres qu'il avait percutées, sa peau lacérée par les épines. » Le mafioso se plaignit en grimaçant d'une douleur au côté. Il s'avéra qu'il avait trois côtes de fracturées.

Parrain puissant et immensément riche aux commandes d'un empire de la taille de la General Motors, Carlos Marcello n'aurait jamais pu imaginer qu'il aurait un jour à combattre la faim, la soif et la douleur, agressé par des nuées d'insectes tropicaux dans la chaleur écrasante de la jungle hondurienne. Il y a fort à parier qu'à chacun des pas qu'il faisait sur les routes boueuses de cette jungle rébarbative, le corpulent Marcello pestait intérieurement contre les deux hommes qu'il tenait pour responsables de son calvaire actuel. Ses pensées devaient en effet se tourner vers John et Robert Kennedy.

Marcello resta marqué par cette pénible expérience. Il l'évoquerait souvent, bien des années plus tard, dans les conversations qu'il aurait en prison avec Jack Van Laningham et qui furent enregistrées durant l'opération CAMTEX. Marcello avait dit à Van Laningham qu'il « avait été kidnappé et qu'il détestait les Kennedy ». Cette épreuve l'avait rendu « furieux » contre les Kennedy, et il « jurait de se venger ».

CHAPITRE 7

Marcello et Trafficante planifient le meurtre de JFK

Au moment où Carlos Marcello se traînait sur les routes inhospitalières de la jungle hondurienne en maudissant les Kennedy, la CIA et JFK mettaient nerveusement la touche finale à leur opération d'invasion. La tension était d'autant plus grande que les médias, ayant eu vent du projet, avaient commencé à ébruiter l'affaire, en soulignant bien sûr le fait que JFK s'était publiquement engagé à ne pas utiliser l'armée américaine pour attaquer Cuba. La rumeur parvint jusqu'aux oreilles de Fidel Castro, qui en guise de précaution fit arrêter, partout au pays, tous les individus jugés suspects ou dissidents.

Le directeur de la CIA, Allen Dulles, a admis par la suite qu'il savait que la majorité de la population cubaine appuyait Fidel Castro et son régime, et qu'elle ne se soulèverait donc pas contre lui. C'était tout le contraire du discours qu'il tenait à JFK. Peu de temps avant l'entrée en fonction du président Kennedy, Eisenhower avait fermé les portes de l'ambassade américaine de La Havane, privant ainsi les États-Unis et le président Kennedy d'un précieux poste d'écoute et d'espionnage à Cuba. En l'absence de sources fiables sur le terrain, JFK était à la merci de la CIA et de ce qu'elle lui racontait au sujet de la situation à Cuba.

Pendant ce temps, les complots CIA-Mafia allaient bon train. Dulles envisageait toujours de faire assassiner Castro juste avant l'invasion, cela afin de plonger le pays dans la confusion et de forcer JFK à aller de l'avant, mais le départ soudain de l'agent E. Howard Hunt vint indirectement compromettre l'affaire. Homme de droite, Hunt s'était retiré à la toute dernière minute de l'opération de la baie des Cochons pour protester contre l'inclusion d'un libéral dans le gouvernement qui succéderait à Castro. Il fut remplacé par Tony Varona, leader d'un des groupes d'exilés et proche collaborateur de Santo Trafficante. Un contact de Varona à Cuba avait accepté de mettre une pilule de poison – gracieuseté de la CIA – dans la nourriture de Castro juste avant l'invasion. Il devait attendre pour ce faire le signal de Varona. Jusque-là, c'était Hunt qui avait supervisé les chefs cubains tels que Varona. Or, maintenant que Hunt était parti, il ne restait plus au gouvernement américain que quelques personnes au courant des complots CIA-Mafia. Ignorant le rôle que jouait Varona au sein de cette très secrète conspiration, les responsables de l'opération de la baie des Cochons le tinrent isolé dans une installation militaire sécurisée en même temps que les autres leaders cubains, dans le but de les protéger jusqu'à ce que l'issue de l'invasion soit connue. Coupé ainsi de toute communication, Varona n'a pas pu donner le signal qu'attendait son contact pour empoisonner Castro.

Le projet d'empoisonnement ayant échoué, restait la fausse attaque sur la base navale américaine de Guantanamo, laquelle serait exécutée par les exilés cubains qui avaient été formés au camp d'entraînement de Belle Chasse, non loin de La Nouvelle-Orléans. Comme je l'ai mentionné un peu plus tôt, les exilés cubains ne furent informés de la nature réelle de leur mission qu'une fois arrivés à destination : vêtus d'uniformes militaires cubains, ils prendraient d'assaut la base navale américaine de Guantanamo pour feindre une attaque ennemie et obliger ainsi JFK à lancer des représailles massives contre Castro. Les combattants cubains refusèrent de se prêter à cette mission étrange et potentiellement suicidaire ; ils étaient prêts à risquer leur vie, mais ils étaient venus pour se battre contre les troupes de Fidel et non contre l'armée américaine.

L'échec de ces deux opérations, l'incapacité de la CIA à les tenir aussi secrètes qu'elles auraient dû l'être et la réticence de celle-ci à s'allier au commandant Almeida sont autant d'éléments qui ont contribué au désastre que serait l'invasion de la baie des Cochons. JFK en assuma publiquement la responsabilité, mais, dans les coulisses, il avait peine à cacher sa colère. Bien que des enquêtes internes furent menées, aucune d'elles ne parvint à mettre au jour les complots CIA-Mafia, la fausse attaque sur Guantanamo ou les offres du commandant Almeida. Ces enquêtes eurent à tout le moins le mérite de contraindre Dulles et son adjoint à démissionner de leurs postes à la CIA.

La CIA – et possiblement avec elle Johnny Rosselli et E. Howard Hunt – réussirait tout de même un bon coup dans les semaines suivant le fiasco de la baie des Cochons. C'était cependant une victoire dont elle ne pouvait se réjouir qu'en secret. Le 30 mai 1961, Rafael Trujillo, dictateur de la République dominicaine, fut abattu dans sa voiture de manière spectaculaire, dans un style d'attentat typique du crime organisé – curieusement, c'était exactement comme cela que la CIA avait voulu que la Mafia élimine Fidel Castro. Bien des années après l'incident, le chef de sécurité de Trujillo déclara que Howard Hunt et Johnny Rosselli avaient eu un rôle à jouer dans l'affaire. La commission Church conclurait cependant en 1975 que la part de la CIA se limitait au fait qu'elle « avait fourni des armes qui avaient peut-être été utilisées » dans l'attentat. Il faut dire que de nombreux renseignements relatifs aux activités de Hunt et Rosselli dans la CIA, y compris la mission qu'ils avaient remplie ensemble en République dominicaine et que nous avons évoquée précédemment, ne furent jamais divulgués à la commission. À l'époque du scandale du Watergate, fatigué d'entendre la CIA prétendre que Hunt n'avait été qu'un acteur mineur au sein de l'Agence, Frank Fiorini affirma lors d'une entrevue : « Howard Hunt était chargé de plusieurs opérations de "nettoyage" [c'est-à-dire d'assassinat] à la CIA [...] et certaines d'entre elles ont fonctionné. »

Après l'incident de la baie des Cochons, la CIA et la Mafia, portées peut-être par l'attentat réussi contre Trujillo, continuèrent de comploter ensemble l'assassinat de Fidel Castro, notamment avec l'aide de Trafficante, Rosselli et Varona.

Durant la période allant du débarquement de la baie des Cochons à l'assassinat de Trujillo, Carlos Marcello errait telle une âme en peine en Amérique centrale. Il raconterait par la suite ses mésaventures à Jack Van Laningham : « Les gouvernements centre-américains ne voulaient pas de lui, se souvient Van Laningham, alors il était tout le temps obligé de changer de pays. Ceux qui consentaient à l'accueillir exigeaient de lui des milliers de dollars en pots-de-vin, puis ils le chassaient aussitôt que l'argent venait à lui manquer. »

Au Honduras, Marcello avait dû parcourir vingt-sept kilomètres avec trois côtes cassées avant d'arriver au premier signe de civilisation – un petit village. Puis il s'était tapé un autre épuisant périple à travers la jungle pour atteindre enfin un petit aéroport.

Marcello raconta à Van Laningham qu'il avait plus tard été en mesure d'acheter «de nouveaux faux papiers au Guatemala et de rentrer aux États-Unis par la Floride». Le FBI soupçonnait que le mafioso était arrivé à Miami à bord d'un appareil de l'armée de l'air dominicaine. Le biographe de Marcello, John Davis, mit la main sur une note du FBI qui évoquait la possibilité qu'un «membre haut placé du gouvernement américain ait intercédé en faveur de Marcello auprès du gouvernement de la République dominicaine», et que cette personne était peut-être «le sénateur Russell Long de la Louisiane, qui [avait] déjà reçu une aide financière de Marcello par le passé et qui se montrait très inquiet du fait que Marcello ait été déporté». Moins de deux ans plus tard, le sénateur Long serait appelé à siéger à la commission Warren.

Un rapport de la patrouille frontalière américaine laisse supposer que David Ferrie aurait piloté l'avion qui, de Miami, avait rapatrié Marcello en Louisiane – on disait que le vaste domaine de Churchill Farms, fief du parrain, était doté d'une piste d'atterrissage privée. Jack Van Laningham se rappelle ce que Marcello lui avait raconté au sujet de cette époque: «Il disait qu'il était resté caché pendant un long moment et qu'il changeait souvent de planque pour éviter de se faire prendre. Au bout d'un temps, il s'est lui-même constitué prisonnier et a été placé en détention dans un camp à Brownsville. Ses avocats ont porté sa cause devant les tribunaux et il a finalement été autorisé à rester aux États-Unis.»

Carlos Marcello, parrain de la Mafia, pouvait enfin rentrer chez lui. De son petit bureau au Town and Country Motel, il reprendrait les rênes de son grand empire criminel.

Au cours des mois suivants, Santo Trafficante et Johnny Rosselli continuèrent de comploter la mort de Castro avec la CIA, toujours à l'insu bien sûr du président Kennedy. L'opération était maintenant dirigée par un membre de l'Agence du nom de William Harvey. Des documents de la CIA nous apprennent que Harvey était également responsable de ZR/RIFLE, un programme d'assassinat discrétionnaire beaucoup plus vaste qui employait des atouts tels que QJWIN, le recruteur d'assassins européen dont nous avons parlé précédemment – et qui, disait-on, trempait dans un réseau de trafic de stupéfiants.

Le 19 novembre 1961, JFK désigna John McCone, ancien chef de la Commission de l'énergie nucléaire, pour remplacer Allen Dulles à la direction de la CIA. McCone ignorait à ce moment-là que la CIA et la Mafia complotaient ensemble pour assassiner Fidel Castro. En décembre 1961, quelques semaines avant d'assumer ses fonctions, McCone nomma Richard Helms directeur adjoint des opérations secrètes, un poste que Helms n'occuperait officiellement qu'à partir du 1er février 1962. Dans la sphère opérationnelle de la CIA, il n'est de fonction plus élevée que celle de directeur adjoint des opérations secrètes ; les postes plus élevés, celui de directeur, par exemple, sont plutôt liés à des tâches politiques et administratives. Bien qu'il n'y ait aucune preuve documentée selon laquelle Helms aurait trempé dans le fiasco de la baie des Cochons, le reporter de CBS Daniel Schorr a dit détenir des renseignements non confirmés liant Helms aux complots CIA-Mafia de 1960. C'était peut-être pour cela que Helms cacha l'existence de ces complots à McCone, et ce, même après qu'il eut décidé de les élaborer encore davantage. Appelé plus tard à témoigner devant une commission parlementaire, McCone « déclara sous serment qu'il n'avait jamais été mis au courant des complots d'assassinat, que ni Dulles, ni Bissell, ni Helms, ni personne d'autre ne l'avait informé de leur existence ». Helms confirma les dires de McCone dans son propre témoignage. Le président Kennedy et son frère Robert continuaient eux aussi d'être tenus dans l'ignorance à leur sujet.

Désireux de voir les complots anti-Castro aller de l'avant, Helms ordonna à William Harvey, qui dirigeait maintenant l'opération, de se concentrer désormais sur Johnny Rosselli et d'écarter progressivement Giancana et Trafficante. Mais la Mafia ne se laisse pas si aisément manipuler – elle ne fonctionne pas comme ça. Tout indique que les chefs mafieux impliqués dans la conspiration, Marcello parmi eux, continuèrent de participer activement aux complots CIA-Mafia jusqu'à l'automne 1963. De fait, c'est l'existence même de ces complots qui permettrait à Marcello et à ses complices de tuer JFK de telle manière que les hauts dirigeants de la CIA, y compris Richard Helms, se verraient contraints d'occulter certains renseignements de première importance après l'assassinat du président.

Bien qu'il fût un protégé de Richard Helms, E. Howard Hunt n'était plus mêlé aux complots CIA-Mafia à cette époque – du moins pas en apparence. Hunt avait toujours pour assistant Bernard Barker, qui poursuivait pour sa part sa collaboration avec Santo Trafficante en plus des fonctions qu'il occupait à la CIA de Miami.

Le président Kennedy et son frère, le procureur général Robert Kennedy, furent enfin informés de l'existence des complots

CIA-Mafia en 1962. Une note du FBI confirme qu'au printemps de cette année-là, le département de la Justice avait dû abandonner le procès intenté contre un associé du mafioso de Chicago Richard Cain ; l'individu était accusé d'avoir mis illégalement sous écoute un comédien de Las Vegas en octobre 1960, parce qu'il voulait savoir si le type en question vivait une aventure amoureuse avec «Phyllis McGuire, petite amie du puissant gangster Sam Giancana». La poursuite avait été annulée spécialement pour éviter d'exposer les complots CIA-Mafia visant Castro, ce qui signifiait que RFK avait finalement appris leur existence.

Robert Kennedy fut officiellement mis au parfum le 7 mai 1962, date où l'avocat-conseil et le directeur de la sécurité à la CIA lui firent le descriptif des complots CIA-Mafia partant d'octobre 1960 jusqu'au débarquement de la baie des Cochons, en débordant même un peu jusque dans les premiers mois de 1962. RFK avait peine à cacher sa colère. Les deux hommes lui assurèrent que les complots ne se poursuivraient pas – l'initiative, disaient-ils, avait été définitivement interrompue. Certains faits laissent supposer que RFK savait déjà un an plus tôt que la CIA avait eu recours aux services de Giancana durant l'opération de la baie des Cochons. Cependant, on ignore s'il savait que Giancana collaborait avec la CIA à des opérations d'assassinat ou s'il croyait que l'Agence l'utilisait tout simplement comme informateur. Quoi qu'il en soit, la CIA a plus tard reconnu qu'elle n'avait jamais informé RFK du fait que les complots d'assassinat contre Castro étaient toujours en cours.

Lawrence Houston était l'avocat-conseil de la CIA à l'époque, et l'un des deux hommes qui avaient appris la nouvelle à Robert Kennedy. «Vous saviez que monsieur Kennedy était mécontent lorsque vous voyiez son regard se durcir, ses mâchoires se serrer et sa voix devenir plus grave et sèche», racontait Houston dans un témoignage subséquent. Dire que RFK était mécontent était un euphémisme : en réalité, il était carrément furieux. «Il sera désormais très difficile d'intenter des poursuites contre Giancana, disait Kennedy, car celui-ci s'empresserait alors de révéler que le gouvernement des États-Unis lui avait demandé de l'aider à planifier l'assassinat de Castro.» Robert Kennedy se retrouvait donc au cœur d'un sérieux dilemme. Cette guerre qu'il avait déclarée au crime organisé – et qui ciblait plus particulièrement la Mafia de Chicago, l'empire de Trafficante en Floride et l'organisation de Marcello en Louisiane – se trouvait irrémédiablement compromise par les manigances de la CIA.

Lorsqu'il confronta les deux hommes de la CIA en ce jour du 7 mai 1962, Robert Kennedy exigea que l'Agence le tienne au courant si elle décidait de travailler de nouveau avec la Mafia. Le message fut transmis à Richard Helms, qui l'ignora. Helms fit en sorte que William Harvey continue de travailler avec Johnny Rosselli et avec le leader exilé Tony Varona, mais il n'en informa jamais RFK. La CIA admit par la suite qu'en juin 1962 Rosselli avait dit à Harvey que Varona avait dépêché trois assassins à Cuba.

Marcello et ses associés perdirent à la même époque deux des pôles d'influence dont ils disposaient pour inciter JFK à mettre fin à la guerre que son frère et lui avaient déclarée au crime organisé. L'un de ces pôles d'influence était Frank Sinatra et l'autre, Judith Campbell. JFK romprait ses liens d'amitié avec Frank Sinatra parce qu'il estimait que le chanteur était devenu trop lié à Sam Giancana. Sinatra avait été jusque-là un ardent supporter de JFK. Le FBI tenait à ce moment-là plusieurs membres de la Mafia sous écoute – à la demande bien sûr de RFK – et sur un des enregistrements, on entendait un mafioso parler des efforts infructueux de Sinatra, qui avait tenté à maintes reprises de persuader JFK de se montrer moins dur envers la Mafia.

En 1960, Sinatra avait présenté JFK à Judith Campbell, qui devint par la suite sa maîtresse. Peu de temps après que JFK eut mis fin à son amitié avec Sinatra, J. Edgar Hoover envoya à Robert Kennedy une « note top secret » qui « faisait état des conversations téléphoniques que Judith Campbell avait échangées avec le président Kennedy et de son association avec Sam Giancana ». Une copie de la note fut transmise à l'un des adjoints de JFK, avec ce mot : « J'ai pensé que l'information suivante vous intéresserait. Elle nous a été révélée durant notre enquête sur Johnny Rosselli[13]. » Eu égard à la teneur de la note, une explication s'avérait nécessaire. JFK et Hoover se rencontrèrent pour dîner le 22 mars 1962, et, au dire d'un adjoint de Kennedy, « la discussion fut acerbe et dura pas moins de quatre heures ». Selon l'historien Richard Mahoney, « Hoover en profita pour obtenir une concession, et cette concession était qu'il soit confirmé à son poste de directeur au FBI ». Lors d'une entrevue que j'ai réalisée avec Courtney Evans, l'agent qui assurait la liaison entre le FBI et Robert Kennedy, celui-ci m'a confié que RFK entretenait avec Hoover des relations très tendues. RFK voulait que Hoover soit démis de ses fonctions et remplacé, ou alors qu'on l'oblige à prendre sa retraite à l'âge prescrit par le gouvernement fédéral, âge qu'il atteindrait sous peu. Se trouvant en position délicate à cause de Judith Campbell, le président Kennedy ne pouvait pas forcer Hoover à quitter son poste ainsi que son frère Robert l'aurait souhaité. Hoover obtint dès l'année suivante l'assurance qu'il désirait : il resterait en poste comme directeur du FBI tant et aussi longtemps que JFK occuperait la présidence.

En coupant tout lien avec ces deux grands amis de Johnny Rosselli qu'étaient Judith Campbell et Frank Sinatra, le président Kennedy portait sans le savoir un coup dur à Carlos Marcello et Santo Trafficante. La Mafia avait espéré utiliser Campbell et Sinatra pour influencer ou faire chanter les frères Kennedy, cela afin de les contraindre à abandonner l'assaut qu'ils avaient lancé contre le crime organisé. En l'absence de ces deux pôles d'influence, les chefs de la Mafia allaient devoir trouver d'autres moyens de détendre l'étau dans lequel les Kennedy les avaient enserrés, et qui se resserrait chaque jour un peu plus autour d'eux.

Avant même d'avoir appris l'existence des complots CIA-Mafia, John et Robert Kennedy avaient élaboré un plan pour renverser Fidel Castro : les détails d'« Operation Mongoose » sont bien connus aujourd'hui, mais toute l'année que dura l'opération et durant plus d'une décennie ensuite, elle fut tenue secrète – son existence ne fut dévoilée qu'au milieu des années 1970 lors d'enquêtes effectuées par le Congrès américain. À la suite du fiasco de la baie des Cochons, les Kennedy ne voulaient pas confier la direction de Mongoose à un homme de la CIA et mirent donc l'opération entre les mains du général Edward Lansdale, un militaire frais émoulu du conflit au Vietnam. Mongoose pouvait être considérée d'une certaine manière comme une initiative conjointe de la CIA et de l'armée américaine, bien que l'essentiel des opérations relevât de la responsabilité de la CIA. Le biographe de Richard Helms, Thomas Powers, écrivait qu'au début de 1962 « le poste de la CIA à Miami était devenu le plus important au monde, avec six cents responsables de dossier à son actif et quelque trois mille agents sous contrat ».

L'opération Mongoose regroupait des actions diverses, mais qui étaient toutes dirigées vers Cuba. Elle soutenait entre autres les groupes de dissidents exilés, se prêtait à des activités de sabotage et planifiait les interventions militaires à venir. N'étant pas de la CIA, Lansdale ne fut pas informé des complots CIA-Mafia auxquels Richard Helms continuait de travailler – John McCone était directeur de la CIA et il n'en savait rien lui non plus – et il ne fut jamais invité à y participer.

Nous avons mentionné que Johnny Rosselli et Tony Varona avaient envoyé un trio d'assassins à Cuba durant l'été de 1962, mais, durant cette période, la CIA avait également repris contact avec Rolando Cubela, ce fonctionnaire cubain mécontent avec qui l'Agence avait eu affaire un an et demi plus tôt, alors qu'elle songeait à lui confier la pilule qui empoisonnerait Castro. Cubela n'avait pas été actif au sein de la CIA en 1962. Par contre, en 1963, l'Agence lui demanderait encore une fois de l'aider à assassiner Fidel. Cubela étant associé à de proches collaborateurs de Trafficante, il ne faisait aucun doute que sa participation s'inscrivait dans les complots CIA-Mafia.

Dans les premiers jours de Mongoose, l'état-major interarmées des États-Unis proposa au gouvernement américain une série d'actions pour le moins troublantes qui pourraient être entreprises contre Cuba. Une de ces initiatives, dont les dossiers furent déclassifiés dans les années 1990, portait le nom de code d'« Operation Northwoods ». Un reportage du réseau de nouvelles ABC News révéla que le but de l'opération était « de tuer des citoyens innocents et de commettre des actes de terrorisme dans certaines villes des États-Unis pour inciter le peuple américain à pencher en faveur d'une guerre contre Cuba ». Northwoods suggérait entre autres choses « de faire sauter un navire américain et d'orchestrer des attentats terroristes violents dans des cités américaines [...] pour faire croire au peuple américain qu'une guerre était nécessaire afin de déloger Fidel Castro ». Un des plans figurant dans les dossiers déclassifiés de Northwoods préconisait de « faire sauter un navire américain dans la baie de Guantanamo et d'attribuer l'attaque au gouvernement cubain ».

L'opération Northwoods proposait aussi deux scénarios de fausse attaque sur Guantanamo, l'un étant de « payer des membres du gouvernement de Castro pour qu'ils attaquent les forces américaines à la base navale de Guantanamo ». Étant donné que ni le président Kennedy, ni l'inspecteur général de la CIA, ni le nouveau directeur de l'Agence ne savaient que la CIA avait planifié une fausse attaque lors du débarquement de la baie des Cochons, l'inclusion d'une idée similaire dans la proposition que l'état-major déposa en 1962 dans le cadre de l'opération Northwoods laisse supposer que le général Lyman L. Lemnitzer, qui était chef d'état-major des armées en 1961 et au printemps de 1962, avait participé à l'élaboration de la première fausse attaque que la CIA avait orchestrée. Il n'était d'ailleurs pas bien difficile d'imaginer que la

CIA ait pu combiner cette première imposture en collaboration avec les plus hautes sphères de l'armée américaine.

Lorsqu'il prit connaissance des attentats proposés par l'opération Northwoods, le président Kennedy fut sidéré et il les rejeta tous. Ce projet inquiétant a tout de même eu le mérite de faire comprendre à JFK que ses chefs d'état-major et lui ne partageaient pas du tout la même vision du monde – ce qui était particulièrement vrai dans le cas du général Lemnitzer. Quelques mois plus tard, JFK se débarrassa de Lemnitzer et le fit remplacer par le général Maxwell Taylor, qui avait dirigé l'enquête commandée par JFK sur l'incident de la baie des Cochons. Taylor occuperait le poste de chef d'état-major interarmées durant toute la durée de la présidence de JFK. Robert Kennedy l'admirait tant qu'il nomma un de ses fils en son honneur.

Le présent ouvrage ne suffirait pas à raconter toute la longue et complexe histoire de la crise des missiles de Cuba. La plupart des Américains croient qu'elle a débuté à la mi-octobre 1962, mais elle n'était en fait que le point culminant de trois années de conspiration et d'opérations clandestines – incluant les complots CIA-Mafia, les exercices militaires que l'armée américaine a effectués dans les Caraïbes durant l'été de 1962, et les raids sur Cuba parrainés par l'opération Mongoose – menées par les États-Unis contre Cuba. Le directeur de la CIA, John McCone, fut le premier à sonner l'alarme: le 10 août 1962, il signala la présence potentielle de missiles soviétiques à Cuba. Ses subalternes les plus expérimentés jugèrent qu'il n'y avait pas suffisamment de preuves à ce moment-là pour confirmer la chose. Les missiles furent finalement détectés, mais il était impossible de déterminer s'ils étaient porteurs d'ogives nucléaires. Le gouvernement fut en mesure d'en obtenir la confirmation le 19 septembre puis, le 27, l'armée américaine commença à élaborer des plans d'urgence visant l'invasion de Cuba. Le 16 octobre, JFK fut informé que des «preuves photographiques irréfutables» prises à partir d'un avion espion U-2 confirmaient le fait que des fusées nucléaires soviétiques de portée moyenne étaient en train d'être installées à Cuba.

Le 22 octobre 1962 à 19 heures (heure de l'Est), après six jours de préparation auprès de conseillers civils et militaires, le président John F. Kennedy annonçait à la nation américaine que les États-Unis se trouvaient à l'aube d'une guerre nucléaire. Rivés à leur écran télé, les Américains écoutèrent leur président décrire les missiles qui se trouvaient à Cuba et expliquer qu'il instaurerait un blocus pour empêcher que « d'autres armes offensives » n'atteignent l'île. JFK venait essentiellement de tracer autour de Cuba une ligne de démarcation qu'aucune nation ne devait franchir. Or, plusieurs navires soviétiques étaient sur le point d'atteindre cette frontière imaginaire.

Fait intéressant, au moment même où la crise des missiles s'esquissait, Lee Oswald commença à travailler à l'entreprise cartographique de Dallas dont nous avons parlé précédemment et qui réalisait des cartes faites à partir de photos prises par des avions espions U-2. Ce serait les cartes de cette firme que le peuple américain verrait à la télé tout au long de la crise. Rentré tout récemment aux États-Unis après sa « défection » en Union soviétique, Oswald n'aurait pu être autorisé à occuper cet emploi sensible que s'il avait des contacts au sein des agences de renseignement du gouvernement américain.

William Harvey, l'agent de la CIA désormais responsable des complots pour assassiner Castro, entendait régler la crise à sa manière. L'auteur Thomas Powers rapporte que « le 21 octobre [1962], la veille de l'annonce du blocus de Cuba par le président Kennedy, une équipe de la CIA dirigée par Eugenio Martinez – qui serait l'un des cambrioleurs impliqués dans l'affaire Watergate – débarqua deux agents sur la côte septentrionale de Cuba ; au moins une autre équipe fut subrepticement introduite à Cuba cette nuit-là ». S'adressant par la suite à un sous-comité du Conseil de sécurité nationale, Harvey préciserait ceci : « [...] plusieurs agents avaient déjà été débarqués, mais nous n'avions aucun moyen de communiquer avec eux et donc nous ne pouvions pas les rappeler à nous. » Le *New York Daily News* a plus tard retracé des « sources issues des services de renseignement » qui ont confirmé que l'une des équipes de Harvey était « une escouade d'exécution qui avait pour mission de tendre une embuscade à Castro sur la route de Santiago de Cuba, qu'il emprunterait pour se rendre à une cérémonie commémorative [...] des tireurs armés de carabines et de mitraillettes se sont embusqués dans les arbres et les buissons bordant la route [...] ils ont tiré sur le second Jeep [d'un cortège de cinq Jeeps], le criblant de balles et tuant le chauffeur ainsi que son passager, qui n'était pas Castro mais un garde du corps qui lui ressemblait ».

Furieux d'apprendre qu'un homme de la CIA avait lancé un attentat non autorisé contre Castro, Robert Kennedy demanda à McCone de congédier Harvey sur-le-champ, mais Helms discuterait longuement avec McCone et RFK, et il les en dissuaderait. La

CIA, et Richard Helms plus particulièrement, entreprendrait l'année suivante plusieurs autres missions non autorisées de ce genre. Or, ces initiatives en viendraient à favoriser les plans que Marcello, Rosselli et Trafficante échafaudaient en vue d'assassiner le président Kennedy.

Parallèlement à ces événements, la lutte contre Marcello, Trafficante et les autres membres de la Mafia se poursuivait. Le biographe de Marcello, John Davis, nous raconte les déboires qu'a vécus le parrain à l'époque : « En plus de la dette de 850 000 $ que le fisc américain lui avait imputée, Marcello faisait face à des accusations d'entrée illégale au pays, de faux témoignage et de complot. Il avait été sommé de comparaître de nouveau devant la commission McClellan, et l'ordonnance de déportation imposée contre lui avait été maintenue en cour d'appel. » Davis ajoute que « les personnes qui étaient proches des Marcello dans ce temps-là ont dit [...] que Carlos et sa famille vouaient une haine sans bornes à Robert Kennedy ».

L'agence du revenu américaine, l'IRS, avait fait main basse sur les établissements de jeu que Santo Trafficante administrait à Orlando et avait même fait arrêter deux membres de sa famille. Selon l'historien Richard Mahoney, « l'IRS a effectué un contrôle fiscal visant Rosselli en février 1962, et une équipe du FBI [...] a étudié en secret toutes ses transactions financières ». Mahoney note que « Rosselli devenait de plus en plus amer. Il aurait dit à un associé de Jack Ruby : "C'est horrible, ils me lâchent pas d'une semelle et sont en train de m'empoisonner la vie. [...] Je suis en train d'aider le gouvernement, d'aider mon pays, et pendant ce temps-là ce salaud me casse les couilles ! " » Le parrain de la Mafia de Chicago et patron de Rosselli, Sam Giancana, se trouvait lui aussi dans la mire du FBI – ce qui était encore une fois l'œuvre de Robert Kennedy.

Jimmy Hoffa, qui était associé à Marcello et Trafficante dans de nombreuses entreprises criminelles, subissait des pressions si intenses de la part des Kennedy qu'il décida d'éliminer RFK. En septembre 1962, Edward Partin, l'informateur du département de la Justice qui deux ans plus tôt avait vu Marcello confier à Hoffa les 500 000 $ en pot-de-vin destinés à Nixon, exprima le souhait de travailler de nouveau pour le gouvernement parce qu'il avait entendu Hoffa dire qu'il projetait d'assassiner Robert Kennedy, procureur général des États-Unis. Après que le FBI lui eut fait passer « un examen polygraphique méticuleux », Partin dévoila à RFK et au département de la Justice une foule d'informations concernant les activités criminelles de Hoffa.

Partin étant représentant syndical pour les Teamsters de la Louisiane, Hoffa lui faisait entière confiance, aussi n'hésita-t-il pas à lui parler des deux scénarios d'assassinat qu'il avait considérés pour se débarrasser de RFK. Le premier plan consistait à « placer une bombe incendiaire à Hickory Hill, le domaine de Robert Kennedy en Virginie ». Si Kennedy ne perdait pas la vie dans l'explosion, se disait Hoffa, à tout le moins serait-il « incinéré dans l'incendie qui suivrait l'explosion ». La deuxième possibilité qu'envisageait Hoffa était de faire abattre RFK « d'une certaine distance, à l'aide d'un fusil à lunette télescopique, par un tireur de précision n'ayant aucun lien avec Hoffa et les Teamsters ». Hoffa estimait que l'attentat devait avoir lieu « quelque part dans le Sud, quand Kennedy serait dans une voiture décapotable ». « Il faut que quelqu'un bute cet enfant de salaud », avait-il dit à Partin en parlant de Robert Kennedy. Partin affirmait que Hoffa « détestait aussi le président Kennedy […] au point où il perdait les pédales aussitôt que quelqu'un avait le malheur de mentionner son nom ».

Dans les dernières semaines de l'automne 1962, Hoffa ne discutait plus de ses projets d'assassinat avec Partin. Ce n'est pas qu'il avait abandonné l'idée de tuer RFK, mais plutôt que Marcello et Trafficante l'avaient persuadé du fait que la solution à leur problème résidait ailleurs : les deux parrains étaient convaincus que, pour mettre fin à la guerre que le département de la Justice avait déclarée à la Mafia, c'était JFK et non RFK qu'il fallait assassiner.

Plus d'une année s'était écoulée depuis l'humiliante et douloureuse équipée de Carlos Marcello à travers la jungle centre-américaine. Il était maintenant de retour dans son domaine de la Louisiane, son organisation était plus profitable que jamais, mais il y avait une ombre au tableau : John et Robert Kennedy exerçaient de plus en plus de pression sur lui et sur ses acolytes de la Mafia. Et cette pression ne pouvait qu'augmenter, car les Kennedy s'apprêtaient à lancer contre le crime organisé le plus grand assaut que l'Amérique ait jamais vu. Robert Kennedy avait enfin réussi à convaincre le directeur du FBI, J. Edgar Hoover, de se rallier au combat. Mais Hoover était un homme impérieux et vieillissant, aussi RFK n'entendait-il pas s'en remettre entièrement à lui – il lui fallait s'entourer de sa propre équipe. Kennedy engagea au département de la Justice dix fois plus de procureurs qu'il n'y en avait durant l'administration Eisenhower-Nixon, et tous ces hommes furent affectés spécialement à la lutte contre la Mafia. Voyant l'étau des Kennedy se resserrer de plus en plus autour d'eux, Marcello, Trafficante et Jimmy Hoffa se devaient de réagir.

En octobre 1962, Marcello exposa de façon succincte et inattendue sa solution au problème des Kennedy. Le parrain s'exprima très librement – il était après tout en présence de deux associés en qui il avait entière confiance, et bien en sécurité au milieu de Churchill Farms, le domaine de soixante-quatre acres qui lui appartenait et où il trouvait refuge quand il se trouvait dans la région de La Nouvelle-Orléans. Les deux hommes de confiance de Marcello étaient Jack Liberto, qui était son chauffeur depuis de nombreuses années, et son neveu favori, Carlo Roppolo. Un troisième homme se joignait à eux : Ed Becker était un ancien spécialiste en relations publiques qui avait déjà travaillé pour deux casinos de Las Vegas appartenant à la Mafia. Mais si Marcello se sentait à l'aise de parler en présence de Becker, ce n'était pas uniquement pour cela : c'était surtout parce que son neveu Carlo était son partenaire d'affaires et avait répondu de lui. Becker se souvient très bien de cette rencontre : « Marcello a sorti une bouteille de scotch et a servi un bon verre à chacun de nous, racontait-il. On a discuté tranquillement jusqu'à ce que j'aborde le sujet de Robert Kennedy et de la déportation de Marcello. Carlos s'est alors énervé. Il s'est levé d'un bond et a crié : *"Livarsi na pietra di la scarpa!"*, une expression sicilienne qui veut dire : "Retirez ce caillou de ma chaussure." » Marcello ne parlait pas sicilien : il ne faisait que répéter cette expression très ancienne qu'il avait entendue maintes et maintes fois de la bouche de ceux qui parlaient la langue[14].

Becker disait que Marcello s'était ensuite écrié : « Te préoccupe pas de cet enfant de chienne de Bobby. On va lui régler son compte. » Becker avait alors dit à Marcello qu'il s'attirerait « des tas d'ennuis » s'il tuait Robert Kennedy. « Marcello a alors cité un vieux proverbe italien, de continuer Becker. Il a dit : "On ne tue pas un chien en lui coupant la queue, mais en lui coupant la tête." Il voulait dire par là que Bobby était la queue et que, si le président Kennedy était assassiné, Bobby perdrait l'envie de mordre. Marcello a ajouté qu'il avait un plan, qu'il allait trouver "un cinglé" qui lui servirait de bouc émissaire. [...] Ensuite, il a brusquement changé de sujet et il n'a plus été question des Kennedy. »

Bien des gens étaient au courant du fait que Robert Kennedy et le vice-président Lyndon Johnson se détestaient. Carlos Marcello était de ceux qui savaient cela – ayant déjà plusieurs sénateurs, gouverneurs, juges et membres du Congrès «dans sa poche», il ne pouvait pas faire autrement que de s'y connaître en politique. Marcello se disait que, s'il tuait le président Kennedy, RFK, qui jouissait d'un pouvoir plus grand que tout autre procureur général avant lui en raison du statut de son frère, ne serait plus considéré comme le deuxième homme le plus puissant d'Amérique, ce qui mettrait très certainement un point final à cette guerre qu'il livrait à Marcello et à la Mafia.

Tous les témoignages reliés à l'incident soutiennent que Becker «a communiqué les détails de sa rencontre avec Marcello au FBI tout de suite après que cette rencontre eut eu lieu, c'est-à-dire bien avant l'assassinat de JFK, et pourtant le FBI n'a pas réagi». Les faits présentés par Becker furent plus tard confirmés par une source au FBI: «Julian Blodgett, qui à cette époque était agent au FBI et connaissait bien Becker, a corroboré le récit de ce dernier.» La commission du HSCA (House Select Committee on Assassinations) appellerait Becker à témoigner sous serment et ferait enquête pour vérifier sa version des faits. Au bout du compte, Becker et son témoignage furent jugés crédibles.

Durant l'automne de 1962, alors même que Carlos Marcello manifestait à Ed Becker son intention de faire assassiner JFK, un autre parrain de la Mafia, Santo Trafficante, faisait une déclaration similaire à Jose Aleman, l'un de ses associés. Lorsqu'il fut interrogé par les enquêteurs du gouvernement, Trafficante confirma le fait qu'il connaissait Aleman et reconnut l'avoir rencontré par affaires à environ trois occasions – certaines personnes ont rapporté qu'il l'avait rencontré beaucoup plus souvent que cela. Les liens que les Aleman entretenaient avec la Mafia remontaient à plusieurs générations: William Turner, un ancien agent du FBI, souligne le fait que le grand-père de Jose Aleman «avait été l'avocat du gangster Lucky Luciano à La Havane». La famille d'Aleman avait récemment aidé Jimmy Hoffa à prendre le contrôle d'une banque de Miami dont il se servait pour blanchir l'argent que lui rapportaient ses activités criminelles. Aleman connaissait également Rolando Cubela, le fonctionnaire cubain insatisfait qui travaillait pour la CIA et était lié à des associés de Trafficante.

Un article du *Washington Post* nous apprend que Jose Aleman «avait participé à la révolution à La Havane dans sa jeunesse» et que sa «fortune considérable comprenait de nombreuses propriétés à Miami, dont le stade de la ville». Après la mort de son père et «la confiscation des terrains qui lui appartenaient à Cuba par les forces révolutionnaires», Aleman «se vit forcé de vendre le stade» ainsi que plusieurs autres de ses propriétés immobilières à Miami. Il conserva cependant le «motel de trois étages» où il rencontrerait Trafficante en 1962. Bien qu'Aleman fût «sérieusement endetté» cet automne-là, ses relations et sa réputation pouvaient être utiles à quelqu'un comme Trafficante, qui était toujours à la recherche d'entreprises en apparence légitimes à travers lesquelles il pourrait blanchir de l'argent, ou qui serviraient de couverture à ses diverses arnaques et escroqueries.

Le *Post* note que le parrain de la Mafia floridienne «avait communiqué avec Aleman en 1962 par l'entremise du cousin de celui-ci, qui était l'un des avocats de Trafficante». Aleman apporta quelques précisions dans son témoignage au HSCA, cette commission spéciale de la Chambre qui enquêta sur le meurtre de JFK : «En 1962, mentionnait-il, un associé de Trafficante est venu me voir et il m'a dit que Santo voulait me rencontrer.» Cette requête avait de quoi inquiéter Aleman, qui «avait dû témoigner contre des associés de Santo en 1960». À la barre des témoins, Aleman s'était montré peu coopératif, et son témoignage n'avait pas vraiment causé de tort à Trafficante. N'empêche que cette convocation du parrain ne lui disait rien qui vaille. Surmontant ses craintes initiales, Aleman accepta finalement de rencontrer Trafficante.

Aleman dit que Trafficante «avait proféré des menaces contre JFK lors d'une longue conversation qui avait débuté durant la journée pour se poursuivre jusqu'à tard dans la soirée». Il s'avéra que Trafficante avait organisé la rencontre parce que le cousin d'Aleman, qui était avocat, avait aidé le mafioso à «faire sortir quelqu'un de prison à Cuba» et qu'en retour Trafficante «voulait aider Aleman à régler ses problèmes financiers».

«Aleman avait tenté d'expliquer aux enquêteurs du gouvernement pourquoi Trafficante avait voulu le rencontrer et lui porter assistance en dépit du fait qu'il avait témoigné contre son organisation.» Ne voulant rien cacher au puissant parrain, Aleman avait abordé le sujet. «Quand je lui en ai parlé, de raconter Aleman, il a éclaté de rire et m'a dit de ne pas m'en faire avec ça, que ça n'avait aucune importance.» Le *Washington Post* précise qu'à cette occasion Aleman avait été cité à comparaître par le FBI et qu'il avait «tenté de se désister, mais que le FBI avait promis de l'inculper pour contrebande d'armes s'il ne coopérait pas».

Le *Post* rapporte que, lors de cette rencontre qui eut lieu en septembre 1962 au Cott-Bryant Hotel de Miami, « Trafficante offrit à Aleman un prêt d'un million de dollars [...] puisé à même la caisse du syndicat des Teamsters » en spécifiant que « le prêt avait déjà été approuvé par Jimmy Hoffa lui-même ». Aleman dirait par la suite aux enquêteurs du HSCA que la conversation s'était alors tournée vers Hoffa et JFK. « T'as vu comme son frère s'acharne sur Hoffa ? lui avait demandé Trafficante. Je te le dis, ce gars-là s'attire des ennuis... Et il va récolter ce qu'il mérite, ça, je t'en donne ma parole ! » Quelque part dans la conversation, Aleman avait affirmé qu'il croyait que JFK serait réélu, ce à quoi Trafficante avait rétorqué : « On ne se comprend pas, là. Je te dis que Kennedy ne se rendra pas jusqu'aux élections. Il va se faire buter avant. » Aleman n'avait aucun doute quant aux intentions du parrain : « Trafficante était très clair sur ce point, assura-t-il aux enquêteurs de la commission. Ce n'était pas une supposition : il donnait plutôt l'impression qu'il savait que Kennedy allait se faire tuer. »

« Aleman a toujours soutenu qu'il avait communiqué les propos de Trafficante à deux agents du FBI à Miami », souligne l'historien Richard Mahoney. Un autre historien a confirmé la chose en écrivant : « Troublé par ce qu'il venait d'entendre, Aleman a immédiatement rapporté l'incident à deux agents du bureau régional du FBI à Miami, mais ceux-ci ne virent rien de plus dans les menaces de Trafficante que des fanfaronnades de gangster. » Ce même historien précise toutefois que la prétendue dénonciation d'Aleman « n'avait pas encore été confirmée trente ans plus tard, car le FBI tenait toujours secrets les dossiers qui auraient pu nous dire si cette rencontre avait eu lieu ou pas ». Un des agents qu'Aleman disait avoir rencontrés laissa sous-entendre que c'était effectivement le cas, puisqu'il répondit, lorsqu'on lui demanda ce qu'il pensait des allégations d'Aleman, que celui-ci était « un individu en qui on [pouvait] avoir confiance ».

Selon le *Washington Post*, Aleman « aurait tissé des liens très étroits avec le FBI » après ce témoignage qu'il avait déposé en 1960 contre des associés de Trafficante. « Les hommes du FBI en étaient venus à compter énormément sur lui », lit-on dans l'article. J'ai personnellement mis la main sur des documents déclassifiés qui confirment la chose et qui, de plus, démontrent qu'Aleman a continué d'espionner Trafficante pour le compte du FBI jusqu'en 1964.

Jugeant qu'Aleman était un témoin crédible, le House Select Committee on Assassinations décréta que Trafficante avait bel et bien proféré des menaces contre JFK : « La commission a conclu que la position qu'occupe Santo Trafficante au sein du syndicat national du crime organisé, et notamment dans le commerce des stupéfiants, ainsi que son rôle d'intermédiaire entre la Mafia et les éléments criminels de la communauté d'exilés cubains lui confèrent la capacité de formuler un complot d'assassinat contre le président Kennedy. » Le HSCA avait tiré d'autres conclusions inquiétantes : « En examinant les activités de surveillance électronique auxquelles se prêtait le FBI au début des années 1960, nous avons constaté que Santo Trafficante faisait l'objet d'une surveillance minimale, voire inexistante. » En 1963, dans un restaurant de Miami, quelqu'un avait été témoin d'une conversation durant laquelle Trafficante avait âprement critiqué la lutte que menait l'administration Kennedy contre le crime organisé ; le mafioso avait émis des commentaires obscènes au sujet de Robert Kennedy, qu'il appelait « le bras droit de l'autre », frustré du fait que RFK avait récemment lancé une série de razzias visant ses établissements de jeu. Durant la conversation, Trafficante avait confié à son interlocuteur que les enquêteurs du gouvernement fédéral lui serreraient la vis et que la pression qu'on exerçait sur lui était devenue quasiment insupportable. « Je sais reconnaître quand je suis battu », avait-il dit.

À l'instar de son associé Marcello, Trafficante avait l'impression que les Kennedy l'avaient acculé au mur et qu'il ne perdait rien à essayer d'assassiner JFK. Après que Johnny Rosselli se fut joint au complot, de nouveaux événements dans la guerre secrète que se livraient Cuba et les États-Unis donnèrent aux trois mafiosi l'occasion qu'ils attendaient : les circonstances faisaient en sorte qu'ils pourraient tuer JFK d'une manière qui obligerait les hauts dirigeants du gouvernement américain à cacher la vérité au public, aux médias et aux autres membres du gouvernement.

Alors même que Marcello et Trafficante s'employaient à planifier l'assassinat du président Kennedy, John et Robert Kennedy tentaient désespérément de désamorcer la crise avec Cuba : à cent soixante kilomètres à peine de la côte américaine, des missiles nucléaires soviétiques étaient pointés sur les États-Unis, et cela au plus fort de la guerre froide. Le moindre faux pas de la part des Kennedy et ce serait la catastrophe.

Le président Kennedy a finalement conclu un pacte secret avec le leader de l'URSS, Nikita Khrouchtchev : les États-Unis retireraient les missiles Jupiter qu'ils avaient installés en Turquie et qui visaient l'Union soviétique, et en échange Khrouchtchev retirerait ses missiles de Cuba. On a cru à l'époque que «JFK avait secrètement promis à Khrouchtchev que les États-Unis n'envahiraient pas Cuba». Certaines personnes persistent à croire cela aujourd'hui malgré le fait qu'il y a vingt ans des historiens de l'Université George Washington travaillant aux archives de la sécurité nationale ont catégoriquement démontré qu'il s'agissait d'un mythe. Des documents qui furent déclassifiés trente ans après la crise des missiles nous ont révélé «qu'une telle entente n'avait jamais eu lieu». Il est vrai que JFK avait promis de ne pas envahir Cuba, mais «à condition qu'un processus d'inspection et de vérification soit mis en place». Dans une missive adressée à Khrouchtchev, JFK écrivait: «Ce n'est qu'après l'établissement de mesures adéquates qui seront mises, en œuvre par les Nations Unies et qui veilleront au retrait des missiles soviétiques en sol cubain que les États-Unis s'engageront à ne pas envahir Cuba.» Kennedy n'eut jamais à concrétiser cette promesse puisque, ainsi que l'ont établi les historiens des archives de la sécurité nationale, «Cuba n'a pas autorisé les Nations Unies à procéder à des inspections sur son territoire».

Dean Rusk, qui était secrétaire d'État sous JFK à l'époque, m'a confirmé cela lors d'une entrevue réalisée en 1990. Il m'a expliqué que Fidel Castro était furieux que Khrouchtchev ne l'ait pas consulté avant de conclure ce pacte avec JFK. Par conséquent, il a refusé que les inspecteurs en armement des Nations Unies viennent à Cuba. Le 20 novembre 1962, JFK donna une conférence de presse télévisée durant laquelle il réitéra que la «promesse de non-invasion» ne serait mise en vigueur que si Castro autorisait les Nations Unies à procéder à ses inspections. Une journaliste lui posa la question suivante: «Si nous voulions envahir Cuba [...] pourrions-nous le faire sans l'approbation des Nations Unies?» Pesant bien ses mots, JFK répondit que les États-Unis se réservaient le droit d'agir contre Cuba «de [leur] propre chef, si cela s'avérait nécessaire pour protéger [la] survie [des Américains] ou [leur] intégrité, ou d'autres intérêts vitaux». Un peu plus d'un an plus tard, le spectre de la crise des missiles de Cuba – et l'opération cubaine secrète que le président Kennedy mettrait en branle six mois après que la crise fut censée être passée – planerait sur l'assassinat de JFK.

Enrique Ruiz-Williams serait l'un des éléments qui contribueraient au secret entourant la mort du président américain. Cet exilé cubain qui avait participé au débarquement de la baie des Cochons et s'était donné le pseudonyme d'Harry Williams devint très proche de Robert Kennedy dans les jours qui suivirent la fin apparente de la crise des missiles. Blessé au combat puis capturé par l'armée cubaine, il était l'un des soixante combattants blessés que Castro avait libérés sept mois auparavant pour inciter les États-Unis à payer pour la libération des autres prisonniers – une concession à laquelle Richard Nixon et ses acolytes conservateurs s'étaient jusqu'alors farouchement opposés. Avant de relâcher le lot de prisonniers dont Williams faisait partie, les autorités cubaines avaient dit à ceux-ci qu'il leur faudrait rentrer à Cuba à la fin de 1962 pour se constituer de nouveau prisonniers si les États-Unis n'avaient pas payé la rançon des prisonniers restants. Williams et ses compagnons furent avertis que, pour chacun d'eux qui ne rentrerait pas, un des prisonniers qui n'avaient pas été libérés serait abattu.

À quarante ans, Williams était plus âgé que la plupart des autres exilés cubains qui avaient combattu à ses côtés. Il avait été ingénieur minier à Cuba avant la révolution. Après sa libération en 1962, Williams s'employa à faire libérer ses camarades prisonniers. Les Kennedy se montrèrent sympathiques à sa cause et Harry noua bientôt une bonne relation de travail avec Robert Kennedy. JFK et RFK admiraient le courage dont Williams avait fait preuve à deux occasions, l'une durant et l'autre après le débarquement désastreux de la baie des Cochons. Un historien spécialiste des exilés cubains écrivait qu'au cœur de l'affrontement Williams s'était «battu vaillamment», qu'il avait été «propulsé dans les airs par la déflagration d'un projectile ennemi [...] et criblé d'une soixantaine d'éclats d'obus». Le courageux combattant avait eu les deux pieds réduits en bouillie; il avait un trou à la poitrine, juste à côté du cœur, et un autre plus grand sur le cou.

Williams était à deux doigts de la mort quand des soldats de Castro l'avaient ramassé et transporté à un hôpital militaire de fortune. Le geste qu'il avait posé ensuite resterait à jamais gravé dans la mythologie des exilés cubains. Le journaliste Haynes Johnson, lauréat du prix Pulitzer, relate la scène: «Williams et ses autres frères d'armes [...] se retrouvèrent soudain face à Fidel Castro en personne. Williams [...] le reconnut immédiatement et glissa discrètement la main sous le mince matelas sur lequel il reposait pour tenter de récupérer à tâtons le pistolet de calibre .45 qu'il avait dissimulé là un peu plus tôt dans l'après-midi.»

Williams lui-même m'a raconté la suite de cette histoire qui serait confirmée plus tard par certains des exilés qui avaient été transportés à l'hôpital de fortune en même temps que Williams et avaient donc assisté à la scène. Bien que grièvement blessé,

Williams, dans un sursaut d'énergie, avait pointé son arme en direction de Castro puis appuyé sur la gâchette. Il aurait abattu le dictateur à bout portant si le chargeur de son pistolet n'avait été vide – craignant que Williams ne retourne l'arme contre lui-même à son réveil, ses compagnons en avaient retiré les balles pendant qu'il était inconscient.

À peine le déclic de la gâchette s'était-il estompé que déjà les hommes de Castro s'étaient précipités sur Williams pour le maîtriser. Fidel s'était interposé, leur ordonnant de ne pas faire de mal à ce combattant gravement blessé. Il avait fait transférer Williams et les autres blessés dans un hôpital de la ville voisine. Là, Williams avait reçu la visite d'un vieil ami en la personne de Juan Almeida, commandant de l'armée cubaine. Frustré sans doute du fait que les États-Unis n'avaient pas réagi lorsqu'il avait exprimé son insatisfaction envers Castro, Almeida dit à Williams que le moment était mal choisi pour entreprendre une action contre Fidel vu que celui-ci était plus puissant que jamais depuis sa victoire à la baie des Cochons – ce qui ne serait plus vrai six mois après la crise des missiles, chose qu'Almeida ne pouvait pas savoir au moment où il s'adressait à Williams.

Mais revenons à 1962. Une fois délivré de sa geôle cubaine, Williams s'efforça de persuader John et Robert Kennedy de payer la rançon qu'exigeait Castro pour la libération des autres exilés faits prisonniers durant l'affrontement de la baie des Cochons. Puis la crise des missiles vint mettre un frein à ses efforts. Williams songea alors à organiser une mission qui permettrait de libérer les prisonniers restants si les États-Unis attaquaient Cuba durant la crise. Williams se porta volontaire pour diriger les troupes américaines lors de l'opération, ce qui eut l'heur d'impressionner Robert Kennedy.

Mais RFK fut encore plus impressionné lorsque Williams, bien décidé à respecter l'échéance fixée par Fidel, se prépara à rentrer à Cuba pour se constituer prisonnier. Castro avait bien averti Williams et les autres exilés cubains qu'il avait relâchés qu'ils devraient rentrer à Cuba si les États-Unis ne payaient pas la rançon exigée pour la libération des autres prisonniers, à défaut de quoi l'un de ceux-ci serait abattu pour chaque homme qui ne rentrerait pas. Dans ces conditions, Williams n'avait pas le choix, il devait retourner à Cuba. John et Robert Kennedy se montrèrent très sensibles à la cause de Williams et de ses compagnons. En décembre 1962, Robert Kennedy remua ciel et terre pour que soient libérés les combattants exilés qui étaient toujours tenus prisonniers à Cuba. C'était devenu pour lui une affaire personnelle. Son grand défi serait de négocier une rançon qui serait jugée acceptable tant par Fidel lui-même que par les opposants républicains de JFK.

Les efforts de Williams et des Kennedy finirent par porter fruit : une rançon de 53 millions de dollars en nourriture et en médicaments fut consentie à Cuba. Les 1113 prisonniers de la baie des Cochons furent libérés la veille de Noël et transportés à Miami. Les prisonniers libérés et leurs familles eurent droit à une cérémonie grandiose lors de la célèbre compétition de football américain de l'Orange Bowl. À cette occasion, JFK fit un discours au cours duquel il promit de rendre à la brigade son drapeau «dans une Havane libérée».

Pour le président Kennedy, ce n'était pas que des mots : six mois plus tard, bien que l'opération Mongoose fût officiellement terminée, Harry Williams et les Kennedy échafauderaient un nouveau plan pour renverser Castro. Or, ce projet contribuerait largement au secret qui entourerait l'assassinat de JFK.

Tout indique que, dans les premiers mois de 1963, Carlos Marcello était occupé à planifier l'implication de Lee Oswald dans l'assassinat de JFK, ce qu'il fit en collaboration avec Guy Banister, ce détective privé de La Nouvelle-Orléans qui entretenait des liens étroits avec la Mafia, et avec le pilote d'avion David Ferrie. Les trois hommes n'auraient jamais pu piéger Oswald comme ils l'ont fait si ce n'avait été des opérations que les États-Unis menaient en secret contre Cuba. De nouvelles initiatives clandestines avaient succédé à l'opération Mongoose, la plupart étant élaborées à partir de la gigantesque base opérationnelle que la CIA avait établie à Miami et dont le nom de code était JMWAVE. Les États-Unis continuaient de distribuer chaque mois des centaines de milliers de dollars aux organisations d'exilés cubains et à leurs leaders, y compris Tony Varona. Le chef adjoint de la CIA à La Nouvelle-Orléans, Hunter A. Leake, a affirmé que Banister et Ferrie travaillaient toujours pour la CIA à ce moment-là, et que l'essentiel de leurs activités était centré sur Cuba. Lors d'un entretien avec l'historien Michael Kurtz, Leake aurait admis que Banister « assurait la liaison entre la CIA et les réfugiés cubains anticastristes du sud de la Louisiane ».

« Banister s'occupait souvent des détails logistiques liés à l'entraînement et aux équipements des diverses organisations anti-Castro, écrivait Kurtz. La CIA communiquait généralement avec Banister par l'entremise de Hunter Leake ou d'un autre agent du bureau de La Nouvelle-Orléans. Banister et l'agent se donnaient alors rendez-vous chez Mancuso's, un restaurant situé dans l'édifice désormais notoire du 544 Camp Street. » (Nous avons mentionné cette adresse au chapitre 2. Or, nous expliquerons plus tard ce qui fit d'elle un lieu notoire.)

Kurtz souligna le fait que Hunter Leake «remettait à Banister des sommes substantielles en argent liquide, et Banister se servait de cet argent pour acheter des provisions et payer les salaires des hommes qui travaillaient sur certaines opérations anti-Castro». Lors de son entretien avec Kurtz, Leake a précisé que le pilote David Ferrie «remplissait diverses tâches pour la CIA», que notamment il «organisait des séances de propagande qui avaient pour but de renforcer la haine des réfugiés cubains envers le régime castriste, et servait d'intermédiaire entre la CIA et le crime organisé». Ferrie n'aura eu aucun mal à s'acquitter de cette fonction en 1963, puisque, tout comme Banister, il travaillait à cette époque avec Carlos Marcello.

Bien que les documents officiels indiquent qu'Oswald a déménagé à La Nouvelle-Orléans le 24 avril 1963, nous savons qu'il y est allé au moins une fois avant cette date. Ce fait a été relevé lors d'un témoignage cité précédemment au chapitre 2 et qui fut obtenu en 1975, ce qui signifie que ce renseignement d'une importance capitale ne fut pas dévoilé à la commission Warren. Lors de cette visite qui eut lieu en mars ou février, ou peut-être même en janvier, Oswald fut impliqué dans des activités relatives à Cuba et emprisonné. C'est à cette occasion qu'il essaya de faire croire à un agent de l'immigration qu'il était un réfugié cubain alors qu'il ne parlait même pas l'espagnol. Plusieurs témoins soutiennent qu'Oswald a commencé à travailler avec Guy Banister et David Ferrie quelques mois après son mystérieux séjour à La Nouvelle-Orléans. Cependant, cette visite effectuée au début de 1963 et qui est absente des dossiers de la commission Warren laisse supposer qu'Oswald avait déjà eu des contacts avec Ferrie et Banister avant cela, ce qui expliquerait pourquoi il s'était installé à La Nouvelle-Orléans par la suite.

Oswald était engagé au début de 1963 dans une série d'activités pour le moins bizarres qui resteraient sujettes à controverse dans les décennies à venir. Ce n'est que lorsqu'on tient compte des rapports qu'entretenaient Ferrie et Banister avec la CIA et de leur association à Carlos Marcello que les agissements d'Oswald prennent tout leur sens.

En l'espace d'un peu moins de deux mois, Oswald se prêta à toutes sortes d'activités douteuses: il acheta un pistolet et un fusil sous un faux nom par l'entremise d'un service de vente par correspondance; il fit prendre des photos de lui tenant les deux armes et exhibant deux journaux communistes complètement opposés sur le plan idéologique; il fut lié à un attentat visant le général à la retraite Edwin Walker, un individu raciste et partisan de l'extrême droite; et il avait écrit des lettres au président du Comité d'équité envers Cuba, un regroupement procastriste.

Il est probable qu'Oswald ait mené certaines de ces activités simplement pour maintenir sa couverture d'agent d'infiltration: il prétendait être communiste marxiste, mais évitait scrupuleusement de rencontrer ou de parler directement à de vrais communistes ou socialistes américains. Il y a toutefois dans ses faits et gestes des choses qui semblent avoir été entreprises en collaboration avec – ou sous les ordres de – quelqu'un d'autre. Il était par exemple étrange qu'Oswald achète des armes par correspondance alors qu'il aurait pu s'en procurer de meilleures à moindre prix dans des commerces de Dallas. Il était également curieux qu'il manifeste soudain un vif intérêt pour Cuba et fonde un chapitre du Comité d'équité envers Cuba, dont il resterait le seul membre, alors qu'il y avait à Dallas et à La Nouvelle-Orléans des organismes socialistes d'extrême gauche plus légitimes et plus importants auxquels il aurait pu se rallier. Au début de 1963, durant la période où Marcello et Trafficante planifiaient l'assassinat de JFK, on parlait dans les journaux d'une commission parlementaire qui étudiait les activités du Comité d'équité envers Cuba, et d'une autre qui portait sur la vente d'armes par correspondance et s'intéressait justement aux firmes avec lesquelles Oswald avait fait affaire. Ces deux commissions étant d'actualité, il aurait été facile pour Banister de s'en inspirer pour orienter le comportement d'Oswald. Qui plus est, on trouvait parmi les personnages qui siégeaient à ces commissions des individus liés à Frank Fiorini et à John Martino, deux associés de Santo Trafficante. On se souvient que Martino avait été le messager de Trafficante du temps où celui-ci était en prison à La Havane, et qu'il avait lui-même été incarcéré à Cuba en 1959. N'ayant été relâché qu'à l'automne 1962, Martino estimait que l'administration Kennedy aurait dû négocier sa libération avant cela et il en concevait quelque amertume. Très proche de Trafficante, Martino tisserait des liens étroits avec Johnny Rosselli en 1963. La CIA admit plus tard que Martino devint à cette époque un atout de la CIA – ce que son ami Rosselli était déjà. Et tout comme Rosselli, Marcello et Trafficante, Martino finirait par avouer qu'il avait été impliqué dans l'assassinat de JFK.

Il ne faut pas oublier, ainsi que nous l'avons mentionné au chapitre 2, que durant cette période Oswald était toujours « étroitement » surveillé par les services de renseignement de la marine, en collaboration avec la CIA. Banister et Ferrie étaient bien placés pour aider les deux organismes à surveiller Oswald à La Nouvelle-Orléans, tant lors du séjour qu'il y fit au début de 1963 qu'après qu'il s'y fut établi à la fin avril.

Oswald avait probablement été encouragé à correspondre avec le Comité d'équité envers Cuba puis à en fonder un chapitre pour donner l'impression qu'il répondait aux objectifs de la CIA et des services de renseignement de la marine. Quels étaient ces objectifs ? Ils consistaient entre autres à faire d'Oswald une recrue plus attrayante aux yeux du KGB, à préparer son intégration aux opérations anti-Castro et à l'aider à infiltrer et compromettre le Comité d'équité envers Cuba – ce qu'il ferait sous les ordres de l'agent de la CIA David Atlee Phillips. Tout porte à croire qu'Oswald avait commandé le pistolet et le fusil qu'il avait achetés par correspondance à la demande d'une personne travaillant pour la Mafia – Ferrie ou Banister, par exemple. Comme Ferrie et Banister travaillaient à la fois pour Carlos Marcello et pour la CIA, il aurait été très facile pour eux de manipuler Oswald afin de satisfaire aux desseins de la Mafia en donnant l'impression que ses agissements s'inscrivaient dans les objectifs des services secrets américains.

L'attentat contre le général Walker semblait lui aussi participer du piège que la Mafia était en train de tendre à Oswald. Banister et Walker évoluaient à La Nouvelle-Orléans dans les mêmes cercles de partisans de la suprématie de la race blanche, et des associés des deux hommes avaient assisté à une conférence sur le sujet quatre jours seulement avant que le général soit attaqué à son domicile. Il est fort probable qu'Oswald se soit impliqué dans l'attentat à la demande de Banister, et ce, encore une fois dans le but de présenter Oswald comme un meurtrier violent après l'assassinat de JFK.

Le rôle qu'a joué la Mafia dans l'attentat contre JFK devient évident lorsqu'on étudie de plus près la séquence des événements. L'exercice nous permet également de constater à quel point ces événements sont liés les uns aux autres. Voici donc un résumé des faits.

Un individu utilisant le pseudonyme d'Alex Hidell et l'adresse postale d'Oswald à Dallas commanda un pistolet de calibre .38 d'une compagnie de Los Angeles le 28 janvier 1963 et un fusil Mannlicher-Carcano d'une firme de Chicago le 12 mars de la même année. Les deux armes furent expédiées à la même date, soit le 20 mars. Le 31 mars, la femme d'Oswald, Marina, prit une photo de lui en train de tenir les deux armes et une autre de lui exhibant deux journaux communistes[15]. Durant la première semaine d'avril, Oswald fut congédié du poste sensible qu'il occupait à l'entreprise cartographique de Dallas et il écrivit une première lettre au président du Comité d'équité envers Cuba. Le 10 avril, un tireur fit feu sur la résidence du général Walker à Dallas. Le 24 avril, Oswald s'installa à La Nouvelle-Orléans, où il vécut d'abord chez son oncle, qui était preneur de paris pour Carlos Marcello.

Selon le journaliste Henry Hurt, il était insensé de croire qu'Oswald ait pu choisir d'acheter par correspondance les armes dont il se servirait pour tuer JFK et le policier Tippit : « Cette théorie n'a aucun sens et n'a d'autre objectif que d'appuyer la version officielle des faits en créant une chaîne documentaire de preuves susceptibles de lier Oswald aux armes qui seraient prétendument utilisées lors de ces meurtres. » Hurt soulevait un autre point intéressant en disant qu'Oswald « aurait pu acheter les mêmes armes tout près de l'endroit où il travaillait à Dallas », et qu'en vertu des lois de l'époque, « il n'y aurait eu aucun relevé prouvant qu'il avait acquis ces armes », alors qu'en les achetant par correspondance, il laissait inévitablement derrière lui des traces de la transaction. Pourquoi aurait-il fait cela ? Comme le dit si bien Henry Hurt, ce geste n'avait aucun sens et son seul motif semble avoir été de lier Oswald aux armes en question.

En achetant ses armes par la poste, Oswald se mettait sous la loupe d'une commission sénatoriale qui enquêtait à ce moment-là sur la vente d'armes par correspondance. Certains membres de cette commission siégeaient aussi à une autre commission, qui enquêtait quant à elle sur le Comité d'équité envers Cuba et qui était présidée par le sénateur James O. Eastland du Mississippi, un raciste avoué pour qui Guy Banister avait déjà travaillé. Eastland serait appelé à participer peu de temps après à une opération secrète de la CIA impliquant John Martino, Johnny Rosselli et Santo Trafficante. Frank Fiorini, un associé de Trafficante, « admit par la suite qu'il avait des contacts au sein de la commission sénatoriale qu'Eastland présidait ».

Il est fort possible que Guy Banister ait profité de l'existence de ces deux commissions et usé de ses relations pour faire croire à Oswald qu'il venait en aide aux enquêteurs en achetant des armes par correspondance et en écrivant au Comité d'équité envers Cuba. L'historien George Michael Evica n'a pas manqué de remarquer l'étonnant synchronisme qu'il y avait entre l'achat des armes et le premier contact d'Oswald avec le Comité d'équité envers Cuba : « Oswald a agi de façon systématique, notait Evica. Exactement comme il l'aurait fait s'il avait travaillé (directement ou indirectement) pour les commissions sénatoriales. » Et c'était peut-être justement ce qu'Oswald croyait qu'il était en train de faire : il pensait peut-être que, s'il suivait les ordres de Banister et de Ferrie, il serait un jour appelé à témoigner devant le Congrès tout comme le protagoniste de l'émission *I Led Three Lives*, qui avait été le héros de son enfance.

Les faits nous renvoient donc au scénario suivant : Oswald croyait rendre service aux deux commissions sénatoriales en démontrant qu'un communiste qui avait déjà fait défection en Russie et qui était membre du Comité d'équité envers Cuba pouvait aisément se procurer un fusil et un pistolet par la poste, mais en réalité ce geste n'avait d'autre fonction que de faire de lui le bouc émissaire dans l'assassinat de JFK.

L'historien John Newman, qui occupa le rang de major dans les services secrets de l'armée américaine avant de prendre sa retraite des forces armées, a découvert que le bureau du FBI à Chicago avait lancé « une enquête majeure visant le Comité d'équité envers Cuba le 8 mars [1963], soit quatre jours avant qu'Oswald commande son fusil de Chicago ». (On se souviendra que Guy Banister était du FBI et dirigeait le bureau de Chicago au début des années 1950.) Newman note également que l'enquête du FBI « fut transmise à la CIA », ce qui ne se faisait pas généralement. La commission qui enquêtait sur le Comité d'équité tint des audiences le 13 mars 1963, date où Oswald aurait commandé le fusil Mannlicher-Carcano. Le 31 mars, Oswald écrivait une première lettre au président du Comité d'équité envers Cuba et se faisait prendre en photo avec les deux armes qu'il venait de recevoir par la poste. Le 3 avril 1963, il y eut d'autres audiences de la commission enquêtant sur le Comité d'équité envers Cuba ; deux semaines plus tard, Oswald écrivait une autre lettre au président de l'organisation. Le 10 avril, quelqu'un avait tiré sur le domicile du général Walker. Le 24 avril 1963, Oswald emménageait à La Nouvelle-Orléans, où il avait séjourné subrepticement plus tôt dans l'année.

Le coup de feu que l'on avait tiré sur la résidence du général Walker fut qualifié par la commission Warren et par Walker lui-même de « tentative d'assassinat ». Rendue publique peu après le meurtre de JFK, la nouvelle de « l'attentat » contre Walker vint confirmer dans l'esprit de bien des gens la culpabilité d'Oswald – qui était déjà mort à ce moment-là, s'étant fait abattre par Jack Ruby. Cependant, les faits, les antécédents de Walker et les agissements d'Oswald, de Ruby et d'autres associés de Marcello nous permettent d'interpréter ce coup de feu tout autrement.

Le général Walker devint une figure controversée en 1961 lorsque JFK lui retira le commandement de la 24e division d'infanterie, laquelle était stationnée en Allemagne, parce qu'il distribuait à ses soldats des pamphlets incendiaires qui tentaient de les embrigader dans la société John Birch, un organisme férocement anticommuniste. Ces pamphlets mettaient de l'avant des allégations ridicules, comme celle voulant que l'ex-président Dwight Eisenhower «ait volontairement été au service de la conspiration communiste durant toute sa vie adulte».

À la suite de cette infamie, le général Walker rendit sa démission. En septembre 1962, lorsque James Meredith tenta de devenir le premier étudiant noir à s'inscrire à l'Université du Mississippi, Walker se rendit au campus et protesta bruyamment à grand renfort de propos racistes, provocateurs et mensongers. La manifestation dégénéra bientôt en une émeute qui fit deux morts et soixante-dix blessés. Les Kennedy firent arrêter Walker et le placèrent sous observation psychiatrique. Aussitôt relâché, Walker rentra chez lui à Dallas et posa sa candidature au poste de gouverneur du Texas. Après avoir perdu ses élections, il continua de faire des discours odieux dans lesquels il vilipendait indifféremment Fidel Castro, les Kennedy et la cause des droits civils.

Walker était homme à faire flotter le drapeau sudiste sur sa propriété. Il rendit un jour visite à Byron de la Beckwith, l'assassin de Medgar Evers, pour lui manifester son appui à un geste qui fut fortement publicisé. Le général évoluait dans les mêmes cercles racistes d'extrême droite que Guy Banister. (Un bon ami de Banister a d'ailleurs écrit un livre très flatteur sur Walker.)

Walker connaissait apparemment un autre subordonné de Carlos Marcello : dans une note du FBI, l'homme à tout faire de Walker disait avoir vu «Jack Ruby se présenter à la résidence du général Walker à plusieurs occasions. [...] Il avait visité Walker une fois par mois de décembre 1962 à mars 1963 [...] et à chaque visite, qui durait environ une heure, Ruby s'entretenait avec Walker en privé, derrière des portes closes». Le fameux incident du coup de feu était survenu peu de temps après la dernière visite de Ruby chez Walker[16].

Walker affirmait à l'époque qu'il se trouvait dans la pièce où le coup de feu avait été tiré. Était-ce vrai ? En l'absence d'autres témoins, nous n'avons que sa parole pour en juger. Si ce n'était pas le cas, il eût été exagéré de parler d'attentat – un coup de feu tiré dans une pièce vide constitue tout au plus un acte de vandalisme. Walker était très porté sur le mensonge et l'exagération quand il parlait publiquement des minorités et des droits civils, aussi est-on en droit de douter du récit qu'il fit de l'incident – il prétendait qu'il avait esquivé la balle de justesse en baissant la tête.

À la commission Warren et ailleurs, on a présenté Oswald comme le seul coupable dans cette affaire de coup de feu, cela dans le but de démontrer qu'il était animé d'une folie meurtrière. Pourtant, rien dans le passé d'Oswald n'était indicatif de ce genre de personnalité. Ainsi que l'ont souligné de nombreux journalistes et auteurs, plusieurs aspects de cette théorie ne tiennent pas la route. Par exemple, des témoins avaient vu au moins deux hommes sur les lieux de la fusillade et au moins deux voitures suspectes rôdant autour de la maison de Walker à ce moment-là. Les témoins ont affirmé qu'aucun des hommes qu'ils avaient aperçus ne ressemblait à Oswald. Le gardien de nuit de Walker disait avoir vu quelques jours plus tôt une Chevrolet 1957 garée non loin de là, avec à son bord un individu d'apparence «cubaine» qui semblait surveiller la résidence de Walker. Comment aurait-ce pu être Oswald, lui qui n'avait pas du tout l'air cubain et ne savait même pas conduire ?

Le fait qu'Oswald n'avait ni voiture ni permis de conduire le rendait encore moins apte à attaquer la résidence de Walker : l'imaginez-vous transportant sa carabine dans l'autobus qui l'amènerait jusqu'à la banlieue où habitait Walker, la traînant furtivement dans les rues de ladite banlieue en rasant les murs ? Cela aurait été absurde. Même si Oswald avait démonté l'arme et l'avait transportée dans un étui ou un sac, elle aurait encore été suffisamment longue pour attirer le regard de ceux qu'il aurait croisés, et alors il ne fait aucun doute que le lendemain de la fusillade des témoins se seraient souvenus de ce jeune homme qui rôdait dans les parages en traînant quelque chose d'assez long.

Cela ne revient cependant pas à dire qu'Oswald n'était pas impliqué dans l'incident ; au contraire, les déclarations qu'il fit à son épouse Marina et à George DeMohrenschildt, son surveillant à la CIA, indiquent qu'il avait effectivement été mêlé à l'affaire. Rétrospectivement, on peut en déduire que les personnes qui avaient été impliquées avec Oswald dans l'incident visant Walker

– et on peut affirmer qu'il s'agissait d'une conspiration vu qu'elles étaient plusieurs – seraient impliquées également dans le complot d'assassinat contre le président Kennedy. Cela dit, les recherches effectuées par Dick Russell et Anthony Summers démontrent bien que le coup de feu tiré chez Walker n'était pas du tout une tentative d'assassinat, mais un coup de publicité orchestré de connivence avec Walker pour raviver sa carrière d'extrémiste réactionnaire, qui était sur son déclin à ce moment-là. D'ailleurs, la stratégie a fonctionné, puisque le récit dramatique qu'il livra aux reporters – comment il avait failli mourir, comment il aurait été abattu d'une balle dans la tête s'il n'avait pas eu le réflexe de baisser celle-ci juste au bon moment – généra une couverture médiatique impressionnante au niveau tant régional que national.

Le coup monté chez Walker produisit de bons résultats pour Guy Banister : il lui permit de redorer le blason d'un confrère partisan de la race blanche, mais aussi de tester la capacité d'Oswald à faire partie d'une mission impliquant des armes à feu (sans parler évidemment du fait que l'incident contribuerait à incriminer Oswald après le meurtre de JFK). Étant donné qu'Oswald venait tout juste d'amorcer la phase cubaine de ses activités clandestines – ce qu'il avait fait dix jours plus tôt en rédigeant sa première lettre au président national du Comité d'équité envers Cuba –, il est fort probable que les tâches qu'on lui avait confiées en lien avec l'incident chez Walker avaient pour but d'éprouver sa capacité à remplir sa nouvelle mission. Alors que la mission d'Oswald en Russie se résumait à une défection, les opérations anti-Castro étaient plus complexes et exigeaient de lui des aptitudes tout à fait différentes ; il serait appelé, par exemple, à organiser et à assister à des réunions (en cachant la chose à son épouse, comme de raison) ainsi qu'à gérer des armes à feu de manière clandestine. L'incident chez Walker donna aux artisans du complot l'occasion de voir si Oswald, qui n'avait jamais combattu dans l'armée, était capable d'entreprendre ce genre de mission. Qu'il eût ou non tiré le coup de feu chez Walker, Oswald avait de toute évidence passé le test, puisque ses activités liées à Cuba se firent beaucoup plus nombreuses dans les mois suivant l'incident. À la fin d'avril 1963, Oswald partit vivre en Nouvelle-Orléans chez son oncle, Dutz Murret, qui était *bookmaker* pour Carlos Marcello. Oswald habiterait avec son oncle pendant deux semaines, puis emménagerait dans son propre appartement après que son épouse Marina fut venue le rejoindre à La Nouvelle-Orléans.

Pendant ce temps, Carlos Marcello attendait la décision de la Cour suprême concernant l'ordonnance de déportation que lui avait infligée le procureur général Robert Kennedy et qu'il avait portée en appel. John Davis, le biographe de Marcello, rapporte que la Cour suprême a plus tard « refusé de réviser l'avis de déportation de Marcello », une décision qui « fit la manchette dans les journaux de La Nouvelle-Orléans ». Avec cette défaite, « Marcello avait épuisé tous les recours judiciaires à sa disposition » et n'avait plus d'autre choix que d'entreprendre une action contre les Kennedy. Sa liberté et son empire en dépendaient.

Les complices de Marcello dans le complot pour assassiner JFK se trouvaient eux aussi dans l'étau des Kennedy à cette époque. Santo Trafficante vit certaines de ses opérations démantelées, et les Kennedy continuaient de lui mettre le fisc sur le dos. Robert Kennedy fit de Trafficante le principal sujet d'enquête d'une nouvelle commission parlementaire et envoya même à l'épouse du mafioso une citation à comparaître, geste qui transgressait une loi implicite dans l'esprit de Trafficante. Bien qu'ils fussent tous deux des coureurs de jupons invétérés, Marcello et Trafficante s'étaient toujours présentés comme des hommes de famille traditionnels et ils ne voyaient pas d'un bon œil que leurs conjointes soient mêlées à leurs affaires. Leurs épouses n'avaient jamais été inquiétées durant la décennie Nixon-Eisenhower, mais il était évident que RFK n'entendait pas se plier à cette règle tacite.

Johnny Rosselli se trouvait également dans la mire du FBI, n'étant épargné que lorsqu'il travaillait avec la CIA aux complots d'assassinat contre Fidel Castro. Le patron de Rosselli, Sam Giancana, était étroitement surveillé lui aussi par le FBI, ce qui limitait sérieusement sa liberté d'action et l'empêchait de s'impliquer activement dans l'assassinat de JFK. Le pouvoir dont Rosselli jouissait à Las Vegas et Hollywood découlait directement de la position très élevée qu'occupait Giancana dans la Mafia de Chicago et, pour préserver ce pouvoir, il se devait donc d'éliminer la pression que RFK exerçait sur Giancana.

Incroyablement, les assauts répétés des frères Kennedy n'empêchaient pas les familles de la Mafia de continuer leur sanglante besogne. Le journaliste d'enquête Dan Moldea note qu'à cette époque les autorités américaines « attribuèrent le meurtre de l'échevin municipal Benjamin F. Lewis » à un mafieux de Chicago qui était un « très bon ami de Jack Ruby ». Lewis fut retrouvé mort « le 28 février 1963 [...] reposant face contre terre dans une mare de sang d'un mètre et demi de diamètre», l'arrière de son crâne ayant été «pulvérisé par les trois balles que l'assassin avait tirées». L'assassinat de l'échevin était «le 977e meurtre non résolu attribué au crime organisé qu'il y ait eu à Chicago depuis le début des années 1900». Bien que l'auteur de l'assassinat fût connu des autorités, il ne serait jamais jugé ni condamné pour son crime.

Rosselli, Marcello et Trafficante avaient l'habitude d'éliminer les individus gênants en toute impunité. C'est sans doute pourquoi ils considéraient qu'un assassinat bien planifié serait la solution à leurs problèmes avec les Kennedy.

Au printemps de 1963, Carlos Marcello fit d'autres remarques documentées concernant l'assassinat du président Kennedy. Ces remarques, qui ne s'adressaient pas cette fois à Ed Becker mais à un proche collaborateur du parrain, furent dévoilées pour la première fois dans la biographie de Marcello que John Davis publia en 1989.

Au moment où Marcello fit ces commentaires, ses complices et lui planifiaient le meurtre de JFK depuis environ six mois. Davis écrit que, durant ce week-end du printemps 1963, Marcello était «à son camp de pêche» de Grand Isle, en Louisiane, en compagnie de «quelques amis proches issus des vieilles familles siciliennes de La Nouvelle-Orléans».

«Alors qu'ils étaient dans la cuisine à siroter un bon scotch», un ami d'un ami de Marcello «a parlé tout bonnement d'un article qu'il avait lu» au sujet de l'avis de déportation de Marcello et du fait que «la Cour suprême avait maintenu l'ordonnance». L'homme en question avait eu le malheur de mentionner le nom de RFK. «En entendant le nom de Robert Kennedy, Carlos s'est étouffé et a recraché la gorgée de scotch qu'il était sur le point d'avaler. Une fois qu'il a eu repris contenance, il a fait le symbole de "la corne" de sa main gauche […]. Brandissant au-dessus de sa tête ce signe ancien qui, dans le sud de l'Italie, symbolise la haine et la vengeance, Marcello s'écria: "Hé, mec, t'inquiète pas pour Bobby. On va le rendre doux comme un agneau!"»

Un ami de Marcello lui avait alors demandé s'il comptait «s'occuper de Bobby». Marcello a répliqué: «À quoi ça servirait? Tu butes ce gars-là et son frère te met la Garde nationale aux fesses. Non, faut éliminer le gars d'en haut, parce que le gars qui va le remplacer, peut-être qu'il en aura rien à foutre de Bobby.» Marcello déclara alors: «Tel que vous me voyez, je vous jure que le gars d'en haut, il va lui arriver malheur.»

Marcello savait que, s'il tuait Robert Kennedy, JFK enverrait l'armée ou la Garde nationale prendre d'assaut ses territoires, comme cela avait été le cas à Phenix City en 1954 quand des associés de Trafficante avaient assassiné le procureur général de l'Alabama. Si l'armée ou la Garde intervenait, les politiciens de la Louisiane et d'ailleurs que Marcello avait corrompus n'auraient plus aucun pouvoir et ne pourraient donc pas voler à son secours. Par conséquent, la solution idéale pour Marcello et ses associés était d'éliminer JFK, et non RFK. Le vice-président Lyndon Johnson deviendrait président après la mort de JFK; or, l'animosité qu'il y avait entre lui et Robert Kennedy était de notoriété publique. Le parrain et ses acolytes se disaient que, comme Johnson n'avait jamais fait de la lutte contre le crime organisé l'une de ses priorités, il était probable qu'il n'appuierait pas Robert Kennedy sur ce point. L'histoire donnerait malheureusement raison à Marcello et à son raisonnement.

John Knight Sr., un homme d'affaires d'Atlanta ayant grandi en Louisiane, est la source qui a confirmé la remarque que fit Marcello au printemps 1963 au sujet de l'assassinat de JFK. Le père de Knight, un commerçant de Lafayette, était propriétaire avec deux autres individus d'un bateau de quatorze mètres qui était ancré à Grand Isle, une zone de pêche très populaire du golfe du Mexique, située à environ cent soixante kilomètres au sud-ouest de La Nouvelle-Orléans. Un des copropriétaires du bateau avait vendu son camp de pêche de Grand Isle à Carlos Marcello, ce qui permit à Felix Kiger, un homme de quarante-trois ans qui veillait à l'entretien du camp et faisait la cuisine pour les visiteurs, de présenter Knight à Marcello. Knight était alors adolescent.

Celui-ci se souvient qu'un jour de ce printemps 1963, son père était furieux parce qu'un de ses associés avait autorisé Marcello à utiliser son bateau. Knight et son père coururent jusqu'au quai, mais le vaisseau avait déjà levé l'ancre. On les informa du fait qu'un mafioso de Los Angeles se trouvait à bord avec Marcello et Kiger[17].

Quelques jours plus tard, Knight discutait avec Kiger, qui avait un peu bu. Ce dernier devint soudain très émotif et dit: « Il va arriver malheur à notre président. » Pendant qu'il faisait la cuisine sur le bateau, Kiger avait surpris les propos échangés entre Marcello et son visiteur, le gangster de Los Angeles, et il avait compris que JFK serait la cible d'un attentat planifié par Marcello.

« Pourquoi Marcello voudrait-il faire du mal au président Kennedy ? » avait demandé le jeune Knight. Kiger avait répliqué que c'était parce que Robert Kennedy avait fait déporter Marcello et lui avait causé bien des misères. Kiger disait qu'il avait vu Marcello au retour de son calvaire centre-américain, et qu'il se souvenait que les mains et les genoux du parrain étaient à vif et couverts d'éraflures.

Marcello ne fut publiquement lié à l'assassinat de JFK qu'à la fin des années 1970, si bien que Knight ne put apprécier les ramifications de ce que Kiger lui avait raconté que bien des années plus tard. Le témoignage de Knight semble crédible, car il regorge de détails et de noms bien précis. Joe Campisi, qui était un sous-chef de Marcello et un bon ami de Jack Ruby, dirait par la suite, lorsqu'il témoignerait devant une commission d'enquête, que « Marcello allait à Grand Isle tous les ans » parce qu'il y avait « un camp de pêche ». Campisi admit avoir rencontré Marcello au camp en question, ce qui signifiait que le parrain s'y sentait suffisamment à l'aise et en sécurité pour mener là les affaires de la Mafia.

Carlos Marcello a rencontré Lee Oswald en personne à au moins une occasion en 1963, un fait qu'il relaterait quelque vingt-cinq années plus tard à Jack Van Laningham dans une conversation enregistrée par le FBI durant l'opération CAMTEX. Van Laningham m'a raconté par la suite les circonstances dans lesquelles Marcello lui fit cet aveu, mais on trouve aussi dans les dossiers déclassifiés de CAMTEX le compte rendu écrit que Van Laningham rédigea trois ans après sa conversation avec Marcello. De nombreux témoignages indépendants viennent par ailleurs corroborer le fait que Marcello ait rencontré Oswald à cette époque.

Jack Van Laningham disait qu'il y avait à la prison de Texarkana un autre détenu en qui Marcello avait confiance et avec qui il se sentait suffisamment à l'aise pour discuter de ses activités à La Nouvelle-Orléans. « J'avais un autre ami à Texarkana, un gars qui avait travaillé comme barman pour le frère de Marcello. Marcello l'invitait parfois dans notre cellule et alors ils pouvaient discuter ensemble pendant des heures de sujets gravitant autour de La Nouvelle-Orléans. Un soir, Marcello s'est mis à parler des Kennedy. Il nous a mentionné, à moi et à mon ami, qu'un type nommé Ferris [Ferrie], qui était son pilote d'avion, lui avait présenté Oswald lors d'une rencontre qui avait eu lieu au restaurant de son frère. Marcello nous a dit que, selon lui, Oswald était cinglé. Il affirmait avoir rencontré Oswald plusieurs fois avant que celui-ci quitte la ville. »

Un autre informateur du FBI est venu confirmer le lien qui existait entre Marcello et Oswald. Il s'agit de Joe Hauser, un homme d'affaires qui s'était fait pincer dans les années 1970 par les enquêteurs de BRILAB, une opération du FBI qui s'était intéressée aux fraudes d'assurances perpétrées par les Teamsters et Santo Trafficante. Hauser avait été condamné et était incarcéré dans un pénitencier fédéral en 1985, à la même époque où l'opération CAMTEX ciblait Marcello, mais, à la fin des années 1970, il avait accepté de devenir informateur et d'espionner Carlos Marcello pour le compte du FBI. Muni d'un magnétophone caché, il enregistra les entretiens qu'il avait avec Marcello dans le bureau de celui-ci. Ce sont ces enregistrements qui ont permis aux enquêteurs de BRILAB de faire incarcérer Marcello dans les années 1980.

Durant l'un de ces entretiens, Marcello avait dit à Hauser qu'il connaissait Oswald et que certains de ses hommes le connaissaient aussi. « Je connaissais sa putain de famille, avait lancé Marcello. Son oncle, il bosse pour moi. Et le petit, il bosse pour moi aussi. » Marcello faisait référence au fait qu'Oswald avait travaillé pendant un temps comme coursier dans son réseau de jeu clandestin – c'était dans ce même réseau que son oncle était impliqué.

Il y a deux périodes durant lesquelles Oswald aurait pu travailler comme coursier pour Marcello : de la fin d'avril jusqu'au début de mai 1963, alors qu'il vivait chez son oncle Dutz Murret ; ou de la fin juillet jusqu'à la mi-septembre de la même année, s'il faut en croire les témoins qui soutiennent qu'Oswald, bien qu'officiellement sans emploi, travaillait à ce moment-là pour Guy Banister et David Ferrie. Cela dit, il est peu probable qu'Oswald ait été coursier passé le début du mois d'août, car c'est à ce moment que ses activités pro-Castro commencèrent à attirer sur lui l'attention des médias locaux. Dans une ville aussi conservatrice que La Nouvelle-Orléans, les frasques communistes d'Oswald n'étaient certainement pas vues d'un bon œil.

Pour ce qui est de la rencontre entre Oswald et Marcello décrite par Van Laningham, il est possible que le parrain ait voulu parler à Oswald d'un potentiel boulot de coursier, mais tout en essayant de voir s'il ferait un bon pigeon dans l'assassinat de JFK. Plusieurs témoins ont confirmé qu'à La Nouvelle-Orléans et à Dallas les mafiosi ne dédaignaient pas de mener leurs affaires au restaurant, aussi Marcello aurait-il été tout à fait à l'aise au resto de son frère, d'autant plus qu'il bénéficiait là d'une salle à manger et d'une entrée privées qui lui permettraient de rencontrer Oswald à l'abri des regards, sans nécessairement être vu en sa compagnie. Quant aux employés du restaurant, ils n'auraient rien vu d'anormal dans le fait que Marcello s'entretienne avec un jeune homme, neveu d'un associé, venu là sans doute pour quémander un emploi.

Il est difficilement concevable que Marcello ait discuté de l'assassinat de JFK avec Oswald lors de cette rencontre. Un parrain aussi aguerri que Marcello n'aurait pas passé une année entière à soigneusement planifier l'assassinat du président pour confier ensuite le meurtre lui-même à un jeune homme inexpérimenté qui n'avait pas utilisé une arme à feu depuis belle lurette et n'était même pas considéré comme un bon tireur du temps où il était dans les marines. De toute manière, Marcello avait fait venir deux tueurs à gages d'Europe pour éliminer JFK – un fait que nous avons mentionné au chapitre 1, dont nous reparlerons en détail au chapitre 12 et qui fut confirmé par Marcello lui-même dans une conversation avec Van Laningham, laquelle fut enregistrée en secret par le FBI.

Le récit que Marcello fit à Van Laningham de sa rencontre avec Oswald correspond aux renseignements qui seraient dévoilés au public bien des années plus tard dans la biographie de Marcello, *Mafia Kingfish*, que John H. Davis publierait en 1989. (Fait intéressant, le compte rendu de la rencontre Marcello-Oswald que Van Laningham rédigea pour les dossiers du FBI fut écrit un an avant la publication du livre de Davis.) De nombreux dossiers du FBI datant des jours, semaines et mois suivant l'assassinat de JFK, incluant des documents qui n'avaient jamais été publiés ou cités avant que Van Laningham prépare son compte rendu pour le FBI, viennent corroborer le fait que la rencontre Marcello-Oswald a bel et bien eu lieu.

Certaines notes du FBI publiées pour la première fois dans la biographie de Marcello nous apprennent qu'un des hommes du parrain a déjà remis une somme d'argent à Oswald lors d'une rencontre au restaurant du Town and Country, le petit motel banal situé en bordure de l'Airline Highway où Marcello tenait son quartier général. La rencontre aurait eu lieu à la fin de février ou au début de mars 1963, ce qui correspond à la période durant laquelle Oswald fit un court séjour à La Nouvelle-Orléans. La scène fut décrite dans une note par une source du FBI : Oswald était assis dans la salle à manger presque vide du resto quand le « propriétaire du restaurant a sorti une liasse de billets de sa poche et l'a remise, en la glissant sous la table, à l'homme qui était assis en face de lui ». La source a identifié cet homme comme étant Lee Oswald.

La source du FBI était un homme d'affaires du nom de Gene Sumner, qui venait de Darien, en Géorgie. Son beau-frère était lieutenant dans la police locale ; or, quelques jours après le meurtre de

JFK, Sumner lui raconta ce qu'il avait vu l'hiver précédent au Town and Country. Son beau-frère communiqua aussitôt avec le FBI, ce que nous confirme une note datant du 25 novembre 1963. Le FBI, qui était à l'époque sous la direction de J. Edgar Hoover, nota l'incident mais ne procéda ensuite qu'à une enquête routinière et expéditive, ainsi qu'il le fit avec la douzaine d'associés de Marcello qui furent interrogés après l'assassinat de JFK – Hoover avait déclaré publiquement qu'Oswald avait agi seul; cependant, ses agents ne savaient que trop bien que quiconque contredisait Hoover pouvait dire adieu à sa carrière. Sumner évaluait à 1 m 80 la taille de l'homme qui avait donné l'argent à Oswald – et qui était, croyait-il, le propriétaire du restaurant –, ce qui voulait dire qu'il ne s'agissait pas de Carlos Marcello. Un des frères de Marcello était le propriétaire légitime du Town and Country, et l'un de ses premiers lieutenants, Joseph Poretto, en était le gérant. Le FBI a interrogé les deux hommes, et ils ont bien sûr nié connaître Oswald. Davis fait état dans son livre des nombreuses pistes d'enquête auxquelles le FBI n'a pas donné suite : le Bureau aurait dû interroger les individus qui accompagnaient Sumner au restaurant ce soir-là ; il aurait dû vérifier le registre de l'hôtel où Sumner avait passé la nuit pour déterminer la date exacte de la rencontre entre Oswald et Marcello ; et il aurait dû montrer à Sumner une photo du gérant du restaurant afin qu'il puisse l'identifier.

Plusieurs détails importants concernant la Mafia furent retirés du rapport que le FBI transmit par la suite à la commission Warren. Parmi les détails que le rapport mentionnait à l'origine, il y avait le fait que l'homme qui avait remis l'argent à Oswald avait avoué être impliqué «dans les rackets», que le père d'un des hommes qui accompagnaient Sumner ce soir-là «était un ancien racketeur et qu'il était connu du propriétaire du restaurant», et que le Town and Country était «reconnu comme un des lieux de rencontre de prédilection des éléments criminels de la région». Ces omissions s'inscrivaient tout à fait dans cette politique qu'avait le FBI sous Hoover de minimiser les liens de Marcello et de ses associés avec le crime organisé – un fait qu'Anthony Summers, spécialiste de Hoover, et que les enquêteurs du Congrès américain n'ont pas manqué de relever. Hoover et le FBI ont caché d'autres rapports d'enquête de ce genre au procureur général Robert Kennedy, sachant sans doute que celui-ci en aurait immédiatement saisi la pertinence.

John H. Davis fut le premier à rapporter le fait que Marcello avait mentionné à Joe Hauser, l'informateur du FBI dans l'opération BRILAB, que son frère et Poretto avaient été interrogés par le FBI au sujet d'Oswald. À cette occasion, Marcello avait dit à Hauser : « Les fédéraux se sont pointés au motel pour poser des questions sur lui, mais mes gars n'ont rien dit. "Nous, on a jamais entendu parler de ce gars-là", qu'ils leur ont répondu. Tu vois le genre ? » Ce fait que rapporte Hauser en dit long sur sa crédibilité, puisque le témoignage de Sumner n'était pas encore de notoriété publique à ce moment-là. Peu après l'échange d'argent dont Sumner a été témoin, Oswald s'est installé à La Nouvelle-Orléans chez son oncle le *bookmaker*.

Murret, Banister et Ferrie n'étaient pas les seuls individus liés à Marcello et à Oswald. Le House Committee on Assassinations (HSCA) a découvert d'autres liens entre Oswald et sa famille et l'organisation de Marcello, entre autres celui-ci, exposé dans un article du magazine *Vanity Fair* : « Oswald a passé son enfance et sa jeunesse à La Nouvelle-Orléans. Or, sa mère était amie avec un avocat véreux lié aux opérations criminelles de Marcello, ainsi qu'avec un homme qui était chauffeur et garde du corps pour Marcello. » Durant l'été de 1963, alors qu'Oswald était détenu à La Nouvelle-Orléans, « un vieil ami de Marcello du nom de Nofio Pecora » paya sa caution pour le faire libérer. Il est intéressant de noter que Jack Ruby communiquerait avec Pecora trois semaines avant l'assassinat de JFK.

À l'époque où Jack Van Laningham partageait une cellule avec Carlos Marcello au pénitencier de Texarkana, le parrain lui avait révélé certaines choses relativement à David Ferrie : « Ferrie était un ex-pilote de ligne, lit-on dans les dossiers du FBI, et il semblerait qu'il se soit rendu au Guatemala pour aller chercher des documents dont Marcello avait besoin pour son procès contre l'INS [département américain de l'Immigration]. » Ce fait que rapporte Van Laningham semble crédible, puisque la collaboration entre Ferrie et Marcello n'était pas connue du public ou même des historiens au moment où Van Laningham en fit état. Ferrie avait d'ailleurs avoué peu après l'assassinat de JFK qu'il était allé au Guatemala à deux reprises avant l'attentat, et que ces deux visites étaient liées à la cause de déportation de Marcello.

Marcello avait également parlé à Van Laningham de Jack Ruby, et notamment d'une rencontre importante de 1963, qui avait eu lieu plus de cinq mois avant le meurtre de JFK. Bien que les dossiers de CAMTEX au FBI renferment un résumé des remarques que Marcello fit en 1985 au sujet de Ruby, j'ai obtenu une foule de renseignements additionnels lors de mes entretiens avec Jack Van Laningham.

Au printemps de 1963, Jack Ruby devait une petite fortune au fisc – l'équivalent de 160 000 $ de nos jours – et avait désespérément besoin d'argent. Le 13 mars 1963, Ruby tombait sous le couperet de l'IRS en se voyant imposer un privilège fiscal. Il devait trouver rapidement une nouvelle source de revenu, sans quoi il se retrouverait sur la paille.

Au dire de Carlos Marcello, Ruby aurait pris l'argent dont il avait besoin à même les profits du Carousel Club, un club de danseuses de Dallas qui était contrôlé par l'organisation de Marcello et dont Ruby assurait la gérance. Situé juste en face de l'Adolphus, un des hôtels les plus distingués de la ville, le Carousel faisait des affaires d'or avec les groupes qui y tenaient leurs congrès et leurs assemblées corporatives. Ruby avait sans doute pensé qu'il pourrait piger dans ce pactole sans que personne s'en aperçoive. Malheureusement pour lui, Marcello avait sur le terrain des hommes qui vérifiaient les revenus de tous les clubs de Dallas dont il était secrètement le propriétaire. Ces opérateurs financiers savaient très précisément ce que chaque établissement était censé rapporter aux différentes périodes de l'année. Or, quand ils virent que le Carousel accusait un retard par rapport aux années précédentes – ou par rapport aux autres clubs –, il ne fait aucun doute qu'ils ont tout de suite conclu que Ruby se servait dans la caisse. Marcello aura probablement été furieux d'apprendre qu'un mafioso d'expérience comme Ruby commette une si grave erreur, sachant que les conséquences d'un tel geste pouvaient lui être funestes.

Par bonheur pour Ruby, il s'avéra que Marcello et Trafficante avaient besoin de lui à ce moment-là. En avril 1963, une nouvelle intéressante au sujet des déplacements du président Kennedy parvint aux oreilles de ses conspirateurs, ce que souligne l'ancien directeur du HSCA : « Bien que la commission Warren ait apparemment cru que la presse n'avait pas fait, avant le 13 septembre 1963, de supposition concernant un voyage potentiel du président [à Dallas,] […] un article paru le 24 avril 1963 dans le *Dallas Times Herald* […] citait le vice-président Johnson disant que le président Kennedy "visiterait peut-être Dallas et d'autres grandes villes du Texas durant l'été". » Le HSCA découvrit que, dans les semaines et les mois qui suivirent, Jack Ruby avait fait « une série d'appels téléphoniques pour le moins suspects à des individus associés à des groupes criminels ».

Les appels interurbains que Ruby fit à partir de mai 1963 démontrent qu'il était impliqué à cette période dans une activité inhabituelle : alors qu'il n'avait effectué que dix appels interurbains en avril, il en ferait vingt-cinq en mai et plus de trente en juin. Il soutint la cadence jusqu'en septembre, puis le nombre d'appels monta en flèche en octobre lorsque la visite de JFK à Dallas sembla vouloir se confirmer. Dans les trois premières semaines de novembre, Ruby ferait plus de cent dix appels interurbains. Conformément aux pratiques de la Mafia, Ruby communiquerait à l'aide de mots et de phrases codées, et ses messages passeraient par un ou plusieurs intermédiaires avant d'atteindre leur véritable destinataire.

Marcello a exprimé sans ambages à Jack Van Laningham ce qu'il pensait de Jack Ruby : « Marcello disait qu'il avait rencontré Ruby à Dallas, Texas, écrivait Van Laningham dans un dossier du FBI. Il l'a fait travailler dans ses bars là-bas. Il disait que Ruby était un sale homo, mais qu'il avait son utilité et qu'il le tenait au courant de ce qui se passait en ville. Marcello nous a mentionné que tout le service de police de Dallas était sur la touche, et qu'aussi longtemps que l'argent coulerait, ils le laisseraient faire ce qu'il voulait là-bas. Ruby se rendait régulièrement à Churchill Farms pour rendre des comptes à Marcello et l'informer de tout ce qui se passait à Dallas. »

Cet aveu de Marcello va au-delà de ce que nous savions précédemment à propos de Ruby, et il concorde parfaitement avec ce qu'ont découvert les enquêteurs du Congrès américain et du FBI. Il ne faut pas oublier que les liens qui unissaient Ruby à la Mafia ne furent révélés au public qu'à la fin des années 1970, et que même après cela quantité d'auteurs et de journalistes ont continué de faire abstraction des rapports que Ruby entretenait avec bon nombre de proches collaborateurs de Carlos Marcello. Ce dernier n'est même pas nommé dans *Who Was Jack Ruby*, biographie du personnage que Seth Kantor publia en 1978 et qui fut pourtant le premier ouvrage à profiler les liens existant entre Ruby et plusieurs autres membres de la Mafia. Le reporter de Dallas Earl Golz fut l'un des premiers à révéler que Marcello contrôlait les sphères criminelles à Dallas et que Ruby était clairement lié à son organisation. Ce lien se trouva confirmé en 1979 dans le rapport final du HSCA. Pourtant, ce ne fut qu'en novembre 1988 – puis en janvier 1989, date où John Davis publia sa biographie de Marcello – que le public, à travers la multitude de publications et d'émissions de télévision commémorant le vingt-cinquième anniversaire du meurtre de JFK, découvrit à quel point Ruby était lié à la Mafia.

Il y avait déjà longtemps à ce moment-là que les remarques faites par Marcello à Van Laningham au sujet de Ruby avaient été consignées dans les dossiers du FBI. L'association de Ruby avec la Mafia est confirmée à maintes reprises dans des documents du Bureau datant de 1963 et même d'avant, ce qui était tout à fait contraire à la manière dont le FBI présenterait Ruby au public et à la commission Warren. Le Bureau prépara même à la fin des années 1970 une note secrète – qui serait publiée pour la première fois en 2005 par l'historien Gerald D. McKnight – qui avait pour but de limiter les dégâts dans l'éventualité où « l'enquête du FBI sur l'assassinat du président Kennedy serait remise en cause ». Le FBI exposait dans cette note certains des renseignements qu'il avait tenus cachés jusque-là et admettait avoir en sa possession « des télétypes et rapports exhaustifs sur les relations de Jack Ruby au sein du crime organisé ». En parallèle à cet aveu secret, qui serait scrupuleusement gardé à l'interne, le FBI soutiendrait devant la commission Warren que Ruby n'était pas associé à la pègre, ce qu'il ferait paradoxalement en citant des déclarations émises par des associés de Ruby dans la Mafia.

Plusieurs autres confidences que Marcello a faites à Van Laningham ont été corroborées. Bien des gens ignorent encore aujourd'hui que Jack Ruby était gai (ou bisexuel), et ce, en dépit du fait que l'on trouve une quarantaine d'allusions à la chose dans les documents de la commission Warren et qu'à l'époque du meurtre de JFK, le colocataire de Ruby se décrivait lui-même comme son « petit ami ».

Certains documents du FBI viennent également confirmer la déclaration de Marcello selon laquelle « tout le service de police de Dallas était sur la touche, et qu'aussi longtemps que l'argent coulerait, ils le laisseraient faire ce qu'il voulait là-bas ». D'autres notes du FBI, que nous avons mentionnées précédemment, affirmaient que Ruby « connaissait personnellement presque tous les policiers de Dallas » et qu'il était celui qui « distribuait les pots-de-vin au service de police ». (Bien que ces notes furent divulguées à la commission Warren, celle-ci n'en fit aucune mention dans son rapport final.)

Le FBI a tenu tant de renseignements cachés, et pendant si longtemps, que les historiens et les journalistes ont dû fouiller eux-mêmes et grappiller chaque bribe d'information concernant Marcello, ses hommes et l'implication de Ruby dans la Mafia. En

1989, quatre ans après l'aveu que Marcello fit à Van Laningham – et qui fut caché au public pendant vingt ans –, l'auteur John H. Davis mettait au jour les liens existant entre Ruby et plusieurs associés de Marcello, dont Joe Civello et Joe Campisi Sr., qui étaient les lieutenants de Marcello à Dallas. Campisi fut la première personne à visiter Ruby en prison après qu'il eut tué Oswald; il avait également rencontré Ruby la veille du meurtre de JFK. Davis souligne que, dans les mois et semaines menant à l'assassinat du président, Ruby a visité ou joint par téléphone cinq membres de l'organisation de Marcello, et qu'en plus de ces cinq individus, il «connaissait au moins deux des frères de Carlos Marcello», ayant été appelé à frayer avec eux à travers le réseau de machines à sous et les clubs de danseuses de l'organisation.

La confidence la plus saisissante que Marcello fit à Van Laningham à propos de Ruby avait trait à la rencontre durant laquelle le parrain l'avait confronté à ses larcins : Marcello annonça à Ruby qu'il savait qu'il volait l'argent du Carousel, et il lui fit une offre que Ruby ne pouvait pas refuser. Van Laningham a beau être un homme imposant et doté d'une voix profonde, on voit tout de suite qu'il ne ferait pas de mal à une mouche. Mais quand vint le temps de me raconter cette histoire, il adopta le même ton menaçant que Marcello avait dû emprunter lorsqu'il lui avait relaté sa rencontre avec Ruby.

Marcello avait confronté Ruby dans la vieille ferme qui se trouvait en plein centre du domaine de Churchill Farms. Une partie de ce terrain de soixante-quatre acres demeurait marécageuse. Or, c'est dans ces marais que le parrain disposait des corps de ceux qui le contrariaient – détail auquel devaient certainement songer les membres de son organisation qui y étaient convoqués. Vous vous souvenez peut-être qu'au chapitre 4 nous avons décrit comment Marcello s'était débarrassé de Thomas Siracusa en faisant «tremper son corps dans un bassin rempli de chaux jusqu'à ce qu'il commence à se décomposer, après quoi ses restes partiellement liquéfiés ont été jetés dans le marécage».

Sachant qu'il avait volé de l'argent à Marcello, Ruby devait être très nerveux lorsqu'il se retrouva nez à nez avec lui dans cette maison de ferme isolée de tout. On ne peut qu'imaginer sa peur, et la ferveur avec laquelle il dut implorer le pardon du parrain. Et la furie de Marcello, sa fureur toute-puissante.

Lorsqu'il décrivit la scène à Van Laningham, Marcello dit que Ruby tremblait de peur, qu'il le suppliait en disant qu'il était prêt à faire n'importe quoi pour ne pas avoir à payer de sa vie son erreur. Ruby n'aurait dorénavant d'autre choix que d'obéir aux ordres de Marcello, même si celui-ci lui demandait de se rendre dans le sous-sol d'un poste de police bondé et d'abattre un homme sous les yeux des policiers. Certains commentaires que Ruby fit par la suite indiquent que ce n'était pas seulement sa vie qui était en jeu, mais également celle de sa famille – il avait deux frères, une sœur, des neveux et des nièces. Ruby devait remercier le ciel lorsqu'il sortit vivant de sa rencontre avec Marcello, mais le prix à payer était qu'il lui faudrait s'impliquer de plus en plus dans le périlleux complot d'assassinat contre JFK. La Mafia procéderait avec Ruby comme elle le faisait dans toutes ses opérations délicates : elle lui communiquerait au fur et à mesure l'information qu'il aurait besoin de connaître, sans plus.

Les révélations que Marcello fit dans les années 1980 au sujet de Ruby furent captées par le système d'enregistrement secret utilisé par le FBI durant l'opération CAMTEX. Le FBI a déclassifié certains documents écrits qui citent les commentaires de Marcello sur Ruby, et nous avons accès à l'enregistrement vidéo du témoignage oral de Jack Van Laningham, qui contient des détails additionnels relatifs à ces commentaires. Cependant, aucun des enregistrements – ou transcriptions d'enregistrements – réalisés par CAMTEX n'a été rendu public tel que l'exige le JFK Act de 1992. Or, ils devraient l'être, afin que tout un chacun puisse entendre les faits de la bouche même du parrain.

Les renseignements recueillis par le HSCA nous permettent d'estimer quand la rencontre fatidique entre Marcello et Ruby a eu lieu. En dressant la liste des appels et visites que Ruby avait faits à La Nouvelle-Orléans en 1963, les enquêteurs de la commission ont constaté que la majorité des gens que Ruby avait appelés et des endroits où il était allé étaient liés à Marcello. Toutefois, ils furent incapables de déterminer où Ruby avait logé lors d'une visite à La Nouvelle-Orléans allant du 5 au 8 juin 1963. Un journaliste a suggéré que Ruby avait résidé à Churchill Farms durant ce séjour, ce qui expliquerait pourquoi on n'a trouvé aucune trace de son passage dans la ville. Ruby avait joint un associé de Marcello à maintes reprises avant cette visite, et il avait communiqué avec un club géré par un des frères de Marcello deux jours après son retour à Dallas.

On trouve un autre témoignage intéressant dans les documents du FBI. Un dresseur de chevaux qui avait pour client un des frères de Carlos Marcello et qui travaillait à temps partiel dans une maison de paris de La Nouvelle-Orléans disait que « le 22 juin 1963 », soit deux semaines après le passage de Ruby dans la ville, il avait entendu un autre frère de Marcello lancer au propriétaire de l'établissement : « C'est décidé, on se fait la famille Kennedy. »

Bien que Jack Ruby fût un personnage mineur au sein de la Mafia, Marcello l'avait épargné parce qu'il avait les bons contacts aux bons endroits. Ruby avait ses quartiers à Dallas, une ville contrôlée par Marcello et qui recevrait bientôt la visite de JFK. Ruby connaissait bien Tampa, fief de Santo Trafficante, car il y avait vécu à une époque et y était retourné ensuite plusieurs fois pour recruter des danseuses nues. Ruby avait travaillé pour Johnny Rosselli et la Mafia de Chicago, aussi connaissait-il très bien cette ville. Il connaissait Jimmy Hoffa, ce que le fils de Hoffa a confirmé. Ruby, Hoffa et les chefs de la Mafia avaient plus d'une douzaine d'associés communs, si bien qu'il était facile pour la Mafia de communiquer avec Ruby par l'entremise d'intermédiaires – un fait que les relevés téléphoniques de Ruby ont confirmé. Ruby était impliqué de façon mineure dans le réseau de drogues de Marcello et Trafficante, réseau qui jouerait un rôle certain dans le complot contre JFK. Et pour finir, Ruby avait dans la police de Dallas des relations qui feraient en sorte que le bouc émissaire de la Mafia soit éliminé rapidement. Le cas échéant, Ruby ferait lui-même le travail, et il est probable que cette mission lui aurait été échue si l'assassinat du président avait eu lieu dans une autre ville que Dallas.

Jack Ruby rencontrerait Johnny Rosselli à quelques reprises à Miami durant l'automne de 1963. Les complots CIA-Mafia visant à tuer Fidel Castro étaient en cours à ce moment-là, ce qui laisse supposer que Ruby s'était vu confier un petit rôle dans l'affaire – une hypothèse logique, puisque cela l'aurait aidé à s'intégrer à la conspiration contre JFK tout en lui assurant une couverture vis-à-vis de ses autres activités.

Carlos Marcello aurait par ailleurs donné à Ruby une somme substantielle pour l'inciter à produire des résultats dans son travail sur le complot de JFK. Quelques mois après sa rencontre à Churchill Farms avec Marcello, et juste avant le passage de JFK à Dallas, Ruby se préparait à quitter Oak Cliff, le quartier de classe moyenne inférieure où il habitait, pour élire résidence à Turtle Creek, un des secteurs les plus cossus et exclusifs de Dallas – et qui était fréquenté par d'honnêtes citoyens tels que le général Edwin Walker. Durant cette même période, Ruby avait dit à son avocat fiscaliste qu'il « avait un contact qui lui fournirait l'argent nécessaire à régler sa dette d'impôt » à l'IRS.

En l'espace de quelques mois, Ruby avait été acculé au bord de la faillite par le fisc, il avait failli se faire buter pour avoir volé de l'argent à un parrain de la Mafia, et voilà qu'après tout ça il voyait sa situation financière miraculeusement rétablie. Le moins qu'on puisse dire, c'est que ce fut pour lui une période mouvementée !

Il faut dire que Ruby avait une autre carte dans sa manche : il connaissait Cuba et son réseau de contrebande d'armes. Cet atout faisait de lui un élément indispensable dans l'exécution du complot contre JFK, ce que Trafficante et Marcello ne savaient que trop bien. Cuba était l'élément-clé qui donnerait aux deux parrains la possibilité de tuer JFK d'une façon qui briderait les hauts dirigeants du gouvernement américain et les empêcherait d'enquêter librement. Car une enquête exhaustive exposerait des secrets qui risqueraient de déclencher un conflit ayant l'ampleur, lit-on dans une note de l'époque, d'une « troisième guerre mondiale ».

CHAPITRE 9

La Mafia infiltre le complot pour renverser Castro

Carlos Marcello, Santo Trafficante et Johnny Rosselli avaient déjà au printemps de 1963 tous les motifs du monde d'assassiner JFK. Et, à bien des points de vue, les complots CIA-Mafia visant Castro leur en fourniraient le moyen. Le directeur adjoint des opérations secrètes de l'Agence, Richard Helms, continuait de cacher l'existence de ces complots à John et Robert Kennedy ainsi qu'à son propre directeur à la CIA. C'est cette dissimulation qui permit aux chefs de la Mafia d'employer dans leur plan pour assassiner JFK des individus et équipements pouvant être liés à des opérations de la CIA, forçant ainsi la direction de l'Agence à occulter ou à détruire une grande quantité d'informations cruciales. Les États-Unis ne voudraient certainement pas que le monde entier sache, quelques mois seulement après la crise des missiles de Cuba, qu'ils étaient en train d'essayer de renverser ou d'assassiner Castro, qui plus est avec la collaboration de dangereux criminels.

Marcello et les autres chefs de la Mafia savaient toutefois que les complots CIA-Mafia ne suffiraient pas à eux seuls à déclencher une opération de dissimulation de cette envergure. Les artisans du complot voulaient s'assurer qu'il n'y aurait pas d'enquête poussée sur la mort de JFK. Les complots CIA-Mafia obligeraient Helms et son équipe à cacher des renseignements importants aux enquêteurs, mais, pour boucler l'affaire, il fallait que le directeur de la CIA John McCone, le procureur général Robert Kennedy et le vice-président Lyndon Johnson (qui serait président une fois JFK assassiné) soient contraints eux aussi de cacher des renseignements capitaux à la presse et au public, cela dans le but d'éviter, au plus fort de la guerre froide, un affrontement nucléaire potentiel avec l'Union soviétique.

Au printemps de 1963, la CIA et la Mafia travaillèrent ensemble sur deux attentats à la vie de Fidel Castro. Ces attentats, qui seraient liés par la suite à l'assassinat de JFK par la Mafia, demeurent peu connus de nos jours et sont absents des derniers rapports que fit la CIA sur les complots CIA-Mafia. Les autorités cubaines, en revanche, ont scrupuleusement documenté les deux attentats, ayant capturé la plupart des Cubains qui y avaient participé et saisi les armes et instruments de communication que la CIA leur avait fournis. Les prisonniers et leur matériel avaient été photographiés, mais ce n'est que dix ans plus tard que les détails de ces opérations parviendraient aux oreilles de la presse américaine.

Le chef mafieux Johnny Rosselli était impliqué dans ces attentats et il opérait sous la supervision de l'agent William Harvey de la CIA, avec qui il s'était lié d'amitié. Grand buveur et homme de forte corpulence, Harvey, que certains appelaient le «James Bond d'Amérique», était reconnu comme un spécialiste de la manipulation.

Le premier attentat eut lieu le 13 mars 1963. Les autorités cubaines décrivaient l'incident comme «un plan pour assassiner Castro en tirant sur lui des obus de mortier à partir d'une maison située non loin de l'Université de La Havane». D'autres armes furent de toute évidence utilisées, puisque les forces cubaines disaient avoir saisi et photographié «des bazookas, des mortiers et des mitraillettes». Une équipe composée de cinq assassins fut capturée, dont un individu identifié comme un agent de la CIA. Dans leur compte rendu de l'événement, les Cubains précisent que les ordres relatifs à la tentative d'assassinat «avaient été acheminés à la base navale de Guantanamo par la CIA».

Historien au Naval War College, David Kaiser a documenté le fait que Johnny «Rosselli a confirmé à deux reprises que cette équipe était la sienne». Quatre ans après ce premier attentat contre Castro, Rosselli et son avocat ont communiqué à un petit groupe de journalistes choisis par eux des récits provocateurs qui parvinrent aux oreilles du président Lyndon Johnson et d'autres membres haut placés du gouvernement américain. Rosselli prétendrait par la suite que «les membres de l'équipe avaient été capturés et torturés, ils avaient avoué être en mission officielle pour le gouvernement des États-Unis, et c'est ce qui avait décidé Castro à planifier l'assassinat de Kennedy». Rosselli ferait courir des rumeurs semblables en 1971, mais en ajoutant des détails, notamment le nom de William Harvey.

Ces histoires fabriquées de toutes pièces avaient bien sûr pour objectif de détourner l'attention des autorités de Rosselli, Trafficante et Marcello en blâmant Fidel Castro pour le meurtre de JFK. Par ailleurs, elles donnaient aussi aux mafiosi l'assurance qu'on ne pourrait pas enquêter sur l'assassinat du président sans exposer de sombres secrets que la CIA et certains hauts dirigeants du gouvernement ne voulaient pas voir dévoilés.

Selon un article du *Miami Herald* paru en 1975, la CIA fomenta ensuite un attentat encore plus ambitieux contre Fidel. Cette opération qui eut lieu le 7 avril 1963 à l'Estadio Latinoamericano, le grand stade de baseball de La Havane, impliquait « seize hommes armés d'armes à feu et de grenades à fragmentation ». Au moins trois des attaquants furent capturés, puis photographiés avec un arsenal qui incluait des fusils à lunette, des mitraillettes, des fusils d'assaut et des pistolets. Rosselli prétendit par la suite que cet attentat faisait partie des complots anti-Castro orchestrés de connivence par la CIA et la Mafia.

Ces deux attentats ne constituaient cependant pas une couverture suffisante pour Marcello, Trafficante et Rosselli. Comme Robert Kennedy et le directeur de la CIA ignoraient que ces tentatives d'assassinat avaient été parrainées par le gouvernement américain, ils ne seraient pas aussi motivés que Richard Helms à cacher de l'information s'ils se trouvaient liés au meurtre de JFK. C'est alors que John Martino, encore amer de la terrible incarcération qui lui avait été infligée à Cuba, entra en scène pour aider Marcello, Trafficante et Rosselli à concocter un plan qui contraindrait le directeur de la CIA et Robert Kennedy à la dissimulation et donnerait ainsi à la Mafia la couverture dont elle avait besoin pour assassiner JFK en toute impunité.

Martino s'est attiré de puissants alliés pour l'appuyer dans sa mission. On trouvait parmi eux le riche et influent William Pawley, qui était un bon ami de l'ex-vice-président Richard Nixon, ainsi que le sénateur James O. Eastland, qui enquêtait à ce moment-là sur le Comité d'équité envers Cuba. La CIA approuva officiellement le plan de Martino – qui avait été élaboré en collaboration avec Rosselli et Trafficante – et lui donna le nom de code d'« Operation TILT ».

Le plan de Martino était un peu tiré par les cheveux, mais il avait été conçu pour attiser l'intérêt de la CIA et de JFK. L'objectif était d'envoyer une équipe de dix exilés cubains à Cuba pour qu'ils ramènent avec eux trois techniciens soviétiques qui étaient censés vouloir passer à l'Ouest et qui confirmeraient le fait qu'il y avait encore des missiles nucléaires soviétiques à Cuba, et que ceux-ci étaient cachés dans des grottes souterraines. Ce scénario semblait plausible aux yeux de la CIA, puisqu'il y avait encore à Cuba des milliers de militaires et de techniciens soviétiques. Fidel n'ayant jamais autorisé les Nations Unies à procéder à des inspections d'armement, le plan de Martino représentait un excellent moyen de prouver hors de tout doute que des missiles demeuraient cachés sous la terre ou dans des cavernes, hors de la vue des avions espions U-2 avec lesquels les États-Unis avaient sondé le territoire cubain.

S'il restait des missiles soviétiques à Cuba, le président Kennedy voulait être le premier à en être prévenu, car il s'agissait d'une information dont ses ennemis politiques pouvaient se servir pour l'attaquer. JFK, RFK et leur entourage se montrèrent néanmoins sceptiques par rapport au projet de Martino, aussi choisirent-ils de ne pas s'impliquer dans l'opération. Martino et les patrons de la Mafia allèrent tout de même de l'avant, espérant qu'un ou plusieurs adjoints de JFK décideraient de soutenir leur initiative. Le récit de cette éventuelle mission finit par se retrouver entre les pages du *Life*, l'hebdomadaire le plus populaire de la nation, qui «promit de donner à chacun des trois techniciens soviétiques 2500 $ en échange d'une entrevue avec le magazine».

Selon l'historien David Kaiser, «Rosselli et Trafficante utilisaient Martino [comme intermédiaire] pour obtenir le soutien de la CIA». Un autre historien, Richard Mahoney, disait que la Mafia avait profité de l'opération TILT pour poser les fondements de son complot d'assassinat contre JFK. Mahoney écrivit qu'après la mort de JFK, Rosselli prétendait que «le président Kennedy avait été assassiné par une équipe de tireurs d'élite anticastristes envoyés à Cuba pour tuer Castro, qu'ils avaient été capturés et torturés par les Cubains, puis redéployés à Dallas». Selon Mahoney, TILT avait été mise de l'avant dans le seul but de rendre cette explication crédible.

Loran Hall, un mercenaire américain qui avait été détenu à Cuba en même temps que Santo Trafficante, faisait originellement partie de l'équipe constituée par Martino. Kaiser écrivait que «Martino […] a demandé à Hall s'il était intéressé à participer à une mission plus grosse qu'un simple raid, parrainée par "nos gars" à Chicago et Miami». Des réunions furent organisées avec les protagonistes de l'opération : en avril 1963, Hall «rencontra Trafficante à Miami, et par la suite Giancana et Rosselli». À l'occasion d'une de ces rencontres, Martino dit à Hall que le véritable objectif de la mission était «d'assassiner Castro». Pressentant qu'il y avait anguille sous roche, Hall choisit très judicieusement de ne pas se mêler à l'opération.

Une équipe de dix exilés cubains armés fut plus tard dépêchée à Cuba, sous l'œil intéressé de deux agents de la CIA, de John Martino et d'un photographe du magazine *Life*. L'équipe ne rentrerait jamais aux États-Unis et, de son côté, le gouvernement de Castro prétendrait n'avoir jamais vu ces dix hommes sur son territoire. En réalité, il n'y avait pas à Cuba de techniciens soviétiques désireux de passer à l'Ouest : toute cette histoire avait été inventée par Rosselli et Trafficante, et Martino s'était chargé de la communiquer à la CIA. David Kaiser affirme que «les faits et preuves que nous détenons démontrent que ce raid n'était rien d'autre qu'un complot échafaudé par la Mafia pour assassiner Castro, et pour lequel les techniciens soviétiques n'avaient été qu'un prétexte». Le projet, selon Kaiser, «avait été soumis à l'Agence sous de fausses intentions». Ainsi que le soulignait Richard Mahoney, le but réel de l'opération était de fournir à la Mafia une couverture dans l'assassinat de JFK.

Il est important de noter qu'au printemps de 1963, assassiner Fidel n'était plus la priorité numéro un de Trafficante, Rosselli et Marcello. La pression que JFK et RFK exerçaient sur les chefs de la Mafia était plus forte qu'elle ne l'avait jamais été. Carlos Marcello ferait face à des accusations fédérales plus tard dans l'année, et il savait pertinemment que Robert Kennedy et ses hommes se feraient un plaisir de le traîner devant les tribunaux. Le gouvernement s'attaquait avec de plus en plus de force aux opérations de Trafficante. L'allié principal des parrains de la Mafia, Jimmy Hoffa, était la cible de trois procès dans lesquels il aurait à répondre de crimes divers. Le patron de Rosselli, Sam Giancana, était toujours sous la «surveillance étroite» du FBI, ce qui inhibait sérieusement sa liberté d'action. Conscients qu'ils ne gagneraient pas grand-chose à tuer Fidel Castro si JFK et RFK demeuraient au pouvoir, les patrons de la Mafia conclurent qu'éliminer JFK était pour eux un objectif ponctuel beaucoup plus critique.

Il y avait toutefois une faille dans le plan de Rosselli et Trafficante : John et Robert Kennedy ne voulaient pas accorder leur sceau d'approbation à «Operation TILT». Et comme RFK ne savait rien des complots CIA-Mafia élaborés en mars et avril 1963, il n'aurait aucun motif de protéger ces opérations par le secret s'il sentait qu'elles étaient liées au meurtre de son frère. Mais la chance pencherait du côté de la Mafia : il s'avéra que, lorsque l'opération TILT prit fin au début de l'été 1963, une autre opération contre Cuba était déjà en cours, et elle se déroulait avec l'approbation et sous la direction des Kennedy. Marcello, Trafficante et Rosselli eurent tôt fait de l'infiltrer, ce qui leur donna accès à des informations sensibles susceptibles de compromettre diverses branches du gouvernement et d'enrayer toute possibilité qu'une enquête réelle soit menée sur le meurtre de JFK avant la fin des années 1970.

Les divers sous-comités du Conseil de sécurité nationale qui travaillaient sur le problème cubain constatèrent en avril 1963 que l'administration Kennedy n'avait plus de politique claire vis-à-vis de Cuba. Certains membres du gouvernement préconisaient l'usage de la force, d'autres étaient partisans d'une approche plus modérée. JFK ne voulait pas que Cuba domine l'actualité comme cela avait été le cas durant la crise des missiles, aussi évitait-il scrupuleusement de rappeler au peuple américain que son administration n'avait pas encore fait de «promesse de non-invasion» à Cuba du fait que Fidel n'avait pas autorisé que les Nations Unies inspectent ses armements. La guerre secrète contre Cuba continuait néanmoins d'être menée à JMWAVE, la grande base d'opération de la CIA à Miami. Des sommes extravagantes étaient distribuées aux groupes d'exilés cubains qui foisonnaient dans la région et ailleurs au pays.

Au début du printemps 1963, JFK approuva une série de petits raids qui seraient menés par des commandos d'exilés contre des navires cubains, en spécifiant que les navires provenant d'autres pays ne devaient pas être attaqués. Richard Helms semblait toutefois avoir adopté de son propre chef une ligne de conduite plus dure à l'endroit de Cuba, encore une fois sans en avertir JFK ou John McCone, son directeur à la CIA. Helms prit alors des initiatives qui causèrent de sérieux ennuis au président Kennedy. Il autorisa par exemple un groupe d'exilés cubains qui était sous sa tutelle à attaquer Cuba, enfreignant de ce fait les directives de JFK : le 18 mars 1963, le groupe Alpha 66, qui avait à sa tête l'exilé Antonio Veciana, «annonça qu'il avait attaqué un navire et une aire d'entraînement russes» à Cuba. Au dire d'E. Howard Hunt, Alpha 66 et Veciana étaient sous la supervision de son bon ami, l'agent David Atlee Phillips de la CIA. Veciana s'assura que l'opération obtiendrait un maximum de publicité, ce qui était sa spécialité.

Outré de cette attaque dangereuse et non autorisée sur un navire russe, JFK demanda immédiatement à son ministère des Affaires étrangères de condamner le raid. Il est peu probable que Phillips ait pu commander sans l'approbation de Helms cette attaque qui aurait pu donner lieu à une nouvelle confrontation entre les Soviets et les États-Unis. À la suite de cette bourde monumentale, les Kennedy intimèrent la CIA de ne plus accorder d'aide financière ou autre à Alpha 66 et à Veciana. Sourd à cet ordre venu de haut lieu, Helms dirait à Phillips de continuer à soutenir et superviser Veciana et son groupe, et il omettrait encore une fois d'informer les Kennedy de sa décision.

Richard Helms approuva en 1963 d'autres plans pour tuer Castro, mais ils étaient plutôt insolites et risquaient par ailleurs de mettre en danger les vies de trois agents de la CIA qui étaient emprisonnés à Cuba, ainsi que celle de l'avocat James Donovan, que JFK avait personnellement choisi comme émissaire pour négocier la libération des prisonniers. Deux ans plus tôt, Donovan avait aidé Robert Kennedy à négocier la libération des prisonniers de la baie des Cochons, et il entretenait d'excellents rapports avec Fidel. Le leader cubain l'avait même invité à quelques reprises à faire de la plongée sous-marine avec lui.

Sachant cela, la CIA avait échafaudé deux plans pour assassiner Castro tandis qu'il faisait de la plongée avec Donovan – un fait que l'Agence a admis dans ses rapports internes et lors de témoignages devant des commissions d'enquête. Le premier plan consistait à fabriquer un « coquillage exotique » qui attirerait l'attention de Fidel, et qui serait placé « en un endroit où il faisait régulièrement de la plongée ». Le coquillage en question serait en fait une « bombe conçue pour détoner sous l'eau », qui en explosant tuerait Castro ainsi que toute autre personne se trouvant à proximité. Les services techniques de la CIA, département qui avait conçu la pilule empoisonnée que la Mafia avait tenté d'utiliser contre Castro, « explorèrent » l'idée mais ne parvinrent pas à la concrétiser.

Quant au second plan, il impliquait que James Donovan « offre en cadeau à Castro une combinaison de plongée contaminée ». Le concept devait plaire, puisque les services techniques de la CIA « achetèrent une combinaison de plongée, en saupoudrèrent l'intérieur d'une poudre de champignon mortel [...] et contaminèrent le système respiratoire avec la bactérie de la tuberculose ». Le plan fut finalement abandonné « parce que Donovan, de sa propre initiative, avait donné à Castro une combinaison différente ». Helms témoignerait par la suite du fait que « la combinaison empoisonnée n'[avait] jamais quitté les murs de la CIA ». Helms ne révéla rien de ses projets meurtriers à Donovan, au directeur de la CIA, à JFK ou à RFK. Donovan était déjà en danger à ce moment-là vu qu'il se trouvait à Cuba, en train de négocier avec Fidel, lorsque la CIA avait élaboré ses complots d'assassinat en mars et avril de cette année-là. Donovan ignorait tout de ces complots, et il se peut même que ce soit Castro qui l'en ait informé puisque celui-ci discuta des tentatives d'assassinat de la CIA avec Donovan durant une de leurs excursions de plongée.

Pendant des décennies, et encore aujourd'hui, les anciens de la CIA ont donné l'impression, en entrevue et dans les livres, que, dans les années 1950 et 1960, l'Agence avait entrepris des démarches pour assassiner Fidel Castro uniquement parce que le président Kennedy et Robert Kennedy l'avaient poussée à le faire. Les faits relatent cependant une tout autre histoire. La CIA a reconnu depuis qu'elle avait orchestré à cette époque plusieurs tentatives d'assassinat contre Castro sans l'autorisation de JFK, de RFK et du directeur de la CIA, John McCone. Et il ne faut pas oublier que ces complots, qui ont été amplement documentés, ont débuté avant que JFK devienne président et se sont poursuivis bien après sa mort.

Le 15 avril 1963, lors d'une réunion privée avec JFK, le directeur de la CIA, John McCone, présenta deux options au président : soit il « établissait des relations avec Castro », soit il « renversait son gouvernement ». JFK suggéra que « les deux options pouvaient être appliquées simultanément » – une stratégie bifide qui serait mise en pratique dès l'automne suivant. À la suite de cette réunion, McCone écrivit une note qui disait qu'un « coup d'État militaire était le seul espoir qu'avaient les États-Unis » de résoudre la situation avec Cuba. Deux jours avant la rédaction de la note, le secrétaire à la Défense Robert McNamara avait dit à un sous-comité du Conseil de sécurité nationale que « Castro [devait] être renversé, préférablement en provoquant une révolte interne qui [ouvrirait] la porte à une intervention [militaire] américaine ».

La CIA lança deux initiatives pour tenter de trouver des leaders militaires cubains susceptibles de mener une révolte contre Castro : il y eut tout d'abord une opération nommée AMTRUNK, dans laquelle le journaliste Tad Szulc du *New York Times* fut impliqué ; puis une escouade spéciale fut constituée en collaboration avec la Defense Intelligence Agency, une agence complémentaire qui venait tout juste d'être créée pour coordonner les services de renseignement des différentes branches de l'armée américaine. Aucune de ces initiatives ne produisit de résultats, ce qui n'est pas étonnant étant donné que le pouvoir à Cuba était concentré entre les mains d'un petit groupe d'individus en qui Fidel avait confiance.

Découragé du peu de progrès qui avait été réalisé, n'ayant pas de stratégie claire ni le temps nécessaire pour s'occuper adéquatement de cette situation complexe, JFK délégua le problème cubain à son frère Robert Kennedy, mais celui-ci se lassa vite de se quereller avec les groupes d'exilés cubains que la CIA avait pris sous son aile et qui lui demandaient sans cesse de l'argent. L'attention que RFK devait accorder à Cuba venait s'ajouter aux nombreuses responsabilités qu'il devait honorer en tant que procureur général du pays, cela à une époque où la défense des droits civils et la guerre contre le crime organisé étaient des considérations majeures. Fatigué de transiger avec les exilés cubains, RFK demanda à son ami Harry Williams, lui-même Cubain en exil, de dire aux leaders de ces groupes qu'il ne voulait plus qu'ils s'adressent directement à lui quand ils désiraient de l'argent : dorénavant, ils présenteraient leurs requêtes à Williams, qui ciblerait ensuite pour RFK les candidats les plus méritants. D'utiliser Williams comme intermédiaire permit à RFK d'établir sa propre voie de communication avec la communauté des exilés cubains ; de cette manière, il n'avait plus à s'en remettre entièrement à la CIA ainsi qu'il l'avait fait jusque-là. RFK avait sollicité le concours de Williams parce qu'il était devenu très proche de lui après qu'ils eurent travaillé ensemble à la libération des prisonniers de la baie des Cochons. Robert Kennedy invitait souvent l'exilé cubain à Hickory Hill, son domaine en Virginie, et il lui prêtait même son appartement de Manhattan lorsque Williams était en visite à New York. Le journaliste Haynes Johnson, lauréat du prix Pulitzer, l'éditeur du magazine *Newsweek* Evan Thomas et l'historien Richard Mahoney ont tous confirmé dans leurs écrits que Robert Kennedy était très proche d'Harry Williams et qu'il avait entière confiance en lui. Thomas souligna qu'en 1963 «RFK se fiait de plus en plus à Williams pour organiser et motiver les groupes qui mettaient de la pression sur Castro». Bien des années plus tard, Haynes Johnson écrivit dans le *Washington Post* que «de tous les leaders cubains qui [avaient] participé à l'invasion de la baie des Cochons, c'[était] Williams qui était le plus près de l'administration [Kennedy]» en 1963.

Dans la communauté des exilés cubains – et même à Cuba –, tout le monde sut bientôt qu'Harry Williams était essentiellement devenu le représentant de RFK et JFK; avant d'obtenir quelque aide que ce soit de l'un ou de l'autre, il leur faudrait désormais passer par Williams. La nouvelle en vint à parvenir aux oreilles de Marcello, Rosselli et Trafficante. Rosselli forma avec l'argent de la Mafia un groupe fallacieux d'exilés cubains qu'il nomma JGCE (Junte du gouvernement cubain en exil) et qui aurait à sa tête Paulino Sierra. Bernard Barker, un agent de la CIA qui travaillait également avec Trafficante, s'employa à faire connaître le nouveau groupe. Les chefs de la Mafia voulaient que le groupe de Sierra obtienne la bénédiction de Williams et des Kennedy, afin qu'il puisse servir de couverture dans le complot pour assassiner JFK. Les espoirs des mafiosi s'étiolèrent quand un journaliste révéla, dans un article de mai 1963, que la JGCE était financée par la Mafia – j'ai moi-même confirmé le lien du groupe avec la Mafia lors d'une entrevue avec la fille de Sierra. La junte de Sierra resta opération-nelle pendant plusieurs mois, mais elle n'obtint jamais l'appui de Williams et des Kennedy, et ne fut donc d'aucune utilité dans le complot visant JFK.

Le 10 mai 1963, l'Associated Press transmit un reportage qui paraî-trait dans le *New York Times* et dans d'autres journaux. Cet article, auquel on n'a pas suffisamment porté attention, selon moi, aurait un impact majeur sur le secret entourant l'assassinat de JFK. On y découvrait des détails étonnants concernant le travail qu'Harry Williams avait fait avec Robert Kennedy, détails que les deux hommes avaient espéré cacher à la presse. En voici un extrait:

> Des sources au sein de la communauté des exilés cubains ont révélé aujourd'hui l'existence d'une campagne tous azi-muts visant à unifier les réfugiés cubains en une seule et puissante organisation qui aurait pour mission de renver-ser le régime de Fidel Castro. Le plan envisagé appelle à la formation d'une junte d'exilés qui lancerait une triple offensive de sabotage, d'infiltration et, finalement, d'inva-sion. Nos sources affirment que les leaders exilés cubains ont déjà discuté de ce plan avec des agents de la CIA. Le leader pressenti de la junte serait Enrique [Harry] Ruiz Williams, un vétéran de l'invasion de la baie des Cochons et ami du procureur général des États-Unis Robert F.

Kennedy [...]. L'ex-premier ministre de Cuba Tony Varona dit avoir assuré monsieur Ruiz Williams de sa collaboration dans les plans pour unifier les exilés.

Robert Kennedy et Harry Williams étaient furieux lorsqu'ils lurent cet article qui dévoilait les grandes lignes de leurs plans secrets. La fuite venait probablement de Tony Varona, qui, à la demande sans doute de Santo Trafficante, avait été l'un des premiers chefs exilés à se porter volontaire pour l'opération de son compatriote Williams. Varona avait travaillé précédemment aux complots CIA-Mafia avec Trafficante et Rosselli. Or, en 1963, il travaillait toujours pour Trafficante. La CIA obtint la confirmation que Varona travaillait pour Trafficante et la Mafia peu après que celui-ci se fut rallié au plan de Williams : une source révéla que des associés de Rosselli avaient versé un pot-de-vin de 200 000 $ à Varona. Ni RFK ni Williams n'étaient au courant des liens que Varona entretenait avec Trafficante et Rosselli, et ils ignoraient également tout des complots CIA-Mafia qui se tramaient à ce moment-là. Qui plus est, la CIA n'informerait jamais RFK de la généreuse contribution que Varona avait reçue de la Mafia. Ce sont ces manœuvres de dissimulation qui permirent à Trafficante d'infiltrer, quasiment dès le départ, les plans secrets des Kennedy envers Cuba.

Mais tout n'était pas joué. L'article de l'Associated Press du 10 mai 1963 avait capté l'attention du commandant Juan Almeida, qui était toujours à la tête de l'armée cubaine et était un vieil ami d'Harry Williams. Moins de quarante-huit heures après avoir lu l'article, Almeida trouva le moyen de communiquer à Williams un numéro sécuritaire – Almeida était l'un de ceux qui supervisaient les opérations d'écoute électronique à Cuba – où il pourrait le joindre. Le commandant Almeida était considéré à cette époque comme le troisième homme le plus puissant de Cuba derrière Fidel et son frère, Raul Castro. Almeida avait plus d'autorité et commandait davantage d'hommes que Che Guevara.

Lorsque Williams l'appela, Almeida lui dit que Fidel se comportait en dictateur et que, ce faisant, il trahissait la révolution pour laquelle ils avaient mené un si âpre combat. Puis le commandant prit Williams de court en lui disant qu'il serait prêt à organiser un coup d'État contre Fidel si JFK lui accordait son appui. Aussitôt sa conversation avec Almeida terminée, Williams appela Robert Kennedy pour lui annoncer l'incroyable nouvelle. Les relevés téléphoniques du département de la Justice indiquent qu'à partir de mai 1963, Williams et RFK communiquaient ensemble quasiment tous les jours. Durant cette période, Williams a aussi effectué de nombreux appels – ainsi que plusieurs visites – à la résidence de RFK en Virginie et à son appartement new-yorkais.

Robert Kennedy s'empressa de communiquer l'offre du commandant Almeida à son frère le président. C'était là une occasion inespérée pour les Kennedy. Les relevés téléphoniques officiels de RFK qui se trouvent aux Archives nationales nous donnent une idée de la suite des événements. Le 13 mai 1963 à 17 h 50, RFK reçut un appel du président Kennedy. Le prochain appel que reçut RFK provenait d'Harry Williams ; il était alors 18 h 05. Durant la conversation, RFK annonça à Williams que JFK acceptait l'offre d'Almeida et qu'il lui accordait le plein appui du gouvernement américain dans cette initiative pour renverser Fidel.

C'est ainsi que le coup d'État JFK-Almeida vit le jour. Ce serait l'une des opérations les plus secrètes que les États-Unis aient entreprises depuis le débarquement de Normandie. De fait, le nom de code du célèbre débarquement, « D-Day », fut évoqué le 29 mai 1963, deux semaines à peine après qu'Almeida eut communiqué avec les Kennedy par l'entremise de Williams, dans une note rédigée par le général Maxwell Taylor, chef d'état-major des armées. Taylor écrivait que « la possibilité d'une invasion de Cuba par les États-Unis pour renverser Castro [devait] être examinée en priorité » et proposait une « date potentielle pour D-Day ». Le coup d'État JFK-Almeida serait orchestré en partie par des officiels du Pentagone, la CIA se trouvant cette fois reléguée à un rôle de soutien.

Williams ainsi que d'autres membres de l'entourage de John et Robert Kennedy, notamment le secrétaire d'État Dean Rusk, m'ont personnellement confirmé l'existence du putsch JFK-Almeida – Rusk a réitéré cette confirmation dans une entrevue parue dans *Vanity Fair*. La vaste majorité des documents liés au projet demeure à ce jour sous le sceau du secret. Toutefois, un nombre étonnant d'entre eux ont fait l'objet de fuites. Parmi ceux-ci, un rapport de la CIA de 1963 adressé au directeur de l'Agence dans lequel Bernard Barker parle d'une « opération impliquant Juan Almeida » qui aurait pour mission de « renverser » Fidel afin de le remplacer par un nouveau gouvernement cubain « qui serait immédiatement reconnu » par l'administration Kennedy. Un autre communiqué de la CIA fait état d'un plan pour provoquer « une révolte interne » à Cuba en collaboration avec des « militaires cubains qui [travaillaient alors] à échafauder contre Fidel Castro une conspiration dont l'un des principaux acteurs [était] Juan Almeida ». Des centaines de pages de documents issus de la portion de l'opération menée par l'armée américaine ont été déclassifiées.

Le coup d'État JFK-Almeida était conçu de manière à éviter les problèmes majeurs qui avaient compromis le succès de l'opération de la baie des Cochons. Premièrement, celle-ci avait un peu été un secret de polichinelle, puisqu'elle était connue de plusieurs dizaines d'agents, de militaires et de dirigeants du gouvernement américain. De nombreux journalistes étaient au courant de son existence, et même Castro en avait eu vent. Dans le cas du présent coup d'État, le secret serait mieux gardé : seuls une dizaine d'individus, y compris JFK, RFK, John McCone et Richard Helms, en connaîtraient la véritable étendue. Le rôle de premier plan que les États-Unis joueraient dans l'affaire n'était pas censé être révélé, pas même si l'opération s'avérait un succès, car le gouvernement américain espérait qu'Almeida et les exilés cubains qui travaillaient pour les États-Unis s'intégreraient au nouveau gouvernement de Cuba et continueraient d'en faire partie dans les décennies à venir. Si les choses se passaient tel que JFK et RFK le souhaitaient, on ne verrait de la part du président Kennedy qu'une « réaction appropriée à l'élimination de Fidel » – « élimination » était effectivement le terme que les Kennedy employaient avec leurs collaborateurs.

Dans les cinq mois qui ont précédé l'offre du commandant Almeida, le général Maxwell Taylor et les autres hauts dirigeants américains qui conspiraient contre Castro avaient approuvé trois versions préliminaires et purement hypothétiques d'un coup d'État contre Cuba. Après que la proposition d'Almeida eut été communiquée aux Kennedy, la planification passa en vitesse supérieure : dix nouvelles versions du plan furent réalisées dans les quatre mois suivants. Certaines d'entre elles comptaient plus de quatre-vingts pages, et elles furent toutes révisées et approuvées par des officiels de la CIA et du ministère des Affaires étrangères. Personne au département d'État ne fut informé de la participation d'Almeida – même le secrétaire d'État, Dean Rusk, n'apprendrait la chose qu'après la mort de JFK –, et donc la plupart de ceux qui travaillaient à la planification du coup d'État croyaient que les versions élaborées étaient des plans de contingence qui ne seraient mis en œuvre que si un membre haut placé du gouvernement cubain se portait volontaire pour mener le coup d'État. Il n'y avait au sein du gouvernement américain qu'une douzaine de personnes qui savaient que ces plans étaient on ne peut plus concrets et qu'un des personnages les plus puissants de Cuba était déjà en train de travailler avec le président Kennedy.

Les plans préliminaires du gouvernement américain donnaient une bonne idée de la façon dont se déroulerait l'opération. (Il est à noter que ces documents demeurèrent secrets pendant trois décennies ; ils ne furent déclassifiés qu'au milieu des années 1990, en partie grâce à l'information que j'avais fournie au comité de révision des dossiers relatifs à l'assassinat de JFK.) Ils spécifiaient entre autres choses que le leader cubain qui serait à la tête du coup d'État « devait jouir d'une certaine influence au sein de l'armée cubaine » et que les États-Unis s'assuraient également de la « coopération d'un groupe sélect de leaders exilés cubains ». L'objectif de la mission était de mettre en scène une « révolution de palais qui neutraliserait les échelons supérieurs du leadership cubain ». Les artisans du plan précisaient qu'il était capital que « la révolte paraisse authentique, afin que personne ne puisse soupçonner qu'il s'agissait d'un coup de force des États-Unis pour renverser Castro ». Ce subterfuge permettrait aux Américains de procéder après la révolte à une « "opération de sauvetage" politiquement acceptable » aux yeux des alliés des États-Unis et des Soviétiques. Après la mort de Castro, le président Kennedy « aviserait les Soviétiques de ne pas intervenir ».

« Les leaders du coup d'État annonceraient à la radio ou par d'autres moyens l'établissement d'un gouvernement provisoire. Ils demanderaient aux États-Unis de les reconnaître et de les appuyer, notamment en leur fournissant une protection militaire navale et aérienne. Alors que le but ostensible de cette protection serait d'empêcher une intervention de l'Union soviétique, son but réel serait d'immobiliser l'armée de l'air et la marine cubaines. » C'était un point important, étant donné qu'il « restait encore à Cuba entre douze et treize mille militaires soviétiques ». « Une fois les attaques aériennes initiales achevées, un nouvel équilibre [devrait] rapidement être établi pour finaliser l'invasion. »

Il faut cependant souligner que « l'invasion massive » dont ces plans font mention était considérée comme une solution de dernier recours, et que JFK et les autres protagonistes du complot espéraient qu'on n'en viendrait pas là. Il était en effet tout à fait possible que le commandant Almeida réussisse le coup d'État sans l'aide de l'armée américaine. Un groupe multiracial d'Américano-Cubains ayant participé à l'invasion de la baie des Cochons, et qui était commandé par un officier exilé de race noire, fut entraîné à Fort Benning et à Fort Jackson. Ces hommes seraient les premiers soldats américains déployés à Cuba si une intervention terrestre de l'armée américaine s'avérait nécessaire. De fait, on songeait à ce que le commandant Almeida demande lui-même l'intervention des forces américaines, prétendument pour éviter que les Soviétiques s'emparent de Cuba. En lisant les documents déclassifiés de l'opération ainsi que les témoignages faits en entrevue par ceux qui ont contribué à sa planification, on s'aperçoit que les militaires américains et les troupes cubaines du commandant Almeida auraient tout à fait pu se retrouver à se battre côte à côte contre les puissances communistes ultra-traditionalistes ou contre les cohortes qui auraient appuyé Raul Castro.

Le coup d'État JFK-Almeida n'était pas animé des mêmes intentions que les complots CIA-Mafia. Les États-Unis cherchaient cette fois l'approbation et l'appui de leurs alliés, et le but ultime des Kennedy était de faire de Cuba une république libre et démocratique. Les plans des Américains spécifiaient que « l'OAS [Organization of American States] enverrait des représentants à Cuba pour assister le gouvernement provisoire dans la préparation et l'exécution d'élections libres ». Les soldats américano-cubains et les leaders des quatre groupes d'exilés cubains feraient partie du gouvernement provisoire. Les États-Unis souhaitaient que les quatre leaders exilés représentent un éventail aussi large que possible d'allégeances politiques, ce qui avait pratiquement été accompli dans les faits : Manuel Artime était un ultraconservateur, tandis que Manolo Ray du groupe JURE et Eloy Menoyo du SNFE étaient extrêmement libéraux. Malheureusement, il y avait aussi Tony Varona. Or, Varona travaillait pour la Mafia.

Les notes de la CIA firent souvent allusion à un coup d'État contre Cuba durant cette période, identifiant les groupes disparates d'exilés cubains comme travaillant conjointement à un complot majeur pour renverser Castro. Un de ces communiqués disait : « JURE [le groupe de Manolo Ray] parraine actuellement un plan pour assassiner Fidel Castro et d'autres hauts fonctionnaires du gouvernement cubain dans le cadre d'une opération conçue pour inciter une rébellion interne à Cuba [...] avec le soutien de certains militaires cubains ». On apprend dans la même note qu'une des « figures-clés du complot [était] Juan Almeida ».

Il faudrait attendre plusieurs décennies avant que le coup d'État JFK-Almeida soit porté à la connaissance du public américain. Un certain nombre de dossiers furent déclassifiés dans les années 1990, mais les quelques documents dans lesquels Almeida était mentionné furent retirés du lot. En l'absence d'un leader qui serait venu concrétiser ces plans, les historiens ont longtemps cru qu'il ne s'agissait que de scénarios hypothétiques. Le coup d'État JFK-Almeida ne fut véritablement exposé qu'en 2006, après que le gouvernement m'eut avisé par écrit du fait qu'il était sur le point de déclassifier certains documents décrivant le travail que le commandant Almeida avait effectué pour JFK.

Le secret entourant le coup d'État JFK-Almeida explique pourquoi tant de dossiers relatifs à l'assassinat de JFK ont été tenus cachés pendant si longtemps. Bien qu'un nombre étonnant de documents ait filtré à travers cette chape de secret au fil des ans, les historiens ne disposaient pas jusqu'à récemment des données nécessaires pour saisir tout le sens ou la portée. Parmi ces documents, on trouvait les notes faisant état du pot-de-vin de 200 000 $ que Tony Varona reçut de la Mafia durant l'été de 1963. Plusieurs notes, dont deux datant de juin 1963, révèlent les objectifs de John et Robert Kennedy : « Le but ultime était d'amener les éléments dissidents de l'armée cubaine à faciliter la liquidation éventuelle de [Fidel] Castro et l'élimination de la présence soviétique à Cuba. » Les leaders exilés cubains qu'Harry Williams choisirait (avec l'approbation de RFK) pour mener à bien cette tâche recevraient de l'administration Kennedy les fonds nécessaires à l'établissement de bases opérationnelles « à l'extérieur du territoire des États-Unis ». Ces leaders devaient être en accord avec le fait que « le renversement de Castro devait être accompli par des Cubains travaillant de concert à l'intérieur et à l'extérieur de Cuba ». Les notes du gouvernement américain spécifiaient qu'un « agent de liaison expérimenté [de la CIA] serait affecté à chaque groupe pour dispenser des fonds, des conseils et du support matériel ». Ces groupes d'exilés cubains seraient qualifiés d'« autonomes », mais RFK insista sur le fait qu'ils travailleraient en réalité pour les États-Unis. Kennedy précisa cependant que, si ces groupes venaient à être « accusés de complicité, le gouvernement américain nierait publiquement toute participation à leurs activités ».

Les objectifs des frères Kennedy étaient nobles, certes, mais ils étaient aussi très pragmatiques sur le plan politique : ils souhaitaient amener la démocratie à Cuba, en évitant toutefois que la question cubaine (incluant le doute qui subsistait quant à la présence de missiles soviétiques à Cuba) ne soit évoquée durant les élections de 1964. Un adjoint de Kennedy m'a révélé un fait qui se verrait confirmé par la suite dans une note déclassifiée : JFK voulait éviter que Cuba ne devienne un « enjeu politique » durant la campagne électorale de 1964, laquelle débuterait en janvier de cette même année. Les Kennedy devaient donc agir avant la fin de 1963, préférablement au moins un mois avant Noël.

Pour que le coup d'État JFK-Almeida fonctionne, il ne fallait pas que le commandant Almeida, Harry Williams et les exilés cubains soient tenus responsables de la mort de Castro : Fidel étant encore très admiré à Cuba, on ne pouvait pas s'attendre à ce que la population cubaine accorde son appui aux meurtriers de son leader adoré. Quelqu'un d'autre devait être blâmé pour la mort de Fidel. Williams m'a confié que c'était Robert Kennedy lui-même qui s'était chargé, avec l'aide de la CIA, de trouver un « pigeon » adéquat.

Les notes de la CIA et autres documents liés à l'opération indiquent que les États-Unis envisageaient d'imputer le meurtre de Castro à un Russe ou à un sympathisant russe. Ce plan avait une double fonction : il blanchirait Almeida, Williams et les exilés, et il contribuerait à neutraliser le personnel militaire soviétique qui se trouvait toujours en sol cubain. Les journaux de l'époque rapportent qu'il y eut intensification des tensions entre Fidel et les Soviétiques durant la seconde moitié de 1963, ce qui jouait en faveur du plan américain. De plus, en tant que chef de l'armée cubaine, le commandant Almeida connaissait l'emplacement de toutes les forces soviétiques à Cuba, de même que les plans de contingence de Fidel. Almeida étant tenu en haute estime, il ne faisait aucun doute que le peuple cubain le croirait sur parole s'il annonçait à la télévision qu'un Russe ou un sympathisant russe avait assassiné Fidel. Et de leur côté, les citoyens américains accepteraient une telle déclaration venant de la bouche d'un personnage aussi respecté que J. Edgar Hoover. Almeida était au sein du gouvernement cubain l'individu de race noire qui occupait le poste le plus élevé, et ce, dans un pays où environ 70 % de la population était d'ascendance africaine. Par conséquent, les États-Unis jugeaient que le peuple cubain serait plus enclin à se rallier à lui plutôt qu'à quelqu'un comme Che Guevara, qui était argentin, ou qu'à un des officiels de race blanche à qui les Russes donneraient probablement leur appui.

Il est important de souligner que, durant cette période, les Kennedy étaient constamment à la recherche d'une option plus pacifique qu'un « coup d'État potentiellement sanglant », pour emprunter l'expression figurant dans une des notes. (Cela dit, ils n'en continuaient pas moins de peaufiner leurs plans pour renverser Fidel.) John et Robert Kennedy travaillaient cet automne-là sur deux plans secrets qui avaient pour objectif d'amorcer des pourparlers de paix avec Castro – nous reparlerons de ces plans dans les chapitres à venir. Lorsque le secrétaire d'État Dean Rusk confirma l'existence d'un coup d'État à *Vanity Fair* en 1994, l'auteur de l'article s'étonna du fait que les Kennedy avaient tenté de négocier une trêve avec Castro au même moment où ils planifiaient son assassinat et le renversement de son gouvernement. « Rusk admit que les Kennedy "jouaient avec le feu" » en menant de front ces deux stratégies, mais il n'y voyait pas nécessairement d'inconvénient : « Oh, il n'y avait rien de particulièrement contradictoire là-dedans, dit-il au reporter de *Vanity Fair*. [...] On ne faisait que pourvoir simultanément aux deux éventualités, ce qui était une pratique courante. »

Cette double stratégie est reflétée dans les commentaires que JFK fit à John McCone et que nous avons cités précédemment, ainsi que dans certains documents de la série *Oral History*, une histoire orale relatée par Robert Kennedy pour la bibliothèque présidentielle John F. Kennedy de Boston. « Castro nous avait laissé entendre qu'il était prêt à négocier [la paix], et nous avons répondu favorablement à cette possibilité », mentionnait RFK. Mais à la toute dernière phrase, il ajoutait : « Nous menions au même moment une opération d'espionnage [contre Castro] [...] en août, septembre et octobre [1963]. Nos efforts en ce sens étaient mieux organisés qu'auparavant et produisaient de très bons résultats. » Dans ce qui était sans doute une référence indirecte au coup d'État, RFK disait qu'il souhaitait qu'il y ait des « révoltes intestines » à Cuba et que les États-Unis « ne jouaient pas qu'un rôle de soutien dans l'affaire », mais participaient activement « à travers les contacts dont [ils disposaient] parmi ces gens ». Le fait que le gouvernement des États-Unis travaillait simultanément à la paix et à la guerre traduisait en quelque sorte l'incertitude que le peuple américain ressentait face à Cuba. Richard Reeves notait dans sa biographie de JFK qu'en 1963 60 % des Américains pensaient que Castro représentait « une menace sérieuse pour la paix dans le monde ». Paradoxalement, un pourcentage un peu plus élevé d'entre eux « s'opposait à ce que les États-Unis envoient des troupes à Cuba pour envahir l'île de Castro ».

Le coup d'État JFK-Almeida était une initiative top secret qui fut gardée dans l'ombre pendant plusieurs décennies. Pourtant, à l'époque, pas moins d'une douzaine d'associés de Carlos Marcello, de Santo Trafficante et de Johnny Rosselli connaissaient son existence, et sept d'entre eux y jouaient même un rôle actif. Si l'opération pouvait être liée au meurtre de JFK, la Mafia aurait le motif dont elle avait besoin pour contraindre le gouvernement américain au secret et empêcher qu'une enquête publique et exhaustive soit menée sur l'assassinat du président. Ce projet de coup d'État donnait également à la Mafia l'occasion de fabriquer de fausses preuves qui impliqueraient Fidel dans le meurtre de JFK, ce qui achèverait de convaincre les États-Unis d'envahir Cuba – une éventualité à laquelle l'armée américaine se préparait depuis plusieurs mois, et qui servirait joliment les intérêts de Marcello et de ses cohortes.

John et Robert Kennedy avaient fait tout ce qui était en leur pouvoir pour écarter la Mafia de leur projet de coup d'État, et ils avaient même pris des dispositions pour qu'elle ne puisse pas retourner à Cuba afin de reprendre possession de ses casinos une fois le régime de Fidel renversé. Des documents déclassifiés démontrent que, malheureusement, plusieurs associés de Carlos Marcello étaient au courant du plan secret et que certains d'entre eux ont même eu l'audace d'ébruiter l'affaire. Après avoir tiré sur Oswald, Jack Ruby avait été interrogé ; or, selon un rapport du FBI rédigé quelques semaines à peine après le meurtre de JFK, Ruby aurait dit que « le gouvernement des États-Unis était en train de planifier une invasion de Cuba ».

Cette remarque de Ruby ne figurerait pas dans le rapport final de la commission Warren. Elle serait cependant incluse dans les vingt-six volumes de preuves et documents complémentaires que la commission publierait par la suite. Il est certain qu'à l'époque le FBI et les gens de la commission Warren jugèrent le commentaire de Ruby comme étant absurde et invraisemblable, et il est évident que, dans les décennies suivantes, les rares individus qui prirent connaissance des vingt-six volumes de la commission Warren y accordèrent peu de crédit. Mais en réalité, la « promesse de non-invasion » que JFK avait faite à Cuba n'avait jamais été concrétisée et le « gouvernement des États-Unis » était réellement en train de planifier « une invasion de Cuba ». Ces plans furent cachés non seulement à la commission Warren, mais aussi au House Select Committee on Assassinations et à toutes les autres commissions parlementaires qui seraient constituées.

Nous verrons au prochain chapitre qu'en plus de Jack Ruby, onze autres associés de Marcello, Trafficante et Rosselli étaient au courant du projet de coup d'État JFK-Almeida. Mais ce qui était encore plus incroyable, c'est que sept d'entre eux participaient activement à divers aspects de sa planification et de sa mise en œuvre, cela en dépit du fait que John et Robert Kennedy avaient banni la Mafia de l'opération.

Des documents du FBI indiquent que David Ferrie, le pilote d'avion de Marcello, savait qu'une «deuxième invasion» était projetée contre Cuba (la première étant l'invasion de la baie des Cochons). Selon une note interne, un associé de Ferrie aurait dit au FBI que celui-ci «avait collaboré avec le procureur général Robert Kennedy à des plans pour une seconde invasion cubaine». Guy Banister, le détective privé personnel de Marcello, était lui aussi au courant de l'opération. Un ami proche de Banister, utilisant probablement des renseignements que ce dernier lui avait fournis, fit durant l'été de 1963 une description écrite d'un «plan secret de l'administration Kennedy» visant «l'élimination de Castro ainsi qu'une réorganisation complète du régime cubain qui aurait pour effet de libérer Cuba de l'emprise soviétique». L'ami de Banister écrivit qu'une fois Castro écarté, «un nouveau gouvernement cubain serait mis sur pied, avec à sa tête des hommes comme [...] Manolo Ray». Ray était l'un des cinq leaders exilés cubains que RFK et Harry Williams avaient choisis pour prendre part au coup d'État.

L'historien Michael L. Kurtz a recueilli de nouveaux témoignages selon lesquels John Martino, le technicien en électronique de Santo Trafficante, aurait également travaillé pour Carlos Marcello et Guy Banister durant l'été de 1963. L'ex-chef de police de La Nouvelle-Orléans a dit à Kurtz que Martino «était allé voir Marcello à son bureau du Town and Country Motel». Après le meurtre de JFK, Martino avait livré au FBI une description très précise du coup d'État JFK-Almeida, et il s'était même vanté de savoir que «le président Kennedy était engagé dans un complot pour renverser le régime de Castro et préparait une autre tentative d'invasion contre Cuba».

Martino parla plus en détail du complot de Kennedy lors d'une entrevue qui parut dans un journal obscur deux mois après l'assassinat de JFK. L'article demeura longtemps enfoui dans les dossiers du FBI pour ne refaire surface qu'en 1998. «Juste avant sa mort, Kennedy travaillait sur un complot pour se débarrasser de Castro, dit Martino durant l'entrevue. Il va bientôt y avoir une autre invasion et une autre insurrection à Cuba. » Martino notait très justement que, « depuis la mort de Kennedy, le projet d'invasion [avait] été mis en veilleuse ». Il mentionna que le plan de Kennedy prévoyait qu'après le coup d'État « l'OAS [Organization of American States] serait impliquée jusqu'à ce qu'une élection soit mise sur pied ». Le rôle de l'OAS – tel qu'il est défini dans les quatorze versions top secret du « Plan pour un coup d'État à Cuba » qui furent conçues sous la direction de Robert Kennedy durant l'été et l'automne de 1963 – ne serait rendu public qu'en 1997, et pourtant Martino, cet associé du mafioso Carlos Marcello, en savait déjà un bout sur le sujet lorsque ces événements eurent lieu.

Même Lee Oswald – qui, comme nous l'avons mentionné précédemment, avait des liens avec Marcello – émit une remarque intéressante à propos de « l'invasion de Cuba par les États-Unis », cela à un moment où personne ne faisait publiquement allusion à une telle opération. Un article du *New York Times* qui passa inaperçu lors de sa publication citait un exilé cubain qui connaissait David Ferrie et avait été en contact avec Oswald à La Nouvelle-Orléans en août 1963 : « Durant l'été de 1963, Oswald et David Ferrie visitèrent en région de La Nouvelle-Orléans un camp d'entraînement affilié à Manuel Artime, un des leaders exilés cubains associés au coup d'État JFK-Almeida. »

J'ai publié en 2005 des notes de la CIA qui confirment qu'au début des années 1960, Manuel Artime travaillait également aux complots CIA-Mafia impliquant Trafficante, Rosselli et Marcello. Artime, qui était le meilleur ami de Howard Hunt, ferait bientôt partie du réseau de trafic de stupéfiants de Santo Trafficante. Artime était l'un des sept associés de Marcello, Trafficante et Rosselli qui travaillaient sur le coup d'État JFK-Almeida. Tony Varona avait entrepris un parcours similaire, puisqu'il était le premier leader exilé cubain à s'être rallié à Harry Williams dans le projet de coup d'État des Kennedy, tout en collaborant avec Trafficante et Rosselli aux complots CIA-Mafia. C'est le travail que les chefs de la Mafia firent dans le cadre de ces complots non autorisés qui leur permit d'infiltrer le coup d'État JFK-Almeida, une opération officiellement autorisée par les frères Kennedy.

Les enquêteurs du gouvernement américain ont longtemps spéculé quant à l'implication de Howard Hunt dans le meurtre de JFK ; la chose n'a pas encore été prouvée, ainsi que nous le verrons au dernier chapitre de ce livre. Bien que nous disposions d'un enregistrement d'une « confession » de Hunt, il s'agit moins d'une confession que d'une régurgitation de théories qu'il a grappillées de-ci de-là et qui ont été discréditées depuis. Le récit de Howard Hunt contenait par ailleurs des omissions flagrantes – il ne parla pas, par exemple, des liens que son meilleur ami, Manuel Artime, et l'assistant de celui-ci, Bernard Barker, entretenaient avec la Mafia. Harry Williams soutenait que Barker était indéniablement impliqué dans le meurtre de JFK et, bien avant que les documents qui liaient Barker au crime organisé soient déclassifiés, Williams m'a confirmé le fait que Barker travaillait pour Trafficante en 1963, soit à la même époque où il collaborait au coup d'État JFK-Almeida.

E. Howard Hunt était l'un des deux agents haut placés que la CIA avait désignés pour épauler Harry Williams – Williams lui-même m'a expliqué cela. Les adjoints de Kennedy, l'ex-agent du FBI William Turner et le magazine *Vanity Fair* ont tous confirmé que Hunt travaillait avec Williams. Dans ses entretiens avec moi et avec William Turner, Williams a décrit en détail le rôle important que Barker avait joué en 1963 en tant qu'assistant de Howard Hunt, fait que Barker lui-même a relevé dans des entrevues qui furent publiées. Bon nombre des dossiers de la CIA qui font état du travail qu'effectua Barker comme assistant de Howard Hunt demeurent à ce jour sous le sceau du secret, mais une note de la CIA rédigée en 1963 par Barker s'est tout de même faufilée à travers les mailles du filet : Barker y mentionne un complot de coup d'État contre Castro impliquant le commandant Almeida. Dans un documentaire télé réalisé durant les années 1970, Barker disait qu'« au moment où Kennedy fut assassiné […] les efforts entrepris par le gouvernement du président Kennedy pour renverser Castro avaient atteint leur "apogée" », un fait qui n'était rapporté dans aucun livre d'histoire ou rapport gouvernemental à l'époque où il formula ce commentaire.

Harry Williams a affirmé que « de mai à novembre » 1963, il y avait eu « des dizaines de réunions » entre E. Howard Hunt et un autre agent de la CIA affecté à l'opération. Or, Bernard Barker était celui qui avait organisé ces réunions, qui furent tenues pour la plupart à l'extérieur de Miami. « Barker était l'assistant de Hunt, et il était très proche de lui », m'a expliqué Williams.

Barker a assisté Hunt dans deux tâches critiques liées au coup d'État JFK-Almeida. En premier lieu, il aida Hunt à faire un paiement secret de 50 000 $ au commandant Almeida. Cet argent qui était destiné à être déposé dans un compte à l'étranger n'était que le premier versement d'une contribution totale de 500 000 $ accordée par Robert Kennedy à Almeida, afin que celui-ci puisse fuir Cuba si le coup d'État échouait – il était prévu que l'épouse et les deux enfants d'Almeida hériteraient de cette somme si celui-ci était tué pendant l'opération. Ce n'était pas la première fois que Barker se voyait confier un tel rôle financier : une de ses tâches dans le projet d'invasion de la baie des Cochons avait été « de livrer aux individus et groupes concernés des fonds que la CIA avait préalablement blanchis par l'intermédiaire de banques étrangères ».

La seconde tâche dans laquelle Barker assista Hunt concernait la famille du commandant Almeida : dans le cadre d'une opération secrète, les deux agents aidèrent l'épouse d'Almeida et leurs deux enfants à quitter Cuba sous un prétexte quelconque juste avant la date prévue pour le coup d'État, et ils les mirent en sécurité dans un autre pays sous l'œil protecteur de la CIA. Williams et la CIA avaient donné à Almeida, avec l'approbation de Robert Kennedy, l'assurance que les États-Unis s'occuperaient des siens s'il lui arrivait malheur. De plus, en gardant ainsi la famille du commandant à l'étranger et sous surveillance, les Kennedy et la CIA s'assuraient qu'Almeida ne leur ferait pas faux bond.

On dénote toute une série d'activités liées à la Mafia et au coup d'État JFK-Almeida dans les rapports de routine que Barker fit à la CIA durant l'été et l'automne de 1963 (il est à noter que seuls les rapports de Barker dans lesquels Hunt n'est pas nommé ont été déclassifiés). Dans un de ses rapports, Barker évoquait par exemple une rencontre lors de laquelle Manuel Artime et Tony Varona discutèrent de l'unification des groupes d'exilés cubains, et il notait qu'au cours de cette période Artime avait rencontré Frank Fiorini à Dallas pour parler de l'achat d'un avion – on se souviendra que Fiorini travaillait pour Santo Trafficante. Les rapports de Barker à la CIA mentionnaient aussi qu'Eloy Menoyo avait élaboré un plan de son cru pour renverser Fidel et faire entrave aux opérations de Manolo Ray. Barker signalait également qu'un individu du nom de Sam Benton, qui tout comme Guy Banister travaillait comme détective privé pour Carlos Marcello, avait recruté un mercenaire américain dans le cadre des complots d'assassinat CIA-Mafia. Le mercenaire en question s'était finalement désisté lorsqu'il avait appris qu'un des conspirateurs était un associé de Johnny Rosselli.

Harry Williams ignorait en 1963 que Barker entretenait des rapports avec Santo Trafficante. Williams ne pouvait pas savoir cela, puisqu'à cette époque il n'avait pas accès aux dossiers du FBI et de la CIA dans lesquels on pouvait lire que Barker était lié à la Mafia – ces documents ne seraient rendus publics que plusieurs décennies plus tard. Il ignorait également que ses associés Tony Varona et Manuel Artime avaient eux aussi des liens avec Trafficante.

Le coup d'État JFK-Almeida donna à Marcello et à Trafficante l'occasion de tuer JFK d'une manière qui empêcherait Robert Kennedy, Lyndon Johnson et J. Edgar Hoover d'enquêter librement sur l'assassinat du président. Bien que les Kennedy eurent tenté de cacher l'existence du coup d'État à la Mafia, Marcello et Trafficante avaient édifié grâce aux complots CIA-Mafia un réseau qui leur permit d'utiliser des hommes comme Barker et Varona pour infiltrer l'opération et faire en sorte qu'elle soit liée à l'assassinat de JFK.

Douze ans après le meurtre du président Kennedy, Richard Helms a tenté d'expliquer aux enquêteurs de la commission Church pourquoi il avait continué d'élaborer les complots CIA-Mafia en 1963 sans en révéler l'existence au président Kennedy, à Robert Kennedy ou à John McCone, directeur de la CIA. Dans le témoignage qu'il déposa devant la commission en 1975 (et qui fut longtemps gardé secret), Helms fit allusion au coup d'État JFK-Almeida (opération que la CIA n'avait pas divulguée à la commission) : « Le président Kennedy [...] a exprimé le souhait de déployer une force militaire quelconque à Cuba, disait Helms. Son but était de provoquer un soulèvement, une révolte interne contre Castro. » Helms émit sous le sceau de la confidentialité certaines déclarations que le conseil de la commission résuma ainsi : « En juin 1963, le président Kennedy approuva un programme qui s'intéressait entre autres choses à encourager la désaffection au sein de la hiérarchie militaire cubaine. »

Il est clair que Richard Helms ne faisait aucune distinction entre le projet de coup d'État de JFK et le fait d'engager la Mafia pour assassiner Fidel. Dans l'esprit de Helms, faire assassiner Fidel par des truands de la Mafia afin qu'il puisse être remplacé par un dictateur de droite – quelqu'un comme Manuel Artime, par exemple – ou provoquer un coup d'État qui entraînerait la formation d'un gouvernement de coalition et la tenue d'élections libres, c'était blanc bonnet et bonnet blanc – il est même probable qu'il préférait la première option. Plusieurs membres de l'équipe Kennedy, y compris le secrétaire d'État Dean Rusk, m'ont dit qu'ils étaient en total désaccord avec la vision de Helms. L'historien Gerald McKnight notait la présence au sein de la CIA d'une « culture d'arrogance » qui donnait à l'Agence l'impression qu'elle avait une « compréhension spéciale et privilégiée » des événements, si bien qu'elle « croyait mieux connaître les nécessités de la sécurité nationale que les élus transitoires à qui elle devait en principe rendre des comptes ». McKnight faisait référence à l'agent de la CIA William Harvey lorsqu'il écrivit cela. Cependant, cette description pourrait tout aussi bien s'appliquer à Richard Helms et à sa propension à agir de manière indépendante, en cachant à ses supérieurs des renseignements d'une importance capitale. Helms agirait ainsi avec JFK, avec Lyndon Johnson (qui nommerait Helms directeur de la CIA) et avec Richard Nixon (qui congédierait Helms parce que celui-ci refusait depuis plusieurs années de lui montrer certains dossiers de la CIA dont il voulait prendre connaissance). C'est sans doute cette attitude arrogante qui poussa Helms à poursuivre les complots CIA-Mafia parallèlement au projet de coup d'État JFK-Almeida.

Mécontente des raids non autorisés qui avaient eu lieu durant la crise des missiles soviétiques, la CIA délogea William Harvey de son poste de chef des opérations cubaines. Il fut remplacé officiellement au début de 1963 par Desmond FitzGerald. Personnage patricien issu d'une famille de sang noble qui était encore plus riche que celle de Richard Helms, FitzGerald avait précédemment été affecté aux opérations d'Extrême-Orient et n'avait donc aucune expérience des affaires cubaines. Cette lacune contribua sûrement au fait que William Harvey put continuer de travailler avec Johnny Rosselli sur les complots CIA-Mafia après le départ de Helms. Harvey était lui aussi devenu très proche de Rosselli à cette époque. Il dut toutefois mettre fin à ses rencontres avec celui-ci en juin 1963, après que le FBI eut découvert qu'ils étaient en relation l'un avec l'autre.

À la suite de cette intervention du FBI, la CIA assigna Rosselli à un nouveau contact : il s'agissait de David Morales, chef des opérations au bureau de Miami. Homme bourru et autoritaire descendant des tribus amérindiennes du sud-ouest des États-Unis, Morales avait dirigé les opérations secrètes de la CIA à La Havane avant la fermeture de l'ambassade américaine (il y avait été le superviseur de l'agent David Atlee Phillips). Morales avait également été impliqué dans l'invasion de la baie des Cochons. Or, l'issue tragique de cette opération l'avait laissé très amer et il tenait le président Kennedy comme seul responsable de son échec. Le deuxième officiel le plus haut placé du bureau de Miami décrivait en ces termes le rôle très particulier que David Morales jouait au sein de la CIA : « Quand le gouvernement américain [...] avait besoin de neutraliser quelqu'un ou quelque chose, c'[était] Dave qui s'en chargeait. Il a fait des choses qui étaient considérées comme répugnantes par bien des gens. » Wayne Smith, un ex-diplomate américain qui avait travaillé avec Morales à l'ambassade des États-Unis à La Havane, disait que, « si Morales était dans la Mafia, il porterait le titre de "tueur à gages" ».

À l'instar de Rosselli, Morales confesserait à la fin de sa vie le rôle qu'il avait joué dans l'assassinat de JFK – il fit cet aveu à son avocat, ainsi qu'à un ami de longue date. C'est à cet ami que Morales avait confié qu'il tenait JFK pour responsable du fiasco de la baie des Cochons : « Il avait vu tous les hommes qu'il avait recrutés et entraînés se faire zigouiller à cause de Kennedy », se souvient l'ami en question. « On lui a réglé son compte, à cet enfoiré », avait précisé Morales en parlant de JFK. C'est l'enquêteur Gaeton Fonzi, un participant à la commission Church et au House Select Committee on Assassinations, qui a découvert la confession de Morales et l'a jugée crédible.

Plusieurs témoins rapportent que Morales et Rosselli travaillaient en étroite collaboration durant l'automne de 1963. Un ranger de l'armée américaine qui avait été affecté à la CIA pendant l'été et l'automne 1963 rédigea par la suite un compte rendu de ses activités dans le sud de la Floride, lesquelles incluaient l'entraînement des troupes d'exilés cubains. Il mentionnait un certain « colonel Rosselli », qui travaillait lui aussi avec un des groupes d'exilés et qui avait dans son équipe « un tireur d'élite » qui « s'entraînait quotidiennement au tir à la cible [...] se préparant pour le jour où il tiendrait Fidel Castro dans sa mire ». Le tireur de Rosselli « était capable de tuer trois cormorans à une distance de près de cinq cents verges ». La CIA tenait de toute évidence à avoir des francs-tireurs à sa disposition pour éliminer le leader cubain. Le ranger documenta aussi le fait que Rosselli et David Morales travaillaient en collaboration durant cette période. Les confessions de Rosselli et Morales quant au rôle qu'ils ont joué dans l'assassinat de JFK ont amené certains auteurs, historiens et journalistes à se demander si le tireur d'élite en question était uniquement destiné à Fidel Castro. Peut-être lui avait-on confié une seconde cible en la personne du président Kennedy...

Avec les relations dont il disposait au sein des complots CIA-Mafia et du coup d'État JFK-Almeida, Carlos Marcello (avec ses complices Santo Trafficante et Johnny Rosselli) était en bonne position pour lier ces plans top secret au meurtre de JFK, ce qui lui permettrait de manipuler et de contraindre au silence les plus hauts dirigeants du gouvernement américain. D'août à novembre 1963, Marcello et ses hommes s'emploieraient à compromettre plusieurs éléments-clés du coup d'État et de certaines opérations occultes de la CIA en préparation de l'assassinat de JFK.

CHAPITRE 10

On conspire pour assassiner Castro et Kennedy

Durant tout l'été et l'automne de 1963, Richard Helms, qui était alors directeur adjoint des opérations secrètes à la CIA, fricota dans tout un éventail d'opérations autorisées et non autorisées dont le but principal était d'« éliminer » Fidel Castro, mais qui auraient toutes un impact sur l'assassinat de JFK[18]. Parmi les opérations autorisées, on trouvait bien sûr le projet de coup d'État de JFK impliquant le commandant Juan Almeida, mais il existait aussi à ce moment-là deux autres initiatives qui avaient pour mission de trouver des officiers de l'armée cubaine susceptibles de mener une insurrection contre Fidel : la première était AMTRUNK, une opération propre à la CIA ; et la seconde gravitait autour d'une escouade conjointe composée d'agents de la CIA et de la DIA (Defense Intelligence Agency). S'ajoutaient à cela les petits raids que les troupes d'exilés cubains faisant partie du coup d'État JFK-Almeida menaient à Cuba même, ou contre des navires cubains. Ces opérations de commando mineures n'avaient d'autre but que de jeter de l'huile sur le feu, afin de tenir Cuba en déséquilibre en attendant que les États-Unis soient prêts à assener leur coup d'État. Elles contribuaient aussi à préserver le moral des troupes d'exilés, qui pour la plupart ne savaient pas qu'un coup d'État se préparait dans les coulisses.

Dans les derniers mois de 1963, Richard Helms intensifia ses efforts pour assassiner Castro, ce qu'il fit exclusivement par le biais d'opérations non autorisées impliquant des membres et associés de la Mafia. Il est probable qu'il considérait ces nouvelles actions clandestines comme faisant partie des complots CIA-Mafia qui se tramaient depuis trois ans déjà ; les témoignages subséquents de

Helms démontrent en effet qu'il ne faisait pas de distinction entre les complots CIA-Mafia, qu'il menait à l'insu du gouvernement et des Kennedy, et le coup d'État « officiel » approuvé par le président Kennedy. Lorsqu'il témoigna devant le Sénat en 1975, Helms dit ceci : « Je crois que notre politique à ce moment-là était d'écarter Castro, et il était dans l'ordre du possible de l'assassiner si cela pouvait nous permettre d'atteindre cet objectif. » Même si cela était vrai, cela ne donnait pas à Helms l'autorisation de mener des opérations clandestines en collaboration avec ces mêmes chefs de la Mafia que Robert Kennedy s'escrimait à faire coffrer, qui plus est en cachant l'existence de ces opérations au président, au procureur général des États-Unis et au directeur de la CIA.

Si l'on voulait se montrer magnanime, on pourrait dire que Richard Helms et les quelques subordonnés qui l'ont appuyé ont agi ainsi parce qu'ils considéraient les complots CIA-Mafia comme une sorte de plan de rechange à mettre en œuvre dans l'éventualité où il arriverait quelque chose au commandant Almeida avant que le coup d'État soit lancé : Helms voyait peut-être les complots CIA-Mafia comme un moyen de sauver l'opération si Almeida était démis de ses fonctions au sein de l'armée cubaine, ou alors s'il se blessait, était emprisonné, décidait de s'enfuir ou se faisait tuer. Ou bien il s'était dit que, même si Almeida lançait le coup d'État, il n'y avait pas de mal à poster un tireur de la Mafia ou des troupes d'exilés sur place pour finir le travail en cas de besoin. Contrairement au coup d'État JFK-Almeida, dans lequel la CIA ne jouait qu'un rôle de soutien, les complots CIA-Mafia étaient une initiative que Helms pouvait contrôler de bout en bout – ou du moins était-ce ce qu'il croyait.

Ancien élément des complots CIA-Mafia, Rolando Cubela revint à l'avant-plan durant l'été de 1963. Cubela avait suivi une formation en médecine, mais, durant ses études, il avait été appelé à diriger le Directorio Revolucionario (DR), un regroupement étudiant qui avait aidé Castro à remporter sa révolution. Désenchanté du régime castriste, il avait commencé à travailler avec la CIA en décembre 1960 sur des complots pour assassiner Fidel. Cubela était réellement partie intégrante des complots CIA-Mafia, puisqu'il avait déjà rencontré Santo Trafficante à Cuba et connaissait au moins deux associés du parrain qui étaient eux aussi impliqués dans les complots. Cubela avait brièvement repris contact avec la CIA en 1962, puis, en juin 1963, c'était l'Agence qui avait communiqué avec lui, juste au moment où David Morales remplaçait William Harvey comme superviseur de Johnny Rosselli.

Malgré le fait qu'il ne détenait aucun vrai pouvoir au sein du gouvernement cubain, Cubela s'était vu accorder en tant qu'ancien dirigeant du DR un généreux budget pour voyager, si bien qu'il allait souvent en Europe et dans les pays du bloc communiste. Selon des rapports du gouvernement cubain, David Morales aurait rencontré Cubela à Paris en septembre 1963. La CIA admet qu'il y eut par la suite une série de rencontres entre Cubela et d'autres agents de la CIA. Cubela prétend que la CIA faisait pression sur lui pour qu'il assassine Fidel et, de son côté, la CIA affirme que l'idée d'assassiner Castro venait de Cubela lui-même.

Rolando Cubela ne faisait pas partie du projet de coup d'État JFK-Almeida. Ainsi que me le disait Dean Rusk, secrétaire d'État sous JFK, Cubela ne pouvait pas personnellement entreprendre de coup d'État, puisqu'il ne bénéficiait d'aucun appui à Cuba. Pendant plusieurs décennies, on a cru que les rapports que Cubela entretenait avec la CIA n'étaient connus qu'à l'intérieur de l'Agence. Toutefois, Rusk et un autre membre du Conseil m'ont dit que le nom de Cubela avait circulé à plusieurs reprises dans les réunions des sous-comités du Conseil de sécurité nationale. Le Conseil ignorait cependant que Cubela était identifié au sein de la CIA comme un assassin potentiel – il avait même un nom de code : AMLASH. Richard Helms et Desmond FitzGerald avaient mentionné Cubela à des membres d'un sous-comité, mais uniquement en tant qu'individu susceptible d'aider les États-Unis à trouver des officiels cubains plus haut placés et plus puissants que lui qui seraient aptes à lancer une offensive contre Castro.

Rusk avait dû croire à l'époque cette version des faits, car il ignorait qu'Almeida collaborait déjà avec le gouvernement américain. Lorsqu'il apprit douze ans plus tard que la CIA avait en fait utilisé Cubela comme assassin potentiel, Rusk eut peine à mesurer l'étendue de la fourberie de Richard Helms ; cet homme d'État ordinairement si calme ne put s'empêcher de manifester sa colère quand j'abordai le sujet avec lui en entrevue.

En tant que fonctionnaire de niveau intermédiaire, Rolando Cubela ne jouait qu'un rôle marginal au sein du gouvernement cubain. Des dossiers de la CIA indiquent que Cubela avait été dépossédé de son titre militaire honorifique après avoir « démissionné de l'armée parce qu'il éprouvait des difficultés avec Raul Castro ». « Cubela n'a plus de position officielle au gouvernement », disait une note de la CIA datée du 18 octobre 1963. En dépit de cela, Richard Helms et Desmond FitzGerald continuèrent de faire pression sur Cubela pour qu'il assassine Castro – FitzGerald se rendit même à Paris ce mois-là pour y rencontrer Cubela. FitzGerald prétendait à cette époque qu'il était l'émissaire personnel de Robert Kennedy, ce qui était faux : Helms avoua plus tard que RFK n'avait jamais été mis au courant de la rencontre entre FitzGerald et Cubela, et il ignorait la nature des rapports que la CIA entretenait avec Cubela.

La CIA admit qu'elle avait tenté de persuader Cubela d'empoisonner Fidel. Cependant, certains documents démontrent que l'Agence était prête à lui fournir des armes à feu par l'entremise de son bureau de Miami. Castro et Cubela avaient deux propriétés voisines à Varadero Beach. Fidel passait souvent ses week-ends dans ce lieu de villégiature. Or, il avait l'habitude de faire le trajet à bord d'une jeep décapotable, comme s'il tenait à reproduire la traversée triomphale de Cuba qu'il avait entreprise à la fin de la révolution. Les dossiers d'AMWORLD, un segment distinct du projet de coup d'État JFK-Almeida, indiquent que la CIA avait songé à un certain moment à éliminer Castro alors qu'il se pointait à sa résidence de Varadero. Le fait que Cubela était voisin de Castro simplifiait le plan d'autant : le tireur d'élite de la CIA pourrait s'embusquer chez Cubela, d'où il aurait aisément vue sur sa cible. L'autre avantage de ce plan était que la CIA pourrait ensuite faire passer le meurtre de Fidel sur le dos de Cubela. Ce dernier était insatisfait du régime castriste et il visitait la Russie plus souvent que le fonctionnaire cubain moyen : en conjuguant ces deux éléments, la CIA pourrait blâmer Cubela pour le meurtre de Fidel tout en accusant les Russes d'y avoir participé.

Quelqu'un à la CIA – David Morales sans doute – fit en sorte que Cubela soit en réunion avec son superviseur à Paris le 22 novembre 1963, au moment exact où le cortège de JFK traversait Dallas. Cette rencontre, qui avait probablement été organisée par Morales dans le cadre de son travail avec Johnny Rosselli, était un excellent moyen de forcer Helms à cacher certains renseignements importants aux enquêteurs internes de la CIA ainsi qu'aux hauts dirigeants du gouvernement américain – et c'est exactement ce qui arriva. Le complot d'assassinat contre Castro dans lequel Cubela était impliqué ne fut dévoilé au peuple américain que douze ans après le meurtre de JFK, et il ne fut jamais divulgué à la commission Warren.

En 1963, Richard Helms demanda à ce que QJWIN, le recruteur d'assassins européen qui travaillait pour la CIA, soit gardé sous contrat jusqu'à la fin de l'année même s'il n'avait produit jusque-là aucun résultat concret. QJWIN avait été supervisé à l'origine par William Harvey. Or, il est probable que Morales ait rempli cette fonction après Harvey, puisqu'il avait remplacé celui-ci comme superviseur de Johnny Rosselli en juin. Personnage mystérieux s'il en fut, QJWIN faisait partie de ZR/RIFLE, l'ambitieux programme d'assassinat de la CIA. Les dossiers de l'Agence révèlent que le complot pour assassiner Castro avait été incorporé à ZR/RIFLE, ce qui expliquait sans doute le périple qu'avait fait QJWIN en Floride cette année-là. Après le meurtre de JFK, le programme ZR/RIFLE disparaîtrait subitement des dossiers de la CIA. William Harvey admettrait par la suite que certaines des notes qu'il avait prises dans le cadre de ZR/RIFLE «avaient été détruites». Sans cette information, on ne découvrira probablement jamais la véritable identité de QJWIN. Les mémos de la CIA et les sources internes qui ont été interrogées à ce sujet nous donnent des noms différents[19], mais tous s'entendent sur le fait que QJWIN avait été mêlé à un réseau européen de trafic de stupéfiants au début des années 1960 et que la CIA l'avait engagé ensuite pour recruter des assassins dans les milieux interlopes.

Les dossiers que la CIA tenait sur les assassins européens que QJWIN avait tenté de recruter – et particulièrement ceux dont le nom de famille commençait par la lettre M – ont tous été fortement censurés. La CIA avait dressé une vingtaine de parallèles entre QJWIN et Michel Victor Mertz, associé de Santo Trafficante dans le réseau de trafic d'héroïne de la French Connection. Mertz avait possiblement été recruté par QJWIN, mais il était également possible qu'il fût lui-même QJWIN, car il aurait très aisément pu assumer l'identité clandestine et les fonctions de celui-ci. Certains documents déclassifiés indiquent que Mertz fut déporté de Dallas juste après le meurtre de JFK et prouvent qu'il était impliqué dans l'attentat – nous reparlerons de tout cela plus en détail dans un prochain chapitre.

Les liens de longue date que Mertz entretenait avec Trafficante et Marcello font de lui une figure importante quoique méconnue au sein du complot contre JFK. Dans le célèbre film *The French Connection*, les trafiquants cachent leur héroïne dans des voitures qui sont transportées par paquebot jusqu'en Amérique; or, c'était Mertz qui avait inventé cette méthode. Bien qu'il fût un criminel et un assassin, Mertz avait des relations au SDECE (Service de documentation extérieure et de contre-espionnage) et il avait sauvé la vie du président français Charles de Gaulle en 1961, après avoir infiltré un groupe antigaulliste. Considéré comme un «intouchable» par les autorités françaises, Mertz voyageait librement et visitait souvent l'Amérique. En 1963, à l'occasion d'un voyage en Louisiane, il s'était introduit aux États-Unis sous une fausse identité, employant le nom d'un militant antigaulliste qui avait déjà eu des liens avec la CIA.

À l'instar de QJWIN et Cubela, Marcello, Rosselli et Trafficante continuèrent durant cette période d'être associés aux complots CIA-Mafia visant Castro – officiellement, Rosselli était le seul impliqué. Les historiens se sont longtemps demandé si les efforts de ces trois chefs de la Mafia étaient réellement dirigés contre Fidel ou s'ils ne s'inscrivaient pas tout simplement dans leurs plans pour assassiner JFK. L'historien Richard Mahoney était de cet avis: «Rosselli pouvait déplacer des armes et des assassins en secret sous le couvert de la CIA, écrivait-il. Tout assassin expérimenté sait qu'il doit se ménager une couverture. En plaçant l'empreinte de la CIA sur ses opérations illicites, la Mafia s'était assurée que l'Agence serait contrainte de dissimuler des informations cruciales» concernant l'assassinat de JFK.

Marcello, Trafficante et Rosselli ne faisaient l'objet d'aucune surveillance policière à cette époque, ce qui les laissait libres de fomenter ensemble l'assassinat de JFK sans être inquiétés. Alors même que Robert Kennedy et le département de la Justice avaient Marcello dans leur mire, l'agent du FBI à La Nouvelle-Orléans qui était chargé du dossier de Marcello décrivait celui-ci comme un modeste «vendeur de tomates» qui n'était mêlé d'aucune manière au crime organisé[20]. Le FBI local ne tenait pas Marcello sous surveillance ni sous écoute, si bien que Trafficante se sentait très à l'aise de le visiter en Nouvelle-Orléans. Selon une des secrétaires de Banister, Johnny Rosselli s'était rendu à La Nouvelle-Orléans en 1963 pour rencontrer celui-ci. Or, il est certain que Rosselli avait profité de l'occasion pour visiter Marcello, ainsi que le dictait le protocole de la Mafia. Marcello, Trafficante et Rosselli avaient par ailleurs l'habitude de se donner rendez-vous au Safety Harbor Spa, un complexe de villégiature haut de gamme situé à l'extérieur de Tampa où les trois mafiosi pouvaient se rencontrer en toute tranquillité – la clientèle de l'endroit était si exclusive que la police n'aurait jamais osé y mener une opération de surveillance.

Robert Kennedy avait demandé au FBI de suivre les mouvements de Rosselli parce qu'il enquêtait sur le patron de celui-ci,

Sam Giancana. Cependant, Rosselli n'était jamais surveillé lorsqu'il allait en Floride. Le FBI a produit des rapports de surveillance sur Rosselli, mais ceux-ci sont tous liés à d'autres temps et à d'autres lieux. Nous n'avons trouvé à ce jour aucun rapport faisant état des visites que Rosselli effectua en Floride en 1963 – c'est peut-être que ces rapports n'ont pas encore été déclassifiés, ou alors ils n'ont jamais existé.

Si ces rapports existent mais sont manquants, c'est possiblement en raison des rencontres qu'il y eut entre Rosselli et Jack Ruby à Miami à la fin septembre, début octobre 1963. Le journaliste d'enquête Scott Malone affirme que « Ruby a secrètement rencontré Johnny Rosselli à Miami » à deux occasions durant cette période et que « Rosselli était surveillé par le FBI » une partie du temps. « Un agent du FBI qui connaissait le dossier a dit que Rosselli était effectivement à Miami durant la période correspondant aux rencontres avec Ruby, écrivait Malone. [...] Des enquêteurs ont été en mesure d'identifier les chambres de motel où ces rendez-vous ont eu lieu. » Dans l'analyse détaillée de neuf pages qu'il a réalisée sur l'article de six pages que Scott Malone avait publié, l'enquêteur du Congrès américain Michael Ewing n'a relevé aucune erreur ou incongruité dans la description que Malone avait faite des rencontres entre Ruby et Rosselli à Miami.

Le quotidien *Miami Herald* et la United Press International ont tous deux souligné le fait que Charles Nicoletti, un truand notoire qui était membre du clan Rosselli à Chicago, s'est associé aux complots CIA-Mafia à l'automne 1963. Nicoletti avait été arrêté l'année précédente alors qu'il se trouvait dans un véhicule qui semblait avoir été spécialement modifié pour répondre aux besoins d'un tueur à gages. Un membre de la presse en donna la description suivante : « Il y avait derrière le siège avant un compartiment secret muni de supports où accrocher des fusils ou carabines, [et qui était suffisamment grand] pour qu'on puisse y cacher une mitraillette. »

Les services secrets cubains et américains soupçonnent que Nicoletti s'était également rallié à l'époque au complot d'assassinat contre JFK, et qu'il avait été imité en cela par un autre assassin de la Mafia qui travaillait pour Santo Trafficante : quelque part en 1963, Herminio Diaz[21] avait quitté Cuba pour se joindre aux troupes de Trafficante en Floride ; selon les autorités cubaines, Diaz œuvrait comme « tueur à gages » depuis les années 1940 et avait même tenté d'assassiner le président du Costa Rica en 1956. En 1963, Diaz commença à travailler pour Trafficante sur les complots CIA-Mafia et il suscita aussi l'intérêt de Ted Shackley, superviseur de David Morales et chef de la station de la CIA à Miami. L'Agence s'intéressait à Diaz parce que celui-ci avait mentionné Juan Almeida et Rolando Cubela lors de sa première entrevue avec les chefs exilés cubains qui étaient sous la tutelle de Morales; Diaz avait identifié Almeida et Cubela comme faisant partie d'un groupe d'officiels cubains mécontents, désireux d'entreprendre une action contre Castro. Diaz tenait probablement cette information de deuxième ou troisième main – elle lui avait peut-être même était communiquée par Trafficante ou Bernard Barker. Bien qu'il se fût fourvoyé sur certains détails, le simple fait qu'il ait mentionné Almeida et Cubela avait suffi à attirer sur lui l'attention de la CIA. L'Agence en vint à considérer Diaz comme «un agent ou atout potentiel», et ce, en dépit du fait qu'un autre agent de la CIA l'avait décrit comme un «joueur invétéré, capable de commettre n'importe quel crime pour de l'argent».

Les chefs mafieux qui conspiraient pour l'assassinat de JFK savaient fort bien que leur complot ne pouvait réussir que s'ils s'entouraient de complices qui étaient en contact avec les services d'espionnage et de renseignement du gouvernement américain – ce qui était le cas de Diaz, de Charles Nicoletti, de Michel Victor Mertz et de John Martino. Les liens que ces hommes entretenaient avec les agences de renseignement constituaient une excellente couverture pour la Mafia et ils permirent en outre à celle-ci de disséminer de fausses informations au sein de ces agences, avant comme après le meurtre de JFK. Marcello, Trafficante et les autres savaient que des organisations comme le FBI et la CIA se montreraient réticentes à enquêter sur leurs propres atouts, surtout s'il y avait déjà quelqu'un d'autre à blâmer.

Durant l'été et l'automne de 1963, Carlos Marcello continua de contribuer aux complots CIA-Mafia visant à assassiner Fidel Castro. Selon le professeur et historien David Kaiser, «Marcello était impliqué dans le complot CIA-Mafia depuis le début» et l'était encore durant l'été de 1963. Sam Benton, qui était l'un des détectives privés attitrés de Marcello, travaillait lui aussi aux complots, tant en Louisiane qu'à Miami.

Marcello accordait à cette époque un soutien financier à plusieurs groupes d'exilés cubains, et notamment à la branche néo-orléanaise du Conseil révolutionnaire cubain, un regroupement dirigé par Tony Varona qui avait été formé à l'origine par E. Howard Hunt en collaboration avec Bernard Barker. Varona, Hunt et Barker travaillaient maintenant avec Harry Williams sur le coup d'État JFK-Almeida, tout cela en poursuivant leur travail sur les complots CIA-Mafia. Toutes ces collaborations croisées venaient évidemment brouiller les cartes et empêchaient les instances gouvernementales de faire la distinction entre les opérations cubaines autorisées par JFK et le directeur de la CIA, et les opérations non autorisées conduites en secret par Richard Helms. Une telle confusion était avantageuse pour Helms du fait qu'elle lui ménageait une couverture en cas de pépin. De plus, il était probablement plus facile pour lui de gérer toutes ces opérations, les autorisées comme les non autorisées, en utilisant le même personnel : Morales, FitzGerald, Barker, Artime et Cubela étaient de ceux qui prenaient part aux deux types d'activités.

Cette démarcation diffuse existant entre les opérations autorisées et celles qui ne l'étaient pas permit à la Mafia de compromettre les exilés cubains qui participaient au coup d'État JFK-Almeida. Pendant l'été et l'automne 1963, les patrons de la Mafia entreprirent de lier à Lee Oswald ou aux complots CIA-Mafia chacun des chefs exilés que les Kennedy avaient choisis pour l'opération – en l'occurrence Harry Williams, Manuel Artime, Tony Varona, Manolo Ray et Eloy Menoyo[22]. Et ils y parvinrent de plus d'une manière.

Durant l'été de 1963, la Mafia entreprit des démarches visant à soudoyer, intimider ou éliminer Harry Williams. L'entourage des Kennedy et les relevés téléphoniques de RFK font état du fait que Williams logeait parfois à l'appartement new-yorkais de Robert Kennedy lorsqu'il était appelé à voyager. Rolando Masferrer, un ex-commandant d'escadron de la mort devenu associé de John Martino et Santo Trafficante, confronta Williams en cet endroit à une occasion cette année-là, se pointant à l'appartement de RFK flanqué de deux hommes de main qui ressemblaient drôlement à des truands de la Mafia. Masferrer insista pour que Williams se rallie aux complots de Trafficante et compagnie. Cependant, Williams savait que les Kennedy avaient refusé d'accorder quelque aide que ce soit à Masferrer. Williams refusa de se laisser intimider, et Masferrer quitta l'appartement.

À la suite de cet échec, Trafficante tenta de soudoyer Williams. Bernard Barker organisa une rencontre dans un resto de Miami entre le chef exilé cubain et un officier de la CIA, sous le prétexte de discuter du coup d'État JFK-Almeida. Durant la rencontre, l'homme de la CIA sortit de table et quelqu'un vint chercher

Williams pour le mener à celle de Santo Trafficante. Trafficante offrit alors à Williams un pot-de-vin que celui-ci refusa. Williams retourna à sa table et peu après l'officier de la CIA revint se joindre à lui. Ce dernier ne fit aucune mention de Trafficante ou du pot-de-vin qui lui avait été proposé.

Voyant que Williams résistait à l'intimidation et à la corruption, Trafficante se rabattit sur la manière forte. Vers la fin de l'été 1963, Williams alla rejoindre Manuel Artime à Guatemala City – un voyage qui, encore une fois, avait probablement été orchestré en partie par Bernard Barker. La veille de la rencontre avec Artime, deux hommes armés firent irruption dans le restaurant où dînait Williams et ouvrirent le feu sur lui. Williams dégaina son arme et riposta, s'échappant in extremis après qu'un de ses projectiles eut atteint l'un des agresseurs. Williams alla se réfugier dans sa chambre d'hôtel et appela aussitôt Robert Kennedy, qui l'exhorta à quitter le pays le plus vite possible. Il est important de noter que Williams avait été en contact avec le FBI tant avant qu'après l'incident – les agents du Bureau l'avaient invité à la prudence, ce qui expliquait pourquoi il était armé au moment de l'agression. Bien que les dossiers du FBI et de la CIA portant sur Williams n'aient jamais été rendus publics, les quelques documents qui ont été déclassifiés renferment des notes qui prouvent que ce dernier a rencontré en 1963 un grand nombre de personnages importants ou qui faisaient l'objet d'une surveillance, ce qui laisse supposer que ses dossiers au Bureau et à l'Agence étaient relativement volumineux.

Nous avons mentionné précédemment que, durant l'été de 1963, le patron de Rosselli, Sam Giancana, avait offert à Tony Varona un pot-de-vin de 200 000 $ (l'équivalent de plus d'un million de dollars de nos jours). La CIA avait été informée de la chose par l'entremise de Richard Cain, un membre de la Mafia qui était impliqué dans les complots CIA-Mafia depuis 1960. Cain avait rempli une mission pour les États-Unis en 1962, plaçant des micros cachés dans une ambassade communiste de Mexico, puis il avait commencé à travailler pour la CIA durant l'été de l'année suivante – à cette époque, il était aussi l'enquêteur en chef du bureau du shérif du comté de Cook, dont la ville de Chicago fait partie. Des notes que la CIA tiendrait secrètes lors de commissions d'enquête subséquentes démontrent que l'information divulguée par Cain au sujet de Varona fut acheminée directement à Desmond FitzGerald, proche collaborateur de Richard Helms à la CIA, par une voie de communication plus sécurisée qu'elle n'aurait dû l'être normalement. Cette même filière hautement sécurisée serait bientôt utilisée afin de transmettre des renseignements pour le moins inquiétants au sujet de Lee Oswald.

Au début, les officiels de la CIA ne se sont probablement pas formalisés du fait que Giancana avait remis un pot-de-vin à Varona, puisqu'à ce moment-là Varona, Giancana et Cain travaillaient tous pour l'Agence sur les complots CIA-Mafia. Mais après le meurtre de JFK, le pot-de-vin offert par la Mafia à Varona prendrait un tout autre sens, aussi Richard Helms chercherait-il à cacher cette information désormais explosive à son directeur à la CIA. L'Agence avait également dans ses dossiers des commentaires compromettants venant de la bouche de Tony Varona : quelques semaines après avoir touché les 200 000 $ de la Mafia, Varona avait dit à Rolando Masferrer qu'il l'aiderait à «éliminer certains obstacles» qui empêchaient l'ex-commandant d'escouade de la mort d'obtenir l'appui financier des États-Unis. Or, Masferrer ne pouvait compter sur cet appui que si JFK n'était plus président.

Dans le cercle des exilés cubains, on disait que Manuel Artime, ce bon ami d'E. Howard Hunt, était l'«enfant chéri» de la CIA. Le rôle qu'il jouait dans le projet de coup d'État JFK-Almeida était si important que la CIA avait attribué un nom de code différent à la portion du plan qui le concernait : cette opération distincte se nommait AMWORLD, et la CIA avait même ménagé pour elle un réseau de communication hyper sécurisé basé à la station de Miami. Des enquêteurs du Congrès américain dresseraient plus tard la liste des appuis extravagants qui avaient été consentis à Artime à l'époque : «Quatre bases d'opération, deux au Costa Rica et deux au Nicaragua, dans lesquelles il y avait deux grands navires, huit vaisseaux plus petits, deux vedettes équipées de moteurs hors-bord, trois avions, plus de deux cents tonnes d'armements et des équipements électroniques d'une valeur d'environ 250 000 $.»

Contrairement à Varona, Artime ne savait probablement pas qu'il participait à un complot d'assassinat visant le président Kennedy. À la fin des années 1970, l'enquêteur parlementaire Gaeton Fonzi fut informé du fait qu'Artime avait une «connaissance coupable» de ce crime. Toutefois, il est possible que cette information lui ait été communiquée seulement après le meurtre de JFK. Compte tenu de l'ampleur des appuis que lui accordaient la CIA et les Kennedy, et du rôle majeur auquel on le destinait à Cuba une fois Castro écarté, il aurait été normal de penser qu'Artime n'avait aucun intérêt à aider la Mafia à éliminer JFK – du moins pas avant l'aboutissement du coup d'État. Des documents de la CIA qui ne furent jamais divulgués au Congrès américain démontrent cependant hors de tout doute qu'Artime travaillait sur les complots CIA-Mafia et que l'Agence s'était servie de la Mafia comme couverture lorsqu'elle avait donné des armements à Artime. Ces notes de la CIA montrent par ailleurs que l'Agence était pleinement consciente du fait qu'Artime était vraisemblablement lié à la Mafia.

Les opérations d'Artime se virent compromises encore davantage quand elles furent liées à Lee Oswald. Certains documents indiquent en effet que, durant l'été de 1963, David Ferrie avait amené Oswald dans un petit camp d'entraînement de La Nouvelle-Orléans qui fournissait des recrues aux bases centre-américaines de Manuel Artime.

À la fin de l'été 1963, la Mafia tenterait de compromettre Manolo Ray, un leader exilé cubain d'allégeance libérale qui avait une réputation d'incorruptible. Sachant cela, Trafficante et Marcello entreprirent de lier Ray à Lee Oswald par un moyen détourné : ils envoyèrent Oswald rendre visite à Silvia Odio, un membre féminin du groupe de Manolo Ray à Dallas. (Arrêté en lien avec la tentative d'assassinat que le leader du groupe Alpha 66, Antonio Veciana, avait perpétrée contre Castro, le père d'Odio était incarcéré à Cuba à ce moment-là.) Un Américain et deux exilés cubains se présentèrent sans s'annoncer à l'appartement d'Odio à Dallas ; l'Américain disait se nommer « Leon Oswald ». Odio et sa sœur virent toutes deux les trois hommes. Le lendemain de cette singulière visite, un des exilés téléphona à Odio pour lui mentionner qu'Oswald était un ex-tireur d'élite de la marine américaine et qu'il lui avait dit en confidence que « Kennedy aurait dû être assassiné après la baie des Cochons ».

À la suite de l'assassinat de JFK, Silvia Odio et sa sœur aperçurent Oswald à la télé et reconnurent en lui l'Américain qui leur avait rendu visite un peu plus de deux mois auparavant. Après avoir étudié et documenté la rencontre Oswald-Odio de manière exhaustive, Gaeton Fonzi jugea que Silvia Odio et sa sœur étaient des témoins crédibles. La visite provocatrice d'Oswald semblait avoir été orchestrée en partie par John Martino et Rolando Masferrer, deux associés de Trafficante : Martino avait déjà été présenté à la sœur d'Odio à Dallas ; le frère de Masferrer habitait dans le même complexe immobilier que Silvia Odio. C'était là un autre exemple d'une information explosive qui serait prévue et mise en place plusieurs mois avant le meurtre de JFK, et dont l'objectif serait de plonger les enquêteurs et agences de renseignement dans l'embarras. Le récit d'Odio occasionnerait effectivement des problèmes majeurs à la commission Warren, du moins jusqu'à ce que Loran Hall, un associé de Trafficante, déclare que c'était lui et deux de ses amis qui avaient visité Odio, et non Oswald. Hall nierait cependant la chose après la publication du rapport Warren.

Marcello, Trafficante et leurs hommes ciblèrent tour à tour chacun des leaders exilés cubains impliqués dans le coup d'État JFK-Almeida dans le but de les compromettre ou de les lier au meurtre prochain du président Kennedy. (Nous décrirons un peu plus tard comment ils ont procédé pour lier le groupe d'Eloy Menoyo à Oswald.)

Trafficante et Marcello devaient être très motivés à éliminer JFK durant l'été et le début de l'automne 1963, car ils se trouvaient plus que jamais dans la mire du gouvernement américain. Trafficante était aux prises avec le fisc – ce qu'il devait prendre très au sérieux, sachant que c'était l'IRS qui avait fait coffrer Al Capone à l'époque – et l'IRS avait même inclus trois de ses frères dans ses doléances. Marcello faisait face à un procès fédéral en Nouvelle-Orléans. Le procureur du département de la Justice qui plaidait contre lui faisait partie de l'équipe de Robert Kennedy, ce qui signifiait que, cette fois, Marcello ne pouvait pas espérer s'en tirer en soudoyant les autorités de La Nouvelle-Orléans ou de la Louisiane. Le parrain risquait la déportation s'il était condamné. Encore traumatisé de son expérience dans la jungle centre-américaine, il ne fait aucun doute que Marcello voulait à tout prix éviter cette éventualité.

Mais il n'était pas le seul leader de la Mafia à détester John et Robert Kennedy. Le FBI n'avait pas placé les téléphones de Marcello sous surveillance électronique et n'avait mis sous écoute qu'une seule des lignes téléphoniques de Trafficante, mais, devant l'insistance de RFK, le Bureau avait dû se résoudre à mettre sous écoute d'autres chefs de la Mafia. Dans plusieurs des conversations interceptées, les mafieux exprimaient ouvertement leur haine des Kennedy. «Avec Kennedy, un gars devrait prendre un couteau [...] et poignarder ce salaud jusqu'à ce qu'il crève!» s'était exclamé un mafioso de Philadelphie. Le patron de la Mafia de Buffalo était allé encore plus loin: «Ils devraient zigouiller la famille entière», avait-il dit au sujet des Kennedy. Deux choses distinguaient cependant Marcello de ses confrères: un, il risquait de perdre beaucoup plus qu'eux dans l'assaut des Kennedy; deux, comme il était à la tête de la plus ancienne famille mafieuse d'Amérique, il pouvait exécuter des attentats majeurs sans avoir à obtenir d'abord l'approbation des autres chefs de la commission nationale de la Mafia. En d'autres mots, il n'avait besoin de la permission de personne pour éliminer JFK.

Jimmy Hoffa savait probablement que Marcello et Trafficante projetaient de tuer JFK, mais il ne pouvait pas activement prendre part au complot, parce que Robert Kennedy et son département de la Justice enquêtaient sur lui à ce moment-là. Hoffa fut plus tard inculpé et reconnu coupable de trois chefs d'accusation qui, pour citer l'historien David Kaiser, « étaient relatifs à l'usage de fonds syndicaux – et plus particulièrement de fonds de pension – pour s'enrichir lui-même et enrichir d'autres individus ». Marcello et Trafficante faisaient partie des bénéficiaires à qui Hoffa avait accordé des prêts à même la caisse du fonds de pension des Teamsters. Trafficante et Hoffa avaient un autre point commun : ils avaient tous deux recours aux services de l'avocat Frank Ragano. Kaiser mentionne que, le 23 juillet, Ragano « avait rencontré Hoffa à Washington » et qu'au sortir de cette rencontre il était allé voir Marcello et Trafficante. Hoffa avait demandé à Ragano de livrer un message aux deux parrains : « Tu leur diras qu'il est temps de passer aux actes. Il faut que Carlos et ton ami [Trafficante] nous débarrassent de lui, qu'ils tuent ce fils de pute de John Kennedy. Plus question d'hésiter. Tu leur dis exactement ce que je viens de te dire […] que le temps presse et qu'il faut agir. »

Ragano se souvient que, lorsqu'il a livré le message aux deux parrains, « ils se sont regardés en silence d'une drôle de manière et n'ont pas répondu ». L'avocat ignorait bien sûr à ce moment-là que Marcello et Trafficante planifiaient l'assassinat de JFK depuis au moins neuf mois déjà. Ragano déclara par la suite qu'il n'avait pas pris le message de Hoffa au sérieux. Cependant, son comportement à l'automne 1963 – incluant le fait qu'il avait porté un toast à la mort de JFK avec Trafficante le soir même de l'assassinat et qu'il avait assuré le transit d'une très grosse somme d'argent en lien avec l'attentat – indique qu'il avait joué dans le meurtre du président un rôle plus important qu'il ne voulait l'admettre.

Johnny Rosselli se trouvait lui aussi dans l'étau de Robert Kennedy durant l'été de 1963, si ce n'était que parce que son patron, Sam Giancana, était l'un des mafiosi qui avaient été ciblés plus spécialement par RFK. William Hundley, un des procureurs que Kennedy avait affectés aux procès contre la Mafia, disait que RFK «voulait à tout prix coincer Giancana». Hundley représenterait le département de la Justice à Chicago cet été-là au procès que Giancana avait intenté contre le FBI dans l'espoir de mettre un terme à la «surveillance étroite» dont il était l'objet.

Poursuivi par la justice américaine, Giancana fit tout ce qu'il pouvait pour gagner du temps, notamment en faisant courir le bruit d'une collaboration avec la CIA. Un reporter du *Chicago Sun-Times* publia plus tard un article qui disait que «Sam Giancana [avait] travaillé pour la CIA» et qu'il avait aidé l'Agence à recueillir des renseignements sur Cuba en 1960. L'article ne parlait pas des complots d'assassinat contre Castro, mais mentionnait que la CIA avait déjà placé Giancana sous écoute électronique par le passé et que c'était cela qui avait mis au jour la liaison qu'il entretenait avec la chanteuse Phyllis McGuire. L'article eut deux conséquences majeures. Premièrement, Hundley dut renoncer à appeler Giancana à la barre des témoins de peur qu'il ne divulgue l'existence des complots CIA-Mafia – qui, dans l'esprit de Robert Kennedy, avaient pris fin l'année précédente. N'ayant pas été contraint de témoigner contre lui-même, Giancana remporta sa cause et le FBI se vit dès lors obligé de le laisser tranquille. Mais RFK n'avait pas dit son dernier mot: il commença aussitôt à élaborer un plan visant à évincer la Mafia de Las Vegas, ce qui aurait pour effet d'éliminer une des principales sources de revenu de Giancana, de la Mafia de Chicago et, plus particulièrement, de Johnny Rosselli.

L'article du *Chicago Sun-Times* eut un autre impact majeur: il attira l'attention du directeur de la CIA, John McCone, ce qui poussa Richard Helms à prendre une décision lourde de conséquences. Plutôt que de dire la vérité à McCone sur les complots CIA-Mafia, Helms l'induisit en erreur en lui faisant croire qu'ils n'avaient duré que de 1960 à mai 1962, après quoi ils avaient été interrompus. Helms continuerait en vérité de travailler sur les complots d'assassinat contre Castro jusqu'en 1963, sans autorisation et à l'insu de son directeur – il aurait très certainement été démis de ses fonctions s'il l'en avait informé.

En 1963, les complots CIA-Mafia étaient un secret bien gardé. Seule une poignée d'individus triés sur le volet y participaient, parmi eux Desmond FitzGerald, E. Howard Hunt (qui était le protégé de Helms), David Morales et William Harvey. Il ne fait aucun doute que Richard Helms était persuadé qu'aucune fuite ne viendrait jamais ébruiter ce sombre secret et que même la CIA n'en apprendrait jamais l'existence.

D'anciens membres du gouvernement Kennedy m'ont confié que le coup d'État JFK-Almeida était essentiellement sous la direction de Robert Kennedy et non du président lui-même – ce que des documents déclassifiés viendraient par la suite confirmer. Trois proches collaborateurs des Kennedy jouèrent un rôle de premier plan dans la planification de l'opération : Cyrus Vance, secrétaire de l'armée de terre américaine, qui fut nommé «agent exécutif des politiques cubaines au département de la Justice»; Maxwell Taylor, chef d'état-major interarmées; et le général Joseph Carroll, directeur de la DIA, l'agence de renseignement du département de la Défense. Le secrétaire d'État Dean Rusk m'a expliqué que lui et le secrétaire à la Défense Robert McNamara avaient dû se tenir à l'écart et ne pas s'impliquer activement dans la planification de l'opération parce qu'ils étaient entourés d'un trop grand nombre d'adjoints et d'employés et qu'ils étaient fréquemment appelés à parler aux journalistes. Le projet de coup d'État ne serait pas resté secret très longtemps dans de telles conditions. Dean Rusk affirmait ne pas avoir été contrarié lorsqu'il apprit que les plans de contingence qu'il avait élaborés durant l'été et l'automne de 1963 avec McNamara et son équipe ne se rapportaient pas à des scénarios hypothétiques mais à un coup d'État bien réel qui était à quelques jours de son aboutissement lorsque JFK fut assassiné. Au contraire, le secrétaire d'État comprit très bien les raisons pour lesquelles on lui avait caché la chose.

Harry Williams m'a dit qu'à cette époque E. Howard Hunt s'était montré très mécontent du fait que la CIA avait été reléguée à un rôle de soutien dans le coup d'État JFK-Almeida. Cet état de choses devait également déplaire à Richard Helms, ce qui expliquait en partie pourquoi il avait continué de travailler de manière illicite aux complots CIA-Mafia.

Un document datant de 1963 qui fut caché à la commission Warren ainsi qu'au HSCA et longtemps tenu secret – il fut cité pour la première fois en 2005, dans un de mes ouvrages – faisait référence à l'une des « opérations de soutien » que le gouvernement américain avait confiées à la CIA en lien avec le putsch pour renverser Castro : il s'agissait d'« introduire à Cuba des atouts qui feraient de la collecte de renseignements [...] et procéderaient à l'élaboration d'une couverture adéquate ». Cette importante mission d'infiltration et d'espionnage prendrait son essor durant l'été et s'intensifierait graduellement jusqu'à l'automne. Plusieurs des individus qui seraient liés à l'assassinat de JFK en feraient partie, notamment Lee Oswald.

Les alliés de Marcello, Trafficante et Rosselli qui travaillaient en collaboration avec la CIA sur le coup d'État JFK-Almeida mettraient les efforts que faisait l'Agence pour « introduire des atouts à Cuba » au service du complot d'assassinat contre JFK. David Morales, Bernard Barker et David Ferrie figuraient au nombre de ces alliés. Morales, un très bon ami de Rosselli, se trouvait en bonne position pour influencer les actions de l'agent de la CIA David Atlee Phillips ; l'homme de Trafficante Bernard Barker exerçait quant à lui son ascendant sur E. Howard Hunt. Ni Hunt ni Phillips n'étaient conscients du fait que Barker et Morales répondaient aux chefs de la Mafia.

Travaillant pour le compte de Marcello, David Ferrie et Guy Banister utiliseraient le plan d'introduction d'atouts de la CIA pour donner à Lee Oswald l'apparence d'un coupable après le meurtre de JFK. Les activités clandestines auxquelles Oswald s'adonna durant les neuf premiers mois de 1963 semblaient contrôlées en grande partie par Banister et Ferrie. Ces derniers jouaient manifestement sur deux tableaux : ils travaillaient d'une part pour les services de renseignement américains, ce qu'ont confirmé Hunter Leake, chef adjoint du bureau de la CIA à La Nouvelle-Orléans, et Victor Marchetti, qui était alors l'adjoint spécial de Richard Helms (la CIA n'ayant toujours pas rendu leurs dossiers publics, nous ignorons qui était le superviseur de Ferrie et Banister au sein de l'Agence, mais nous savons que David Atlee Phillips fut associé à eux à partir de l'été 1963) ; d'autre part, ils étaient cependant sous les ordres de leur véritable employeur, Carlos Marcello, et à ce titre ils faisaient en sorte que les agissements d'Oswald puissent être liés par la suite au meurtre du président Kennedy. Les deux hommes étaient grassement payés par Marcello pour remplir cette mission, mais ce n'était probablement pas là leur unique motivation : ils détestaient tous deux Fidel Castro, aussi espéraient-ils sans doute que, si l'assassinat de JFK était imputé à un communiste pro-Castro, cela achèverait de convaincre les États-Unis d'envahir Cuba – Banister tout comme Ferrie étaient au courant du coup d'État qui se tramait dans les coulisses.

Les activités publiques auxquelles Lee Oswald s'adonna à La Nouvelle-Orléans en août 1963 sont extrêmement bien documentées du fait qu'elles ont défrayé la chronique à ce moment-là – et toute cette copieuse couverture médiatique refit évidemment surface à la mort de JFK. Oswald s'était d'abord joint au chapitre local du Directorio Revolucionario Estudiantil (DRE), un groupe anticastriste américain inspiré du DR, le regroupement étudiant révolutionnaire dont Rolando Cubela avait fait partie à Cuba. Lors de sa première rencontre avec le président du modeste chapitre du DRE à La Nouvelle-Orléans, Oswald avait ostensiblement déclaré qu'il voulait renverser Castro. Peu de temps après, il affichait une position diamétralement opposée en distribuant dans les rues de La Nouvelle-Orléans des prospectus pro-Castro issus du Comité d'équité envers Cuba, ce qui le mena tout droit entre les griffes de la justice. À la suite de son arrestation, Oswald fut publiquement attaqué par le président du DRE ainsi que par deux de ses associés, mais son geste lui valut aussi une impressionnante couverture médiatique ainsi que quelques apparitions à la radio et à la télévision – entrevues au cours desquelles Oswald se débrouilla fort bien d'ailleurs.

Comment un gauchiste de petite envergure tel qu'Oswald, qui agissait de surcroît en solitaire, aurait-il pu générer une telle publicité ? Des documents issus des archives judiciaires américaines nous apprennent qu'un certain « monsieur Phillips, travaillant pour les services du renseignement à Washington », avait rencontré Guy Banister à La Nouvelle-Orléans afin de discuter avec lui de la possibilité de mener une campagne anti-Castro à la télé. L'historien Gerald McKnight a confirmé par la suite que David Atlee Phillips, grand spécialiste de la propagande à la CIA, avait effectivement rencontré Banister un an environ avant le coup d'éclat d'Oswald. Phillips avait déjà mené une opération contre le Comité d'équité envers Cuba, et c'est lui qui dirigeait le DRE pour la CIA – un fait qui serait révélé par Howard Hunt lors d'une commission parlementaire. Oswald fut donc mêlé en 1963 à deux organisations auxquelles Phillips était étroitement associé, à savoir le DRE et le Comité d'équité envers Cuba.

Tandis qu'Oswald attisait ainsi l'attention des médias, David Atlee Phillips était occupé à travailler sur AMWORLD, la portion du coup d'État JFK-Almeida impliquant Manuel Artime. Les agissements de Phillips et d'Oswald laissent entendre que tout ce qu'Oswald fit durant cette période était directement lié aux efforts que déployait la CIA pour introduire des atouts à Cuba : les deux hommes se rencontrèrent en personne quelques semaines après le blitz publicitaire d'Oswald, puis ce dernier se rendit à Mexico et, profitant de la notoriété momentanée dont il faisait l'objet, tenta d'obtenir la permission de séjourner à Cuba.

Avant d'étudier de plus près les activités d'Oswald, attardons-nous un instant à cette singulière bagarre de rue le mettant en cause à La Nouvelle-Orléans – un incident dont la commission Warren ne fut pas informée, ou qu'elle choisit d'ignorer. L'historien Gerald McKnight a dit que « toutes les activités dans lesquelles Oswald fut impliqué au cours des cinq mois qu'il passa à La Nouvelle-Orléans sont indicatives d'un individu occupé à "bâtir une couverture", pour employer l'expression utilisée dans les milieux du renseignement ». Le 26 mai 1963, Oswald créa un chapitre du Comité d'équité envers Cuba à La Nouvelle-Orléans. Oswald fonda le chapitre par l'entremise d'un simple envoi postal et en resterait l'unique membre, puisqu'il ne chercherait jamais vraiment à recruter qui que ce soit d'autre – paradoxalement, il continuait d'éviter tout contact avec les communistes et socialistes américains qui auraient pu se montrer sympathiques à Cuba.

Le 15 juin 1963, dans un élan de prosélytisme aussi rare qu'étrange, Oswald se rendit au quai de Dumaine Street à La Nouvelle-Orléans pour distribuer aux marins du porte-avions USS Wasp des pamphlets pro-Castro portant l'inscription « Ne touchez pas à Cuba ! ». Oswald n'aurait pu trouver clientèle moins réceptive à une telle propagande procastriste, étant donné qu'à peine neuf mois auparavant la marine américaine était intervenue en sol cubain durant la crise des missiles soviétiques. Le but d'Oswald était manifestement de provoquer ces marines dans l'espoir qu'ils le frapperaient ou amorceraient une quelconque altercation, ce qui aurait été pour lui un très beau coup de publicité. Mais les choses ne se passèrent pas du tout ainsi : comme le notait Gerald

McKnight, l'équipage du *Wasp* se contenta de porter plainte et « Oswald fut pacifiquement invité à quitter les lieux ».

Oswald s'était prêté à ce petit jeu alors qu'il travaillait à la Reilly Coffee Company, une entreprise dont le propriétaire, William Reilly, était un anticommuniste convaincu qui détestait Fidel Castro. Selon l'auteur et historien David Kaiser, Reilly « était profondément impliqué dans INCA, un organisme de propagande indépendant qui s'était donné pour mission de combattre l'influence communiste aux États-Unis et en Amérique latine ». Oswald fut officiellement « congédié » de ce boulot le 19 juillet. Cependant, quatre semaines plus tard, il participait à un débat avec le directeur d'INCA sur les ondes d'une émission radiophonique de La Nouvelle-Orléans.

Bien qu'Oswald n'occupât aucun emploi officiel dans les trois mois suivant son départ de la Reilly Coffee Company, plusieurs témoins, dont un atout de la CIA, ont mentionné l'avoir vu travailler pour (ou avec) Guy Banister et David Ferrie durant cette période. Oswald n'a pas dû toucher beaucoup d'argent pour ses services, car il était étroitement surveillé à ce moment-là par les services de renseignement de la marine (qui croyaient toujours que le KGB se risquerait tôt ou tard à communiquer avec Oswald ou son épouse, Marina). Or, toute somme d'argent importante ou d'origine inexpliquée aurait éveillé les soupçons des agents qui l'avaient à l'œil. Banister et la CIA avaient d'ailleurs avantage à ce qu'Oswald manque d'argent, puisqu'ils s'assuraient ainsi que celui-ci ferait tout ce qu'ils lui demanderaient dans l'espoir de se voir accorder un jour une plus généreuse rémunération.

Convaincu qu'il parviendrait à se faire arrêter en distribuant des tracts de propagande communiste, Oswald combina une seconde tentative dans les confins d'un édifice doté de deux adresses qui revêtiraient dès lors une importance particulière. Le professeur Kaiser a relevé le fait que l'adresse « FPCC 544 Camp St. » était étampée sur certains des prospectus qu'Oswald utilisa à cette fin, et que « le bâtiment faisait l'angle de la rue et comportait deux adresses, la seconde étant le 532 Lafayette Street, où se trouvaient les bureaux de la firme de Guy Banister ». Cette congruence d'adresses est une autre indication qu'Oswald et Banister – qui était lui aussi farouchement anticastriste – étaient de connivence dans cette affaire de prospectus.

Ainsi que nous l'avons souligné plus tôt, l'historien Richard Mahoney a documenté le fait que six témoins ont vu Oswald en compagnie de Ferrie et Banister durant l'été de 1963 ; or, deux de ces témoins ont affirmé qu'Oswald travaillait pour Banister à ce moment-là. L'historien Michael Kurtz de même que des documents nouvellement déclassifiés nous ont informés de l'existence de témoins additionnels. Parmi eux, une dame nommée Consuela Martin a dit à Kurtz qu'elle « avait vu Oswald dans le bureau de Banister au moins six fois à la fin du printemps et durant l'été de 1963 », et qu'Oswald lui avait demandé à quelques reprises de traduire des documents en espagnol. Selon Mme Martin, Oswald et Banister utilisaient l'adresse du 544 Camp Street pour attirer des gauchistes procastristes dans le bureau de ce dernier – considérant tous les gens de gauche comme des communistes, Banister avait entrepris de monter des dossiers exhaustifs sur le plus grand nombre possible d'entre eux.

Ce n'était pas que les individus d'extrême droite tels que Banister qui étaient anticommunistes au début des années 1960 : sous la poussée de la guerre froide, bon nombre de libéraux comme John et Robert Kennedy l'étaient aussi. Où Oswald se situait-il dans tout ça ? À droite peut-être, mais pas autant que Banister. Une chose est certaine, c'est que ses incursions vers la gauche n'étaient pas très convaincantes. David Kaiser notait qu'Oswald était loin d'être un membre « sincère » de l'extrême gauche et qu'il s'avérait même « une source d'embarras pour le Comité d'équité envers Cuba et la cause de Castro dans la région de La Nouvelle-Orléans ». Kaiser allait jusqu'à dire que le comportement d'Oswald « ressemblait davantage à celui d'un agent provocateur qu'à celui du marxiste ou communiste authentique » qu'il prétendait être lors de ses apparitions dans les médias.

Outre le fait que l'adresse du bureau de Banister figurait sur certains d'entre eux, les prospectus qu'Oswald distribua dans les rues de La Nouvelle-Orléans renvoient à un autre lien intéressant. L'un de ces documents, un pamphlet pro-Castro intitulé *The Crime against Cuba* (Le crime perpétré contre Cuba), avait été imprimé aux États-Unis en 1961. Après l'assassinat de JFK, le FBI identifia le document comme un élément de preuve et en inséra une copie dans ses dossiers. Ce qui est intéressant, c'est qu'Oswald se trouvait en Russie en 1961, au moment où le premier tirage de cet écrit polémique fut écoulé. Lorsque Oswald revint aux États-Unis durant l'été de 1963, seule la quatrième édition du pamphlet était disponible ; or, les tracts qu'il distribua cette année-là faisaient partie de la première édition. Où s'était-il procuré les dizaines d'exemplaires de l'édition écoulée qu'il avait en sa possession ? Il était possible que Banister ait acheté en 1961 une ou deux copies du prospectus pour l'inclure dans ses dossiers. Cependant, il n'aurait eu aucune raison d'en commander des dizaines d'exemplaires. L'auteur James DiEugenio parvint finalement à localiser l'auteur du pamphlet. Celui-ci était alors âgé de 90 ans. Néanmoins, il avait conservé une copie d'un bon d'achat daté du 28 juin 1961 dans lequel le client avait commandé, au coût total de trois dollars, quarante-cinq exemplaires du document *The Crime against Cuba* devant être expédiés à l'adresse suivante : « Central Intelligence Agency, Mailroom Library, Washington 25, D.C. » Ces pamphlets de la première édition avaient été commandés du temps où David Atlee Phillips dirigeait les opérations de la CIA visant le Comité d'équité envers Cuba. Il se pourrait donc que ce soit Phillips qui ait fourni à Oswald certains des documents pro-Castro dont il avait besoin pour élaborer sa couverture de communiste d'extrême gauche.

Comme nous venons de le voir, Oswald ne réussirait pas à inciter les marins de l'*USS Wasp* à la bagarre lorsqu'il irait distribuer des prospectus sur les quais le 9 août 1963. Cinq jours AVANT cela – le cachet de la poste est en date du 4 août –, il avait expédié une lettre au bureau new-yorkais du Comité d'équité envers Cuba. Dans sa missive, Oswald disait avoir été « attaqué par des exilés cubains » alors qu'il « manifestait dans la rue », ce qui lui avait valu un « avertissement officiel » de la part de la police. Oswald anticipait clairement ici l'issue du geste qu'il poserait cinq jours plus tard.

L'auteur Dick Russell relevait un fait intéressant : bien qu'Oswald eût écrit plusieurs fois au Comité d'équité envers Cuba (organisme dont le courrier était étroitement surveillé par le FBI) ainsi qu'à d'autres organisations communistes, son nom « ne fut jamais inscrit à l'Index de sécurité [du FBI], et ce, même après qu'il eut très ostensiblement mis sur pied son propre chapitre du Comité d'équité envers Cuba ». Le fait qu'Oswald n'apparaissait pas sur cette liste était d'autant plus étrange qu'il était un transfuge communiste reconnu ayant déjà fait défection en Union soviétique. À la lumière de cette information, Dick Russell posait la question suivante : « Quelqu'un aurait-il donné au FBI l'ordre de laisser Oswald tranquille [...] sous prétexte qu'il faisait partie d'une autre opération d'espionnage ? » La commission Warren ne trouva jamais réponse à cette question. Une chose est certaine, c'est que, si Oswald avait figuré à l'Index de sécurité du FBI, il aurait été tenu sous haute surveillance le jour où JFK défilait dans les rues de Dallas.

Le chapitre du DRE à La Nouvelle-Orléans était dirigé par un exilé cubain du nom de Carlos Bringuier. Bien que le DRE fût une organisation parrainée par la CIA, le chapitre de La Nouvelle-Orléans était des plus modestes ; les dossiers du FBI indiquent qu'il ne comptait qu'un seul délégué – Bringuier lui-même – et que ses activités « se résumaient à des efforts de propagande [...] dans tous les médias d'information possibles ». Oswald prit l'initiative d'une première rencontre avec Bringuier le 5 août 1963 : il se rendit à la boutique de vêtements de ce dernier et proposa de l'aider à entraîner « des guérilleros anti-Castro ». Bringuier, qui était une connaissance de David Ferrie, se montra méfiant à l'égard d'Oswald et déclina son offre.

Quatre jours plus tard, soit le 9 août, Oswald procédait à sa distribution de pamphlets, s'affichant publiquement comme un pro-Castro sur le territoire même des exilés cubains. L'historien Gerald McKnight a souligné que ce n'était pas là le fruit d'un hasard : « Oswald avait noté dans son carnet d'adresses l'emplacement des commerces appartenant à des exilés cubains, et c'est dans ce secteur qu'il choisit de poser son geste militant. Il n'aurait pu trouver meilleur endroit pour attirer l'attention de Bringuier, puisqu'il se trouvait en plein cœur de la communauté exilée cubaine de La Nouvelle-Orléans. » Soucieux de se faire aussi voyant que possible, Oswald avait fixé à sa taille une grande affiche sur laquelle était écrit en toutes lettres « Viva Fidel ». Il se retrouva bientôt engagé dans une confrontation l'opposant à Bringuier et à deux de ses amis. En guise de provocation, Oswald baissa les bras et « tendit son visage découvert à Bringuier en lui disant : "OK, Carlos, c'est le moment, frappe-moi si t'en as envie." » Les choses risquaient de mal tourner : Bringuier était un type costaud ; or, il était absolument furieux de voir Oswald le narguer ainsi. C'est à ce moment que « la police arriva et arrêta les quatre hommes pour atteinte à la paix publique ».

Un lieutenant de la police de La Nouvelle-Orléans qui avait parlé à Oswald après son arrestation a témoigné par la suite devant la commission Warren. De l'avis du policier, « Oswald semblait avoir délibérément agi pour provoquer [les exilés] et créer un incident ». Le lieutenant a mentionné que, durant son interrogatoire, Oswald lui avait dit qu'il « aimait bien le président Kennedy », ce que rapportaient également la plupart des gens qui avaient entendu Oswald parler de JFK. Un sergent de police avait observé qu'Oswald « savait très peu de choses au sujet du Comité d'équité envers Cuba ;

il ignorait quels étaient les plans et objectifs de cette organisation dont il faisait pourtant partie». Un avocat de La Nouvelle-Orléans préciserait dans son témoignage à la commission Warren qu'Oswald «lui avait dit qu'il avait été payé pour distribuer des prospectus pro-Castro dans les rues de La Nouvelle-Orléans».

On entendit parler de l'arrestation d'Oswald et de son procès subséquent «dans tous les journaux de La Nouvelle-Orléans» ainsi qu'à la télé, ce qui était sans doute le résultat qu'avaient recherché David Atlee Phillips (qui voulait conférer à Oswald suffisamment de crédibilité pour qu'il soit admis à Cuba) et Guy Banister (qui voulait faire passer Oswald pour un communiste procastriste).

Deux autres associés de Carlos Marcello étaient directement liés à l'affaire des pamphlets en plus de Banister. Le fils du mafioso John Martino a dit à un ancien enquêteur du gouvernement américain qu'en août 1963, son père «avait vu Lee Harvey Oswald distribuer des pamphlets pro-Castro à La Nouvelle-Orléans». C'est durant cette période que des témoins ont aperçu Martino en compagnie de Marcello et de Banister. L'ex-chef de la police de La Nouvelle-Orléans révéla pour sa part à l'historien et auteur Michael Kurtz que Martino «était allé voir Marcello en personne au Town and Country Motel», où ce dernier avait son bureau.

Le directeur du House Select Committee on Assassinations a documenté le fait que c'était un proche collaborateur de Nofio Pecora, lui-même un lieutenant de Carlos Marcello, qui s'était occupé de faire libérer Oswald. Fait intéressant, Jack Ruby avait appelé Pecora six jours auparavant.

L'historien John Newman rapporte que «les reporters de la télévision et des journaux locaux étaient présents en grand nombre» au procès d'Oswald, qui eut lieu le 12 août. Quatre jours seulement après sa comparution devant les tribunaux, Oswald, qui de toute évidence ne craignait pas d'être attaqué ou arrêté de nouveau, se retrouvait encore une fois dans les rues de La Nouvelle-Orléans à donner des tracts pro-Castro aux passants. Bien qu'étant au chômage, Oswald «avait engagé deux hommes pour l'aider à distribuer les pamphlets, payant chacun d'eux deux dollars pour leur peine». L'un d'entre eux, un individu d'allure hispanique, ne fut jamais identifié. La distribution d'Oswald «ne dura que quelques minutes, et pourtant elle fut filmée par la chaîne de télévision WDSU-TV».

Le 17 août 1963, un animateur de la station radiophonique WDSU communiqua avec Oswald pour l'inviter à être interviewé à son émission hebdomadaire. L'animateur en question «admit que le FBI l'avait informé au préalable quant au parcours et aux antécédents d'Oswald ». Ce dernier s'acquitta de cette entrevue radio avec brio, s'imposant comme un interlocuteur intelligent et très bien informé. Le 21 août, la même personnalité radiophonique animait un débat entre Oswald, Carlos Bringuier et un individu du nom d'Ed Butler qui travaillait pour INCA, le groupe de propagande anticommuniste dont William Reilly, l'ancien patron d'Oswald, faisait partie. Oswald se débrouilla encore une fois fort bien, s'exprimant avec verve et clarté tout au long du débat... du moins jusqu'à ce qu'un des invités le confronte à propos de sa défection en Russie. Oswald n'avait pas fait allusion à la chose pendant la discussion et il sembla soudain pris de court. Il est étonnant qu'il n'ait pas songé que le sujet puisse être abordé au cours du débat, étant donné que son passage à l'Est avait été un événement très médiatisé. L'évocation de cette défection eut pour effet de discréditer le Comité d'équité envers Cuba aux yeux des auditeurs, chose que David Atlee Phillips tentait d'accomplir depuis plus de deux ans. L'auteur Dick Russell raconte qu'après l'enregistrement de l'émission radiophonique, « Oswald fit un saut au studio de WDSU-TV et accorda une brève entrevue télé durant laquelle il dit qu'il était marxiste ». Sur le coup, Phillips dut être ravi de cette déclaration qui contribuait à l'élaboration du personnage procastriste d'Oswald. Cependant, après le meurtre de JFK, les images de cet aveu seraient jouées en boucle sur toutes les chaînes télé de la nation, cimentant dans l'esprit du public la notion selon laquelle Oswald était un dangereux communiste.

L'agent de la CIA David Atlee Phillips rencontra Oswald à Dallas à la fin d'août ou au début de septembre 1963, probablement pour faire le point sur les prestations médiatiques de celui-ci à La Nouvelle-Orléans. Oswald avait d'ores et déjà réussi à se bâtir une solide réputation de communiste procastriste et il s'était bien débrouillé dans toute une variété de situations, aussi Phillips était-il prêt à lui confier une nouvelle mission : Oswald serait l'un des atouts que le gouvernement américain enverrait à Mexico et qui, une fois là, communiqueraient avec l'ambassade cubaine et tenteraient d'obtenir la permission de s'envoler pour La Havane. Les États-Unis pouvaient certes faire entrer des agents et atouts à Cuba par voie d'eau à la faveur de la nuit, mais ces individus introduits subrepticement ne seraient pas en mesure de voyager librement ou de discuter ouvertement pour déterminer si le public et les échelons inférieurs

▲ Le procureur général Robert Kennedy et le président John F. Kennedy ont déclaré à la mafia une guerre sans pitié qui ciblait plus particulièrement le parrain de la Louisiane et du Texas, Carlos Marcello.

◄ En 1985, Carlos Marcello, qui a été pendant plusieurs décennies le parrain le plus puissant d'Amérique, a avoué à un informateur du FBI que c'était lui qui avait commandé l'assassinat du président Kennedy.

▲ Marcello s'est confessé du meurtre de JFK durant CAMTEX, une opération secrète du FBI qui a duré deux ans. Sur les enregistrements audio réalisés en secret par le FBI, Marcello a également parlé de ses rencontres avec Lee Oswald et Jack Ruby.

▲ Le parrain de Tampa, Santo Trafficante (à droite), a été le complice de Marcello dans le meurtre de JFK. En 1979, le House Select Committee on Assassinations a conclu que JFK avait vraisemblablement été assassiné dans le cadre d'un complot et que « Trafficante et Marcello avaient le mobile, les moyens et l'occasion d'assassiner le président Kennedy ». Peu avant sa mort, Trafficante a avoué à son avocat le rôle qu'il avait joué dans le meurtre du président.

▲ Guy Banister était l'agent en charge du bureau du FBI à Chicago et il a travaillé pour Marcello en 1963 en tant que détective privé.

▲ David Ferrie a été pilote d'avions pour Marcello en 1963.

```
OSWALD, LEE HARVEY
201-289248                        100-300-017
SEX M DOB ?                       DBC -12878
                                  09 APR 68
CIT ?                             FBI
OCC ?                             P10
MOREOVER, UNTIL THEN, THERE HAD BEEN NO
SECRET AS FAR AS ANYONE WAS CONCERNED IN
REGARD TO THE FACT THAT BANISTER DAVID
WILLIAM FERRIE AND SUBJ MAY HAVE KNOWN OR
BEEN ACQUAINTED WITH ONE ANOTHER.



WAS DEFERRED
                                  R 6805270089
```

▲ Le chef-adjoint du bureau de la CIA à La Nouvelle-Orléans a affirmé que Banister, Ferrie et Oswald ont tous les trois travaillé pour la CIA en 1963. De nombreux témoins ont vu Oswald en compagnie de Banister et de Ferrie durant l'été de 1963 ; cette fiche de la CIA démontre que l'Agence savait qu'il y avait un lien entre eux.

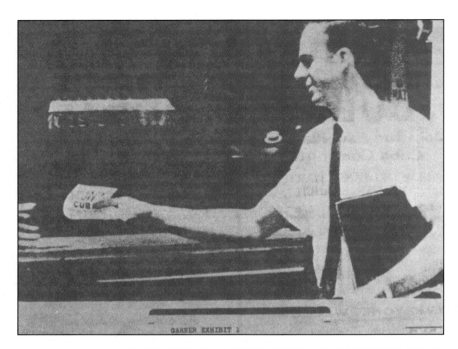

GARNER EXHIBIT 1

▲ Durant l'été de 1963, Lee Oswald a fait beaucoup parler de lui à la télé, à la radio et dans les journaux après avoir fondé à La Nouvelle-Orléans un chapitre du Comité d'équité envers Cuba – il s'agissait bien sûr d'une supercherie puisqu'il en était le seul membre. On le voit ici en train de distribuer des tracts pro-Castro dans les rues de la ville.

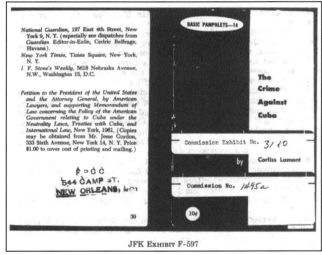

JFK Exhibit F-597

▲ Certains des prospectus qu'Oswald distribuait étaient étampés de l'adresse « 544 Camp Street ». Le très anticommuniste Guy Banister avait ses bureaux dans le même édifice.

PLOT ON KENNEDY IN CHICAGO TOLD

Lawyers Quote Imprisoned Ex-Secret Service Agent

SPRINGFIELD, Mo., Dec. 5 (AP)—Three lawyers said today that a former United States Secret Service agent, now a prisoner at the Federal medical center here, had told them that the agency had known before President Kennedy's assassination that an attempt to kill him had been planned.

An attorney representing the former agent, Abraham W. Bolden, 32 years old, asserted that his client had told him he had been sent to prison after having been refused permission to tell the Warren commission about the alleged information.

The charges were made in a

Accused Agent Says JFK Guards Were Lax

CHICAGO, May 21 (UPI) — A Secret Service agent charged with trying to sell a government report said yesterday he is being framed because he intended to reveal details of heavy drinking and "general laxity" among agents assigned to President Kennedy.

Abraham Bolden, 29, who in 1961 became the first Negro assigned to the Secret Service detail guarding the President, outlined his charges in a news conference at his home here.

FILE SALE

He is charged with trying to sell a confidential file to a man indicted in the alleged counterfeiting of $5000,000 in bonds and checks.

Mr. Bolden said he told another agent two weeks ago: "I'm going before the Warren Commission and tell about the drinking and disappearance of the (Secret Service) agents from

ABRAHAM BOLDEN
—UPI Photo

what happened in Dallas, but I intend to tell the Warren Commission what I know."

HSCA

▲ Johnny Rosselli a aidé Marcello et Trafficante à orchestrer l'assassinat de JFK. Ce chef de la mafia représentait Sam Giancana et la mafia de Chicago à Hollywood et Las Vegas. Juste avant d'être assassiné à la demande de Trafficante, Rosselli s'est confessé à son avocat du rôle qu'il avait joué dans le meurtre de JFK.

◀◀ Trois semaines avant son passage à Dallas, JFK a annulé le voyage et le défilé qu'il devait faire à Chicago en raison de la rumeur d'un complot d'assassinat impliquant quatre individus. Un des suspects appréhendés avait deux points en commun avec Oswald : il avait été dans les Marines et travaillait dans un entrepôt situé sur le parcours que devait emprunter le cortège du président. Pour des raisons de sécurité nationale, JFK avait tenu à ce que cette menace d'assassinat ne soit pas ébruitée dans les médias. Premier agent de la garde présidentielle de race noire, Abraham Bolden fut arrêté et emprisonné sous de fausses accusations avant d'avoir pu parler du complot de Chicago aux enquêteurs de la commission Warren.

◣▸ Le 18 novembre 1963, soit quatre jours avant Dallas, JFK a fait l'objet d'un attentat alors qu'il défilait dans les rues de Tampa, en Floride. JFK a caché l'existence du complot aux journalistes; seul ce court article, paru le lendemain de sa mort, s'est faufilé entre les mailles du filet. La commission Warren et les cinq autres commissions gouvernementales qui enquêtèrent par la suite sur l'assassinat de JFK ne furent jamais informées de ce fait. Le chef de police de Tampa m'a dit qu'ils avaient craint qu'un tireur fasse feu sur le président à partir du Floridian Hotel, un édifice qui ressemble étrangement à l'entrepôt où se trouvait Oswald au moment où JFK fut assassiné.

◣ Le parrain de Tampa, Santo Trafficante (à gauche), aperçu ici en 1966 en compagnie de son avocat Frank Ragano (à droite). Le soir où JFK fut tué, les deux hommes portèrent un toast à sa mort au resto d'un hôtel de Tampa. Quatre jours auparavant, JFK avait donné un discours dans ce même hôtel.

★ ★ ★
Threats On Kennedy Made Here

Tampa police and Secret Service agents scanned crowds for a man who had vowed to assassinate the President here last Monday, Chief of Police J. P. Mullins said yesterday.

In issuing notice to all participating security police prior to the President's motorcade tour in Tampa, Mullins had said: "I would like to advise all officers that threats against the President have been made from this area in the last few days."

A memo from the White House Secret Service dated Nov. 8 reported:

"Subject made statement of a plan to assassinate the President in October 1963. Subject stated he will use a gun, and if he couldn't get closer he would find another way. Subject is described as: White, male, 20, slender build," etc.

Mullins said Secret Service had been advised of three persons in the area who reportedly had made threats on the President's life. One of the three was—and still is—in jail here under heavy bond.

Mullins said he did not know if the other two may have followed the Presidential caravan to Dallas.

Sarasota County Sheriff Ross E. Boyer also said yesterday that officers who protected Kennedy in Tampa Monday were warned about "a young man" who had threatened to kill the President during that trip.

◄ Trois mois avant que JFK soit élu président, le vice-président Richard Nixon avait ordonné à la CIA d'organiser un complot d'assassinat contre Castro en collaboration avec Trafficante, Rosselli et d'autres membres de la mafia. Carlos Marcello se joindrait par la suite à cette initiative. Personnage haut placé de l'Agence, Richard Helms poursuivrait les complots CIA-mafia en 1963 à l'insu de JFK et du directeur de la CIA, John McCone.

▲ Robert Kennedy est entouré ici des leaders de l'invasion de la baie des Cochons après leur libération. RFK et JFK avaient eux aussi orchestré des plans pour renverser Castro, plans qu'ils comptaient mettre en œuvre s'ils ne parvenaient pas à négocier une entente avec lui. Le principal allié de Robert Kennedy dans l'affaire était l'exilé cubain Enrique « Harry » Ruiz-Williams (à droite). L'exilé Manuel Artime (premier à gauche) a également participé au complot.

▲ Les Kennedy avaient banni la mafia de leur projet de coup d'État et s'étaient assurés qu'elle ne puisse pas rouvrir ses casinos à Cuba une fois Castro renversé. En 1963, la CIA a intégré le leader exilé cubain Manuel Artime aux complots CIA-mafia qu'elle menait en collaboration avec Trafficante et Rosselli, cela à l'insu de JFK et de Robert Kennedy. L'implication d'Artime fut également cachée à la commission Warren et au House Select Committee on Assassinations.

AP IMAGES

▲ Dans le projet de coup d'État qu'ils fomentèrent en 1963, les Kennedy bénéficièrent de la collaboration du commandant Juan Almeida (à droite), fondateur et chef de l'armée cubaine et troisième homme le plus puissant de Cuba.

c. US intervention would be based on:
a Provisional Government set up by
(1) A pre-arranged call for help from the insurrectionists (preferably to the OAS, although US action would not await formal OAS approval), or

(2) A call for help from the insurrectionists after a coup had started without prior US concurrence, if the US determined that the insurgents met generally the criteria for support, or

(3) Intervention by local Soviet forces.

d. A coup would:

(1) Have some power base in the Cuban army or militia in order to survive.
Provisional Government,
(2) Establish a however rudimentary, with some sort of public claim to political viability to provide an adequate political basis (unless Soviet troops were clearly fighting Cuban patriots) for overt US action.

(3) Neutralize the top echelon of Cuban leadership.

▲ Le coup d'État JFK-Almeida fut complètement occulté à la commission Warren et au House Select Committee on Assassinations. Le document ci-dessus est issu des centaines de pages relatives à ce projet qui furent déclassifiées dans les années 1990. Les États-Unis comptaient blâmer un Russe ou un sympathisant russe pour la mort de Fidel.

▲ Secrétaire d'État sous JFK, Dean Rusk a été le premier à me révéler l'existence du coup d'État JFK-Almeida. Rusk a confirmé par la suite dans un article de *Vanity Fair* le fait que JFK planifiait ce coup d'État alors même qu'il tentait de négocier une trêve pacifique avec Fidel Castro.

▸ En tant que responsable des opérations spéciales de la CIA, Richard Helms occupait en 1963 le poste opérationnel le plus élevé de l'Agence. Il décida cette année-là de poursuivre les complots CIA-mafia à l'insu du président Kennedy, de Robert Kennedy et du directeur de la CIA, John McCone.

▲ Helms était le mentor de l'officiel de la CIA E. Howard Hunt (à gauche). Impliqué à l'origine dans les complots CIA-mafia, Hunt devint en 1963 le principal agent de liaison entre Harry Williams et la CIA. L'adjoint de Hunt, l'agent de la CIA Bernard Barker (à droite), travaillait lui aussi pour Santo Trafficante à cette époque – c'est Barker qui a informé le parrain de l'existence du coup d'État JFK-Almeida. Une douzaine d'associés de Trafficante, de Marcello ou de Rosselli, incluant Barker, connaissaient l'existence ou participaient à ce coup d'État qui était pourtant censé être top secret.

ARCHIVES NATIONALES

◀ Officier de la CIA et ami intime d'Howard Hunt, David Atlee Phillips était spécialiste en publicité pour l'Agence. À la suite du blitz médiatique qu'Oswald avait connu durant l'été de 1963, Phillips rencontra celui-ci pour lui proposer de participer à une opération contre Castro.

▶ David Morales était chef des opérations à JMWAVE, la gigantesque base de la CIA à Miami. Tout comme Phillips, Morales participa en 1963 au projet de coup d'État JFK-Almeida, cependant il détestait JFK à cause du fiasco de la baie des Cochons, ce qui l'aurait amené à travailler aux complots CIA-mafia en étroite collaboration avec Johnny Rosselli durant l'automne de 1963. Des années plus tard, Morales avouerait à deux proches collaborateurs qu'il avait participé à l'assassinat de JFK.

▸ Le diagramme ci-contre est représentatif des efforts mis en œuvre par le procureur général Robert Kennedy pour combattre Marcello, Trafficante et les autres chefs de la pègre. Kennedy a engagé dix fois plus de procureurs que ne l'avait fait l'Administration Eisenhower-Nixon, et durant son mandat le nombre de jours de plaidoirie contre la mafia fut multiplié par treize.

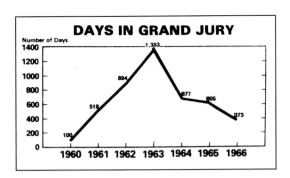

DAYS IN GRAND JURY

Number of Days

1400			1,353			
1200						
1000		894				
800				677		
600	518				605	
400						373
200	100					
0						
1960	1961	1962	1963	1964	1965	1966

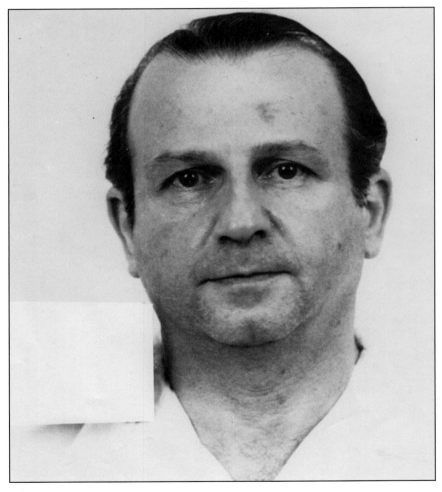

▴ Jack Ruby était un mafioso de bas échelon dans l'organisation de Carlos Marcello à Dallas. Marcello a révélé à l'informateur du FBI dans CAMTEX que plusieurs clubs de Dallas, dont le club de danseuses Carousel, appartenaient secrètement à son groupe bien que Ruby en fut officiellement le propriétaire. Marcello confronta Ruby après que celui-ci eut subtilisé des fonds dans la caisse du Carousel.

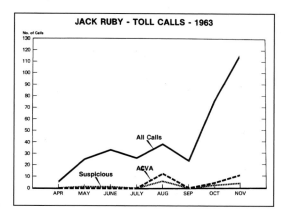

JACK RUBY - TOLL CALLS - 1963

◀ Jack Ruby fit de plus en plus d'appels interurbains après que la presse eut annoncé que JFK viendrait peut-être au Texas, et le nombre de ces appels a littéralement explosé après que la visite du président fut rendue officielle. En tant que responsable des pots-de-vin versés par Marcello à la police de Dallas, Ruby avait pour mission de trouver un policier qui accepterait de réduire au silence le bouc émissaire qui serait accusé du meurtre de JFK ou, le cas échéant, de lui-même l'éliminer.

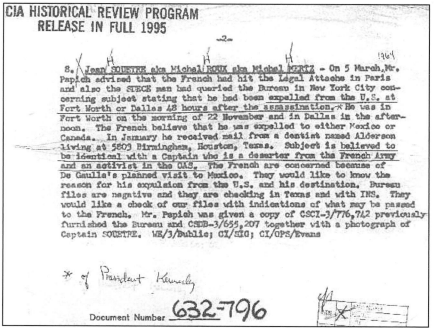

▲ Ce document de la CIA nous apprend que l'assassin et trafiquant d'héroïne de la French Connection Michel Victor Mertz se trouvait à Dallas le jour de l'assassinat de JFK, et qu'il fut déporté deux jours plus tard. Ce fait important fut caché à la commission Warren. Marcello avouerait éventuellement à l'informateur de CAMTEX qu'il avait fait venir deux tueurs à gages d'Europe pour tuer JFK.

▸ La commission Warren a conclu que tous les coups de feu qui avaient été tirés sur JFK provenaient du sixième étage de l'Entrepôt de livres scolaires du Texas. Or, des témoins ont affirmé qu'au moment de l'attentat, ils ont vu à cet étage deux hommes qui travaillaient à l'entrepôt depuis peu et dont la description ne correspondait pas à celle d'Oswald.

▾ D'autres témoins, dont les deux principaux adjoints de JFK qui se trouvaient dans la limousine qui suivait celle du président, ont vu ou entendu des coups de feu provenant du fameux talus herbeux (*grassy knoll*). Plusieurs policiers de Dallas ont interpellé au sommet du talus et à l'arrière de l'entrepôt de livres des individus qui prétendaient faire partie des Services secrets, mais en réalité les Services secrets n'avaient déployé aucun agent sur le terrain à Dealey Plaza.

CE 399

FBI C1

National Archives

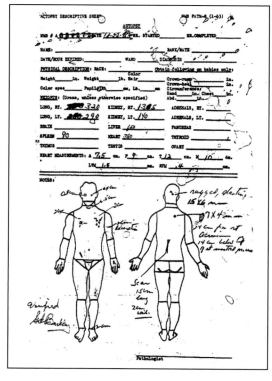

▲ La célèbre balle magique retrouvée pratiquement intacte sur un brancard à l'hôpital Parkland. Selon la « théorie de la balle unique », un seul projectile, tiré par Oswald, aurait été à l'origine de toutes les blessures subies par JFK et le gouverneur Connally. Pour ce faire, la balle devait toucher JFK au dos, ressortir par sa gorge, bifurquer en plein vol pour fracasser les côtes de Connally puis les os de son poignet, tout cela avant d'aller se loger dans sa cuisse.

◄ La figure de droite sur cette fiche d'autopsie indique que JFK a été touché au dos entre les deux omoplates, près de 15 cm sous le col de sa chemise. Or, selon la théorie de la balle magique avancée par la commission Warren, le projectile serait ressorti au niveau de la gorge de JFK, juste en dessous de sa pomme d'Adam. Si le tireur avait été perché dans les hauteurs, la blessure de sortie n'aurait pas été plus haute que la blessure d'entrée.

▲ En 1975, la commission Church se pencha sur certains aspects de l'assassinat de JFK. L'ancien chef de la mafia de Chicago, Sam Giancana (à gauche), serait assassiné le 19 juin 1975 alors qu'il était sur le point de témoigner devant la commission au sujet des complots CIA-mafia. Jimmy Hoffa (à droite) fut assassiné le 30 juillet 1975 après avoir communiqué des renseignements à la commission. Santo Trafficante serait lié à ces deux meurtres.

▲ Le mafioso Johnny Rosselli (à gauche) se verrait contraint de témoigner à plusieurs reprises devant la commission Church. Peu après sa dernière rencontre avec Trafficante, Rosselli fut assassiné; on retrouva son corps démembré dans un baril de pétrole qui flottait dans un canal en bordure de Miami. Le tueur à gages de Chicago Charles Nicoletti (à droite) fut assassiné le 29 mars 1977. Le même jour, George DeMohrenschildt, le meilleur ami d'Oswald à Dallas, se suicida. Nicoletti et DeMohrenschildt moururent tous deux avant d'avoir pu témoigner devant le House Select Committee on Assassinations.

du gouvernement cubain étaient en faveur d'un coup d'État. N'ayant pas d'ambassade à Cuba et n'entretenant pas de relations diplomatiques avec cette nation insulaire où les voyages étaient très réglementés, les États-Unis avaient besoin de mettre en place un certain nombre d'atouts capables de s'y déplacer librement. Oswald constituait un candidat intéressant vu qu'il avait déjà fait défection en Union soviétique : s'il se mettait dans l'embarras à Cuba, les États-Unis pourraient dire qu'il travaillait pour les Russes.

La rencontre entre Phillips et Oswald mérite d'être mentionnée pour deux raisons : premièrement, elle se déroula dans un lieu public, plus précisément dans le hall du Southland Building, un nouvel immeuble de Dallas ; deuxièmement, elle se fit en présence d'Antonio Veciana, le leader exilé cubain dont le groupe, Alpha 66, était parrainé par la CIA. Alpha 66 et son chef avaient été bannis du coup d'État JFK-Almeida après cette attaque non autorisée qu'ils avaient lancée en mars contre un navire russe se trouvant en eaux cubaines. Néanmoins, Veciana continuait de collaborer très étroitement avec Eloy Menoyo, un des leaders exilés qu'Harry Williams et les Kennedy avaient désignés pour participer au coup d'État.

Bien que l'on ait douté à certains moments que cette rencontre ait véritablement eu lieu, l'enquêteur parlementaire Gaeton Fonzi a plus tard été en mesure de confirmer la chose. Dans le récit qu'il fit de l'événement, Veciana raconta que Phillips s'était présenté sous le nom de Maurice Bishop, détail qui fut certifié par la suite par l'agent Ross Crozier de la CIA et que l'historien Michael Kurtz a vu confirmé de la bouche d'un dirigeant de la CIA : « Hunter Leake m'a dit que David Atlee Phillips […] avait utilisé le pseudonyme de Maurice Bishop », rapportait Kurtz. (Incidemment, lors d'un entretien avec mon recherchiste Thom Hartmann, Veciana a avoué que le nom de son groupe, Alpha 66, était inspiré des stations-service Phillips 66, qu'on trouvait en grand nombre aux États-Unis au début des années 1960.)

David Atlee Phillips était originaire de Fort Worth, une bourgade située en banlieue de Dallas, aussi devait-il se douter qu'il risquait de se faire voir par quelqu'un qu'il connaissait en donnant ainsi rendez-vous à Oswald en public, dans le hall de la tour de bureaux la plus récente et la plus moderne de la ville. Un tel comportement n'avait aucun sens, surtout venant d'un agent de la CIA aussi expérimenté que Phillips. Ou peut-être n'avait-il pas pris soin de se cacher parce qu'il savait qu'Oswald était destiné à une opération qui se déroulerait très loin de là. Une chose est certaine, c'est qu'un vétéran de la trempe de Phillips n'aurait jamais rencontré Oswald à Dallas en public s'il avait su que celui-ci avait été désigné comme l'assassin ou le bouc émissaire d'un meurtre qui aurait lieu dans cette même ville.

La rencontre Phillips-Oswald-Veciana n'a de sens que si Phillips utilisait Oswald dans les opérations anti-Castro de la CIA, comme l'un des atouts que l'Agence projetait d'introduire en sol cubain avant le coup d'État. Phillips espérait de toute évidence que le blitz médiatique pro-Castro d'Oswald lui ouvrirait les portes de Cuba. L'ambassade cubaine de Mexico avait été identifiée comme point de départ parce que c'était dans cette ville que Phillips avait basé ses opérations anti-Castro. Phillips jouait également un rôle de premier plan dans la portion américaine de ces opérations : il était impliqué dans le projet de coup d'État JFK-Almeida ; il supervisait les groupes d'exilés cubains tels le DRE et Alpha 66 ; et il s'occupait aussi de générer de la propagande contre Fidel Castro et contre le Comité d'équité envers Cuba. Les opérations anti-Castro les plus délicates auxquelles Phillips était mêlé avaient à leur tête des hauts dirigeants de la CIA à Washington, des gens comme Richard Helms et Desmond FitzGerald. Cependant, la plupart des hauts fonctionnaires de l'Agence, y compris le chef du bureau de la CIA à Mexico, Winston « Win » Scott, ne furent pas informés de leur existence.

Antonio Veciana, qui se trouvait alors à Miami, disait que Phillips l'avait convoqué à Dallas pour « parler de projets d'assassinat contre Castro ». Il précisa que, durant la rencontre, Oswald et Phillips avaient effectivement « discuté de ce qu'[ils] pouvaient faire pour tuer Castro ».

Gaeton Fonzi a noté que David Morales travaillait lui aussi en étroite collaboration avec David Atlee Phillips durant cette période : « En 1963, Morales s'absentait fréquemment du bureau [de la CIA] de Miami [...] pour se rendre à Mexico », écrivait l'enquêteur. Et Morales étant très ami avec Johnny Rosselli, il ne fait aucun doute qu'il ait tenu celui-ci informé des activités de Phillips et de la CIA. En 1963, David Morales – qui ferait partie de ceux qui admettraient avoir participé à l'assassinat de JFK – occupait un rang plus élevé que Phillips au sein de la CIA et aurait donc très bien pu suggérer à celui-ci de rencontrer Oswald en public et en compagnie de Veciana.

Phillips rédigea bien des années plus tard une autobiographie qui ne serait jamais publiée (sûrement parce qu'elle penchait trop souvent du côté de la fiction au lieu de s'appuyer sur des faits véridiques), mais qui serait tout de même citée dans *Vanity Fair* et d'autres publications. Dans cet ouvrage, Phillips soutenait qu'Oswald avait participé aux projets d'assassinat de la CIA contre Fidel Castro et que le meurtre du président Kennedy « suivait très précisément le scénario d'attentat envisagé pour Castro ». Phillips écrivait que le plan visant Fidel faisait appel à un « tireur embusqué à une fenêtre, à l'étage supérieur d'un édifice situé le long d'une route que Castro empruntait souvent en jeep décapotable ». Cela concorde avec ce que disent certaines notes d'AMWORLD, à savoir que la CIA projetait de faire assassiner Fidel par un tireur embusqué alors qu'il se rendrait à sa résidence de Varadero Beach à bord d'une jeep décapotée.

Les propos de Phillips doivent toutefois être pris avec un grain de sel, étant donné qu'il a mené au sein de la CIA une longue et impressionnante carrière de propagandiste, ce qui fait de lui un maître dans l'art de mentir, de déformer les faits ou de les camoufler sous des demi-vérités. Son autobiographie était probablement conçue en grande partie pour limiter les dégâts dans l'éventualité où émergeraient des témoignages ou documents susceptibles d'entacher la réputation de Phillips lui-même ou de la CIA. Il y a sans doute du vrai dans ce qu'il a écrit, mais de là à dire qu'Oswald était un assassin expérimenté, il y a une marge. La CIA ne se serait jamais fiée à Oswald pour éliminer Fidel, pas plus que la Mafia aurait eu recours à lui pour tuer JFK. Les antécédents d'Oswald faisaient par contre de lui le pigeon idéal tant pour le meurtre de JFK que dans un éventuel attentat contre Castro. En admettant que Phillips n'ait pas été sciemment impliqué dans l'assassinat du président Kennedy, il est possible que David Morales ou un autre protagoniste du complot ait manipulé les événements de manière que Phillips et Richard Helms croient qu'Oswald était une « pomme pourrie » qui avait tué JFK « en utilisant le plan conçu pour éliminer Castro ». Si Helms et Phillips étaient tenus sous cette impression, ils se verraient contraints de cacher une foule de renseignements cruciaux à la presse, au public, à leurs supérieurs de la CIA ainsi qu'aux autres agences – et c'est exactement ce qu'ils firent, d'ailleurs.

À s'en fier aux récits mis de l'avant par Phillips et Veciana, Oswald aurait été mêlé aux complots fomentés par la CIA pour tuer Fidel Castro. Si c'est le cas, alors il faut considérer sous un nouveau jour la rencontre entre Oswald et Marcello, en tenant compte du fait que le parrain était lié lui aussi à la conspiration contre Castro.

Oswald et Marcello auraient donc tous deux travaillé pour la CIA, mais tout en étant ligués dans le même camp. Celui de la Mafia.

Avec tout le travail qu'il avait fait et était sur le point de faire encore pour la CIA, Oswald devait se dire que le jour des grandes récompenses n'était plus très éloigné. Le FBI avait mis la main sur des notes très révélatrices rédigées de la main d'Oswald, notes que la commission Warren a jugé bon d'écarter de son rapport parce qu'elles étaient en contradiction avec l'image de communiste pur et dur qu'elle voulait donner de lui. Ces notes furent incluses uniquement dans les vingt-six volumes complémentaires qui furent publiés après le rapport et qui ne sont que très rarement vus ou évoqués. Oswald écrivait dans celles-ci que les États-Unis et la Russie « [avaient] trop de choses à s'offrir mutuellement pour se déchirer ainsi dans cette guerre froide sans fin ».

« Nos deux pays ont chacun leurs lacunes et leurs avantages, disait Oswald, mais ce n'est que dans le nôtre que la voix de la dissension a la possibilité de s'exprimer. » Celui qui serait accusé du meurtre de JFK proclamait en toutes lettres qu'il détestait le communisme : « Peu d'Américains nés aux États-Unis connaissent le communisme autant que moi et ont autant de raisons personnelles de le haïr et de s'en méfier. » La commission Warren a spécifié que ces écrits faisaient partie d'un tout intitulé *Notes pour un discours par Lee Harvey Oswald*, une allocution qu'Oswald n'aurait jamais l'occasion de livrer, puisque ce n'est qu'une fois ses missions bouclées et son statut d'espion révélé qu'il aurait pu le faire. Peut-être n'avait-il pas tort de penser que son heure de gloire approchait, car, qui sait, son histoire aurait très bien pu être publiée et portée à l'écran comme celle du héros de l'émission *I Led Three Lives*, qui avait marqué son enfance.

Oswald se rendit à Dallas une seconde fois après sa rencontre avec Phillips, et c'est à cette occasion que quelqu'un, probablement Martino, Banister, Morales ou un autre individu associé à la Mafia, l'amena par voie de manipulation à visiter Silvia Odio. Cet incident est important, car c'est lui qui lierait Oswald à l'un des groupes d'exilés du coup d'État JFK-Almeida et, par extension, au meurtre du président Kennedy. David Atlee Phillips ne semblait pas impliqué dans ce cas-ci, puisque la visite chez Odio et le coup de fil étrange que lui passa ensuite un des exilés cubains allaient à l'encontre de ce que Phillips tentait d'entreprendre avec Oswald. En liant Oswald à différents aspects du putsch JFK-Almeida,

Marcello, Trafficante, Rosselli et leurs acolytes contraignirent la CIA et les autres agences à occulter une quantité importante d'information une fois qu'Oswald fut identifié comme suspect principal dans le meurtre du président. C'était le prix que le gouvernement américain se devait de payer pour protéger son projet de coup d'État.

Avant de devenir historien, John Newman a travaillé pendant vingt ans pour les services secrets militaires. Son expérience l'a amené à poser la question suivante : « Pourquoi Oswald est-il entré en contact avec autant de personnes associées à la CIA en août et septembre 1963 ? » Aux cinq individus identifiés par Newman à l'origine, d'autres sont venus s'ajouter – parmi eux John Martino (qui de l'aveu de l'Agence elle-même était un atout de la CIA), David Ferrie et David Atlee Phillips. Un des individus que Newman avait identifiés était William Gaudet, un atout de la CIA qui travaillait pour le fondateur du groupe anticommuniste INCA. Au vu de ce que nous savons maintenant, il est évident que Gaudet était l'un de ceux qui exerçaient sur Oswald cette « surveillance étroite » dont nous avons parlé précédemment.

« Avant sa mort en 1981, Gaudet a admis avoir vu Oswald distribuer des pamphlets pro-Castro à La Nouvelle-Orléans », écrivait un ex-enquêteur du Sénat américain. L'historien Richard Mahoney a souligné pour sa part un autre rapprochement intéressant : « Oswald a présenté une demande de visa touristique pour le Mexique le 17 septembre [1963] à La Nouvelle-Orléans et a reçu le même jour le visa n° FM 824085. Le numéro précédent [visa n° FM 824084] avait été octroyé à William George Gaudet [...] un individu qui entretenait des liens étroits avec le bureau local de la CIA. Gaudet a par la suite affirmé sous serment qu'il avait aperçu un jour Oswald "en grande conversation avec Banister sur Camp Street [...] et qu'on voyait à leur attitude que c'était une discussion sérieuse". Gaudet disait avoir eu l'impression que Banister était en train de demander à Oswald de faire quelque chose pour lui. »

Ainsi qu'il le raconta à Michael Kurtz, William Gaudet avait ensuite vu Oswald à Mexico. Ce témoignage prouve qu'Oswald était impliqué en 1963 dans des activités d'espionnage pour le gouvernement américain et qu'il travaillait pour Guy Banister, ce qui explique en partie pourquoi le FBI ne l'avait pas inscrit à son Index de sécurité avant le meurtre du président Kennedy. Il est important de se rappeler que Banister participait au complot fomenté par Carlos Marcello pour tuer JFK.

Des livres entiers et de nombreux rapports d'enquête du Congrès américain ont été consacrés à ce séjour inusité que fit Oswald à Mexico à la fin de septembre 1963, durant lequel il aurait visité l'ambassade russe et l'ambassade cubaine. Mais s'il existe une quantité faramineuse d'information à ce sujet, seule une poignée de facteurs-clés semblent liés à l'assassinat de JFK. Le premier détail à relever est qu'Oswald visita l'ambassade cubaine le même jour que deux jeunes hommes très singuliers, et qu'ils obtinrent tous les trois des visas d'entrée pour Cuba. On découvrirait par la suite que l'un d'entre eux travaillait pour les services de renseignement du Nicaragua, où Manuel Artime avait établi une des bases d'AMWORLD en collaboration avec les services secrets locaux. Le journaliste d'enquête Anthony Summers rapportait que le troisième homme « se comportait comme s'il était en mission secrète au Mexique, et Oswald et lui se livrèrent durant ce voyage à des activités pratiquement identiques ». Il s'avéra que ce jeune homme travaillait pour les services secrets du Costa Rica, autre pays dans lequel Artime avait établi une base pour AMWORLD. Oswald et ses deux homologues étrangers semblaient donc tous liés à Manuel Artime, ce qui laissait supposer qu'ils participaient de cette tentative de la CIA d'introduire des atouts multiples à Cuba via Mexico City.

Le chef de la station de la CIA à Mexico, Win Scott, confirma le fait qu'Oswald était sous surveillance lors de son passage dans la capitale mexicaine. Scott prétendait que la CIA avait photographié Oswald à l'aide de caméras cachées dans les confins même de l'ambassade cubaine. Or, bien que la commission du HSCA eût trouvé des preuves démontrant que ces images existaient bel et bien, seules des photos d'un autre individu (qui ne ressemblait pas du tout à Oswald) furent présentées à la commission Warren et rendues publiques. Cette substitution découlait sans doute du fait que l'opération de surveillance photo de la CIA à Mexico avait été dirigée par nul autre que David Atlee Phillips, qui avait très certainement agi sous les ordres de Richard Helms. Le fait que la CIA ait pris soin de cacher l'existence de ces photos, allant jusqu'à prétendre qu'elle ignorait qu'Oswald était allé à Mexico, donne à croire qu'Oswald était effectivement impliqué dans une opération secrète et hautement sensible menée par Phillips et Helms.

Ceux qui complotaient le meurtre de JFK ne voulaient pas qu'Oswald se rende à Cuba. Alors qu'Oswald était à Mexico, cinq appels ont été effectués aux ambassades russe et cubaine par des individus qui se faisaient passer pour lui. Nous savons que ces appels – qui furent interceptés et enregistrés par la CIA – ne provenaient pas d'Oswald parce que la ou les personnes qui ont téléphoné s'exprimaient dans un russe approximatif (langue qu'Oswald parlait couramment), mais dans un espagnol impeccable (langue qu'Oswald ne connaissait pas du tout). La Mafia avait au Mexique des contacts qui pouvaient s'assurer qu'Oswald ne se rendrait jamais à Cuba. Premièrement, l'agence policière mexicaine qui espionnait les appels des ambassades russe et cubaine pour le compte de la CIA était impliquée dans le réseau de trafic d'héroïne de Santo Trafficante. Deuxièmement, la pègre pouvait aussi compter sur le gangster (et atout actif de la CIA) Richard Cain, qui avait déjà installé des équipements d'écoute électronique dans une ambassade communiste de Mexico.

Pendant qu'Oswald se trouvait au Mexique, toute une série de télégrammes étranges furent échangés entre la station de la CIA à Mexico et le quartier général de l'Agence à Washington. Ces communications suivaient deux voies bien distinctes, l'une acheminant à Desmond FitzGerald et Richard Helms des informations exactes au sujet d'Oswald, et l'autre véhiculant uniquement de fausses informations à son sujet. Reporter au *Washington Post*, Jefferson Morley a interviewé un ancien officiel de la CIA qui lui a dit que «certains dossiers de la CIA [suggéraient] que des membres [de l'équipe de FitzGerald] auraient méticuleusement dissimulé des renseignements concernant Oswald dans les semaines qui ont précédé le meurtre de Kennedy». L'adjoint de Richard Helms était la personne qui, durant cette période, géra tous les renseignements réels ou inventés relatifs à Oswald. Après l'assassinat de JFK, et pendant trois décennies ensuite, Helms soutiendrait que la CIA ignorait qu'Oswald avait visité les ambassades russe et cubaine de Mexico juste avant l'attentat. Des documents qui ont été déclassifiés depuis et que l'historien et major à la retraite John Newman a portés à notre attention démontrent qu'au contraire la CIA était tout à fait au courant de ces visites d'Oswald.

Les agissements de ce dernier et de la CIA laissent entendre qu'Oswald faisait bel et bien partie des atouts que l'Agence tentait d'introduire à Cuba de manière légitime. Une note qui n'a pas été incluse dans le rapport final de la commission Warren nous apprend qu'Oswald projetait de se rendre de nouveau à Mexico le 22 novembre 1963, encore une fois dans l'espoir de se voir accorder passage à Cuba à la faveur de sa réputation procastriste.

Oswald ayant déjà fait défection en Union soviétique, il constituait un protagoniste de choix dans le complot d'assassinat contre Fidel Castro, car cela permettrait aux États-Unis de pointer les Russes du doigt en cas de pépin – un fait que William Harvey a souligné dans ses notes à la CIA. Après avoir analysé de nombreux documents récemment déclassifiés, l'historien et professeur du collège naval David Kaiser en arriva en 2008 à la conclusion suivante : « Selon toute probabilité, cette tentative d'introduire Oswald à Cuba en passant par la ville de Mexico […] avait pour but de lui donner l'occasion d'assassiner Castro. » Je crois aussi que les efforts d'Oswald étaient liés à un projet d'attentat visant Fidel Castro. Cependant, je suis en désaccord avec Kaiser lorsqu'il dit qu'Oswald était l'assassin désigné. Oswald n'avait même jamais tué qui que ce soit et n'avait pas l'expérience requise pour mener à bien une telle tâche. Par contre, il aurait très bien pu jouer un rôle de soutien – ou servir de bouc émissaire – dans le complot pour éliminer Castro. Sa visite à Mexico s'inscrivait assurément dans une initiative contre Castro. Or, il est probable qu'à son retour quelqu'un comme Banister, Ferrie ou Martino lui ait assuré qu'il faisait toujours partie de l'opération, et ce, même s'il n'était pas parvenu à s'introduire à Cuba.

Au début d'octobre 1963, alors même que Lee Oswald s'apprêtait à quitter Mexico pour rentrer à Dallas, un autre lien important était en train de se tisser entre lui, l'assassinat de JFK et le coup d'État JFK-Almeida. Le camp d'entraînement de la région de La Nouvelle-Orléans où David Ferrie était présumé avoir amené Oswald servait de base secondaire aux troupes d'AMWORLD qui se trouvaient sous les ordres de Manuel Artime. Or, le propriétaire du camp admettrait un jour qu'il « avait acheté à Ferrie des armes que celui-ci avait lui-même achetées à des militaires qui les avaient volées à l'armée américaine ». Certains documents déclassifiés nous apprennent en effet que des armes subtilisées à l'arsenal de la Garde nationale au Texas ont abouti entre les mains de groupes d'exilés cubains tel JURE, le groupe dirigé par Manolo Ray que JFK et RFK avaient recruté pour leur projet de coup d'État. Il y avait de toute évidence dans les effectifs de l'armée américaine des individus qui chipaient des armements et les revendaient pour leur propre profit.

En octobre 1963, le département du Trésor lança une opération piège pour tenter d'enrayer ce trafic d'armes volées. Des notes rédigées dans le cadre de l'opération par le département du Trésor et le

FBI mentionnent qu'un vendeur d'armes de Dallas avait fait une description assez juste du coup d'État JFK-Almeida, qui était pourtant censé se tramer en secret. «Une opération amphibie d'envergure serait lancée contre Cuba durant la dernière semaine d'octobre 1963, avait dit le commerçant. L'armée et les agences gouvernementales américaines seraient possiblement impliquées dans cette opération qui inclurait une attaque par les forces rebelles cubaines.» Des reporters du *Washington Post* ont associé Jack Ruby, lui-même un contrebandier d'armes de longue date, à ce réseau d'armement militaire volé. Après la mort de JFK, le *Washington Post* annoncerait que le vendeur d'armes qui avait décrit avec exactitude le coup d'État à venir était celui-là même qui avait vendu à Oswald les balles qui se trouvaient dans son fusil le 22 novembre 1963. Même les balles qu'Oswald avait dans son fusil au moment où JFK fut assassiné étaient liées au coup d'État JFK-Almeida!

Carlos Marcello n'en menait pas large en octobre 1963 : il risquait de perdre son empire, sa liberté, et jusqu'à son droit de rester aux États-Unis. Pour s'en sortir, il n'avait d'autre choix que d'enrayer l'extraordinaire pouvoir dont jouissait Robert Kennedy en tuant son frère, le président Robert F. Kennedy.

Marcello était confronté à cette époque à deux dates fatidiques, la première étant le 1er novembre 1963, date où il devrait répondre d'accusations fédérales devant les tribunaux de La Nouvelle-Orléans. C'était John Diuguid, l'un des procureurs faisant partie de l'équipe anti-Mafia de RFK, qui s'était vu confier les rênes du procès. Faisant face à une déportation certaine s'il était condamné, Marcello entreprit de soudoyer un membre-clé du jury. Il s'agissait au mieux d'une solution temporaire, le parrain étant conscient que RFK lancerait une nouvelle enquête contre lui aussitôt que le présent procès serait terminé. (Le département de la Justice le poursuivrait effectivement pour avoir soudoyé le juré.) RFK s'apprêtait déjà à porter de sérieuses accusations de fraude fiscale contre Marcello, ce qui acheva de convaincre ce dernier qu'il ne connaîtrait jamais de répit tant que JFK serait en vie.

Marcello savait qu'il devait agir avant qu'éclate le coup d'État contre Castro, car, si celui-ci avait lieu, le mafioso n'aurait plus aucun moyen de contraindre les hauts dirigeants du gouvernement américain à la dissimulation. Marcello n'avait rien à gagner et tout à perdre en laissant le putsch se concrétiser. Robert Kennedy et les membres de son équipe, Harry Williams parmi eux, avaient bien fait comprendre à Marcello, à Trafficante et aux autres chefs de la Mafia qu'ils ne pourraient jamais se réfugier à Cuba en toute sécurité tant que JFK serait président.

La date du coup d'État JFK-Almeida commençait à se préciser: les protagonistes prévoyaient aller de l'avant au début de décembre 1963, chose que Marcello, Trafficante et Rosselli avaient très certainement apprise de la bouche de David Morales, de Bernard Barker ou d'un autre de leurs alliés de la CIA qui complotaient avec eux la mort de JFK. Marcello espérait pouvoir tuer JFK avant le coup d'État, sachant que cela obligerait Robert Kennedy, le directeur de la CIA John McCone, les leaders de l'armée tel le général Maxwell Taylor ainsi que les autres dirigeants du gouvernement américain à cacher aux enquêteurs, à la presse et au public des renseignements critiques qui, s'ils étaient dévoilés, risquaient de provoquer une confrontation nucléaire avec les Soviétiques.

Voyant la date du coup d'État approcher à grands pas, Marcello et ses complices organisèrent trois tentatives d'assassinat contre JFK. En novembre 1963, le président Kennedy défilerait dans trois villes différentes, soit Chicago, Tampa et Dallas, ce qui était parfait pour Marcello, puisqu'il pourrait ainsi compter sur ses plus proches alliés: étant le chef de la Mafia de Chicago, Rosselli veillerait aux préparatifs dans cette ville; Trafficante s'occuperait quant à lui de l'attentat de Tampa, siège de son empire.

Le premier attentat, celui de Chicago, était prévu pour le 2 novembre 1963, soit le lendemain du jour où débuterait le procès de Marcello. Il y avait un an que les patrons de la Mafia préparaient le coup, et leurs efforts avaient porté fruit: même leur plan B (l'attentat de Tampa, prévu pour le 8 novembre) avait un plan B (Dallas, le 22 novembre). De cette manière, les risques étaient partagés entre les familles de la Mafia des trois cités – quoique ces risques seraient minimisés par le fait que Marcello, Trafficante et Rosselli n'emploieraient que des hommes d'expérience en qui ils avaient entière confiance.

Les chefs de la Mafia avaient élaboré un plan de base qui pouvait s'appliquer à chacune des villes. Et comme les attentats projetés étaient très rapprochés dans le temps, les mafiosi pourraient utiliser sensiblement le même personnel pour les mener à bien. Dans chacune des trois villes ciblées, la Mafia avait des contacts qui l'alerteraient en cas de fuite: si la police avait vent du complot contre JFK ou si elle décidait d'enquêter, Marcello et ses acolytes en seraient aussitôt informés.

Le contact de la Mafia à Chicago était Richard Cain, qui, en plus d'être membre en règle de la Mafia, était enquêteur en chef du bureau du shérif de Cook County. Cain avait également ses entrées à la CIA, ce qui lui permettait d'informer ses collègues de la Mafia de ce qui se passait non seulement dans la police, mais aussi dans les agences de renseignement. Le sergent Jack de la Llana était l'homme de Trafficante à Tampa. Après avoir formé la première unité de renseignement criminel du service de police de Tampa, Llana en était devenu le directeur. Appelé à témoigner devant le Sénat en octobre 1963, il se décrirait comme un policier honnête, précisant qu'il était par ailleurs « président de la Florida Intelligence Unit, une agence de renseignement qui [coordonnait] l'information […] sur l'ensemble du territoire de la Floride ». L'unité de Llana collaborait aussi avec les agences policières d'autres États américains, ayant notamment échangé de l'information avec la police de La Nouvelle-Orléans au sujet du Comité d'équité envers Cuba. Plusieurs personnes (entre autres J. P. Mullins, le chef de police de Tampa, qui ignorait en 1963 que Llana travaillait pour Trafficante) m'ont dit que le parrain de Tampa n'aurait pu espérer meilleur allié dans la police que Jack de la Llana.

Jack Ruby jouait un rôle semblable à Dallas. Bien que ne faisant pas partie des forces de l'ordre, il avait dans la police de Dallas des contacts de longue date occupant des postes stratégiques. Alors que les documents du gouvernement américain nous disent que Ruby connaissait au moins sept cents des mille deux cents policiers de la ville, certains agents de police et des associés de Ruby ont affirmé qu'il connaissait TOUS les policiers de Dallas. Ruby était en effet très proche de plusieurs policiers corrompus. Ainsi que nous l'avons mentionné précédemment, la commission Warren avait identifié Ruby comme étant « l'individu responsable de la distribution des pots-de-vin octroyés aux membres du service de police de Dallas ».

Un aspect fondamental du plan d'assassinat de la Mafia était que JFK devait être tué en public alors qu'il se trouvait à bord d'un véhicule en mouvement. Cette stratégie que la Mafia entendait appliquer indifféremment à Chicago, Tampa ou Dallas comportait pour elle plusieurs avantages. Lors de défilés précédents, dont celui que JFK avait fait à Chicago au printemps de 1963, Marcello, Trafficante et leurs complices avaient observé qu'il n'y avait aucun agent des services secrets sur le terrain durant le trajet : certains agents accompagnaient le cortège en voiture, tandis que d'autres étaient postés au sol au début et à la fin du parcours. Les conspirateurs pourraient donc embusquer leurs assassins à peu près n'importe où en cours de route sans crainte qu'ils se fassent repérer. La Mafia aurait bien sûr pu choisir de faire sauter la limousine de Kennedy. Cependant, il était avantageux de le tuer par balles, car, aussitôt après l'attentat, les agents des services secrets se verraient obligés de quitter la scène du crime pour escorter JFK à l'hôpital.

Le plan que la Mafia avait concocté pour tuer JFK était très similaire aux attentats projetés contre Fidel Castro dans le cadre des complots CIA-Mafia et du coup d'État JFK-Almeida. Lorsque les hauts dirigeants du gouvernement américain qui étaient au courant de ces initiatives verraient de quelle manière JFK avait été tué, cela constituerait un choc supplémentaire qui les inciterait encore davantage au silence. Le rôle de la Mafia dans l'assassinat de JFK n'en serait que plus profondément occulté.

Nous avons mentionné un peu plus tôt que, dans son manuscrit autobiographique, David Atlee Phillips expliquait la méthode que la CIA avait décidé d'employer pour éliminer Fidel : il était question d'un «tireur embusqué à une fenêtre, à l'étage supérieur d'un édifice situé le long d'une route que Castro empruntait souvent en jeep décapotable». Tout indique que la Mafia a emprunté le plan que la CIA comptait utiliser contre Castro et qu'elle l'a adapté à ses desseins visant JFK.

L'approche qu'envisageait la CIA pour tuer Castro est explicitée dans des documents aujourd'hui déclassifiés, et elle a également été confirmée par l'exilé cubain Rafael «Chi Chi» Quintero, un des premiers lieutenants de Manuel Artime dans AMWORLD. Une note rédigée par Quintero durant l'une des phases finales de l'opération parle d'assassiner Castro à Varadero Beach. Dans un document subséquent qui faisait mention du commandant Almeida, un agent de la CIA travaillant pour AMWORLD écrivait que «l'assassinat [de Fidel devait] avoir lieu en public, pour que le peuple voie que ses leaders [avaient] été tués».

La Mafia savait que, si elle tuait JFK en public et alors qu'il était en voiture, la CIA, Robert Kennedy et les hautes instances gouvernementales impliquées reconnaîtraient aussitôt les similitudes qu'il y aurait entre le meurtre du président et leurs propres plans pour éliminer le leader cubain.

En octobre 1963, Neil G. Brown était le chef de police de Tampa, mais il était prévu qu'il serait remplacé par J. P. Mullins à la fin du mois. Avant de céder sa place à Mullins, Brown fut appelé à témoigner devant le Sénat. Or, son témoignage nous aide à comprendre comment la Mafia a pu se servir du projet d'assassinat que la CIA avait élaboré contre Castro pour tuer JFK. Le chef de police livra aux sénateurs et à la presse un résumé fascinant des activités meurtrières de Trafficante, exposant en détail le déroulement des assassinats commandés et exécutés par la Mafia, et les raisons pour lesquelles les coupables ne se faisaient jamais pincer. Le scénario décrit par Brown correspond tout à fait aux événements qui surviendraient à Dallas le mois suivant. Une fois que l'on a pris connaissance de son témoignage, on ne peut plus douter que, dans le cas de l'assassinat de JFK, Trafficante, Marcello et Rosselli ont appliqué à plus grande échelle une recette bien établie qui leur avait réussi maintes et maintes fois par le passé.

Brown fit état des rapports qu'entretenait Trafficante avec le patron de Rosselli, Sam Giancana, ainsi qu'avec le trafiquant français du réseau de la French Connection Michel Victor Mertz. Puis il parla des meurtres auxquels le parrain de Tampa était directement lié et de ceux, très nombreux, qu'il avait ordonnés.

Après avoir souligné le rôle que Trafficante avait joué dans le meurtre encore officiellement irrésolu du parrain new-yorkais Albert Anastasia, qui avait été abattu à bout portant alors qu'il était installé sur une chaise de barbier, Brown expliqua qu'au cours des années précédentes, Trafficante « avait été appréhendé par la police pour interrogation en lien avec les meurtres de trois autres individus associés au crime organisé », mais que les autorités n'avaient jamais pu l'inculper parce qu'il se distanciait de ces exécutions par l'usage d'intermédiaires et de tueurs à gages professionnels.

« Les meurtres professionnels mènent rarement à des condamnations », admit le chef de police Brown, qui expliqua ensuite pourquoi il en était ainsi. Des vingt-trois meurtres qui avaient été perpétrés à Tampa en lien avec la Mafia, précisait-il, un seul avait été résolu – et encore, il ne s'agissait même pas d'une exécution menée dans le style typique de la Mafia. Brown disait qu'il était « très difficile de recueillir suffisamment de preuves pour faire condamner des membres de la Mafia du fait que les témoins qui auraient été aptes à fournir de telles preuves savaient que la Mafia de Tampa ne se gênait pas pour supprimer ceux qui parlaient à la police ou témoignaient contre elle, et donc ils s'abstenaient par peur des représailles ».

Un des meurtres que Brown décrivit dans son témoignage semblait présager le sort qui serait échu moins d'un mois plus tard au président Kennedy et à Oswald. Brown rapporta que la victime de Trafficante «s'était fait éclater la cervelle [alors qu'elle] était assise dans sa voiture» et que le «principal suspect avait lui-même été assassiné peu de temps après» tout comme Oswald l'avait été.

CHAPITRE 12
Tueurs à gages et boucs émissaires

Durant l'automne de 1963, alors même que le président Kennedy continuait de peaufiner le putsch axé sur le commandant Almeida, il tentait de trouver avec son frère Robert une solution pacifique au problème cubain, le but étant d'éviter un «coup d'État sanglant», pour emprunter l'expression employée dans une note de l'époque. C'est un fait connu des historiens qu'à l'automne 1963 les Kennedy ont engagé deux tentatives de négociation avec Fidel par personnes interposées : la première faisait appel à Lisa Howard, pionnière du journalisme télévisé, et à un envoyé spécial des Nations Unies du nom de William Attwood ; la seconde fut transmise par l'intermédiaire du reporter français Jean Daniel. Il va sans dire que ces efforts pacifistes étaient empreints d'une certaine urgence en raison de l'imminence du coup d'État JFK-Almeida.

Les pourparlers de paix amorcés secrètement par les Kennedy ne produisirent malheureusement pas de résultats concrets, et ce, même après le meurtre de JFK. Soucieux de pouvoir nier toute connaissance de la chose si ces pourparlers étaient exposés, JFK détaillait ses propositions à William Attwood, qui les transmettait au médecin de Fidel, qui à son tour les communiquait à Castro. Cette chaîne de communication tortueuse de même que la méfiance des participants rendaient les négociations encore plus lentes et laborieuses qu'elles n'auraient dû l'être. Fidel devait en outre composer avec les diverses factions qui coexistaient au sein de son propre régime. Dans une note adressée à JFK, Attwood disait que Fidel ne voulait pas que Che Guevara soit mis au courant des pourparlers secrets parce que «Castro et le groupe comprenant Guevara et Almeida ne s'entendaient pas quant à l'orientation future de Cuba ». De son côté, JFK se garda bien d'informer Attwood de son plan pour renverser Castro.

À la fin d'octobre 1963, frustré de la lenteur des négociations entreprises par l'entremise d'Attwood et toujours désireux d'éviter un coup de force contre Cuba, JFK choisit un nouvel émissaire en la personne du reporter français Jean Daniel. Mais Fidel décida de faire patienter le journaliste à La Havane pendant plusieurs semaines, si bien que Daniel ne put rencontrer celui-ci que le 21 novembre, un jour avant le défilé de JFK à Dallas. Aucun progrès véritable ne fut réalisé lors de cette première discussion. Néanmoins, Fidel fut suffisamment intrigué par le message de JFK qu'il invita Daniel à dîner avec lui dès le lendemain à sa villa de Varadero Beach. Malheureusement, aucune voie de communication sécurisée n'avait été ménagée pour que Daniel puisse communiquer directement avec John et Robert Kennedy, aussi ne put-il pas informer les Kennedy du fait qu'il avait réussi à entamer le dialogue avec le leader cubain.

Dans les derniers jours d'octobre 1963, les Kennedy avaient pour objectif de dénouer le conflit avec Cuba afin que leurs deux nations puissent coexister en paix. Cela pouvait passer par la négociation d'une entente pacifique ou, le cas échéant, par un coup d'État administré par le commandant Almeida et les troupes d'exilés cubains que les États-Unis avaient parrainées et entraînées. John et Robert Kennedy espéraient qu'un tel putsch mènerait plus tard à la tenue d'élections libres et à la mise en place d'une réelle démocratie à Cuba.

L'administration Kennedy craignait que le problème cubain ne devienne un facteur déterminant dans les élections présidentielles de 1964. Dans une note rédigée de sa main, William Attwood évoquait la nécessité d'« éviter toute référence à la question cubaine durant la campagne de 1964 ». Plusieurs membres du gouvernement Kennedy ont affirmé que John et Robert Kennedy étaient eux aussi de cet avis, ce qui les aurait amenés à fixer la date du coup d'État JFK-Almeida au 1er décembre 1963. (Une note du directeur de la CIA John McCone ainsi que le témoignage d'Harry Williams, le leader exilé cubain qui travaillait en étroite collaboration avec RFK sur le coup d'État, nous ont apporté confirmation de cette date.) Cette échéance permettrait aux Kennedy de résoudre, d'une manière ou d'une autre, le conflit avec Cuba avant le début officiel de la campagne électorale en janvier 1964. Nous savons également de la bouche d'Harry Williams et par les dossiers de la CIA qu'après le

1er décembre 1963, le gouvernement cubain projetait d'instaurer un service militaire obligatoire, ce qui donnerait l'occasion à des membres des services de renseignement cubains et des factions rivales du gouvernement d'infiltrer les rangs de l'armée et de diluer ainsi l'autorité du commandant Almeida. C'était l'une des raisons pour lesquelles les Kennedy avaient fixé la date du coup d'État au 1er décembre. Dean Rusk et un adjoint des Kennedy m'ont expliqué que cette date avait également été convenue pour éviter que les soldats américains aient à se battre à Cuba durant le temps des Fêtes, et aussi pour que l'éventuelle intervention aérienne des États-Unis à Cuba se termine avant le 7 décembre, date anniversaire de l'attaque de Pearl Harbor.

Que ferait Fidel Castro s'il apprenait que les Kennedy étaient en train de manigancer un coup d'État pour le renverser ? Quelle sorte de représailles entreprendrait-il contre les États-Unis ? John et Robert Kennedy avaient dû se poser la question, puisqu'ils prirent des mesures en prévision d'une telle éventualité. Encore aujourd'hui, nombreux sont les historiens qui ignorent que, dans les semaines et les jours qui ont précédé le meurtre de JFK, Robert Kennedy travaillait avec un sous-comité secret sur divers scénarios à mettre en œuvre dans le cas où un haut fonctionnaire américain serait assassiné.

Ces « plans d'urgence » liés à « l'assassinat potentiel de membres du gouvernement américain » furent conçus parallèlement au coup d'État JFK-Almeida, et plusieurs officiels participèrent aux deux initiatives – ce fut le cas du colonel Alexander Haig, qui travaillait sous les ordres du secrétaire de l'armée Cyrus Vance et de son adjoint, Joseph Califano. La planification débuta en septembre 1963, mais, comme la plupart des participants ne savaient pas que les États-Unis bénéficiaient de la collaboration du commandant Almeida, il est probable que, contrairement à leurs rares collègues qui étaient au courant de ce fait, ils ne saisirent pas pleinement l'importance et l'urgence de leurs travaux.

De l'ensemble des documents qui furent produits par ce sous-comité, seulement trois ont été déclassifiés. Fort heureusement, j'ai eu la chance de m'entretenir avec deux membres de l'administration Kennedy qui étaient au fait de ces plans secrets. L'une de mes sources, John H. Crimmins, était coordonnateur des Affaires cubaines au département d'État américain. Crimmins a contribué à la conception et à la rédaction de ces « plans de contingence en cas de riposte cubaine », mais, tout comme son patron Dean Rusk, il faisait partie de ceux qui n'avaient pas été informés de l'implication du commandant Almeida. Ma seconde source, un adjoint des Kennedy qui m'a demandé de respecter son anonymat, était au courant au sujet d'Almeida et avait eu l'occasion de lire la version finale des plans de contingence. Bien que dans les documents déclassifiés dont nous disposons «l'assassinat d'officiels américains» fût considéré comme une «très nette possibilité» à l'automne de 1963, le sous-comité secret de Robert Kennedy avait décrété qu'il était «improbable» que de telles tentatives d'assassinat «aient lieu aux États-Unis». Les membres du sous-comité estimaient que, si Fidel apprenait que les États-Unis complotaient pour le renverser et qu'il décidait de riposter, il chercherait plutôt à assassiner un officiel américain à l'extérieur des États-Unis – dans un pays d'Amérique latine, par exemple.

RFK et les autres officiels américains qui travaillaient aux plans de contingence – et particulièrement ceux qui étaient au courant de la participation d'Almeida – avaient pour mission d'imaginer comment les États-Unis devraient réagir si, par exemple, l'ambassadeur américain à Panamá était assassiné et que son meurtre en venait à être lié d'une manière ou d'une autre à Cuba et au coup d'État que les États-Unis préparaient en secret. Dans une note rédigée en lien avec le coup d'État, Cyrus Vance soulignait l'importance de détenir «le type d'information qui permettrait au président de prendre des décisions viables» et lui éviterait de se retrouver dans une situation «où il lui manquerait des renseignements essentiels et soigneusement évalués [...] au même moment où il se serait soumis à des pressions intenses qui l'obligeraient à réagir précipitamment». Sachant que toute attaque de l'armée américaine contre Cuba risquerait de déclencher une virulente offensive soviétique, Robert Kennedy et ses collaborateurs ne voulaient pas que le Congrès, la presse et le public fassent pression sur JFK et contraignent celui-ci à lancer une riposte hâtive contre Cuba si un officiel américain était assassiné en Amérique latine et que son meurtre était imputé à Castro. Imaginez la catastrophe si les États-Unis bombardaient La Havane et qu'on découvrait ensuite que l'officiel américain qu'ils avaient cherché à venger n'avait pas été assassiné par Fidel, mais par un tueur qui n'avait rien à voir avec Cuba.

Ma source anonyme m'a révélé certaines des conditions qui avaient été déterminées afin que JFK puisse réagir de manière raisonnable et informée si un officiel américain était assassiné en Amérique latine. Les États-Unis veilleraient en premier lieu à contrôler et limiter la publicité initiale afin que les médias d'information ne puissent pas soulever un tollé général qui inciterait la population à exiger une riposte militaire immédiate contre Cuba. Tous les liens possibles existant entre l'assassinat de l'officiel américain et le projet de coup d'État devaient être cachés à la presse, cela dans le but de protéger le commandant Almeida. Les agences fédérales telles que le FBI devaient assumer le contrôle de l'enquête aussitôt que possible, retirant aux autorités locales toute juridiction et s'appropriant tout élément de preuve jugé important. L'autopsie de la victime devait être réalisée dans un établissement militaire américain sécurisé pour qu'il n'y ait pas de fuites dans les médias.

Ironie du sort, toutes ces mesures qui étaient censées donner à JFK le temps et l'information dont il aurait besoin pour élaborer une réponse appropriée contre Cuba, du contrôle des médias à l'autopsie militaire – qui dans son cas s'avérerait très controversée –, seraient mises en application lors de son propre assassinat. Les politiques établies dans les plans de contingence visant à protéger le secret du coup d'État JFK-Almeida en cas de coup dur seraient donc à l'origine du mystère qui entoure encore aujourd'hui la mort du président Kennedy. L'opération de dissimulation mise en branle après l'assassinat de JFK serait d'autant plus efficace que les dirigeants américains qui avaient travaillé dans les mois précédents à concevoir des scénarios axés sur l'assassinat hypothétique d'officiels américains par Castro se montreraient extrêmement réceptifs lorsque la Mafia, après le meurtre de JFK, pointerait Fidel du doigt.

Bien des gens, au sein de la CIA et ailleurs, ont soutenu l'hypothèse selon laquelle Castro était responsable de l'assassinat du président Kennedy. Ils s'appuyaient en cela sur des commentaires que le leader cubain avait faits au reporter de l'Associated Press Daniel Harker en septembre 1963. Dans une entrevue accordée à Harker à La Havane, Castro avait condamné les raids menés par les exilés cubains contre Cuba – raids qui, malgré des démentis publics apportés à cet effet, étaient bel et bien parrainés par JFK. Harker cita dans son article ces paroles de Castro: «Nous sommes prêts à nous battre contre nos agresseurs et à leur rendre la pareille. Les leaders des États-Unis doivent savoir que, s'ils accordent leur appui à des plans terroristes visant à éliminer des leaders cubains, leur propre sécurité s'en trouvera compromise.» Dans les jours suivant la mort de JFK, plusieurs ont prétendu que cette remarque de Castro constituait une menace de mort à l'endroit du président américain. Certaines personnes continuent de croire à ce jour que c'était effectivement le cas, et ce, en dépit du fait que le commentaire n'avait pas été perçu de la sorte au moment de la parution de l'article.

Anthony Summers écrivit des années plus tard que Castro avait dit aux enquêteurs du Congrès américain que ses mots « ne devaient pas être interprétés comme une menace physique dirigée contre des citoyens ou dirigeants américains », mais qu'il avait plutôt cherché « à avertir Washington qu'il était au courant des complots que le gouvernement américain tramait contre lui, et que ces complots créaient "un très mauvais précédent" qui risquait "de se retourner contre ses auteurs" ». Selon l'ancien chef de la sécurité d'État sous Fidel, Fabian Escalante, Castro aurait plutôt déclaré ceci : « Les leaders américains doivent se montrer prudents, car ils risquent de voir ces opérations [anti-Castro] échapper à leur contrôle. » Cette déclaration du dictateur cubain avait quelque chose de prophétique, étant donné que le meurtre de JFK serait perpétré par des individus également impliqués dans les complots d'assassinat contre Castro – et elle était d'autant plus prophétique que certains de ces individus, Morales et Rosselli parmi eux, ne se confesseraient du meurtre de JFK que bien des années après que Castro eut fait cette déclaration au Congrès. Certaines personnes ont prétendu que Fidel avait fait assassiner JFK pour que Lyndon Johnson puisse lui succéder à la présidence. Mais, ainsi que l'ont souligné bon nombre d'historiens, Fidel n'avait aucun intérêt à ce que Johnson devienne président. « Quiconque succédera au président Kennedy se montrera probablement encore plus dur que lui envers Cuba », avait commenté Castro à l'époque. Summers soulèverait un point intéressant que Castro lui-même n'avait sans doute pas songé à évoquer : « Si Castro avait vraiment voulu s'en prendre au président Kennedy, il ne l'aurait pas annoncé deux mois à l'avance à la presse américaine. »

Il est important de réitérer que John Crimmins, qui travaillait à l'élaboration des plans de contingence cubains pour le département d'État au moment où Fidel Castro s'adressa au Congrès, ne considérait pas le commentaire de Fidel comme une menace dirigée contre JFK. Selon Crimmins, le fait que la remarque du leader cubain coïncidait avec le début de leurs travaux sur les plans d'urgence n'était que le fruit d'un hasard, et il se disait convaincu que Castro n'avait pas eu un rôle à jouer dans la mort de JFK.

Presque tous les éléments étaient en place pour le coup d'État. Les troupes américano-cubaines avaient terminé leur entraînement à

Fort Benning et elles étaient prêtes à passer à l'action. Un des leaders des groupes d'exilés avait été averti de la participation du commandant Almeida, et des notes de la CIA confirment qu'Harry Williams avait rencontré les leaders exilés libéraux Manolo Ray et Eloy Menoyo pour obtenir leur engagement formel dans son opération. Il avait été convenu que, si Ray et Menoyo ne s'engageaient pas pleinement vis-à-vis de Williams, celui-ci ne les informerait pas au sujet d'Almeida – une note racontant la rencontre entre Williams et Manolo Ray fait tout de même référence, quoique de manière cryptique, au commandant cubain.

Les leaders exilés Manuel Artime et Tony Varona avaient quant à eux été informés de la collaboration du commandant Almeida, mais ils se montraient problématiques. Artime cherchait de plus en plus à contourner Williams pour avoir directement accès à Robert Kennedy, ce qui occasionnait des frictions entre les deux hommes. Artime travaillait aux complots CIA-Mafia à l'insu de Williams. Or, les officiels de la CIA qui étaient au courant des rapports qu'entretenait Artime avec la Mafia utilisaient ce fait comme une « couverture » pour que la CIA lui fournisse des armes. Pendant ce temps, Tony Varona fournissait à l'ex-président cubain Carlos Prio des renseignements au sujet du coup d'État JFK-Almeida. Nous savons par certaines notes de la CIA que Prio, qui était un associé de Trafficante, était mécontent parce qu'il estimait que c'était lui et non Williams qui aurait dû mener le putsch.

Un autre associé de Trafficante, Bernard Barker, avait aidé l'agent de la CIA E. Howard Hunt à effectuer le paiement initial de 50 000 $ à Almeida, afin que celui-ci puisse faire sortir sa femme et ses enfants de Cuba pour les mettre en sécurité à l'étranger. (La somme totale promise au commandant était de l'ordre de 500 000 $, ce qui équivaut à près de trois millions de dollars de nos jours.)

Rosselli avait aussi accès à des renseignements concernant le coup d'État, mais sa source à lui était David Morales, un individu avec qui il était en train d'établir des liens de plus en plus étroits. Morales était également impliqué dans les complots CIA-Mafia, ainsi que ce complot d'assassinat contre Castro qui était élaboré en parallèle avec la complicité du fonctionnaire cubain Rolando Cubela.

Avec toutes ces ressources en place, Marcello, Trafficante et Rosselli étaient presque prêts à lancer un premier attentat contre JFK. Ne leur manquait plus que trois éléments afin de compléter leur plan : ils avaient besoin de tueurs à gages expérimentés pour assassiner le président; d'un bouc émissaire qui porterait le blâme; et d'un autre assassin qui serait prêt à éliminer rapidement ledit bouc émissaire.

Nous allons révéler ici pour la première fois comment Carlos Marcello s'est procuré deux des tueurs à gages qu'il a utilisés pour tuer le président Kennedy. En 1985, Marcello a raconté à son compagnon de cellule Jack Van Laningham, qui était alors informateur pour le FBI, qu'il «avait fait venir deux ritals directement d'Italie» pour assassiner JFK. Le parrain avait expliqué à Van Laningham que les assassins s'étaient d'abord rendus au Canada pour entrer ensuite aux États-Unis par le Michigan. Marcello se trouvait dans la cellule qu'il partageait avec Van Laningham lorsqu'il lui fit cette confidence. Or, à ce moment-là, le FBI enregistrait en secret les conversations des deux hommes à l'aide d'un micro caché dans une radio à transistors que Van Laningham avait offerte au mafioso.

Cette confidence de Marcello est inédite; elle n'a jamais été publiée ou divulguée auparavant. Il est important de noter qu'en 2004, soit six ans avant que Van Laningham me rapporte les propos de Marcello, l'auteur Charles Brandt a publié un ouvrage dans lequel on trouve une information qui vient étayer le récit de Van Laningham. Le livre de Brandt porte sur un assassin de la Mafia du nom de Frank Sheeran, qui était aussi un associé de Jimmy Hoffa au sein des Teamsters. Dans cet ouvrage intitulé *I Heard You Paint Houses: Frank "The Irishman" Sheeran and the Inside Story of the Mafia, the Teamsters, and the Last Ride of Jimmy Hoffa*, Sheeran relate cette pratique tout à fait singulière du parrain:

> Carlos Marcello avait l'habitude d'aller chercher en Sicile des orphelins de la guerre qui n'avaient aucune autre parenté. Il les faisait entrer clandestinement au Canada – par Windsor, par exemple, sur la rive opposée de Detroit. On faisait croire à ces orphelins siciliens que, s'ils rendaient un service à certaines personnes, ils auraient le droit de rester en Amérique. [...] On leur faisait tuer quelqu'un, on les faisait monter dans un véhicule pour prendre la fuite, puis on les conduisait à un endroit où on les exécutait, sachant que personne en Sicile ne partirait à leur recherche vu qu'ils étaient orphelins. Comme il n'y avait pas de famille, il n'y aurait pas de vendetta.

Marcello avait dit à Van Laningham que les deux tueurs à gages qu'il avait fait venir d'Italie étaient entrés aux États-Unis par Selfridge. Or, il n'y a qu'une seule municipalité de ce nom au Michigan et elle abrite une base de la Garde nationale aérienne, de l'autre côté de Windsor, juste en bordure de la rivière Detroit. Distante de quelques dizaines de kilomètres à peine du restaurant où Jimmy Hoffa serait aperçu pour la dernière fois avant sa disparition, Selfridge était située non loin du poste frontalier dont parle Frank Sheeran et que Marcello utilisait pour faire entrer ses assassins-orphelins siciliens aux États-Unis.

Marcello employait également cette porte d'entrée vers les États-Unis à d'autres fins : ses associés de la French Connection utilisaient cette route pour importer l'héroïne européenne qui transitait par Montréal. Le réseau d'héroïne montréalais se livrait en parallèle à un racket clandestin visant à fournir de faux papiers et de fausses identités aux immigrants illégaux, par des pratiques que l'on qualifierait aujourd'hui de vol d'identité. La Mafia américaine acheminait par ce réseau les nouvelles recrues venues de Sicile et d'Italie qui avaient besoin d'une fausse identité en guise de couverture. Le racket de faux papiers du réseau d'héroïne était dirigé par trois mafiosi, dont deux étaient des associés de longue date de Michel Victor Mertz, le partenaire de Marcello dans la French Connection. Il était logique pour Marcello d'introduire les assassins de Kennedy par cette voie du nord du pays, d'une part parce qu'il y avait un réseau en place pour leur fournir de fausses identités qui les rendraient difficiles à retracer, d'autre part parce que cette porte d'entrée se trouvait près de Chicago, où était prévue la première tentative d'assassinat contre JFK.

En 1989, soit plusieurs années avant les révélations de Jack Van Laningham et de Frank Sheeran, le biographe de Marcello, John H. Davis, en était arrivé à un scénario similaire en se basant sur les méthodes habituelles du mafioso : « Les individus qui ont commis l'assassinat [pour Marcello] venaient très certainement d'un autre État américain ou de l'extérieur du pays [...]. Une fois leur mission accomplie, ils auraient rapidement quitté les États-Unis. »

Carlos Marcello n'a pas dit à Van Laningham la date exacte à laquelle les tueurs à gages étaient entrés aux États-Unis. Par conséquent, nous ne savons pas s'ils sont allés à Chicago ou directement à La Nouvelle-Orléans après que l'attentat de Chicago eut été annulé. Et ils n'étaient probablement pas les seuls assassins à avoir été engagés, mais simplement ceux fournis par Marcello. Trois villes avaient été ciblées pour l'assassinat – Chicago, Tampa et Dallas – et trois boucs émissaires avaient été identifiés, soit Vallee, Lopez et Oswald, un pour chacun des chefs de la Mafia impliqués dans l'affaire. Rosselli, Trafficante et Marcello combinaient leur coup depuis si longtemps, prenant soin de planifier trois attentats, qu'il est naturel de penser qu'il y avait aussi redondance du côté des assassins. Les conspirateurs avaient sûrement prévu au moins deux équipes de deux hommes chacune dans l'éventualité où il arriverait quelque chose à un ou deux des tueurs avant que Kennedy soit exécuté. Plusieurs meurtriers potentiels ont été soupçonnés au fil des années, dont Herminio Diaz, l'homme de main de Trafficante ; le trafiquant d'héroïne et assassin reconnu Michel Victor Mertz ; le tueur à gages de Chicago Charles Nicoletti ; ainsi qu'un ou deux des exilés cubains hyper entraînés qui travaillaient pour Rosselli et étaient tireurs d'élite.

Comme c'est souvent le cas dans les opérations secrètes ou criminelles, les artisans du complot contre JFK n'ont probablement divulgué à leurs exécutants que l'information qu'ils avaient besoin de savoir, au moment approprié. Très peu de gens à part Marcello, Trafficante et Rosselli devaient connaître tous les détails du plan. Cette façon de faire leur permettrait de minimiser les fuites si un des participants était arrêté.

Le 3 octobre 1963, Lee Oswald quittait Mexico pour retourner à Dallas. À la manière inusitée dont s'effectuaient ses transits aux douanes et postes frontaliers, on peut en déduire qu'il continuait de travailler légitimement pour une quelconque agence de renseignement. Après la mort d'Oswald, un article du *New York Herald Tribune* révéla qu'un « agent des douanes américaines du nom d'Oran Pugh [avait] dit que [...] "le département américain de l'Immigration avait un dossier sur le voyage d'Oswald" » et que « la manière dont Oswald avait été contrôlé par les agents d'immigration des États-Unis à son entrée et à sa sortie du Mexique [...] ne suivait pas la procédure habituelle ». Un article du *New York Times* paru à la même époque mentionnait que, lorsque Oswald avait traversé la frontière du Texas pour entrer au Mexique, « ses mouvements étaient surveillés à la demande d'une "agence fédérale de Washington" ». La source du *Times* était William M. Kline, adjoint à l'agent-chef du service d'enquête du FBI au poste frontalier de Laredo, au Texas. Le lendemain de la parution de ce premier article, le *Times* faisait la même constatation à partir de Mexico : « On a signalé ici aussi qu'une agence américaine non identifiée suivait les mouvements d'Oswald durant son voyage au Mexique.» Il y a dans les transcriptions d'audience de la commission Warren une remarque du sénateur Richard Russell selon laquelle Oswald serait revenu du Mexique «à bord d'une voiture», ce qui est étrange vu qu'il ne possédait ni voiture ni permis de conduire – la version officielle qui paraîtrait dans le rapport final de la commission dirait qu'Oswald était rentré aux États-Unis en autobus. Quoi qu'il en soit, ces révélations concernant Oswald laissent supposer qu'il était effectivement impliqué dans une opération de la CIA, et cela tout en étant surveillé par les services de renseignement de la marine.

L'épouse d'Oswald, Marina (qui attendait un autre enfant), et leur fillette vivaient à ce moment-là à Dallas chez Ruth Paine, une amie de la famille. Les Oswald avaient été présentés à elle plus tôt dans l'année par George DeMohrenschildt, cet ami farouchement anticommuniste de Lee qui était lui aussi un atout de la CIA.

À son arrivée à Dallas le 3 octobre 1963, Oswald s'installa d'abord au YMCA pour élire ensuite domicile dans une maison de chambres. Il solliciterait sans succès un emploi dans une imprimerie, puis, se voyant forcé de quitter l'établissement où il habitait, il passerait un autre bref séjour au YMCA. Oswald résiderait ensuite dans une maison de chambres du quartier Oak Cliff de Dallas, s'y inscrivant sous le pseudonyme d'«O. H. Lee».

Le 15 octobre, Oswald postula pour un emploi à l'entrepôt de livres scolaires du Texas, lequel occupait un édifice de huit étages au centre-ville de Dallas. Ruth Paine, l'amie de Marina, avait appris d'un voisin dont le frère travaillait là qu'il y avait un poste vacant. Oswald commença à y travailler dès le lendemain. Paine reçut au même moment un appel d'un individu qui offrait à Oswald un poste dans une autre entreprise, pour un salaire beaucoup plus élevé. Paine aurait-elle omis de communiquer le message à Oswald? Ou ce dernier avait-il préféré, pour quelque mystérieuse raison, travailler à salaire moindre à l'entrepôt de livres? Nul ne le sait. Une chose est certaine, c'est que sa décision – si décision il y avait eu – ne pouvait pas être motivée par l'emplacement de l'entrepôt par rapport au défilé du président, puisque le passage de JFK à Dallas (et le fait que son cortège passerait devant l'entrepôt de livres) ne serait annoncé que le 19 novembre. Cela dit, il est vrai que les défilés présidentiels passaient traditionnellement par Dealey Plaza – Franklin Roosevelt l'avait fait et JFK aussi, en 1960, alors qu'il était candidat à la présidence. Ces précédents cortèges s'étaient cependant déplacés dans la direction opposée à celle qu'emprunterait JFK le 22 novembre, et ils n'avaient pas dévié de Main Street comme Kennedy le ferait pour passer par Houston Street puis, finalement, par la rue Elm, où se trouvait l'entrepôt de livres. Quoi qu'il en soit, les conspirateurs qui complotaient la mort de JFK devaient déjà savoir en octobre 1963 que son cortège passerait à proximité de l'entrepôt; en admettant que ce fût le cas, il est possible que les agents responsables d'Oswald – qui étaient encore probablement Guy Banister et David Ferrie – l'aient encouragé à conserver son emploi à l'entrepôt plutôt que d'accepter le poste plus lucratif qui lui était offert.

La seconde fille de Marina et Lee Oswald naîtrait quatre jours après que ce dernier eut commencé à travailler à l'entrepôt de livres scolaires du Texas. Le couple Oswald nomma l'enfant Audrey Marina Rachel. Même après cet heureux événement, Lee et Marina continuèrent de vivre séparément. Oswald visitait son épouse au domicile de Ruth Paine durant les week-ends, s'y rendant parfois en compagnie d'un confrère de travail du nom de Wesley Buell Frazier.

Bien que les activités auxquelles Oswald s'adonnait les soirs de semaine et les week-ends où il ne visitait pas son épouse n'aient pour l'essentiel pas été documentées, il profitait probablement de ces moments libres pour appeler des individus liés à ses activités d'espionnage ou aux services de renseignement de la marine, qui gardaient toujours sur lui un œil attentif. Un collègue d'Oswald à l'entrepôt de livres disait que, «durant son heure de lunch, Oswald avait l'habitude de passer plusieurs brefs coups de fil». Étant donné qu'Oswald connaissait très peu de gens à Dallas mise à part son épouse – son bon ami George DeMohrenschildt avait quitté le pays sept mois plus tôt –, c'est à se demander qui il pouvait bien appeler. Nous ignorons à ce jour qui étaient les destinataires de ces mystérieux appels.

Le statut d'espion d'Oswald était un secret bien gardé, de sorte que très peu d'agents sur le terrain en étaient informés. Bien qu'à certains moments le FBI ait aidé les services de renseignement de la marine à surveiller Oswald, les agents du Bureau qui appliquaient une telle surveillance ne devaient pas connaître grand-chose à son sujet et ils ne savaient certainement pas à quelles fins étaient utilisés les rapports de surveillance qu'ils soumettaient à leurs supérieurs.

Les 1er et 5 novembre 1963, un agent du FBI de Dallas du nom de James Hosty rendit visite à Marina Oswald. Lorsque Lee eut vent de la chose, il écrivit une note à Hosty, l'enjoignant de rester à l'écart. Oswald craignait qu'Hosty ne songe à dévoiler son secret et à éventer cette couverture qu'il construisait si laborieusement depuis tant d'années. Le 12 novembre, Oswald livra personnellement sa missive au bureau du FBI à Dallas. Peu après la mort d'Oswald, Hoover ordonna au FBI de Dallas de détruire ce message écrit de sa main. L'existence de cette note – ainsi que le fait qu'elle ait été détruite – fut cachée à la commission Warren et au public américain. La teneur de la note et les circonstances de la visite d'Oswald au bureau du FBI donnèrent lieu à trois versions conflictuelles des faits lorsque le Congrès enquêta sur la chose au milieu des années 1970. Dans son message, Oswald disait essentiellement à l'agent Hosty : « Cessez d'importuner ma femme [et] adressez-vous à moi directement si vous voulez me parler. » Une secrétaire du bureau de Dallas qui avait lu la note d'Oswald déclara qu'il y était question de « faire sauter » les locaux du FBI. On peut aisément écarter cette version des faits, car une menace écrite promettant de faire sauter le bureau du FBI de Dallas, qui plus est livrée en personne par un communiste reconnu qui avait fait défection en Russie, n'aurait pas manqué en 1963 – comme aujourd'hui d'ailleurs – de susciter une réaction vive et immédiate de la part du FBI. L'agent Hosty et son superviseur proposèrent des versions différentes de l'incident, assurant que la note d'Oswald ne pouvait pas être interprétée comme une menace sérieuse. Qui dit la vérité ? Selon les éléments de preuve dont nous disposons, il est probable qu'Oswald ait simplement écrit à Hosty pour l'avertir de ne pas griller sa couverture d'agent secret.

Après le meurtre de JFK, plusieurs témoins rapportèrent des incidents étranges impliquant un individu qu'ils reconnurent *a posteriori* comme étant Oswald : certains affirmaient l'avoir vu piquer une crise sur un champ de tir ; d'autres l'auraient vu visiter un concessionnaire automobile pour faire un essai routier, disant qu'il était parti à grande vitesse au volant d'un véhicule (Oswald n'avait pourtant ni permis de conduire ni argent pour acheter une voiture). Les incidents rapportés avaient une chose en commun : chacun d'eux semblait être un geste d'éclat visant à attirer l'attention. Certains de ces gestes avaient sans doute été posés par Oswald lui-même, possiblement à la demande de Ferrie ou Banister (dans le cas de l'incident chez le concessionnaire, peut-être Oswald avait-il réellement pris le volant pour effectuer un essai routier, rêvant de tout ce qu'il pourrait s'acheter une fois que sa mission à Cuba serait achevée et qu'il pourrait révéler ses péripéties d'agent secret au public américain), mais d'autres avaient vraisemblablement été posés par un ou des individus qui se faisaient passer pour Oswald. Il est aussi probable que, dans certains cas, il y ait tout simplement eu erreur sur la personne. Nous ne nous étendrons pas ici sur ces événements, car on a amplement écrit et enquêté sur eux au cours des dernières décennies sans jamais en arriver à des conclusions définitives.

Plusieurs des activités auxquelles Oswald s'adonna durant l'été et l'automne de 1963 concordent de façon étonnante avec celles d'un autre ex-marine du nom de Thomas Arthur Vallee. Les activités des deux hommes s'étaient avérées si semblables au cours de cette période que les services secrets américains prirent soin de noter quelques-unes d'entre elles dans une note secrète rédigée trois jours seulement après l'assassinat de JFK.

Mais il y avait entre les deux hommes d'autres similitudes que les services secrets avaient omis de relever. Cet été-là, Oswald avait visité un camp où les exilés cubains s'entraînaient avec l'appui de la CIA, et il avait discuté avec un agent de la CIA de la possibilité d'assassiner Fidel Castro. À l'automne, Oswald avait déménagé dans une nouvelle ville, séjournant brièvement au YMCA avant de s'installer dans une maison de chambres. Il avait ensuite décroché un emploi dans un grand entrepôt situé au centre-ville, sur une des rues qu'emprunterait le cortège de JFK.

L'ex-marine Thomas Vallee avait suivi durant cette même période un parcours incroyablement similaire : il avait visité un camp d'entraînement pour exilés cubains parrainé par la CIA et avait rencontré un agent de la CIA pour discuter de l'assassinat potentiel de Castro ; il s'était installé dans une nouvelle ville, résidant d'abord au YMCA et emménageant ensuite dans une maison de chambres ; et tout comme Oswald, il avait trouvé un travail dans un grand entrepôt du centre-ville situé en plein sur le trajet qu'emprunterait le défilé présidentiel (sauf que, dans le cas de Vallee, il s'agissait du défilé qui aurait lieu à Chicago le 2 novembre 1963).

Il y avait entre Oswald et Vallee d'autres correspondances intéressantes qui laissaient supposer qu'ils avaient tous deux été manipulés de la même façon. À l'instar d'Oswald, Vallee avait menti à propos de son âge lorsqu'il était adolescent parce qu'il voulait désespérément se joindre aux marines. Mais alors que la supercherie s'avéra infructueuse dans le cas d'Oswald, Vallee, lui, réussit son coup : il battit pavillon pendant sept ans dans la marine américaine et se vit même octroyer, ainsi que le soulignait le quotidien *Chicago Daily News*, « la médaille du "Purple Heart" avec feuilles de chêne pour blessures reçues durant la guerre de Corée ».

À l'image d'Oswald, Vallee serait souvent dépeint par les autorités comme un être solitaire et troublé. Et comme ce fut le cas pour Oswald, Vallee se servait sans doute de cette image comme couverture pour occulter à sa famille et à son entourage des activités qu'il voulait garder secrètes. Longtemps après l'assassinat de JFK, Vallee avait raconté au journaliste d'enquête Edwin Black qu'il avait passé l'essentiel de son service dans la marine au Japon, plus précisément au camp d'Otsu, qui était l'une des bases d'avions espions U-2 qu'utilisait la CIA. On se souviendra que, durant son service, Oswald avait lui aussi été stationné au Japon sur une base d'avions U-2 – il s'agissait dans son cas de la base d'Atsugi. Autre congruence, les deux hommes semblaient avoir bénéficié d'un traitement de faveur du temps où ils étaient dans les marines : Oswald n'avait jamais été réprimandé par ses supérieurs pour son attitude russophile et franchement procommuniste ; Vallee avait été libéré honorablement de son service militaire après qu'un psychiatre de la marine eut posé sur lui un diagnostic de « réaction schizophrénique de type paranoïde [...] symptomatique de préoccupations axées sur l'homosexualité et la féminité », cela à une époque où l'armée n'accordait que très rarement une libération honorable aux homosexuels.

Durant l'été de 1963, Vallee, qui était alors âgé de trente ans, avait aidé la CIA à entraîner des exilés cubains à Long Island en prévision de « l'assassinat de Castro ». Cela évoque la visite d'Oswald au camp d'entraînement de Manuel Artime, ainsi que sa rencontre avec l'agent de la CIA David Atlee Phillips et le leader exilé cubain Antonio Veciana, rencontre durant laquelle il fut question de l'assassinat de Castro.

À l'automne 1963, les deux ex-marines déménagèrent chacun dans une nouvelle ville, Oswald retournant à Dallas et Vallee à Chicago, sa ville natale. Ainsi que l'ont noté les services secrets, ils résidèrent pendant un temps au YMCA de leur localité avant d'élire domicile dans une maison de chambres, puis ils tentèrent tous deux d'obtenir du travail dans une imprimerie. Oswald n'obtint pas le poste convoité, mais Vallee y parvint et commença bientôt à travailler chez IPP Litho-Plate, une firme de Chicago établie sur

West Jackson Boulevard, dans un édifice de sept étages situé sur la route prévue pour le défilé présidentiel du 2 novembre ; qui plus est, l'immeuble se trouvait à l'angle d'un virage serré qui obligerait le cortège à ralentir encore davantage son allure. Oswald et Vallee verraient donc le cortège présidentiel défiler devant leur lieu de travail respectif, quoique dans deux villes et à des dates différentes. Et tout comme Oswald, Vallee serait arrêté par la police le jour du défilé de JFK et aurait en sa possession une arme à feu ainsi que des munitions.

Il est clair que Vallee aurait fait un excellent bouc émissaire pour les patrons de la Mafia si ceux-ci avaient décidé d'assassiner JFK lors de sa visite à Chicago. D'autant plus que les correspondances entre Oswald et Vallee ne s'arrêtaient pas là. Alors qu'Oswald travaillait pour le raciste de droite Guy Banister, Vallee entretenait lui aussi des liens avec l'extrême droite. Au dire du *Chicago Daily News*, on avait trouvé «dans l'appartement de Thomas Vallee des pamphlets de la société John Birch», quoique Vallee lui-même disait être «un membre désaffilié de cette société». Le mafioso John Martino, qui était un proche collaborateur de Trafficante et Marcello, était identifié comme un conférencier dans les registres de la John Birch Society ; il figurait dans l'infolettre de septembre 1963, qui faisait mention du fait qu'il effectuait une tournée promotionnelle partout aux États-Unis pour faire mousser les ventes de son livre *I Was Castro's Prisoner* (J'étais le prisonnier de Castro). Lorsqu'il se confessa du rôle qu'il avait joué dans le meurtre de JFK, Martino dit qu'Oswald avait reçu des directives très précises pour le 22 novembre. Si des ordres similaires avaient été communiqués à Vallee en prévision de l'attentat de Chicago, il est probable que Martino en avait également été informé.

Personne n'a encore pu expliquer comment Vallee avait été amené à entraîner des exilés cubains pour la CIA dans le cadre des complots d'assassinat contre Castro. Cela dit, en faisant des recherches pour confirmer si Vallee habitait bel et bien à Long Island pendant l'été de 1963, le recherchiste Bill Adams découvrit qu'un ancien colocataire de Vallee avait déjà été arrêté pour vente illicite d'armes à feu. Compte tenu des nombreux liens existant entre la CIA, la Mafia, les exilés cubains et le trafic d'armes à feu, c'est peut-être par cette voie que Vallee en était venu à entrer en contact avec les exilés cubains et la CIA. Parmi les exilés cubains actifs dans la région de New York durant cette période, on trouve Tony Varona et Rolando Masferrer, qui étaient tous deux à la fois des atouts de la CIA et des associés de Santo Trafficante. Vallee lui-même reconnaît avoir été mêlé à cette époque à des activités qui auraient fait de lui un suspect de premier choix si JFK avait été tué à Chicago. « Vallee prétend avoir été piégé par un individu ayant une connaissance intime de ses activités, et notamment de la mission que lui avait confiée la CIA et qui consistait à entraîner des exilés cubains pour assassiner Castro », d'écrire le journaliste Edwin Black.

Les artisans du meurtre de JFK prirent également soin de lier Oswald à Chicago : peu avant la date prévue de l'attentat, Oswald, ou quelqu'un qui se faisait passer pour lui, serait de passage dans cette ville. Ce supposé voyage d'Oswald à Chicago, dans les semaines suivant son arrestation très médiatisée à La Nouvelle-Orléans, demeure à ce jour un fait peu connu quoique corroboré par plusieurs sources indépendantes. Si JFK était assassiné à Chicago, plusieurs témoins se souviendraient du passage d'Oswald dans cette ville ; et s'il était assassiné plus tard, à Tampa ou Dallas, on pourrait dire qu'Oswald était venu à Chicago pour traquer JFK.

Dans les années 1980, le chef du Ku Klux Klan a confié à la journaliste et auteure Patsy Sims qu'il avait rencontré Oswald à Atlanta. Dans *The Klan*, livre considéré comme un ouvrage de référence sur le KKK, Sims écrit : « Une de mes sources m'a dit que, durant l'été de 1963, Oswald était allé au bureau d'Atlanta de James Venable, "Grand Sorcier" du Klan, et avait demandé audience auprès de lui sous prétexte qu'il était à la recherche d'associés se réclamant de l'extrême droite. Venable soutient que c'était là le but de la visite d'Oswald. » Lors de cet entretien, Oswald aurait dit à Venable qu'il était en route pour Chicago.

On imagine mal pourquoi Venable aurait inventé une chose pareille, vu que cette visite liait Oswald aux « associés d'extrême droite » du Klan, ce qui donnait au FBI un excellent prétexte pour interroger Venable ou, pire encore, faire enquête sur lui.

Dans les années 1960, Venable était très proche d'un associé de Guy Banister : partisan de la suprématie de la race blanche, Joseph Milteer habitait dans l'État de la Géorgie et visitait fréquemment la ville d'Atlanta. Peu après l'attentat de Chicago, soit près de deux semaines AVANT que le président Kennedy soit tué à Dallas, Milteer s'était entretenu avec un informateur de la police de Miami qui enregistrait leur conversation en secret et, à cette occasion, il avait décrit avec force détails la manière dont se déroulerait l'assassinat de JFK. Milteer avait été aperçu en compagnie de Banister à

La Nouvelle-Orléans durant l'été de 1963, époque où, selon certains témoins, Oswald travaillait pour Banister et David Ferrie.

Les relevés téléphoniques de David Ferrie révèlent que du 16 au 20 août il avait reçu plusieurs appels interurbains à frais virés en provenance de Marietta, une municipalité située en banlieue d'Atlanta. Il est possible que ces appels aient été liés aux séjours d'Oswald dans cette ville. Plusieurs personnes, dont Hal Suit, le très respecté directeur des actualités dans la plus grande station télé de la ville, ont rapporté au FBI qu'elles avaient aperçu Oswald lors d'une de ses brèves escales à l'aéroport d'Atlanta. D'autres témoins ont dit au FBI qu'après avoir réglé sa note au Holiday Inn de Marietta, Oswald était parti en oubliant une arme à feu dans sa chambre. Bien qu'Oswald, ou la personne qui se faisait passer pour lui, soit promptement retourné à l'hôtel pour récupérer l'arme, c'était là un autre incident qui plaiderait en faveur de la culpabilité d'Oswald après l'assassinat de JFK. À ce stade-ci, il serait pertinent de noter qu'une visite du président Kennedy à Atlanta avait été planifiée pour la fin de l'été 1963 – il devait défiler dans la ville et y donner un grand discours public –, mais les démocrates de la région avaient demandé à ce que l'événement soit annulé ou rendu plus discret, sous prétexte que la position plutôt libérale de JFK en matière de droits civils n'était pas très populaire dans les États du Sud. La visite d'Oswald à Atlanta avait manifestement été organisée avant que les plans de JFK soient altérés.

Il était prévu que, d'Atlanta, Oswald se rendrait directement à Chicago. Cependant, il fit au passage une halte à l'Université de l'Illinois, laquelle est située dans la ville d'Urbana. Selon une note du FBI, Oswald se serait rendu au bureau du vice-doyen pour obtenir de l'information au sujet des organisations étudiantes cubaines de l'établissement, et il aurait demandé à la secrétaire « si elle l'avait vu à la télé à La Nouvelle-Orléans ». En se basant sur cette remarque, on peut déduire que la visite d'Oswald venait après le blitz médiatique qu'il avait généré à La Nouvelle-Orléans à la mi-août. La note du FBI mentionne aussi que, lors de sa visite, Oswald « [avait] manifesté de l'intérêt pour les organisations étudiantes à caractère humaniste ». En somme, Oswald s'était assuré que les autorités de l'université se souviendraient de lui comme d'un individu très intéressé aux causes de la gauche. Oswald s'était livré à des activités similaires à l'Université de La Nouvelle-Orléans : l'historien Michael L. Kurtz était étudiant de cette institution en 1963 ; or, il se rappelle avoir vu Oswald et Banister discuter d'intégration sur le site du campus avec des étudiants et étudiantes, et ce, plus d'une fois.

Il se pourrait bien qu'après avoir fait un saut dans l'Illinois, Oswald ait piqué une pointe jusqu'au Canada. Une semaine après l'assassinat de JFK, le bureau des douanes de Montréal du département du Trésor des États-Unis a transmis aux services secrets américains un rapport qui disait ceci : « Plusieurs personnes ont communiqué avec ce bureau récemment pour nous informer du fait qu'elles avaient vu Lee Oswald, principal suspect dans l'assassinat du défunt président Kennedy, distribuer des pamphlets intitulés *Fair Play for Cuba* à Montréal dans les rues Saint-Jacques et McGill durant l'été 1963. Le 27 novembre 1963, M. Jean-Paul Tremblay, enquêteur aux douanes et accise de Montréal, a déclaré avoir reçu en août de la même année le pamphlet mentionné plus haut plus haut des mains d'un homme qu'il a positivement identifié comme étant Oswald. M. Tremblay a également déclaré [...] qu'il travaillait sur des dossiers impliquant Cuba à ce moment-là et que c'est cela qui l'avait amené à reconnaître Oswald. » À cette époque, le Canada était, à l'instar du Mexique, une voie d'accès pour les Américains qui voulaient obtenir droit d'entrée à Cuba.

Ce voyage nordique entrepris par Oswald – ou par un individu qui se faisait passer pour lui – pendant l'été de 1963 avait manifestement pour but de lier celui-ci à Vallee, et inversement de lier Vallee à un communiste radical et pro-Castro en la personne d'Oswald. Il était déjà de notoriété publique qu'Oswald avait tenté d'infiltrer le DRE, le groupe anti-Castro dirigé par l'exilé cubain Carlos Bringuier, et donc les individus qui conspiraient contre JFK avaient peut-être cherché par ce voyage dans le Nord à lier Oswald à Vallee parce que celui-ci était anti-Castro et anti-Kennedy, et que, si l'attentat avait lieu à Chicago, ils pourraient faire croire que c'était Oswald qui avait incité Vallee à tuer JFK. Martino, Milteer, Banister et leurs complices garderaient ce lien en réserve pour ne le dévoiler que si JFK était tué à Chicago et Vallee, identifié comme son assassin.

Les nombreux parallèles existant entre Oswald et Vallee, et particulièrement ceux qui étaient liés à des actes posés d'août à novembre 1963, nous portent à croire que les personnes qui manipulaient Oswald et ses mouvements faisaient de même avec Vallee. Mais il y avait à Tampa un autre jeune homme dont les actions reflétèrent celles d'Oswald au cours de cette période : en nous basant sur diverses sources et documents gouvernementaux, nous fûmes à même d'établir dix-huit parallèles entre Oswald et le dénommé Gilberto Policarpo Lopez. Lopez était manifestement le bouc émissaire dont se serait servie la Mafia si l'assassinat de JFK s'était déroulé à Tampa – ou si elle avait eu besoin d'un second pigeon à Dallas.

Oswald et Gilberto Lopez avaient tous deux entretenu des rapports avec l'Union soviétique par le passé. Ils avaient tous deux fait défection dans un pays communiste et réintégré les États-Unis en 1962. Ils avaient tous deux eu des démêlés avec le Comité d'équité envers Cuba en 1963, peu après que la modeste organisation pro-castriste eut capté l'attention des journaux et du Congrès américain. Ils s'étaient tous deux bagarrés pour défendre leur position prétendument procastriste, mais à d'autres moments ils avaient fait des déclarations ouvertement anti-Castro. Ni l'un ni l'autre ne s'était joint au parti communiste ou n'avait cherché à s'associer sérieusement à des communistes américains. Ils étaient tous deux surveillés par les services de renseignement de la marine en 1963, et on les soupçonnait tous deux de travailler comme informateurs pour une agence gouvernementale américaine. Les deux hommes avaient à peu près le même âge, et quelques mois plus tôt chacun s'était installé dans une nouvelle ville et avait quitté son épouse peu de temps après. Oswald et Lopez vivaient chacun dans une ville où il y avait beaucoup d'activité anti-Castro et où la présence de la Mafia était très forte.

Pendant l'automne de 1963, Oswald et Lopez avaient entrepris chacun de leur côté un périple similaire, traversant la frontière au Texas à hauteur de Nuevo Laredo pour se rendre ensuite à Mexico et tenter d'obtenir droit d'entrée à Cuba – certains documents de la CIA nous apprennent que c'était là une route fréquemment utilisée par les agents américains en mission secrète. Selon les autorités gouvernementales américaines, Oswald et Lopez auraient tous deux fait une partie du voyage en voiture ; cependant, ni l'un ni l'autre n'avait de véhicule, de permis de conduire ou de chauffeur attitré. Des documents de la CIA démontrent que les deux hommes furent surveillés par l'Agence durant au moins une partie de leur voyage au Mexique. Autre parallèle révélateur : en novembre 1963, Oswald et Lopez travaillaient tous deux dans un immeuble situé sur la route qu'emprunterait l'un des défilés de JFK[23].

Ainsi que l'indiquent certains documents du FBI et du gouvernement américain, Lopez quitta Tampa peu après le passage de JFK dans cette ville pour se rendre au Texas. Un journaliste écrirait qu'il se trouvait à Dallas le 22 novembre 1963, jour de l'assassinat du président, mais la chose n'a jamais été confirmée. Après l'assassinat de JFK, la frontière entre les États-Unis et le Mexique fut fermée momentanément; or, les dossiers du FBI et de la CIA nous disent qu'une fois cette frontière rouverte, Lopez la traversa pour se rendre à Mexico et que de là, contrairement à Oswald, il obtint l'autorisation de s'envoler pour Cuba.

Ces parallèles démontrent que, dans les mois précédant le meurtre de JFK, Oswald et Lopez furent manipulés par les mêmes personnes et pour les mêmes motifs. Ils participaient chacun à leur manière à des activités de renseignement, mais ni l'un ni l'autre n'était conscient qu'il était manipulé par la Mafia. En situant Oswald à Tampa juste avant l'assassinat de JFK, la Mafia le liait à Lopez. Les deux pigeons potentiels étaient en place, les activités de l'un contribuant à incriminer l'autre. De plus, Oswald et Lopez étant dépeints comme des individus solitaires et troublés qui n'avaient pas d'amis proches: il serait d'autant plus facile de faire croire au public qu'ils avaient dirigé leurs frustrations contre JFK, au point de décider de le tuer.

Les pouvoirs en place révélèrent à la commission Warren très peu d'information au sujet de Gilberto Lopez. Les enquêteurs de la commission en apprendraient suffisamment sur lui pour conclure qu'il était «en mission» au moment où JFK fut assassiné. Toutefois, ils ne lui porteraient jamais grand intérêt, probablement parce qu'ils n'étaient pas au courant de l'attentat qui avait été planifié contre JFK à Tampa. Dans les années 1970, la CIA, le FBI et les services de renseignement de l'armée ont également dissimulé aux enquêteurs du Congrès des faits importants concernant Lopez. À la lecture de certaines notes du House Select Committee on Assassinations, il est clair que les enquêteurs savaient qu'ils se faisaient cacher des choses au sujet de Lopez, et ils furent incapables d'obtenir les renseignements qu'ils requéraient avant la fin de leur mandat.

Gilberto Policarpo Lopez était un jeune exilé cubain. Dans les premiers mois de 1963, il vivait au sud de Miami, sur une de ces îles floridiennes que l'on nomme Keys, mais dès l'automne suivant il était installé à Tampa. Ces deux régions de la Floride faisaient partie du fief de Santo Trafficante. Alors que les manipulations dont Oswald faisait l'objet émanaient du territoire de Marcello, les agissements qui lieraient Lopez au meurtre de JFK semblaient plutôt dictés par des individus travaillant pour Trafficante, et notamment par un proche collaborateur de David Ferrie du nom d'Eladio del Valle. Homme d'affaires et exilé cubain, del Valle était un partenaire de Rolando Masferrer et trempait dans le réseau de trafic de narcotiques de Trafficante. (Il fut assassiné brutalement en 1967, la nuit même où mourut David Ferrie.)

Trafficante devait certainement se douter que ce serait l'hystérie générale si un exilé cubain était identifié comme l'assassin de JFK, et ce, même s'il se «suicidait» par la suite ou était froidement abattu par quelqu'un comme Jack Ruby. Dès l'instant où un assassin cubain serait exhibé devant les caméras de télévision, le peuple américain exercerait une pression incroyable sur son gouvernement pour qu'il envahisse Cuba – et Trafficante savait fort bien que les États-Unis étaient déjà prêts à lancer une telle invasion, puisque plusieurs de ses associés avaient infiltré le projet de coup d'État JFK-Almeida.

Si Oswald était sciemment impliqué dans des activités de renseignement – ce que les faits démontrent sans l'ombre d'un doute –, il n'en était pas nécessairement de même de Gilberto Lopez. Bien qu'un ancien chef d'unité des services de renseignement de la Floride m'ait affirmé que Lopez était informateur pour une agence fédérale américaine, il est possible que celui-ci ait rempli ce rôle à son insu : on soupçonne en effet qu'un de ses amis ou associés rapportait à l'agence en question les informations que Lopez lui confiait. Il se peut également que cet ami ou associé l'ait manipulé en lui faisant miroiter la possibilité d'obtenir un passeport américain valide, document dont Lopez avait besoin pour voyager librement entre Cuba et les États-Unis – sa famille vivait toujours à Cuba, à l'exception de son frère qui était en Russie.

J'ai étudié tous les documents déclassifiés portant sur Lopez, scruté les demandes qui ont été faites pour que d'autres documents soient libérés, et réalisé une entrevue exclusive avec son épouse. Or, à la lumière de tous ces renseignements, je ne crois pas que Gilberto Lopez ait volontairement participé à l'assassinat de JFK ou aux activités criminelles de Trafficante. Les circonstances ont tout simplement joué en sa défaveur pour faire de lui le bouc émissaire parfait dans le complot d'attentat de Tampa.

Étant tous les trois des atouts de la CIA, Marcello, Rosselli et Trafficante savaient que, si JFK était assassiné en public moins d'un an après la crise des missiles et que son meurtrier était lié à Cuba ou à la Russie, les dirigeants du gouvernement américain seraient confrontés à deux options peu réjouissantes pour eux, mais très positives pour la Mafia : soit ils céderaient aux pressions du public et lanceraient une attaque contre Cuba, ce qui aurait pour effet de retarder le processus d'enquête sur le meurtre du président; soit ils chercheraient à colmater le tollé général en taisant la véritable identité du tueur, ce qui leur éviterait de lancer des représailles susceptibles de provoquer une troisième guerre mondiale, mais jugulerait par la même occasion toute possibilité d'enquêter librement sur la mort de JFK.

L'historien et spécialiste des services secrets John Newman a dit : « Cette fameuse "troisième guerre mondiale" a servi de prétexte à l'opération de dissimulation entreprise au nom de la sécurité nationale après l'assassinat du président Kennedy. » Oswald et Lopez étaient d'excellents choix pour déclencher les mécanismes de dissimulation dont parle Newman. C'était moins vrai dans le cas de Thomas Vallee. Conscients de cet état de choses, les artisans du complot contre JFK – et notamment le bon ami de Rosselli, David Morales – avaient trouvé un autre pigeon potentiel qu'ils pourraient aisément situer à Chicago et Dallas juste avant les dates prévues pour les attentats.

Des documents de la CIA rapportent qu'un homme mystérieux venu de Cuba se trouvait dans la région de Chicago juste avant la date du défilé de JFK. Le Cubain en question se nommait Miguel Casas Saez, alias Angel Dominguez Martinez, et semblait toujours avoir une longueur d'avance sur les autorités. Il avait été aperçu en Floride dans les semaines qui avaient précédé le passage de JFK à Tampa, mais ce qui était encore plus intrigant – et ce que confirment les rapports de la CIA –, c'est qu'il se trouvait à Dallas le jour où JFK a été tué. Immédiatement après l'assassinat du président, Saez s'est enfui à Mexico où un avion d'Air Cubana l'attendait – l'appareil avait été retenu pendant cinq heures tout spécialement pour lui, et on prétend même qu'il a fait le voyage dans le cockpit pour éviter d'être vu des autres passagers. Des témoignages de troisième main provenant des informateurs exilés cubains de David Morales (la CIA avait attribué à ces espions le nom de code AMOT) disent qu'à son retour des États-Unis, Saez, qui était auparavant sans le sou, avait soudain de l'argent en poche et tout un assortiment de vêtements américains. À l'instar de Lopez et d'Oswald, Saez arborait des liens avec la Russie : il avait suivi un cours de russe et « parlait très bien cette langue », selon une note de la CIA. Cette aptitude linguistique aurait permis à Saez de communiquer aisément avec les milliers de conseillers et techniciens russes qui se trouvaient toujours à Cuba en 1963.

S'il faut en croire les rapports des agences de renseignement américaines, le mystérieux Miguel Saez se trouvait toujours au bon endroit pour déclencher ce «prétexte d'une troisième guerre mondiale» dont parlait John Newman. La possibilité que Saez et Lopez fussent des agents de Castro était un grand sujet de préoccupation pour James Angleton, le puissant chef du service de contre-espionnage de la CIA.

On soupçonne aujourd'hui que Saez n'a jamais existé, qu'il était un personnage inventé de toutes pièces par les informateurs de David Morales ; cependant, en 1963 et 1964, la CIA, le FBI et les autres agences américaines étaient convaincus qu'il était bien réel. Pour tout dire, l'intérêt que les officiels américains ont porté à Saez dans les jours cruciaux qui ont suivi le meurtre de JFK s'est vite estompé. Même que son nom n'apparaît nulle part dans les rapports qui mentionnent le fait qu'un avion d'Air Cubana avait été retenu. Les renseignements les plus compromettants que la CIA détient à son sujet sont tous issus de témoignages de troisième main provenant de sources peu fiables dont les noms n'ont jamais été dévoilés. Une chose que nous savons hors de tout doute, c'est que ces sources travaillaient toutes pour David Morales. Étant à la tête de plusieurs opérations secrètes partant de l'impressionnant poste de Miami de la CIA, Morales était idéalement positionné pour insérer dans le vaste système de collecte de données de l'Agence des rapports alarmistes concernant Saez. Morales ne savait que trop bien comment réagiraient les dirigeants américains qui avaient accès à cette base de données quand ils prendraient connaissance de ces rapports secrets après le meurtre de JFK.

Si Saez était réel, il n'était probablement qu'un exécutant de bas niveau envoyé aux États-Unis pour une affaire de contrebande. Morales et ses associés l'auraient manipulé de manière que ses déplacements aient l'air suspects lorsque jaugés à la lumière du meurtre de Kennedy. Les chefs de la Mafia qui complotaient la mort de JFK avaient besoin que Saez et Lopez soient à Dallas (ou du moins que des témoins puissent dire qu'ils y étaient) au cas où l'assassinat du président serait attribué à plus d'un tireur, ou dans l'éventualité où il arriverait quelque chose à Oswald avant l'attentat.

Une foule de renseignements fallacieux liant Fidel Castro au meurtre de JFK feraient surface dans les mois, jours et semaines précédant l'attentat. La plupart de ces renseignements provenaient d'associés de Trafficante, Morales, Rosselli ou Barker. Marcello,

Trafficante et Rosselli savaient que ces allégations étaient cruciales du fait qu'elles contribueraient à mettre en branle l'opération de dissimulation qui assurerait leur protection après l'assassinat de Kennedy, opération à laquelle le gouvernement américain serait contraint de se prêter « dans l'intérêt de la sécurité nationale, pour éviter le déclenchement d'une troisième guerre mondiale ».

Jack Ruby avait des contacts à Chicago, Tampa et Dallas, qui étaient les trois villes faisant partie du complot contre JFK. Ses supérieurs lui avaient probablement confié à Chicago le même rôle qu'à Dallas : il en revenait à lui de voir à ce que le bouc émissaire choisi par la Mafia soit rapidement éliminé. Ruby avait grandi à Chicago et était retourné y vivre pendant quelque temps dans les années 1950, et donc il avait là de nombreux amis ainsi que des parents proches. Le journaliste Seth Kantor a souligné que Ruby « avait rencontré à Dallas deux détectives de Chicago pour leur communiquer certaines informations ». C'était là les premiers liens d'informateur que Ruby entretiendrait avec la police de Chicago.

Ruby est entré en contact avec d'autres individus associés à Chicago dans les mois et semaines qui ont précédé le passage de JFK dans la ville. Le 7 octobre 1963, trois semaines seulement avant la date prévue pour l'attentat, Ruby se rendit à Dallas pour y rencontrer l'homme d'affaires Lawrence Meyers – David Ferrie avait appelé ce dernier le 24 septembre. La veille de l'assassinat de JFK, Ruby dînerait à Dallas en compagnie de Meyers au restaurant de Joe Campisi, lieutenant de Marcello dans cette ville.

En octobre 1963, Ruby reçut en prévision de l'attentat de Chicago une enveloppe contenant 7000 $, qui lui fut remise dans cette même ville par un associé de Jimmy Hoffa. Ce paiement venait quelques semaines seulement après que Ruby fut allé voir Johnny Rosselli à Miami.

Je me suis entretenu avec un individu du nom de Jim Allison qui a été témoin avec son épouse de ce paiement que Ruby a reçu de main à main. Homme d'affaires respecté, Allison évoluait en 1963 dans le domaine des relations publiques ; il était ami avec Pierre Salinger, le secrétaire de presse de JFK, mais, comme il le dit lui-même, son travail l'amenait à côtoyer « toutes sortes de personnages hauts en couleur, y compris des gangsters de la Mafia ». Un de ces personnages, A. Gordon Hardy, avait emmené Allison dans la vaste suite que Jimmy Hoffa occupait à l'hôtel Bismarck de Chicago et l'avait présenté au président des Teamsters. Allison comprit alors que Hardy était lié à la Mafia. Les deux hommes continuèrent néanmoins de se côtoyer et, au fil du temps, Hardy en vint à considérer Allison comme un homme digne de confiance.

Le week-end du 27 octobre 1963, Allison était à Chicago par affaires et Hardy l'invita à l'accompagner au match opposant les Bears de Chicago aux Eagles de Philadelphie. Les deux hommes convinrent de se rejoindre le dimanche suivant au café du Bismarck. Le matin de la rencontre, Allison déjeunait au café lorsque Hardy se pointa avec deux billets pour le match de football. Allison se souvient qu'il était en train de discuter avec Hardy quand «un homme courtaud fit son entrée dans le café» et attira le regard de Hardy. Ce dernier s'excusa auprès d'Allison, disant qu'il devait donner à l'individu «de l'argent pour payer son déjeuner». À ces mots, Hardy sourit et sortit de sa poche une enveloppe de format nº 10 bourrée de billets de 100 $ – Allison étant un ami en qui il avait confiance, Hardy n'avait pas hésité à le régaler en lui montrant le contenu de l'enveloppe. Hardy se dirigea alors vers «l'homme courtaud» et lui remit la fameuse enveloppe. Allison et Hardy quittèrent ensuite le café, allèrent à leur match de football, et Allison ne pensa plus à cet échange pour le moins singulier dont il avait été témoin.

Moins d'un mois plus tard, l'incident serait brutalement rappelé à son esprit: le 24 novembre, Allison regardait sur le réseau de télévision NBC le transfert d'Oswald du poste de police de Dallas à la prison du comté, et c'est alors qu'il vit Ruby faire feu sur lui. Allison reconnut aussitôt en Ruby l'homme courtaud à qui Gordon Hardy, cet associé de Jimmy Hoffa, avait remis une enveloppe pleine d'argent. Allison hésita à rapporter la chose aux autorités, ce qui était compréhensible étant donné qu'il venait de voir un homme se faire assassiner en direct à la télé, en plein milieu d'un poste de police et par un individu qui était de toute évidence une connaissance de son ami Hardy. «Deux ou trois mois après l'assassinat de JFK», Allison se rendit à Chicago avec l'intention de voir Hardy – ce serait leur première rencontre depuis l'incident du café. Une fois arrivé au bureau de ce dernier, Allison apprit de la bouche de sa secrétaire que Hardy, qui était alors dans la trentaine et en pleine santé, était mort subitement d'une crise cardiaque.

Hardy ignorait probablement tout du rôle que jouerait Jack Ruby dans les événements à venir, sinon il n'aurait pas rencontré celui-ci en présence de témoins. Hoffa ou un de ses hommes devait tout simplement avoir demandé à Hardy de remettre une enveloppe pleine d'argent à un type nommé Ruby à Dallas, sans lui donner d'autres détails. Du point de vue de la Mafia, c'était tout ce que Hardy avait besoin de savoir.

Ni la commission Warren ni le HSCA ne trouvèrent de preuves ou traces écrites du passage de Ruby à Dallas le 27 octobre 1963 ; dans les mois précédant l'assassinat de JFK, c'est un des rares jours où les faits et gestes de Ruby n'ont pas été documentés. Ruby avait communiqué avec quelqu'un à Chicago la veille, juste après qu'il eut appelé à Los Angeles, fief de Johnny Rosselli. Le numéro de Chicago appartenait à un associé d'Allen Dorfman, qui était un représentant corrompu des Teamsters ainsi qu'un membre de la Mafia. Ruby était un oiseau de nuit, et donc le matin du 27, après avoir fermé les portes de son club pour la journée, il aurait très bien pu prendre un vol commercial pour Chicago sous un nom d'emprunt ou s'y faire conduire par un pilote privé tel David Ferrie. Le FBI et le département de la Justice avaient eu vent du fait que Ruby avait touché une somme dans les semaines précédant la mort de JFK. Or, tous les témoignages qui leur furent communiqués à cet effet liaient cet argent à Allen Dorfman.

À son retour à Dallas, Ruby acheta un coffre-fort qu'il mit dans son bureau. C'est probablement là qu'il plaça le pactole qu'il venait de recevoir, puisqu'aucun dépôt ne figurait à ce moment-là dans son compte en banque. Allison avait estimé que la pile de billets de 100 $ remise à Ruby devait avoir 2,5 cm d'épaisseur, ce qui correspond à une somme d'environ 7000 $. Or, Seth Kantor rapporte que l'après-midi même de l'assassinat de JFK, Ruby s'était entretenu avec le responsable des prêts de son institution bancaire à Dallas. Le préposé en question « se [souvenait] clairement que Ruby faisait la file au comptoir l'après-midi du 22 novembre, après que le président Kennedy eut été assassiné », et il raconta en ces termes sa rencontre avec Ruby : « Jack était debout dans la file et il pleurait. Il avait 7000 $ en liquide sur lui le jour de l'assassinat. [...] Je lui ai dit qu'il finirait par se faire agresser s'il se promenait avec une somme pareille. » En dépit de cet avertissement, Ruby ne déposa pas son argent dans son compte : selon ses relevés bancaires, un retrait de 31,87 $ est la seule transaction qu'il fit ce jour-là.

Carlos Marcello risquait de se faire déporter de nouveau s'il perdait son procès à La Nouvelle-Orléans. Or, c'était un cauchemar qu'il ne voulait pas revivre. Il était évident que le parrain était coupable des accusations que Robert Kennedy avait portées contre lui. Alors, comment comptait-il s'en sortir ? Son biographe, John Davis, mentionne que « la principale stratégie de Marcello était de terroriser et possiblement d'éliminer » le témoin-clé du département de la Justice et « de soudoyer les membres du jury ». Marcello savait cependant que, même s'il était acquitté, Robert Kennedy porterait de nouvelles accusations contre lui, et que ce manège se poursuivrait tant et aussi longtemps que JFK serait président.

Il ne fait aucun doute que, le vendredi 1er novembre 1963, David Ferrie et Carlos Marcello s'attendaient à ce que JFK soit tué le lendemain. Marcello espérait tronquer ainsi le pouvoir, de son avis indu, dont jouissait Bobby Kennedy. « Le matin du 1er novembre, dans une salle d'audience du palais de justice de La Nouvelle-Orléans, le dernier chapitre de la bataille opposant Carlos Marcello à Robert Kennedy était sur le point de se jouer, écrivait Davis. Il y aurait bientôt dix ans que Marcello luttait pour éviter la déportation. » Kennedy avait confié la poursuite aux meilleurs avocats du département de la Justice. Marcello était accusé de « conspiration de fraude contre les États-Unis par l'obtention d'un faux acte de naissance au Guatemala » et de « conspiration pour faire entrave au gouvernement des États-Unis dans l'exercice de son droit de déportation envers Carlos Marcello ». David Ferrie, qui venait justement de revenir du Guatemala, était dans la salle d'audience pour manifester son appui au parrain.

Il y avait un peu plus d'un an que Marcello complotait la mort de JFK. Or, il était à un jour près d'atteindre son objectif. De tuer JFK dès le lendemain du début de son procès serait pour Marcello une douce vengeance qui ferait regretter à Bobby Kennedy de l'avoir poursuivi et persécuté ainsi, et de lui avoir fait subir les affres de cette éprouvante et humiliante déportation dont il ne s'était jamais remis.

CHAPITRE 13
Les attentats de Chicago et Tampa

Le 2 novembre 1963, alors même que les citoyens de la ville commençaient à se masser le long du trajet qu'emprunterait le défilé présidentiel, JFK annula son voyage à Chicago après que les services secrets eurent eu vent d'un complot d'assassinat. La visite fut annulée si abruptement que des agents se trouvaient déjà à l'aéroport de la ville pour accueillir le président. Selon l'agent des services secrets de Chicago Abraham Bolden, dont le récit fut confirmé par des sources policières qui se confièrent au journaliste Edwin Black, le complot impliquait quatre hommes : deux d'entre eux furent détenus brièvement puis relâchés, mais les deux autres ne furent jamais appréhendés, ce qui expliquait pourquoi la menace contre le président était toujours considérée comme active.

Deux des suspects avaient des noms hispaniques – l'un s'appelait Rodriguez et l'autre, Gonzales –, ce qui soulevait la possibilité d'un lien avec Cuba. Alliant cela au fait que la CIA et l'INS avaient relevé la présence d'un agent cubain dans la région de Chicago, la situation commençait à ressembler drôlement au pire scénario qu'avaient envisagé les États-Unis dans leurs plans de contingence vis-à-vis de Cuba : alerté à propos du putsch que les Kennedy fomentaient contre lui, Castro chercherait peut-être à prévenir le coup en assassinant un membre du gouvernement en sol américain, geste que Robert Kennedy lui-même avait jugé « improbable ».

Cinq ans après ces événements, l'enquêteur sénatorial Bud Fensterwald apprit que quatre journalistes du *Chicago Daily News* avaient été informés à l'époque de la menace d'attentat contre JFK, mais qu'ils n'avaient pas rapporté la chose. « Le jour où JFK était censé défiler dans les rues de Chicago, de dire un des reporters, il y avait dans la ville quatre individus qui projetaient d'assassiner le président à partir d'un viaduc sur la route reliant l'aéroport O'Hare à Chicago. Les suspects furent interceptés, mais ne furent apparemment pas arrêtés. » L'adjoint à l'éditeur en chef se souvient qu'il était question d'un « fusil démonté » quelque part dans cette histoire. « Pour une raison ou une autre, écrit Fensterwald dans les notes rédigées à la suite de son entrevue avec les quatre journalistes, les journaux de l'époque n'ont fait aucune mention de cette tentative d'assassinat. »

Un cinquième homme fut arrêté le 2 novembre à 9 heures du matin, soit deux heures avant l'arrivée prévue de JFK en ville : il s'agissait de nul autre que l'ex-marine Thomas Vallee. Au moment de son arrestation, Vallee, dont le lieu de travail était situé sur le trajet qu'emprunterait le cortège présidentiel, avait dans sa voiture un fusil semi-automatique M-1 ainsi que trois mille cartouches. Conscients du fait que deux assassins potentiels étaient encore en liberté dans la ville, John F. Kennedy et son frère Robert jugèrent prudent d'annuler la visite à Chicago et demandèrent aux membres de la presse de ne faire aucune mention du complot d'attentat dans les journaux. Plusieurs reporters avaient entendu parler des quatre assassins potentiels et savaient que la vie du président avait effectivement été menacée. Néanmoins, ils accédèrent à la requête de JFK et acceptèrent de taire l'incident. Advenant que le complot ait été rendu public et que les suspects aient été des agents cubains, le projet de coup d'État JFK-Almeida – ainsi qu'Almeida lui-même – aurait pu être exposé, ce qui aurait risqué d'occasionner une dangereuse confrontation avec les Soviétiques, cela un an à peine après la crise des missiles à Cuba.

Il semblerait, fort étrangement, que les membres du gouvernement américain qui participaient à la création des « plans de contingence en cas de riposte cubaine » – dont John Crimmins, qui était ma source au sein du département d'État – ne furent pas informés du fait qu'un attentat à la vie du président s'était esquissé à Chicago. Les renseignements concernant les attentats de Chicago et de Tampa circulèrent très peu à l'extérieur des hautes sphères des services secrets et du FBI. Or, ces deux agences n'étaient pas directement impliquées dans l'élaboration des plans de contingence visant Cuba.

Le secrétaire de presse de JFK, Pierre Salinger, m'a expliqué que, tout de suite après avoir avisé la presse que le président n'annulait pas le défilé de Chicago en raison d'une crise au Vietnam, il dut rapidement inventer deux prétextes différents pour justifier ce soudain revirement. Il commença par dire que JFK ne se rendrait pas à Chicago parce qu'il était enrhumé, puis il se ravisa et annonça plutôt que Kennedy devait rester à Washington du fait qu'il y avait eu un coup d'État au Vietnam ce jour-là et que le président Ngo Dinh Diem avait été assassiné. Il est possible que cet événement ait influencé la décision de JFK, mais, d'un autre côté, des dispositions avaient déjà été prises pour qu'il puisse surveiller la situation au Vietnam depuis Chicago.

Ce n'était pas la première fois que les Kennedy manipulaient ainsi la nouvelle : ils avaient agi de la sorte à quelques reprises par le passé, quoiqu'à moindre échelle, notamment lorsqu'il avait été question de colmater les fuites au sujet de l'invasion de la baie des Cochons, ou le faisaient pour limiter les dégâts quand les frasques sexuelles de JFK mettaient celui-ci dans l'embarras. La CIA avait étouffé quant à elle des histoires liées à ses opérations secrètes à Cuba – ce qu'elle avait fait à la suite d'un incident survenu en Floride en septembre 1963, contraignant deux journaux locaux au silence et les obligeant à remettre à l'Agence les photos d'agents exilés cubains qui avaient été prises alors que leur bateau éprouvait des ennuis mécaniques. Réprimer une nouvelle de l'ampleur du complot d'attentat de Chicago nécessiterait un effort de coordination beaucoup plus soutenu de la part de Robert Kennedy et des agences impliquées. Toutefois, les conséquences d'une implication cubaine, perçue ou réelle, justifiaient amplement à leurs yeux une telle entreprise de dissimulation. Ce n'est que bien des années plus tard que le public apprit que Vallee était lié à un groupe d'exilés cubains qui s'entraînaient aux États-Unis pour assassiner Fidel Castro. Vallee était également lié à la John Birch Society, reconnue à l'époque pour sa position extrême contre les droits civils, contre Martin Luther King Jr. et contre JFK – elle s'opposait tout particulièrement aux politiques du président à l'endroit de Cuba, les jugeant trop laxistes.

Ainsi que nous l'avons mentionné précédemment, la CIA et l'INS avaient reçu des rapports concernant la présence possible à Chicago d'un agent cubain du nom de Miguel Casas Saez – qu'elles n'avaient pas été en mesure de retracer. De plus, les deux individus qui n'avaient pas été arrêtés et étaient recherchés en lien avec l'incident de Chicago portaient des noms hispaniques. Une note qui circula plus tard à la CIA disait par ailleurs que des « dissidents cubains », ce qui voulait dire des exilés, avaient peut-être été impliqués dans le complot (on soupçonnait que les suspects possédaient des liens de parenté avec Gilberto Lopez, le bouc émissaire choisi pour l'attentat de Tampa).

C'étaient ces liens multiples avec Cuba qui avaient poussé John et Robert Kennedy à demander aux journalistes de ne faire aucune mention dans la presse du complot d'attentat de Chicago – qui était la véritable raison pour laquelle JFK avait soudainement annulé sa visite dans cette ville. Un ex-agent des services secrets de Chicago nommé Abraham Bolden a confirmé l'existence du complot de Chicago et a révélé aux enquêteurs gouvernementaux, et notamment à Bud Fensterwald, que celui-ci avait été géré différemment de toutes les autres menaces dont JFK avait été l'objet. Bolden raconta que, lorsque le chef des services secrets de Chicago, Maurice Martineau, apprit peu avant l'arrivée de JFK qu'il y avait un danger potentiel, il avait dit à Bolden et aux autres agents « qu'il ne devait pas y avoir de rapports écrits et que toute information à ce sujet devait lui être transmise oralement ». Selon Bolden, Martineau « rendrait personnellement compte de la situation au directeur des services secrets, James Rowley, et uniquement par téléphone ». Bolden témoigna également du fait que les informations écrites qui étaient liées au complot d'attentat ne furent pas regroupées au sein d'un dossier numéroté ainsi que le veut la pratique habituelle, mais plutôt dans un dossier COS, sigle qui correspond aux mots « Central Office » (bureau central) et « Secret ». Bolden mentionna que les dossiers COS « n'étaient pas conservés au même endroit que les dossiers réguliers », et que les services secrets « pouvaient dire qu'ils n'avaient rien dans leurs dossiers à propos d'un sujet donné, alors qu'en réalité il existait un dossier COS sur ce sujet ». L'ex-agent rapporta qu'une fois la visite de Chicago annulée en raison de la menace d'attentat, « les notes qui avaient déjà été rédigées à ce sujet furent transportées à l'aéroport O'Hare puis confiées à un membre de l'équipage d'un vol commercial à destination de Washington ». Un employé des services secrets aurait ensuite « pris possession des documents pour les livrer au quartier général [des services secrets] ».

Mais l'entreprise de dissimulation visant l'attentat de Chicago ne s'arrêterait pas là. « Peu après l'assassinat de JFK, de relater Bolden, le chef des services secrets de Chicago a convoqué tous ses agents dans son bureau et leur a montré une note émise par Washington qui disait qu'à partir d'aujourd'hui et à aucun autre moment dans le futur les services secrets ne devaient discuter de l'assassinat et de l'enquête qui en découlerait avec des individus appartenant à une autre agence fédérale. On a ensuite demandé à chaque agent [...] de parapher la note. » De l'avis de Bolden, cette note aurait été l'œuvre du FBI. Pourquoi ? Parce qu'à cette époque le Bureau cherchait à « arracher aux services secrets le mandat de protéger le président ». Bien des décennies plus tard, un ex-agent du FBI de Chicago du nom de Thomas B. Coll se prononcerait à ce propos : « Je vous dis que ça ne venait pas de nous. Tout ça a été manigancé par les services secrets. [...] Je ne vous en dis pas plus ! »

L'auteur Vince Palamara a écrit ceci : « Abraham Bolden est catégorique quant au fait que Martineau savait qu'il y avait eu un complot d'attentat contre JFK à Chicago, et que ce complot impliquait quatre assassins potentiels. » Martineau lui-même confirmerait l'existence du complot à Palamara en 1993, précisant qu'il « croyait que tout le monde était au courant » et que, de son avis, JFK avait été assassiné dans le cadre d'un complot impliquant « plus d'un assassin ».

L'enquête sur le complot d'attentat de Chicago suivrait deux pistes différentes, chaque piste ayant été identifiée plus de quarante-huit heures avant l'arrivée prévue de JFK. La première piste était la suivante : le FBI avait reçu un tuyau anonyme, qu'il avait communiqué ensuite aux services secrets de Chicago, selon lequel une équipe de quatre assassins se trouvait dans la ville. Seulement deux des quatre suspects furent retracés et placés sous surveillance, mais pour emprunter les mots de l'agent Bolden aux enquêteurs du Congrès : « Les agents chargés de la filature ont commis une série d'erreurs qui ont compromis l'opération de surveillance. »

D'après le journaliste d'enquête Edwin Black, voici comment les choses se seraient déroulées. Les agents qui avaient localisé les deux suspects surveillaient ceux-ci à l'extérieur de la maison de chambres où ils logeaient. Lorsque les deux hommes quittèrent l'établissement, un agent des services secrets leur fila le train à bord d'un véhicule banalisé. À un certain moment, les suspects firent brusquement demi-tour. Or, en passant à la hauteur de la voiture de l'agent, ils entendirent la radio de police de celui-ci et comprirent qu'ils étaient surveillés. Voyant qu'il était découvert, l'agent se dit qu'il n'avait d'autre choix que de procéder à leur arrestation. « Les deux suspects ont été appréhendés et conduits au bureau des services secrets de Chicago », dit Bolden aux enquêteurs. Edwin Black apporta à cela quelques précisions : « Les deux hommes ont été appréhendés dans les premières heures de la journée de vendredi, mais n'ont pas été officiellement arrêtés ou inculpés de quoi que ce soit. Ils ont ensuite été amenés au quartier général des services secrets. Rien dans les documents et rapports officiels n'indique qu'ils étaient armés au moment de leur arrestation ou qu'on avait trouvé des armes dans leurs chambres. »

L'absence d'armes et le fait que la surveillance avait été interrompue avant que les deux hommes commettent quelque crime que ce soit étaient deux éléments qui posaient problème aux agents de Chicago. Proférer des menaces à l'endroit du président n'était pas un crime fédéral à cette époque. De plus, bien que le FBI eût informé les services secrets du fait que ces individus représentaient une menace pour le président, il ne leur avait rien dit de plus – en ce temps-là, le Bureau était plutôt réticent à partager des renseignements avec les autres agences fédérales. Ne connaissant ni la source de l'information originale ni les circonstances dans lesquelles cette information avait été divulguée, les services secrets de Chicago ne détenaient aucun indice qui leur aurait permis de localiser les deux autres assassins potentiels, et ils ignoraient pendant combien de temps encore ils pourraient détenir les suspects déjà appréhendés. Il ne fait aucun doute qu'une fois l'arrestation réalisée, les services secrets ont effectué des recherches sur les deux hommes, ou du moins sur l'identité dont ils faisaient usage, afin de trouver un motif valable de les garder en détention – ils auront vérifié si un mandat d'arrêt n'avait pas été émis contre eux, par exemple, ou s'ils n'avaient pas commis un délit quelconque.

L'enquêteur en chef du bureau du shérif de Chicago/Cook County, Richard Cain, était en position idéale pour observer et voire influencer la manière dont les agences policières réagiraient au complot de Chicago. Membre en règle de la Mafia ayant travaillé pour Rosselli, Marcello et Trafficante sur les complots CIA-Mafia, Cain savait que deux suspects avaient été arrêtés en lien avec le complot de Chicago et que des recherches étaient entreprises pour les deux autres qui se trouvaient toujours en liberté. C'est sûrement parce qu'ils virent leur projet d'attentat ainsi ébruité que les chefs de la Mafia décidèrent de ne pas aller de l'avant avec leur plan.

La position privilégiée qu'occupait le mafioso Richard Cain au sein des forces de l'ordre lui permettrait de suivre les progrès de la seconde piste d'enquête découlant du complot d'attentat de Chicago. Le suspect principal dans ce cas-ci était nul autre que l'ex-marine Thomas Vallee. Le rapport déposé par la commission du HSCA confirme que, « le mercredi 30 octobre 1963, les services secrets ont appris qu'un dénommé Thomas Arthur Vallee, résident de Chicago et opposant reconnu aux politiques étrangères du président Kennedy, avait en sa possession plusieurs armes à feu». Un rapport du FBI nous dit que ce jour-là deux agents des services secrets «ont interrogé Vallee chez lui sous un prétexte quelconque [...] et ont noté qu'il avait en sa possession deux fusils M-1, un revolver de calibre .22 et environ mille cartouches» – de toute évidence, Vallee s'y connaissait beaucoup mieux qu'Oswald en matière d'armement. À la suite de leur interrogatoire, les deux agents retournèrent au bureau pour en faire rapport à leur chef, Maurice Martineau.

Dans son témoignage aux enquêteurs du Congrès, l'agent Edward Tucker a raconté que le lendemain de la visite des agents, «la dame qui logeait Vallee a appelé les services secrets pour leur dire que Vallee ne comptait pas aller travailler ce samedi-là». Comme il s'agissait du jour de la visite de JFK à Chicago, «les services secrets firent surveiller Vallee par des agents de la police municipale». Un rapport rédigé plus tard par le FBI précise que cette requête des services secrets «a amené la police de Chicago à appliquer une surveillance de 24 heures sur Vallee et ses activités».

Le matin du 2 novembre, à une heure où le défilé de JFK n'était pas encore annulé, Thomas Vallee prit le volant pour Chicago. Les enquêteurs du gouvernement relatent qu'il transportait son revolver, un de ses fusils M-1 et quelque trois mille cartouches dans le coffre de sa voiture. Vallee était par ailleurs vêtu d'un blouson et d'une chemise à col ouvert très semblables à ceux que portait au moins un des quatre assassins potentiels qui avaient été identifiés.

Les archives policières qu'a consultées Edwin Black indiquent que Vallee a été arrêté vers 9 heures du matin, soit environ deux heures avant l'arrivée prévue de JFK à O'Hare. Les deux policiers qui suivaient Vallee lui ordonnèrent de se ranger sur le bas-côté sous prétexte qu'il «avait effectué un virage à gauche sans signaler». Lors du contrôle, ils aperçurent «un couteau de chasse sur le siège avant», ce qui leur donna un prétexte suffisant pour procéder à une fouille complète du véhicule; c'est alors qu'ils trouvèrent les armes et les trois mille cartouches que Vallee transportait dans son coffre. Il est mentionné dans un document du FBI que la police de Chicago a ensuite «fouillé le domicile de Vallee, y découvrant un autre fusil M-1, une carabine et environ 2500 cartouches supplémentaires». Un autre document du FBI souligne qu'à la suite de cette découverte, « une accusation de "voies de fait avec arme mortelle" fut portée contre Thomas Vallee ».

Dans la soirée du samedi 2 novembre 1963, tous les suspects liés au complot d'attentat contre JFK furent libérés. Abraham Bolden a dit aux enquêteurs du gouvernement que « les services secrets confièrent les deux suspects de Chicago à la police municipale, après quoi ils furent conduits au poste à bord d'un fourgon cellulaire ». Edwin Black, qui dispose de plusieurs sources dans la police de Chicago, rapporte que les deux hommes furent plus tard relâchés faute de preuves. Bien que lourdement armé lors de son arrestation, Vallee « fut relâché le soir du 2 novembre » par la police de Chicago – qui ne songerait pas, ce soir-là pas plus que dans les semaines suivantes, à le livrer aux services secrets pour interrogatoire. De leur côté, les services secrets ne cherchèrent même pas à interroger Vallee dans les jours et les semaines suivant l'assassinat de JFK, et ce, bien qu'ils continuèrent de s'intéresser à lui pendant encore sept longues années. À la lumière des documents qui ont été déclassifiés au fil des ans, on ne peut que supposer qu'il nous reste encore beaucoup de choses à apprendre au sujet de Vallee et du complot de Chicago.

Dans une conversation enregistrée en secret par le FBI, Marcello raconta à son compagnon de cellule Jack Van Laningham qu'après avoir annulé l'attentat de Chicago, il avait fait venir à son domaine de Churchill Farms les deux tueurs à gages européens qu'il avait engagés pour tuer JFK. Le vaste domaine de soixante-quatre acres était muni d'une piste d'atterrissage, et donc il était possible que les assassins aient été conduits du Michigan à la Louisiane à bord d'un avion privé que David Ferrie aurait piloté. C'est un fait documenté que Marcello et Ferrie passèrent le week-end des 9 et 10 novembre dans la relative sécurité de la maison de ferme qui se trouvait en plein centre du domaine. Le procès fédéral du parrain se poursuivait à La Nouvelle-Orléans, aussi les deux hommes prétendirent-ils, lorsqu'ils furent interrogés par des enquêteurs gouvernementaux, qu'ils passèrent le week-end à parler stratégie. La chose paraît improbable vu que Marcello avait des avocats de premier ordre qui s'occupaient de ce genre de choses et que, de toute manière, sa stratégie était déjà trouvée : il avait l'intention de soudoyer un membre-clé du jury pour obtenir un acquittement, ou à tout le moins pour empêcher le jury d'en arriver à une décision majoritaire. Or, c'était là un processus dans lequel David Ferrie n'était pas du tout impliqué. Ces entretiens entre Ferrie et Marcello à Churchill Farms étaient inhabituels du fait que le parrain recevait normalement celui-ci à son bureau du Town and Country Motel – ce qu'il avait fait à plusieurs occasions en octobre.

Au pénitencier de Texarkana, Marcello raconta à Van Laningham qu'il avait acheté deux fusils d'un armurier de La Nouvelle-Orléans afin que ses assassins européens puissent s'exercer au tir sur les terres de Churchill Farms, loin des regards indiscrets des forces de l'ordre. Le procès de Marcello étant en cours, le gouvernement devait prendre soin de ne pas empiéter sur sa vie privée ni sur les conversations qu'il pouvait avoir avec ses avocats ou avec ceux qui les représentaient. Or, comme David Ferrie travaillait officiellement pour un des avocats de Marcello, il pouvait tranquillement aider ce dernier à préparer les deux tueurs à gages pour l'attentat contre JFK, et ce, dans le lieu même où, un an plus tôt, Marcello avait révélé en présence de l'informateur du FBI Ed Becker son intention d'assassiner le président Kennedy.

Les enquêteurs travaillant pour le procureur général de La Nouvelle-Orléans ont trouvé par la suite « des notes dans les marges d'un livre appartenant à Ferrie ». Le livre en question était un manuel de référence portant sur les armes à feu de grande puissance, et les notes démontraient « que Ferrie avait mesuré exactement la distance à laquelle une cartouche [était] éjectée après que l'on eut fait feu avec une arme donnée, et selon quel angle ». Ferrie admit par ailleurs que, juste avant le week-end qu'il passa en compagnie de Marcello à Churchill Farms, il avait acheté un pistolet de calibre .38 et avait déposé dans son compte en banque les 7000 $ mentionnés précédemment.

Le 1er novembre, Ruby avait fait un appel à Chicago ; et les 7 et 8 novembre 1963, il s'était entretenu longuement au téléphone avec deux associés de Jimmy Hoffa. Le 9 novembre, l'homme d'affaires de Dallas Lawrence Meyers, qui avait récemment rendu visite à Ruby, se trouvait à La Nouvelle-Orléans. Ferrie avait appelé Meyers un mois plus tôt. Cela dit, ce dernier n'était sans doute qu'un messager de bas niveau et il est probable qu'il ne savait rien du complot dont Marcello et ses comparses faisaient partie.

Au fur et à mesure où novembre avançait, les appels interurbains de Ruby se firent de plus en plus nombreux : alors qu'il effectuait normalement moins de 10 appels par mois, il en fit 30 en septembre et au moins 110 en novembre. Son explication, que la commission Warren accepterait comme véridique, était qu'il avait fait tous ces appels parce qu'il éprouvait des problèmes avec le syndicat des artistes qu'il engageait dans sa boîte de nuit, ce qui était manifestement faux étant donné que la majorité des personnes que Ruby avait jointes étaient des membres de la Mafia ou des associés de Jimmy Hoffa. Les individus appelés étaient ni plus ni moins que des intermédiaires ayant pour mission de communiquer à Ruby des messages codés que celui-ci transmettrait ensuite à d'autres individus impliqués dans le complot. (Les intermédiaires n'étaient pas au courant des projets d'assassinat de la Mafia et faisaient donc office de tampons entre les chefs mafieux et leurs exécutants.) Ruby serait utile à Marcello si JFK était assassiné à Dallas, mais il le serait aussi si l'attentat avait lieu à Tampa. Ruby avait été stationné à Tampa durant la Deuxième Guerre mondiale, et plus récemment, il s'y était rendu à maintes reprises afin de recruter des danseuses nues pour son club.

Le 9 novembre 1963, la police de Miami enregistra en secret une conversation où Joseph Milteer, partisan de la suprématie de la race blanche et associé de Guy Banister, discutait du meurtre de JFK – et ce, treize jours avant l'événement. Lors de cet entretien, Milteer dit à William Somersett, qui était informateur pour la police de Miami, qu'un attentat se préparait « pour assassiner le président à l'aide d'un fusil de grande puissance, du haut d'un immeuble de plusieurs étages ». Décrivant avec justesse le sort qui serait échu à Oswald, Milteer continua en mentionnant que les autorités « arrêteraient un suspect dans les heures qui suivraient l'assassinat [...] simplement pour brouiller les pistes ». Milteer révéla ensuite que l'assassinat avait été planifié de manière que « l'attentat soit attribué aux communistes [...] ou à Castro ».

« Le complot puise ses origines à La Nouvelle-Orléans, dévoilerait Milteer à Somersett, et il a probablement été organisé en partie à Miami. » Milteer précisa qu'« énormément d'argent avait été injecté dans l'opération », les principaux commanditaires étant des tenants de l'extrême droite, mais aussi « des individus qui avaient les moyens de contribuer ». Milteer ne nomma cependant qu'un seul nom, celui d'un chef politique de la Louisiane qui était lié à Carlos Marcello et Guy Banister. La police de Miami informa les services secrets et le FBI du fait qu'elle avait réalisé des enregistrements démontrant l'existence d'un complot d'attentat contre JFK. Le 13 novembre, le FBI mit Don Adams, un de ses agents d'Atlanta, sur le coup. Adams se rendit aussitôt à Quitman, ville du sud de la Géorgie où habitait Milteer, et commença à enquêter discrètement sur celui-ci. Je me suis personnellement entretenu avec Adams. Or, il m'a dit que ses supérieurs au FBI ne lui avaient pas parlé des enregistrements réalisés par la police de Miami, et qu'il avait appris par la suite que ses patrons avaient délibérément omis de lui communiquer d'autres renseignements pertinents. Milteer ne fut pas mis en état d'arrestation avant le défilé présidentiel de Tampa, ni avant celui de Dallas, et ni même après le meurtre de JFK.

Bien que les enquêteurs du gouvernement américain connaissaient depuis longtemps la teneur des enregistrements de la police de Miami et des propos de Milteer, il aura fallu attendre plusieurs décennies avant que soient publiés des témoignages liant directement Milteer à Guy Banister et à d'autres collaborateurs de Carlos Marcello : en 2006, l'auteur Michael L. Kurtz écrivit qu'un architecte réputé avait aperçu « Banister et Milteer discuter avec des associés de Marcello dans le quartier latin » de La Nouvelle-Orléans. Outre le fait qu'ils étaient racistes et détestaient les Kennedy, Banister, Milteer et Marcello avait quelque chose en commun : ils trempaient tous les trois dans le trafic d'armes. En 1963, le crime organisé faisait des affaires d'or avec la contrebande d'armes ; les regroupements suprématistes blancs et les exilés cubains figuraient parmi ses meilleurs clients. Milteer voyageait beaucoup et était en contact avec les groupes racistes les plus violents de l'époque. Or, certains d'entre eux donnaient aussi dans le trafic d'armes à feu. Michael Kurtz nota que Milteer « entretenait des rapports étroits avec Santo Trafficante » du fait que, comme lui, il était impliqué « dans le trafic d'armes et de narcotiques ».

Dans les jours suivant sa conversation du 9 novembre, Milteer livrerait à Somersett d'autres informations très précises concernant le meurtre de JFK, ce qui allait démontrer qu'il était au courant du complot, voire qu'il y participait. Milteer avait hérité de 200 000 $ au décès de son père (l'équivalent de plus d'un million de dollars de nos jours), aussi sa détermination à tuer JFK était-elle motivée davantage par son idéologie raciste que par l'appât du gain.

John et Robert Kennedy furent informés des propos de Milteer avant que JFK parte pour la Floride, mais ils n'en firent pas grand cas, puisqu'ils étaient très occupés à gérer la situation cubaine en même temps que diverses crises nationales et étrangères. Le 8 novembre 1963, un article du *Los Angeles Times* arborait le titre suivant : *Les républicains accusent Kennedy d'éluder le problème cubain.* Le thème fut repris ensuite par plusieurs autres journaux. « Le parti républicain, disait l'article, prétend que l'administration Kennedy "néglige la question cubaine" depuis la crise des missiles d'octobre 1962. » Le *New York Times* a publié entre mai et novembre 1963 toute une série d'articles dans lesquels les républicains les plus ambitieux – notamment Richard Nixon, Nelson Rockefeller et Barry Goldwater – dénonçaient le manque de fermeté de JFK à l'endroit de Cuba. Futur candidat à la présidence, le sénateur Goldwater était le plus véhément d'entre eux, accusant JFK (qui avait pourtant siégé avec lui au Senate Crime Committee) de faire « tout ce qui était en son pouvoir » pour empêcher que le drapeau des exilés cubains « puisse flotter de nouveau à Cuba ».

Contrairement à ce que prétendaient ses adversaires, durant cette période, le président Kennedy s'employait activement à régler les problèmes liés à Cuba, sauf que ses actions se déroulaient dans les coulisses, loin du regard scrutateur du public et des médias. Parallèlement aux efforts qu'il déployait pour tenter d'en arriver à une solution pacifique avec Castro, JFK poursuivait la préparation des plans visant à renverser le leader cubain. À l'approche du 1er décembre 1963, date fixée pour le coup d'État, le commandant Almeida exigea d'Harry Williams que JFK lui donne l'assurance qu'il continuerait de le soutenir une fois l'opération amorcée. Il fut entendu que le 18 novembre 1963, après que le cortège présidentiel eut défilé dans Tampa, JFK ferait un discours dans lequel il réaffirmerait son appui au commandant Almeida.

Selon un rapport de la CIA datant de 1963 – mais qui ne fut découvert que bien des années plus tard par des enquêteurs du Congrès américain –, la CIA « voulait que le discours que le président Kennedy livrerait le 18 novembre 1963 [à Miami] donne aux éléments dissidents de Cuba l'assurance que les États-Unis leur accorderaient leur appui s'il y avait coup d'État ». Le rapport de la CIA précise que cette portion du discours de JFK avait été formulée spécialement à l'intention « des éléments dissidents qui évoluaient au sein des forces armées cubaines et qui devaient recevoir l'assurance solennelle de la part de représentants haut placés du gouvernement américain, et plus particulièrement de la part du président, que les États-Unis exerceraient leur influence décisive durant et immédiatement après l'éventuel coup d'État ». Plusieurs années après ces événements, le journaliste et lauréat du prix Pulitzer Sy Hersh rapporta qu'un agent de la CIA du nom de Seymour Bolten – qui était adjoint au chef des opérations cubaines Desmond FitzGerald – avait dit à un enquêteur du gouvernement que c'était lui qui avait personnellement livré à JFK le paragraphe-clé de son discours du 18 novembre. Des documents aujourd'hui déclassifiés qui furent cachés aux enquêteurs du Congrès et dont Hersh n'a pas eu l'occasion de prendre connaissance confirment que le superviseur de Bolten, Desmond FitzGerald, était l'un des principaux acteurs de l'opération AMWORLD et du projet de coup d'État JFK-Almeida.

La dernière note déclassifiée issue des plans de contingence cubains nous apprend que, le 12 novembre 1963, le sous-comité travaillait toujours « à l'élaboration de plans de contingence visant à neutraliser certaines actions possibles de Castro, incluant les tentatives d'assassinat potentielles contre des officiels américains ». Bien qu'encore secoués par le danger qui avait menacé le président à Chicago, John et Robert Kennedy décidèrent de ne pas parler au sous-comité de la tentative d'attentat qui s'y était profilée. S'ils avaient divulgué la chose à tous les membres du sous-comité, l'information aurait pu parvenir aux oreilles de leurs superviseurs, adjoints et secrétaires, ce qui aurait risqué de compromettre la sécurité du coup d'État qu'ils étaient sur le point de lancer contre Cuba. Mais en laissant tout ce personnel-clé dans l'ignorance du complot de Chicago, les Kennedy l'empêchaient de préparer adéquatement les plans de contingence, en toute connaissance des données pertinentes. Certains documents déclassifiés indiquent que Robert Kennedy était censé rencontrer Harry Williams et Manuel Artime à Washington le 17 novembre 1963, soit la veille du discours important que JFK ferait à Miami et dans lequel il réitérerait son appui au commandant Almeida. Williams et Artime ne seraient pas informés eux non plus du danger qui avait menacé le président à Chicago.

Il faut dire que JFK et RFK se devaient de jouer serré, sachant que, cinq jours avant l'attentat de Chicago, le leader soviétique Nikita Khrouchtchev avait publiquement proclamé que la Russie « déclarerait la guerre aux États-Unis si ceux-ci attaquaient Cuba ». Confrontés à cette menace lourde de conséquences, les Kennedy devaient à tout prix éviter que leur projet de coup d'État ne soit ébruité par une enquête sur l'attentat de Chicago ou sur tout autre danger qui se manifesterait le 18 novembre 1963, lors des visites de JFK à Tampa et Miami.

Le président et son équipe avaient discuté la veille de l'image que JFK devait projeter pour faire comprendre au commandant Almeida qu'il disposait de son appui. JFK avait passé le week-end précédent au domaine familial de Palm Beach, mettant la touche finale à son discours de Miami avec l'aide de Richard Goodwin et de ses adjoints. Le passage qui concernait Almeida avait déjà été soigneusement rédigé par la CIA, fait que les personnes qui travaillaient au discours de Kennedy ignoraient. Elles ne savaient même pas qu'un coup d'État se tramait – Goodwin lui-même me l'a confirmé.

JFK avait orchestré plusieurs démonstrations de force pour rassurer Almeida et ses alliés à Cuba. Le jour du passage du président en Floride, la première page des journaux locaux montrait JFK assistant au lancement d'un missile Polaris à partir d'un sous-marin. À Tampa, une réunion privée – quoique largement médiatisée – avait été organisée entre le président, le chef du commandement central de l'armée et d'autres dirigeants militaires, dont certains étaient venus de Washington. Toutes ces activités, en plus des quelques lignes du discours présidentiel rédigées à l'intention d'Almeida, avaient été élaborées pour montrer au commandant cubain que JFK serait avec lui jusqu'au bout et qu'il était même prêt à faire intervenir l'armée américaine s'il le fallait.

Les conspirateurs qui complotaient la mort de JFK furent eux aussi très occupés le jour du 17 novembre 1963. Les enquêteurs de la commission Church ont déterminé que Gilberto Lopez attendait ce jour-là un message d'une importance capitale : « Lopez assistait à une réunion du chapitre de Tampa du Comité d'équité envers Cuba, tenue au domicile d'un membre du groupe, où il attendait un appel téléphonique très important de Cuba. Lopez s'attendait à ce que lui soit donné l'ordre de quitter les États-Unis. »

Lopez a invoqué tant de raisons différentes pour justifier son désir de retourner à Cuba qu'il est difficile de déterminer quel était son motif réel. Les enquêteurs du Congrès ont écrit qu'il « a dit à son épouse qu'il avait reçu d'une organisation de Tampa une aide financière pour retourner à Cuba, en précisant qu'il n'aurait pas pu payer pour le voyage sans cette aide ». Les détails du retour de Lopez dans sa mère patrie restent nébuleux. Ce que nous savons, c'est qu'après le défilé de JFK à Tampa, Lopez – qui tout comme Oswald ne possédait ni voiture ni permis de conduire – fut conduit au Texas et que, de là, un autre chauffeur dont nous ignorons l'identité l'a amené jusqu'à Mexico. De Mexico, Lopez s'envolerait pour La Havane.

Des documents déclassifiés notent que Lopez avait « un frère qui étudiait en Union soviétique » à ce moment-là. Ce détail aurait pu rendre Lopez très utile aux agences de renseignement américaines, si ce n'avait été qu'il « parlait très peu l'anglais », ainsi que le souligne un rapport du FBI. Il ne fait aucun doute que Lopez avait eu besoin d'aide pour regagner Cuba : non seulement ne savait-il pas conduire, mais il était sans passeport et avait très peu d'argent. Il est possible que la ou les personnes qui l'ont aidé en ce sens aient profité de ces faiblesses pour le manipuler. Qui aurait pu faire cela ? Une agence de renseignement américaine, ou la Mafia – ou les deux, comme ce fut le cas avec Oswald. Un article de journal de 2003 mentionnait que Lopez avait gravité autour de la Mafia, et concluait en déclarant : « Les faits et gestes de Gilberto Policarpo Lopez suggèrent qu'il participait aux activités de Santo Trafficante. » Cela dit, Lopez n'était vraisemblablement impliqué qu'aux plus bas échelons de l'organisation[24]. L'appel téléphonique que Lopez attendait avec tant d'impatience pouvait venir d'un des atouts dont la Mafia et les services de renseignement disposaient à Cuba, peut-être même d'un agent travaillant pour David Morales.

Durant l'entrevue que j'ai réalisée avec la femme de Lopez – la première qu'elle ait accordée à un journaliste –, celle-ci m'a raconté que son époux était « peintre en bâtiment de profession » et que la dernière fois où ils s'étaient vus à Tampa, « il avait été engagé pour repeindre un grand édifice [...] situé juste en face de la petite enclave d'Ybor City, où [ils] habitaient ». Santo Trafficante était souvent aperçu à Ybor City, car c'était dans ce quartier que se trouvait son restaurant favori.

Un membre haut placé des forces policières de la Floride m'a révélé l'identité d'un individu qui était lié à Gilberto Lopez et au Comité d'équité envers Cuba, et qui avait été « étroitement surveillé durant la visite de JFK à Tampa ». Son nom de famille, Rodriguez, correspondait à celui d'un des suspects qui avaient été arrêtés en lien avec le complot d'attentat de Chicago. Cependant, ni le policier avec qui je me suis entretenu ni son supérieur, le chef de police J. P. Mullins, ne pouvaient savoir cela, puisqu'ils n'avaient jamais été mis au fait des événements survenus à Chicago.

Un article paru par la suite dans le *Tampa Tribune* laissait entendre que Lopez aurait eu un autre associé douteux : « Le 17 novembre 1963, lit-on dans l'article, Lopez assistait à une réunion du chapitre de Tampa du Comité d'équité envers Cuba. Des témoins rapportent que Lee Harvey Oswald était présent à cette réunion. » L'article révèle ensuite que « des documents du FBI récemment déclassifiés font mention d'un "agent" qui affirme qu'Oswald a rencontré ce jour-là un membre du Comité cubain, mais cette information n'a pu être confirmée ».

Ma source policière floridienne avait elle aussi de l'information à ce sujet : « Un informateur nous a dit qu'il avait rencontré Oswald à Tampa à une réunion du Comité d'équité envers Cuba. C'était juste avant le défilé de JFK. L'informateur se souvenait de l'apparence d'Oswald, mais pas de son nom, ce qui laisse supposer qu'Oswald utilisait un nom d'emprunt – en admettant qu'il s'agissait bien de lui, évidemment. Cet informateur n'était pas le même que celui qui était cité dans l'article du *Tampa Tribune*, Joe Burton. Notre source nous a dit que Burton était reconnu comme "un collaborateur du FBI". »

L'auteur John H. Davis a écrit que « le week-end des 16 et 17 novembre 1963, le vrai Oswald est complètement disparu de la carte ; personne ne sait ce qu'il a fait ces deux jours-là ». Au bout du compte, ce qui est important, ce n'est pas de déterminer si oui ou non Oswald se trouvait à Tampa le 17 novembre, mais de constater que quelqu'un avait fait en sorte que les autorités croient qu'il s'y trouvait ou pouvait s'y trouver. Avant que JFK parade dans la ville, la police de Tampa avait fait circuler une description d'un assassin potentiel qui correspondait beaucoup plus à celle d'Oswald que la description initiale qui serait émise après le meurtre de JFK à Dallas.

Trois semaines après les événements de Chicago, les Kennedy se virent confrontés à un autre événement inquiétant : moins de vingt-quatre heures avant l'arrivée de JFK à Tampa, les autorités découvrirent l'existence d'un autre complot visant à assassiner le président. Deux tueurs potentiels furent identifiés, mais comme ils n'avaient pas été appréhendés, on conseilla au président et à son équipe d'annuler la visite – J. P. Mullins, qui était chef du service de police de Tampa à l'époque, m'a dit qu'il comptait parmi ceux qui avaient plaidé en faveur d'une annulation.

Un revirement soudain tel celui de Chicago n'était cependant pas une option viable pour le président Kennedy. Robert et lui avaient réussi à cacher la véritable raison de l'annulation du défilé de Chicago à la presse, mais un second désistement de dernière minute ne manquerait pas de soulever des questions auxquelles les Kennedy seraient bien embêtés de répondre. De plus, JFK devait livrer le soir même à Miami un discours important dans lequel il signifierait son appui au commandant Almeida. En toute bonne conscience, le président Kennedy ne pouvait pas demander à Almeida de risquer sa vie dans un coup d'État si de son côté il avait peur de défiler en public. C'est pourquoi il décida de ne pas annuler son cortège dans Tampa. Et comme son épouse Jackie n'était pas du voyage, c'était un risque qu'il n'imposerait qu'à lui-même.

Confirmée par Mullins et par l'ancien directeur d'une unité de renseignement de la Floride (qui désire conserver l'anonymat pour se protéger de Santo Trafficante et de sa Mafia), l'existence du complot de Tampa a également trouvé confirmation dans de nombreux documents officiels ainsi que dans plusieurs articles de journaux qui parurent le lendemain du meurtre de JFK. Le complot en question impliquait au moins deux individus, dont un qui menaçait « d'utiliser une arme à feu » et était décrit par les services secrets comme un « homme de race blanche, âgé de 20 ans, au physique élancé ». (Il est intéressant de noter que cette description pouvait s'appliquer à Oswald ou à Lopez – bien qu'étant d'origine hispanique, ce dernier avait le teint plutôt clair.) Les enquêteurs du Congrès américain ont mis la main sur des notes des services secrets qui disaient que « la menace du 18 novembre 1963 prenait la forme d'un tireur isolé, mobile et non identifié qui aurait tiré de la fenêtre d'un édifice de plusieurs étages à l'aide d'un fusil de grande puissance muni d'une lunette ». C'était un scénario identique à celui de Chicago, mais aussi à celui qui aurait lieu à Dallas.

Le chef Mullins spécifie que ce sont les services secrets qui ont informé la police de Tampa de la menace d'attentat. Cette information venait juste avant que le cortège de JFK s'engage dans la ville, ce qui incita les autorités à resserrer les mesures de sécurité entourant l'événement. Un membre du cortège se rappelle que des « policiers armés étaient postés sur chaque viaduc ».

L'agent des services secrets Sam Kinney apprendrait par la suite que l'attentat était l'œuvre du crime organisé. Cet ancien chef d'unité de renseignement travaillait en étroite collaboration avec la police de Tampa à l'époque, et il était convaincu qu'il y aurait une tentative d'assassinat contre JFK à Tampa. Kinney serait plus tard en mesure de confirmer que le patron de la Mafia de Tampa, Santo Trafficante, était impliqué dans l'affaire.

Kinney ferait partie de l'entourage du président à Tampa. Or, il se souvient que, devant les foules, Kennedy paraissait « bronzé, souriant et séduisant », mais que, dans les coulisses, il avait l'air « malade et fatigué », accablé sans doute par le stress que lui causait la menace d'assassinat. Étant un politicien chevronné, JFK s'efforça malgré tout de présenter à Tampa l'image d'un homme confiant qui n'avait peur de rien. Un journal local raconterait qu'à la fin d'un de ses discours, le président «s'est précipité dans la foule». Le voyant submergé par la masse humaine, «les hommes des services secrets qui l'accompagnaient ont paniqué». Une des personnes qui avaient participé au cortège confierait au journaliste que «tout le monde s'est inquiété quand le président s'est mis debout dans la voiture durant le défilé de Tampa». On ne saura jamais si JFK s'était levé parce qu'il avait mal au dos – un problème récurrent chez lui – ou pour montrer qu'il n'avait pas peur, advenant que le public apprenne que sa vie avait été menacée.

Le Floridian Hotel était un sujet de préoccupation pour le chef de police Mullins et pour d'autres officiels du gouvernement. Cet hôtel de brique rouge qui avait la particularité d'être l'édifice le plus haut de Tampa se trouvait non loin d'une intersection où le cortège de JFK ralentirait avant d'effectuer un virage serré. Il ressemblait étrangement à l'entrepôt de livres scolaires où travaillait Oswald, sauf qu'il était beaucoup plus haut et comptait un grand nombre de fenêtres dont près d'une centaine aurait vue sur le défilé présidentiel. Il serait très difficile, voire impossible de sécuriser le Floridian ce jour-là, premièrement parce qu'il affichait complet, deuxièmement parce qu'en ce temps-là, retenir une chambre sous un faux nom était un jeu d'enfant – bien des clients payaient comptant –, et troisièmement parce que toutes les fenêtres de l'hôtel pouvaient être ouvertes. À un coin de rue de là, le cortège de JFK s'arrêterait presque complètement avant d'amorcer son virage à gauche, et donc un tireur perché à une fenêtre de l'hôtel aurait tout son temps pour assassiner le président.

La police de Tampa et les services secrets ignoraient si les deux suspects identifiés étaient des suprématistes blancs du sud du pays, des exilés anti-Castro en rogne contre le gouvernement américain ou des agents envoyés par Cuba. L'inquiétant et mystérieux Miguel Casas Saez, dont on avait relevé la présence dans la région de Chicago juste avant la date prévue pour le défilé de JFK, avait également été aperçu en Floride. Les autorités de Tampa avaient donc de multiples raisons d'inciter le président à annuler son défilé – et c'était sans compter les deux tueurs à gages que Marcello avait fait venir d'Europe! Mais cette fois, JFK resta sourd à leurs avertissements et insista pour aller de l'avant. Il fut décidé que le toit en verrière qui était conçu pour être fixé à la limousine du président ne serait pas utilisé, d'une part parce que la vue de cette bulle protectrice ne transmettrait pas le message souhaité au commandant Almeida, et d'autre part parce que, de toute manière, elle n'était pas à l'épreuve des balles. (Il est à noter que la Lincoln employée pour transporter JFK à Tampa serait également utilisée quelques jours plus tard pour le défilé de Dallas.)

Ainsi qu'il en avait été à Chicago, on ordonna à toutes les instances concernées de ne rien révéler du complot d'attentat à la presse : l'incident devait être strictement tenu sous le sceau du silence. Deux courts articles traitèrent du sujet immédiatement après la mort de JFK, mais l'affaire fut promptement étouffée et aucun journal n'y donna suite. Le chef Mullins parlait ouvertement de la menace d'attentat dans ces articles, mais dès le lendemain il fit bouche cousue. (Ce n'est qu'au milieu des années 1990, lors d'une entrevue qu'il m'accorda, qu'il recommença à parler librement de la chose.)

L'attentat de Tampa n'a jamais été divulgué à la commission Warren ni aux commissions d'enquête qui lui ont succédé. J'ai été le premier à alerter le gouvernement de cet incident en écrivant, le 24 novembre 1994, au JFK Assassination Records Review Board. Dans le rapport final qu'il déposa deux mois plus tard, ce comité de révision des archives sur l'assassinat de JFK disait : « En janvier 1995, les services secrets ont détruit des rapports de protection présidentielle liés aux déplacements du président durant l'automne de 1963. » Cela incluait son voyage à Tampa. Les services secrets avouèrent leur geste une semaine après avoir détruit les documents, « au moment même où le comité rédigeait une requête pour obtenir des informations supplémentaires ». En détruisant ces dossiers, les services secrets enfreignaient la loi en vertu du JFK Act de 1992, qui exigeait que les agences gouvernementales préservent tous les documents relatifs à l'assassinat du président Kennedy. Il est vrai qu'en 1995, lorsque furent détruites les traces écrites de la visite de JFK à Tampa, le commandant Almeida était toujours en vie à Cuba, et le travail secret qu'il avait fait pour JFK n'avait pas encore été exposé au grand jour. Il se pouvait donc que le geste des services secrets ait répondu à un impératif de sécurité nationale.

La menace de Tampa ne pouvait toujours pas être divulguée au grand public après la mort de JFK en raison de la possibilité qu'Oswald ou un autre suspect fût lié à Castro ou au coup d'État que les États-Unis avaient planifié. La confiance qu'avait le peuple américain en ses services secrets, déjà à son plus bas après le funeste attentat de Dallas, aurait été irrémédiablement compromise si, dans les semaines et les mois suivant la mort de JFK, il avait été révélé que cette agence avait caché à toute l'Amérique qu'il y avait eu à Tampa un complot d'assassinat qui présentait de nombreux parallèles avec l'attentat de Dallas.

JFK a donné plusieurs discours à Tampa, dont un à l'International Inn. C'est dans le restaurant de cet hôtel que, quatre jours plus tard, Santo Trafficante porterait un toast à la mort du président. L'ancien directeur de l'unité de renseignement de la Floride m'a dit que Trafficante avait annulé l'attentat juste avant l'arrivée du président à Tampa et m'a expliqué que le sergent Jack de la Llana, qui travaillait à la fois pour Trafficante et pour la police municipale de Tampa, « était présent aux réunions concernant le défilé présidentiel et communiquait ce qu'il y apprenait à Trafficante ». L'ex-directeur, qui avait participé à la protection de JFK à Tampa, estimait probable que de la Llana « ait dévoilé à Trafficante la nature des mesures de sécurité entourant le président » et qu'il l'ait informé des réactions de la police une fois le complot connu des autorités.

Le chef de police Mullins soutient que les communications ont été bonnes entre le FBI et son service durant la menace d'attentat. Toutefois, les documents qui ont été associés à de telles communications n'ont jamais fait surface dans les dossiers déclassifiés du FBI. De fait, dans les Archives nationales, le dossier du FBI de Tampa qui correspond à cette période ne mentionne aucunement la visite de JFK dans cette ville, ce qui laisse supposer que les documents liés à la menace d'attentat ont été classés séparément parce que jugés extrêmement sensibles.

Dans un bref article du *Tampa Tribune* qui ne serait publié que le lendemain du meurtre de JFK, le shérif d'un comté voisin de Tampa raconte que ses policiers « avaient été avertis qu'un "jeune homme" avait menacé de tuer le président lors de son passage à Tampa ». Dans ce même article, le chef Mullins mentionne qu'un autre suspect avait été identifié et qu'il était toujours en liberté. Mullins se demandait s'il se pouvait « que les deux suspects [...] aient suivi la caravane présidentielle jusqu'à Dallas ». Le chef de police ignorait à ce moment-là que Gilberto Lopez avait effectivement quitté Tampa pour se rendre au Texas, possiblement même à Dallas, et que deux autres hommes qui seraient soupçonnés du meurtre de JFK et étaient impliqués dans le réseau de drogues de Trafficante avaient fait le trajet entre la Floride et Dallas dans les jours précédant le meurtre du président.

Le soir du 18 novembre, le président Kennedy s'envola vers Miami pour y livrer un discours important contenant quelques lignes destinées au commandant Almeida et à ses alliés à Cuba. Ces phrases avaient été formulées de manière à ne pas perturber les pourparlers secrets qui se poursuivaient entre JFK et Fidel. Dans ce discours, JFK proclamait :

> Ce qui divise maintenant Cuba de mon pays [...] est le fait qu'une petite bande de conspirateurs a retiré au peuple cubain sa liberté et a cédé l'indépendance et la souveraineté de la nation cubaine à une puissance œuvrant dans un autre hémisphère. Ces conspirateurs ont fait de Cuba la victime d'un impérialisme étranger. [...] C'est cela, et seulement cela, qui nous divise en ce moment. Tant que cet état de choses perdurera, rien ne sera possible. Lorsqu'il n'en sera plus ainsi, tout deviendra possible. Une fois cette barrière retirée, nous serons prêts à travailler avec le peuple cubain et heureux de le faire.

Le lendemain du discours de JFK, la presse s'empressa de marteler le sens caché de ces propos. « Kennedy en faveur d'un coup d'État à Cuba », claironnaient le *Dallas Times Herald* et le *Miami Herald*. Le *New York Times* annonça : « Kennedy déclare que les États-Unis ne viendront en aide à Cuba qu'une fois la souveraineté cubaine restituée sous un gouvernement non communiste. »

Le commandant Almeida dirait à Harry Williams qu'il était satisfait des propos que le président américain avait tenus à Miami. Des documents déclassifiés nous apprennent que, dans les jours suivant la réponse d'Almeida au discours de JFK, Robert Kennedy, Manuel Artime et Harry Williams veillaient à Washington aux derniers préparatifs avant la tenue du coup d'État. Le matin du 22 novembre 1963, RFK organisa une rencontre cruciale entre Williams et la CIA – un fait qui serait confirmé par la suite dans un article du *Washington Post*.

À son retour à Washington, JFK avoua à David Powers, un de ses proches collaborateurs, qu'il était soulagé d'avoir survécu à son voyage à Tampa. Selon le biographe de Kennedy Ralph Martin, JFK se serait exclamé : « Personne n'a essayé de me tuer aujourd'hui, Dieu merci ! » Dans sa conversation avec Powers, le président dit que, s'il était assassiné, ce serait par « un tireur armé d'un fusil de précision, durant une parade au centre-ville, au milieu du bruit et des confettis, ce qui ferait que personne ne pourrait pointer du doigt et dire : "Le coup venait de cette fenêtre-là !"»

John et Robert Kennedy se sentirent un peu plus légers une fois le défilé de Tampa et le discours de Miami accomplis. Ils étaient désormais libres de se concentrer sur la visite de JFK au Texas, où aucune menace active contre le président n'avait encore été signalée. De plus, la communauté des exilés cubains était beaucoup moins importante à Dallas qu'elle ne l'était à Tampa et Chicago, ce qui, croyaient-ils, leur faciliterait la tâche.

Le chef de police J. D. Mullins avait évoqué la possibilité que les deux suspects identifiés à Tampa « aient suivi la caravane présidentielle jusqu'à Dallas ». Or, c'est exactement ce que firent deux hommes, qui étaient accompagnés d'une femme du nom de Melba Christine Marcades.

Marcades, qui employait à ce moment-là le pseudonyme de Rose Cheramie, évoluait aux échelons inférieurs du réseau d'héroïne de Mertz, Marcello et Trafficante. Elle travaillait pour Jack Ruby, faisant tour à tour office d'entraîneuse, de livreuse d'héroïne et de prostituée.

Le 21 novembre 1963, Cheramie fut abandonnée en bordure de la route par les deux hommes avec qui elle voyageait depuis la Floride. Elle finit par être ramassée par le lieutenant Francis Fruge de la police d'État de la Louisiane, qui la conduisit au East Louisiana State Hospital après avoir constaté qu'il était en présence d'une héroïnomane en état de manque. Cheramie dit à Fruge que les deux compagnons qui l'avaient abandonnée si brutalement se rendaient à Dallas « pour tuer Kennedy ». Plusieurs des médecins présents entendirent cette remarque, parmi eux Victor Weiss, qui était chef du département de psychiatrie de l'hôpital. Weiss raconte que le 21 novembre 1963, « Cheramie était absolument certaine que Kennedy serait assassiné à Dallas le lendemain et elle insistait sur ce fait, répétant sans cesse la chose aux médecins et au personnel infirmier qui la soignaient ». Lorsque Cheramie mentionna que « le crime organisé de La Nouvelle-Orléans [avait] mis un contrat sur la tête de Kennedy », le docteur Weiss pensa tout de suite qu'elle faisait référence à l'organisation de Carlos Marcello. Dans les mois suivants, Cheramie s'avérerait être une informatrice fiable en ce qui avait trait au rôle de Marcello dans le réseau de trafic de la French Connection, mais lors de son passage à l'hôpital louisianais, personne n'accorda crédit à ses propos. Il est incroyable de penser qu'une femme issue des plus bas échelons de l'empire criminel de Marcello soit passée si près d'exposer le complot d'attentat du parrain. JFK aurait peut-être eu la vie sauve si Cheramie avait été prise au sérieux.

Le grand manitou de la French Connection, Michel Victor Mertz, était venu plusieurs fois aux États-Unis en 1963. Il voyageait parfois sous son vrai nom, ce qu'il avait fait en octobre, et parfois sous le pseudonyme de Jean Souètre, qui était le nom d'un ancien associé avec qui il avait travaillé quelques années auparavant, alors qu'il était en mission pour les services secrets de France. Mertz s'était joint aux troupes de la Résistance française durant la Deuxième Guerre; il avait tué pas moins de vingt nazis, ce qui lui avait valu la Légion d'honneur. Après la guerre, il commença à travailler occasionnelle-ment pour les services de renseignement français, cela afin d'inciter la justice à fermer les yeux sur ses activités criminelles.

Le pseudonyme de Jean Souètre, que Mertz utilisa le 22 novembre ainsi que dans les jours précédant la mort de JFK, était le nom véritable d'un officier français fugitif qui avait parti-cipé en 1962 à une tentative d'assassinat contre le président fran-çais Charles de Gaulle. La voiture de de Gaulle fut criblée de balles, mais le président survécut à cet attentat dont s'inspirerait Frederick Forsyth pour son roman *Chacal* (*The Day of the Jackal*). Souètre était de ceux qui furent condamnés et emprisonnés à la suite de l'atten-tat, mais il avait finalement réussi à s'évader.

Le véritable Jean Souètre n'a pas visité les États-Unis dans les années 1960. Le 22 novembre 1963, jour de l'assassinat de JFK, il se trouvait dans la ville espagnole de Barcelone – un fait que plusieurs témoins ont corroboré. Michel Mertz, par contre, s'est souvent rendu aux États-Unis en 1963 et dans les années précédentes, ces voyages étant liés à ses activités de trafiquant d'héroïne. Mertz pre-nait un gros risque en utilisant le pseudonyme de Souètre, surtout vu que le vrai Souètre avait rencontré des agents de la CIA en Europe en mai 1963 pour solliciter leur aide – il avait même été le sujet d'une note rédigée par Richard Helms durant l'été de 1963. L'ex-enquêteur sénatorial Bud Fensterwald raconte que « le FBI avait localisé Souètre [ou du moins un individu identifié comme tel] à Dallas la veille de l'assassinat de JFK, mais les agents avaient ensuite perdu sa trace ».

Mertz devait bien savoir qu'il éveillerait les soupçons en employant l'identité d'un assassin recherché pour attentat contre le président français. Les autorités américaines, à tout le moins, ne manqueraient pas de relever ce point.

Dans les jours précédant la visite du président à Dallas, John et Robert Kennedy veillèrent aux derniers préparatifs du coup d'État qui marquerait sous peu la fin du régime castriste. Selon l'historien Michael Beschloss, durant cette période, Richard Helms aurait montré aux Kennedy un fusil cubain qui, disait-il, « provenait d'une cache contenant trois tonnes d'armes cubaines abandonnées sur une plage du Venezuela par des terroristes », ainsi que les plans « d'un coup d'État orchestré par Castro » visant à renverser le président du Venezuela. Helms voyait d'un mauvais œil les pourparlers de paix que les Kennedy avaient entrepris avec le leader cubain, aussi cherchait-il peut-être à travers ces révélations à court-circuiter les négociations – et du même coup à protéger ses arrières si l'existence des complots CIA-Mafia, ces initiatives non autorisées ayant pour but d'éliminer Castro, était soudain dévoilée. Une enquête militaire menée subséquemment par Joseph Califano et par le lieutenant-colonel Alexander Haig, qui travaillaient tous deux pour le secrétaire de l'armée Cyrus Vance, conclurait que « plusieurs des armes et objets attribués aux Cubains étaient en vérité d'origine américaine ». Le vétéran de la CIA Joseph B. Smith se prononcerait sur ce point dans ses mémoires : « Je n'ai pas l'impression qu'il s'agissait d'armes cubaines destinées aux guérilleros vénézuéliens. Les preuves ne sont pas convaincantes, et tout ça me semble être une histoire montée de toutes pièces. »

Smith rapporte également dans ses mémoires, qui furent pourtant rédigées plusieurs décennies avant que l'existence du coup d'État

JFK-Almeida soit révélée, une remarque fort révélatrice qu'il entendit en 1964 de la bouche du chef des opérations cubaines de la CIA, Desmond FitzGerald. Sans donner quelque détail que ce soit quant à la manière dont la chose aurait été accomplie, FitzGerald dit à Smith : « Si Jack Kennedy était toujours vivant [...] je peux t'assurer qu'on se serait débarrassés de Castro avant Noël [de 1963]. » Même au sein de la CIA, seul un petit groupe d'individus était au courant de la participation du commandant Almeida dans le coup d'État. FitzGerald était de ceux-là.

Le 20 novembre 1963, après avoir célébré son trente-huitième anniversaire, Robert Kennedy s'entretint avec Harry Williams. RFK avait organisé pour le vendredi 22 novembre une dernière rencontre de planification entre Williams et des membres de la CIA. Il avait été entendu qu'au terme de cette réunion qui débuterait tôt le matin pour se terminer en après-midi, Williams quitterait Washington pour s'envoler vers Miami et que, de là, il prendrait un autre avion qui le conduirait à la base navale américaine de Guantanamo. Si tout se déroulait normalement, Williams s'infiltrerait en territoire cubain le 23 novembre et irait rejoindre Almeida en attendant le signal d'envoi du coup d'État, qui était prévu pour le 1er décembre. Le décompte s'étalerait donc sur dix jours, soit du 22 novembre au 1er décembre. Une fois à Cuba, Harry Williams ne disposerait plus d'une voie de communication sécurisée avec les États-Unis, et les Kennedy n'auraient ainsi plus l'occasion d'avorter la mission. Le 26 novembre marquait définitivement le point de non-retour.

Robert Kennedy semblait maintenant prêt à informer certains membres du cabinet, et notamment Dean Rusk, de l'implication du commandant Almeida dans le projet de coup d'État ; tout ce beau monde apprendrait enfin que les plans sur lesquels ils travaillaient depuis des mois étaient sur le point d'être mis à exécution. En réponse à une note qui n'a pas encore été déclassifiée et qui fut rédigée le 20 novembre par RFK, le conseiller à la sécurité nationale de JFK, McGeorge Bundy, écrivit : « Il est temps d'aborder la question du problème cubain. [...] Faisons une réunion aussitôt que toutes les personnes concernées seront en ville. » Comme JFK prévoyait s'envoler pour le Texas le lendemain et que Dean Rusk et plusieurs autres membres du cabinet avaient un voyage à effectuer en Extrême-Orient, la haute direction du gouvernement américain ne pourrait se réunir qu'au début de la semaine suivante, soit aux alentours du 25 novembre. Ce serait à moins d'une semaine du coup d'État, ce qui laisse supposer que c'est lors de cette réunion que Rusk, McNamara et les autres hauts dirigeants américains seraient informés de la participation d'Almeida.

Contrairement à ce que JFK et RFK avaient espéré, les pourparlers de paix avec Castro progressaient plutôt lentement. Une note de la Maison-Blanche datée du 19 novembre 1963 rapporte que le médecin de Fidel voulait que William Attwood, l'envoyé spécial des Nations Unies qui servait d'émissaire aux Kennedy, «vienne à Cuba». Attwood avait répondu que c'était «impossible pour l'instant» et disait préférer que le médecin de Castro se rende à New York. Ce dernier étant dans l'impossibilité de faire le voyage, il conseilla à Attwood d'amorcer le dialogue avec l'envoyé de Cuba aux Nations Unies, même si ce n'était que pour entamer «une discussion préliminaire [...] en vue de dresser le programme des négociations à venir». La balle étant dans «le camp de Castro», il ne fait aucun doute que JFK et RFK devaient être frustrés de la lenteur des progrès réalisés, et particulièrement à l'approche de l'échéance fatidique du 1er décembre.

Les frères Kennedy ignoraient à ce moment-là que les choses commençaient à bouger du côté du second émissaire de paix qui plaidait leur cause à Cuba. Ce même 19 novembre 1963, le journaliste français Jean Daniel obtint enfin l'audience qu'il attendait depuis la fin octobre : selon l'adjoint des Kennedy Arthur Schlesinger, Daniel reçut une visite surprise de Castro à 10 heures du soir, cela après avoir passé «trois semaines infructueuses à La Havane». Le journaliste était censé quitter Cuba le lendemain, mais, après avoir discuté avec le leader cubain jusqu'à 4 heures du matin, il décommanda son départ. Lors de cet entretien, Daniel dit à Castro que le président Kennedy désirait ouvrir le dialogue depuis près d'un mois déjà. Avant de se quitter, les deux hommes convinrent de se rencontrer de nouveau le 22 novembre pour dîner et poursuivre la discussion. D'aucuns auraient vu une ironie du sort dans cette date, mais aussi dans le lieu choisi pour la rencontre : c'était la villa de Castro à Varadero, que les protagonistes d'AM-WORLD avaient ciblée comme un bon endroit où assassiner celui-ci du fait que l'atout de la CIA Rolando Cubela possédait une propriété juste à côté[25].

N'ayant pas d'ambassade à Cuba ni quelque autre voie de communication sécurisée avec Jean Daniel, JFK et RFK ne pouvaient pas savoir que celui-ci avait rencontré Fidel et avait même prévu avec lui une seconde rencontre.

Aux États-Unis, Robert Kennedy continuait sa lutte acharnée contre le crime organisé devant les tribunaux, mais aussi dans la presse. Durant la semaine du 18 au 22 novembre, le *New York Times* publia un impressionnant reportage en cinq volets dévoilant les liens existant entre la Mafia, le syndicat des Teamsters et Las Vegas. RFK avait apporté une précieuse contribution à l'enquête du *Times*, fournissant une foule de citations et de renseignements pertinents aux journalistes. Les articles révélaient que RFK était sur le point de chasser la Mafia de Las Vegas, ville qu'elle considérait pourtant comme une place forte. Parallèlement à cette série, le *Times* publia cette semaine-là un autre article qui avait dû plaire à Robert Kennedy, puisqu'il faisait état des liens qu'un rival potentiel de JFK avait entretenus avec la Mafia : « Le sénateur Goldwater, disait l'article, a avoué avoir été associé à Willie Bioff, un racketteur syndical assassiné en 1955, et à Gus Greenbaum, un propriétaire de casino de Las Vegas qui avait été abattu en 1958. » Le mafioso Johnny Rosselli était lié à ces deux meurtres.

Le reportage en cinq temps du *New York Times* était pour Robert Kennedy le couronnement d'un automne regorgeant de propagande anti-Mafia qui avait débuté avec la télédiffusion d'une commission d'enquête qui exposait pour la première fois à l'Amérique entière les rouages secrets de la Mafia. (Le point de mire des audiences, le mafioso Joe Valachi, avait accepté de coopérer avec les autorités uniquement pour éviter une condamnation à mort.) RFK avait tenu à présenter à la télévision cette commission présidée par le sénateur John McClellan, un vieil ami des Kennedy, dans l'espoir de galvaniser le peuple américain contre la Mafia. « Le crime organisé et le trafic illicite de narcotiques », telle était la cible de la commission, ce qui indiquait l'intention de RFK de frapper en plein cœur le très lucratif réseau d'héroïne de la French Connection, écorchant Marcello et Trafficante au passage.

L'auteur John H. Davis rapporte que, le 20 novembre, RFK « fut informé des progrès du procès de Marcello ». « Robert Kennedy obtint l'assurance qu'un verdict favorable serait rendu deux jours plus tard, écrivait Davis. Kennedy avait planifié pour le vendredi 22 [novembre] une rencontre au sommet réunissant les membres de son équipe personnelle ainsi que plusieurs procureurs généraux venus de partout au pays pour discuter du crime organisé. Il lui tardait d'annoncer à tous ces gens la bonne nouvelle du verdict de Marcello, qui aurait très certainement été rendu à ce moment-là. »

Mais les choses ne se termineraient pas comme RFK l'avait espéré. Le jeudi 21 novembre, la défense a conclu sa plaidoirie. Ayant soudoyé un membre-clé du jury, Marcello savait qu'il serait innocenté dès le lendemain. Et le fait qu'il serait en cour le jour du meurtre de JFK allait lui procurer un alibi en béton... et lui donner l'occasion de célébrer la mort du président en faisant croire qu'il célébrait son acquittement..

Pendant ce temps, Richard Helms travaillait à la portion du coup d'État JFK-Almeida qui relevait de la CIA – l'Agence avait notamment pour mission «d'introduire des atouts à Cuba» avant la date prévue pour le coup d'État. Helms n'avait pas pour autant abandonné ses propres projets d'assassinat contre Castro : les complots CIA-Mafia et l'opération connexe impliquant Rolando Cubela (le nom de code de Cubela était AMLASH) étaient toujours en voie de développement. Les enquêteurs de la commission Church rapporteraient que «le 19 novembre, AMLASH [avait] annoncé à un agent de la CIA qu'il projetait de rentrer immédiatement à Cuba». Une note de la CIA datée du même jour disait : «[Desmond] FitzGerald a autorisé à Cuba l'établissement d'une cache [d'armes] à l'usage de Cubela. Cette cache pourrait inclure à sa demande [...] des fusils de précision munis d'une lunette télescopique.»

Le lendemain 20 novembre, un officier de la CIA téléphona à Cubela pour lui demander de reporter son retour à Cuba afin qu'il puisse assister à une réunion à Paris le 22 novembre. Il est à noter que c'est la CIA, et non Cubela, qui fixa la date de cette rencontre – un fait amplement documenté, que continuent pourtant d'ignorer ceux qui cherchent encore à blâmer Castro pour le meurtre de JFK en prétendant que Cubela était un agent double. Au moment où JFK se faisait tuer à Dallas, Cubela se trouvait à Paris en présence de son superviseur de la CIA, qui à cette occasion essaya de le convaincre d'utiliser un stylo empoisonné conçu par l'Agence pour assassiner Castro. Il est possible que ce soit David Morales qui ait imaginé de faire coïncider le voyage de Cubela à Paris avec l'assassinat de JFK, sachant qu'une telle concordance obligerait la CIA à taire certaines informations après la mort du président.

Il est important de souligner que le trajet du défilé de JFK dans Dallas ne fut annoncé dans les journaux locaux que le 19 novembre. Il s'est créé au fil des ans un mythe selon lequel l'itinéraire aurait été changé à la dernière minute dans le but de le faire passer plus près de l'entrepôt de livres scolaires du Texas, où Oswald travaillait[26]. Le HSCA (House Select Committee on Assassinations) étudierait la question et en viendrait à la conclusion que cette histoire était totalement fausse. Il suffit d'examiner les articles de journaux parus ce jour-là pour constater que le virage qui amenait le cortège en direction de l'entrepôt était prévu dès le départ, et qu'il était même nécessaire pour éviter le terre-plein de béton séparant la rue de la Stemmons Freeway. Il est vrai qu'avant que l'itinéraire de JFK soit annoncé, les conspirateurs avaient peut-être pensé que le cortège traverserait Dealey Plaza, et que le virage serré vers l'entrepôt leur faciliterait la tâche.

Un autre mythe prétend qu'à Dallas les services secrets ont été négligents – pour ne pas dire complices – parce qu'ils n'avaient pas inspecté tous les édifices se trouvant en bordure du défilé. Lors de son témoignage devant la commission Warren, l'agent des services secrets Forrest Sorrels préciserait en effet que, «lorsqu'il procéda à une évaluation de la sécurité le long du trajet avec des policiers de Dallas, il fit remarquer à ceux-ci qu'il serait facile pour un tireur armé d'un fusil à lunette de faire feu sur JFK». Les inquiétudes de Sorrels étaient compréhensibles à la lumière de ce que nous savons maintenant au sujet des attentats de Chicago et Tampa, mais reste qu'à l'époque les services secrets n'avaient été informés d'aucune menace ou complot pour assassiner JFK à Dallas. Les mesures de sécurité déployées à Tampa – où la police avait été appelée à inspecter plusieurs édifices le long du cortège – étaient exceptionnelles, ainsi qu'en témoigne cette règle de procédure des services secrets : «De façon générale, les services secrets n'inspectent pas les bâtiments se trouvant sur la route d'un cortège en mouvement, sauf dans les cas suivants : 1) inaugurations présidentielles ; 2) visites de dignitaires étrangers (rois, présidents, etc.) ; 3) quand le cortège suit un trajet connu non pas depuis quelques jours, mais depuis plusieurs années. »

Les attentats de Chicago et Tampa ayant été annulés, ne restait plus à Marcello et Trafficante qu'une seule chance d'éliminer JFK. Le défilé du 22 novembre à Dallas était la dernière occasion qu'ils auraient d'assassiner le président avant le coup d'État du 1er décembre à Cuba. Après, il serait trop tard, car, une fois le putsch effectué, il n'y n'aurait plus de secret à préserver, et donc la Mafia ne pourrait plus bénéficier d'une quelconque entreprise de dissimulation du gouvernement américain.

Et déjà, le secret entourant les complots d'assassinat de Chicago et Tampa jouait en faveur de la Mafia, si ce n'était que parce que les autorités de Dallas, ignorant tout de ces attentats, ne seraient pas portées à resserrer les mesures de sécurité mises en place pour le président.

Nous ignorons si les deux tueurs à gages européens que Marcello avait engagés et qui s'entraînaient depuis leur arrivée sur son domaine de Churchill Farms avaient été dépêchés à Tampa. Cependant, nous savons qu'ils furent conduits à Dallas par Joe Campisi Sr. Vingt-deux ans plus tard, Marcello expliquerait à son compagnon de cellule Jack Van Laningham quel rôle-clé Campisi avait joué dans le complot contre JFK. Celui qui était le second sous-patron de Marcello à Dallas conseilla aux deux assassins de rester planqués dans son restaurant jusqu'à ce qu'il soit temps pour eux de se rendre à Dealey Plaza, ce qu'ils firent avant que le cortège de JFK traverse cette partie verdoyante du centre-ville.

Un incident étrange survenu juste avant l'arrivée de JFK, et qui fut caché à la commission Warren, est très certainement imputable à la présence des deux tueurs dans la ville. Le biographe de Marcello, John H. Davis, écrivait que, le matin du mercredi 20 novembre 1963, deux policiers qui patrouillaient dans les environs remarquèrent un groupe d'hommes qui se tenaient derrière une palissade de bois se trouvant sur le talus gazonné qui surplombait Dealey Plaza. Les individus semblaient engagés dans une activité pour le moins inusitée : ils s'exerçaient à pointer des fusils par-dessus la barrière, en direction de la place. Les policiers descendirent de leur véhicule et coururent vers la clôture, mais à leur arrivée les individus armés avaient déjà disparu, prenant la fuite dans une voiture qui avait été garée non loin de là. Les deux agents ne firent pas grand cas de la chose sur le coup, mais, après l'assassinat de JFK, ils rapportèrent l'incident au FBI, qui produisit un rapport à ce sujet le 26 novembre. Pour des raisons qui n'ont jamais été expliquées de manière satisfaisante, le FBI ne mentionna ce rapport à aucun moment dans son enquête sur le meurtre du président. Le rapport lui-même disparaîtrait pendant des années pour ne refaire surface qu'en 1978. (Lorsqu'on considère la chose aujourd'hui, il peut sembler incroyable que la police n'ait pas réagi plus vivement à la vue d'hommes manipulant des carabines dans un parc. Cependant, il faut comprendre qu'en 1963, à Dallas, il n'était pas rare qu'un individu apporte à son lieu de travail une arme qu'il comptait montrer, troquer ou vendre à un confrère.)

J. Edgar Hoover et les autres dirigeants du Bureau avaient peut-être décidé de cacher ce rapport à la commission Warren parce qu'ils étaient embarrassés du fait que, juste avant le meurtre de JFK, le FBI avait perdu la trace de l'assassin et trafiquant français Michel Victor Mertz, qui se trouvait à Dallas à ce moment-là sous le pseudonyme de Jean Souètre, un autre assassin français. Pire encore, le FBI avait omis de signaler aux services secrets la présence de Mertz dans la ville. Le 5 mars 1964, soit un peu plus de trois mois après la mort de JFK, le FBI enverrait à la CIA une note dans laquelle le Bureau avouait que les autorités françaises l'avaient averti qu'un certain Michel Mertz, qui répondait au pseudonyme de Souètre, « était à Fort Worth le 22 novembre au matin et à Dallas en après-midi ». Tout porte à croire que Mertz traquait JFK, puisque le président se trouvait lui aussi à Fort Worth le matin du 22 novembre, puis à Dallas dans l'après-midi.

Le jeudi 21 novembre 1963, dans les confins de l'entrepôt de livres scolaires du Texas, Lee Harvey Oswald demanda à un collègue de travail du nom de Wesley Frazier s'il pouvait le conduire quelque part après le boulot. Oswald avait élu domicile dans une maison de chambres du quartier d'Oak Cliff. Or, son épouse habitait toujours avec ses filles chez sa bonne amie Ruth Paine. Oswald ne visitait habituellement Marina que le week-end (quoiqu'il ne l'eût pas fait le week-end précédent), mais en ce jour de semaine, il comptait faire exception et demanda donc à Frazier de le conduire chez elle ce soir-là. Frazier se souvient qu'Oswald voulait acheter des tringles à rideaux pour son épouse, qu'il entendait passer la nuit avec elle et lui avait demandé de venir le reprendre le lendemain matin pour le conduire au travail.

Tout indique qu'Oswald projetait de s'absenter de son travail le lendemain pour rejoindre un contact qui l'attendait au Texas Theatre – du moins était-ce ce qu'on lui avait fait croire. Une agence de renseignement américaine (soit la CIA, les services de renseignement de la marine ou les deux) avait donné à Oswald la mission de se rendre à Cuba, ce qu'il pensait faire à partir de Mexico. David Belin, avocat à la commission Warren, expliqua dans une note (mais pas dans le rapport final de la commission) comment Oswald aurait pu s'y prendre pour se rendre à Mexico le 22 novembre uniquement par voie d'autobus et avec le peu d'argent qu'il avait en poche. Bien que cette façon de procéder aurait concordé avec l'identité de petit militant gauchiste qu'Oswald s'était façonnée dans le cadre de ses activités d'espionnage, on imagine mal un individu prenant la fuite en autobus après avoir attenté à la vie du président des États-Unis.

Le lendemain matin, avant de quitter la chambre de son épouse, Oswald déposa sa bague de mariage dans un verre qu'il posa sur la commode, puis il mit dans un des tiroirs du meuble un portefeuille contenant 170 $. Il savait de toute évidence qu'il partirait de Dallas ce jour-là et qu'il n'y reviendrait pas avant longtemps. Lorsqu'il s'en alla de la maison de Ruth Paine, il portait sous le bras un paquet enveloppé de papier brun. À la taille du paquet, on peut en déduire qu'il ne s'agissait probablement pas des tringles à rideaux mentionnées à Frazier, mais il ne pouvait pas non plus s'agir du fusil Mannlicher-Carcano qui serait identifié comme l'arme du crime dans le meurtre de JFK et que, disait-on, Oswald conservait dans le garage de Ruth Paine, enveloppé d'une couverture.

Ce matin-là, Wesley Frazier alla chercher Oswald tel qu'il lui avait promis pour le conduire au travail. La sœur de Frazier était dans la voiture et elle se souvient qu'Oswald portait un long paquet enveloppé de papier brun. Ainsi que nous venons de le mentionner, ce ne pouvait pas être le fusil Mannlicher-Carcano qu'on retrouverait, après le meurtre de JFK, au sixième étage de l'entrepôt de livres où Oswald travaillait. Voici pourquoi : dans le témoignage qu'elle livrerait à la commission Warren, la sœur de Frazier dit qu'Oswald tenait le haut du paquet et que l'autre extrémité ne touchait pas le sol ; or, un fusil Mannlicher-Carcano mesure près de 89 cm lorsque démonté, ce qui est trop long pour qu'on puisse le porter de cette manière sans que l'autre bout traîne par terre.

Dans son témoignage à la commission, Wesley Frazier confirma les dires de sa sœur quant à la longueur du paquet. Il raconta qu'une fois qu'ils furent arrivés à l'entrepôt de livres, il avait vu Oswald tenir le paquet sous son bras, avec l'extrémité reposant dans la paume de sa main. Un être humain normal ne pourrait pas tenir de cette manière un paquet de la longueur d'un Mannlicher démonté – essayez avec un bâton de cette longueur et vous verrez. Compte tenu de la taille d'Oswald, il aurait tout au plus été capable de tenir ainsi un paquet de 58 cm de longueur, ce qui est loin des 89 cm du fusil démonté.

Ces témoignages de Frazier et de sa sœur sont importants, puisqu'ils prouvent qu'Oswald n'a pas apporté ce jour-là le Mannlicher-Carcano à l'entrepôt où il travaillait. Fait encore plus capital, personne n'a vu Oswald apporter un paquet ou quelque objet que ce soit à l'intérieur de l'entrepôt de livres scolaires du Texas le 22 novembre. À leur arrivée, Oswald devança Frazier, si bien que celui-ci ne le vit pas pénétrer dans l'édifice. Personne dans l'immeuble ne vit Oswald avec le paquet. Personne ne le vit entrer dans l'immeuble excepté Jack Dougherty, qui se rappelle avoir vu Oswald et affirme qu'il ne portait pas de paquet. Cela soulève la possibilité qu'Oswald ait confié le paquet qu'il avait apporté à quelqu'un qui l'aurait attendu dans les environs ou dans le stationnement de l'entrepôt de livres.

Qu'y avait-il dans ce paquet? Un associé de la Mafia aurait rapporté qu'une sorte d'intervention ou de démonstration liée à Cuba aurait lieu dans la journée à Dealey Plaza. Le paquet d'Oswald contenait peut-être une bannière affichant un slogan pro-Castro qu'il aurait promis de suspendre ou d'exhiber d'une certaine manière à l'une des fenêtres de son lieu de travail, dans le but d'embarrasser JFK lorsque son cortège passerait devant l'entrepôt. Guy Banister et David Ferrie auraient très certainement pu convaincre Oswald de poser un tel geste en lui disant qu'il attirerait ainsi l'attention des médias comme il l'avait fait à La Nouvelle-Orléans, et que cela plaiderait en sa faveur lorsqu'il se rendrait à Mexico pour demander à l'ambassade cubaine droit d'entrée à Cuba. Le paquet d'Oswald aurait donc pu contenir une bannière ou un autre article qui serait utilisé lors de la manifestation, mais là ne réside pas l'essentiel: l'important, c'est qu'il était impossible que le paquet d'Oswald, de par sa forme et sa taille, ait contenu le fusil Mannlicher-Carcano.

De nombreux auteurs tels qu'Anthony Summers ont documenté le fait que, tant dans les interrogatoires que lui ont fait subir les autorités que dans ses interventions dans les médias et ses conversations privées, Oswald «n'a jamais parlé en mal du président Kennedy». Trois mois avant le meurtre de JFK, Oswald avait été interrogé par un lieutenant de la police de La Nouvelle-Orléans qui aurait ceci à dire de lui: «Oswald semblait favorable au président Kennedy et ne manifestait aucune animosité ou rancœur à son égard. [...] J'irais jusqu'à dire qu'il aimait bien le président.»

Le FBI a recueilli plusieurs témoignages provenant de sources crédibles qui mentionnaient que Jack Ruby se trouvait à Houston dans l'après-midi du 21 novembre, quelques heures avant que JFK lui-même y arrive. Ruby fut aperçu à un coin de rue du Rice Hotel, établissement à l'intérieur duquel le président livrerait un discours avant de s'envoler pour Fort Worth, où son épouse Jackie et lui passeraient la nuit. La présence de Ruby à Houston est également confirmée par le fait qu'il a appelé un impresario local lors de son passage dans la ville. Un témoignage en particulier soutient que Ruby n'a quitté Houston qu'après l'arrivée de JFK.

Ruby aurait pu se rendre à Houston pour étudier les mesures de sécurité entourant le président, ou pour y rencontrer quelqu'un qui était impliqué dans le complot, ou les deux. Ruby avait rencontré son fiscaliste deux jours plus tôt et lui avait dit « qu'il avait un contact qui lui fournirait l'argent dont il avait besoin pour régler sa dette envers le gouvernement », laquelle s'élevait à 40 000 $ (ce qui équivaut à près de 300 000 $ de nos jours). Le journaliste Seth Kantor notait que, ce jour-là, « le compte bancaire du Carousel Club, le bar de Ruby à Dallas, contenait 246,65 $ », ce qui correspondait à peu près au montant qu'il renfermait d'ordinaire.

Le soir du jeudi 21 novembre, Ruby était de nouveau à Dallas, où il soupa au restaurant égyptien de Joe Campisi en compagnie d'un ami et associé nommé Ralph Paul. En théorie, Paul était propriétaire à 50 % du Carousel, et on soupçonne que c'est lui qui a avancé à Ruby l'argent nécessaire pour payer ses dettes fiscales – l'argent provenait en fait de l'organisation de Marcello. Anthony Summers rapporte que Ruby « était associé au restaurant Austin's Bar-B-Cue », où le policier de Dallas J. D. Tippit travaillait sporadiquement en tant que gardien de sécurité. Des enquêteurs du Congrès américain ont découvert que Tippit, qui était un homme marié, avait vécu une longue liaison amoureuse avec une serveuse de l'établissement. L'auteur Henry Hurt s'est entretenu avec cette femme qui a confirmé qu'à cette époque elle croyait être enceinte de Tippit. Il est fort possible qu'un associé de Ralph Paul, peut-être Ruby lui-même, ait profité de l'occasion pour faire chanter Tippit et le manipuler – en lui disant par exemple où il devait se trouver pour appréhender Oswald le 22 novembre, sans pour autant lui révéler quel sort serait échu au président Kennedy.

Joe Campisi Sr. a confirmé le fait que Ruby se trouvait à son restaurant le soir du 21 novembre, mais il dirait par la suite à des enquêteurs du gouvernement que lui-même n'y était pas allé de la journée. S'il est vrai, ainsi que Marcello l'affirmait, que Campisi avait planqué les tueurs à gages européens dans son restaurant cette nuit-là, alors il est normal qu'il ait cherché à nier sa présence à ce même endroit. Cette information nous permet également de

considérer la visite de Ruby au resto de Campisi sous un jour différent : cette réunion était peut-être l'occasion pour eux de s'occuper,
avec les assassins, des préparatifs du lendemain. Ruby dirait plus
tard que Campisi était un de ses « trois meilleurs amis », mais en
réalité ils entretenaient plutôt ensemble une relation d'affaires,
avec Campisi s'imposant comme patron et décideur. Campisi
voyait probablement Ruby comme un inférieur. Par contre, il était
très proche de Carlos Marcello.

À sa sortie du resto de Campisi, Ruby fit un saut au Carousel
Club avant de se rendre au Bon Vivant Room, un restaurant situé
au Cabana Hotel, établissement financé par les Teamsters. Au Bon
Vivant, Ruby rencontra Lawrence Meyers, qui, comme nous l'avons
vu précédemment, était messager ou coursier pour la Mafia de
Chicago, et était lié à David Ferrie.

Une fois John et Jackie Kennedy installés dans leur chambre d'hôtel à Fort Worth, les agents des services secrets qui assuraient leur
sécurité s'accordèrent un moment de relaxation en allant d'abord
au Press Club, puis au Cellar Club, que certains documents de la
commission Warren décrivent comme « une boîte de nuit aux
allures de café beatnik » où l'on encourageait les clients à apporter
leur propre alcool pour l'ajouter aux « boissons fruitées » vendues
sur place. Il n'était pas étonnant que les agents aient besoin de se
détendre un peu après le stress qu'ils avaient vécu à la suite des
menaces d'attentat de Chicago et Tampa – d'autant plus qu'aucun
danger n'avait été signalé pour la visite du lendemain à Dallas. Le
présentateur de nouvelles du réseau CBS Bob Schieffer, qui était
alors reporter pour un quotidien de Fort Worth, se souvient que le
principal attrait du Cellar Club était que les serveuses ne portaient
rien d'autre qu'une petite culotte – quoiqu'on m'ait aussi dit qu'elles
y travaillaient plutôt en bikini.

Le propriétaire du Cellar Club, Pat Kirkwood, connaissait bien
Jack Ruby et il était lié à un autre associé de la Mafia nommé Lewis
McWillie. Lors d'une entrevue réalisée par Jack Anderson en 1988,
Kirkwood raconta que plusieurs danseuses nues qui travaillaient
pour Ruby s'étaient retrouvées au Cellar ce soir-là, et il soupçonnait qu'elles y avaient été envoyées par Ruby. Kirkwood disait également que, parmi les agents des services secrets qui étaient
présents, certains « buvaient du Everclear, un alcool pur ». Des
documents de la commission Warren confirment que certaines des
danseuses nues travaillant pour Ruby connaissaient Kirkwood.

Que ces femmes se soient rendues au Cellar de leur propre chef ou à la demande expresse de Ruby, par leur présence, elles ont incité les agents chargés de protéger Kennedy à festoyer jusqu'à tard dans la nuit, ce qui indiquait à Ruby que le complot d'assassinat de Dallas, contrairement à ceux de Tampa et Chicago, n'avait pas été ébruité. Les agents qui conduiraient les limousines le lendemain ne prirent pas part à ces réjouissances. Par contre, plusieurs agents haut gradés des services secrets se firent prendre au jeu. On choisit bien souvent de taire cet incident, pourtant amplement documenté, dans les récits héroïques qui racontent les exploits de certains de ces agents à Dallas. Les noms des agents qui étaient présents ce soir-là au Cellar Club sont cités dans les volumes complémentaires de la commission Warren, de même que le nombre d'heures qu'ils y ont passé et la quantité d'alcool qu'ils y ont consommé. Il ne m'apparaît pas utile de les nommer ici.

Des membres du groupe quitteraient le Cellar à divers moments de la soirée, mais le dernier agent n'en sortirait qu'à 5 heures du matin, sachant qu'il devait être en poste trois heures plus tard.

LE 22 NOVEMBRE, DANS LA MATINÉE, À WASHINGTON, DC

Harry Williams et des officiels de la CIA se rencontrèrent ce matin-là en un lieu sécurisé par l'Agence. La réunion avait été organisée par Robert Kennedy. Le journaliste et lauréat du prix Pulitzer Haynes Johnson relaterait les détails de cette rencontre vingt ans plus tard dans un article du *Washington Post*. Johnson écrivit qu'à ce moment-là, le travail que Williams avait fait pour les Kennedy en lien avec le problème cubain « avait atteint un point critique » et que cette rencontre du 22 novembre « était la plus cruciale d'une série de réunions secrètes entre Williams et certains hauts dirigeants de la CIA et du gouvernement américain ». Johnson confirma dans son article que, de tous les leaders exilés cubains, Williams était celui qui entretenait les liens les plus étroits avec le gouvernement Kennedy.

Un article de *Vanity Fair* ainsi que l'ex-agent du FBI William Turner ont dévoilé l'identité de certaines des personnes présentes à cette réunion: Harry Williams y était, bien entendu, de même qu'E. Howard Hunt, James McCord[27] et le directeur général de la CIA, Lyman Kirkpatrick, qui était la troisième personne la plus haut placée de l'Agence, surpassant même en grade Richard Helms. Helms et Desmond FitzGerald auraient eux aussi assisté à une partie de cette longue réunion.

Harry Williams se souvient que Lyman Kirkpatrick lui a posé des questions très pointues au sujet du coup d'État impliquant Almeida; le directeur général de la CIA voulait apparemment s'assurer que l'opération ne tournerait pas au désastre pour les États-Unis comme cela avait été le cas avec l'invasion de la baie des Cochons. Outre cela, la réunion se déroula sans anicroche et tout indiquait que l'opération irait de l'avant. Tous firent une pause pour dîner vers midi, heure de l'Est. Williams ne mangea pas avec le groupe de la CIA.

Ce matin-là, au quartier général de la CIA, le directeur de l'Agence, John McCone, fit parvenir au chef de la station de Miami, Ted Shackley, une note renfermant le message suivant: «Le soulèvement du 1er décembre [1963] a été prévu en fonction de la nouvelle loi cubaine sur le service militaire. Selon les leaders du coup d'État, le fait de rendre le service militaire obligatoire aura un impact majeur sur le mouvement clandestin à Cuba.» Cette note de McCone ne serait pas dévoilée à la commission Warren ni aux autres commissions d'enquête constituées dans les années 1970. Elle ne serait rendue publique qu'en 1993, se glissant par erreur dans une masse de documents à déclassifier, et serait publiée pour la première fois en 2005.

Robert Kennedy avait une réunion importante ce matin-là au département de la Justice: il discuterait du crime organisé avec quarante avocats de la section du racketérisme. «Il y avait plusieurs points majeurs à l'ordre du jour, rapportait l'auteur John H. Davis, dont les enquêtes visant Sam Giancana [le patron de Rosselli], Santo Trafficante, Jimmy Hoffa et Carlos Marcello.» On avait informé RFK que le verdict du procès de Marcello à La Nouvelle-Orléans serait probablement rendu dans la journée. Sam Giancana et la corruption à Chicago furent le dernier sujet abordé avant la pause du midi. RFK irait dîner chez lui en Virginie, au domaine familial de Hickory Hill.

Cette journée critique entre toutes renferme de nombreux faits importants. Par souci d'exhaustivité, je vous en présenterai ici des résumés, classés autant que possible par ordre chronologique. Les heures indiquées doivent être considérées comme approximatives, de même que les dates lorsqu'il s'agit d'événements ayant eu lieu tard dans la nuit ou aux premières heures du jour. La plupart des événements-clés étant survenus au Texas, j'ai appliqué l'heure normale du Centre (HNC), à moins d'indication contraire. JFK a été tué à 12 h 30, HNC. Les réunions ou incidents qui ont été couverts de façon exhaustive aux chapitres précédents seront tout de même mentionnés brièvement afin de les situer par rapport aux autres événements importants.

Les témoignages relatifs aux événements survenus à Dealey Plaza proviennent des tout premiers rapports officiels émis par la police de Dallas, le FBI et les services secrets, mais aussi d'entrevues réalisées par des journalistes de renom. J'ai choisi de me concentrer ici sur des témoignages fiables et plausibles que la commission Warren a ignorés ou rejetés parce qu'ils allaient à l'encontre de ses propres conclusions. Les témoignages de ce genre sont si nombreux que je n'ai pas pu les évoquer tous ici. Toutefois, j'ai inclus à la section « Bibliographie annotée » plusieurs endroits où les trouver.

LE 22 NOVEMBRE, À FORT WORTH ET DALLAS

7 h 30 : Réveil de JFK à l'Hotel Texas de Fort Worth. JFK fait à Jackie et à un adjoint nommé Lawrence O'Donnell la remarque suivante : « Si quelqu'un aujourd'hui veut me tirer dessus avec un fusil de la fenêtre d'un édifice, personne ne pourra l'en empêcher, alors autant ne pas y penser. » JFK ajoute ensuite : « La nuit dernière aurait été la nuit parfaite pour assassiner un président. Sans blague, il faisait noir comme en enfer et avec la pluie, on s'est tous fait secouer. » Nous savons maintenant que JFK parlait d'assassinat à cause des menaces d'attentat avec lesquelles il avait dû composer à Tampa et Chicago.

Après avoir donné un discours au déjeuner devant les membres de la Chambre de commerce de Fort Worth et salué la foule à l'extérieur de l'hôtel, JFK s'envole avec Jackie pour Love Field, l'aéroport desservant Dallas.

11 h 38 : L'avion présidentiel Air Force One atterrit à Love Field avec JFK et son épouse, Jackie, à son bord. Sur la fréquence radio réservée au président, les services secrets annoncent l'arrivée de Lancer et Lace, qui sont respectivement les noms de code de JFK et de Jackie. Une limousine décapotée attend sur place pour les conduire à Dallas. L'agent des services secrets Bill Greer, qui à cinquante-quatre ans compte déjà trente-cinq ans de service, est au volant.

11 h 40 – 11 h 45 : Oswald demande à un collègue de travail pourquoi il y a foule dehors. Lorsque celui-ci lui annonce que c'est pour la visite du président, Oswald dit simplement : «Ah, je vois.» À l'heure du lunch, alors que les autres employés partent pour leur pause, Oswald reste au dernier étage. C'est à cet étage qu'il travaille.

11 h 50 : Un contremaître «aperçoit Oswald près du téléphone au premier étage» dix ou quinze minutes avant midi (soit trente minutes avant que JFK soit assassiné). On ignore toujours quels appels Oswald a pu faire ou recevoir ce jour-là.

11 h 50 : Le cortège de JFK quitte Love Field.

12 h : Quatre témoins diront qu'à cette heure-là, ils ont vu Oswald en bas, près de la cantine. Bonnie Ray Williams, un employé de l'entrepôt, va manger son repas au sixième étage.

À ce point-ci, il serait important que je décrive pour vous le secteur qui entoure l'entrepôt de livres où travaillait Oswald. Dealey Plaza, qui est en fait un parc, est bordée à son sommet par Houston Street, avec Elm Street et Commerce Street qui la longent de part et d'autre et convergent vers le bas pour former une sorte d'entonnoir. Main Street traverse Dealey Plaza en son centre, scindant l'espace en deux. Les trois rues se rejoignent au goulot de l'entonnoir, où elles passent sous un pont ferroviaire.

L'entrepôt de livres est situé à l'extrémité supérieure gauche de l'entonnoir, tout près de l'intersection des rues Elm et Houston. Il y a devant l'édifice une voie d'accès menant à un terrain de stationnement, par-delà lequel se trouvent une voie ferrée et une gare de triage ferroviaire. Entre le stationnement et la rue Elm, une aire gazonnée accueille une palissade faite de pieux en bois, un monument en béton, ainsi que le talus herbeux (*grassy knoll*) si souvent évoqué en relation avec l'assassinat de JFK. Cette aire gazonnée occupe le coin inférieur gauche de l'entonnoir.

11 h 55 – 12 h 25 : À 11 h 55, Lee Bowers, un témoin important dans l'affaire, se ménage un point de vue sur une tour se trouvant dans la gare de triage qui est derrière le talus herbeux. Il voit une Oldsmobile familiale 1959 poussiéreuse entrer dans le stationnement derrière la palissade. Le conducteur est un homme de race blanche, d'âge moyen et grisonnant. Il fait lentement le tour du stationnement avec sa voiture avant de repartir. La plaque d'immatriculation du véhicule n'est pas du Texas et le pare-brise arrière arbore un autocollant publicitaire du sénateur républicain Barry Goldwater.

Dans le témoignage qu'il livra à la police plus tard ce jour-là (et qui est cité dans le volume 24 de la commission Warren), Bowers dit : « Un autre véhicule est arrivé sur les lieux vers 12 h 15. Il était conduit par un Blanc qui devait avoir entre 25 et 35 ans. La voiture était une Ford 1957 noire deux portes immatriculée au Texas. Le conducteur semblait parler au téléphone ou dans un micro. La Ford est repartie à 12 h 20, et tout de suite après une autre voiture est arrivée : c'était une Chevrolet Impala 1961 de couleur blanche [...] et elle était sale jusqu'à la hauteur des fenêtres. Il y avait également un autocollant du sénateur Goldwater sur cette voiture. Le conducteur était lui aussi un Blanc âgé entre 25 et 35 ans, sauf qu'il était blond et avait les cheveux longs [...]. Il a quitté le secteur vers 12 h 25. »

12 h 15 : Un témoin aperçoit un homme aux cheveux foncés à l'extrémité ouest (du côté de la pente gazonnée) du sixième étage de l'entrepôt de livres scolaires. Cet homme, qui pourrait être un Blanc ou un Latino au teint clair, est armé d'un fusil à lunette. Un autre homme, au teint foncé celui-là, est aperçu au même étage, mais à l'extrémité est (près du « nid du tueur », où l'on trouverait l'arme présumée du crime après l'attentat). Un témoin affirma qu'un des deux hommes était vêtu d'une chemise pâle à moitié déboutonnée qu'il portait ouverte au collet, avec un t-shirt en dessous (Oswald portait une chemise rouge ou rougeâtre ce jour-là). Une femme dit qu'à 12 h 23 elle avait vu « deux hommes se tenant un peu en retrait derrière une des fenêtres de l'entrepôt de livres » ; elle avait par ailleurs remarqué qu'un des hommes « avait les cheveux et le teint plus foncés que l'autre » et qu'il avait l'air « d'un Mexicain ». La dame « avait eu l'impression que les deux hommes se tenaient à la fenêtre "en attendant la venue du cortège" ».

12 h 15 : Mme R. E. Arnold, secrétaire à l'entrepôt de livres, voit Oswald au rez-de-chaussée de l'immeuble, debout dans le hall d'entrée juste derrière les portes qui mènent à l'extérieur. Dans son souvenir, il était environ 12 h 15, ou peut-être un peu plus tard. Oswald dirait qu'il avait dîné seul à la cantine du premier étage et qu'il n'avait vu que deux personnes pendant son repas : entre midi et 12 h 25, un confrère de race noire connu sous le nom de Junior avait traversé la salle à manger accompagné d'un autre Noir de plus petite taille nommé Harold Norman. Norman mentionnerait qu'il «y avait quelqu'un d'autre dans la pièce», mais qu'il ne se souvenait pas de qui il s'agissait.

Oswald avait l'habitude de dîner à la cantine du premier étage qui, en cette ère marquée par la ségrégation, était réservée aux employés handicapés ou appartenant à une minorité visible. Dans une ville aussi conservatrice que Dallas, ce geste d'Oswald contribuait à sa réputation d'individu d'extrême gauche.

Des témoins (ainsi qu'Oswald lui-même) ont rapporté qu'au moment où le cortège de JFK approchait de Dealey Plaza, Oswald se trouvait à proximité du téléphone public qui était au premier étage de l'édifice. On se rappelle qu'un collègue de travail d'Oswald avait dit à la police que, «durant son heure de lunch, Oswald avait l'habitude de passer plusieurs brefs coups de fil». S'il faut en croire les observations de la commission Warren, Oswald connaissait peu de gens, et la seule personne avec qui il était susceptible de communiquer était son épouse Marina. Pourtant, des témoins ont noté qu'il effectuait plusieurs appels durant la journée. Qui pouvait-il appeler? Ce jour-là, peut-être attendait-il de faire ou de recevoir des appels relatifs à la «mission» qui le conduirait de Mexico à Cuba (le 17 novembre, Gilberto Lopez avait lui aussi attendu un appel concernant un voyage à Cuba). Joseph Milteer, cet associé de Guy Banister, dirait à l'informateur William Somersett qu'Oswald «était au premier étage de l'entrepôt de livres et non à l'étage supérieur» quand les coups de feu qui ont tué JFK ont résonné.

Comme nous l'avons mentionné précédemment, avant sa mort en 1975, le mafioso John Martino avouerait avoir participé à la conspiration contre JFK. «Oswald était manipulé par la bande anti-Castro, préciserait-il. Son contact lui avait donné rendez-vous au Texas Theatre sous le prétexte qu'ils allaient le faire sortir du pays.» Martino dirait à un de ses partenaires d'affaires (et par la suite à un reporter de *Newsday*) qu'Oswald «ignorait dans quel pétrin il s'était foutu. Il ne savait pas pour qui il travaillait vraiment – il se faisait manipuler sans savoir qui tirait les ficelles». Le mafioso dévoilerait également qu'après avoir fait sortir Oswald des États-Unis, les conspirateurs avaient prévu «de l'éliminer».

Oswald lui-même raconterait par la suite qu'après avoir terminé son repas du midi, il était monté au deuxième étage pour s'acheter un Coca-Cola. Un témoin dirait qu'il se trouvait effectivement près de la machine distributrice à 12 h 30 ou dans la minute suivante.

12 h 15 – 12 h 20 : Bonnie Ray Williams, cet employé de l'entrepôt qui était monté au sixième étage à midi pour dîner, part en laissant derrière lui les restes de son repas ; la police supposerait initialement que c'était Oswald qui avait mangé là. Le FBI soulignerait qu'il faut six minutes pour assembler un fusil Mannlicher-Carcano à l'aide d'une pièce de dix cents (aucun outil n'avait été trouvé sur les lieux). Une fois cette tâche accomplie, ne resterait plus à Oswald qu'entre six et neuf minutes pour déplacer toutes ces caisses de livres de vingt kilos chacune qui formeraient ce « nid de tueur » dont parlerait la commission Warren.

12 h 15 – 12 h 20 : Jack Ruby se trouve au deuxième étage de l'immeuble du *Dallas Morning News* depuis approximativement 11 h 45, assis sur la seule chaise susceptible de lui donner vue sur l'endroit précis où Kennedy serait assassiné. Mais juste avant et juste après la fusillade, on ne le verrait plus à son poste, ce qui laisse supposer qu'il s'est éclipsé pendant un temps. « Ruby [...] a disparu pendant 20 à 25 minutes », lit-on dans un rapport du FBI, et aucun des employés « ne savait où il était allé ». L'absence de Ruby coïncide avec le passage du cortège de JFK devant les bureaux du journal, à un moment où toutes les personnes présentes tournaient leur attention vers le défilé.

Il n'y a que deux témoins qui ont déclaré avoir vu Ruby durant cet intervalle : le premier est un policier (nous reviendrons à lui bientôt) et le second est Wes Wise, un reporter télé bien connu à l'époque qui affirmait avoir aperçu Ruby dans les environs de l'entrepôt de livres « dans les instants qui ont suivi la fusillade ». Le moins qu'on puisse dire, c'est que Wise était un témoin fiable : reporter respecté, il serait plus tard élu maire de Dallas. Si Ruby se trouvait à proximité de l'entrepôt de livres juste après la fusillade, cela signifie qu'il s'y trouvait aussi durant celle-ci. Or, de son propre aveu, Ruby était armé ce jour-là[28].

12 h 20 : Deux hommes, l'un qui travaille pour la ville et l'autre pour le comté, aperçoivent à la fenêtre du sixième étage un individu dont l'attention semble entièrement concentrée sur la zone du talus herbeux plutôt que sur le défilé. Un des témoins dirait à l'autre que l'homme à la fenêtre « semblait craintif, comme s'il se cachait et avait peur d'être découvert ». Ils mentionneraient que l'individu portait « un polo ou t-shirt pâle à col ouvert, probablement blanc » et parleront d'« une chemise sport de couleur jaune ». Un des témoins dirait par la suite qu'il « ne pensait pas que l'homme à la fenêtre était Oswald, insistant sur le fait qu'il avait "les cheveux clairs" ».

12 h 20 : Une foule nombreuse et enthousiaste est massée le long des rues pour saluer JFK. « La foule était extrêmement dense, raconterait John Connally. [...] Il y avait au moins un quart de million de gens sur le parcours du défilé. » Connally se souvient que les gens pouvaient parfois s'approcher du président : « Il a repéré dans la multitude une petite fille d'environ huit ans qui tenait une pancarte sur laquelle était écrit : "Président Kennedy... voulez-vous me serrer la main ?" Le président a demandé au chauffeur d'arrêter pour qu'il puisse serrer la main de la petite fille, et les gens se sont aussitôt massés autour de la voiture. [...] Un peu plus loin, un groupe de jeunes écoliers accompagnés d'une religieuse sont venus tout contre la voiture. Le président a demandé encore une fois que l'on s'arrête et il leur a parlé. »

12 h 24 : De la prison régionale de Dallas, un édifice qui a vue sur Dealey Plaza, des détenus aperçoivent au sixième étage de l'entrepôt de livres deux hommes qui sont occupés à ajuster la lunette d'un fusil. Au moins un de ces deux hommes a le teint foncé.

12 h 27 : Un soldat de vingt-deux ans nommé Gordon Arnold marche dans le stationnement situé derrière la palissade de la pente gazonnée. Il est alors interpellé par un individu qui lui « montre un badge, lui dit qu'il est un agent des services secrets et lui ordonne de circuler parce qu'il ne voulait voir personne de ce côté-là de la clôture ». Arnold se dirige alors vers l'aire gazonnée. La commission Warren déterminerait plus tard qu'aucun agent des services secrets n'avait été posté dans les environs du talus herbeux ou même sur Dealey Plaza. Tous les agents des services qui se trouvaient à Dallas ce jour-là accompagnaient le défilé ou étaient postés à des kilomètres de là, sur le site du Dallas Trade Mart, où JFK était censé livrer un discours un peu plus tard dans la journée.

12 h 28 : Lee Bowers dirait à l'avocat Mark Lane que du haut de la tour où il était perché, il avait remarqué deux hommes qui étaient embusqués derrière la clôture de la gare de triage et qui regardaient en direction des rues Main et Houston. L'un d'eux était « un homme d'âge mûr relativement corpulent » vêtu d'une chemise blanche et d'un pantalon de couleur sombre. L'autre homme, qui se trouvait à trois ou quatre mètres du premier, était « dans la mi-vingtaine » et portait « une chemise ou un blouson à carreaux ».

12h29 : La limousine de JFK s'engage dans Houston Street et se dirige vers l'entrepôt de livres scolaires. L'agent des services secrets William Greer, qui est au volant du véhicule, se souvient très bien de cet instant : « Quand on a quitté Main Street pour tourner dans Houston, le président était soulagé. La foule était moins nombreuse et il avait l'impression de s'en être tiré. […] On voyait qu'il était rassuré. »

Peu à peu, la limousine s'approche de l'entrepôt de livres. Il serait déterminé par la suite que le « nid du tueur » se trouvait à la fenêtre la plus à l'est du sixième étage, qui donnait sur Houston Street. S'il y avait réellement eu un tireur embusqué là, il aurait eu une longue minute pour mettre en joue le président dans sa lente progression, sa cible grossissant progressivement, se faisant de plus en plus facile à atteindre de seconde en seconde. Qui plus est, la limousine ralentirait encore davantage pour négocier le virage de cent vingt degrés qui l'amènerait dans Elm Street et qui se trouvait directement sous la fenêtre où le tireur était censé être. Si l'assassin avait réellement été posté là, il aurait bénéficié à ce moment d'une vue complètement dégagée sur le véhicule du président. Les branches d'un grand arbre s'interposeraient entre sa cible et lui une fois la limousine engagée dans Elm Street.

12h30 : Mme Nellie Connally, qui se trouve dans la limousine présidentielle avec John et Jackie ainsi que son mari, John Connally, lance à JFK : « Monsieur Kennedy, vous ne pouvez pas dire que vous n'êtes pas aimé à Dallas. » « C'est ce que je constate », de répliquer le président, impressionné par la foule nombreuse et enthousiaste (qui se faisait tout de même un peu plus parsemée à ce point du défilé).

12h30 min 12 s : Un coup de feu est tiré en direction du président. JFK porte les mains à sa gorge. Le docteur Carrico, qui a eu le loisir d'examiner le corps de JFK à l'urgence de l'hôpital Parkland, dirait que la blessure que le président Kennedy arborait à la gorge représentait le point d'entrée du projectile. L'agent des services secrets Sam Kinney, qui se trouvait dans la limousine qui roulait juste derrière celle de JFK, confirmerait plus tard que « le premier coup de feu avait atteint le président à la gorge ». David Powers et Kenneth O'Donnell, les deux principaux adjoints de JFK, étaient à bord de la même limousine que Kinney. Or, ils se dirent convaincus que le coup de feu venait de la droite, c'est-à-dire du talus. Un soldat du nom de Gordon Arnold se trouvait sur le talus à ce moment-là : « Le coup, dit-il, a été tiré derrière moi, à quelques centimètres de mon épaule gauche. Je venais de terminer mon entraînement militaire […] et donc j'ai eu le réflexe de me jeter par terre. » Assis dans le deuxième véhicule qui suivait la limousine du président, le sénateur Ralph Yarborough a été témoin de la réaction du soldat Arnold : « Aussitôt que le coup de feu a retenti, un homme a plongé vers le sol. […] Ça s'est passé en une fraction de seconde. Je me suis dit : voilà un vétéran qui sait comment réagir quand des coups sont tirés. » (Yarborough était lui-même vétéran de la Deuxième Guerre mondiale.) Dans le témoignage qu'il livrerait par la suite, l'agent des services secrets Lem Johns dirait qu'il avait lui aussi eu l'impression que les « deux premiers coups de feu avaient été tirés à partir de la butte herbeuse ».

Après avoir lentement négocié le virage dans Elm Street, la limousine accélère pour atteindre la vitesse de 18 km/h, puis ralentit de nouveau. David Powers a dit à mon recherchiste qu'il avait alors eu l'impression qu'ils venaient de tomber dans une embuscade, ce qui explique pourquoi le cortège avait soudainement ralenti sa cadence. Croyant que la détonation venait de la droite, John Connally tourne la tête dans cette direction, puis une nouvelle fois vers la gauche, reportant son regard vers JFK. Sur le film de Zapruder, on voit Connally tenant son Stetson, geste qu'il fit bien après que JFK eut été atteint à la gorge. S'ils avaient tous deux été touchés par la même balle, le poignet de Connally aurait été fracassé à ce moment-là et il n'aurait donc pas pu tenir ainsi son chapeau.

1,65 seconde plus tard : Au moins un autre coup de feu est tiré d'un point situé à l'arrière de la limousine de JFK, et plus élevé. Tout en continuant d'avancer lentement, le conducteur tourne la tête vers la banquette arrière pour voir ce qui se passe. David Powers insistait sur le fait que « JFK et John Connally n'[avaient] pas été atteints par la même balle », ce qui signifie que Connally avait probablement été touché à ce moment-là, mais par un projectile différent.

L'agent des services secrets Glenn Bennett, qui était dans la même limousine que Powers et O'Donnell, « a vu une déchirure au dos du manteau du président Kennedy, juste sous l'épaule ». Il croyait que le président avait été atteint d'une balle au dos.

Un autre coup de feu est tiré dans les secondes suivantes, mais le projectile manque totalement sa cible et touche un trottoir de Main Street, tout près du viaduc ferroviaire qui surplombe les rues Elm, Main et Commerce à leur point de convergence. La balle fait voler un éclat de béton qui frappe un badaud du nom de James Teague.

5,91 secondes plus tard : Lee Bowers, qui est perché dans la tour de la gare de triage ferroviaire, juste derrière le stationnement de la zone gazonnée, voit un flash « de lumière ou de fumée » provenant des deux hommes embusqués derrière la palissade qui domine le talus. Il a l'impression qu'un des hommes est debout sur le pare-chocs d'une voiture qu'on a reculée tout contre la clôture. Le coup atteint le président à la tête et lui fait exploser le crâne. JFK est en état de mort cérébrale, mais son cœur continue de battre.

Un policier nommé Hargis est à moto à l'arrière de Kennedy, et légèrement vers la gauche. Il est éclaboussé de sang et de matière cérébrale. Powers et O'Donnell sont convaincus que le coup vient de l'avant et qu'il a été tiré depuis la palissade qui se trouve en haut de la pente gazonnée. Il est possible qu'un autre coup ait été tiré au même moment, mais d'en haut et de l'arrière, touchant Kennedy au dos. L'agent des services secrets Paul Landis, qui était dans la même limousine que Powers et O'Donnell, croit lui aussi que le coup mortel à la tête venait du haut du talus, mais ajoute qu'un autre coup de feu avait retenti juste avant et venait d'un point élevé situé à l'arrière (ce qui correspond à l'emplacement de l'entrepôt de livres). Après quelques instants d'hésitation, la limousine de JFK part à toute vitesse pour se rendre à l'hôpital Parkland, à 6,5 km de là.

12 h 30 min 30 s : Victoria Adams, qui durant l'attentat se trouvait en compagnie d'une amie au quatrième étage de l'entrepôt de livres scolaires, témoignerait par la suite que de « 15 à 30 secondes » après que le dernier coup de feu eut retenti, elles quittèrent toutes deux la fenêtre d'où elles avaient regardé le défilé et se rendirent à l'ascenseur, mais, comme il « ne fonctionnait pas », son amie et elles prirent l'escalier « pour descendre au rez-de-chaussée ». Adams dirait dans sa déclaration à la police qu'il « n'y avait personne d'autre dans l'escalier ».

12 h 31 : Un employé de la gare de triage voit un des hommes qui étaient derrière la palissade « jeter quelque chose dans les buissons ». Du toit du Terminal Annex Building, un édifice des services postaux, un témoin du nom de J. C. Price aperçoit lui aussi un des hommes de la palissade (il le décrit comme un homme d'environ vingt-cinq ans, aux cheveux longs et foncés) courir à toutes jambes en direction de la gare de triage ferroviaire. L'individu tient dans sa main droite un objet qui « pourrait être un pistolet », et Price dira qu'il était vêtu d'une chemise blanche, sans cravate, et de pantalons couleur kaki.

Le chef de police de Dallas, Jesse Curry, se trouvait dans le véhicule qui menait le cortège. « Envoyez un homme sur le viaduc et dites-moi ce qui se passe », demanda-t-il par radio. Le chef des services secrets de Dallas, Forrest Sorrels, était sur place et disait avoir « regardé vers la droite, en haut du talus, vu que les coups de feu semblaient venir de cette direction ». Le shérif Bill Decker, qui était dans le même véhicule que Curry et Sorrells, a transmis un message radio pour rassembler tous les effectifs disponibles à la gare de triage ferroviaire.

Sur les photos de l'époque, on voit clairement que la plupart des gens qui se trouvaient dans le secteur, y compris plusieurs agents et policiers, ont convergé à ce moment-là vers le talus. Un shérif adjoint de Dallas, Harry Weatherford, dit avoir entendu « une détonation très forte […] qui semblait venir de la gare de triage ». Après avoir entendu deux autres coups de feu provenant de la gare de triage, Weatherford voulut voir de quoi il en retournait et se mit à « courir dans cette direction ». Un recherchiste qui s'est penché sur la question a déterminé que, sur les vingt agents de police qui avaient été interrogés relativement à l'incident, « seize étaient de l'avis que l'assassin avait fait feu à partir de la butte herbeuse »; trois autres « n'avaient pas d'opinion à ce sujet » et un seul prétendait que les coups de feu provenaient de l'entrepôt de livres où Oswald travaillait.

12 h 31 min 30 s : Voyant la plupart de ses collègues se ruer vers la butte herbeuse, le policier Marion Baker décide plutôt de se diriger vers l'entrepôt de livres. Il a vu un groupe de pigeons prendre son envol à partir du toit et veut vérifier s'il n'y aurait pas un tireur embusqué là. Entrant dans l'édifice, Baker s'adresse aussitôt au gérant de l'entrepôt, Roy Truly, qui lui demande de le suivre. (Truly dirait à Baker qu'il pensait que les coups de feu provenaient de la butte herbeuse.) Le policier Baker soulignerait un détail intéressant lors de son témoignage à la commission Warren : « Au rez-de-chaussée, en attendant les ascenseurs, j'ai vu deux hommes […]

je me souviens qu'il y avait deux hommes, deux individus de race blanche. L'un était assis et l'autre debout un peu plus loin, à environ six ou neuf mètres de nous, et il nous regardait. » Ces deux hommes n'ont jamais été identifiés et leur description ne correspond à aucun des employés de l'entrepôt de livres.

Voyant que les ascenseurs ne fonctionnaient pas, Baker et Truly prirent l'escalier jusqu'au deuxième étage. Dans le résumé qu'il fait des témoignages et documents relatifs à ce moment, l'auteur Michael Benson précise qu'en arrivant au deuxième, l'officier Baker aperçut Oswald « à la cantine de l'immeuble, debout près de la distributrice de Coca-Cola », et ce, seulement « 75 à 90 secondes après que JFK eut été assassiné ». Baker demanda à Truly s'il connaissait cet homme ; Truly répondit qu'Oswald travaillait pour lui. Baker et Truly reprirent ensuite l'escalier pour monter jusqu'au toit. Un autre témoin situe Oswald à cet endroit : trente secondes après le passage de l'officier Baker, une employée nommée Elizabeth Reid, qui travaillait au deuxième, « vit Oswald en train de boire un Coke à l'étage ». (Pour quelque mystérieuse raison, ces propos de Mme Reid furent rayés du témoignage.) Le policier Baker et Elizabeth Reid ont tous deux rapporté qu'Oswald « n'était pas essoufflé » lorsqu'ils l'ont aperçu.

Il est irrationnel de penser qu'en moins de quatre-vingt-dix secondes Oswald aurait pu partir du « nid de tueur » situé à l'extrémité opposée du sixième étage, dévaler les soixante-douze marches des huit volées d'escalier menant au deuxième étage et s'acheter un Coca, tout ça sans même perdre le souffle ! Après avoir bu sa boisson gazeuse, Oswald est sorti de l'immeuble calmement, « d'un pas nonchalant », croisant au passage le directeur administratif de l'entreprise. Cette course effrénée d'Oswald est d'autant plus improbable que nous avons vu précédemment que Victoria Adams descendait ce même escalier moins de trente secondes après le dernier coup de feu et qu'elle n'y avait croisé personne[29].

12 h 32 : Un autre shérif adjoint de Dallas, Seymour Weitzman, entend les coups de feu et se précipite vers la butte herbeuse. Plusieurs membres des forces de l'ordre, dont Weitzman, feraient allusion à un individu qui se trouvait derrière la palissade et prétendait être un agent des services secrets. En vérité, les services secrets n'avaient posté aucun agent à cet endroit – même qu'il n'y avait aucun agent des services sur le terrain à Dealey Plaza. Joe Smith, un policier de Dallas, courut vers la butte après avoir entendu une femme crier :

«Ceux qui tirent sur le président sont là, dans les buissons!» En arrivant derrière la palissade, Smith nota «qu'il y avait dans l'air une odeur de poudre à fusil», un détail que remarqueraient plusieurs des témoins qui se trouvaient dans les environs de la butte herbeuse. Smith vit un homme qui se tenait debout près des voitures qui étaient garées là; ainsi qu'il en témoignerait à la commission Warren, Smith dégaina alors son arme et le tint en joue. «Il m'a dit qu'il était un agent des services secrets et m'a montré ses papiers, d'expliquer le policier. Un shérif adjoint s'était joint à moi, et nous nous sommes estimés satisfaits des pièces d'identité que l'individu nous avait montrées.» Smith exprimerait par la suite son regret d'avoir laissé l'imposteur lui filer entre les doigts, d'autant plus que celui-ci n'avait pas du tout l'air d'un agent des services secrets: alors que les agents sont toujours en complet-cravate et d'allure soignée, l'imposteur «portait une tenue sport et avait les mains et les ongles sales comme ceux d'un mécanicien» – ou comme ceux d'un individu qui venait de démonter un fusil. Le policier Smith fouilla ensuite l'intérieur d'un Chevrolet Sedan quatre portes 1960 ou 1961, mais omit d'inspecter le coffre du véhicule.

Dans son témoignage à la commission Warren, le shérif adjoint Weitzman affirma qu'il avait lui aussi rencontré le faux agent. Celui-ci lui avait montré une pièce d'identité et lui avait dit que tout était sous contrôle. Bien qu'étant l'un des premiers arrivés derrière la palissade, Weitzman releva la présence «de nombreuses empreintes de pas qui allaient dans tous les sens».

Trois autres témoins – Jean Hill, le soldat Gordon Arnold et Malcolm Summers – ont également vu sur la butte herbeuse des individus qui se faisaient passer pour des agents des services secrets. Dans la déclaration qu'il ferait à la police le jour de l'assassinat de JFK, Summers dirait avoir «croisé un homme armé sur la butte», fait qu'il réitérerait dans un reportage diffusé en 1988 sur le réseau PBS. «Un homme en complet m'a interpellé, raconta-t-il. Il avait recouvert sa main et son avant-bras d'un paletot [...] et j'ai vu qu'il avait une arme à la main. Il m'a dit: "Retournez en bas. Vous risquez de vous faire tuer si vous restez ici."»

Le sergent de police D. V. Harkness disait avoir rencontré derrière l'entrepôt de livres plusieurs hommes armés qui étaient eux aussi vêtus de complets. Les individus se présenteraient au sergent Harkness comme des «agents des services secrets».

Aucun des individus rencontrés par les policiers Smith, Weitzman ainsi que Harkness et par des témoins tel Malcolm

Summers ne pouvait être un véritable agent, puisque, comme le confirmerait par la suite le chef des services secrets James Rowley, tous les agents des services secrets qui se trouvaient à Dealey Plaza faisaient partie du cortège et, après l'attentat, ils avaient tous accompagné le président à l'hôpital Parkland. Aucun agent n'avait été déployé sur le terrain ce jour-là; par conséquent, les individus qui s'étaient présentés comme tels à Smith, à Weitzman et aux autres, avec pièces d'identité à l'appui, étaient tous des imposteurs.

Mais qui étaient donc ces faux agents? Il y avait possiblement parmi ceux qui se trouvaient derrière l'entrepôt de livres un tireur qui avait été posté quelque part dans l'immeuble. Quant à ceux qui se trouvaient sur la butte herbeuse, le journaliste Michael Canfield apprendrait douze ans plus tard certaines choses à leur sujet de la bouche de Seymour Weitzman, qui avait fait une dépression nerveuse après le scandale du Watergate et avait pris sa retraite. Canfield demanda à ce que le médecin de Weitzman soit présent durant l'entrevue. Néanmoins, il nota que «Weitzman avait les idées claires et que sa mémoire ne semblait pas lui faire défaut». L'individu qui avait prétendu être un agent des services secrets «avait montré une pièce d'identité à Weitzman en lui disant que tout était sous contrôle». Weitzman le décrivait comme un homme «de taille moyenne, aux cheveux foncés, qui portait un coupe-vent de couleur claire». Canfield montra alors à l'ancien shérif adjoint «des photos de Frank Sturgis [Frank Fiorini de son vrai nom] et de Bernard Barker». Le journaliste était au courant du fait que le gouvernement avait enquêté sur Fiorini et E. Howard Hunt parce que des témoins disaient les avoir photographiés – ce qui se révélerait faux – sur Dealey Plaza immédiatement après le meurtre de JFK[30]. Weitzman ne réagit pas à la photo de Fiorini, mais à celle de Barker il s'exclama: «Oui, c'est lui!»

Pour que tout soit clair, Canfield lui demanda: «L'homme sur la photo est celui qui vous a montré sa carte d'identité des services secrets, c'est bien ça?» «Oui, répondit Weitzman, c'est bien ce gars-là.» Weitzman se disait même prêt à «enregistrer une déposition officielle à l'intention des enquêteurs» afin d'authentifier l'identification qu'il avait faite de Barker – ce qu'il fit d'ailleurs au cours de son entrevue avec Canfield.

À la fin des années 1990, des recherchistes montrèrent à Malcolm Summers une photo de Bernard Barker. Summers identifia Barker comme étant l'homme armé qu'il avait interpellé sur la butte herbeuse immédiatement après l'assassinat de JFK.

Se pouvait-il que l'agent de la CIA Bernard Barker – qui serait l'un des cambrioleurs impliqués dans l'affaire Watergate – fût un des faux agents des services secrets qui se trouvaient à Dealey Plaza au moment de l'attentat ? Michael Canfield et le coauteur d'un de ses livres s'adressèrent à un certain moment aux tribunaux pour tenter d'obtenir une déclaration assermentée de la part de Barker. Lorsque leur avocat demanda à Barker où il se trouvait le 22 novembre 1963, celui-ci fit d'abord le commentaire suivant : « On m'a déjà posé la question aux audiences de la commission Watergate. » J'ai révisé le témoignage de Barker à Watergate. Or, j'ai découvert qu'il n'avait jamais été interrogé à ce sujet. Il dit dans sa déposition : « Je travaillais pour l'Agence et ils savaient exactement où j'étais à tout moment. Tous les jours, je devais faire un rapport verbal de mes faits et gestes. » Barker a affirmé qu'il regardait la télé à la maison au moment de l'assassinat, mais qu'aucun parent ou ami n'était avec lui pour confirmer cela. Lorsque l'avocat de Canfield demanda à Barker s'il avait appris la mort de Kennedy « en écoutant un bulletin de nouvelles », celui-ci répondit : « Non. Si je me souviens bien, je regardais le défilé et c'est là que j'ai vu ce qui s'est passé. »

Contrairement à ce qu'il prétendait, Barker n'avait pas pu voir l'assassinat du président à la télé ce jour-là, puisque le défilé n'était pas diffusé en direct, ni à Dallas ni ailleurs. Le film de Zapruder n'a été montré à la télé que douze ans après le meurtre de JFK. Or, au moment où Barker fit sa déposition, il n'avait été télédiffusé qu'à quelques rares occasions. Et ce n'était pas les images restaurées et rehaussées que l'on connaît aujourd'hui, mais une copie sombre, floue et granuleuse typique de la pellicule 8 mm que Zapruder avait utilisée et dont le rendu était beaucoup moins net que les images vidéo ou 16 mm que les réseaux d'information ont présentées à l'époque.

12 h 32 – 12 h 33 : Sept employés de la gare de triage avaient observé le défilé depuis un viaduc situé à une quinzaine de mètres d'où se trouvait la limousine présidentielle lors de l'attentat. Trois d'entre eux rejoignent le shérif adjoint Seymour Weitzman et le policier Joe Smith derrière la palissade et leur disent qu'ils ont eux aussi entendu des coups de feu provenant de la butte herbeuse. Les travailleurs ferroviaires ont également vu les nombreuses empreintes de pas au sol ainsi que deux autres empreintes boueuses se trouvant sur le pare-chocs d'une familiale qui était garée là. Ayant réfléchi à la chose, l'un d'eux dirait par la suite : « Les empreintes laissées près du véhicule appartenaient à deux personnes différentes. [...] À bien y penser, ils étaient peut-être cachés dans le coffre. Ils auraient facilement pu monter dedans et refermer le hayon de l'intérieur. » Les coffres des véhicules qui étaient garés derrière la butte herbeuse ne furent pas fouillés le jour du meurtre de JFK.

Le journaliste d'enquête Anthony Summers rapporta que, « dans les minutes suivant la fusillade », le policier John Tilson, qui n'était pas en service à ce moment-là, était au volant de sa voiture à proximité de la butte herbeuse et a vu « un homme perdre pied et glisser sur le talus de la voie ferrée se trouvant derrière la butte herbeuse ». Tel que l'a décrit Tilson, il s'agissait « d'un individu de 38 à 40 ans, 1 m 70, cheveux foncés et portant des vêtements sombres ». Tilson connaissait Jack Ruby et disait que l'individu qui avait dévalé le talus lui ressemblait – sans prétendre pour autant que c'était lui. « Cet homme avait une voiture de garée là, une voiture noire, précisa Tilson. Il a jeté quelque chose sur la banquette arrière, a contourné le véhicule au pas de course, puis est monté à l'intérieur avant de démarrer en trombe. » Tilson a tenté de le suivre, mais l'a finalement perdu de vue. Dans le même intervalle de temps, des témoins ont aperçu une voiture filer à toute vitesse dans le centre-ville de Dallas ; l'auto arborait une plaque de la Géorgie qui s'avéra avoir été volée sur un autre véhicule.

« Une foule dans laquelle il y avait plusieurs reporters convergea vers la butte herbeuse, croyant que c'était de là que venaient les coups de feu, écrivit le journaliste Robert MacNeil. J'ai vu plusieurs personnes grimper la colline gazonnée qui borde la route et les ai suivies, pensant qu'elles couraient après ceux qui avaient tiré sur le président. »

Un témoin nommé James Worrell dirait à la police, et plus tard à la commission Warren, qu'il avait vu un homme sortir de l'entrepôt de livres par la porte arrière et courir vers le sud le long de Houston Street. Il décrirait l'individu comme étant au début de la trentaine, mesurant environ 1 m 80, de taille moyenne et aux cheveux foncés ; il portait une veste sport de couleur sombre et des pantalons plus clairs, et n'avait pas de chapeau ni quoi que ce soit d'autre dans les mains.

Deux témoins, dont un shérif adjoint, « virent une Nash Rambler de couleur claire » s'arrêter à la hauteur de l'entrepôt de livres. « Un homme de race blanche est apparu sur la pente gazonnée séparant l'édifice de la rue, puis il est monté dans la voiture qui est partie ensuite en direction du quartier d'Oak Cliff. » Ayant lui aussi été témoin de l'incident, le shérif adjoint Roger Craig avait entendu un coup de sifflet retentir dans l'air. « Je me suis retourné et j'ai vu un homme de race blanche dévaler la pente et courir vers la rue. Il semblait venir de l'entrepôt. Une voiture familiale de marque Rambler s'est arrêtée brusquement et l'homme est monté à son bord. Le véhicule était conduit par un homme de race blanche au teint foncé [...]. J'ai immédiatement rapporté l'incident à un membre des services secrets dont je n'ai pas noté le nom. » Craig s'était vraisemblablement adressé à un imposteur, puisque, ainsi que nous l'avons dit, les services secrets n'avaient déployé aucun agent sur le terrain. Plus tard dans la journée, Craig vit Oswald au quartier général de la police et crut reconnaître en lui l'homme qu'il avait aperçu courant sur la pente gazonnée.

Les témoins qui étaient à Dealey Plaza au moment de l'attentat ont bientôt commencé à rapporter ce qu'ils avaient vu aux autorités. Plusieurs des personnes qui se trouvaient sur la butte herbeuse ou à proximité de celle-ci affirmaient que les coups de feu venaient de là. Abraham Zapruder filmait le défilé depuis l'escalier de béton qui gravissait la pente. Or, il affirmait que les coups avaient été tirés directement derrière lui. Un autre témoin, Emmett Hudson, qui se trouvait lui aussi sur les marches non loin de Zapruder, avait eu la même impression que ce dernier : « Les détonations que j'ai entendues venaient assurément de derrière moi, et d'un peu plus haut », disait-il. Sur des photos et films de l'époque, on voit sur la butte herbeuse un couple et ses deux enfants se plaquer contre le sol, visiblement effrayés. Ce sont les Newman. « Le [premier] coup de feu semblait venir du jardin derrière moi, mentionna par la suite M. Newman. J'avais l'impression qu'on se trouvait en plein sur la ligne de feu. »

Jean Hill se trouvait très près de JFK lorsque la fusillade a éclaté. D'où elle se tenait, elle avait vue sur la butte herbeuse mais à partir de l'autre côté de la rue. Au moment où son amie Mary Moorman captait avec son Polaroid le désormais célèbre portrait de JFK, Hill tourna son regard vers l'aire gazonnée. « J'étais certaine que ça venait de là, dit-elle. Les tireurs étaient postés sur la butte. »

« Seize personnes, dans l'entrepôt de livres et dans ses environs, ont indiqué que les coups de feu venaient du haut du talus, d'écrire Anthony Summers. Cela inclut le gérant de l'entrepôt, son chef, ainsi que deux vice-présidents de compagnie. » Le sénateur

Ralph Yarborough, le membre du Congrès Ray Roberts et l'épouse du maire de Dallas participaient au défilé. Or, ils notaient tous les trois avoir senti une odeur de poudre à fusil à l'approche du talus gazonné. Deux policiers et un civil qui se trouvaient à proximité du talus ont également perçu l'odeur de poudre.

Les personnes qui étaient sur le talus ou aux alentours s'entendaient sur le fait que certains des coups de feu avaient été tirés à partir du sommet de la pente, alors que celles qui en étaient plus éloignées avaient tendance à dire qu'au moins une détonation provenait de l'entrepôt de livres. Il y avait également disparité dans les témoignages quant au nombre de coups de feu : certains affirmaient en avoir entendu deux, trois ou quatre ; d'autres soutenaient qu'il y en avait eu cinq, voire plus. Plusieurs des témoins qui étaient près du talus disaient n'avoir entendu que deux détonations, ce qui était sans doute indicatif du nombre de coups de feu ayant été tirés à partir de cet endroit. L'enquêteur Josiah Thompson en arriverait sur ce point à une conclusion intéressante : « Les témoins qui se trouvaient dans l'entrepôt de livres (non pas aux fenêtres, mais plus profondément à l'intérieur du bâtiment, dans les bureaux et les couloirs, par exemple) ont tous sans exception rapporté avoir entendu moins de trois coups de feu – c'est-à-dire un ou deux. »

Plusieurs témoins et policiers tourneraient par la suite l'attention des enquêteurs vers l'entrepôt de livres. Pourtant, le jour de l'assassinat de JFK, l'entrepôt suscita beaucoup moins d'intérêt que l'aire située derrière la palissade, au sommet de la pente gazonnée – l'entrepôt ne serait sécurisé par la police que vingt-huit minutes après la fusillade. Un témoin du nom de Howard Brennan, dont les autorités se serviraient plus tard pour consolider la culpabilité d'Oswald, livrerait à la police des témoignages pour le moins contradictoires. Alors qu'à l'origine il disait s'être dirigé vers le talus gazonné après avoir entendu les coups de feu, il prétendrait ensuite avoir vu Oswald tirer à partir de l'entrepôt de livres. Ainsi que le soulignait le journaliste Anthony Summers, le soir du 22 novembre Brennan n'avait pas reconnu Oswald parmi d'autres suspects lors d'une séance d'identification policière ; un mois plus tard, il dirait qu'il en était capable et, trois mois après cela, qu'il n'en était plus sûr du tout. Brennan affirmerait enfin devant la commission Warren qu'il était certain d'avoir vu Oswald à la fenêtre de l'entrepôt de livres, cela en dépit du fait qu'il avait été démontré que sa vue n'était pas suffisamment bonne pour qu'il puisse l'identifier d'une telle distance – immédiatement après la fusillade, Brennan avait décrit à la police un suspect plus âgé et plus corpulent qu'Oswald. L'historien Gerald McKnight relèverait d'autres failles dans les propos de Howard Brennan et conclurait qu'on ne pouvait pas s'appuyer sur son témoignage pour situer Oswald à la fenêtre du sixième étage, où s'était trouvé le prétendu « nid du tueur ».

Deux autres témoins prétendraient par la suite avoir vu « un fusil à une des fenêtres de l'entrepôt de livres » : le premier était le photographe du *Dallas Times Herald* Bob Jackson – qui se verrait accorder le prix Pulitzer pour sa célèbre photo de Jack Ruby faisant feu sur Oswald – et le second, Malcolm Couch, cameraman pour WFAA-TV, qui se trouvait avec Jackson dans le véhicule de presse, cinq voitures derrière la limousine de JFK. Couch disait avoir vu l'arme dépasser de la fenêtre sur environ trente centimètres avant d'être ramenée à l'intérieur. Il y avait quelque chose d'insolite à ce témoignage, d'une part parce que le tireur n'avait pas besoin d'étendre son arme si loin par-delà le cadre de la fenêtre – à moins bien sûr qu'il n'ait cherché à attirer l'attention sur sa position, ce qui était insensé –, et d'autre part parce que Couch et Jackson ne rapportèrent pas tout de suite à la police ce qu'ils avaient vu. Même les enquêteurs de la commission Warren durent admettre qu'il s'agissait là d'une omission pour le moins étrange venant de la part de journalistes professionnels.

Quelques minutes à peine après la fusillade, Oswald sortit de l'immeuble sans se faire remarquer – s'il a pu le faire, il est certain que d'autres personnes l'ont fait aussi. La majorité des témoignages disent qu'Oswald s'est dirigé vers le nord et qu'à la première inter-section il avait tourné à droite dans Pacific Avenue, marchant vers l'est jusqu'à Elm Street. Il aurait marqué une pause devant le Blue Front Inn, à sept coins de rues du site de l'assassinat, et, rue Griffin, serait monté dans l'autobus de Marsalis Street. Lorsqu'il vit qu'ils étaient coincés dans un embouteillage, Oswald demanda un trans-fert au chauffeur et descendit du bus en même temps qu'un autre passager et se dirigea plein sud dans Lamar Street. S'arrêtant trois coins de rues plus loin devant le terminus d'autobus Greyhound, il monta dans un taxi qui enfila Zangs Boulevard avant de bifurquer vers le sud dans Beckley.

12 h 35 – 13 h : Dans le cadre de deux incidents séparés, la police arrête deux individus qui se trouvent dans l'édifice Dal-Tex, juste en face de l'entrepôt de livres dans Houston Street. Certains spécialistes de l'assassinat de JFK croient qu'un ou plusieurs coups de feu peuvent avoir été tirés d'une fenêtre de ce bâtiment situé à l'angle des rues Elm et Houston, car un tireur qui aurait été posté là aurait eu une vue complètement dégagée sur la limousine du président, alors que, de l'entrepôt de livres, des branches d'arbres se seraient trouvées dans sa ligne de mire. Des témoins ont déclaré que «certains des coups de feu semblaient venir du Dal-Tex Building». Un des deux hommes qui furent appréhendés dans l'édifice était jeune et portait des gants noirs ainsi qu'un blouson de cuir noir. Il fut relâché peu après et la police ne conserva aucune preuve de son arrestation.

L'autre individu qui fut arrêté au Dal-Tex était un résident de Los Angeles nommé Eugene Hale Brading (alias Jim Braden). Brading était en libération conditionnelle à ce moment-là, et certains auteurs soupçonnent qu'il était coursier pour la Mafia. Anthony Summers a associé Brading à un gangster «qui connaissait très bien Jack Ruby» et était «une connaissance de Carlos Marcello et Santo Trafficante». Brading avait un bureau au dix-septième étage de l'édifice Père Marquette à La Nouvelle-Orléans. Or, David Ferrie utilisait parfois lui aussi un bureau sur cet étage «dans le cadre du travail qu'il faisait pour Marcello». Le jour de l'assassinat de JFK, ses activités seraient étrangement similaires à celles de Ruby. Brading ne donnerait pas son vrai nom à la police lors de son arrestation, se présentant plutôt sous le pseudonyme de Jim Braden. Il serait relâché quelques heures plus tard.

Au moins douze hommes furent détenus puis relâchés le jour de l'attentat. Or, dans bien des cas, la police ne conserverait aucune preuve documentaire de ces arrestations. Et il est à noter qu'Oswald ne fut pas la seule personne présente dans l'entrepôt de livres à être interrogée par la police.

12 h 35 (approx.): Après avoir interrogé trois pompistes travaillant chez Texaco, l'agent du FBI William Turner fut en mesure de déterminer que «le policier J. D. Tippit s'était garé pendant un moment à la station-service pour surveiller la circulation [...] puis était parti précipitamment en direction d'Oak Cliff». La station Texaco en question était située «sur la portion de Houston Street que le taxi d'Oswald avait emprunté précédemment [...] à quelques pâtés de maisons à l'ouest du pont ferroviaire qui traverse Dealey Plaza».

12 h 37: JFK est admis à l'unité de traumatologie de l'hôpital Parkland, où l'on détecte encore chez lui de faibles signes vitaux. Le docteur Charles J. Carrico est le premier médecin à l'examiner avant que ses vêtements soient retirés. Il relève la présence d'une blessure circulaire de trois à cinq centimètres de diamètre à la gorge du président, juste au-dessus de sa cravate et du col de sa chemise : c'est là qu'a pénétré la première balle qui l'a touché. D'autres médecins se joignent bientôt à Carrico et notent la grande blessure que le président arbore à la tête, et dont ils estiment la taille à environ trente-cinq centimètres carrés (plus tard dans la soirée, lorsqu'on procéderait à l'autopsie de JFK, la blessure serait décrite comme ayant quatre fois cette taille). Ils qualifieraient d'«orifice de sortie» cette plaie située à la portion arrière droite du crâne du président, ce qui signifiait que le projectile était venu de l'avant. Une incision trachéotomique serait pratiquée pour dégager l'orifice d'entrée et un massage cardiaque externe serait effectué. Les urgentologues n'ont pas jugé nécessaire de retourner le corps de Kennedy et ne virent donc pas la blessure qu'il avait au dos. Le gouverneur Connally se trouvait dans une autre salle d'intervention à quelques mètres de là.

Laissée sans surveillance dans le stationnement de l'hôpital, la limousine de JFK attira bientôt de nombreux curieux. Quelqu'un, sans doute un agent des services secrets, entreprit par la suite de nettoyer le véhicule souillé du sang du président, effaçant du même coup des éléments de preuve qui auraient été essentiels à l'enquête.

12 h 40 (approx.) : Jack Ruby est aperçu de nouveau au *Dallas Morning News*. Hugh Aynesworth, reporter au journal, dirait ceci au FBI : «Peu après la disparition soudaine de Ruby, des gens ont réintégré les bureaux du *Dallas Morning News* en annonçant que le président John F. Kennedy avait été assassiné. Ruby est reparu peu après et a feint la surprise en apprenant la nouvelle.»

12 h 44 : La police de Dallas diffuse une description de l'assaillant du président : on dit qu'il s'agit d'un homme de race blanche, mesurant 1 m 77, pesant 73 kg, âgé de trente ans, armé d'un fusil de calibre .30. Cette description ne correspond pas du tout à Oswald.

12 h 45 : L'agent Tippit reçoit l'ordre de se rendre dans le quartier d'Oak Cliff. (Il est à noter que certains ont remis en cause la véracité de cette communication qui est absente des rapports initiaux sur le meurtre du policier.) Jack Ruby et Lee Harvey Oswald vivent tous deux dans ce petit arrondissement de Dallas, quoique dans des secteurs différents.

12 h 45 (13 h 45, HNE) : J. Edgar Hoover téléphone à Robert Kennedy, qui est en train de dîner chez lui en Virginie. « Le président a été victime d'un attentat, annonce Hoover à RFK, et je crois que c'est grave. J'attends des détails. Je te rappelle aussitôt que j'en saurai plus. » RFK appelle alors le directeur de la CIA John McCone et lui demande de venir chez lui séance tenante (RFK habitait à environ 2,5 km du quartier général de l'Agence à Langley).

12 h 50 : L'agent des services secrets Forrest Sorrels, qui avait participé au défilé présidentiel, arrive à l'entrepôt de livres après avoir quitté l'hôpital Parkland. Il pénètre dans l'édifice par une porte arrière sans être inquiété et sans avoir à s'identifier.

12 h 54 : Le policier Tippit signale par radio son arrivée dans le quartier d'Oak Cliff. Il reçoit l'ordre de « patrouiller dans le secteur en restant à l'affût de toute urgence potentielle ».

12 h 58 : Le capitaine de police Will Fritz arrive à l'entrepôt de livres après avoir quitté l'hôpital Parkland. Vingt-huit minutes après la fusillade, Fritz donne enfin l'ordre de sécuriser l'édifice.

12 h 59 (approx.) : Deux employés d'un magasin de disques d'Oak Cliff rapportent que Tippit a fait irruption dans leur boutique pour passer un coup de fil qu'il disait urgent. Au bout d'une minute, n'obtenant pas de réponse, il a raccroché et est ressorti précipitamment. Earl Golz, un reporter de Dallas, interviewerait plus tard ces deux témoins. Le magasin où ils travaillaient se trouvait à un pâté de maisons du Texas Theatre (où Oswald serait appréhendé) et à sept coins de rues de l'endroit où Tippit serait assassiné. Les deux témoins connaissaient Tippit du fait qu'il venait parfois dans leur commerce pour utiliser leur téléphone.

13 h : Malgré l'extrême gravité de la blessure que le président a subie à la tête et qui ne lui laisse pratiquement aucune chance de survie, les médecins de Dallas tentent désespérément de le sauver. Leurs efforts s'avéreront vains.

Le décès du président américain John F. Kennedy est prononcé à l'hôpital Parkland. On lui administre les derniers sacrements de l'Église catholique.

CHAPITRE 15
Du sable dans l'engrenage

Le 22 septembre 1963 à 13 h (à moins d'indication contraire, l'heure normale du Centre sera appliquée tout au long du présent chapitre), Carlos Marcello était à son procès et attendait que le juge fasse ses recommandations au jury. David Ferrie était sur place lui aussi. Cette présence à la cour fournissait à Marcello et Ferrie un alibi en béton pour le meurtre de JFK, mais, paradoxalement, elle les empêchait aussi de savoir ce qui se passait à Dallas. Guy Banister surveillait les événements et les mettrait au parfum par la suite.

Bien que le décès de JFK ne serait annoncé que trente minutes plus tard, déjà à 13 h, Oswald devait se douter que quelque chose clochait. Mais il s'était vu confier une mission qu'il se devait d'achever. Nous ne saurons peut-être jamais dans quelle proportion cette mission était réelle ou si elle avait été inventée de toutes pièces par Ferrie, Banister et compagnie. Néanmoins, il est probable qu'Oswald avait reçu l'ordre de quitter son travail après l'heure du dîner et de se rendre à un rendez-vous qui lui avait été fixé au Texas Theatre, tout cela dans le cadre de cette prétendue mission qui l'amènerait à infiltrer Cuba via Mexico. Par le passé, Oswald avait accepté de faire défection en Russie au plus fort de la guerre froide, aussi devait-il savoir combien il est important d'obéir aux ordres de ses supérieurs, surtout quand on se trouve dans une situation dangereuse – ce qui était alors son cas.

À 13 h, dans le quartier de Dallas qu'on nomme Oak Cliff, Earlene Roberts, la femme de ménage de la maison de chambres où résidait Oswald, vit celui-ci entrer précipitamment dans l'établissement. Également à 13 h, la police de Dallas tenta de communiquer par radio avec l'auto-patrouille de l'officier J. D. Tippit, mais n'obtint aucune réponse. À 13 h 02, Earlene Roberts vit une voiture de la police de Dallas s'arrêter directement devant la maison de chambres, donner deux coups de klaxon, puis repartir lentement. Elle dit avoir aperçu deux policiers dans la voiture, mais, ainsi que le soulignerait l'ex-agent du FBI William Turner, « la veste d'uniforme de Tippit était suspendue à un cintre dans la voiture », et donc il est tout à fait possible que Mme Roberts ait pris le vêtement pour un second policier, d'autant plus qu'elle avait la vue basse – elle dirait que l'auto-patrouille portait le numéro 107, alors que Tippit se trouvait dans la voiture 10.

À 13 h 05, Roberts vit Oswald sortir de la maison de chambres, notant qu'il avait l'air pressé. Il s'était manifestement changé, puisqu'il portait maintenant une chemise à manches longues de couleur rouille par-dessus son t-shirt blanc – et il avait probablement un revolver sur lui à ce moment-là. La femme de chambre vit ensuite Oswald se diriger vers l'arrêt où il attendit le bus qui le ramènerait au centre-ville. À 13 h 08, Tippit tenta de communiquer par radio avec le quartier général de la police, mais ce coup-ci, ce furent les policiers qui ne répondirent pas.

Auteur et grand spécialiste de JFK, Larry Harris nous signale le fait que deux témoins nommés Butch Burroughs et Jack Davis ont rapporté qu'Oswald se trouvait à l'intérieur du Texas Theatre dès 13 h 15. « Burroughs travaillait au comptoir de friandises du cinéma, d'écrire Harris, et il se souvient d'avoir servi Oswald. » C'est pourtant à cette heure, soit entre 13 h 10 et 13 h 15 – mais fort probablement à 13 h 12 –, que l'officier J. D. Tippit de la police de Dallas fut abattu dans East Tenth Street, entre les rues Denver et Patton.

Citant la version officielle des faits mise de l'avant par la commission Warren, l'auteur Michael T. Griffith disait qu'ayant vu un homme qui correspondait à la description diffusée sur le réseau radio de la police de Dallas, Tippit « avait calmement avancé son auto-patrouille à la hauteur de l'individu et lui avait demandé de venir de son côté pour "discuter amicalement avec lui" ». Toujours selon la version de la commission Warren, Oswald aurait alors sorti son pistolet et fait feu sur le policier avant de prendre la fuite[31].

Nombreux sont les témoins qui ont relaté un récit bien différent du meurtre de Tippit. Témoin oculaire de l'incident, Acquilla Clemons rapporta que Tippit avait été abattu par un homme « plutôt petit » et « assez corpulent » qui portait « des pantalons kaki et une chemise blanche »; il était avec un autre homme, à qui il aurait dit quelque chose comme : « Vas-y. » Un autre témoin avait vu un homme dans un manteau long, aux manches un peu trop longues, qui avait regardé le corps de Tippit pendant un moment avant de prendre la fuite dans sa voiture (décrite par le témoin comme un Plymouth 1950 ou 1951 de couleur grise). La plupart des témoins ont déclaré qu'avant de s'adresser à Tippit, le meurtrier marchait vers l'ouest; Oswald se dirigeait au même moment dans la direction opposée.

Les preuves matérielles liées à l'assassinat du policier Tippit s'avèrent elles aussi problématiques. Prenez par exemple les balles employées par l'assassin. Une fois son crime commis, le tueur, plutôt que de prendre aussitôt la fuite, avait apparemment pris le temps de retirer quatre cartouches vides de son revolver. Alors qu'on avait trouvé dans le corps de Tippit une seule balle de fabrication Remington-Peters et trois de marque Winchester-Western, il y avait sur la scène du crime deux cartouches Remington-Peters et deux Winchester-Western. Il y avait également des irrégularités dans la chaîne de possession et de contrôle des cartouches par la police, de même que des disparités dans les descriptions de l'arme du tueur et d'un blouson trouvé sur la scène du crime.

Le journaliste réputé Henry Hurt souligna lui aussi que la description initiale faite de l'assassin ne ressemblait pas du tout à Oswald: «Une des hypothèses les plus étranges qu'avança la commission Warren était que l'officier Tippit avait interpellé Oswald parce qu'il correspondait à la description que la police avait commencé à diffuser vers 12 h 45 [...] et dans laquelle elle décrivait un "homme de race blanche, d'environ trente ans, svelte, 1 m 78, 75 kg", que l'on croyait armé d'un fusil de calibre .30. On décrivait en somme un individu six ans plus âgé qu'Oswald et pesant sept kilos de plus que lui.» Et selon l'auteur Michael Griffith, la description du suspect que fit la police «aurait pu s'appliquer au quart, voire au tiers de la population masculine de Dallas». On rapportait par ailleurs, ce qui était plutôt curieux, qu'«aucun des témoins qui avaient aperçu l'assaillant de Tippit avant qu'il soit interpellé par celui-ci n'avait remarqué quoi que ce soit d'étrange ou de suspect dans son comportement» – on disait par exemple qu'il ne «marchait pas particulièrement rapidement».

Certains témoins, probablement sous l'influence de la menace ou de l'intimidation, en vinrent à changer leur version des faits. Deux jours après le meurtre de Tippit, un policier dit à Acquilla Clemons qu'il lui arriverait malheur si elle parlait de ce qu'elle avait vu à qui que ce soit; contrainte au silence, elle se rétracta et ne fut pas appelée à témoigner devant la commission Warren. « Le témoin Warren Reynolds s'est fait tirer une balle dans la tête deux jours après avoir dit qu'il ne pouvait pas identifier Oswald », de rapporter Anthony Summers. Une fois remis de sa blessure, Reynolds se ravisa : « À bien y penser, dit-il, l'homme qui a tiré sur le policier était bien Oswald. » Le suspect principal dans l'agression qu'avait subie Reynolds était un héroïnomane du nom de Darrell Wayne Garner. Alors qu'il était en état d'ébriété, Garner s'était vanté d'être l'auteur de ce crime. Il avait été arrêté puis promptement relâché après qu'une ex-employée de Jack Ruby nommée Nancy Mooney lui eut fourni un alibi. Huit jours plus tard, Mooney fut elle-même arrêtée ; on la retrouva « pendue dans sa cellule », son pantalon noué autour de sa gorge, et la police estima qu'il s'agissait « probablement d'un suicide ». Un autre témoin du meurtre de Tippit, Domingo Benavides, « fut menacé anonymement après l'incident » et son frère Edward, « assassiné peu après par un agresseur inconnu ». Les hommes de Carlos Marcello à Dallas auraient tout à fait été capables de poser de tels gestes de violence et d'intimidation.

Il y eut en plus d'Acquilla Clemons deux autres témoins importants qui ne furent pas appelés à comparaître devant la commission Warren, fait que rapporte l'auteur Larry Harris : « Frank Wright habitait juste à côté [...] il a entendu des coups de feu et est sorti voir ce qui se passait. Il a vu un homme qui se tenait debout près d'une voiture de police ; il l'a vu prendre la fuite et sauter dans une voiture grise qui était garée un peu plus loin. [...] La voiture et ses occupants sont partis à toute vitesse en direction de Tenth Street. Le second témoin, Jack Tatum, était en voiture lorsqu'il passa à la hauteur de l'auto-patrouille de Tippit. Quand il entendit les coups de feu, il freina, jeta un coup d'œil vers l'arrière et vit un jeune homme armé qui fit mine de prendre la fuite mais s'arrêta de nouveau pour tirer, en visant posément, une dernière balle dans le corps du policier qui gisait dans la rue. » Le House Select Committee on Assassinations conclurait que ce geste, « communément appelé "coup de grâce", [était] indicatif d'une exécution perpétrée par le crime organisé ». C'est le genre de méthodes auxquelles ont recours les tueurs à gages professionnels.

Helen Markham était la témoin-clé de la commission Warren en ce qui avait trait au meurtre de Tippit par Oswald. Larry Harris a souligné que, dans son rapport final, « la commission Warren a décrété publiquement que, le témoignage de Markham [...] était fiable », mais que, dans leurs notes privées, les membres de la commission estimaient plutôt que leur témoin était «très peu sûre d'elle-même sur bien des points». L'avocat de la commission Joseph Ball avait déploré le fait «que le témoignage de Markham était "bourré d'erreurs" et qu'on ne pouvait "absolument pas s'y fier"». Bien des années plus tard, Ball se moquerait publiquement de Markham durant un débat, allant jusqu'à dire qu'elle était «complètement folle». Un autre avocat de la commission Warren, Wesley Liebeler, rejeta d'emblée le témoignage de Markham, le jugeant «contradictoire» et «sans valeur aucune».

Lors d'un entretien subséquent avec Anthony Summers, William Alexander, qui était procureur général adjoint de Dallas en 1963, se montra catégorique quant à l'implication d'Oswald dans le meurtre de Tippit: «Si l'on se base sur les faits et gestes d'Oswald ce jour-là, on ne peut pas le situer sur la scène du crime. Ça n'avait aucun sens dans le temps et ça n'en a pas plus aujourd'hui. La chose est tout simplement impossible. Ou s'il était impliqué, alors il devait nécessairement avoir des complices.» Alexander s'était aussi interrogé sur la raison pour laquelle Oswald était allé au Texas Theatre: «Était-il censé y rencontrer quelqu'un? s'était-il demandé. Était-il en attente de transit?»

Jack Ruby habitait à quelques pâtés de maisons de l'endroit où Tippit fut assassiné. Un des plus grands journalistes d'enquête américains des années 1970, Jack Anderson, s'entretiendrait à plusieurs occasions avec Johnny Rosselli et obtiendrait de lui des renseignements fort intéressants: «Johnny Rosselli disait qu'Oswald avait dû être éliminé [...] parce que certains conspirateurs issus du crime organisé craignaient qu'il cède à la pression et révèle des renseignements qui permettraient à la police de remonter jusqu'à eux. Voilà pourquoi on avait donné l'ordre à Jack Ruby d'éliminer Oswald.»

On soupçonne qu'avant qu'il décide de faire lui-même le travail, Ruby avait tenté de confier le meurtre d'Oswald à l'un de ses nombreux contacts dans la police: le soir du meurtre de Tippit, il avait en effet rencontré un de ses amis policiers et avait discuté avec lui pendant plus d'une heure. Henry Hurt précise qu'au moment où Tippit a été assassiné, le policier en question «travaillait tout près de là comme gardien de sécurité, dans une résidence d'Oak Cliff».

Des milliers de pages ayant été écrites au sujet du meurtre du policier Tippit, nous ne pouvons pas couvrir ici l'ensemble des faits ni tous les éléments de la théorie selon laquelle Oswald, agissant seul, était son assassin. Les preuves et témoignages sont si disparates, si pleins de contradictions qu'il existe au moins quatre explications possibles pour ce meurtre :

1. Ainsi que l'a conclu la commission Warren, c'est Oswald qui a tué Tippit.
2. Tippit a été tué par un individu qui accompagnait Oswald.
3. Tippit a été tué tandis qu'il discutait avec Oswald, par une personne qui se trouvait à proximité mais n'avait aucun lien avec Oswald.
4. Tippit a été tué par une personne autre qu'Oswald, alors que celui-ci se trouvait déjà au Texas Theatre.

À 13 h 22, des policiers qui étaient présents lors de la fusillade diffusèrent la description suivante de l'agresseur : homme de race blanche d'environ trente ans, 1 m 72, mince et aux cheveux noirs ondulés, portant un blouson blanc, une chemise blanche et des pantalons de couleur foncée. L'ex-agent du FBI William Turner cite ici les transcriptions des communications de la police de Dallas : « Peu après 13 h 41, la voix du sergent Hill s'est fait entendre sur la radio. Il disait : "Un témoin rapporte qu'il [l'assassin de Tippit] a été vu pour la dernière fois au temple Abundant Life, à la hauteur des adresses civiques 400. On s'y rend et on le pince." Sur un autre canal radio, la voiture 25 a transmis le message suivant : "Envoyez-moi du renfort à Tenth et Crawford ; y a un sous-sol d'église à vérifier." » Un autre appel entra entre-temps, disant que le suspect avait trouvé refuge dans une bibliothèque. C'était faux ; néanmoins, les effectifs policiers ont convergé vers l'endroit. Puis les forces de l'ordre furent appelées au Texas Theatre. Tout à coup, mystérieusement, les policiers abandonnèrent l'idée de se rendre au temple Abundant Life pour prendre en chasse leur suspect précédent, et ce, en dépit du fait que ce lieu de culte avait récemment été identifié comme un site d'activité pour les exilés cubains.

Selon la version des faits mise de l'avant par la commission Warren, un marchand de chaussures du nom de Johnny Calvin Brewer, dont le commerce était situé à six pâtés de maisons du lieu du crime, avait entendu la nouvelle de la fusillade à la radio. Au même moment, il vit une voiture de police passer et un homme se cacher dans l'entrée de sa boutique pour échapper aux policiers. Brewer suivit l'individu – qu'il reconnut plus tard comme étant Oswald – et lorsqu'il s'aperçut que celui-ci allait se terrer au Texas

Theatre, qui était à quelques pas de là, il alerta la caissière du cinéma qui à son tour alerta la police. (Il est à noter que plusieurs auteurs et spécialistes pensent qu'Oswald serait plutôt arrivé au Texas Theatre vers 13 h.)

Un témoin nommé Jack Davis a dit qu'en arrivant dans la salle de cinéma, Oswald était venu s'asseoir à côté de lui pendant quelques minutes, qu'il s'était ensuite levé pour aller s'asseoir quelques minutes à côté d'un autre spectateur pour finalement se lever de nouveau et se diriger vers l'entrée. En fait, Oswald agissait un peu comme s'il était là pour rencontrer un contact dont il ignorait l'identité. La chaîne d'événements proposée par certains historiens est la suivante : inquiet du fait que son contact ne se trouvait pas dans la salle de cinéma, Oswald alla voir dans l'entrée puis, ne le trouvant pas là non plus, sortit pour sonder les environs ; voyant une auto-patrouille passer, il s'était soustrait à la vue des policiers en se réfugiant dans l'entrée du magasin de Johnny Brewer, après quoi il était retourné attendre son contact au cinéma.

Que les choses se soient passées ou non ainsi, il demeure qu'à 13 h 45 la police a lancé une alerte demandant à ses effectifs de converger vers le Texas Theatre. Les premiers policiers arrivèrent sur les lieux à 13 h 48 et, une fois à l'intérieur, Brewer leur indiqua qui était Oswald. Pour une raison quelconque, les agents de la paix n'allèrent pas immédiatement vers Oswald : le policier qui aborderait celui-ci commença par fouiller deux hommes qui étaient assis au centre de la salle. Ses collègues et lui avaient-ils espéré qu'Oswald chercherait à s'enfuir, ce qui leur aurait donné un prétexte suffisant pour l'abattre sur-le-champ ? – Oswald était soupçonné après tout d'avoir tué un de leurs confrères. Et ce n'était pas tout : le procureur adjoint William Alexander avait suivi les troupes au Texas Theatre ; or, il se souvient que le consensus à ce moment-là était que l'individu qui avait tué Tippit était également le meurtrier de JFK.

Oswald fut arrêté entre 13 h 51 et 13 h 55, et on dit qu'il résista à son arrestation. « Les policiers présents ont fait des récits bien différents de ce qui s'est passé au cours de cette arrestation, rapportait l'auteur Henry Hurt. Il y avait alors au Texas Theatre une douzaine de spectateurs, disséminés un peu partout dans la salle […] or, aucun d'eux ne fut approché ou sérieusement interrogé par le FBI ou la commission Warren. »

L'identification d'Oswald est un autre sujet de controverse. Le rapport final de la commission Warren mentionne ceci : « Les policiers qui ont procédé à l'arrestation d'Oswald ont trouvé dans son portefeuille une fausse carte d'identité du Service sélectif arborant une photo d'Oswald et le nom "Alex J. Hidell". » Selon l'auteure Sylvia Meagher, cette affirmation de la commission est complètement erronée. Cependant, à l'époque où ces événements ont eu lieu, les autorités évoquèrent le pseudonyme d'Alex J. Hidell pour lier Oswald au fusil qui avait été trouvé au sixième étage de l'entrepôt de livres scolaires.

Oswald avait au Texas Theatre un objet inusité en sa possession : il s'agissait du couvercle d'une petite boîte à bijoux. Pourquoi avait-il cet objet sur lui ? Peut-être son contact détenait-il l'autre moitié de la boîte et que c'est ainsi qu'ils étaient censés se reconnaître. On trouverait plus tard des billets de banque déchirés en deux dans la chambre d'Oswald, ce qui laisse supposer qu'il avait eu recours à cette technique des « moitiés complémentaires » auparavant. (Le leader exilé cubain Antonio Veciana a dit à mon assistant à la recherche qu'une de ses relations à la CIA [il s'agissait en fait de l'agent qui avait recruté David Atlee Phillips pour l'Agence] employait cette méthode d'identification lorsqu'il avait rendez-vous avec un contact qu'il ne connaissait pas. Des notes de la CIA nous apprennent que cette technique avait été utilisée plus tôt en 1963 dans la portion AMWORLD du coup d'État JFK-Almeida. Le trafiquant d'héroïne et associé de Marcello et Trafficante Michel Victor Mertz employait lui aussi la technique des « moitiés complémentaires », ce que les autorités avaient été à même de constater lors d'une razzia majeure qui avait coïncidé avec le retour d'Oswald aux États-Unis après son voyage à Mexico.)

On se souviendra que John Martino avait dit qu'Oswald était censé rencontrer son « contact » au Texas Theatre, et qu'ensuite il serait éliminé. Martino est emblématique de la manière dont la Mafia a manipulé Oswald, en ce sens qu'il était à la fois un atout de la CIA et un mafieux à la solde de Trafficante (il connaissait également Carlos Marcello). David Atlee Phillips confirma des années plus tard que la CIA utilisait souvent les salles de cinéma comme lieux de rencontre dans le cadre de ses missions. Dans l'autobiographie qu'il publia en 1977, Phillips révélait avoir lui-même eu recours à cette méthode : il lui était souvent arrivé de donner rendez-vous à un contact au cinéma, s'assurant qu'ils se reconnaîtraient l'un et l'autre à un objet dont ils avaient convenu ou par l'usage d'une phrase codée.

Oswald arriva au poste de police de Dallas à 14 h. Il n'avait que 13,87 $ en poche, et on dit qu'il avait aussi en sa possession la carte de bibliothèque de David Ferrie (nous reviendrons sur ce mystère dans un instant). À 14 h 30, un appel fut lancé aux policiers de la ville leur demandant de rester à l'affût d'un Chevrolet Sedan 1957 qui avait été aperçu dans les parages de la scène du crime lorsque Tippit avait été tué. On précisa que les occupants du véhicule pouvaient avoir des armes illégales en leur possession et qu'une fouille serait donc nécessaire.

Un peu plus tard dans la journée, la police fouilla la chambre d'Oswald et trouva dans un sac marin les articles suivants : un minuscule appareil photo d'espion de marque Minox ; trois autres appareils photo ; un télescope à grossissement de 15x ; deux paires de jumelles ; un compas ; et un podomètre. Il y avait également dans son sac plusieurs rouleaux de pellicule Minox qui avaient été exposés. (Une note datée du 27 novembre 1963 mentionne que l'agent de la CIA David Morales, qui était posté à la station de Miami, employait lui aussi des appareils photo d'espionnage Minox.)

Aux environs de 15 h, la police arriva au domicile de Ruth Hyde Paine, où Marina, l'épouse d'Oswald, habitait. C'est là qu'Oswald avait passé la nuit précédente. Deux semaines plus tôt, Marina avait remarqué que le fusil de son mari se trouvait dans le garage de la résidence, enveloppé d'une couverture. Quand la police fouilla l'endroit, elle trouva la couverture, mais l'arme n'était pas là. Ce fait a contribué à confirmer la culpabilité d'Oswald, mais manquait encore pour boucler l'affaire un élément de preuve important.

Pierre angulaire de la théorie de l'assassin solitaire, la « balle magique » fut trouvée à l'hôpital Parkland vers 13 h 45, juste avant qu'Oswald soit arrêté au Texas Theatre. Incroyablement, ce projectile qui était censé avoir causé les blessures que JFK arborait au dos et à la gorge et touché ensuite Connally en lui rompant plusieurs os était en parfaite condition lorsqu'il fut trouvé. Citant les rapports médicaux, Henry Hurt dit que la balle avait « littéralement broyé » la cinquième côte du gouverneur, la « pulvérisant » sur une dizaine de centimètres, puis avait « touché Connally au poignet droit, fracassant son radius à son point le plus large » – on se souvient que le gouverneur tenait son chapeau Stetson de la main droite au moment où le coup a touché JFK, ce qu'il n'aurait pas pu faire si c'était cette balle qui l'avait atteint au poignet. La balle magique serait ensuite allée se loger dans la cuisse de

Connally pour en ressortir d'elle-même et intacte à l'hôpital Parkland. Nous avons vu au chapitre 2 pourquoi la théorie de la balle unique ne tient pas la route – il est impossible qu'une seule balle ait causé tous ces ravages. La balle dite « magique » fut probablement introduite à Parkland par l'un des conspirateurs, dans l'intention expresse qu'elle soit découverte par un employé de l'établissement.

Jack Ruby se trouvait à l'hôpital Parkland environ dix-sept minutes avant qu'on découvre la balle magique, soit vers 13 h 28. Bien que le journaliste Seth Kantor se soit entretenu avec lui et qu'un autre témoin ait dit l'avoir vu à Parkland vers la même heure, Ruby nierait s'être trouvé là.

La police – ainsi que la commission Warren à sa suite – se montrerait bien déterminée à imputer le meurtre de Tippit au suspect le plus évident qu'elle avait entre les mains – Oswald, en l'occurrence. « Les séances d'identification auxquelles la police a fait participer Oswald étaient une véritable parodie de justice, soulignait l'auteur Larry Harris. Aux deux premières séances, les témoins (dont Helen Markham faisait partie) avaient à choisir entre un Oswald échevelé, fatigué et visiblement amoché, et trois autres individus (deux d'entre eux étaient des détectives de la police et l'autre, un employé de la prison locale) qui avaient bonne mine et étaient vêtus d'une chemise et d'un pantalon propre. » La séance du lendemain, à laquelle était présent un témoin du meurtre de Tippit nommé William Scoggins, frôlait carrément le ridicule, offrant cette fois une brochette de suspects incluant Oswald, deux adolescents et un homme d'origine hispanique. Si les dés avaient manifestement été pipés, un rapport du FBI dont Harris a dévoilé l'existence démontre que le stratagème n'avait pas nécessairement produit les résultats escomptés : « Ce rapport nous mentionne que deux jours après la dernière séance d'identification, des agents du FBI ont montré à Scoggins une photo d'Oswald, mais que celui-ci leur a finalement dit qu'il n'était pas certain que l'individu qu'il avait observé le 22 novembre était "identique à Oswald". »

À Dallas, un attaché de presse de la Maison-Blanche nommé Malcolm Kilduff annonce officiellement la mort du président Kennedy. Il est 13 h 33. Cinq minutes plus tard, Walter Cronkite, présentateur vedette du réseau de télévision CBS, informe la nation de cette tragique nouvelle. Bien des gens ignorent encore que l'instant d'avant, Cronkite était en train de révéler à son auditoire qu'un suspect avait été capturé en lien avec l'attentat : « Des officiers du bureau du shérif ont appréhendé un jeune homme sur la scène du crime, disait le célèbre présentateur. L'homme de vingt-cinq ans que nous…» Cronkite interrompit alors abruptement son bulletin, car il venait de recevoir la note qui confirmait le décès de JFK. Si les images d'un Cronkite sous le choc sont désormais passées à l'histoire, on a trop longtemps passé sous silence le fait qu'il était en train de mentionner juste avant cela qu'un suspect avait été arrêté. Le détail est pourtant d'une importance capitale, puisque cette annonce ne pouvait pas faire référence à l'arrestation d'Oswald au Texas Theatre : alors que Cronkite a rapporté la nouvelle de l'arrestation à 13 h 37, la police n'avait été appelée au Texas Theatre qu'à 13 h 45 et les premiers policiers étaient arrivés sur les lieux à 13 h 48.

À La Nouvelle-Orléans, le procès de Carlos Marcello entre dans sa phase finale. John H. Davis rapporte qu'à 13 h 30 le juge Herbert Christenberry « achevait de livrer ses recommandations au jury quand un huissier fit soudain irruption dans la salle d'audience […] et lui remit une note ». Après avoir lu le message, le juge, visiblement ébranlé, annonça que JFK avait été victime d'un attentat et qu'il était peut-être mort. Il laissa ensuite le sort de Marcello entre les mains du jury « et ordonna que l'audience soit suspendue pendant une heure ».

Cette heure serait pour Marcello et David Ferrie la première occasion qu'ils auraient de s'informer de ce qui s'était passé à Dallas – ce qu'ils firent probablement en communiquant avec Guy Banister. Les trois hommes ont certainement dû se réjouir de la mort de JFK, mais, d'un autre côté, Oswald était toujours vivant et, qui plus est, aux mains de la police, ce qui représentait pour eux un risque énorme.

Le procureur en chef du département de la Justice dans le procès contre Marcello, John Diuguid, m'a dit que, lorsque l'audience a repris à 15 h, David Ferrie n'était plus dans la salle. Quinze minutes plus tard, après de brèves délibérations, le jury rendit son verdict. Le juré que Marcello avait soudoyé se vanterait par la suite du bon travail qu'il avait fait : « Non seulement avait-il lui-même voté non coupable […] il avait aussi convaincu plusieurs autres membres du jury de faire de même. » Soucieux de mettre toutes les chances de son côté, Marcello avait usé de menaces et d'intimidation contre le témoin-clé de la poursuite. Conséquemment, le jury acquitta Marcello des accusations de parjure et de conspiration qui pesaient contre lui.

John Davis raconte qu'à sa sortie du tribunal, Marcello s'est empressé de fêter sa victoire, mais qu'il a bientôt «quitté les célébrations pour se rendre à son bureau du Town and Country Motel». Une source rapporte que Marcello «avait l'air préoccupé, comme s'il était appelé par une affaire urgente». Le parrain devait en effet régler de toute urgence certains détails cruciaux s'il ne voulait pas faire face à des accusations encore plus graves que celles auxquelles il venait d'échapper.

À Washington, DC, Harry Williams finit de dîner et retourne à sa réunion avec les officiels de la CIA. Le calendrier de bureau du directeur de l'Agence John McCone (qui se trouve maintenant aux Archives nationales) montre qu'à partir de 13 h (HNE), McCone avait mangé en compagnie de Richard Helms, de Lyman Kirkpatrick et de deux autres officiels. Au moment où la réunion avec Williams reprend son cours, tout le monde a déjà été informé du fait que JFK s'est fait assassiner. Williams m'a dit que l'officiel le plus haut placé qui se trouvait à la réunion à ce moment-là (il devait s'agir de Kirkpatrick) s'est mis à le regarder avec méfiance, comme s'il soupçonnait d'emblée que les exilés cubains avaient quelque chose à voir avec le meurtre du président. Williams se serait efforcé de rester calme, mais il avait l'impression que Kirkpatrick accordait à son stoïcisme une tout autre signification. Voyant les hommes de la CIA mettre fin à la réunion en laissant leurs projets en plan, Williams retourne à sa chambre de l'Ebbitt Hotel.

Un membre de l'entourage de JFK à Dallas appelle Robert Kennedy à Hickory Hill, son domaine en Virginie, pour lui annoncer que son frère est mort. Les quatre lignes téléphoniques de la vaste résidence se mettent ensuite à sonner sans discontinuer – Lyndon Johnson et J. Edgar Hoover sont de ceux qui communiquent avec RFK dans les minutes suivant le décès du président. Profitant d'un répit dans ce flot ininterrompu d'appels, RFK confie à son secrétaire de presse Ed Guthman : «Je pensais bien qu'ils finiraient par avoir l'un de nous, mais… je pensais que ce serait moi.» En disant «ils», Robert Kennedy faisait référence à la Mafia.

En attendant l'arrivée de John McCone à Hickory Hill, RFK fait un appel très intrigant au quartier général de la CIA. (Ce fait a été rapporté par les journalistes George Bailey et Seymour Freidin. Le journaliste d'enquête Jack Anderson découvrirait par la suite que Freidin, qui était éditeur des affaires étrangères au

New York Herald Tribune en ce temps-là, travaillait comme informateur pour la CIA dans les années 1960.) À l'occasion de cet entretien téléphonique, RFK interroge un haut dirigeant de la CIA au sujet du meurtre de son frère et lui demande : « Dites-moi franchement, votre organisation a-t-elle eu un rôle à jouer dans cette horrible histoire ? »

« Lorsque John McCone est arrivé à Hickory Hill, écrit l'historien Richard Mahoney, Robert et lui sont sortis dans la cour. Il était entre 14 h 45 et 15 h [HNE]. Kennedy dirait plus tard à son fidèle adjoint Walter Sheridan qu'il avait demandé à McCone si la CIA était responsable de la mort de son frère. "Je lui ai posé la question de manière qu'il ne puisse pas me mentir, dit RFK à Sheridan, et il m'a assuré que ce n'était pas le cas." » Mahoney a souligné un autre fait intéressant : « De tous les membres de l'administration Kennedy, John McCone était probablement celui qui était le plus proche de Bobby, un ami très cher, et donc cette terrible question ne pouvait que dénoter à l'égard de la CIA une profonde méfiance née de faits tangibles – ou du moins d'une intuition – et non du chagrin que Robert Kennedy ressentait en cette heure de deuil. » À ce moment-là, McCone et RFK ignoraient tout des complots CIA-Mafia et des atouts tels AMLASH et QJWIN qui avaient été déployés dans le but d'éliminer Castro, aussi la question de RFK faisait-elle sans doute référence aux aspects du coup d'État JFK-Almeida dont les deux hommes avaient connaissance, et plus particulièrement à la portion AMWORLD de l'opération, dont le leader exilé cubain Manuel Artime faisait partie. Peu après l'assassinat de JFK, Arthur Schlesinger Jr., un adjoint des Kennedy, raconterait que John McCone avait dit à RFK qu'il « croyait que l'attentat avait été perpétré par au moins deux tireurs ».

À 17 h (HNE), McCone était de retour au quartier général de la CIA. Il s'entretint alors avec des confrères qui participaient au coup d'État JFK-Almeida, ou du moins qui en connaissaient l'existence. Richard Helms et Lyman Kirkpatrick étaient de cette réunion. Helms ne profiterait pas de cette occasion pour informer Kirkpatrick ou McCone du fait que les complots CIA-Mafia étaient toujours en cours, pas plus qu'il ne révélerait qu'au moment même où JFK se faisait assassiner à Dallas, un agent de la CIA rencontrait Rolando Cubela à Paris pour discuter d'un attentat éventuel contre Fidel.

À Paris, une rencontre a lieu entre Rolando Cubela (nom de code AMLASH) et l'agent de la CIA qui est responsable de son dossier. Il est question de procurer à Cubela certains articles essentiels, dont « deux fusils de grande puissance avec mire télescopique ».

« L'agent chargé du dossier a promis à AMLASH de lui fournir les fusils et explosifs qu'il requérait, lit-on dans les documents de la commission Church. Le chargé de dossier a également proposé à AMLASH le stylo empoisonné qu'il devait utiliser sur Castro, mais AMLASH s'est dit insatisfait du dispositif. À la fin de la rencontre, on informe les deux hommes que le président Kennedy a été assassiné. »

À La Havane, le journaliste français Jean Daniel dîne avec Fidel Castro et lui fait part du désir de JFK d'entamer des pourparlers de paix entre leurs deux pays. Lorsqu'il apprend que JFK a été tué, Castro répète à trois reprises : « C'est de très mauvais augure. » (Certains témoins affirment qu'il aurait plutôt dit : « C'est une très mauvaise nouvelle. »)

À Miami, Jimmy Hoffa téléphone à son avocat, Frank Ragano – qui est aussi l'avocat de Santo Trafficante –, et se réjouit du fait que JFK a été assassiné. Mais la bonne humeur du président des Teamsters est de courte durée : un de ses hommes l'appelle peu après pour lui dire que deux dirigeants du quartier général de Washington ont décidé de fermer les bureaux, de mettre le drapeau en berne et de transmettre leurs condoléances à la veuve du président. Durant la conversation, Hoffa engueula sa secrétaire parce qu'elle pleurait, raccrocha au nez de son interlocuteur, puis quitta son bureau de très méchante humeur.

Au même moment, à San Juan, Porto Rico, un organisateur des Teamsters dit au secrétaire-trésorier du syndicat local des travailleurs en restauration et hôtellerie : « Nous avons tué Kennedy. » L'organisateur en question est un associé de Frank Chavez, tueur et homme de main de Jimmy Hoffa. Des rapports du FBI lient Chavez à Jack Ruby et ont documenté le fait que Chavez tenterait par la suite de tuer Robert Kennedy.

À Washington, DC, un peu avant 16 h (HNE), le reporter Haynes Johnson s'entretient avec Harry Williams dans la chambre que celui-ci occupe à l'Ebbitt Hotel. Williams avait l'habitude de donner à Johnson des informations sur l'invasion de la baie des Cochons, ce qui serait le sujet du prochain livre du journaliste. L'ouvrage avait amené Haynes à travailler également en étroite collaboration avec Manuel Artime, et ce, en dépit du fait qu'il y avait à ce moment-là des frictions entre Artime et Williams. Bien qu'entretenant des liens d'amitié avec Williams et Robert Kennedy, Johnson n'avait pas été mis au courant de l'existence du coup d'État JFK-Almeida.

Pendant son entretien avec Johnson, Williams reçoit un coup de fil de RFK qui lui annonce que leur projet de coup d'État a été mis en suspens et que, par conséquent, Williams n'aura pas à quitter pour Guantanamo le lendemain. Lorsque Williams lui dit que Johnson est avec lui dans la chambre, RFK, qui est lui aussi un ami du journaliste, demande à lui parler. Dans un article qu'il rédigea en 1983 pour le *Washington Post*, Johnson raconte que RFK « était maître de ses émotions et [lui] a dit d'un ton sec: "C'est un de vos gars qui a fait le coup." » Johnson ne répéterait pas la chose à Williams et, de son côté, RFK ne ferait jamais un commentaire semblable à Williams.

Haynes Johnson et Harry Williams s'entendent tous deux sur le fait que RFK s'était adressé à Johnson et non à Williams quand il avait dit « un de vos gars ». Haynes m'a confirmé la chose en 1992, puis de nouveau en mai 2007, et il a souligné ce fait capital dans son article du *Washington Post*. Williams soutient que RFK n'a jamais exprimé de soupçons de ce genre en sa présence, ni ce jour-là ni par la suite. Cette déclaration du leader exilé cubain a été confirmée par un proche collaborateur des Kennedy qui connaissait très bien RFK, Johnson et Williams.

En 1999, lorsqu'il publia *The Days of Jack and Bobby Kennedy*, l'historien et ex-politicien Richard Mahoney ignorait que les États-Unis avaient fomenté un coup d'État contre Cuba au début des années 1960, aussi se montra-t-il très perspicace quand il écrivit que le commentaire de RFK à Haynes Johnson « faisait clairement référence à des Cubains insatisfaits déployés par des éléments de la CIA » qui agissaient « d'une distance qui leur permettrait de nier leur implication ». Les faits indiquent que le commentaire de RFK renvoyait aux opérations de Manuel Artime, dont nous connaissons maintenant les associations avec des collaborateurs de Carlos Marcello, Santo Trafficante et Johnny Rosselli. Haynes Johnson était en contact tant avec Artime qu'avec Williams à ce moment-là. Or, comme RFK n'avait pas répété son commentaire à Williams, on peut en déduire que « vos gars » faisait référence à Artime.

Haynes Johnson écrirait que moins d'un an après la mort de JFK, il avait entendu dire qu'Artime était impliqué dans le commerce de la drogue, fait qui serait confirmé par la suite par des membres du gouvernement américain. Haynes écrirait également au sujet d'un individu qui fut l'un des protégés d'Artime au milieu des années 1970 et qui devint un baron de la drogue à Miami à une époque où Trafficante y exerçait encore son influence.

À 16 h 01 (HNE), soit une heure à peine après l'arrivée d'Oswald au quartier général de la police de Dallas et seulement dix minutes après qu'il eut appris qu'Oswald avait été identifié comme suspect, J. Edgar Hoover téléphone à Robert Kennedy et lui dit : « Je crois que nous tenons l'homme qui a tué le président. » Hoover précise qu'Oswald « n'est pas un communiste », ce qu'il devait déjà savoir, puisque le FBI aidait les services de renseignement de la marine à tenir Oswald sous surveillance depuis un moment déjà.

Le jour de l'assassinat de JFK, un agent du FBI de Dallas a failli ébruiter le fait qu'Oswald était surveillé : James Hosty, l'agent qui lui avait été affecté, dirait au policier de Dallas Jack Revill qu'Oswald avait été sous surveillance. En apprenant la nouvelle, Revill protesta, disant que cette information aurait dû être partagée avec la police de Dallas. Hosty rappela alors au policier que la politique du FBI interdisait à ses agents de partager avec qui que ce soit des renseignements relatifs à l'espionnage.

À 19 h (HNE), le présentateur du réseau NBC Chet Huntley montre la portion audio de l'entrevue télévisée qu'Oswald a donnée sur la chaîne de WDSU-TV le 21 août 1963, à La Nouvelle-Orléans. À 19 h 43, NBC diffuse l'entrevue complète, vidéo incluse. Des millions de téléspectateurs voient Oswald exposer les objectifs principaux du Comité d'équité envers Cuba et l'entendent dire : « Je me décrirais assurément comme un marxiste. » Ce commentaire achèverait de convaincre le peuple américain de la culpabilité d'Oswald.

À l'instar de Carlos Marcello, Santo Trafficante célébrerait lui aussi ce jour-là l'assassinat de JFK. Plus tôt dans la journée, il avait convenu de souper au resto de l'International Inn avec son avocat Frank Ragano, qui serait accompagné de sa petite amie Nancy Young (qui finirait par devenir son épouse). JFK avait donné un discours dans cet hôtel quatre jours plus tôt. L'ironie de la chose n'avait pas échappé à l'avocat du mafioso : « Je traversais le hall de l'hôtel pour rejoindre Santo, se souvenait Ragano, et je me suis dit que, plus tôt dans la semaine, Kennedy était là à distribuer des poignées de main et à saluer ses admirateurs.»

Le restaurant de l'hôtel était habituellement très occupé le vendredi soir, mais ce soir-là l'avocat le trouva presque vide. «Santo m'a accueilli à sa table en souriant, de raconter Ragano. "Ils ont enfin tué ce fils de pute!" qu'il m'a lancé en me serrant dans ses bras et en me faisant la bise. "Il est mort, le salaud!"» D'après Ragano, «le visage généralement impassible de Trafficante rayonnait de joie». Tout en sirotant son Chivas Regal, Trafficante avait proclamé: «Ça m'enlève un poids énorme de sur les épaules. [...] Maintenant, ils vont me foutre la paix, et à Carlos et à Hoffa aussi. On va pouvoir faire un max de pognon, et peut-être même reprendre nos activités à Cuba. Je suis content pour Hoffa, parce que c'est sûr que [Lyndon] Johnson va foutre Bobby à la porte. Je ne vois pas pourquoi il le garderait en fonction.»

«Santo était plus excité que d'habitude, disait Ragano, mais je n'ai pas compris pourquoi il avait parlé de Cuba.» Contrairement à Trafficante, l'avocat ignorait que le gouvernement américain travaillait depuis plusieurs mois à une invasion de Cuba.

Trafficante et Ragano trinquèrent, et c'est alors que la petite amie de ce dernier se joignit à eux. «Quand sa consommation est arrivée, de rapporter Ragano, Santo et moi avons levé nos verres encore une fois et Santo a dit sur un ton joyeux: "À cent années de santé et à la mort de John Kennedy!"» Trafficante avait éclaté de rire avant de se lancer dans un autre toast. Horrifiée par ce spectacle, la copine de Ragano «a brutalement déposé son verre, s'est levée de table et est sortie en furie du restaurant». Ragano resta avec un Trafficante «jubilatoire» qui continua «de porter des toasts dans la langue sicilienne, trinquant gaiement à sa prospérité future».

Des renseignements qui ont fait surface après la mort de Ragano laissent supposer qu'il avait joué un certain rôle dans l'attentat contre le président. Un rapport du FBI révèle qu'en «décembre 1963» une source «a été témoin d'une rencontre entre Santo Trafficante, Frank Ragano» et un autre mafioso de Tampa. Les trois hommes se disputaient au sujet de «mallettes d'argent» et d'une somme de 200 000 $ qui, au dire de l'homme de Tampa, demeurait manquante à cause des paiements qui avaient été effectués aux deux tueurs à gages qui avaient été engagés pour assassiner JFK. La source en question était un individu incarcéré dans un pénitencier local: il avait relaté l'incident dans une lettre adressée au procureur adjoint des États-Unis en 1992, et ce dernier avait transmis à son tour l'information au FBI. Le mafioso de Tampa qui était identifié dans la missive était le partenaire d'affaires de plusieurs membres de la famille immédiate de Trafficante. De plus, le club où la rencontre avait eu lieu avait des liens connus avec la Mafia. Le FBI lui-même confirmait la rencontre dans son rapport, disant qu'il avait déjà reçu « de l'information au sujet d'un incident similaire ».

Vers 17 h 15 (HNE), J. Edgar Hoover distribue une note interne pour informer ses troupes que la police a « très probablement » appréhendé le meurtrier de Kennedy, et dans lequel il traite Oswald de fou, d'anarchiste procastriste et de « radical d'extrême gauche ». Hoover entreprend aussitôt de faire pression sur les membres principaux de la haute direction du FBI, les exhortant à boucler rapidement leur enquête et à émettre un rapport factuel soutenant la culpabilité d'Oswald ainsi que le fait qu'il a agi seul. Ce dernier détail était important, car, si l'assassin du président avait agi seul, cela ne constituait pas un crime fédéral ; en revanche, si l'on découvrait que deux personnes ou plus étaient impliquées, on pourrait alors parler de « conspiration pour attenter à un représentant du gouvernement des États-Unis dans l'exercice de ses fonctions », ce qui était indéniablement un crime fédéral. En affublant Oswald du titre d'« assassin solitaire », Hoover cherchait à ce qu'il soit jugé au sein d'un procès local plutôt que fédéral, s'assurant ainsi que Robert Kennedy et le département de la Justice n'auraient pas à s'en mêler.

En déclarant Oswald coupable aussi rapidement après la mort du président – l'autopsie n'avait même pas encore été effectuée –, Hoover signalait à ses agents sur le terrain qu'ils devaient orienter leur enquête en ce sens. Et c'est effectivement ce qui se passa : alors que l'instant d'avant les hommes du FBI poursuivaient vigoureusement chaque piste qui se présentait à eux, tout à coup ils ne s'employèrent plus qu'à prouver la culpabilité d'Oswald et le fait qu'il avait agi seul. De plus, comme il avait été rapidement décidé qu'il ne s'agissait pas d'un complot, les autorités ne se lancèrent pas à Dallas dans une grande chasse à l'homme pour tenter de débusquer d'autres conspirateurs. Les routes ne furent pas bloquées, les aéroports ne furent pas fermés, et donc les auteurs de l'attentat avaient tout loisir de prendre le large si cela s'avérait nécessaire. Plusieurs rapports indiquent que des avions privés ont décollé à partir de petits aéroports dans la région de Dallas, dont celui de Redbird. Toutefois, ces informations n'ont pas été corroborées.

Pendant ce temps à La Nouvelle-Orléans, les choses commençaient à se gâter pour les conspirateurs. L'atmosphère au bureau de Guy Banister avait été plutôt joyeuse ce jour-là. La secrétaire intérimaire confirmerait le fait que Banister « n'avait pas été au bureau de la journée », mais que sa maîtresse, Delphine Roberts, y était. Dans le courant de la journée, Roberts reçut un appel l'informant que le président avait été assassiné et lui disant de regarder les nouvelles à la télé. Lorsqu'elle alluma le téléviseur et vit que c'était vrai, elle sauta de joie et s'écria : « Je suis si contente ! »

Dans la soirée, bien après le départ de sa secrétaire, Banister fit un saut au bureau après avoir bu quelques verres au bar du coin. À son arrivée, il trouva sur les lieux Jack Martin, un collègue détective privé qui avait l'habitude de l'accompagner dans ses beuveries. Au dire de Delphine Roberts, Martin avait fait irruption dans le bureau et s'était mis à fouiller dans un classeur. Banister survint dans l'entrefaite et accusa Martin de vouloir lui voler des documents. S'ensuivit une virulente prise de bec durant laquelle Martin s'exclama : « Qu'est-ce que tu vas faire, me tuer comme vous l'avez fait avec Kennedy ? » Banister empoigna alors son pistolet et frappa Martin à la tête à plusieurs reprises, jusqu'à ce qu'il y ait effusion de sang. Martin téléphonerait plus tard à l'adjoint d'un procureur général et lui dirait que Ferrie avait été pour Lee Oswald un mentor et un collègue de longue date. Cette affirmation de Martin fut d'abord mise en doute, d'une part parce qu'il était alcoolique et d'autre part parce qu'il s'était brouillé avec Ferrie à la suite d'un différend au sujet d'une association religieuse frauduleuse (la Holy Apostolic Catholic Church of North America). Néanmoins, son geste déclencherait une chaîne d'événements qui se conclurait le 25 novembre par l'arrestation de Ferrie.

Le soir du 22 novembre, Ferrie ignorait encore que Martin l'avait dénoncé ainsi, mais il savait tout de même qu'il était dans de beaux draps : la police avait apparemment trouvé sa carte de bibliothèque sur Oswald quand celui-ci s'était fait arrêter. Selon un rapport du FBI, l'avocat de Marcello, G. Wray Gill, « avait entendu dire qu'au moment de son arrestation, Lee Oswald avait sur lui une carte de bibliothèque au nom de David Ferrie ». Le dimanche 24 novembre, Gill se rendit au domicile de Ferrie et lui laissa un message lui mentionnant « de l'appeler parce qu'il voulait le représenter en tant qu'avocat ». Le rapport du FBI précise que Gill désirait avertir Ferrie que Jack Martin « avait dit à la police et au FBI que

Ferrie avait déclaré en sa présence que le président Kennedy devait être éliminé ».

Lorsque Gill est passé chez Ferrie, il y avait déjà deux jours que ce dernier sentait la soupe chaude. Les dossiers du House Select Committee on Assassinations renferment de l'information à ce sujet : « L'ancienne propriétaire d'Oswald à La Nouvelle-Orléans, Mme Jesse Garner, a dit à la commission qu'elle se souvenait que Ferrie était passé chez elle le vendredi (le soir du meurtre de JFK) et lui avait posé des questions à propos de la carte de bibliothèque d'Oswald. » Après son passage chez la dame Garner, Ferrie était allé voir une voisine d'Oswald « pour lui demander si son mari savait quoi que ce soit au sujet de la carte de bibliothèque d'Oswald ».

Le vendredi 22 novembre et dans les jours suivants, Ferrie ferait des pieds et des mains pour éviter que les autorités ne l'associent à Oswald, allant même jusqu'à entreprendre un voyage éclair au Texas avec deux jeunes hommes. Les faits et gestes de Ferrie seraient considérés comme si bizarres et inhabituels qu'on en viendrait par la suite à croire qu'il avait effectué ce voyage de deux jours dans le but de récupérer sa carte de bibliothèque – il avait besoin d'une carte à montrer aux enquêteurs de La Nouvelle-Orléans si ceux-ci le lui demandaient. Juste avant sa mort, Ferrie raconta à l'équipe de Jim Garrison, procureur général de La Nouvelle-Orléans, qu'à l'époque de ce séjour au Texas, « il avait confié une affaire importante qui le concernait entre les mains de [G. Wray] Gill ».

Ferrie dirait au FBI qu'il était resté à La Nouvelle-Orléans « jusqu'à au moins 21 h le 22 novembre, où il fêta la victoire de Marcello à l'hôtel Royal Orleans ». Lorsqu'il quitta les célébrations, il décida soudain de prendre la route pour Houston en plein orage et en compagnie de deux jeunes hommes. Une fois à Houston, le trio s'arrêta dans une patinoire intérieure où, selon Anthony Summers, Ferrie « passa le plus clair de son temps à faire et à recevoir des appels sur un téléphone public ». Dans les premières heures du 23 novembre, Ferrie prit une chambre au Alamotel de Houston, un établissement dont Carlos Marcello était propriétaire. Des enquêteurs du Congrès américain confirmeraient le fait que, depuis sa chambre, Ferrie avait effectué « un appel à frais virés [...] au Town and Country Motel, où Marcello avait établi son quartier général ». Il communiquerait aussi avec G. Wray Gill, l'avocat de Marcello, ce week-end-là. Tout en conservant sa chambre au Alamotel, Ferrie se rendit à Galveston, où il prit une autre chambre dans un motel local. Jack Ruby téléphona plusieurs fois à Galveston au moment où Ferrie s'y trouvait.

Les enquêteurs du Congrès se demanderaient pourquoi, sur une période de douze heures tout au plus, Ferrie avait retenu deux chambres dans deux villes différentes. Il se peut que quelqu'un à Houston ou Galveston ait apporté à Ferrie sa carte de bibliothèque. Celui-ci connaissait dans chacune de ces villes un individu qui venait tout juste de revenir de Dallas : le premier était un associé de Jack Ruby, et le second était nul autre qu'Eugene Hale Brading, dont nous avons dit précédemment qu'il avait été arrêté à Dealey Plaza juste après le meurtre de JFK. Nous ignorons si l'un ou l'autre de ces hommes a effectivement apporté à Ferrie sa carte de bibliothèque. Cependant, c'est une hypothèse qui pourrait expliquer le voyage éclair de David Ferrie à Houston et Galveston.

Il est possible que Guy Banister ait usé de ses relations dans la police et les services de renseignement pour récupérer la carte de bibliothèque trouvée sur Oswald. Il avait peut-être convaincu quelqu'un au quartier général de la police de Dallas de poser ce geste en évoquant le travail que Ferrie avait accompli pour la CIA, notamment avec le groupe d'exilés cubains de Tony Varona, prétextant qu'il s'agissait seulement d'empêcher les reporters de Dallas d'écrire sur Ferrie, et ce, « dans l'intérêt de la nation ». Plusieurs associés de Marcello disposaient de contacts dans la police de Dallas et ils auraient eux aussi pu se charger de recouvrer la fameuse carte. Un sergent de police de Dallas nommé Patrick Dean confierait à l'auteur et professeur Peter Dale Scott qu'il avait entretenu « des liens de longue date » avec le mafioso Joe Civello, bras droit de Marcello à Dallas, et qu'il était également ami avec Jack Ruby. « Dean était responsable de la sécurité au sous-sol du service de police de Dallas lorsque Oswald fut assassiné, de préciser Scott. Il a par la suite échoué un test polygraphique lui demandant comment Ruby avait pu avoir accès à cet endroit. » L'avocat de J. D. Tippit soulignerait le fait que le chef du bureau des homicides de la police de Dallas, Will Fritz (qui se chargerait de l'enquête sur Oswald), était lui aussi un « ami proche » de Jack Ruby.

L'agent du FBI de Dallas James Hosty a révélé qu'après le meurtre de JFK, « les cellules du pouvoir à Washington étaient en état de panique et le Pentagone a placé les États-Unis au niveau d'alerte DefCon 3 (*Defense Condition 3*), ce qui est l'équivalent de charger une arme, d'enlever le cran de sûreté et de mettre son doigt sur la gâchette ». Citant Hosty, Peter Dale Scott a écrit : « À peu près au même moment où Oswald fut arrêté, des avions de guerre américains fonçaient sur Cuba, mais ils furent rappelés à la base juste avant d'entrer dans l'espace aérien cubain. Toute l'armée américaine était sur le pied d'alerte.» Scott précise que les avions «auraient été lancés à partir du centre de commandement de la base aérienne MacDill, en Floride», base où JFK s'était rendu quatre jours plus tôt à l'occasion d'une réunion secrète avec divers leaders militaires, dont le commandant des forces d'intervention de l'armée américaine. Par bonheur, nous sommes vite revenus à un niveau d'alerte inférieur à DefCon 3. *U.S. News & World Report* notait que «[l]'armée de l'air et la CIA ont transmis une alerte éclair internationale rappelant à leurs bases tous les avions de surveillance américains, cela afin d'éviter toute provocation à l'endroit de l'Union soviétique».

Dans l'après-midi et la soirée du vendredi, pris dans le flot d'information et de désinformation qui circulaient à propos d'Oswald, le gouvernement américain tourna son attention vers des questions de sécurité nationale. Peter Dale Scott fit mention d'un «télex daté du 22 novembre provenant des services secrets militaires du Texas, qui disait au commandement des forces stratégiques de l'armée américaine qu'Oswald avait fait défection à Cuba en 1959 (ce qui était faux) et qu'il était "membre du parti communiste"». J. Edgar Hoover répandrait lui aussi des faussetés au sujet d'Oswald, en déclarant par exemple à Bobby Kennedy qu'Oswald «était allé plusieurs fois à Cuba, mais ne voulait pas [leur] dire quel était l'objectif de ces voyages». Quelqu'un avait manifestement communiqué au FBI et aux services de renseignement militaires des informations erronées sur Oswald, pour l'incriminer mais aussi pour faire en sorte que tous les regards soient tournés vers Cuba.

Jack Ruby évoluait pendant ce temps dans les confins du quartier général de la police de Dallas, où il tenait Oswald à l'œil tout en usant de son influence pour tenter de trouver un policier qui accepterait de l'éliminer. Ruby admit plus tard qu'il avait un pistolet sur lui ce soir-là. À 18 h, John Rutledge, un reporter du *Dallas Morning News*, aperçut Ruby au troisième étage du bâtiment. À 19 h, Ruby discutait dans un couloir du troisième avec le détective August Eberhardt. Quelque part entre 19 h et 20 h, Ruby essaya de pénétrer dans le bureau du capitaine Fritz, où Oswald était interrogé, mais deux policiers s'interposèrent pour l'en empêcher. «Tu peux pas entrer là, Jack», lui dit l'un d'eux. Il est probable que, si Ruby avait pu entrer à ce moment-là dans le bureau de Fritz, il aurait abattu Oswald sur-le-champ. Il devrait attendre dimanche afin de mettre son plan à exécution.

À la suite de cette première tentative ratée, Ruby quitta le quartier général de la police. Il appela un peu plus tard son ami Gordon McLendon, propriétaire de la station radiophonique KLIF, qui était copain avec David Atlee Phillips et entretenait aussi des liens avec Marcello. Ruby téléphona ensuite à un DJ de la radio locale et offrit de l'aider à obtenir une entrevue avec le procureur général de Dallas, Henry Wade. Aux alentours de 21 h 50, Ruby se rendit à la synagogue Searith Israël, où il s'entretint avec le rabbin Hillel Silverman. Ruby semblait déprimé mais ne fit aucune mention de l'assassinat de JFK.

Vers 22 h 30, alors qu'Oswald était toujours en interrogatoire, Ruby téléphona au quartier général de la police et proposa d'apporter des sandwichs aux policiers présents. L'agent qui répondit déclina son offre. À 23 h 30, Ruby était de retour au poste de police – un agent l'aperçut parmi les reporters qui étaient massés là. Ce n'est qu'après le coup de minuit que Ruby eut enfin la chance de voir Oswald, mais il ne put pas s'approcher suffisamment de lui pour réaliser son projet d'assassinat. Pistolet en poche et sandwichs à la main, Ruby se rendit ensuite au troisième étage de l'édifice pour assister à une réunion durant laquelle le chef de police Jesse Curry et le procureur général Henry Wade annoncèrent qu'Oswald serait autorisé à faire une conférence de presse au sous-sol – la police voulait en fait prouver que, contrairement aux rumeurs qui circulaient, Oswald n'avait pas été battu durant sa détention. Lors de ce point de presse, Wade dit qu'Oswald était membre du « Comité pour libérer Cuba », un groupe anti-Castro dirigé par Eladio del Valle, lui-même un proche collaborateur de Santo Trafficante et David Ferrie. Ruby, qui était debout sur une table à l'arrière de la salle, corrigea le procureur en disant qu'Oswald n'était pas membre du comité anti-Castro pour libérer Cuba, mais du Comité d'équité envers Cuba, groupe pro-Castro et communiste.

Durant cette conférence de presse pour le moins chaotique, Oswald, en réponse à une question que lui avait posée un journaliste, répondit : « Non, monsieur, je n'ai tiré sur personne. » Il précisa ensuite, très justement d'ailleurs, qu'il n'était pas accusé d'avoir attenté à la vie du président. Oswald demanda également à ce que « quelqu'un se propose pour lui fournir une assistance juridique », ce qui était peut-être un appel à des relations tels Guy Banister et David Atlee Phillips, qui auraient pu intervenir pour le soutirer des griffes de la justice. Deux avocats liés à Marcello furent approchés pour représenter Oswald, mais au final celui-ci n'aurait jamais accès à un avocat durant sa période de détention.

Jesse Curry, le chef de police de Dallas, dit par la suite qu'Oswald « semblait avoir été entraîné pour résister aux interrogatoires ». Il le soupçonnait d'être une sorte d'agent secret, ce qu'il affirma en se basant sur la manière dont Oswald s'était comporté pendant les douze heures qu'avait duré son interrogatoire – interrogatoire qui ne fut d'ailleurs jamais enregistré ou sténographié. Le procureur général adjoint de Dallas, William Alexander, s'est avoué étonné qu'un individu si jeune puisse afficher une telle maîtrise de lui-même. « On aurait juré qu'il avait répété la situation dans laquelle il se trouvait, dit-il. Ou du moins qu'il avait été programmé pour y faire face. » Pour quelqu'un comme Oswald, qui avait résisté aux pressions et scrutations du KGB durant ses années passées en Russie, c'était jeu d'enfant que d'affronter la police de Dallas pendant deux petites journées, en attendant qu'un de ses contacts se manifeste pour le sortir de là.

« Subséquemment au meurtre de Kennedy, écrivait Richard D. Mahoney, un individu du nom de Jack Ruby, que Johnny Rosselli lui-même décrivait comme "un des nôtres", traqua Oswald et l'assassina dans le but de le réduire au silence. Cet acte est tel un phare à travers le brouillard de la controverse qui entoure la mort du président. » Tout au long du week-end, Ruby travailla sans relâche à remplir la mission que Carlos Marcello lui avait confiée. Après la conférence de presse, il se rendit à la station de radio, puis quitta vers 2 h pour aller rejoindre un policier de Dallas au Simpson's Garage – l'agent était accompagné de sa petite amie, une danseuse nue qui travaillait pour Ruby. On ne sait pas exactement qui d'autre se trouvait à cette rencontre ni combien de temps elle a duré. Cependant, le policier lui-même disait avoir discuté avec Ruby pendant deux ou trois heures. Certains auteurs pensent que Ruby avait donné rendez-vous au policier pour tenter de le convaincre de tuer Oswald, ou pour lui demander de l'aider à trouver un autre agent qui consentirait à le faire.

Une fois JFK assassiné, les deux tueurs à gages fournis par Marcello retournèrent au restaurant de Joe Campisi, où ils restèrent jusqu'à leur départ de Dallas. Michel Victor Mertz était toujours à Dallas lui aussi. Mais Mertz et les deux assassins n'étaient probablement pas les seuls hommes à avoir été déployés par Marcello et Trafficante sur Dealey Plaza : ayant soigneusement planifié un attentat qui pouvait indifféremment avoir lieu dans trois villes différentes, il ne fait aucun doute qu'ils disposaient à Dallas d'effectifs supplémentaires – dont Bernard Barker faisait sans doute partie.

Les biographes de Johnny Rosselli ont confirmé que « les agents du FBI qui surveillaient Rosselli ont perdu sa trace sur la côte Ouest quelque part entre le 19 et le 27 novembre », et que « Jimmy Starr, chroniqueur mondain d'Hollywood et ami de Rosselli, a entendu dire que c'était ce dernier qui avait assemblé l'équipe qui se chargerait du meurtre de Kennedy ».

Selon un pilote du nom de W. Robert Plumlee (que les enquêteurs gouvernementaux décriraient comme un « associé de John Martino »), Rosselli serait allé à Tampa le 20 novembre, puis à La Nouvelle-Orléans le jour suivant. Plumlee rapporta ce fait à l'agent du FBI William Turner plusieurs années avant que l'attentat de Tampa soit connu des historiens, en précisant que Rosselli était resté à Tampa la nuit du 20 novembre avant de s'envoler pour La Nouvelle-Orléans le lendemain à bord d'un avion privé. Plumlee raconta à Turner que, le matin du 22 novembre, le groupe dont Rosselli faisait partie avait mis le cap sur Houston pour finalement se rendre à Dallas, et que le vol avait été autorisé « par les services de renseignement militaires en collaboration avec la CIA ». Tous ces déplacements semblaient liés à ces complots CIA-Mafia qui avaient pour but d'assassiner Castro.

Plumlee fit ces révélations aux enquêteurs du gouvernement au milieu des années 1970. Bien qu'on ait longtemps douté de sa crédibilité, trois autres associés de la Mafia, dans des témoignages indépendants faits à des moments différents, ont affirmé eux aussi que Rosselli se trouvait à Dallas le 22 novembre 1963. La plupart des témoins ont rapporté que Charles Nicoletti, un des truands de la Mafia de Chicago, s'y trouvait également avec Rosselli (selon l'Associated Press, Nicoletti se serait joint aux complots CIA-Mafia durant l'automne de 1963). Ces témoignages n'ont malheureusement pas été suffisamment corroborés pour qu'on puisse faire foi de leur fiabilité. Toutefois, il est intéressant de noter que, même après toutes ces années, l'histoire n'a pas encore trouvé d'alibi valable à Rosselli et Nicoletti pour la journée du 22 novembre.

Certains officiels cubains ont déclaré qu'Herminio Diaz, garde du corps et homme de main de Santo Trafficante, se trouvait à

Dallas le 22 novembre et qu'il avait participé à l'assassinat de JFK. Diaz était récemment devenu un atout de la CIA et, ainsi que nous l'avons noté au chapitre 17, deux semaines après le meurtre de JFK, il serait lié aux complots CIA-Mafia pour tuer Castro. Diaz avait le teint foncé, aussi est-il possible que les témoins qui disaient l'avoir aperçu à Dealey Plaza l'aient confondu avec quelqu'un d'autre. À ce jour, nous ne disposons d'aucune preuve ou corroboration indépendante indiquant que Diaz aurait été impliqué dans l'assassinat de JFK, à l'exception du témoignage d'un exilé cubain du nom de Tony Cuesta qui, quelques années plus tard, serait capturé et emprisonné à Cuba. Cuesta disait qu'Eladio del Valle, ce trafiquant de drogue qui était associé à Trafficante et à Roland Masferrer, avait lui aussi participé au complot contre JFK. Ainsi que nous l'avons mentionné précédemment, del Valle serait brutalement assassiné en 1967, la même nuit où David Ferrie mourut dans des circonstances mystérieuses.

Mais revenons à Lee Oswald. Était-ce lui qui avait tué le président Kennedy? Que l'on considère Oswald comme un «fou solitaire» ou comme un élément s'intégrant à un complot, aucun des scénarios qui ont été envisagés au fil des années ne laisse entrevoir que cela ait pu être possible. On se souviendra que les services de renseignement de la marine avaient conclu que «le tireur ne pouvait pas être Oswald» et que celui-ci «était incapable d'orchestrer un attentat pareil ou de réussir lui-même un tel tir de précision[32]». Si Oswald avait été un véritable communiste, s'il avait tué JFK pour des raisons idéologiques ainsi qu'on le prétendait, alors pourquoi n'avait-il pas réclamé la responsabilité de l'attentat et exprimé ses vues idéologiques lors de la conférence de presse du vendredi soir? L'hypothèse selon laquelle Oswald aurait tenté de s'enfuir par autobus et par taxi pour se rendre à une maison de chambres où il n'avait ni voiture ni permis de conduire n'avait elle non plus aucun sens. Se serait-il risqué à tuer le président Kennedy sachant qu'il allait devoir utiliser le transport en commun pour fuir la scène de son crime et serait identifié par la suite comme l'un des suspects? Difficile à croire.

La Mafia n'aurait pas chargé Jack Ruby de tuer Oswald en direct à la télé, en plein cœur du quartier général de la police, si celui-ci avait été assassin solitaire. Et avec toutes ses années d'expérience criminelle et toutes les relations dont elle disposait, elle n'aurait certainement pas engagé quelqu'un comme Oswald pour éliminer JFK. Il est absolument ridicule de penser que la Mafia aurait engagé un tueur à gages inexpérimenté pour mener à bien un attentat de cette importance, et plus ridicule encore d'imaginer qu'elle ne lui aurait pas ménagé ensuite meilleure fuite qu'à bord d'un autobus public.

Il y avait probablement en ce temps-là, tout comme il doit en exister encore aujourd'hui, des officiels qui croyaient qu'Oswald était un atout des services de renseignement américains qui était passé dans le camp ennemi. Voilà un autre scénario qui n'a aucun sens : si Oswald était un transfuge, il aurait profité de la conférence de presse du vendredi soir pour lever le voile sur les opérations anti-Castro préparées par les États-Unis. Après avoir étudié les preuves et les faits pendant près de vingt-cinq ans, j'en suis arrivé à la conclusion qu'Oswald était impliqué de façon mineure dans ces initiatives contre Castro et qu'on lui avait ordonné de maintenir à tout prix sa couverture afin d'éviter qu'une opération importante ne soit compromise, ce qui aurait pu coûter la vie à certains des participants.

Oswald fut inculpé du meurtre de JFK à 1 h 30 (HNC) – il avait été officiellement accusé d'avoir tué l'agent de police Tippit un peu plus tôt dans la soirée, soit à 19 h 30. Au dire du procureur général adjoint de Dallas, William Alexander, la mise en accusation d'Oswald était basée sur trois motifs plutôt minces : il avait été inculpé du meurtre de JFK parce qu'il avait quitté l'entrepôt de livres immédiatement après l'attentat, parce qu'on l'avait vu apporter un paquet jugé suspect au travail ce matin-là, et parce que les autorités avaient trouvé de la supposée «documentation communiste» dans sa chambre.

CHAPITRE 16
La Mafia frappe de nouveau à Dallas

Le 22 novembre 1963, alors que la nuit tombait sur Washington, DC, un cortège de voitures se dirigeait vers Bethesda pour amener le corps de JFK au centre médical de la marine. Robert et Jackie Kennedy suivaient le corbillard dans lequel reposait le corps du défunt président et, durant le trajet de vingt minutes, Jackie relata à RFK sa perception personnelle de ce qui s'était passé durant la fusillade.

À Bethesda, c'est Robert Kennedy qui prit les commandes, dirigeant les opérations à partir de la suite réservée à la famille Kennedy au dix-septième étage de l'hôpital. Jackie resta à ses côtés, de même que Dave Powers et Kenneth O'Donnell, les principaux adjoints de JFK. RFK fut sans doute abasourdi d'apprendre ce que Powers et O'Donnell avaient vu durant la fusillade : les deux hommes, qui avaient bénéficié d'un point de vue idéal, puisque leur véhicule suivait la limousine de JFK dans le défilé, avaient clairement constaté que des coups de feu avaient été tirés de l'avant, à partir de la pente gazonnée. Powers et O'Donnell connaissaient RFK et travaillaient pour lui depuis plusieurs années, aussi ne fait-il aucun doute que celui-ci ajouta foi à leur observation. Seul médecin à avoir examiné JFK à la fois à Bethesda et à Parkland, l'amiral George Burkley, qui était également le médecin de la Maison-Blanche, dit pour sa part à RFK qu'il croyait que plus d'un tireur était impliqué dans l'attentat. À la lumière de ces informations, RFK se trouva confronté à un dilemme : si Oswald avait fait feu de l'arrière ainsi que Hoover et les journalistes le prétendaient, alors qui avait tiré de l'avant ?

Bien que plusieurs commissions gouvernementales se soient penchées sur l'autopsie de JFK et que des livres entiers aient été écrits sur le sujet, plusieurs mystères restent à élucider. D'abord, l'emplacement et la taille des blessures ne sont pas les mêmes sur toutes les photos et radiographies, et elles ne correspondent pas à ce que certaines des personnes présentes ont observé à Parkland ou à Bethesda. Ensuite, des preuves capitales ont disparu : des photos, des échantillons cellulaires, le cerveau de JFK sont autant d'éléments qui manquent à l'appel. Le fait que Robert Kennedy ait contrôlé l'autopsie a contribué à alimenter la controverse, mais il reste tout de même quelques points qui n'ont pas été contestés. Tout le monde s'entend sur le fait que les médecins qui ont examiné la dépouille du président à Bethesda n'ont pas réalisé qu'il avait été atteint à la gorge, puisqu'une incision trachéotomique avait été pratiquée à cet endroit, occultant ainsi la blessure. Ils repérèrent par contre la blessure que JFK avait au dos, ce qui les amena à conclure initialement qu'il avait été atteint d'une balle au dos et d'une autre à la tête, et que Connally avait quant à lui été touché par une balle différente. Ce ne fut que le lendemain (samedi) que le médecin légiste en chef, le docteur James Humes, apprit qu'il y avait eu blessure à la gorge ; le docteur Humes détruisit la première version de son rapport d'autopsie le dimanche 24 novembre.

Par-delà ces points d'entente, de nombreux éléments restent controversés. Le débat demeure ouvert quant au travail des médecins légistes : on ne s'entend toujours pas sur ce qu'ils ont fait ou n'ont pas fait durant l'autopsie, ni sur les motifs de leurs actions ou de leurs omissions. Le type de cercueil dans lequel JFK fut transporté demeure lui aussi sujet à controverse.

Les considérations de sécurité nationale liées à l'autopsie sont à l'origine de bien des différends. Il faut dire que l'assassinat du président était un scénario cauchemardesque qui allait bien au-delà de ce qu'avaient pu imaginer Alexander Haig et ses collègues dans leurs « plans de contingence en cas de riposte cubaine ». Comme Oswald était toujours vivant à ce moment-là, les résultats officiels de l'autopsie de JFK allaient nécessairement être exposés dans le cadre d'un procès public, ce qui explique pourquoi, ainsi que les faits le laissent supposer, une autopsie « de sécurité nationale » fut promptement réalisée avant l'autopsie « officielle ».

Si Robert Kennedy s'inquiétait de voir exposé son projet de coup d'État contre Cuba, il ne fait aucun doute que d'autres officiels tel le général Maxwell Taylor, chef d'état-major des armées, s'en inquiétaient aussi (à Bethesda, une installation militaire, Taylor était l'autorité suprême). Une des principales préoccupations des plans de contingence cubains avait été d'éviter la divulgation prématurée d'informations susceptibles de provoquer un conflit nucléaire. Or, tout indique que cette préoccupation a guidé les décisions prises dans les heures suivant la mort de JFK.

Certains ont tenté de prétendre que l'autopsie du président n'avait pas été contrôlée par Robert Kennedy mais plutôt par J. Edgar Hoover, par la CIA et par une poignée de généraux aux intentions équivoques. Les faits démontrent que ce n'était absolument pas le cas. Plusieurs des personnes qui ont assisté à l'autopsie ont affirmé que l'amiral Burkley, qui était le médecin particulier de JFK, a pris les choses en main au nom de RFK. Francis O'Neill, l'un des deux agents du FBI présents à l'autopsie, a dit aux enquêteurs gouvernementaux qu'il ne faisait «aucun doute que Burkley agissait selon les volontés de la famille Kennedy». Le technicien en radiologie qui a pris les radios de JFK dans la salle d'autopsie à l'aide d'un appareil portatif, Jerrol F. Custer, rapporta ces mots de l'amiral Burkley: «Je suis le médecin particulier de JFK, et donc vous allez écouter ce que je vous dis. Vous allez faire ce que je vous dis.»

Également présent à l'autopsie, le technicien de laboratoire Paul O'Connor abondait en ce sens: «C'est l'amiral Burkley qui a contrôlé ce qui s'est passé dans cette pièce cette nuit-là, et il agissait clairement à la demande de Robert Kennedy et du reste de la famille Kennedy.» O'Connor précisa que, lorsque Burkley est entré dans la salle d'autopsie, il était «très agité et donnait des ordres à tout le monde, même aux officiers qui le surpassaient en grade». Cela dit, Burkley prenait tout de même soin parfois de communiquer les volontés de RFK à l'amiral Calvin Galloway, commandant du centre médical de Bethesda, qui se trouvait lui aussi dans la salle d'autopsie. Un autre technicien du laboratoire de Bethesda ayant assisté à l'autopsie, le marine James Jenkins, a mentionné que le médecin légiste en chef «semblait répondre aux instructions que le docteur Burkley exprimait à travers l'amiral Galloway». Ayant assisté le médecin légiste durant la procédure, le docteur J. Thorton Boswell était de cet avis: «Le docteur Burkley supervisait tout ce qui se passait dans la salle d'autopsie. Même le commandant répondait à ses directives.» Le docteur Burkley lui-même a confirmé ce fait dans le récit oral qu'il fit de l'événement pour la bibliothèque présidentielle John F. Kennedy: «J'ai moi-même supervisé tout ce qui s'est fait durant l'autopsie […] et j'étais en contact constant avec Mme Kennedy et les membres de son entourage au dix-septième étage.»

Le général Godfrey McHugh, qui en ce temps-là était le conseiller militaire de JFK, témoignerait par la suite du fait que Robert Kennedy «avait fréquemment téléphoné à la salle d'autopsie» pour communiquer ses consignes au docteur Burkley. L'auteur Gus Russo rapporte que le capitaine John Stover, commandant de l'école médicale de Bethesda, a dit que RFK «avait visité la salle d'autopsie à plusieurs reprises durant la procédure». Mais Robert Kennedy était également représenté dans la salle d'autopsie et auprès du docteur Burkley par un individu que j'ai eu la chance d'interviewer en 1992. La présence de cette source sensible et confidentielle a été confirmée dans un témoignage oral qui a obtenu l'approbation des Kennedy; de plus, sa crédibilité a été établie de façon indiscutable dans de nombreux documents officiels ainsi que par plusieurs collaborateurs de John et Robert Kennedy, y compris le secrétaire d'État Dean Rusk, Harry Williams et l'agent de liaison de RFK au FBI, Courtney Evans. Il est important de noter que ma source, cet individu qui a assisté RFK durant l'autopsie, était au courant de l'existence du coup d'État JFK-Almeida, mais aussi des plans de contingence cubains qui avaient été conçus afin d'en protéger le secret. Tout cela pour dire que tout ce qui s'est passé cette nuit-là dans la salle d'autopsie s'est déroulé à la pleine connaissance de Robert Kennedy, et probablement sous sa direction. Cette hypothèse se voit renforcée par le fait que plusieurs éléments de preuve importants, dont le cerveau de JFK, se sont retrouvés ensuite entre les mains de RFK.

Bien qu'il devrait s'agir en principe d'un fait élémentaire, l'heure à laquelle l'autopsie a commencé est un sujet qui, quarante ans plus tard, continue de susciter la polémique. L'un des problèmes auxquels nous sommes confrontés est qu'il y a eu un délai de quarante à soixante minutes entre l'arrivée du corps de JFK à Bethesda et le début de l'autopsie. La chose n'est pas particulièrement étrange ou inhabituelle en soi. Toutefois, la présence de deux ambulances vint brouiller les cartes – on dirait que la deuxième ambulance était là pour faire diversion et confondre les reporters et les curieux qui auraient pu tenter de se faufiler à l'intérieur. Le *Washington Post* a rapporté qu'après que l'ambulance qui transportait la dépouille de JFK fut arrivée à l'avant du bâtiment, l'amiral Galloway «est monté précipitamment dans le véhicule et a pris le volant pour se rendre à l'arrière de l'hôpital, d'où le corps fut transféré à l'intérieur». Les hommes qui montaient la garde à l'extérieur de l'ambulance ont rapidement perdu de vue le véhicule, dit l'auteur David Lifton. Ils se sont lancés à la poursuite de l'ambulance, mais n'ont pu la rattraper. Désarçonnés, ils partirent à sa recherche pour la retrouver enfin à l'arrière de l'édifice. Paradoxalement, un agent des services secrets nommé Kellerman a mentionné que l'autopsie avait débuté à 19 h 30, alors que le rapport de l'équipe qui transportait la dépouille précise que le cercueil contenant JFK n'avait été porté à l'intérieur de l'hôpital qu'à 20 h. Les deux agents du FBI ayant assisté à l'autopsie ont affirmé quant à eux que la première incision avait été pratiquée à 20 h 15.

Il n'y a évidemment pas que la chronologie des événements qui pose problème : entre son départ de Parkland et son arrivée à Bethesda, le corps de JFK semblait avoir subi des transformations – les photos réalisées durant l'autopsie en font foi. La différence la plus flagrante réside dans la blessure que JFK avait subie à la gorge. Une incision trachéotomique avait été pratiquée à Parkland par le docteur Perry. Or, celui-ci soutient qu'il avait fait une entaille très nette longue de deux ou trois centimètres tout au plus. Sur les photos prises à Bethesda au début de l'autopsie, la blessure est béante, ses contours sont irréguliers et elle paraît deux ou trois fois plus longue. Le rapport officiel dit qu'au début de l'autopsie, l'incision était longue de 6,5 cm. Le docteur Humes, médecin légiste en chef durant l'autopsie, a pour sa part déclaré sous serment qu'au début de la procédure, la blessure que JFK arborait à la gorge avait de sept à huit centimètres de longueur. L'assistant du docteur Humes, le docteur Pierre Finck, témoignerait par la suite du fait qu'à Bethesda, les médecins avaient reçu l'ordre de ne pas modifier ou élargir durant l'autopsie officielle l'incision pratiquée à Parkland, et que, par conséquent, ils s'étaient abstenus de le faire.

Si de nombreuses personnes ont assisté à l'autopsie officielle, la première autopsie, celle qui fut réalisée officieusement pour des raisons de sécurité nationale, s'était déroulée en présence de quelques individus seulement, ce qui pourrait expliquer les disparités et contradictions que l'on trouve dans la documentation de l'événement. La version officielle des faits en viendrait à attribuer la blessure que JFK avait à la gorge à la «balle magique» que l'on avait découverte quasiment intacte sur un brancard à Parkland. Hormis quelques minuscules fragments, aucune balle ne fut trouvée dans le corps de JFK durant l'autopsie officielle ; et pourtant, le docteur David Osborne (qui était capitaine à ce moment-là et deviendrait par la suite amiral puis ministre adjoint de la Santé) dirait aux enquêteurs gouvernementaux qu'il avait vu «une balle intacte rouler [...] sur la table d'autopsie» lorsque le corps de JFK avait été retiré de son cercueil. Osborne parlerait de cet incident à l'auteur David Lifton : « J'ai tenu ce projectile dans ma main et ai donc eu l'occasion de l'inspecter. Il était relativement propre et intact. [...] Les services secrets s'en sont aussitôt emparés. »

Ce témoignage du docteur Osborne vient corroborer en partie celui du technicien en radiologie Jerrol Custer, qui relatait qu'une « balle de bonne taille » était tombée « du haut du dos de JFK », là où se trouvait sa blessure. « La balle est tombée quand nous avons soulevé le corps », précisait Custer. « Nous avons effectivement trouvé une balle », affirma le capitaine John Stover lors d'un entretien avec l'auteur William Law. À David Lifton, Stover « confirma qu'ils avaient trouvé à la morgue de Bethesda une balle provenant du corps de JFK ». Stover a d'abord cru qu'il s'agissait de la balle qui avait été découverte sur le brancard à Parkland, mais ce n'était pas le cas, puisque cette balle se trouvait déjà à ce moment-là au laboratoire du FBI.

Tout indique que les photos et radiographies réalisées lors de l'autopsie officielle ont été modifiées ou substituées à d'autres pour des raisons de sécurité nationale. Douglas Horne, qui a été pendant trois ans l'analyste en chef des documents militaires pour le JFK Assassination Records Review Board, a récemment exprimé par écrit son doute quant à la validité des photos d'autopsie qui ont circulé au cours des dernières décennies : « Il y a assurément quelque chose qui cloche avec les photos du corps du président Kennedy. [...] Les images de la blessure que le président a subie à la tête ne concordent pas avec les dommages observés à Dallas par le personnel médical de l'hôpital Parkland et par les nombreux témoins oculaires qui ont assisté à l'autopsie à l'hôpital militaire de Bethesda. Ces disparités sont réelles et significatives. »

Citant l'agent du FBI Frank O'Neill, Horne écrit : « Dans son témoignage au comité de révision, O'Neill a dit que les photos du cerveau du président Kennedy qui sont aux Archives nationales ne peuvent pas être authentiques, car le cerveau qu'on y voit est moins endommagé que celui du président, avec davantage de matière organique intacte. O'Neill a témoigné du fait que plus de la moitié du cerveau du président Kennedy était manquante au moment où il fut retiré de la boîte crânienne durant l'autopsie, et ses objections quant aux photos de cerveau se trouvant aux Archives viennent du fait qu'on y voit "un cerveau presque entier". »

L'agent O'Neill a fait d'autres observations intéressantes. Tout d'abord, il ne croit pas à la théorie de la « balle magique » proposée par les autorités. Le collègue du FBI qui l'accompagnait à l'autopsie, l'agent James Sibert, est lui aussi de cet avis. Durant l'autopsie officielle, Sibert avait observé de près la blessure que JFK avait au dos ; or, étant donné que les trous de balle dans le veston et la chemise de JFK se trouvaient environ quinze centimètres sous le col de ces vêtements, Sibert avait conclu qu'il « était impossible que la balle ait pénétré si bas entre les omoplates pour remonter ensuite, ressortir par la gorge, changer de direction en plein vol pour toucher Connally et être finalement retrouvée en parfait état à Dallas ». L'agent O'Neill abonde également en ce sens : « Ce n'est absolument pas comme ça que les choses se sont passées », assure-t-il.

O'Neill a récemment révélé une chose que l'agent des services secrets Roy Kellerman lui avait mentionnée pendant l'autopsie : « Il m'a dit que ce matin-là, pour des raisons de sécurité, il avait averti Kennedy de ne pas se montrer si accessible aux foules. Kennedy lui avait répondu que, si quelqu'un voulait le tuer, il pourrait aisément le faire du haut d'un édifice à l'aide d'un fusil à lunette. » Cette déclaration indique bien dans quel état d'esprit JFK se trouvait à la suite des tentatives d'assassinat de Chicago et Tampa. Les disparités et irrégularités qui sont liées à l'autopsie découlent en partie, sinon en totalité, de la nécessité de cacher pour des raisons de sécurité nationale l'existence de ces deux précédents attentats.

Ce qui s'est passé après l'autopsie est bien documenté. Alexander Haig et Joseph Califano, ces deux adjoints dévoués du secrétaire de l'armée Cyrus Vance, se virent confier la dépouille de JFK et la planification du service funéraire. Haig a écrit que sa mission consistait à « organiser les funérailles du président et voir aux détails concernant l'emplacement de sa sépulture ». Califano écrirait pour sa part qu'après le meurtre de JFK, il s'était rendu au Pentagone pour y rencontrer Vance : celui-ci lui avait demandé de s'occuper de l'enterrement de JFK au cimetière national d'Arlington, et lui avait dit que RFK l'y rejoindrait le lendemain.

Califano et Haig ont toujours pris soin de se distancier des aspects les plus sensibles des plans d'attentat contre Castro que RFK fomentait en collaboration avec leur supérieur, Cyrus Vance. Bien que ni l'un ni l'autre n'admît jamais avoir eu connaissance de l'existence du coup d'État JFK-Almeida, Harry Williams confirma qu'Alexander Haig était au courant du fait que le commandant Almeida collaborait avec les États-Unis. Des documents déclassifiés ont par ailleurs démontré que Haig et Califano travaillaient tous deux sur les plans de contingence qui prévoyaient une riposte contre Cuba s'il y avait « assassinat d'officiels américains ». Même si Califano ignorait tout du coup d'État JFK-Almeida, il était logique que Vance ait recours à lui et à Haig en cas de menace à la sécurité nationale, car il savait qu'ils obéiraient scrupuleusement aux ordres qui leur seraient donnés.

Le soir du 22 novembre, l'agent des services de renseignement de la marine qui est ma source confidentielle fut rappelé à son bureau. Maintenant que le nom de Lee Oswald avait fait surface en lien avec le meurtre de JFK, ses collègues et lui reçurent l'ordre d'assainir ou de détruire les dossiers qui étaient le fruit de la « surveillance étroite » dont Oswald avait fait l'objet depuis son retour de Russie. L'organisation craignait que le dossier d'Oswald soit soumis à une enquête militaire interne ou, pire encore, que son contenu soit invoqué au procès d'Oswald ou à l'occasion d'une quelconque commission d'enquête gouvernementale. Il ne fait aucun doute que la destruction de ces documents fut ordonnée principalement pour des raisons de sécurité nationale, mais un peu aussi pour éviter de mettre dans l'embarras les supérieurs de ma source qui, se trouvant plus élevés dans la chaîne de commandement, étaient au courant du statut très particulier d'Oswald.

Dans les premières heures du samedi 23 novembre, Chicago devint le point central de l'enquête sur le meurtre de JFK : les enquêteurs découvrirent en effet que c'était de là que provenait le fusil Mannlicher-Carcano qui avait été trouvé au sixième étage de l'entrepôt de livres. L'historien Richard D. Mahoney rapporta ce fait : « Des documents de la CIA [...] révèlent que la première piste quant à la provenance du fusil fut fournie par Richard Cain, enquêteur en chef du bureau du shérif de Cook County et acolyte de Johnny Rosselli et Sam Giancana. » On soupçonnait que l'arme avait été achetée chez Klein's, un grand magasin de Chicago qui vendait des armes par correspondance. À la demande des autorités, le personnel de l'établissement fouilla ses registres : « Le 23 novembre à 16 h, HNC, les gestionnaires du magasin Klein's Sporting Goods de Chicago découvrirent le bon de commande, issu du magazine *American Rifleman*, qu'Oswald aurait rempli pour commander le Mannlicher-Carcano sous le pseudonyme d'"Alex Hidell". »

Le fusil ayant été expédié à la boîte postale de Lee Oswald, plusieurs virent en cela une confirmation de sa culpabilité. Une note de la CIA dirait que Richard Cain, qui était un atout de l'Agence, était « profondément impliqué dans l'assassinat du président », mais c'est là le seul lien qu'on ait pu établir entre lui et ce complot (hormis le fait qu'il avait très commodément et rapidement « découvert » la provenance de la prétendue arme du crime). En tant qu'enquêteur en chef au bureau du shérif, Cain jouissait d'un poste de vigie privilégié : si la nouvelle de la menace d'attentat de Chicago était parvenue jusqu'aux oreilles des médias d'information, il aurait été l'un des premiers à l'apprendre ; il était également en bonne position pour aiguiller les autorités et les médias vers de fausses pistes, par exemple en déclarant qu'Oswald était appuyé par le chapitre de Chicago du Comité d'équité envers Cuba.

Le 23 novembre 1963 à 9 h du matin (HNE), John McCone s'entretint avec Robert Kennedy. Le directeur de la CIA devait rencontrer Lyndon Johnson à 12 h 30 pour l'informer des questions de sécurité les plus pressantes, aussi n'est-il pas difficile d'imaginer que RFK et McCone aient discuté durant leur entretien de ce que ce dernier dirait au nouveau président au sujet du coup d'État avec Almeida. Johnson n'avait pas encore été impliqué dans l'opération – et il est même probable qu'il ignorait jusqu'à son existence –, mais, en tant que commandant en chef et président des États-Unis, il devait en être avisé, et rapidement.

De son côté, McCone était sur le point d'en apprendre un peu plus au sujet d'AMLASH, cette opération qui mettait en scène le fonctionnaire cubain Rolando Cubela. Selon l'éditeur de *Newsweek* Evan Thomas, ce jour-là, Desmond FitzGerald fit une révélation fracassante à l'adjoint de direction de McCone, Walt Elder : « FitzGerald avoua finalement à Elder qu'il avait rencontré Cubela en octobre et lui révéla qu'au moment même où JFK se faisait assassiner, un de ses agents s'entretenait avec le transfuge cubain à Paris. FitzGerald omit cependant de dire à Elder que la CIA avait promis de donner à Cubela un fusil à lunette et lui avait offert un stylo empoisonné dont il était censé se servir pour éliminer Fidel Castro. » FitzGerald s'était montré très embarrassé d'apprendre cette nouvelle à Elder, ce qui n'avait pas manqué d'étonner ce dernier : « Desmond est d'un naturel imperturbable, pourtant il semblait très troublé de se voir impliqué dans tout ça, se rappelle Elder. Il secouait la tête et se tordait les mains, ce qui n'était pas du tout son genre. C'est pour ça que je m'en souviens si clairement. » Deux jours plus tard, FitzGerald ordonnerait à l'agent chargé du dossier de Cubela de retirer d'une note une référence faite au stylo empoissonné, afin que McCone continue d'ignorer qu'une portion d'AMLASH était vouée à l'assassinat de Castro.

Le matin du 23 novembre, après sa discussion avec Robert Kennedy, John McCone alla rencontrer Lyndon B. Johnson (LBJ). Il est important de se demander ce que McCone a pu dire au nouveau président à cette occasion, car ses propos façonnèrent la vision et les politiques qu'adopterait LBJ par rapport à Cuba et au meurtre de JFK dans les jours, mois et années à venir. Bien que McCone fût le directeur de la CIA, Richard Helms l'avait tenu dans l'ombre quant à certaines des opérations les plus cruciales de l'Agence et il y avait donc des limites à ce qu'il pouvait révéler à LBJ. McCone a probablement exposé au président les grandes lignes du coup d'État JFK-Almeida et lui a révélé l'existence d'AMTRUNK, cette initiative qui visait à dénicher d'autres militaires cubains susceptibles de mener une insurrection contre Castro. McCone était peut-être déjà au courant de ce que son adjoint, Walt Elder, venait d'apprendre au sujet de FitzGerald et Cubela (AMLASH) ; s'il l'ignorait encore, il ne fait aucun doute qu'il en informerait LBJ dès le lendemain. Quoi qu'il en soit, toute information que McCone relaierait au président au sujet de Cubela ne pouvait qu'être incomplète, puisqu'il ignorait que le but réel de l'opération était d'assassiner Castro. Quant aux complots CIA-Mafia, McCone avait été informé de leur existence au mois d'août précédent, mais on lui avait menti en lui disant qu'on n'y travaillait plus depuis le printemps de 1962 – c'est possiblement cette information erronée qu'il rapporta à LBJ. Lyndon Johnson et John McCone ignoraient tous deux que l'élaboration des complots CIA-Mafia se poursuivait en secret, que David Morales et d'autres officiers de la CIA continuaient de travailler avec des mafiosi comme Johnny Rosselli, et que l'influent leader exilé cubain Manuel Artime était de mèche dans ces complots.

Le coup d'État JFK-Almeida, AMTRUNK, Cubela/AMLASH, les complots CIA-Mafia... Informé d'une traite de toutes ces initiatives secrètes, LBJ a dû les considérer comme différentes facettes d'une ambitieuse opération de la CIA qui, à tout moment, aurait pu se retourner contre JFK.

Lyndon Johnson interpréterait bien sûr l'assassinat de son prédécesseur à la lumière de cette information. Mais McCone communiquerait à Johnson un autre renseignement d'importance : selon l'historien Michael Beschloss, le 23 ou le 24 novembre, McCone aurait dit à LBJ que la CIA « avait découvert que l'assassin présumé

Lee Harvey Oswald avait des contacts à l'étranger, et que la nature de ces contacts suggérait que l'assassinat de Kennedy était le fruit d'un complot international ». L'auteur Peter Dale Scott ajoute à cela un élément intéressant : « Une note de la CIA rédigée ce jour-là mentionne qu'Oswald s'était rendu à Mexico en septembre et qu'il avait parlé à un vice-consul soviétique connu par la CIA comme un expert du KGB en matière d'assassinat et de sabotage. La note précisait que, si Oswald faisait effectivement partie d'une conspiration étrangère, il serait probablement éliminé avant qu'il puisse en révéler l'existence aux autorités américaines. [...] C'est sans doute pour cela que, quelques minutes après son entretien avec McCone, Johnson demanda à J. Edgar Hoover si le FBI "savait quoi que ce soit d'autre au sujet de la visite d'Oswald à l'ambassade soviétique". »

L'auteur Gus Russo a également cité un fait intéressant : l'ancien rédacteur de discours de Lyndon Johnson, Leo Janos, aurait entendu l'épouse d'un adjoint de LBJ raconter que, « quand Lyndon [était] revenu de Dallas, McCone lui [avait] exposé les causes possibles de l'assassinat en lui disant qu'il "y avait un lien avec Castro" ». Russo poursuivait en notant que cette information « provenait d'un document que McCone avait apporté avec lui à la résidence vice-présidentielle de LBJ ». « Selon Janos, en apprenant cela, Johnson avait immédiatement communiqué avec le sénateur Richard Russell pour lui faire part des conclusions de McCone. "Qu'est-ce qu'on fait ?" avait alors demandé Johnson à Russell. Celui-ci avait répondu : "Il ne faut pas que ça se sache, sinon c'est la Troisième Guerre mondiale." Johnson avait fait promettre à Russell de garder cette information secrète, après quoi il avait détruit le document que McCone lui avait apporté. »

Des dossiers de la CIA et du FBI nous ont cependant appris par la suite que presque tous les rapports alléguant une implication de Castro dans le meurtre de Kennedy étaient liés d'une manière ou d'une autre à des associés de Santo Trafficante, Carlos Marcello, Johnny Rosselli ou David Morales. Et nous ne pouvons évidemment parler que des rapports qui furent plus tard déclassifiés : certains indices laissent supposer que le dossier relatif à l'assassinat de JFK renferme des documents classifiés proposant des versions des faits différentes qui proviennent également de sources liées à la Mafia. On soupçonne que bon nombre de ces documents ont été détruits, dont ce rapport qu'Alexander Haig évoque dans son autobiographie : « Peu de temps après la mort du président Kennedy, j'ai eu entre les mains un rapport des services secrets disant que, quelques jours avant les événements de Dallas, Oswald avait été aperçu à La Havane en compagnie d'agents des services de renseignement cubains. [...] La description des lieux, la chronologie précise et l'ajout d'autres détails circonstanciels faisaient de ce rapport un document très convaincant. J'étais conscient du fait que ce document ne serait pas parvenu jusqu'à moi si d'autres ne l'avaient pas jugé plausible. [...] Je suis allé le montrer à mes supérieurs. [...] "Al, me dit l'un d'eux, tu vas tout de suite oublier que tu as vu ça. Tu n'as jamais lu ce document, il n'existe pas." Le rapport a ensuite été détruit. »

Toute sa vie, Haig (qui serait secrétaire d'État sous Ronald Reagan) a soutenu que Castro était derrière l'assassinat de JFK. Joseph Califano l'affirme encore aujourd'hui. Ni l'un ni l'autre ne semble toutefois tenir compte du fait que les rapports et témoignages tels que celui que nous venons de décrire ont par la suite été liés à la Mafia et discrédités. Le week-end du 23 novembre, la CIA diffusa un message qui demandait aux instances gouvernementales de traiter de tels rapports avec prudence et circonspection, mais cet avertissement ne fut pas pris en considération – pas initialement, du moins. Ce qu'il faut retenir de tout ça, c'est que, dans les jours qui ont suivi l'assassinat de JFK, tous les hauts dirigeants du gouvernement américain, de Lyndon Johnson à John McCone, de même que les fonctionnaires de niveau intermédiaire qui, tels Haig et Califano, accéderaient aux hautes sphères du pouvoir dans les décennies à venir, avaient l'impression que c'était Fidel Castro qui avait tué le président Kennedy. Bien que ce ne fût pas le cas, cette fausse impression a largement contribué au gel des relations entre Cuba et les États-Unis, qui fut instauré alors et subsiste toujours.

La Mafia se servirait de ces rapports erronés pour écarter d'elle l'attention et les soupçons des autorités. Ainsi que nous le verrons au prochain chapitre, Marcello et Trafficante demandèrent à leurs associés, et notamment à John Martino, de continuer de répandre des rumeurs selon lesquelles Castro avait tué Kennedy. Et ils firent en sorte que ces rumeurs fassent allusion au coup d'État JFK-Almeida, ce qui forcerait le gouvernement américain à masquer la vérité et l'empêcherait d'enquêter librement sur Oswald, sur ses collaborateurs, de même que sur tout autre suspect qui serait lié au meurtre du président.

Des rapports subséquents portant sur les faits et gestes de Gilberto Lopez et Miguel Casas Saez ont également alimenté les rumeurs voulant que Castro ait tué JFK. Au dire de ces documents, le 23 novembre, Lopez et Saez auraient traversé la frontière mexicaine, qui avait été rouverte ce jour-là après avoir été fermée temporairement à la suite de la mort de JFK. On mentionnait que les deux hommes étaient en route pour Cuba via Mexico, en spécifiant qu'ils se trouvaient à Dallas durant l'assassinat de JFK. Le FBI a conclu que Lopez avait quitté Tampa après le 20 novembre et qu'il avait «traversé la frontière à Nuevo Laredo le 23 novembre, à bord d'une voiture appartenant à un autre individu». (On se souviendra qu'Oswald avait emprunté ce même poste frontalier pour se rendre à Mexico.) Lopez ne se manifesterait à son hôtel de Mexico que le lundi 25 novembre; ses faits et gestes des 23 et 24 novembre nous demeurent inconnus.

Les agissements de Lopez laissent soupçonner que quelqu'un le gardait en réserve au cas où les autorités décideraient qu'un autre tireur était impliqué à Dallas, ou dans l'éventualité où il s'avérerait nécessaire d'attribuer un complice à Oswald pour rendre crédible le scénario de sa culpabilité. Il est possible qu'une agence de renseignement américaine se soit servie de Lopez à son insu, l'utilisant comme un atout alors qu'il cherchait à réintégrer Cuba, son pays natal. Tout comme Oswald, Lopez avait pu se faire manipuler par des agents des services de renseignement américains qui prétendaient être ses contacts, mais qui travaillaient en vérité pour le compte de la Mafia.

Les mouvements de Miguel Casas Saez suggèrent qu'il était lui aussi manipulé par quelqu'un qui voulait attirer sur lui les soupçons. Certains rapports disent que Saez avait quitté Dallas à bord d'un avion privé et qu'après un mystérieux rendez-vous, il avait été placé directement sur un vol de la compagnie aérienne Cubana sans avoir à passer par la douane ou l'immigration. On raconte que l'avion avait attendu Lopez pendant cinq heures et qu'à son arrivée, on l'avait fait asseoir dans la cabine du pilote pour éviter que les autres passagers puissent l'identifier.

Bien que Lopez fût catégoriquement présenté dans ces rapports comme un assassin cubain qui se serait vu octroyer un traitement de faveur pour fuir Dallas et les États-Unis, les enquêteurs du House Select Committee déterminèrent plus tard qu'il n'y avait rien de vrai dans tout cela. D'autres rapports affirmaient que Saez avait quitté Dallas après le meurtre de JFK en compagnie de deux amis et que le trio avait ensuite traversé la frontière à Nuevo Laredo. Bon nombre des rapports visant Saez avaient été rédigés par des informateurs travaillant pour David Morales (nous avons parlé précédemment de ce groupe dont le nom de code était AMOT), ce qui a fini par amener le FBI et la CIA à les déclarer suspects.

À la lumière de ces faits, on en conclut que Lopez et Saez auraient fait d'excellents boucs émissaires pour le meurtre de JFK : les auteurs du complot auraient aisément pu les substituer à Oswald advenant qu'il soit arrivé malheur à celui-ci, ou s'ils avaient eu besoin de quelqu'un d'autre pour porter le blâme. D'un autre côté, aussi bien Lopez que Saez semblaient jouer un rôle légitime au sein des agences de renseignement américaines (c'était du moins ce qu'on leur avait laissé croire).

Pour Richard Helms et son équipe, l'évocation du nom d'Oswald en lien avec le meurtre du président Kennedy relevait de la catastrophe. Dans un rapport détaillé rédigé peu de temps après la mort de JFK et qui fut gardé classifié pendant trente ans, John Whitten, qui travaillait alors sous les ordres de Helms en tant que chef des opérations secrètes pour le Mexique et l'Amérique centrale, disait que, lorsque « la nouvelle du meurtre du président Kennedy est parvenue aux bureaux de la CIA et que le nom de Lee Oswald a fait surface [...] cela a eu l'effet d'un choc électrique ».

À titre de directeur adjoint des opérations secrètes de la CIA, Richard Helms était responsable d'Oswald. Le 23 novembre 1963, tant pour des raisons de sécurité nationale que pour protéger sa propre carrière, Helms se saisit de tous les documents que l'Agence détenait sur Oswald. Le chef adjoint du bureau de la CIA à La Nouvelle-Orléans, Hunter Leake, raconterait à l'historien Michael Kurtz que, « le lendemain de l'attentat, il avait reçu l'ordre de rassembler tous les dossiers que le bureau de La Nouvelle-Orléans avait sur Oswald et de les transporter au quartier général de l'Agence à Langley, en Virginie ».

« Aidé d'autres employés du bureau de La Nouvelle-Orléans, Leake a réuni tous les dossiers relatifs à Oswald, de préciser Kurtz. Les documents étaient si nombreux que Leake a dû louer une remorque pour les transporter à Langley. Ils ont fait le trajet d'un trait, ne s'arrêtant que pour manger, faire le plein et aller à la toilette. C'est Leake lui-même qui conduisait. Leake apprendrait plus tard que bon nombre de ces documents furent détruits [...] parce que la CIA ne voulait pas être liée de quelque manière que ce soit à Oswald. Leake croit que c'est son ami Richard Helms, chef adjoint des opérations secrètes de l'Agence, qui a ordonné de détruire ces documents, car, selon lui, son obsession de protéger "la Compagnie" relevait de la paranoïa. »

Il n'y a nul lieu de douter que les documents concernant Oswald étaient « très nombreux », ainsi que le disait Leake, étant donné que notre source indépendante a rapporté qu'Oswald était tenu « sous surveillance étroite » – chose que Kurtz ignorait au moment où il a interviewé Leake. Le professeur Kurtz a par la suite interrogé Richard Helms au sujet des documents détruits. Helms refusa de confirmer ou d'infirmer le récit de Hunter Leake. Cependant, la crédibilité de ce dernier se trouve appuyée par le fait qu'aucun rapport de la CIA de La Nouvelle-Orléans n'a été retrouvé à propos des activités procastristes auxquelles Oswald s'était prêté dans cette ville en août 1963, cela en dépit du fait qu'à l'époque la CIA s'intéressait tant aux individus qui avaient fait défection en Russie (c'était le cas d'Oswald) qu'au Comité d'équité envers Cuba (organisation dont Oswald était membre).

Moins de deux jours après la mort de son frère, Robert Kennedy mit de côté sa famille, son deuil et ses responsabilités officielles pour se rendre à une rencontre privée avec Harry Williams. Bien que le commandant Almeida se trouvât toujours à Cuba, et que sa famille fût en sécurité à l'étranger sous la surveillance des autorités américaines, RFK et ses collègues décidèrent de mettre leur projet de coup d'État en veilleuse. Williams se souvient qu'à l'occasion de cette rencontre, RFK s'était montré plutôt taciturne, mais il lui avait tout de même dit que « les choses allaient changer » maintenant qu'il allait perdre le contrôle des opérations et politiques cubaines. Williams savait que Robert Kennedy et Lyndon Johnson « se détestaient mutuellement », et que, par conséquent, le rôle et les plans de RFK par rapport à Cuba seraient bientôt modifiés, s'ils n'étaient définitivement interrompus.

Lors d'une conversation téléphonique qui fut enregistrée le 23 novembre à 10 h 01, J. Edgar Hoover admit à Lyndon Johnson que les preuves qu'ils détenaient à ce moment-là contre Oswald « ne suffiraient pas à le faire condamner ». Les journaux du samedi matin, en revanche, se montrèrent plus convaincus : ils présentèrent avec aplomb le scénario de « l'assassin solitaire » auquel bien des gens continuent d'adhérer aujourd'hui. Rétrospectivement, il paraît absurde de croire qu'on ait pu découvrir, moins de douze heures après l'attentat, tant d'informations pertinentes ainsi qu'un suspect aussi singulier qu'Oswald. C'était en effet trop beau pour être vrai.

On ne peut toutefois pas faire abstraction du fait que toute enquête touchant à des opérations clandestines ou à des questions de sécurité nationale aurait été menée dans le plus grand secret, cela afin d'éviter d'alarmer le public ou de contraindre le président Johnson à lancer des représailles contre Cuba et l'Union soviétique. En cette ère d'avant le scandale du Watergate, le gouvernement américain avait très bien pu demander aux médias de ne pas divulguer certains renseignements sans pour autant leur dévoiler l'existence des plans de contingence cubains ou du coup d'État JFK-Almeida. À cette époque, les journalistes s'abstenaient volontiers quand on leur disait qu'une information était trop sensible pour être diffusée, surtout si cette information risquait de compromettre des opérations américaines ou de déclencher une confrontation avec les Soviétiques. Un an à peine après la crise des missiles de Cuba, journalistes et reporters n'eurent aucun mal à comprendre qu'il fallait occulter certaines choses en présence d'un suspect tel Oswald, dont les liens avec Cuba et la Russie étaient connus. Nous avons vu au chapitre 1 qu'un cameraman du réseau NBC avait ainsi été appelé au secret: « Un agent du FBI m'a dit que, dans l'intérêt de la nation, je ne devais jamais parler à qui que ce soit de ce que nous avions découvert », avait-il révélé en faisant référence au lien qui avait été établi entre Oswald et David Ferrie. Cette expression, « dans l'intérêt de la nation », avait également été invoquée pour inciter Dave Powers et Kenneth O'Donnell à taire le fait que des coups de feu avaient été tirés à partir de la pente gazonnée, et il est fort probable qu'elle a été utilisée pour réduire d'autres témoins au silence. « Il y avait dans l'équipe de nouvelles qui couvrait les événements de Dallas pour NBC des personnes qui étaient convaincues que leurs supérieurs cherchaient à cacher certains faits à la demande de quelqu'un à Washington », avait affirmé le très respecté journaliste télé Peter Noyes.

En vérité, la pression qui était exercée sur les journalistes à Dallas ne venait pas uniquement de Washington: elle était aussi due aux conditions qui prévalaient sur le terrain. Les journalistes et réseaux d'information rivalisaient entre eux pour obtenir des scoops, si bien que la couverture médiatique s'avérait souvent superficielle ou même erronée; les reporters ne prenaient tout simplement pas le temps d'enquêter en profondeur pour découvrir ce qui s'était réellement passé à Dallas. De toute manière, ce genre d'effort n'était pas jugé nécessaire, puisque le simple fait de participer aux reportages sur l'assassinat suffisait dans bien des cas à faire avancer la carrière des journalistes. Le Texan Dan Rather a vu sa carrière catapultée vers le firmament après qu'il fut le premier journaliste à visionner et à parler du film de Zapruder, et ce, malgré que son reportage ait été fallacieux : soucieux de soutenir la version officielle des faits, selon laquelle JFK avait été assassiné par un tireur solitaire qui l'avait atteint à l'arrière de la tête, Rather rapporta que, sur la pellicule de Zapruder, on voyait « la tête du président projetée violemment vers l'avant » sous l'impact du coup. Le public américain n'aurait l'occasion de voir le film de ses propres yeux que douze ans plus tard, et il serait alors à même de constater que la tête de JFK avait été projetée vers l'arrière et non vers l'avant, ainsi que l'avait prétendu Rather.

Plusieurs autres reporters ont bénéficié du fait qu'ils étaient présents à Dallas pour couvrir l'assassinat du président Kennedy : Jim Lehrer et Robert MacNeil devinrent des figures de proue de l'actualité au réseau PBS (l'exploit de MacNeil avait apparemment été d'aborder Oswald à sa sortie de l'entrepôt de livres pour lui demander où il pouvait trouver un téléphone) ; Bob Schieffer (qui disait avoir conduit la mère d'Oswald à Dallas) et Peter Jennings devinrent tous deux chefs d'antenne pour de grands réseaux de télévision. La couverture que ces journalistes ont faite de l'assassinat de JFK a certes contribué à l'avancement de leur carrière, mais elle a aussi contribué à solidifier la théorie de l'assassin solitaire. Au moment où ces événements se sont déroulés, ces reportages expéditifs firent entrave – comme ils le feraient dans les décennies à venir – aux enquêtes plus fouillées qui auraient permis de remettre en cause la version « officielle » des faits.

Après l'assassinat du président, les deux tueurs à gages européens que Carlos Marcello avait engagés retournèrent se réfugier au restaurant de Joe Campisi Sr. Marcello raconta plus tard à Jack Van Laningham qu'une fois la voie libre, les deux assassins avaient été expédiés au Canada par la même route qu'ils avaient empruntée pour être introduits aux États-Unis, traversant la frontière à partir du Michigan. Cette conversation entre Marcello et Van Laningham fut enregistrée par le FBI qui, en 1985, remit l'affaire entre les mains de la CIA, du fait de son caractère international. Après avoir vérifié les registres des compagnies aériennes, l'Agence fut à même de confirmer que les deux hommes dont parlait Marcello « avaient utilisé leurs vrais passeports pour voyager de l'Italie au Canada ».

Ces tueurs professionnels n'étaient pas les seuls Européens impliqués dans le meurtre de JFK : ainsi que nous l'avons mentionné précédemment, l'assassin et trafiquant d'héroïne de la French Connection Michel Victor Mertz se trouvait lui aussi à Dallas le 22 novembre 1963. Ce fait était relevé dans une note de la CIA qui disait également que, quarante-huit heures après l'assassinat du président, Mertz « avait été expulsé des États-Unis à partir de Fort Worth ou Dallas [...] soit en direction du Mexique ou du Canada ». La note de la CIA précisait que Mertz employait alors le pseudonyme de Jean Souètre, qui était le nom véritable d'un assassin français recherché des autorités, et qu'il avait correspondu avec un dentiste de Houston qui avait rencontré le vrai Souètre lors d'un voyage en Europe. Ce dentiste affirmerait par la suite avoir été interrogé par des agents du FBI qui lui avaient mentionné que Souètre « se trouvait à Dallas le jour du meurtre de JFK, qu'on disait qu'il avait été transporté à l'extérieur du pays à bord d'un avion du gouvernement, mais qu'il n'y avait aucune preuve écrite de cela ».

Si le FBI n'avait pas pu retracer l'avion gouvernemental qui avait permis à Souètre de fuir Dallas, c'était parce que l'individu en question n'était pas Souètre, mais bien Michel Victor Mertz. Lorsqu'il avait été appréhendé par les autorités américaines à Dallas, Mertz avait endossé l'identité de Souètre, s'assurant ainsi qu'il serait déporté en territoire familier. Bien des années après ces événements, un enquêteur de l'INS (Service d'immigration et de naturalisation des États-Unis) du nom de Virgil Bailey dirait à l'auteur Gary Shaw qu'il avait « appréhendé un Français à Dallas peu après l'assassinat du président Kennedy ». Bailey fit de l'individu une description qui correspondait à peu de choses près à celle de Mertz, et il était convaincu qu'il ne pouvait s'agir en aucun cas du véritable Jean Souètre. « Le Français [...] avait fait l'objet d'un procès par contumace en France et avait été condamné à mort pour avoir collaboré avec les nazis durant la Seconde Guerre mondiale », se rappelle Bailey, ajoutant qu'à l'époque il avait cru que l'individu qui avait été arrêté était « chef cuisinier ou maître d'hôtel dans un restaurant bien connu de Dallas ». Il se peut que l'établissement auquel il faisait référence ait été le restaurant de Joe Campisi.

Hal Norwood, qui était le superviseur de Bailey à l'INS dans ce temps-là, se souvient d'autres aspects de cette histoire : « Peu après l'assassinat du président, raconte-t-il, la police de Dallas a arrêté un individu qui semblait être de nationalité française. Elle a alors communiqué avec l'INS pour lui demander de venir à la prison de la ville afin d'enquêter sur un étranger qu'elle tenait en détention.» Norwood croit se souvenir que Bailey «était l'un des hommes qu'il avait envoyés pour ramasser ledit étranger». «Il s'avéra que l'individu en question était un criminel recherché, dit Norwood. Peu après que nous l'eûmes pris en charge, l'enquêteur en chef de l'INS à Washington nous a appelés pour nous demander d'arrêter ce même individu, aussi fut-il très étonné d'apprendre que celui-ci était déjà notre prisonnier. […] Le bureau de l'INS à Washington était de toute évidence très intéressé par cet homme, puisqu'il nous a téléphoné à deux reprises à son sujet.»

Il est probable que Mertz ait usé de ses relations dans les services de renseignement américains pour faire disparaître les documents officiels relatifs à son arrestation. Mertz avait réussi un tour de passe-passe de ce genre peu de temps auparavant, lors d'une commission d'enquête sénatoriale sur le trafic de stupéfiants : tous les individus associés au réseau de trafic d'héroïne de Mertz avaient été identifiés, mais le nom de Mertz n'apparaissait nulle part dans les dossiers et rapports de la commission. Quelqu'un comme Richard Helms, James Angleton ou William Harvey aurait très bien pu demander aux dirigeants de l'INS de retirer de leurs dossiers, pour des raisons de sécurité nationale, tous les renseignements liés à la déportation de Michel Victor Mertz ou de son alter ego, Jean Souètre. On soupçonne d'ailleurs qu'une fois sous la garde de l'INS, Mertz avait emprunté l'identité d'un associé canadien recherché par les autorités, ce qui lui aurait permis d'être déporté au Canada plutôt qu'en France – avec l'aide, il va sans dire, de ses contacts à la CIA.

De son côté, Carlos Marcello devait se régaler de voir l'INS, cette organisation qui l'avait si cavalièrement déporté en Amérique centrale à la demande de Robert Kennedy, mettre Mertz, un assassin reconnu et son partenaire dans le réseau d'héroïne de la French Connection, bien à l'abri hors de Dallas une fois JFK éliminé.

À Washington, les tenants du pouvoir étaient de plus en plus préoccupés de constater quelle quantité de preuves liaient Oswald à Cuba et à la Russie, et ils craignaient que la chose ne soit bientôt ébruitée dans la presse – ce qui serait effectivement le cas. Pendant ce temps, Carlos Marcello continuait de comploter pour qu'Oswald soit éliminé. La chose était d'autant plus urgente que les autorités s'étaient maintenant lancées sur la piste de David Ferrie. Les plans du parrain risquaient d'être démasqués d'un moment à l'autre, et alors aussitôt ses complices et lui seraient pointés du doigt.

Cherchant des moyens de contrôler ce qu'Oswald dirait aux médias et à la police, Marcello tenta de lui imposer deux de ses avocats pour le représenter : le premier était Clem Sehrt, un associé de Marcello qui connaissait la mère d'Oswald depuis les années 1950 ; le second était Dean Andrews, qui était également une connaissance de David Ferrie. Ce stratagème aurait pu conférer à Marcello une certaine mesure de contrôle, mais le fait était que seule la mort d'Oswald pouvait garantir son silence.

Jack Ruby resta sur la trace d'Oswald durant toute la journée du 23 novembre. Nous avons mentionné auparavant que Ruby était très ami avec plusieurs policiers de Dallas, dont le sergent Patrick Dean, le chef de police Jesse Curry et le capitaine Will Fritz, chef du bureau des homicides. À midi, Curry appela Fritz pour lui demander s'il était possible de transférer Oswald à la prison du comté dès 16 h, et ce, afin de le placer sous la juridiction du shérif. Ruby se trouvait lui aussi au quartier général de la police de Dallas à midi. À 13 h 30, il fit un appel du Nichols Garage, qui était situé juste à côté du Carousel Club, la boîte de nuit dont il était le propriétaire en titre. Lors de cette communication, Ruby mit son interlocuteur au courant des derniers faits et gestes du chef de police Curry, ce qui signifiait qu'il était en contact avec Curry ou alors qu'il surveillait ses déplacements. À 15 h, le sergent D. V. Harkness entreprit de disperser la foule qui bloquait la voie d'accès de la prison du comté, en prévision du transfert d'Oswald qui devait avoir lieu à 16 h ; ce faisant, Harkness aperçut Ruby dans la foule. Un peu après 15 h, Ruby effectua un autre appel à partir du Nichols Garage et, parlant du transfert d'Oswald, il lança à son interlocuteur : « Tu peux être certain que je vais y être. » Un annonceur de KLIF, une station de radio de Dallas, dit que Ruby l'a appelé à ce moment-là de la journée et lui a offert de couvrir le transfert d'Oswald pour la station. À 16 h, Ruby se trouvait au poste de police pour assister audit transfert, mais, pour une raison quelconque, celui-ci fut annulé et reporté à plus tard.

À 19 h 30, le chef Curry eut la mauvaise idée de dire à deux reporters qui étaient fatigués d'attendre et voulaient aller souper sans pour autant manquer le transfert d'Oswald que, s'ils revenaient à 10 h le lendemain matin (dimanche), « ils n'en manqueraient pas un brin ». Une heure plus tard, soit à 20 h 30, Ruby téléphona à son ami et partenaire d'affaires Ralph Paul ; un témoin qui était en compagnie de Paul entendit celui-ci dire : « Un pistolet ?

T'es cinglé ou quoi ? » Finalement, à 22 h 20, le chef Curry annonça lors d'une conférence de presse qu'Oswald serait transféré le lendemain matin à bord d'une fourgonnette blindée.

Ruby aurait donc à patienter jusqu'au dimanche matin avant de mener à bien sa mission. Cependant, il profita de ce qui lui restait du samedi pour peaufiner les derniers détails de son plan. Il décida qu'il justifierait sa présence à proximité du quartier général de la police au moment où Oswald serait transféré en racontant qu'il devait virer la somme de 25 $ par télégramme à Karen Carlin, une danseuse qui travaillait pour lui. Première étape dans l'élaboration de ce prétexte, Ruby convoqua Carlin et plusieurs autres personnes au Nichols Garage. Toutes les personnes présentes à cette réunion livrèrent par la suite aux autorités des versions différentes de ce qui s'y était passé, mais une chose est certaine, c'est que Carlin était prête à faire tout ce que Ruby lui demanderait vu que, la veille, un associé de celui-ci était passé la voir pour lui ordonner de se présenter au garage et l'avait menacée en lui disant : « Tu feras pas long feu si tu nous fais faux bond. »

Lorsque Karen Carlin arriva au Nichols Garage, Ruby n'y était pas. Alors que Carlin attendait, Ruby téléphona au préposé du stationnement et lui dit de prêter 5 $ à la jeune femme et d'émettre pour cette somme un reçu sur lequel il devait étamper l'heure. Lorsque Ruby arriva au garage, il déclara qu'il était censé prêter 25 $ de plus à Carlin, mais qu'il n'avait pas accès à cette somme – cela indépendamment du fait que le coffre-fort de son club, qui était juste à côté, était bourré d'argent. Ruby annonça alors devant témoins qu'il virerait l'argent à Carlin dès le lendemain à partir du bureau de la Western Union, qui se trouvait à un pâté de maisons du poste de police d'où Oswald serait transféré. Le reçu marqué du sceau de la Western Union que Ruby obtiendrait le lendemain aurait pour fonction de « prouver » que c'était pour cette raison qu'il se trouvait dans les parages du poste de police lors du transfert d'Oswald. Il s'agissait clairement là d'un subterfuge, puisqu'il y avait dans le quartier d'Oak Cliff deux autres bureaux de la Western Union qui étaient situés tout près d'où Ruby habitait. Ruby n'avait aucune raison de se rendre au comptoir Western Union du centreville de Dallas, si ce n'était que pour s'approcher du poste de police où il comptait réduire Oswald au silence.

Les notes personnelles du directeur de la CIA John McCone nous apprennent que le 24 novembre, à 10 h (HNE), McCone rencontra le président Lyndon Johnson pour l'informer de la « situation cubaine » et des « plans opérationnels des États-Unis contre Cuba ». LBJ et McCone ont sans doute discuté aussi des dernières nouvelles en provenance de Mexico, qui semblaient impliquer Fidel Castro dans le meurtre de JFK (les deux hommes ignoraient bien sûr que cette information serait discréditée par la suite). Lors d'une autre réunion qui eut lieu ce même week-end, LBJ posa à un ex-adjoint de JFK du nom de Ted Sorensen la question suivante : « Que pensez-vous de la possibilité qu'un gouvernement étranger soit impliqué [dans l'assassinat de JFK] ? »

Le 24 novembre en Caroline du Sud, Joseph Milteer, partisan de la suprématie de la race blanche et associé de Guy Banister, déjeuna avec son bon ami William Somersett. Milteer ignorait à ce moment-là que Somersett était informateur pour la police de Miami. Un peu plus tôt ce matin-là, Milteer avait dit à Somersett : « Oswald n'a pas parlé et il n'aura pas l'occasion de parler. » Milteer avait par ailleurs assuré que, contrairement à ce que laissaient supposer les rapports initiaux concernant le séjour d'Oswald en Russie et l'appui qu'il avait publiquement affiché envers Fidel Castro, « Oswald n'avait pas d'affiliations avec Moscou ni avec les grands leaders communistes ». Lorsque le sujet du meurtre de JFK fut abordé, Milteer « dit qu'on ne devait pas s'inquiéter du fait que Lee Harvey Oswald avait été arrêté vu qu'il "n'était au courant de rien" ».

Milteer n'était peut-être pas entièrement convaincu de ce qu'il avançait, puisque à ces mots il se leva de table en disant à Somersett qu'il devait passer un coup de fil.

Le matin du 24 novembre à Dallas, Jack Ruby fit sa toilette et revêtit ses plus beaux habits, sachant que tous les projecteurs seraient braqués sur lui une fois qu'il aurait achevé la mission que Carlos Marcello lui avait confiée. Et s'il était nerveux, ce n'était pas parce qu'il redoutait de faire de la prison pour le meurtre d'Oswald : les peines prévues au Texas pour des meurtres commis sous l'impulsion d'une « passion soudaine » étaient étonnamment courtes, deux ans tout au plus avec possibilité de réduction pour bonne conduite ; et parfois le coupable ne faisait même pas de prison, étant plutôt laissé en liberté surveillée. Si Ruby craignait quoi que ce soit, c'était probablement de toucher un policier accidentellement en tirant sur Oswald, ou alors de se faire tirer dessus par un policier. Il savait qu'il n'aurait aucun mal à s'introduire au sous-sol du poste de police, puisque, ainsi que le déterminerait plus tard le FBI, «il avait libre accès au service de police de Dallas du fait de ses liens d'amitié avec un certain nombre d'agents locaux».

Ex-procureur s'étant attaqué à la Mafia, G. Robert Blakey a déclaré, alors qu'il était directeur général du House Select Committee on Assassinations: «Le meurtre d'Oswald par Jack Ruby a tout d'une exécution menée par le crime organisé.» Le HSCA a également conclu que le geste de Ruby «n'était pas spontané» et que celui-ci avait probablement bénéficié de l'aide de complices pour s'introduire au sous-sol du poste de police durant le transfert d'Oswald. Les personnes siégeant au HSCA et à la commission Warren s'intéressèrent tout particulièrement à un policier associé à Ruby: les enquêteurs se disaient convaincus que «le sergent Patrick Dean était l'un de ceux qui avaient laissé Jack Ruby pénétrer au sous-sol du bâtiment le matin du 24».

Le sergent Dean refuserait de témoigner devant le HSCA et pousserait l'audace jusqu'à dire à l'auteur Peter Dale Scott qu'il «entretenait des liens de longue date avec [Joe] Civello», le mafioso qui voyait aux affaires de Carlos Marcello à Dallas. Scott a également noté que Dean «était chargé de la sécurité au sous-sol du poste de police de Dallas lorsque Oswald a été tué» et qu'il «avait par la suite échoué un test polygraphique l'interrogeant sur les circonstances ayant permis à Ruby d'avoir accès au sous-sol». Le sergent Dean faisait aussi partie de la brigade des narcotiques, ce qui s'avérait très commode pour Civello et Marcello, qui trempaient tous deux dans ce type de trafic.

Ainsi qu'il en avait été de toute évidence convenu la veille, Karen Carlin téléphona chez Ruby à 10 h 19 le dimanche matin, prétendument pour lui demander de lui envoyer de l'argent par Western Union – la jeune femme se trouvait chez elle à Fort Worth à ce moment-là. Il est peu probable que Ruby ait été à la maison, car, un peu plus tôt, sa femme de ménage avait appelé chez lui et quelqu'un d'autre, qui ne reconnaissait manifestement pas sa voix, avait répondu. À 10 h 45, Ruby discuta pendant quelques minutes avec les membres d'une équipe de télévision à l'extérieur du poste de police, après quoi il se rendit au bureau de la Western Union. À 11 h, le sergent Patrick Dean retira les policiers qui, à l'intérieur du bâtiment, gardaient la porte d'entrée menant au sous-sol. Pendant ce temps à l'étage, un petit groupe d'officiels interrogeaient Oswald dans le bureau du capitaine Fritz. À 11 h 15, on leur signifia abruptement que l'interrogatoire était terminé. Le groupe, incluant Oswald, se dirigea alors vers le sous-sol, mais, comme la fourgonnette qui transporterait Oswald n'était pas encore en position, leur passage du bureau de Fritz au sous-sol s'en trouva ralenti. D'autant plus que le sous-sol était déjà bondé de monde : au moins soixante-dix policiers et quarante journalistes étaient massés dans cet espace exigu.

À 11 h 17, Ruby était chez Western Union pour virer l'argent à Carlin. Il repartirait ensuite en direction du poste de police, qui se trouvait tout près de là. Pour avoir la chance d'invoquer un plaidoyer de « passion soudaine » dans le meurtre d'Oswald, il lui faudrait chronométrer très précisément son arrivée. Fort heureusement pour lui, il avait sur place de nombreux associés qui sauraient lui indiquer le moment opportun : une minute après que Ruby eut quitté la Western Union, son avocat entra au poste de police juste à temps pour voir Oswald sortir de l'ascenseur menant au sous-sol. Satisfait, l'avocat de Ruby fit mine de quitter, mais avant de partir il dit à un détective qui se trouvait là : « J'ai vu ce que j'avais à voir. »

De tous les policiers et journalistes qui se trouvaient là, pas un ne put affirmer avoir vu Ruby franchir la porte qui menait au sous-sol à partir de la ruelle qui reliait le bureau de la Western Union au poste de police. Un policier qui se trouvait sur les lieux dirait qu'un « individu non identifié de race blanche » avait descendu la rampe d'accès qui menait au sous-sol et était passé sans être inquiété devant l'agent de police Roy Vaughn, qui montait la garde au pied de ladite rampe. Mais il y aurait un hic : le policier en question échouerait le test polygraphique qu'on lui ferait subir, alors que Roy Vaughn, qui soutenait que Ruby n'était jamais passé devant lui, passerait le test. Sept autres témoins étaient en accord avec l'agent Vaughn.

Vers 11 h 20, flanqué de deux sergents-détectives de la police de Dallas, Oswald traversa les portes menant au sous-sol du poste de police. Aussitôt qu'il fut en vue, un coup de klaxon retentit, ce que l'on entend clairement sur la bande-son du bulletin de nouvelles qui couvrait l'événement. À 11 h 21, Ruby surgit de la foule et fit feu sur Oswald, l'atteignant à l'abdomen. Dans le chaos qui s'ensuivit, Oswald fut chargé dans une ambulance et transporté d'urgence à l'hôpital Parkland.

L'agent de police Don Ray Archer se souvient qu'après avoir été appréhendé, Ruby semblait « extrêmement nerveux et agité, et demandait continuellement si Oswald était mort ou vivant ». Oswald rendit son dernier souffle à 13 h 07. Ce n'est qu'après qu'on lui eut confirmé que sa victime était décédée que Ruby s'est calmé. Le biographe de Carlos Marcello, John H. Davis, rapporte qu'un policier présent avait alors lancé à Ruby: «C'est la chaise électrique qui t'attend, j'ai l'impression.» En dépit de ce sombre présage, Ruby «s'était détendu tout d'un coup et avait même esquissé un pâle sourire». «On aurait dit qu'à ce moment-là, Ruby sentait que sa vie dépendait du succès de sa mission, affirma l'agent Archer. Que si Oswald n'était pas mort, c'était lui, Jack Ruby, qui se serait fait tuer.»

Plus tard dans la journée, un agent des services secrets interrogea Karen Carlin. Elle lui parut «extrêmement agitée» et lui dit que «Lee Oswald, Jack Ruby ainsi que d'autres individus qu'elle ne connaissait pas étaient impliqués dans un complot pour assassiner Kennedy, et qu'elle-même serait éliminée si elle parlait à la police». Comme le soupçonnait le policier de Dallas Don Archer, Ruby avait lui aussi reçu des menaces de mort, et certaines d'entres elles visaient des membres de sa famille. Après le meurtre d'Oswald, il se retrouverait bien sûr en prison, et il recevrait alors la visite de Joe Campisi Sr. Ruby avait vu ce sous-patron de Carlos Marcello pour la dernière fois la veille de l'assassinat de JFK, au restaurant dont Campisi était propriétaire. Campisi était très proche du shérif Bill Decker, qui aurait Ruby sous sa garde durant presque toute la durée de son emprisonnement – ironie du sort, Ruby serait incarcéré pendant plusieurs années dans une cellule donnant sur Dealey Plaza. On posa un jour à Ruby la question suivante lors d'un test polygraphique: «Des membres de votre famille sont-ils en danger aujourd'hui à cause de ce que vous avez fait?» Ruby répondit: «Oui.» La sœur de Ruby témoignerait par la suite du fait que Ruby craignait que leur frère Earl «se fasse démembrer et que les enfants d'Earl se fassent démembrer, qu'on leur coupe les bras et les jambes». À cette époque, un mafioso de Chicago qui était associé à Richard Cain était reconnu au sein du crime organisé pour ce genre d'horreurs, administrait de terribles châtiments au nom de la Mafia. Bien des années plus tard, Santo Trafficante ferait tuer Johnny Rosselli et ordonnerait qu'on lui coupe les jambes après l'avoir assassiné.

En Caroline du Sud, Joseph Milteer alla rejoindre son ami William Somersett à leur table une fois son coup de fil terminé. Lorsqu'il entendit à la radio qu'Oswald était mort, Milteer dit à Somersett: «C'est parfait comme ça […] maintenant, on n'a plus rien à craindre.»

Carlos Marcello n'avait effectivement plus aucune raison de s'inquiéter à présent qu'Oswald avait été éliminé. Après le meurtre d'Oswald, David Ferrie retourna à La Nouvelle-Orléans pour se livrer aux autorités. On se souviendra que, quelques jours plus tôt, Ferrie avait agressé son collègue, le détective privé Jack Martin. Eh bien, le FBI et les services secrets étaient justement en train d'enquêter à ce sujet, et ils s'intéressaient d'autant plus à Ferrie qu'on commençait à dire dans les médias que celui-ci – et Marcello avec lui – était impliqué dans l'assassinat de JFK. Mais Martin était un individu instable, aussi retira-t-il promptement sa plainte. Moins de quarante-huit heures plus tard, l'incident était clos et Ferrie se vit disculpé de toutes accusations, et ce, même après avoir avoué au FBI qu'il avait déjà «sévèrement critiqué» JFK et souhaité «qu'il se fasse tirer une balle dans la tête». Ferrie avait également mentionné qu'un président «ne devrait pas circuler dans un véhicule décapoté» et que «n'importe qui aurait pu se planquer dans les buissons pour lui tirer dessus». Ferrie avait par ailleurs été en mesure de produire sa carte de bibliothèque lorsque les agents le lui avaient demandé. Au bout du compte, le FBI décida de relâcher Ferrie et d'abandonner l'enquête.

Guy Banister, qui avait déjà été superviseur au FBI, fut brièvement interrogé par les autorités, mais on n'enquêta pas sur lui. Dans ses déclarations à la presse locale, le FBI attribua cette omission au procureur général de La Nouvelle-Orléans, Jim Garrison. L'affaire fut étouffée avant d'atteindre les médias nationaux, et ce ne serait que plusieurs années plus tard que Banister attiserait de nouveau l'intérêt de la presse et des autorités.

Carlos Marcello sortirait donc indemne de ce week-end critique au cours duquel le rôle qu'il avait joué dans le meurtre de JFK, avec la complicité de David Ferrie et Guy Banister, avait failli être exposé. Ruby étant un collaborateur de longue date de la Mafia, Marcello savait qu'il pouvait compter sur son silence. Mais comme Ruby n'était pas le seul associé du crime organisé impliqué dans l'affaire, Marcello, Trafficante et Rosselli devaient continuer de détourner l'attention des enquêteurs vers d'autres suspects, et plus spécialement vers Fidel Castro. Les trois mafiosi poursuivraient dans cette voie, profitant du fait que le gouvernement était occupé à préserver le secret de son coup d'État contre Cuba et à gérer les conséquences du meurtre de JFK sur la sécurité nationale des États-Unis.

En 1985, Carlos Marcello ferait à Jack Van Laningham des aveux qui dévoileraient le rôle qu'il avait joué dans l'assassinat de JFK. Mais dans l'intervalle, le parrain faillit plusieurs fois être démasqué.

Marcello, Trafficante et Rosselli usèrent de deux stratégies distinctes pour occulter leur participation dans l'attentat. Premièrement, ils continuèrent à tirer profit du fait qu'ils collaboraient à des plans clandestins pour éliminer Fidel Castro : les complots CIA-Mafia dans lesquels ils étaient impliqués depuis quelque temps déjà se poursuivirent en décembre 1963 après la mort de JFK, et même par-delà cela. La Mafia savait fort bien que les rares officiels de la CIA qui étaient au courant de ces initiatives chercheraient à en taire l'existence, sachant qu'elles seraient inévitablement associées au meurtre de JFK – sans compter qu'une telle révélation aurait coûté aux personnes impliquées leur carrière et risqué d'attirer sur elles et sur l'Agence les soupçons des autorités.

La deuxième stratégie de Marcello et Trafficante était liée au coup d'État JFK-Almeida : l'objectif était ici de faire pression auprès de certains dirigeants américains afin de les contraindre à cacher des informations-clés aux enquêteurs, à la presse et au public, d'une part pour protéger le commandant Almeida et d'autre part pour préserver le secret du complot – ce qui était impératif pour la sécurité nationale. Les deux parrains de la Mafia alimentèrent cette pression en multipliant les rumeurs voulant que JFK ait été tué par Castro. Ces rumeurs, qui étaient propagées tantôt au sein même du gouvernement et tantôt par l'entremise de la presse écrite, trouvèrent quelques oreilles réceptives à Washington. Le secret d'Almeida serait préservé et, pendant plusieurs décennies, le commandant continuerait d'évoluer dans les hautes sphères du gouvernement cubain. De 1963 jusqu'à la mort d'Almeida en 2009, la protection de celui-ci et de sa famille demeurerait pour les États-Unis une question de sécurité nationale.

Ces stratagèmes des patrons de la Mafia furent d'une efficacité redoutable : outre le coup d'État contre Cuba et les complots CIA-Mafia, les agences et dirigeants américains se virent forcés de cacher une foule d'informations susceptibles de déclencher une enquête exhaustive sur l'assassinat de JFK. Toutes les opérations clandestines, toutes les défaillances des services de renseignement furent placées sous le sceau du secret au nom de la sécurité nationale. Le prétexte de la sécurité nationale fut également invoqué pour cacher le fait qu'Oswald avait été « étroitement surveillé » par les services secrets avant le meurtre de JFK, mais aussi pour occulter le vaste programme de surveillance que les agences américaines – y compris la CIA, le FBI et les services secrets militaires – avaient lancé dans les années 1960 et par lequel elles tenaient sous surveillance des milliers de citoyens américains.

Marcello et Trafficante n'hésitaient pas à recourir au meurtre quand leurs deux stratégies principales faisaient défaut. Plusieurs individus furent éliminés dans les décennies qui suivirent l'assassinat du président Kennedy, et parmi eux Johnny Rosselli, qui fut exécuté de la plus horrible manière.

Hormis Ferrie et Banister, de nombreux autres proches collaborateurs de Carlos Marcello furent interrogés par les autorités dans les semaines suivant le meurtre de JFK. Plus d'une douzaine de parents et associés du parrain seraient interrogés ou interviewés durant cette période, et pourtant, incroyablement, le nom de Marcello n'apparaîtrait nulle part dans le rapport final de la commission Warren.

La commission Warren fut l'une des conséquences de la mort d'Oswald. Bien des gens croient que cette commission était l'œuvre de Lyndon Johnson, qui l'aurait constituée exclusivement dans le but de pouvoir contrôler l'enquête ; dans les faits, la commission Warren fut créée grâce aux efforts conjugués de plusieurs associés de Robert Kennedy désireux d'éviter que l'enquête ne se retrouve entre les mains de LBJ et de J. Edgar Hoover. En vérité, ni Johnson ni Hoover ne voulaient de cette commission.

Quelques heures à peine après le meurtre d'Oswald, Hoover s'entretint avec le procureur général adjoint des États-Unis, Nicholas

Katzenbach, qui veillait aux affaires du département de la Justice tandis qu'un Robert Kennedy déchiré par le deuil s'occupait de sa famille et des funérailles de son frère. On ne peut pas dire cependant que Katzenbach fut l'homme de la situation, puisque son expertise résidait davantage dans la défense des droits civils que dans les affaires liées au crime organisé. Les faits laissent par ailleurs supposer qu'il n'était pas au courant du coup d'État JFK-Almeida, dont l'existence avait été cachée aux associés de RFK qui n'étaient pas activement impliqués dans l'opération.

Dans une note qui faisait état de la discussion qu'il avait eue avec Katzenbach durant l'après-midi du 24 novembre, Hoover écrivit: « Le plus urgent, selon moi et M. Katzenbach, est que nous diffusions un communiqué pour convaincre le public qu'Oswald est le vrai assassin. » Katzenbach réitéra la nécessité de cela dans un mémo qu'il rédigea le lendemain à l'intention de Bill Moyers, l'un des adjoints de LBJ: « Le public doit être convaincu du fait qu'Oswald est l'assassin et qu'il a agi sans l'aide de complices qui seraient toujours en liberté. [...] Toute spéculation quant aux motivations d'Oswald doit être étouffée dans l'œuf, et nous devons trouver réponse à ceux qui prétendront qu'il s'agit d'un complot communiste [...] ou d'un complot échafaudé par la droite dans le seul but de blâmer les communistes. » Katzenbach notait même dans sa note privée à Moyers que « les preuves qui pèsent contre Oswald sont trop simplistes, trop évidentes (marxiste, Cuba, épouse russe, et ainsi de suite) ». En dépit des doutes qu'il exprimait quant à la culpabilité d'Oswald, Katzenbach cherchait tout de même à ce que celui-ci soit reconnu comme l'assassin de JFK et, à cet effet, il tenait à éviter « les commissions d'enquête et les débats publics ». Il faut néanmoins souligner que plusieurs personnages haut placés du gouvernement américain partageaient le scepticisme de Katzenbach et craignaient que les rumeurs concernant les liens d'Oswald avec la Russie et Cuba finissent par déclencher une dangereuse confrontation avec les Soviétiques, cela au moment où les États-Unis étaient encore ébranlés par le meurtre de leur président et avaient à leur tête un nouveau chef d'État, dont les compétences à ce titre restaient à prouver.

Alors même que les troupes de Robert Kennedy réclamaient la tenue d'une commission pour enquêter sur le meurtre de JFK, Hoover et ses cohortes du FBI étaient occupés à mener leur propre enquête. Le travail de la commission Warren serait basé en grande partie sur les conclusions du FBI, ce qui ne plaidait pas vraiment en faveur de la vérité : ainsi que nous l'avons mentionné au chapitre 2, l'auteur Henry Hurt découvrit à la suite d'une analyse des documents que le FBI avait fournis à la commission Warren qu'au moins « soixante témoins [avaient] affirmé que le FBI [avait] altéré d'une manière ou d'une autre la teneur de leur témoignage ». Depuis ce temps, d'autres témoins se sont manifestés pour dénoncer de telles disparités.

Nous savons aujourd'hui qu'à au moins deux occasions, le FBI a réécrit des notes de manière à complètement changer leur sens – un agent du Bureau n'oserait poser un tel geste qu'à la demande de la plus haute autorité. Nous savons cela uniquement parce que les Archives nationales ont plus tard rendu publiques les notes originales et non altérées. L'une de ces notes, qui était datée du 27 novembre 1963, citait dans sa version originale le lien existant entre Jack Ruby et le patron de la Mafia de Dallas, Joe Civello. Dans la version édulcorée que publierait la commission Warren, les trois derniers paragraphes de la note sont manquants ; or, c'est dans cette partie du texte qu'on fait mention de Civello et de son association aux réseaux de stupéfiants de la Mafia.

Le FBI avait falsifié un autre de ses documents pour faire croire qu'Oswald avait utilisé le papier d'emballage brun employé à l'entrepôt de livres pour envelopper le fusil qu'il était soupçonné d'avoir apporté au travail le jour où JFK avait été assassiné. Dans la version publiée de cette note du FBI datée du 30 novembre 1963, on lit que le papier d'emballage de l'entrepôt de livres « présentait les mêmes caractéristiques observables » que le sac de papier brun qui avait été trouvé au sixième étage de l'immeuble après la fusillade. La version originale de la note que les Archives nationales ont fini par rendre publique disait plutôt que le papier d'emballage de l'entrepôt de livres « n'était pas identique à la gaine de fusil en papier trouvée au sixième étage ». Hoover avait tout intérêt à falsifier ces documents pour démontrer la culpabilité d'Oswald, mais aussi pour cacher les liens que Ruby entretenait avec la Mafia ainsi que toute autre information qui aurait pu s'avérer embarrassante tant pour Hoover lui-même que pour le FBI.

Une fois que son entourage l'eut persuadé de constituer une commission présidentielle afin d'enquêter sur le meurtre de JFK, Lyndon Johnson s'employa à recruter les hommes qui y siégeraient. « Il faut faire quelque chose pour faire taire ceux qui disent que c'est la faute à Khrouchtchev et à Castro, avait dit le président Johnson au sénateur Richard Russell, sinon ils vont nous pousser dans une guerre qui pourrait tuer quarante millions d'Américains en une heure. » LBJ avait employé le même ton persuasif avec le juge Earl Warren, président de la Cour suprême, qu'il pressentait pour présider la commission.

La création de la commission Warren fut annoncée le 29 novembre 1963. Son objectif caché était de mettre fin aux rumeurs voulant qu'un gouvernement étranger ait été à l'origine du meurtre de JFK, ce qu'elle parviendrait plus tard à faire. L'historien Michael Kurtz écrivit que Richard Helms « avait personnellement persuadé Lyndon Johnson de nommer l'ancien directeur de la CIA, Allen Dulles, pour siéger à la commission Warren ». Les autres membres de la commission étaient les sénateurs Richard Russell de la Géorgie et John Cooper du Kentucky; les députés Hale Boggs de la Louisiane et Gerald Ford du Michigan; ainsi que John J. McCloy, conseiller en désarmement du gouvernement américain.

Avant même que la commission Warren ne lance son enquête, J. Edgar Hoover en détermina le verdict final : le 8 décembre 1963, usant de ses nombreuses relations dans les médias, Hoover s'assura qu'on pourrait lire en première page de tous les journaux que le FBI avait conclu qu'Oswald avait agi seul, que Ruby avait agi seul, qu'il n'y avait aucun lien entre les deux hommes et que l'assassinat de JFK n'était pas l'œuvre d'un complot. Partant de là, il était impossible que la commission en arrive à une conclusion différente, puisque l'essentiel de son travail d'enquête serait effectué par le FBI. Un des principaux adjoints de Hoover a raconté que Gerald Ford lui avait proposé une entente très particulière : « Il m'a dit qu'il me tiendrait au courant de ce qui se passait au sein de la commission, mais que cela devait se faire sur une base strictement confidentielle. » Cinq jours plus tard, Ford commençait déjà à livrer la marchandise : appelant l'adjoint de Hoover, il lui révéla que « deux membres de la commission n'étaient pas convaincus qu'on avait tiré sur le président Kennedy à partir d'une fenêtre du sixième étage de l'entrepôt de livres ».

Allen Dulles était au fait des plans anti-Castro que les États-Unis avaient élaborés avec la collaboration de Trafficante, Rosselli et Marcello. Toutefois, l'ancien directeur de la CIA ne jugea pas bon d'en informer les autres membres de la commission. Ceux-ci n'étaient cependant pas complètement dans l'ignorance : le fils du juge Warren rapporta qu'à l'époque son père savait quelque chose de ces complots; Gerald Ford admettrait bien des années plus tard avoir été conscient de leur existence. (Remarquez que cela ne nous dit pas ce qu'ils savaient au juste, ni si l'information qu'ils détenaient était exacte.)

Earl Warren et Gerald Ford seraient les seuls membres de la commission Warren à se rendre à Dallas pour interroger Jack Ruby. Les deux hommes refusèrent de se faire seconder dans cette tâche par le spécialiste de Ruby désigné par la commission, et ils refusèrent également de se plier à la requête de Ruby quand celui-ci les supplia de le ramener avec eux à Washington afin qu'il puisse être interrogé ailleurs qu'à Dallas, où il sentait sa vie menacée.

Tandis que la commission Warren et l'enquête du FBI défrayaient la chronique, Carlos Marcello et Santo Trafficante continuaient de détourner l'attention des autorités en faisant courir le bruit que Castro avait ordonné le meurtre de JFK. À Washington, ces rumeurs tenaient les gardiens de la sécurité nationale sur le qui-vive – surtout que certaines d'entre elles, et notamment celles propagées par John Martino, faisaient de gênantes allusions au coup d'État JFK-Almeida. D'autres associés de la Mafia tels Rolando Masferrer, Frank Fiorini et Manuel Artime seraient liés à ces récits provocateurs.

Les interventions de John Martino étaient spécialement provocatrices et certaines d'entre elles avaient la particularité d'être exactes, laissant entrevoir au public américain des choses qui ne lui seraient officiellement dévoilées que plusieurs décennies plus tard. S'exprimant surtout dans des publications marginales et à la radio, Martino mettait l'assassinat du président Kennedy sur le compte de Castro, évoquant par la même occasion le coup d'État JFK-Almeida. Ses propos n'étaient pas assez précis pour attiser l'intérêt des grands médias d'information, mais ils l'étaient suffisamment pour pousser le gouvernement des États-Unis à poursuivre et intensifier son entreprise de dissimulation en ce qui avait trait au meurtre de JFK, cela afin d'éviter que le commandant Almeida ne soit exposé et que le public américain ne se mette à réclamer à grands cris l'invasion de Cuba.

Martino entreprit sa campagne médiatique deux jours après le meurtre d'Oswald, alors que David Ferrie était déjà blanchi de toute implication dans la mort de JFK. Les patrons de la Mafia savaient ce qu'ils faisaient : en exacerbant les craintes de la nation par rapport à la sécurité nationale, ils forçaient essentiellement le gouvernement américain à étouffer l'enquête sur le meurtre du président ; et en faisant passer Oswald pour un communiste à la solde de Fidel Castro, ils faisaient en sorte que Jack Ruby ait l'air davantage d'un patriote que d'un vulgaire gangster. À ce moment-là, Martino parcourait les États-Unis pour donner des conférences parrainées par la John Birch Society, un regroupement d'extrême droite, et pour promouvoir le livre *I Was Castro's Prisoner*, dont il était l'auteur. Il est peu probable que Martino ait entrepris ce blitz publicitaire avec la bénédiction de David Atlee Phillips ou de ses autres contacts de la CIA vu qu'il mentionnait dans son livre David Morales, un associé de Phillips dont la CIA voulait taire le nom.

Martino ne fit pas tout d'abord de révélations fracassantes : il commença par dire qu'Oswald était allé à Cuba à l'automne de 1963 et qu'il avait distribué des pamphlets pro-Castro à Miami et La Nouvelle-Orléans. Ces déclarations lui valurent tout de même d'être visité par le FBI le 29 novembre. Lorsque les agents du Bureau l'interrogèrent à ce sujet, Martino refusa de dévoiler ses sources.

C'est ensuite que les choses se sont corsées. Le 21 décembre 1963, Martino publia un article dans le journal de droite *Human Events*. « L'administration Kennedy projetait d'éliminer Fidel Castro lors d'un putsch, écrivit-il. Son plan faisait appel à une invasion de diversion venant d'Amérique centrale, qui serait synchronisée avec le coup d'État. Un gouvernement de coalition de gauche serait mis sur pied, après quoi il y aurait occupation militaire de Cuba par les États-Unis. »

Cet article démontre que Martino en connaissait alors davantage au sujet de ce fameux coup d'État que la plupart des membres haut placés de l'administration Johnson. Martino savait par exemple que Manolo Ray, le leader du groupe d'exilés cubains JURE, était impliqué dans l'opération. « Oswald a approché le groupe de guérilleros cubains JURE, disait Martino dans son article, mais ses démarches furent rejetées. » Ainsi que nous l'avons mentionné précédemment, trois mois plus tôt, Martino et Masferrer avaient tenté de discréditer JURE en liant son chapitre de Dallas à Oswald par l'entremise de Silvia Odio, une de ses membres féminines. Au moment où parut l'article de Martino, seuls le FBI et quelques proches d'Odio savaient qu'elle avait été mise en présence d'Oswald à Dallas. Ce détail n'avait jamais été rapporté dans la presse.

Martino publia ensuite un article plus fouillé dans lequel il soulignait le fait qu'Oswald travaillait pour Castro quand il avait assassiné JFK. Le mois suivant, dans un article du *Memphis Press-Scimitar*, il révélerait de nouveaux détails concernant le coup d'État américain et impliquerait Castro plus directement dans le meurtre de Kennedy.

Dans cet article paru le 30 janvier 1964 et intitulé *Oswald Was Paid Gunman for Castro, Visitor Says*, Martino affirme que Lee Harvey Oswald « a été payé par Castro pour assassiner le président Kennedy » et que sa mort a été commandée « en représailles aux plans de JFK pour éliminer Castro ». Martino décrivait cette opération top secrète qu'était le coup d'État JFK-Almeida avec une précision remarquable : « Il y aurait une autre invasion et un autre soulèvement à Cuba [...]. L'Organisation des États américains [Organization of American States] se rendrait alors à Cuba et assurerait le contrôle du pays jusqu'à la tenue d'élections libres. » Martino savait même que, depuis la mort de Kennedy, « le gouvernement américain avait cessé de travailler sur ce projet d'invasion ».

On imagine aisément quels remous les articles ouvertement provocateurs de Martino pouvaient causer dans les strates supérieures du gouvernement à Washington. Ils ne laissèrent certainement pas J. Edgar Hoover indifférent, puisque, le 15 février 1964, Martino fut interrogé une seconde fois par des agents du FBI. À une époque où même les présidents et le Congrès américains traitaient Hoover et son FBI avec déférence, Martino fit ni plus ni moins qu'un pied de nez à ses inquisiteurs en déclarant : « Le président Kennedy était engagé dans un complot pour renverser le régime de Castro et lancer une autre invasion contre Cuba. » Dans leur rapport, les agents notèrent avec une certaine mesure de frustration que « Martino refusait de divulguer l'identité de ses sources ou de dire comment elles avaient pu être informées des plans du président Kennedy ».

D'autres associés de Trafficante laissèrent filtrer dans la presse de l'information liant Fidel Castro au meurtre de JFK – parmi eux Frank Fiorini, qui participerait dans les années 1970 au cambriolage du Watergate sous le nom de Frank Sturgis. Cependant, aucune de ces fuites ne faisait référence au coup d'État JFK-Almeida. Les interventions de Martino étaient uniques en cela, et le fait qu'il fût au courant de cette opération laissait supposer qu'il avait participé au complot d'assassinat contre JFK – ce qu'il admettrait lui-même par la suite. Il était logique que Martino ait été informé de l'existence du coup d'État alors que d'autres avaient été laissés dans l'ignorance, car il était après tout un proche collaborateur de Marcello, Rosselli et Trafficante, alors que Fiorini, par exemple, n'était qu'un simple coursier employé par ce dernier. L'information de Fiorini impliquant Fidel et les Cubains parut dans l'édition du 26 novembre 1963 d'un journal de la Floride. Dans cet article, Fiorini prétend qu'Oswald « a été en contact avec les services de renseignement cubains [...] ainsi qu'avec des agents de Castro à Miami ». En lisant cela, le FBI interrogea Fiorini aussitôt, mais celui-ci soutint que le journaliste l'avait incorrectement cité. Fiorini avouerait plus tard que c'était John Martino qui lui avait communiqué cette information.

D'autres initiatives plus subtiles, et qui faisaient bien souvent écho à ce rapport des services secrets qui avait tant troublé Alexander Haig, furent déployées par la Mafia pour associer Oswald et Jack Ruby à Fidel Castro – il y eut par exemple cette lettre mystérieuse, vraisemblablement fausse, qu'un certain « Pedro Charles » aurait écrite et expédiée à Oswald de La Havane le 28 novembre 1963. Il existe en fait une quantité incroyable de documents, des dizaines et parfois même des centaines de pages de notes issues du FBI et de la CIA qui ont à leur origine une lettre ou un article fallacieux. Et il y a fort à parier que l'information mensongère impliquant Fidel n'a pas toute été dévoilée, que des centaines de pages de notes officielles basées sur des renseignements faux ou spécieux n'ont pas encore été rendues publiques.

Les rumeurs selon lesquelles Castro avait fait assassiner JFK pour se venger des actions que le gouvernement américain avait entreprises contre lui amenèrent les États-Unis à craindre pour leur sécurité nationale. Or, cette crainte influencerait grandement les décisions que prendraient LBJ, Hoover et les autres dirigeants du pays dans les jours à venir – d'autant plus qu'à ce point-ci Hoover, étant très proche de LBJ, avait probablement été informé par celui-ci de l'existence du coup d'État. Il devenait de plus en plus urgent pour le gouvernement de faire passer la théorie d'Oswald en tant qu'assassin solitaire. « Le seul but de notre enquête était de prouver qu'Oswald avait tué Kennedy, affirma l'ancien agent du FBI Harry Whidbee dans un article de *Vanity Fair*. Il ne devait pas y avoir de complices ni de complot international. » Un superviseur du FBI fit état d'une intention semblable à *Vanity Fair* : « Quelques jours à peine après l'attentat, on pouvait dire que l'enquête sur le meurtre [de JFK] était bouclée. [...] Un gars du FBI qui aurait osé insinuer qu'Oswald avait un complice ou faisait partie d'un groupe de conspirateurs aurait pu dire adieu à sa carrière. »

Divers éléments du gouvernement américain menèrent à cette époque des enquêtes distinctes qui furent tenues secrètes, d'une part parce que certains suspects et certaines pistes ne pouvaient pas faire l'objet d'une enquête publique ou être dévoilés à la commission Warren pour des raisons de sécurité nationale, et d'autre part pour éviter que les erreurs et opérations clandestines du gouvernement américain ne soient exposées au grand jour. La CIA, le FBI, les services de renseignement de la marine et même Lyndon Johnson (il avait demandé à Richard Helms d'enquêter personnellement pour lui) avaient chacun leur propre enquête interne et secrète sur l'assassinat de JFK. Le secret de ces investigations était jalousement gardé : les agences ne partageaient pas entre elles les résultats de leurs enquêtes, et bien souvent ces résultats n'étaient même pas divulgués à l'interne.

La source dont je dispose au sein des services de renseignement de la marine m'a confié qu'après la mort d'Oswald, ses collègues et elle ont mis de côté l'assainissement et la destruction des dossiers de surveillance liés à Oswald pour enquêter de façon exhaustive sur l'assassinat de JFK. Ainsi que je l'ai mentionné au chapitre 2, les enquêteurs de la marine conclurent qu'Oswald «était incapable d'orchestrer un attentat pareil ou de réussir lui-même un tel tir de précision». La plupart des membres du service ne savaient même pas qu'une telle enquête était en cours, et rien n'indique que les résultats de cette enquête furent révélés ensuite aux autres branches de l'armée, aux chefs d'état-major ou au président Johnson.

Richard Helms ne dévoilerait à la commission Warren et aux commissions d'enquête subséquentes qu'une infime part des soupçons qu'il nourrissait quant à l'implication de certains membres de la CIA dans le meurtre de JFK. En 1992, à l'occasion d'une entrevue télévisée qui passerait largement inaperçue, Helms concéda que «des vérifications avaient été effectuées pour s'assurer qu'aucun membre du personnel [de la CIA] n'était présent à Dallas [le jour de l'assassinat de JFK]». Helms précisa que de telles vérifications avaient eu lieu «immédiatement après l'attentat», mais aussi par la suite «durant la tenue de la commission Warren». Ces enquêtes n'ayant jamais été rendues publiques, nous ne disposons d'aucun moyen de savoir si Helms soupçonnait Bernard Barker ou d'autres agents de la CIA.

Il serait révélé longtemps après, lors d'une commission d'enquête, que Richard Helms avait fait mener à la CIA une investigation interne sur Oswald et sur l'assassinat de JFK. Helms avait initialement confié cette enquête confidentielle au chef des opérations secrètes de l'Agence, John Whitten, mais aussitôt que Whitten avait demandé à voir les dossiers «portant sur les activités d'Oswald liées à Cuba», il avait été retiré de l'investigation et affecté à d'autres tâches. Bien des années plus tard, lorsqu'il fut appelé à témoigner devant le Congrès américain, Whitten affirma que Helms ne lui avait rien dit au sujet des complots CIA-Mafia et qu'il avait été atterré d'apprendre leur existence quelque douze années après la mort de Kennedy. Whitten n'avait pas été autorisé à voir les documents relatifs à Oswald que l'agent Hunter Leake avait livrés à Helms au bureau de la CIA à La Nouvelle-Orléans, et il n'avait pas non plus été informé du fait que l'opération dans laquelle le fonctionnaire cubain Rolando Cubela avait été impliqué avait pour réel objectif d'assassiner Castro.

Une fois Whitten écarté, Helms avait confié son enquête secrète à James Angleton, chef du service de contre-espionnage de la CIA. Sous la tutelle d'Angleton, l'enquête s'employa davantage à cacher des choses qu'à en dévoiler. Angleton avait accès à plusieurs rapports incendiaires, dont un qui provenait de Mexico et soutenait qu'Oswald avait tué JFK sous les ordres de Fidel Castro. Certains de ces rapports portaient sur le mystérieux agent cubain Miguel Cases Saez et sur le jeune exilé cubain Gilberto Policarpo Lopez, qui se trouvaient tous deux au Texas au moment où JFK fut assassiné et étaient ensuite rentrés à Cuba via Mexico. Selon le journaliste Joseph Trento, spécialiste de l'espionnage et des services de renseignement, Angleton avait fini par conclure que Fidel avait fait assassiner JFK et que Saez et Lopez étaient impliqués dans l'affaire. Quinze ans plus tard, des enquêteurs du Congrès américain étudièrent les dossiers portant sur Saez et Lopez, et conclurent qu'il y avait de nombreuses failles dans le raisonnement d'Angleton.

Une note de la CIA nous apprend qu'en décembre 1963 l'Agence avait remis à Lyndon Johnson un rapport secret portant sur Oswald et sur l'assassinat de JFK. Les conclusions tirées par Angleton dans ce rapport ont probablement achevé de convaincre le président Johnson du fait que le meurtre de JFK avait été orchestré par Fidel Castro. Durant cette période, Helms fit en sorte qu'Angleton soit le principal agent de liaison entre la CIA et la commission Warren. Angleton avait pour mission de fournir certains renseignements à la commission, mais aussi d'occulter les informations que Helms ne voulait pas dévoiler à celle-ci. Par conséquent, la commission Warren ne sut jamais quoi que ce soit au sujet du coup d'État JFK-Almeida, de l'opération AMWORLD, de la surveillance dont Oswald avait fait l'objet ni de ses activités au sein des services de renseignement. Helms ne communiquerait en fait à la commission

Warren aucune information susceptible de lui faire perdre son boulot ou de déclencher une véritable enquête sur le meurtre du président Kennedy.

En janvier 1964, pour des raisons que nous ignorons, Helms se débarrassa d'un de ses plus précieux collaborateurs, le leader exilé cubain Tony Varona. Selon les enquêteurs du Congrès américain, Varona «dut quitter Miami au début de 1964 et se rendit à New York pour y chercher du travail». Une note de la CIA datée d'août 1964 fait mention d'un article sur Varona paru dans le *New York Times* et qui était intitulé *Cuban Anti-Castro Chief by Day Selling Cars in Jersey by Night* (Chef cubain anti-Castro de jour, et de nuit vendeur de voitures au New Jersey). Le fait que Varona soit tombé si rapidement en disgrâce porte à croire que Helms ou quelqu'un d'autre à la CIA (voire peut-être Robert Kennedy lui-même) soupçonnait Varona d'être mêlé à l'assassinat de JFK. Helms avait accès aux notes qui disaient que Varona avait reçu un pot-de-vin important de la Mafia de Chicago, et il était probablement au courant que Varona avait établi des liens étroits avec Rosselli et Trafficante du fait de sa collaboration avec eux dans les complots CIA-Mafia. L'auteur Peter Dale Scott notait que, du milieu des années 1950 au milieu des années 1970, «une entente tacite exemptait la CIA du devoir légal qu'elle avait de rapporter au département de la Justice toute activité criminelle commise par ses atouts ou par des membres de son personnel». En d'autres mots, si Helms avait découvert que Varona ou un autre atout de la CIA était impliqué dans le meurtre de JFK, il n'aurait tout simplement pas été tenu d'en informer les autorités.

Quelques années plus tard, Richard Helms fut nommé directeur de la CIA. Une des premières choses qu'il fit après son entrée en fonction fut de congédier Bernard Barker, lui aussi reconnu pour son association à Santo Trafficante. Helms témoignerait par la suite du fait que Barker «était associé à des éléments criminels et impliqué dans un réseau de jeu clandestin».

Avant d'être lui-même assassiné, Robert Kennedy mènerait plusieurs enquêtes secrètes sur le meurtre de son frère. De nombreuses personnes de son entourage ont dit que, dans les mois qui ont suivi le funeste attentat, Robert leur avait semblé complètement anéanti et qu'elles avaient même l'impression qu'il se tenait pour responsable de la mort de John.

Robert Kennedy lança une première enquête secrète le jour même où son frère fut assassiné. L'auteur David Talbot rapporte que le jour de l'attentat, RFK « a appelé Julius Draznin à Chicago ». Spécialiste de la corruption syndicale au comité national des relations de travail (National Labor Relations Board), Draznin se souvient qu'à cette occasion RFK lui avait demandé « de vérifier si la Mafia était impliquée de quelque manière que ce soit dans le meurtre de son frère ». Trois jours après que Ruby eut assassiné Oswald, Draznin soumit à RFK un rapport faisant état « des activités de racketérisme de Ruby et de ses nombreux contacts au sein du crime organisé ». RFK ferait alors une étonnante découverte : « Quand j'ai vu la liste des appels téléphoniques que Ruby avait effectués, j'ai constaté que presque tous les individus que j'avais appelés à comparaître devant la commission sénatoriale sur le racketérisme y figuraient. »

Robert Kennedy enquêterait personnellement sur le meurtre de son frère avec l'aide de Walter Sheridan, qui était à la tête d'une escouade spéciale dont le mandat était de coincer Jimmy Hoffa. La veuve de Sheridan confirmerait par la suite que son mari et RFK travaillaient ensemble sur cette enquête secrète. Ce fait serait corroboré de manière indépendante par l'auteur John Davis : « Walter Sheridan a mené une enquête officieuse et a conclu [...] que Marcello était probablement impliqué [dans le meurtre de JFK]. » Le fils de Sheridan se souvient qu'au terme de cette enquête, son père s'était dit « convaincu que le président Kennedy avait été tué dans le cadre d'un complot ».

Richard Goodwin, un ami de Robert Kennedy, m'a confié qu'en 1966 celui-ci lui avait déclaré qu'il était certain que « le mafioso de La Nouvelle-Orléans », c'est-à-dire Marcello, était derrière la mort de son frère. L'année suivante, juste après que David Ferrie eut été identifié comme suspect dans le meurtre de JFK, Robert Kennedy demanda à son secrétaire de presse Frank Mankiewicz de mener une autre enquête secrète. Mankiewicz dit qu'il « en était arrivé à la conclusion qu'il y avait eu conspiration et que cette conspiration impliquait probablement la Mafia, les exilés cubains anti-Castro et peut-être même certains agents dissidents de la CIA », mais que, lorsqu'il avait tenté d'annoncer la nouvelle à RFK, celui-ci « l'écoutait à peine, comme si le souvenir de la mort de son frère lui causait encore plus de souffrance qu'il n'en pouvait supporter ».

Il ne fait aucun doute qu'à la fin de 1963, cette souffrance était encore plus vive au cœur de Robert Kennedy. Pourtant, c'est à ce moment qu'il décida de remettre sur les rails le projet de coup d'État que son frère avait lancé, ayant bon espoir que le secret du commandant Almeida et de cette opération secrète avait été préservé. John H. Crimmins, qui était alors coordonnateur des Affaires cubaines au département d'État américain et que je compte désormais parmi mes sources, m'a confié que, même après avoir « étudié la question en profondeur dans les jours et les semaines suivant l'attentat », il n'avait rien trouvé qui puisse laisser croire que Castro était impliqué dans le meurtre de JFK. Encore aujourd'hui, plusieurs décennies après le tragique événement, Crimmins est toujours de cet avis. Il n'avait d'ailleurs pas été le seul à l'époque à douter que Cuba fût impliqué dans l'affaire : le 3 décembre 1963, Gordon Chase, membre du Conseil de sécurité nationale des États-Unis, rédigea une note top secret qui laissait sous-entendre que le conseiller du président en matière de sécurité nationale, McGeorge Bundy, « avait donné l'assurance qu'Oswald n'était pas un agent de Castro ».

Si le commandant Almeida n'avait pas été démasqué, un autre de ses associés n'eut pas cette chance. Dans les jours suivant la mort de JFK, des rumeurs concernant le coup d'État impliquant Almeida parvinrent aux oreilles de la CIA, et possiblement jusqu'à celles des agents de Fidel à Miami. Jouant de prudence, Almeida quitta Cuba d'une manière qui n'éveillerait pas les soupçons. Le jeudi 28 novembre 1963, une note de la CIA envoyée à McCone à partir des bureaux de Miami rapportait « le départ de deux avions Britannia ayant à leur bord 170 Cubains commandés par Juan Almeida et qui avaient probablement pour destination l'Algérie ».

L'information (ou intuition) qui avait motivé le commandant Almeida à quitter Cuba s'avérerait fondée : deux jours plus tard, soit le samedi 30 novembre, un mémo de la CIA révélait qu'un « diplomate occidental [...] avait appris d'une source à l'intérieur du gouvernement cubain que Che Guevara avait été placé en garde à vue, car on le soupçonnait d'avoir comploté pour renverser Castro ». Il ne s'agissait vraisemblablement pas d'une simple rumeur, puisque la CIA disait que la source qui avait rapporté que le Che était impliqué « dans un complot anti-Castro » était un « observateur fiable et chevronné issu de la communauté diplomatique occidentale à Cuba ». Étant donné que le Che avait été arrêté la veille de la date prévue pour le coup d'État, il se peut que Fidel en ait appris l'existence et ait fait arrêter une des personnes qu'il jugeait responsables.

Il est probable que Che Guevara ne fut pas tenu très longtemps en garde à vue – un jour ou deux, tout au plus. Le 2 décembre est l'un des jours fériés les plus importants à Cuba, car cette date marque l'anniversaire de la fondation de l'armée cubaine. (Fait intéressant, durant la première bataille qu'avaient livrée les forces armées cubaines, Almeida avait sauvé la vie de son ami Che Guevara.) Le peuple cubain aurait trouvé étrange qu'Almeida ne participe pas aux célébrations, puisqu'il était considéré par tous comme le fondateur de l'armée cubaine. Les choses finirent sans doute par se tasser du côté de Castro, car Almeida revint d'Algérie pour prendre part aux célébrations, ce qu'il n'aurait pas fait s'il avait craint de subir le même sort que le Che.

Bien qu'un rapport de la CIA note que, le lendemain de la grande fête du 2 décembre, Almeida « avait exprimé son désespoir » à l'un de ses subordonnés, peu de temps après, le commandant cubain avait affirmé à Harry Williams qu'il était toujours prêt à renverser Fidel, du moment que Robert Kennedy et le nouveau président Lyndon Johnson lui accorderaient leur appui. Estimant qu'un Cuba libre et démocratique était le plus bel hommage qu'il pouvait offrir à la mémoire de son frère, RFK se dit prêt à aller de l'avant. Williams était lui aussi prêt à passer à l'action, aussi usa-t-il du contact dont il bénéficiait dans les officines de Cyrus Vance – il s'agissait bien sûr de Joseph Califano – pour organiser une rencontre avec LBJ. Ses efforts s'avéreraient vains : quand Williams vint aux nouvelles, Califano lui dit que, lorsque LBJ avait entendu son nom, il avait évoqué la responsabilité des Kennedy dans le fiasco de la baie des Cochons et avait déclaré qu'il « ne voulait pas voir un seul foutu Cubain, et surtout pas ce salopard de Williams ». LBJ avait vraisemblablement été informé par McCone de certains aspects du coup d'État orchestré par son prédécesseur et, de toute évidence, il était de l'avis que Castro avait fait assassiner JFK pour se venger.

Dans les premières semaines de janvier 1964, RFK décida de ravaler son orgueil et de mettre ses sentiments personnels de côté pour aller plaider sa cause auprès du président Johnson. Les deux hommes étaient en mauvais termes depuis 1960 ; or, dernièrement, leurs relations s'étaient envenimées encore davantage parce que Robert Kennedy estimait que Johnson s'était montré trop empressé de prendre les rênes du pouvoir après la mort de son frère. Quoi qu'il en soit, RFK rencontra LBJ en privé et discuta avec lui de la possibilité d'aller de l'avant avec son projet de coup d'État. Kennedy dirait par la suite à Harry Williams que le président Johnson lui avait prêté une oreille attentive, mais qu'au bout du compte il lui avait signifié qu'il n'entendait pas poursuivre l'opération. LBJ ne jugea pas non plus nécessaire de poursuivre le programme d'entraînement des exilés cubains à Fort Benning, puisque ces troupes avaient été constituées spécialement pour investir Cuba après le coup d'État. Néanmoins, il accepta de continuer à financer les groupes d'exilés cubains que RFK jugeait essentiels, reconnaissant qu'ils pourraient avoir leur utilité dans le futur.

Lors de sa rencontre avec Robert Kennedy, Lyndon Johnson assuma le contrôle des opérations américaines liées à Cuba : alors que jusque-là ces opérations avaient été dirigées par RFK par l'entremise de Richard Helms et du secrétaire de l'armée de terre Cyrus Vance, LBJ en confia la responsabilité à la CIA, statuant que dorénavant le directeur de l'Agence John McCone en ferait directement rapport à la présidence. Se voyant entièrement écarté des opérations cubaines, RFK annonça à Williams qu'il était prêt à financer l'opération à même sa fortune personnelle, mais celui-ci refusa, estimant qu'ils avaient tous deux investi suffisamment d'efforts et de sacrifices dans cette entreprise. Délaissant l'univers des intrigues politiques et opérations secrètes, Williams renoua avec sa carrière d'ingénieur minier. Lorsqu'il fit part de sa décision au commandant Almeida, celui-ci abandonna l'idée de renverser Castro. Au dire de Williams, RFK fit secrètement parvenir 3000 $ à la famille d'Almeida, qui se trouvait toujours à l'abri à l'étranger sous un prétexte anodin. « En plus de cet argent, Bobby s'est arrangé pour qu'une pension leur soit versée, d'affirmer Williams. Ils recevaient un chèque tous les mois. » Bien qu'elles ne retournèrent jamais vivre à Cuba – c'est du moins ce qu'on dit –, la première femme d'Almeida et leurs deux filles continuèrent de toucher cette pension pendant plusieurs décennies. On dit également que cet argent était puisé à même le budget de la CIA. Cependant, nous ne savons pas qui au sein de l'Agence avait la responsabilité d'acheminer ces paiements et d'assurer la surveillance de la famille Almeida. Au début, ce sont probablement E. Howard Hunt et son adjoint Bernard Barker qui ont rempli ces fonctions, étant donné qu'ils travaillaient tous deux sur le coup d'État.

Un mois après sa rencontre avec le président Johnson, Robert Kennedy sembla changer d'attitude envers Castro : lors d'un échange avec l'officiel de la CIA Desmond FitzGerald, RFK suggéra que les États-Unis délaissent leur projet de renverser Castro et tentent plutôt de négocier une entente avec lui. Cette déclaration laissait entrevoir la transformation qui s'opérerait en Robert

Kennedy au cours des quatre années suivantes : du procureur pugnace, protecteur de JFK qu'il était, il deviendrait l'un des membres les plus progressistes du Sénat américain.

Contrairement à Robert Kennedy, Richard Helms continuerait de déployer des efforts considérables pour écarter Castro. Des documents de la CIA nous apprennent qu'à cette époque Helms a très astucieusement incorporé certains des leaders exilés cubains qui avaient travaillé au coup d'État sous RFK – en l'occurrence Manuel Artime, Manolo Ray et Eloy Menoyo – aux complots CIA-Mafia et au complot d'assassinat impliquant Rolando Cubela. Bon ami de Howard E. Hunt, Artime continuerait de toucher la part du lion des fonds que la CIA investissait dans ces opérations – les registres de la CIA parlent d'une somme totale de sept millions de dollars ; toutefois, certains anciens officiels de l'Agence affirment que le montant réel était un multiple de cela. Et comme les avions et navires que la CIA utilisait pour transporter des armes et provisions aux bases centre-américaines des exilés cubains étaient vides sur le chemin du retour, Artime vit en cela l'occasion de s'impliquer dans le réseau de trafic de stupéfiants de Santo Trafficante.

L'auteur Larry Hancock a documenté pour la première fois en 2006 le fait que Fidel Castro avait fait l'objet d'une tentative d'assassinat le 6 décembre 1963. Herminio Diaz, qui était à la fois le garde du corps de Trafficante et l'un des complices dans son réseau de trafic de stupéfiants, était de toute évidence mêlé à l'affaire, puisqu'une note de la CIA qui rapportait qu'il y avait eu « attentat à la vie de Castro après sa prestation télé du 6 décembre » associait l'attentat « à la vague de rumeurs qui disaient qu'il y avait complot pour assassiner Castro et qu'Herminio Diaz était impliqué ».

Le lendemain de l'attentat contre Castro, Richard Helms approuva l'envoi d'une quantité considérable « de grenades, de pistolets, d'explosifs C-4 et de fusils à lunette » au conspirateur et fonctionnaire cubain Rolando Cubela. Cet arsenal, somme toute fort adéquat pour une tentative d'assassinat, devait être livré en janvier 1964 sous la supervision de David Morales. Toujours très ami avec le mafioso Johnny Rosselli, Morales irait le visiter au moins une fois à Las Vegas en 1964. Rosselli continuait de partager son temps entre Las Vegas et Los Angeles, et lorsqu'il se trouvait dans la Cité des Anges, il occupait un vaste et somptueux appartement dans le quartier de Beverly Glen, juste à côté de Beverly Hills. Dans les années qui ont immédiatement suivi l'assassinat de JFK,

Rosselli a joui d'une grande prospérité et est même devenu membre du prestigieux Friars Club de Los Angeles. Plus tard, il mit sur pied un réseau de poker clandestin qui lui permit d'escroquer des stars hollywoodiennes telles que Milton Berle et Phil Silvers.

Helms maintiendrait d'autres aspects des complots CIA-Mafia, gardant notamment le recruteur d'assassins européen QJWIN sur la liste de paie de la CIA tout au long de décembre 1963 et pendant plusieurs mois par la suite. La CIA ne se dispenserait des services de QJWIN qu'après avoir établi qu'il existait un lien entre lui et l'assassin et trafiquant français Michel Victor Mertz, lui-même partenaire de Santo Trafficante. Mertz ne serait jamais porté à l'attention de la commission Warren, si ce n'est que par quelques notes du FBI, soumises sans plus d'explications à la commission, qui indiquaient que, le 22 novembre 1963, le Bureau avait vérifié si des passagers nommés Mertz avaient pris l'avion en partance de Dallas. Hormis le fait qu'il se ferait voler pour un million de dollars d'héroïne en France à l'approche du premier anniversaire de la mort de JFK, Mertz prospéra joliment après l'assassinat. Une source rapporte qu'une de ses résidences consistait en un « gigantesque domaine situé dans le Loiret, près de la ville d'Orléans, dont la superficie était d'environ huit kilomètres de long sur dix ou onze de large ». Le trafiquant était également propriétaire d'une somptueuse maison de ville sur le boulevard Suchet à Paris, dans le même quartier où résidaient le duc et la duchesse de Windsor. Une cargaison d'héroïne lui appartenant fut saisie à Fort Benning en 1965 ; il serait l'un des principaux sujets d'un article de *Newsday* sur le trafic d'héroïne qui vaudrait à son auteur le prix Pulitzer, et malgré tout cela, Mertz aurait étonnamment peu de démêlés avec la justice – tout au plus purgerait-il une courte peine en France quelques années plus tard, dans des conditions de détention pour le moins confortables. Jean Souètre, l'homme dont Mertz avait utilisé le nom en 1963, accepterait par la suite de parler à la presse et de voir sa photo publiée dans les journaux. Mertz ne ferait jamais pareille concession : jusqu'au 15 janvier 1975, jour de sa mort, il demeurerait très secret, vivant en reclus et n'hésitant pas à menacer les journalistes et enquêteurs qui faisaient mine de vouloir l'interroger. Compte tenu de la notoriété du personnage, sa mort fut tenue elle aussi relativement secrète, ce qui porta entrave aux efforts de ceux qui réclamaient la déclassification des documents que le gouvernement américain détenait à son sujet.

Issue des échelons inférieurs du réseau d'héroïne que Mertz partageait avec Marcello et Trafficante, Rose Cheramie n'aurait pas la chance de vivre aussi longtemps que le trafiquant français. Après l'assassinat de JFK, les déclarations qu'elle avait faites concernant un complot contre le président furent enfin prises au sérieux: le lundi 25 novembre 1963, elle révéla au lieutenant Francis Fruge de la police d'État de la Louisiane de nouvelles informations sur Jack Ruby, pour qui elle travaillait occasionnellement. Après enquête, Fruge fut à même de confirmer que Cheramie avait travaillé pour Ruby en tant qu'entraîneuse, mais surtout qu'il existait bel et bien au Texas un réseau de trafic d'héroïne, ainsi qu'elle le prétendait. Incroyablement, l'enquête fut promptement abandonnée après que les autorités de Houston eurent perdu la trace du livreur d'héroïne que Cheramie avait identifié. Des enquêteurs gouvernementaux détermineraient par la suite qu'en 1965, Cheramie avait tenté de signaler au FBI «qu'un navire ancré à La Nouvelle-Orléans était devenu un point de vente d'héroïne», mais que le Bureau avait finalement décidé de ne pas enquêter. Un mois après qu'elle eut communiqué le FBI, Cheramie fut retrouvée le long d'une route isolée du Texas, mortellement blessée dans de mystérieuses circonstances. Elle mourut le 4 septembre 1965.

Carlos Marcello, Santo Trafficante et la plupart de leurs associés connurent une période de grande prospérité après le meurtre de JFK. L'historien Richard Mahoney raconte en ces termes la suite des choses: «Comme le disait Bill Hundley, directeur du bureau de lutte contre le crime organisé au département de la Justice, "dès l'instant où la balle est entrée dans la tête de Jack Kennedy, tout était fini. Tout s'est effondré à cet instant précis. Le programme de lutte contre le crime organisé a été mis au rancart et Hoover a repris le contrôle". Marcello avait eu raison de dire que, pour tuer un chien, il fallait lui couper la tête.»

Deux semaines après la mort de JFK, le FBI intercepta une conversation entre Sam Giancana et un de ses lieutenants. «Je vais te dire une chose, avait lancé le lieutenant à son patron. Dans deux mois d'ici, le FBI en sera au point où il en était il y a cinq ans.» Ce n'était pas tout à fait vrai, car, si la Mafia avait remporté une grande victoire, la justice n'avait pas encore dit son dernier mot. Après le meurtre de JFK, le FBI redoubla d'efforts dans sa lutte contre le crime organisé. Robert Kennedy demeura procureur général des États-Unis pendant un temps, et Carlos Marcello et Jimmy Hoffa durent répondre à de nouvelles accusations. En 1964, le membre du jury que Marcello avait soudoyé en novembre 1963, mécontent du fait que celui-ci ne lui avait versé que 1000 $ sur les 25 000 $ qu'il lui avait promis, rapporta la chose aux autorités et le parrain fut inculpé pour subornation de juré. Peu de temps après, le procureur de La Nouvelle-Orléans apprit que, durant ce même procès, Marcello « avait menacé de mort le témoin principal de la poursuite ».

Dans les derniers mois de 1964, Robert Kennedy démissionna du poste de procureur général et posa sa candidature au Sénat pour l'État de New York. À son départ, il remit le département de la Justice entre les mains de son fidèle adjoint Nicholas Katzenbach, qui le 6 octobre 1964 annonça que des accusations de complot et d'entrave à la justice avaient été portées contre Carlos Marcello – le parrain était notamment accusé d'avoir « comploté en vue d'assassiner un témoin du gouvernement ». Quatre semaines plus tard, RFK remportait son élection et devenait sénateur. Le procès de Marcello aurait lieu l'année suivante et, encore une fois, il aurait gain de cause : le 17 août 1965, il fut déclaré non coupable par un jury composé de ses pairs. « Carlos Marcello était en voie de devenir le chef de la Mafia le plus riche et le plus influent des États-Unis, écrivait John H. Davis. Avec des revenus annuels estimés à deux milliards de dollars, son organisation était de loin l'industrie la plus importante de la Louisiane. »

Jimmy Hoffa ne se tirerait pas aussi facilement d'affaire que son copain Marcello. Au printemps de 1964, Robert Kennedy et Walter Sheridan, le chef de l'escouade spéciale qui avait été constituée pour enquêter sur Hoffa, réussirent à faire condamner le leader syndical pour la première fois. Hoffa serait reconnu coupable d'autres chefs d'accusation par un tribunal de Chicago, et il n'échapperait provisoirement aux longues peines de prison qui lui avaient été attribuées qu'en portant ses causes en appel.

Jack Ruby aurait à répondre en 1964 du meurtre de Lee Oswald. Ruby n'était pas encore associé à la Mafia à ce moment-là – ce lien ne serait établi que dix ans plus tard. Bien que l'avocat Melvin Belli en vînt à représenter Ruby, ce fut d'abord un autre avocat, un partenaire de Belli, qui fut appelé. Le 24 novembre 1963, l'avocat en question reçut un appel d'un individu de Las Vegas affilié à des personnages de la Mafia qui avaient été propriétaires de casinos à La Havane. L'appel ne venait pas de Johnny Rosselli, mais il provenait tout de même du Desert Inn, l'hôtel de Las Vegas où Rosselli avait ses quartiers. L'interlocuteur à l'autre bout du fil voulait que

Belli défende Ruby, qu'il décrivait comme «un de nos gars». Belli était proche du gangster de Los Angeles Mickey Cohen, lui-même un bon ami de Carlos Marcello (dans une de ses notes, la CIA mentionne même que Belli aurait été impliqué «dans des activités de trafic de drogues illicites»), aussi accepta-t-il de représenter Ruby. Belli fit en sorte que les liens de Ruby avec la Mafia ne soient pas exposés durant le procès, mais, au lieu de plaider la non-culpabilité pour cause de «passion soudaine» ainsi que la loi du Texas le lui permettait, ce qui aurait pu valoir à Ruby une courte peine de deux ans en milieu carcéral ou en liberté surveillée, Belli tenta de prouver l'innocence de son client en disant qu'il souffrait d'«épilepsie psychomotrice». Cette étrange stratégie ne porta pas fruit: le 14 mars 1964, Jack Ruby fut reconnu coupable du meurtre d'Oswald et condamné à la peine de mort.

Pendant le procès de Ruby et même après la tombée du verdict, des gens de la commission Warren tentèrent d'enquêter sur lui, et plus spécialement sur les liens qu'il entretenait avec la Mafia ainsi que sur ses activités de contrebande d'armes à Cuba, mais ils virent leurs efforts entravés par la CIA et le FBI. Après avoir dissuadé par intimidation plusieurs témoins qui voulaient parler des activités de contrebande de Ruby, le FBI demanda à des associés que Ruby avait dans la Mafia de témoigner du fait que ce dernier ne disposait d'aucun contact dans l'organisation. Scandalisés de ce subterfuge, deux employés de la commission Warren écrivirent aux avocats de la commission une longue note dans laquelle ils dénonçaient les pratiques dilatoires du FBI et de Richard Helms. Ils demandèrent ensuite l'autorisation d'aller interroger Ruby à Dallas, mais leur requête fut rejetée. Tel qu'il a été mentionné précédemment, Earl Warren et Gerald Ford se rendraient seuls à Dallas pour interroger Ruby. «Amenez-moi à Washington, sinon vous ne tirerez rien de moi», leur avait lancé celui-ci. Au dire du journaliste Anthony Summers, Ruby «avait demandé à huit reprises au président de la Cour suprême des États-Unis d'être transféré à Washington pour la suite de ses interrogatoires et pour qu'on l'y fasse subir des tests polygraphiques». Warren et Ford refusèrent eux aussi que Ruby soit transféré à Washington, et ce, même après qu'il leur eut dit: «Messieurs, ma vie est en danger.» Étant donné que Marcello contrôlait Dallas et que le shérif local, Bill Decker, était étroitement associé à la Mafia, il ne fait aucun doute que les craintes de Ruby étaient fondées.

La commission Warren serait bientôt privée d'un autre témoin important : agent des services secrets basé à Chicago, Abraham Bolden serait piégé par des associés de Trafficante et Rosselli alors qu'il était sur le point de témoigner du laxisme dont avaient fait preuve les services secrets à Dallas et de révéler aux enquêteurs de la commission l'existence des attentats de Tampa et de Chicago. Le jour même où Bolden était censé se rendre à Washington pour faire aux gens de la commission ces révélations, il fut placé en état d'arrestation. L'information sur laquelle les autorités se basèrent pour incriminer Bolden leur venait de deux criminels que celui-ci avait fait emprisonner – l'un d'eux travaillait pour Sam DeStefano, un associé reconnu du mafioso et enquêteur en chef du bureau du shérif de Cook County, Richard Cain. Cain faisait partie de la Mafia de Chicago et il avait travaillé aux complots CIA-Mafia avec Rosselli et Trafficante ; son frère, Michael Cain, m'a dit que Richard avait « les motifs, les moyens et la capacité » de tendre un tel piège à Bolden.

Le principal accusateur de Bolden admettrait par la suite s'être parjuré lorsqu'il avait témoigné contre lui, mais cela ne changerait rien au fait qu'Abraham Bolden fut initialement condamné à six ans de prison. Le procès serait plus tard annulé parce que le juge avait déclaré que Bolden était coupable avant même que le jury ne délibère, mais, incroyablement, le second procès de Bolden serait confié à ce même juge inique. Résultat, Bolden serait condamné de nouveau. Depuis sa sortie de prison, il se bat pour rétablir sa réputation et blanchir son nom.

Aux chapitres 1 et 2 du présent ouvrage, nous avons parlé des erreurs et lacunes de la commission Warren. Celles-ci étant trop nombreuses pour que nous puissions les énumérer toutes, nous nous référerons aux failles que le professeur Gerald McKnight a si judicieusement identifiées dans son ouvrage de 2005, *Breach of Trust*.

Le plus grave problème de la commission a été qu'on lui a caché quantité de renseignements cruciaux, ce qui l'a obligée à s'appuyer sur l'information que lui fournissait le FBI. Or, le Bureau, tout comme la CIA d'ailleurs, a omis de divulguer à la commission des renseignements de première importance – il ne lui a pas parlé, par exemple, de l'attentat de Tampa, ni des liens que les exilés cubains entretenaient avec Rosselli et Trafficante –, préférant plutôt submerger le personnel de la commission sous une montagne de paperasse remplie d'allégations fantaisistes et d'informations non pertinentes. Cela explique pourquoi on trouve le dossier dentaire de la mère de Jack Ruby dans les vingt-six volumes complémentaires du rapport Warren, mais rien au sujet du coup d'État JFK-Almeida, des complots CIA-Mafia ou des menaces que Marcello et Trafficante avaient proférées à l'endroit de JFK et que des informateurs avaient rapportées au FBI en 1962. De fait, le nom de Marcello n'apparaît nulle part dans le rapport Warren, pas plus que ceux de David Ferrie et de Guy Banister (qui mourut de mort naturelle le 6 juin 1964).

Ainsi que je l'ai noté au cours de précédents chapitres, des conflits internes ont surgi au moment où la commission devait tirer sa conclusion. Dans ces derniers instants, un autre problème s'imposa : avant de boucler l'enquête, le FBI et les gens de la commission devaient résoudre le mystère de la visite d'Oswald et de deux exilés cubains chez Silvia Odio, visite qui avait eu lieu environ deux mois avant le meurtre de JFK. Le 16 septembre 1964, coup de chance, un mercenaire anti-Castro du nom de Loran Hall se manifesta et «dit au FBI que c'était lui et deux amis qui s'étaient présentés chez Silvia Odio ce jour-là». Hall connaissait Santo Trafficante du fait qu'il avait été tenu en garde à vue avec lui à Cuba en 1959 ; par la suite, au printemps de 1963, le mercenaire avait été recruté pour participer aux complots CIA-Mafia. Très commodément, la déclaration de Hall à propos de sa visite chez Odio vint deux jours avant la dernière réunion de la commission Warren.

Lors de cette ultime assemblée, trois des membres de la commission, dont le sénateur géorgien Richard Russell, tentèrent de faire inclure dans le rapport final une opinion divergente concernant la théorie de la «balle magique», mais ils n'y parvinrent pas. Le rapport fut donc publié sans réserves ou avis contraires, dans un semblant d'unanimité. Deux jours après, Loran Hall changeait son fusil d'épaule et niait avoir visité Odio. Ses deux amis se rétractèrent eux aussi, mais il était trop tard pour changer le rapport final de la commission Warren.

Ce rapport fut soumis au président Johnson le 24 septembre 1964. Hoover le reçut le lendemain, puis il fut rendu accessible au public le 28 septembre. Dans l'ensemble, la presse accueillit favorablement le *Warren Report*, proclamant qu'il prouvait de façon définitive la culpabilité d'Oswald en tant que seul et unique assassin de JFK.

E. Howard Hunt admit plus tard que, dans les années 1960, en plus des activités anti-Castro dont il avait la charge, la CIA le faisait travailler à influencer secrètement la presse et les maisons d'édition. Hunt et son mentor, Richard Helms, endossèrent ce rôle à partir de 1964, manipulant et contrôlant l'information qui était publiée au sujet des activités de la CIA, des exilés cubains et de l'assassinat de JFK. « La commission Church m'a identifié comme une figure importante de l'opération de presse de la CIA, écrirait Hunt par la suite. Elle a souligné qu'une de mes responsabilités consistait à faire publier des critiques positives des ouvrages que nous voulions populariser, et à solliciter des critiques négatives des livres que nous voulions réprimer […]. Une bonne partie de mon travail consistait à subventionner la publication d'ouvrages que nous voulions imposer au public américain. Une maison d'édition en particulier était soutenue en grande partie par la CIA […] et l'Agence exploitait également à l'échelle nationale deux services de fils de presse. »

Thomas Buchanan et Joachim Joesten ont écrit deux des premiers livres à être publiés sur l'assassinat de JFK ; le premier est un journaliste européen de la gauche et le second, un survivant des camps de concentration. Joesten et Buchanan sont l'exemple parfait d'auteurs ciblés par la CIA – l'Agence tenterait même de discréditer Joesten en utilisant contre lui de l'information puisée dans des dossiers nazis. La CIA userait de tactiques de ce genre deux ans après pour s'en prendre aux détracteurs du rapport Warren. En 1966, une première vague d'ouvrages bien documentés et très critiques de la commission furent publiés et captèrent aussitôt l'attention du public ; au début de l'année suivante, la CIA diffusa à l'interne une note de cinquante-trois pages expliquant aux officiels de l'Agence les stratégies·à adopter pour attaquer les critiques de la commission Warren et promouvoir dans la presse la théorie du « fou solitaire ».

Près de dix ans plus tard, la commission Church conclurait que, durant les années 1960 et jusqu'au milieu des années 1970, « la CIA [avait] entretenu des relations intéressées avec environ cinquante journalistes et employés travaillant au sein des médias américains ». Dans un article majeur paru dans le magazine *Rolling Stone*, le journaliste d'enquête Carl Bernstein portait ce nombre à quatre cents, en précisant toutefois que cela incluait uniquement les individus qui avaient avec la CIA une entente formelle ou un quelconque lien contractuel. « Cela n'incluait pas les journalistes, plus nombreux encore, qui échangeaient à l'occasion des faveurs avec la CIA dans le bon procédé qui a cours normalement entre un reporter et sa source », spécifiait Bernstein. Dans l'autobiographie d'E. Howard Hunt, Bernstein a confirmé les chiffres et les autres renseignements qu'il avançait dans son article.

Hunt et son assistant Bernard Barker étaient toujours impliqués au milieu des années 1960 dans la portion des complots CIA-Mafia qui relevait de Manuel Artime et qui avait officiellement été fusionnée à l'opération d'assassinat axée sur Rolando Cubela. Le plus libéral des leaders exilés cubains, Manolo Ray, ne travaillait plus pour la CIA à ce moment-là. Son confrère Eloy Menoyo avait été capturé alors qu'il était en mission à Cuba et condamné à la prison à perpétuité. Durant cette période, la CIA commença à recevoir de différents associés de Trafficante de l'information qui laissait présumer que le secret de l'opération impliquant Cubela avait été compromis. Un autre sujet d'embarras, en plus de ces fuites, tourmentait l'Agence : un an plus tôt, des agents de Castro étaient parvenus à infiltrer le groupe de Manuel Artime. Richard Helms était probablement livide quand il vit cet article paru le 25 janvier 1965 dans *The Nation*, qui décrivait avec une justesse alarmante et dans toute son étendue l'opération dont Artime était le pivot. Ce fut la goutte qui fit déborder le vase : miné par toutes ces fuites, par cette presse indésirable et par les problèmes que lui occasionnait Artime, Helms entreprit de démanteler graduellement l'opération de celui-ci – en partie aussi parce qu'elle affichait de sérieuses irrégularités financières.

Harry Williams rencontrerait son ancien collègue une dernière fois après que la CIA eut mis fin à son opération : se présentant au domicile d'un ami à Miami, Williams eut la surprise d'y trouver Artime, Hunt, Barker, ainsi qu'un associé de Trafficante. Williams m'a raconté qu'ils étaient occupés « à planifier la vente de l'équipement que la CIA avait fourni à Artime », ce qu'il leur déconseilla de faire. Artime et les autres proposèrent alors à Williams de se joindre à leur transaction, mais il refusa et quitta rapidement les lieux. On soupçonne qu'Artime, Hunt et Barker ont vendu le matériel de la CIA et gardé l'argent.

Le 28 février 1966, Rolando Cubela (nom de code AMLASH) fut arrêté à Cuba, trahi en partie par l'information que les agents de Fidel avaient recueillie dans le camp d'Artime. Deux câbles de la CIA mentionnèrent ou firent allusion à Almeida dans les semaines suivantes, dont un qui disait que c'était une chance « qu'aucun des vrais leaders militaires de Cuba n'ait été détenu ou appréhendé». Le 6 mars 1966, un article du *New York Times* rapporta que le plan de Cubela consistait «à assassiner Fidel Castro à l'aide d'un fusil à lunette télescopique et de partager ensuite le pouvoir avec M. Artime». Après avoir lu cela, Dean Rusk, le secrétaire d'État du président Johnson, alla demander à Richard Helms s'il y avait du vrai là-dedans. Helms lui mentit en déclarant: «L'Agence n'est pas impliquée avec Cubela dans un complot pour assassiner Fidel Castro, et elle ne l'a jamais non plus encouragé à commettre un tel acte. »

Le 30 juin 1966, Richard Helms fut officiellement nommé directeur de la CIA. Ce nouveau poste et le pouvoir qui y était rattaché lui permettrait de cacher avec encore plus de facilité les opérations non autorisées qu'il avait entreprises sous JFK et LBJ. Il commença par écarter les éléments gênants: il congédia d'abord Bernard Barker, puis fit en sorte que les principaux protagonistes d'AMWORLD et des autres opérations anti-Castro de la CIA soient réaffectés au Laos, pays avec lequel les États-Unis étaient secrètement en guerre depuis des années. Helms fit subir ce sort à six de ses anciens collègues, notamment le lieutenant d'Artime Rafael «Chi Chi» Quintero, l'ancien chef de la CIA de Miami Ted Shackley ainsi que David Morales, dont Helms se débarrasserait sans cérémonie après lui avoir fait remplir en Amérique du Sud une mission qui se solderait par la capture de Che Guevara.

Carlos Marcello et ses associés n'eurent pas toujours la vie facile en 1966. Tous ces livres à succès qui critiquaient la commission Warren étaient bien gênants – quoiqu'ils avaient au moins le mérite de ne pas parler de la Mafia. Au mois de mai, Sam Giancana dut quitter les États-Unis pour éviter de faire une autre année de prison – bien qu'on lui eût accordé l'immunité, la justice lui avait tout de même imposé une peine après qu'il eut évoqué sa participation aux complots CIA-Mafia pour éviter d'avoir à témoigner devant un jury d'accusation. Son vieux copain Rosselli ne s'en tira pas à si bon compte: quelqu'un le dénonça au FBI, révélant aux autorités que son vrai nom était Filippo Sacco et qu'il n'était pas citoyen américain. William Harvey tenta de persuader ses collègues de la CIA de venir en aide à Rosselli, mais en vain. Parce qu'il était intervenu en faveur du mafioso, Harvey se vit forcé de démissionner l'année suivante de son poste à la CIA.

Certaines jeunes recrues du bureau du FBI à La Nouvelle-Orléans commençaient à en avoir assez de voir Marcello échapper encore et encore aux griffes de la loi. Le 1er octobre 1966, profitant du fait que Marcello revenait d'une rencontre au sommet qui avait eu lieu à New York et à laquelle Trafficante et son avocat Frank Ragano avaient participé, un de ces jeunes agents du FBI provoqua une confrontation publique avec le parrain à l'aéroport de La Nouvelle-Orléans. Si les témoignages divergent quant aux raisons qui ont fait que les choses ont dégénéré, l'agression qui s'ensuivit fut bien documentée par un photographe et par les témoins présents : au terme d'une brève discussion, Marcello serra les poings et frappa l'agent du FBI. Mis en état d'arrestation et inculpé de voies de fait, le parrain subirait pendant des années les conséquences de son acte, écopant au final d'une courte peine dans un pénitencier fédéral.

Un autre coup fut porté contre Marcello et Trafficante le 5 octobre 1966 lorsque la Cour d'appel du Texas ordonna la tenue d'un nouveau procès contre Jack Ruby. Ruby demanda aussitôt à ce que son procès ait lieu ailleurs qu'à Dallas, où le bureau du shérif entretenait des liens reconnus avec la Mafia. Deux mois plus tard, le tribunal transférait l'affaire à Wichita Falls, mais le procès n'aurait jamais lieu, puisque trois jours après que la Cour d'appel eut rendu sa décision, Ruby reçut un diagnostic de cancer. Il mourut le 3 janvier 1967, avant que son procès débute.

En novembre 1966, trois ans après l'assassinat du président Kennedy, plusieurs grands journaux et magazines américains décidèrent de reprendre l'enquête. Le *New York Times* fit parvenir à un lieutenant de police de La Nouvelle-Orléans une liste de trente-deux questions concernant l'attentat, s'intéressant principalement à David Ferrie et à Carlos Marcello. Le chef de police remit une copie de cette lettre au procureur général de La Nouvelle-Orléans, Jim Garrison, qui y donna suite le mois suivant en procédant à un nouvel interrogatoire de David Ferrie. Garrison tenta de garder son enquête secrète, mais il y eut fuite dans les médias et Ferrie se retrouva bientôt au cœur d'une vive controverse. Le 22 février 1967, au plus fort de ce battage médiatique, Ferrie mourut dans des circonstances qui laissaient croire au suicide. Étrange coïncidence, Eladio del Valle, un ami de Ferrie et associé de Rolando Masferrer et Santo Trafficante, fut assassiné en Floride cette nuit-là.

Dans les semaines et les mois qui suivirent, toute une panoplie d'individus qui auraient eux-mêmes dû faire l'objet d'une enquête se manifestèrent pour proposer à Garrison de l'aider dans son investigation ; Rolando Masferrer et Loran Hall étaient de ceux-là, de même qu'un exilé cubain désenchanté du nom d'Alberto Fowler.

Après la mort de Ferrie, Garrison concentra ses efforts sur Clay Shaw, un collègue de travail de Fowler. Voyant que des accusations avaient été portées contre Shaw, Robert Kennedy dépêcha Walter Sheridan à La Nouvelle-Orléans afin qu'il puisse juger du travail de Garrison. Sheridan se dit bientôt convaincu qu'il y avait quelque chose de malhonnête dans la démarche de Garrison et entreprit donc de miner son enquête par divers stratagèmes, faisant entre autres produire par NBC News une émission spéciale qui se montra très critique à l'endroit de celui-ci. Des documents du FBI récemment rendus publics indiquent qu'au printemps de 1967 Garrison avait envisagé à deux reprises d'inculper Marcello pour le meurtre de JFK, mais que, chaque fois, il s'était ravisé. Il verrait plus tard son enquête tournée en cirque médiatique, et Clay Shaw acquitté des accusations qui pesaient contre lui.

En 1967, en plein cœur de la tempête médiatique que suscitait Garrison, Johnny Rosselli communiqua secrètement des renseignements sensibles au chroniqueur Jack Anderson, cela dans le but évident de forcer la CIA à lui venir en aide. Anderson n'était pas encore le journaliste adulé qu'il deviendrait cinq ans après, à l'aube du scandale du Watergate. Néanmoins, il signerait grâce aux confidences de Rosselli des chroniques révélatrices qui feraient allusion aux complots CIA-Mafia – les associant toutefois injustement à Robert Kennedy. Bien qu'aucun reporter ne donnât suite aux articles d'Anderson, ceux-ci incitèrent malgré tout le président Johnson à demander à Richard Helms, maintenant directeur de la CIA, de lui produire un rapport exhaustif sur ces complots et sur les liens qu'ils pouvaient avoir avec l'assassinat de JFK. L'inspecteur général de la CIA mena une enquête, au terme de laquelle Helms livra un rapport qui ne parlait aucunement du coup d'État JFK-Almeida, d'AM-WORLD, du travail qu'avait effectué Rosselli pour la CIA durant l'été et l'automne de 1963, ou des complots CIA-Mafia de 1959 auxquels Jimmy Hoffa avait été mêlé. En juillet 1967, Desmond FitzGerald, ce haut fonctionnaire de la CIA qui avait supervisé les complots CIA-Mafia en 1963, mourut d'une mort naturelle.

En 1967 et jusqu'au milieu de 1968, on s'intéressa vivement à Carlos Marcello. Le 6 mai 1967, l'auteur Ed Reid soumit au FBI de Los Angeles le manuscrit d'un nouveau livre qui faisait état pour la première fois des menaces de mort que Marcello avait proférées contre JFK à l'automne de 1962, et dont Ed Becker avait été témoin. Quelqu'un transmettrait manifestement le manuscrit d'Ed Reid à la Mafia de Los Angeles, car, dès le lendemain, l'avocat le plus puissant de la Mafia, Sidney Korshak, communiquerait au FBI des renseignements visant à discréditer Becker.

Au début de 1968, Robert Kennedy collabora secrètement avec le journaliste Michael Dorman, lui dispensant une foule de renseignements pertinents pour un article au sujet de Marcello. Un témoin a rapporté que RFK « a gratifié Dorman de son attention personnelle et l'a même reçu dans son bureau ». Dorman dirait à l'auteur Gus Russo que « Robert Kennedy était enthousiaste par rapport à l'article » et qu'il avait même délégué un de ses adjoints pour l'assister dans sa tâche.

En mars 1968, Robert Kennedy posa officiellement sa candidature dans la course à la présidence. Le 4 juin 1968, juste au moment où sa campagne bénéficiait d'une extraordinaire poussée avec une victoire aux primaires en Californie, le sénateur Kennedy fut assassiné. L'individu qui serait reconnu coupable de son meurtre, Sirhan Bishara Sirhan, serait d'abord défendu par l'avocat de Johnny Rosselli à Los Angeles, dont la stratégie serait d'admettre que Sirhan avait tiré le coup fatal qui avait atteint RFK à la tête – un fait que plusieurs experts contestent encore aujourd'hui. Grand spécialiste de la Mafia, David Scheim nota qu'un des avocats de Sirhan « avait déjà représenté plusieurs clients associés à la Mafia et avait même fait l'objet d'une enquête menée par Robert Kennedy lui-même ». Bien des années plus tard, Jack Newfield, ami et biographe de Robert Kennedy, écrirait que Joe Marcello, le frère cadet de Carlos, avait lancé cette remarque à un informateur du FBI : « On les a bien eus, hein ? » avait-il dit en faisant référence aux Kennedy[33].

Au début des années 1970, l'empire criminel de Carlos Marcello était en pleine expansion, se diversifiant même dans des activités légitimes. À l'aube de la soixantaine, alors même qu'il luttait pour échapper à l'accusation de voies de fait dont il avait écopé pour avoir frappé un agent du FBI – un délit qui pouvait lui valoir deux années de prison –, Marcello ne se gênait pas pour éliminer tout individu qu'il jugeait gênant. Le *Sun Herald*, un quotidien du Mississippi, rapporta que, dans les deux premiers mois de 1970, Marcello commanda plusieurs meurtres, dont ceux de Jack Howard Joy et Donald Lester « Jimmy » James. Comme c'était généralement le cas dans les affaires de meurtre liées à Marcello, les assassins ne furent jamais condamnés.

Marcello serait par la suite reconnu coupable de l'agression qu'il avait perpétrée contre l'agent du FBI. Lorsqu'il fut sur le point d'épuiser ses recours en appel, il sollicita l'aide de Murray Chotiner, un ancien avocat de la Mafia qui avait été l'homme de confiance du président Richard Nixon (Marcello lui-même avait soutenu Nixon pendant plusieurs années). Selon le biographe de Marcello, John H. Davis, ce trafic d'influence fut poussé à l'extrême : « Marcello et ses avocats ont usé de tous les contacts dont ils disposaient pour réduire à six mois la peine de deux ans qui lui avait été attribuée, écrivait Davis. Ils ont également pris des dispositions pour que Marcello purge sa peine à l'hôpital carcéral de Springfield, dans le Missouri. » Le vieil ami de Marcello, Jimmy Hoffa, n'aurait pas cette chance : ses conditions d'incarcération au pénitencier fédéral de Lewisburg s'avéreraient infiniment moins favorables.

Marcello commencerait à écouler sa peine à Springfield le 14 octobre 1970. Confiné à l'une des prisons fédérales les plus confortables et les moins sécurisées du pays, où les détenus avaient droit à plus de visiteurs et d'appels téléphoniques que dans les autres institutions, Marcello put tranquillement continuer de gérer son empire. Le 12 mars 1971, après seulement cinq mois d'incarcération, il fut libéré, en meilleure santé et plus en forme que jamais, prêt à amorcer ce qui se révélerait la décennie la plus profitable de sa vie.

Lorsque Marcello commença à purger sa peine en 1970, on disait déjà dans les milieux journalistiques qu'il était lié au meurtre de JFK. Le reporter télé Peter Noyes se souvient que, durant le procès de Marcello, un confrère qui se trouvait lui aussi dans la salle d'audience lui avait dit de but en blanc : « Ce gars-là est impliqué dans l'assassinat de Kennedy. » Noyes se rappelle également qu'à l'automne de 1971, le procureur général adjoint de Los Angeles lui avait confirmé le fait que le comité judiciaire du Sénat tenait des audiences secrètes portant sur l'assassinat de John et Robert Kennedy. L'initiative avait été lancée après que le sénateur californien George Murphy eut déclaré lors d'un discours : « Il est possible que les meurtriers de John et Robert Kennedy aient agi sous les ordres de quelqu'un d'autre. » Noyes avait été informé de l'existence de ces audiences par un adjoint de Murphy, ce qui l'inciterait à écrire *Legacy of Doubt*, un livre sur l'assassinat des Kennedy.

À soixante-cinq ans, reconnu coupable des activités frauduleuses dans lesquelles il s'était engagé au Friars Club ainsi que de plusieurs infractions liées à l'immigration, Johnny Rosselli risquait la déportation. « Le 18 novembre 1970 [...] M. Helms refusa d'intervenir en faveur de Rosselli auprès de l'INS », lit-on dans une note de la CIA. Rosselli entama sa peine de prison le 25 février 1971. Or, la procédure de déportation dont il faisait l'objet fut interrompue peu de temps après, à la suite «d'une rencontre entre des représentants de la CIA et de l'INS qui eut lieu en mars 1971 ».

Cette volte-face de l'INS était en partie motivée par le fait que, durant cette période, Rosselli avait recommencé à communiquer des informations sensibles à Jack Anderson. Le 18 janvier 1971, Anderson publiait le premier d'une série de deux articles sur la Mafia. «Le complot contre Castro pourrait-il s'être retourné contre le président Kennedy? » s'interrogeait le journaliste à sensation. Dans ces articles, Anderson dénombrait pas moins de «six attentats de la CIA visant Fidel Castro», dont certains devaient être exécutés par des tireurs d'élite armés de fusils de précision. Anderson précisait qu'un de ces complots d'assassinat «faisait partie de l'opération de la baie des Cochons» et que son but était «d'éliminer le dictateur cubain avant l'arrivée des troupes américaines». En liant l'invasion de la baie des Cochons et les complots CIA-Mafia à l'assassinat de JFK, Anderson portait un grand coup à Richard Nixon, maintenant président des États-Unis, qui était vice-président au moment où ces événements avaient eu lieu. Ces révélations frappèrent Nixon de plein fouet – c'est du moins ce que l'on constate en consultant certains dossiers de la commission Watergate (Senate Watergate Committee), dossiers qui ont longtemps été gardés secrets et que j'ai publiés pour la première fois en 2012[34]. On raconte que le procureur général des États-Unis sous Nixon, John Mitchell, qui était également son directeur de campagne, était en larmes lorsqu'il discuta pour la première fois des complots CIA-Mafia avec l'adjoint de Howard Hughes, Robert Maheu.

Dans ses articles sur la Mafia, Jack Anderson mentionnait que ces complots s'étaient poursuivis jusqu'en mars 1963 et il nommait pour la première fois certains des participants, en l'occurrence Rosselli, Harvey et Maheu. Anderson ne parlait cependant aucunement de Trafficante, de Giancana, de Marcello ou de David Morales, ce qui dut faire comprendre à Richard Helms que Rosselli avait en réserve d'autres révélations qu'il n'hésiterait pas à livrer à la presse si la CIA ne lui venait pas en aide.

Peu après la parution des deux articles de Jack Anderson, E. Howard Hunt décrocha un poste de consultant à la Maison-Blanche. L'histoire veut que ce soit avec Hunt que Nixon ait constitué «les Plombiers», cette équipe très spéciale dont la mission était de colmater des fuites comme celle des «papiers du Pentagone», qui fut l'œuvre de l'analyste et expert militaire Daniel Ellsberg. (Hunt ne commencerait toutefois à travailler avec Nixon – et à recruter d'anciens collègues tel Bernard Barker – qu'à la mi-avril 1971, soit avant que les papiers du Pentagone soient publiés.) Ayant participé aux complots CIA-Mafia organisés par Nixon en 1960, Hunt avait pour priorité absolue de s'assurer que le rôle qu'avait joué celui-ci au sein de ces complots ne serait pas dévoilé. Certaines sources affirment même qu'à cette époque la Maison-Blanche avait donné l'ordre à Hunt d'étudier la possibilité de faire assassiner Jack Anderson.

Plus tard en 1971, David Atlee Phillips s'employa à orchestrer pour la CIA une nouvelle tentative d'assassinat contre Fidel Castro, encore une fois avec le concours de l'exilé cubain Antonio Veciana. L'attentat devait avoir lieu au Chili, où un gouvernement socialiste venait tout juste d'être élu. L'opération fut un échec, et elle laissa Castro si furieux qu'il ordonna la constitution d'une volumineuse compilation de toutes les tentatives d'assassinat que la CIA avait perpétrées contre lui. Ce document que les Américains nommeraient « le Dossier » serait incroyablement détaillé : remontant jusqu'à 1960, époque où Nixon était vice-président, et couvrant toute la durée de sa présidence, il comprendrait notamment des photos des arsenaux et assassins que Cuba avait capturés. Le Dossier serait au cœur du scandale du Watergate : dans les documents de la commission qui enquêta sur l'incident, il est spécifié que Nixon avait mis en œuvre le cambriolage du Watergate parce qu'il voulait s'assurer que le Dossier n'était pas tombé entre les mains de ses ennemis – Frank Fiorini, l'un des cambrioleurs du Watergate, confirmerait cela dans une entrevue qui fut publiée mais longtemps ignorée. Le premier cambriolage impliquant Fiorini (qui utilisait le nom Frank Sturgis à ce moment-là), Hunt, Barker et les autres « Plombiers » eut lieu à l'ambassade du Chili à Washington. Cette première entrée par effraction, que Nixon évoque sur un enregistrement réalisé à la Maison-Blanche, se déroula deux semaines avant le premier cambriolage du Watergate. Le Dossier de Castro était également la raison pour laquelle on avait choisi des vétérans des complots CIA-Mafia pour mener à bien ces opérations.

Six mois avant le premier cambriolage du Watergate, le président Nixon reçut de la Mafia un second pot-de-vin d'un million de dollars. Jimmy Hoffa, Carlos Marcello, Santo Trafficante et le gangster du New Jersey Tony Provenzano étaient encore une fois à l'origine de ce généreux cadeau, ainsi qu'ils l'avaient été en 1960. Le magazine *Time* et le FBI ont tous deux dit que ce pot-de-vin avait été versé pour faire libérer Hoffa de prison, mais à la condition qu'il ne puisse pas réintégrer les Teamsters avant huit années – les patrons de la Mafia préféraient faire affaire avec son successeur, Frank Fitzsimmons, qui était de tempérament plus égal que l'impétueux Hoffa.

Vers la fin de 1973, furieux de se voir écarté pendant si longtemps des Teamsters, Hoffa fit aux enquêteurs de la commission Watergate des révélations concernant Nixon, Johnny Rosselli et les complots CIA-Mafia. Les enquêteurs interrogèrent Rosselli à huis clos au sujet de ces complots, mais, pour des raisons qui à ce jour demeurent mystérieuses, cette portion de l'enquête fut abandonnée au début de 1974 et ne fut jamais dévoilée à la presse. Il y eut toutefois après la démission de Nixon en août 1974 des fuites provenant du nouveau président des États-Unis, Gerald Ford; le bruit qu'elles firent dans les médias incita Ford à créer la commission Rockefeller, qui fut constituée le 4 janvier 1975 pour conduire une enquête sur les activités de la CIA, et plus particulièrement sur les complots d'assassinat qu'elle avait fomentés ainsi que sur le meurtre de JFK. Mais la commission Rockefeller se retrouva bientôt sous l'emprise de conservateurs tel Ronald Reagan, ce qui amena le Congrès à constituer ses propres commissions d'enquête: il y eut d'abord la commission Pike (qui se nommait à l'origine «commission Nedzi»); puis la commission Church, plus connue celle-là, nommée d'après le sénateur Frank Church de l'Idaho. Le but de ces commissions était d'enquêter sur les opérations de la CIA, sur les activités de surveillance nationale du gouvernement américain et sur les complots d'assassinat.

Les dossiers portant sur le coup d'État JFK-Almeida de même que sur son infiltration par la Mafia furent cachés à ces commissions d'enquête, en partie sans doute pour protéger Almeida, qui occupait toujours un poste très élevé à Cuba, et pour éviter qu'il soit identifié comme un atout des États-Unis. La dissimulation de ces dossiers avait également comme fonction d'empêcher que les erreurs de la CIA et des autres agences de renseignement américaines ne soient exposées, et d'éviter que les membres des deux factions politiques ne fassent l'objet de révélations potentiellement dévastatrices. À l'époque où ces documents cruciaux étaient cachés à la commission Church, Gerald Ford, qui avait siégé à la commission Warren, était président; son chef d'état-major était Donald

Rumsfeld; Dick Cheney était conseiller principal à la Maison-Blanche; et George H. W. Bush deviendrait un peu plus tard directeur de la CIA. Les quatre hommes avaient fait partie de l'administration Nixon durant le scandale du Watergate, dans lequel plusieurs vétérans des complots anti-Castro, dont certains membres de la Mafia, étaient impliqués.

Marcello, Trafficante et Rosselli craignaient que ces commissions d'enquête dévoilent le rôle qu'ils avaient joué dans l'assassinat de JFK. Les trois mafiosi étaient prêts à tout pour protéger leur secret. Ils étaient même prêts à faire assassiner leurs propres confrères.

En juin 1975, les complots CIA-Mafia firent la manchette: la commission Rockefeller déposa son rapport final le 11, et le 13 la commission Church mit de nouveau Richard Helms sur la sellette, l'interrogeant au sujet des complots d'assassinat de la CIA, incluant ceux dans lesquels la Mafia était mêlée. Helms témoigna à huis clos, de sorte que personne à l'extérieur de la commission ne sut ce qu'il avait bien pu dire – ou omettre de dire. Carlos Marcello et Santo Trafficante devaient beaucoup s'inquiéter de cet interrogatoire, car les révélations que Helms était susceptible de faire à propos des complots CIA-Mafia risquaient de mettre au jour le fait qu'ils avaient participé au meurtre de JFK. Dans l'immédiat, c'était Trafficante qui avait le plus à perdre, puisqu'il avait joué un rôle plus important que ses confrères au sein des complots CIA-Mafia. Les appréhensions du parrain de Tampa durent monter d'un cran lorsque Sam Giancana fut cité à comparaître devant la commission Church le 26 juin.

Le 19 juin 1975, Sam Giancana devint le premier témoin du gouvernement à se faire assassiner – il ne serait pas le dernier. L'ex-patron de la Mafia était chez lui ce soir-là (il habitait Oak Park, un quartier de Chicago), occupé à préparer une petite collation de fin de soirée pour un bon ami qui était venu le visiter. Brusquement, l'ami en question dégaina un pistolet de calibre .22 muni d'un silencieux (les exécutions de la Mafia étaient rarement menées avec une arme de si petit calibre) et fit feu sur Giancana à sept reprises. Le tueur centra son tir autour de la bouche et du menton de sa victime, un avertissement signifiant qu'un mafioso ne devait jamais parler aux autorités.

Lorsque l'arme du crime fut retracée en Floride, Trafficante fut tout naturellement pointé du doigt. Un informateur du gouvernement, Charles Crimaldi, affirma que Giancana avait été tué par quelqu'un qui travaillait pour la CIA mais qui avait agi de son propre chef et non à la demande de ses supérieurs. Comme plusieurs atouts et officiels de la CIA travaillaient également pour la Mafia, le meurtrier de Giancana pouvait être un individu qui entretenait des liens à la fois avec l'Agence et avec la Mafia.

Le meurtre de Giancana fit les gros titres dans la presse américaine, ce qui ne fit qu'ajouter au sentiment d'urgence qui pressait déjà les membres des enquêtes et commissions en cours. Le lendemain de la mort du mafioso, le directeur de la CIA William Colby témoigna à propos des complots d'assassinat de l'Agence ; quatre jours plus tard, ce fut au tour de Johnny Rosselli de témoigner. Les transcriptions de ces audiences, qui furent tenues secrètes jusque dans les années 1990, nous font découvrir que Rosselli était passé maître dans l'art de parler beaucoup sans jamais dévoiler quoi que ce fût d'important : la version incomplète qu'il donna des complots CIA-Mafia ressemblait étrangement à celle que Helms avait avancée lors de son propre témoignage de même qu'en 1967, dans le rapport de l'inspecteur général de la CIA. Le 25 juin, William Harvey fut interrogé par la commission Church relativement aux complots CIA-Mafia, puis les 17 et 18 juillet, Helms fut encore une fois appelé à témoigner à huis clos.

Le 7 juillet, Jack Anderson signa un autre article sur Rosselli. La revue *Time* publia pour sa part un reportage axé sur la première vague de complots CIA-Mafia, celle de 1959 dans laquelle Jimmy Hoffa avait joué les intermédiaires. L'article du *Time* eut pour effet de mettre Hoffa dans la mire de la commission Church, ce qui était paradoxal étant donné que c'était lui qui avait secrètement informé un enquêteur de la commission au sujet de ces complots.

Carlos Marcello et Santo Trafficante ne pouvaient pas laisser Hoffa témoigner – d'autant plus qu'ils savaient qu'il avait communiqué des renseignements à la commission et tentait secrètement de réintégrer les Teamsters. Des documents du FBI issus de l'opération CAMTEX spécifient que, peu avant que Hoffa disparaisse, Marcello l'avait convoqué à son domaine de Churchill Farms pour essayer de le raisonner. Semble-t-il que l'ancien président des Teamsters n'avait rien voulu entendre.

Le 30 juillet 1975, des témoins virent Jimmy Hoffa sortir d'un restaurant situé en banlieue de Detroit. Hoffa prit la route, croyant qu'il se rendait à une rencontre avec Tony Provenzano, un mafioso du New Jersey associé à Carlos Marcello. C'est à la sortie de ce restaurant que Hoffa fut aperçu pour la dernière fois. On ne retrouverait jamais son corps.

L'informateur Charles Crimaldi rapporta qu'il «avait entendu dire que l'individu qui avait tué Giancana avait également tué Hoffa, et pour les mêmes raisons : tout comme Giancana, Hoffa était au courant des complots visant Castro et avait initialement assuré la liaison entre la CIA et la Mafia». Le jour où Hoffa disparut, le sénateur George McGovern transmit aux médias d'information américains une copie mise à jour du fameux Dossier dans lequel Castro dressait la liste des tentatives d'assassinat de la CIA dont il avait été la cible. McGovern s'était vu confier ce document explosif lors d'une récente visite à Cuba.

Pendant ce temps, soucieux de ne pas subir le même sort que Giancana et Hoffa, Johnny Rosselli continuait de profiter de la tribune médiatique que lui offrait Jack Anderson. Le 1er septembre 1975, Anderson écrivit dans sa chronique que Rosselli avait évité la déportation parce qu'il s'était distingué durant la guerre, ce qui avait pour but de signifier à Marcello et Trafficante qu'il n'avait pas accepté de témoigner de son plein gré en échange d'un traitement préférentiel de la part de l'INS. Rosselli comparaîtrait encore une fois devant la commission Church le 22 septembre – dix jours plus tôt, Helms avait lui aussi été appelé à témoigner de nouveau.

Le 31 octobre 1975, Rolando Masferrer, cet ancien associé de Trafficante qui avait joué un rôle secondaire dans le complot contre JFK, fut tué de manière spectaculaire dans un attentat à la voiture piégée. Sa mort pouvait être liée aux audiences de la commission Church, ou encore à la récente poussée de violence qui sévissait au sein de la communauté cubaine de Miami et qui était alimentée tant par le climat politique que par le commerce de la drogue. À sa mort, Masferrer avait sur son bureau un article de journal récent qui parlait de l'assassinat de JFK. John Martino, qui à l'instar de Masferrer était un associé de Trafficante, mourut d'une mort naturelle le 3 août 1975, trois jours seulement après la disparition de Hoffa. Voyant sa santé décliner, Martino avait enfin avoué à son partenaire d'affaires et au reporter John Cummings, qui étaient ses amis, quel rôle il avait joué dans le meurtre de JFK. La commission Church ne serait jamais informée de la participation de Martino dans cette conspiration, ni des déclarations, pourtant publiées, qu'il avait faites au sujet du coup d'État et de l'invasion que les Kennedy fomentaient en 1963.

William Harvey, qui avait témoigné devant la commission Church sans rien révéler des complots CIA-Mafia, mourut le 9 juin 1976. Il avait quitté la CIA depuis longtemps et travaillait comme éditeur. On disait qu'avant de publier les mémoires d'un ranger de l'armée américaine qui avait été posté à Miami en 1963, Harvey avait pris soin de rayer du manuscrit toutes les références à Johnny Rosselli et à la CIA de Miami. (Ces passages seraient rétablis dans une édition subséquente.)

Il y eut en plus de la commission Church un sous-comité dont l'unique mandat était d'explorer l'assassinat de JFK. Ce sous-comité dont faisaient partie les sénateurs Gary Hart et Richard Schweiker déposa son rapport final le 23 juin 1976, mais même après cela, Schweiker se montra déterminé à poursuivre l'enquête, notamment en procédant à des interrogatoires plus poussés avec Johnny Rosselli.

À cette époque, Rosselli avait un problème dont il ne pouvait discuter qu'avec son avocat, Tom Wadden : lors d'un interrogatoire intense mené par les enquêteurs gouvernementaux, Rosselli avait nommé Santo Trafficante en lien avec l'assassinat de JFK. Selon l'historien Richard Mahoney, Rosselli n'avait eu d'autre choix que d'avouer à son avocat que Trafficante et lui avaient joué un rôle « dans le complot pour tuer le président ».

Le 16 juillet 1976, Rosselli était en train de dîner avec Trafficante lorsqu'il lui annonça qu'il avait dû mentionner son nom lors de sa dernière comparution devant la commission. Douze jours plus tard, Rosselli disparaissait sans laisser de traces. Le sénateur Schweiker demanda par la suite au FBI de faire enquête.

Le 7 août 1976, on retrouva le corps de Rosselli dans un baril de pétrole de cinquante-cinq gallons que l'on avait jeté dans un canal en bordure de Miami. Avant de foutre Rosselli dans le baril, ses assassins l'avaient fusillé, poignardé et lui avaient coupé les jambes. Ils avaient lesté le récipient à l'aide de chaînes et avaient percé des trous dedans pour l'empêcher de flotter, mais on l'avait retrouvé malgré tout. La police se dit mystifiée, E. Howard Hunt prétendit que Rosselli avait été tué par Castro, mais trois proches collaborateurs du défunt mafioso affirmèrent que c'était Trafficante lui-même qui avait commandé cette monstrueuse exécution.

Le meurtre de Rosselli fit sensation dans les médias ; même les reporters les plus frileux s'emparèrent de la nouvelle. Maintenant que Rosselli n'était plus de ce monde, Jack Anderson était libre de révéler toute l'information qu'il avait dû garder secrète de son vivant : dans sa chronique du 7 septembre 1976, Anderson écrivit que Rosselli lui avait dit que JFK avait été tué par des individus impliqués dans les complots CIA-Mafia, et il fit même allusion aux coups de feu qui avaient été tirés à partir de la butte herbeuse.

Constituée par la Chambre des représentants, la commission Pike n'avait pas suscité autant d'intérêt que la commission sénatoriale Church. Mais tout cela changerait le 17 septembre 1976, date où, dans l'agitation que causa le meurtre de Rosselli, la Chambre créa une nouvelle commission d'enquête qui serait connue sous le nom de House Select Committee on Assassinations. Les neuf premiers mois de cette commission furent malheureusement minés par des problèmes d'ordre administratif : les participants mirent tout ce temps à décider quel avocat dirigerait l'enquête et quel membre du Congrès présiderait la commission. Ce n'est qu'à l'été de 1977 que le HSCA trouva enfin son procureur en chef permanent : G. Robert Blakey était à l'origine de RICO, la loi antiracketérisme américaine, et il avait été procureur sous Robert Kennedy dans sa lutte contre la Mafia.

Santo Trafficante avait comparu une seule fois devant la commission Church et, à sa demande, son témoignage n'avait pas été consigné dans les dossiers de la commission ; le HSCA n'accorderait pas au parrain de Tampa pareille faveur. Le tueur à gages Charles Nicoletti serait lui aussi appelé à témoigner devant la commission. Associé de Johnny Rosselli et complice de Trafficante dans les complots CIA-Mafia, Nicoletti serait exécuté par la Mafia à Chicago le 29 mars 1977. « Nicoletti a été abattu à bout portant de trois balles derrière la tête, rapportait le *Miami Herald*. Ses assassins ont ensuite mis le feu au véhicule dans lequel il se trouvait. Nicoletti [...] avait contribué à des plans de la CIA visant l'assassinat de Fidel Castro [...] en octobre 1963. » Ce que le reporter du *Herald* ignorait, c'est qu'à cette époque les supérieurs de Nicoletti dans la Mafia se concentraient davantage sur l'assassinat de JFK que sur celui de Castro.

L'enquêteur Gaeton Fonzi, que nous avons évoqué précédemment, passerait au HSCA après avoir travaillé à la commission Church. Le jour où Nicoletti fut tué, Fonzi se trouvait dans le sud de la Floride pour y interroger George DeMohrenschildt, cet aristocrate russe qui connaissait Jackie Kennedy et George H. W. Bush, et qui avait été pendant un temps le meilleur ami de Lee Oswald. Alors que Fonzi était occupé à régler les détails de cette rencontre avec la fille de DeMohrenschildt, celui-ci s'entretint avec le journaliste Edward Epstein du *Wall Street Journal*, lui racontant entre autres choses qu'à l'époque du meurtre de JFK, il avait parlé à un agent de la CIA de Dallas nommé J. Walton Moore pour l'informer des activités d'Oswald. Ce soir-là, avant sa rencontre avec Fonzi, DeMohrenschildt mit le canon d'un fusil de calibre .20 dans sa bouche et se suicida.

Une semaine plus tard, Fonzi entreprit des démarches pour aller interroger l'ancien président cubain Carlos Prio à Miami. Cette rencontre n'aurait jamais lieu : le 5 avril 1977, Prio, qui était lui aussi un associé de Trafficante, se suicida d'une balle au cœur à l'aide d'un pistolet de calibre .38.

Cet automne-là, Fonzi chercha à interroger l'exilé cubain Manuel Artime, après avoir entendu dire qu'Artime avait une « connaissance coupable » du meurtre de JFK. Grand ami d'E. Howard Hunt, Artime était devenu un acteur d'importance dans les milieux de la drogue à Miami. Au début de novembre, l'assistant de Fonzi appela l'exilé cubain pour tenter d'organiser une rencontre avec lui, mais la semaine suivante, Artime fut hospitalisé. Atteint du cancer, il mourut deux semaines plus tard, le 18 novembre 1977. Il n'avait que quarante-cinq ans.

Le printemps suivant, comme la CIA se faisait forte d'occulter au HSCA le rôle qu'avait joué David Morales à l'Agence en 1963, Fonzi entreprit de le retracer. Le 8 mai 1978, deux semaines après que David Atlee Phillips et Antonio Veciana eurent témoigné devant le HSCA, Morales mourut de ce qui semblait être une mort naturelle. La commission venait tout juste d'ajouter son nom à la liste des membres du personnel de la CIA qu'elle voulait interroger.

En moins de trois ans, les commissions d'enquête américaines avaient vu au moins neuf de leurs témoins actifs ou potentiels perdre la vie. Rosselli, Giancana et Hoffa avaient été assassinés de façon spectaculaire ; Morales, Artime et DeMohrenschildt étaient décédés prématurément et de manière inattendue. Certains de ces témoins-clés étaient morts avant d'avoir pu terminer leur témoignage, et d'autres avant même de l'amorcer.

En dépit de toutes ces morts qui faisaient la manchette, Harry Williams se porta volontaire pour témoigner devant le HSCA. Étrangement, la commission ne l'inviterait jamais à comparaître.

Les autres problèmes auxquels Fonzi, Blakey et le reste de la commission faisaient face étaient liés à la CIA et à la Mafia, mais aussi aux documents critiques que lui cachaient la CIA, le FBI, les services secrets et les services de renseignement de la marine. Le HSCA voulait interroger Richard Helms, ce qui ne serait possible qu'après que celui-ci eut répondu des fausses déclarations qu'il avait faites au Congrès. Les hautes instances de la Maison-Blanche discuteraient de son cas en juillet 1977, puis, le 4 novembre 1977, Helms accepterait de plaider coupable à une accusation de «mensonge au Congrès» et serait condamné à une amende de 2000 $. Un cocktail fut organisé ce jour-là à la CIA et, à cette occasion, les collègues présents et passés de Helms se cotisèrent pour payer son amende. La somme collectée dépassa largement les 2000 $ dont Helms avait besoin.

Le 16 mars 1977, Santo Trafficante comparaissait pour la première fois devant le House Select Committee on Assassinations. Voyant le parrain invoquer le cinquième amendement pour justifier son silence, Blakey fit en sorte que lui et Marcello bénéficient d'une immunité partielle, cela afin de les inciter à parler. La situation était d'autant plus compliquée que Trafficante faisait face à ce moment-là à des accusations découlant de BRILAB, une enquête du FBI liée au scandale du Watergate et plus particulièrement à l'ancien procureur général de Nixon, Richard Kleindienst – le nouveau partenaire d'affaires de Marcello, Joe Hauser, deviendrait bientôt informateur pour le FBI dans le cadre de cette opération. Trafficante comparaîtrait de nouveau devant la commission de la Chambre le 14 novembre 1977 et le 28 septembre 1978 ; Marcello y passerait en janvier 1978. Les deux parrains se montrèrent prudents dans leurs témoignages et nièrent toute implication dans le meurtre de JFK.

En septembre 1978, alors que Trafficante témoignait pour la dernière fois devant le HSCA, l'auteur Dan Moldea eut un entretien très révélateur avec Frank Ragano, qui ne travaillait plus pour Trafficante à ce moment-là – le parrain et son avocat s'étaient quittés en très mauvais termes. Lors de cette rencontre, Ragano offrit d'acheter à prix d'or les droits d'un livre que Moldea venait de publier (le syndicat des Teamsters était probablement derrière cette initiative, cherchant à acquérir les droits dans le but d'étouffer l'ouvrage). Dans les semaines suivantes, il y eut des pourparlers et, à un certain moment, Moldea demanda à son avocat de s'enquérir de ce que Ragano pensait de la théorie qu'il avançait dans son livre, à savoir que c'étaient Hoffa, Marcello et Trafficante qui avaient orchestré le meurtre de JFK. «Ragano [...] a corroboré mes conclusions», dirait Moldea.

Condamné pour ses crimes du Watergate, Bernard Barker serait libéré de prison en juin 1974. Il n'était pas au bout de ses peines, car, dès 1978, les enquêteurs du HSCA le tiendraient dans leur mire. Une note de la commission qui fut longtemps gardée secrète disait que Barker « avait été interrogé sous serment au sujet d'allégations de la commission selon lesquelles ses associés Hunt et [Frank] Sturgis [alias Fiorini] [...] se trouvaient à Dallas le 22 novembre 1963 ». Personne ne sait si la commission a investigué pour déterminer si Barker se trouvait lui aussi à Dallas ce jour-là, car, ainsi qu'on le constate en consultant le site Web des Archives nationales américaines, la totalité du témoignage que Barker a livré au HSCA le 29 août 1978 demeure chasse gardée. La chose est particulièrement étrange, étant donné que les témoignages d'individus plus haut placés que lui dans la CIA (parmi eux Richard Helms, E. Howard Hunt et David Atlee Phillips) ont été rendus publics. De façon générale, lorsqu'un personnage de la CIA témoigne devant une commission d'enquête, la transcription de son témoignage est rendue accessible au public dans son intégralité – après caviardage de certains noms et termes sensibles, bien entendu. C'est pourquoi il est si étonnant que le témoignage de Bernard Barker soit tenu secret.

Bien que le HSCA ait enquêté sur Barker, les résultats de cette enquête n'apparaissent nulle part dans le rapport final de la commission, ni dans les volumes complémentaires qui ont été publiés par la suite. Une note de six pages découverte récemment dans les dossiers que la fondation Mary Ferrell détient sur l'assassinat de JFK – et qui comptent plus d'un million de pages – est le seul document connu indiquant que le House Select Committee on Assassinations a enquêté sur Barker. Et encore, cette note est incomplète puisqu'elle ne fait aucune mention des activités criminelles de Barker à Cuba, lesquelles avaient pourtant été documentées par le FBI – une omission qui laisse supposer que ces renseignements n'ont pas été communiqués au HSCA. Le contenu de la note ne nous permet pas non plus de déterminer si la commission a fait enquête sur les liens qu'entretenait Barker avec la Mafia. La CIA cacherait également au HSCA énormément d'information quant au rôle de Barker, de Hunt et de Richard Helms au sein des complots CIA-Mafia et du coup d'État JFK-Almeida. Une note du bureau de la sécurité de la CIA nous apprend que l'Agence avait retiré « trois enveloppes scellées » du dossier de Barker avant de remettre celui-ci à la commission.

Le 22 avril 1978, le secrétaire d'État Cyrus Vance, qui était un vétéran du projet de coup d'État JFK-Almeida, délégua un de ses représentants pour aller rencontrer le commandant Almeida aux Nations Unies. Peu de temps après, la CIA nomma George Joannides comme agent de liaison entre l'Agence et le HSCA. Joannides avait fait partie du groupe d'exilés cubains DRE en 1963, ce qui l'avait amené à travailler avec David Atlee Phillips. Lorsque le HSCA demanda à interroger l'agent de la CIA qui avait supervisé le DRE cette année-là, Joannides prétendit que celui-ci était introuvable. Telle était sans doute sa mission : quelqu'un à la CIA, probablement Ted Shackley, avait manifestement confié ce poste à Joannides pour qu'il cache certains renseignements à la commission... et pour qu'il protège le secret du commandant Almeida.

Pressée de boucler son enquête sur l'assassinat de JFK, la commission de la Chambre procéda à des analyses acoustiques qui révélèrent qu'au moins un coup de feu avait été tiré du sommet de la pente gazonnée. Je n'ai pas tenu compte de ces tests techniques dans mes propres conclusions, car, dès le début, ils se sont avérés très controversés. Dans le rapport final qu'il déposerait le 29 mars 1979, le HSCA conclurait que le meurtre de JFK était l'œuvre d'une conspiration. Un passage en particulier a attiré mon attention :

> La commission a déterminé que Trafficante, tout comme Marcello, avait les motifs, les moyens et l'opportunité d'assassiner le président Kennedy.

Le House Select Committee on Assassinations n'avait cependant pas été en mesure de prouver que les deux parrains étaient directement impliqués dans l'attentat, ce qu'il aurait probablement pu faire si la CIA, le FBI et les autres agences américaines ne lui avaient pas caché tant d'informations. L'enquêteur Gaeton Fonzi écrivit par la suite un livre intitulé *The Last Investigation*, dans lequel il raconte tous les stratagèmes employés par la CIA pour faire obstruction à l'enquête du HSCA. La commission recommanda plus tard au département de la Justice de faire enquête sur l'implication possible de Marcello et Trafficante dans le meurtre de JFK.

En 1981, le FBI resserrait son étau sur Carlos Marcello par l'entremise de l'opération BRILAB. Le parrain se trouvait confronté à la plus grande bataille judiciaire de son existence : en Louisiane, on l'accusait d'avoir soudoyé des fonctionnaires d'État dans une arnaque d'assurances de plusieurs millions de dollars; à Los Angeles, il était accusé d'avoir tenté de verser un pot-de-vin à un juge fédéral. Le pire, c'est que Marcello s'était incriminé lui-même, puisque les preuves qui pesaient contre lui provenaient de la surveillance électronique effectuée par le FBI dans son bureau du Town and Country Motel: les conversations téléphoniques de Marcello, tout ce qui s'était dit dans son bureau avait été enregistré à l'aide de micros cachés. À ces preuves venaient s'ajouter les enregistrements réalisés en secret par le partenaire d'affaires de Marcello, Joe Hauser. Ayant été condamné pour fraude d'assurances, Hauser avait espionné Marcello pour le FBI dans l'espoir de voir sa sentence écourtée; il fut aidé dans sa tâche d'informateur par deux agents du Bureau qui se faisaient passer pour des hommes d'affaires malhonnêtes.

À Miami, Santo Trafficante faisait face à des accusations liées à une affaire de fraude syndicale ayant généré plus d'un million de dollars. Outre cela, Trafficante et Marcello avaient tous deux été inculpés en vertu de la loi anti-racketérisme RICO, dont G. Robert Blakey était l'un des auteurs.

Trafficante fut innocenté sur tous les fronts. Marcello n'aurait pas cette chance. Les batailles qu'il mènerait contre ses accusateurs de BRILAB seraient couvertes par la presse de La Nouvelle-Orléans ainsi que par des publications nationales tel le *New York Times*, mais malgré cela son nom serait rarement associé à l'assassinat de JFK. Les références au meurtre du président abondaient dans les quelque 1200 heures d'enregistrements réalisés par BRILAB et dans les propos rapportés par Hauser. Toutefois, ces éléments de preuve n'apparurent pas dans la presse, parce que les avocats de Marcello avaient demandé qu'ils soient retirés du procès sous prétexte qu'ils étaient susceptibles d'influencer le jury – les procès du parrain ne portaient pas après tout sur l'assassinat de JFK. Bien que ces preuves fussent jugées inadmissibles, les jurés eurent l'occasion d'écouter les nombreuses heures d'enregistrements effectués par le FBI, et ils entendirent donc Marcello discuter librement des crimes et actes de corruption qu'il avait perpétrés au fil des années.

Le jury de la Louisiane rendrait un verdict de culpabilité le 4 août 1981; celui de Los Angeles ferait de même le 11 décembre de la même année. Marcello recevrait ses sentences l'année suivante: sept ans de prison pour les accusations louisianaises, dix ans pour celles de Los Angeles. Bien qu'il fût doté de puissants avocats qui tentèrent de porter sa cause en appel, le 15 avril 1983, leurs requêtes furent rejetées et les tribunaux décrétèrent que Marcello devait immédiatement être incarcéré pour commencer à purger sa peine.

À l'âge de soixante-treize ans, Marcello dut accepter le fait qu'il passerait peut-être les dix-sept prochaines années de sa vie derrière les barreaux. Il fut d'abord incarcéré au Centre médical pour prisonniers fédéraux de Springfield, Missouri, une prison de niveau 1 où il avait passé six mois dix ans plus tôt. Avec ses terrains aux allures de parcs, cet hôpital carcéral était l'une des prisons fédérales les plus confortables et les moins sécurisées des États-Unis. Après un an de cette idylle, Marcello fut transféré au pénitencier de Texarkana, au Texas, une imposante installation de niveau 3 n'offrant que peu de confort à ses prisonniers. Mais Marcello n'était pas un détenu ordinaire, aussi bénéficia-t-il à Texarkana de privilèges exceptionnels.

En décembre 1985, le FBI fit en sorte que Jack Van Laningham soit incarcéré dans la même cellule que Marcello au pénitencier de Texarkana. Dans le cadre de la très secrète opération CAMTEX, Van Laningham plaça une radio à transistors équipée d'un micro caché dans sa cellule, permettant ainsi au FBI d'enregistrer ses conversations avec le parrain louisianais. L'agent du FBI Thomas Kimmel supervisait l'opération ; un autre agent, Tom Kirk, se faisait passer pour un homme d'affaires véreux qui, contre rémunération et avec l'aide d'un complice au Bureau fédéral des prisons, disait pouvoir faire transférer Marcello dans un établissement carcéral plus confortable et éventuellement le faire libérer.

Tout au long de son incarcération, Marcello continua de gérer son empire. Tout ce qu'il ne pouvait pas faire de la prison même, c'était son frère cadet Joe qui s'en occupait.

Petit à petit, Van Laningham gagna la confiance de Marcello. Le parrain s'ouvrit de plus en plus à lui, si bien que le 15 décembre 1987, le FBI fut à même de confirmer que Marcello avait avoué que c'était lui qui avait commandé l'assassinat de JFK. « Ouais, c'est moi qui l'ai fait buter, ce salaud, et j'en suis fier, avait-il lancé à Van Laningham en présence d'un autre témoin. Je regrette juste de ne pas avoir pu le faire moi-même. »

Cette nuit-là, dans sa cellule, Marcello dit à Van Laningham : « Jack, tu ne dois révéler à personne que c'est moi qui ai fait tuer Kennedy. » Van Laningham s'était fait rassurant et avait répondu à Marcello qu'il saurait garder son secret, tout en sachant qu'au même moment le FBI était en train d'enregistrer leur conversation.

Une fois que Marcello lui eut fait cet aveu, Van Laningham ne fut plus très chaud à l'idée de jouer les espions. Après avoir appris de l'agent Kirk que le FBI avait capté les propos de Marcello et que ceux-ci avaient été communiqués au procureur général des États-Unis, Van Laningham dit qu'il était prêt à passer un test polygraphique pour que soit confirmé l'aveu de Marcello, mais qu'il voulait ensuite être retiré de CAMTEX. Kirk le persuada de continuer en lui faisant part des derniers événements de l'opération : la famille de Marcello avait effectué un premier paiement illicite pour faire transférer celui-ci à la prison de niveau 2 de Seagoville, en banlieue de Dallas ; or, le parrain avait demandé à ce que Van Laningham y soit transféré avec lui.

D'un côté, Van Laningham craignait pour sa vie et était donc réticent à poursuivre sa mission d'informateur ; mais de l'autre, il était très curieux d'en savoir plus sur l'assassinat de JFK. Lorsque Marcello aborda de nouveau avec lui le sujet des Kennedy et de la déportation qu'ils lui avaient fait subir, Jack l'encouragea à se livrer davantage. Marcello lui fit alors d'autres révélations à propos de l'assassinat, lui parlant par exemple des deux tueurs à gages qu'il avait fait venir d'Europe. Tous ces propos furent bien sûr enregistrés par le FBI, par le biais du micro qui avait été dissimulé dans la radio de Van Laningham.

Dans les dossiers du FBI, Van Laningham relate cet incident qui l'a profondément troublé : « Le 17 décembre 1985, je préparais mes valises en vue de mon départ [pour la prison de Seagoville] quand Marcello m'a demandé de m'asseoir parce qu'il voulait me parler. Il m'a dit qu'il me considérait comme un bon ami et qu'il voulait me raconter une histoire ; il était d'un tel sérieux que ça m'a fait peur. Il m'a raconté qu'il y avait bien longtemps en Italie, un prêtre qui faisait partie de la vieille Mafia était venu le visiter. "Mon fils, lui avait dit le prêtre, si tes ennemis te font des ennuis, enterre-les six pieds sous terre. L'herbe poussera sur leur tombe, et toi tu poursuivras ta route." Ce qu'il était en train de me dire, c'est que, si je le trahissais, j'étais un homme mort. Mon Dieu, s'il avait eu l'audace d'assassiner le président, rien ne l'empêcherait de me faire subir le même sort ! »

Carlos Marcello serait transféré à Seagoville quelques jours après Van Laningham. Par la suite, Joe Marcello était censé effectuer un autre paiement pour que son frère soit transféré de Seagoville à la prison de Fort Worth, un établissement à sécurité minimale de niveau 1 que l'auteur John H. Davis décrit comme « le paradis du système pénitentiaire fédéral ». Une fois le parrain arrivé à Fort Worth, un dernier pot-de-vin d'un million de dollars devait être remis à Kirk pour qu'il travaille à sa libération.

Ravi de tout ce que Van Laningham avait fait pour lui, Marcello lui exprima sa gratitude en lui mentionnant qu'une fois qu'ils seraient libérés, il « le prendrait dans son organisation ». Marcello admit par contre être insatisfait de la manière dont son frère Joe gérait ses opérations, disant douter de sa capacité à administrer un si vaste empire criminel.

Van Laningham serait sous peu transféré à un pénitencier fédéral de la Californie, et de là il commencerait à collaborer avec le FBI de San Francisco. Marcello fut transféré à Fort Worth après que sa famille eut payé le pot-de-vin exigé, mais quand vint le temps de verser le paiement final qui ferait libérer Carlos de prison, son frère Joe se montra réticent. « Joe ne voulait pas qu'il [Carlos] soit libéré et reprenne sa place à la tête de l'organisation, expliquait Van Laningham. En l'absence de Carlos, Joe était le patron et ça lui plaisait bien… Si Carlos reprenait les rênes, Joe redeviendrait un moins que rien. » N'empêche, les Marcello avaient tout de même versé jusque-là deux pots-de-vin, aussi Van Laningham s'attendait-il à ce que des accusations soient bientôt portées contre eux. « Avec toutes les preuves qu'on a ramassées, Carlos Marcello et son frère Joe auraient pu être condamnés dix fois plutôt qu'une », avance Van Laningham dans son dossier au FBI.

À l'époque où Marcello croupissait en prison, Santo Trafficante fit à son ex-avocat Frank Ragano un aveu étonnant. Le 13 mars 1987, Trafficante, qui était alors âgé de soixante-douze ans, appela Ragano pour lui dire qu'il voulait le rencontrer le lendemain. Trafficante avait repris Ragano dans son giron après la dispute acrimonieuse qui les avait séparés dans les années 1970. En 1986, Ragano avait aidé Trafficante à gagner un procès où il se voyait accusé sous les dispositions de RICO, mais, depuis ce temps, la santé du parrain de Tampa s'était dégradée au point où il allait bientôt devoir subir une intervention chirurgicale très risquée. Trafficante souhaitait s'entretenir une dernière fois avec son fidèle confident avant de passer sous le bistouri.

Dans la voiture de Ragano, à l'abri des oreilles indiscrètes et des systèmes de surveillance électronique du gouvernement, Trafficante se livra librement. Les deux hommes errèrent sur la route pendant une bonne heure et, pendant tout ce temps, Trafficante évoqua les souvenirs de sa carrière criminelle et de sa longue association avec Ragano. Ce dernier raconterait que, lorsque le sujet de John et Robert Kennedy vint sur la table, Trafficante s'exclama en italien : « Quel enfoiré, ce Bobby ! Je crois que Carlos s'est fourvoyé en se débarrassant de John – peut-être que ça aurait dû être Bobby. » Ragano dirait par la suite qu'il avait été abasourdi d'entendre Trafficante admettre qu'il avait joué un rôle dans le meurtre de JFK. En vérité, bien que selon moi Ragano n'ait pas menti en rapportant ces propos de Trafficante, certaines informations que j'ai mentionnées précédemment démontrent que l'avocat savait déjà à ce moment-là que Trafficante était impliqué dans l'assassinat du président Kennedy.

Santo Trafficante mourut quatre jours plus tard, soit le 17 mars 1987. À la suite de son décès, Ragano tint une conférence de presse devant la résidence de la famille Trafficante à Parkland Estates, un quartier cossu de Tampa. Dans un article qui paraîtrait le lendemain dans le *Tampa Tribune*, Ragano mentionnerait la discussion qu'il avait eue avec Trafficante quatre jours plus tôt, mais sans parler de l'aveu que celui-ci avait fait au sujet de l'assassinat de JFK. Ragano ne révélerait la confession de Trafficante au public qu'en 1992, et il n'en parlerait en détail que dans l'autobiographie qu'il publierait en 1994.

Les proches de Trafficante ne se manifestèrent pas en 1992 quand les premières allégations de Ragano firent surface, mais en 1994, ils s'adressèrent à Anthony Summers ainsi qu'à d'autres journalistes pour tenter de démentir les faits que l'avocat rapportait dans son autobiographie. La famille de Trafficante prétendait que, le 13 mars, celui-ci avait reçu des soins médicaux à Miami et qu'il ne pouvait donc pas se trouver à Tampa, où Ragano disait que leur rencontre avait eu lieu. Le dossier médical de Trafficante nous apprend que ce dernier était en dialyse à Miami les 12 et 14 mars. Cependant, rien n'est inscrit à son dossier pour le 13 mars[35].

Le 21 mai 1987, un peu plus de deux mois après la mort de Trafficante, le FBI mit un terme à l'opération CAMTEX. Cette nuit-là, totalement convaincues que sa famille ne paierait jamais un dernier pot-de-vin pour assurer sa libération, les autorités fédérales tirèrent Marcello de la cellule qu'il occupait à la prison de Fort Worth pour le ramener, sous escorte lourdement armée, au pénitencier de Texarkana.

Après un confortable séjour dans les installations de niveau 1 de Fort Worth, ce retour à une prison de niveau 3 eut très certainement pour effet d'inquiéter la famille et les avocats de Marcello. Ils tentèrent sans doute d'appeler Kirk pour lui demander des explications, mais celui-ci n'était sûrement plus joignable, puisque son rôle au sein de CAMTEX avait pris fin en même temps que l'opération. Quant à Marcello, il est clair que ce transfert lui porta un sérieux coup. Et il devait aussi se demander qui blâmer: était-ce la faute de son frère Joe, de l'agent Kirk (qu'il connaissait sous sa couverture d'homme d'affaires) ou de Jack Van Laningham?

Un ancien ami de Joe Marcello m'a dit qu'il était au côté de celui-ci quand Carlos a appris que Jack Van Laningham, son ami et compagnon de cellule, était informateur pour le FBI. Cet ami de Joe n'était pas un criminel, mais un simple vendeur travaillant dans un commerce légitime de l'empire Marcello dont Joe assurait la gestion au milieu des années 1980. Pour des raisons évidentes, le vendeur ne veut pas que son identité soit dévoilée.

Par un après-midi du temps des Fêtes, le vendeur et sa famille dînaient en compagnie de Joe Marcello dans un restaurant dont il était propriétaire. Le vendeur trouvait étrange qu'en cette période de festivités Joe veuille partager un repas avec lui plutôt qu'avec sa propre famille. Au début du repas, un individu émergea de l'arrière du resto et murmura quelque chose à l'oreille de Joe Marcello. Joe sortit de table pour ne reparaître qu'une heure plus tard. Il s'excusa auprès du vendeur et de sa famille en leur expliquant qu'il venait tout juste d'apprendre que le compagnon de cellule de son frère Carlos «était un informateur du FBI». Joe n'en dit pas plus, mais c'était déjà beaucoup. Ne comprenant pas pourquoi Joe avait jugé bon de lui révéler cela, le vendeur raconta l'incident à un autre membre de sa famille.

Lorsque Jack Van Laningham communiqua avec le bureau de Carlos Marcello en avril 1988, il ne savait pas qu'il avait été démasqué. Toujours incarcéré en Californie, Van Laningham appelait tout simplement parce qu'il était curieux de savoir ce qu'il advenait de Marcello. Selon les dossiers de CAMTEX, la personne qui répondit au coup de fil de Van Laningham «lui dit d'une voix d'où sourdait la colère que M. Marcello était au courant de ce qu'il avait fait et de sa coopération avec le FBI».

Van Laningham était sous le choc, d'autant plus qu'il se souvenait de la manière dont le parrain l'avait menacé après lui avoir révélé qu'il était à l'origine du meurtre de JFK. Sachant que Marcello bénéficiait d'une multitude de contacts et de collaborateurs, Van Laningham était conscient qu'il était en danger, et surtout dans les confins de la prison. Craignant pour sa vie, il écrivit au département de la Justice de Washington une série de lettres dans lesquelles il dressait la liste de toutes les informations importantes qu'il avait obtenues pour le FBI, y compris la confession de Marcello concernant le meurtre de JFK. « L'agent Kirk m'a dit durant l'enquête que le procureur général du pays était au courant des résultats que j'avais obtenus, écrivait Van Laningham. Il m'a dit aussi que je serais libéré une fois l'enquête terminée. […] J'ai fait du bon travail et risqué ma vie pour vous. »

« Marcello sait ce que je lui ai fait, précisait Van Laningham dans ses missives. Il n'aura de cesse que quand il m'aura fait payer pour cette trahison. » Van Laningham soulignait également que, pendant près de deux ans, il « avait travaillé pour le FBI de San Francisco ». « Vous êtes responsables de ma sécurité, implorait-il. Mon travail contre Marcello remonte à deux ans déjà […] et personne n'a encore été arrêté. Pourquoi ? »

N'obtenant aucune réponse du département de la Justice, Van Laningham s'adressa au quartier général du FBI à Washington : « Le département de la Justice a toutes les preuves que nous avons recueillies : les pots-de-vin versés à un agent secret du FBI […] des centaines d'heures de conversations enregistrées. » Il rappela au FBI que, grâce à lui, Marcello « avait avoué qu'il avait tué John Kennedy », ajoutant qu'il estimait que le FBI « devait informer le sénateur Robert Kennedy de l'existence de ces preuves ». « Je suis prêt à témoigner contre Carlos et son frère Joe aussitôt qu'on m'en fera la demande », affirmait Van Laningham.

Carl Podsiadly, un agent du FBI de San Francisco, plaida en faveur de l'informateur, et ce dernier se porta même volontaire pour passer un test polygraphique qui ajouterait crédit à la confession de Marcello. En dernier recours, Van Laningham menaça de dévoiler aux médias d'information le travail qu'il avait accompli pour le FBI et de dénoncer la réticence que semblait éprouver le département de la Justice à poursuivre Carlos Marcello et son frère Joe.

Van Laningham ignorait que, durant l'été de 1988, l'auteur John H. Davis avait été en contact avec le FBI parce qu'il était en quête d'information pour sa biographie de Carlos Marcello, dont la publication était prévue pour janvier 1989 – Davis cherchait plus particulièrement à avoir accès à certains dossiers classifiés du FBI, ainsi qu'aux enregistrements de Marcello réalisés dans le cadre de l'opération BRILAB. Durant cette même période, le réseau PBS et le journaliste Jack Anderson étaient occupés à produire une série de reportages télé qui, en novembre 1988, souligneraient le vingt-cinquième anniversaire de l'assassinat de JFK. Ces émissions contiendraient de l'information liant Marcello au meurtre du président.

Sous l'administration Reagan-Bush, un dirigeant du département de la Justice déciderait de toute évidence qu'il valait mieux éviter que Van Laningham communique ses révélations explosives à la presse, puisqu'en septembre 1988 on lui annonça qu'il serait libéré dès janvier 1989. L'information que détenait Van Laningham au sujet de Marcello ne paraîtrait donc pas dans les médias ni dans le livre de John H. Davis.

À l'approche du 22 novembre 1988, pas moins d'une demi-douzaine d'émissions spéciales commémorèrent la mort de JFK à la télé. Certaines parlaient de la Mafia, et deux d'entre elles s'intéressaient plus spécialement à Carlos Marcello. Les reporters qui contribuèrent à ces émissions avaient cependant une chose en commun : ils ignoraient tous que le FBI détenait une quantité phénoménale de renseignements, d'enregistrements et de rapports secrets impliquant la Mafia dans l'assassinat de JFK – y compris bien sûr la confession que Marcello avait livrée à Jack Van Laningham. L'émission la plus influente fut sans doute le spécial télé de Jack Anderson qui fut diffusé le 2 novembre 1988 : *American Exposé : Who Murdered JFK ?* visait juste en ciblant Marcello, Trafficante et Rosselli, mais il semblait parfois endosser à tort la déclaration mensongère de Rosselli voulant que Castro ait été impliqué dans le meurtre de JFK. Le documentaire d'Anderson ne se trompait toutefois pas en disant qu'une quantité effarante d'information était tenue secrète, et tout particulièrement du côté de la CIA.

Bref, les articles de journaux et émissions de télé qui parurent et furent diffusées aux alentours du 22 novembre 1988 entraînèrent au sein des médias et du public américains un mouvement qui réclamait la déclassification et le dévoilement des documents associés à l'assassinat du président Kennedy. Ce mouvement s'intensifia encore davantage avec la parution en janvier 1989 de la biographie de Marcello écrite par John H. Davis, qui était intitulée *Mafia Kingfish : Carlos Marcello and the Assassination of John F. Kennedy.* Contrairement à la majorité des livres et articles parus durant cette période, *Mafia Kingfish* ne présentait pas Marcello comme l'un des suspects dans le meurtre de JFK, mais comme LE suspect. L'auteur réussissait par ailleurs un véritable tour de force : bien que l'essentiel des documents relatifs à l'affaire ne fût pas encore accessible au public, Davis passa incroyablement près de la vérité, décrivant avec une précision remarquable la manière dont Marcello s'y était pris pour orchestrer le meurtre de JFK. Son livre a très certainement mis Marcello et ses complices sur le qui-vive.

La pression exercée sur les autorités pour rendre les dossiers accessibles au public se fit de plus en plus forte quand le réalisateur Oliver Stone annonça son projet de présenter les multiples théories et détails du complot dans un film de fiction intitulé *JFK*. Au bout du compte, la couverture médiatique entourant le vingt-cinquième anniversaire du meurtre du président Kennedy ranima l'intérêt du public par rapport à cet événement, ce qui obligerait plus tard le Congrès américain à intervenir.

En janvier 1989, Jack Van Laningham fut libéré sous conditions et affecté à une maison de transition située à Tampa, en Floride, ville où la famille mafieuse Trafficante était toujours active. Désireux de se reconstruire sans craindre pour sa vie, Van Laningham appela encore une fois les bureaux de Marcello dans l'espoir d'en arriver à une entente. Mais Carlos était toujours en prison, et donc son organisation demeurait entre les mains de son frère Joe et de sous-patrons comme Frank Caracci, qui avait rencontré Jack Ruby six semaines avant le meurtre de JFK.

Quelques jours plus tard, Van Laningham rentrait à pied du travail quand une voiture s'arrêta brusquement à sa hauteur. Deux hommes à la mine patibulaire en descendirent. La première réaction de Van Laningham fut de penser qu'ils étaient des tueurs à gages de la Mafia. Les deux individus s'approchèrent de lui comme s'ils voulaient lui donner quelque chose… puis ils se mirent à le battre sauvagement. Lorsque Van Laningham fut à moitié sonné, un de ses assaillants le tint au sol tandis que l'autre retournait à la voiture pour y chercher son pistolet, après avoir vérifié bien sûr qu'il n'y avait personne dans les parages.

Van Laningham était convaincu que son heure était venue quand, tout à coup, une autre automobile survint sur les lieux. Voyant Van Laningham au sol, le conducteur s'arrêta et interpella ses deux agresseurs. Ceux-ci réintégrèrent précipitamment leur véhicule et s'enfuirent à toute vitesse tandis que le bon samaritain aidait la victime à se relever.

Van Laningham rapporta l'agression au FBI de Tampa, avec qui il collaborait à ce moment-là. Le Bureau consentit enfin à lui faire passer un test polygraphique, non seulement pour confirmer l'attaque dont il avait fait l'objet, mais aussi pour authentifier la confession que lui avait livrée Marcello au sujet du meurtre de JFK. Van Laningham passa le test haut la main. Peu de temps après, il fut affranchi des contraintes de sa libération conditionnelle et définitivement libéré. Pendant vingt ans, il se fit extrêmement discret, ne se manifestant de nouveau qu'en 2009 à la demande des producteurs de *Did the Mob Kill JFK?*, une émission spéciale produite par NBC News pour le canal Discovery et à laquelle j'ai collaboré.

En janvier 1989, Carlos Marcello fut victime d'un accident vasculaire cérébral mineur (il en ferait plusieurs autres dans les mois suivants). On le transféra à l'hôpital carcéral de Rochester, dans le Minnesota, et c'est là que le 27 février 1989, un préposé aux soins l'entendit dire alors qu'il était à demi conscient: «Attends de voir à Dallas, on va lui faire avaler son sourire de merdeux à cet enfoiré de Kennedy.» Le FBI n'interrogerait Marcello à ce propos que le 6 septembre suivant et, à cette occasion, le parrain nierait «toute implication dans l'assassinat du président Kennedy». L'aveu qu'il avait fait à Van Laningham quelques années plus tôt ne serait pas évoqué.

Les effets débilitants des AVC et de l'Alzheimer dont souffrait Marcello étaient évidents lors de cet interrogatoire. Un des agents du FBI qui avaient participé à CAMTEX m'a dit qu'il n'avait détecté aucune de ces séquelles quatre ans plus tôt, lorsqu'il avait écouté les enregistrements des conversations de Marcello réalisés en 1985 et 1986. L'agent Tom Kimmel avait noté pour sa part que certaines remarques du parrain laissaient supposer qu'il n'était pas en possession de tous ses moyens, mais ces doutes n'avaient pas été suffisants pour que le FBI mette fin à l'opération CAMTEX, laquelle s'était poursuivie jusqu'en mai 1987. Il ne faut pas oublier qu'à cette époque, Jack Van Laningham et l'agent Kirk risquaient leur vie pour le FBI, chose que le Bureau n'aurait pas permise si Marcello avait donné des signes graves de sénilité.

Dans son dossier au FBI, Van Laningham rapporte qu'à l'époque où il côtoyait Marcello, celui-ci avait toute sa tête et ne présentait aucun signe de la maladie d'Alzheimer. Lorsqu'on écoute les conversations enregistrées en 1985 et 1986, il ne fait aucun doute qu'à ce moment-là les capacités intellectuelles du parrain étaient intactes – même que les activités criminelles qu'il décrivait étaient souvent d'une grande complexité. L'auteur John H. Davis fut le premier à documenter l'apparition de la maladie chez Marcello : il indiqua que, le 1er janvier 1988, les personnes qui rendirent visite au parrain remarquèrent chez lui les signes avant-coureurs de l'Alzheimer.

Carlos Marcello fut libéré de prison le 6 octobre 1989, après que le verdict de culpabilité du procès lié à BRILAB eut été renversé de manière inattendue. Le gouvernement américain ayant décidé qu'il ne lui intenterait pas de nouveau procès, Marcello fut libre de retourner en Louisiane. Diminué par la maladie, le parrain verrait son empire s'effriter autour de lui. Il écoulerait les dernières années de sa vie dans son domaine louisianais, se dégradant peu à peu jusqu'à son heure ultime : Carlos Marcello mourrait chez lui le 2 mars 1993, à l'âge de quatre-vingt-trois ans. Il jouirait d'une mort paisible, ce à quoi n'auraient pas eu droit toutes ces victimes qu'il avait fait exécuter de façon si sanguinaire. Plusieurs rubriques nécrologiques, dont celle de l'Associated Press, mentionneraient le fait suivant : « le nom de Marcello a souvent été cité en lien avec l'assassinat de JFK, mais il ne fut jamais inculpé pour ce crime ».

Avant 1989, personne à Cuba n'était au courant du travail que le commandant Juan Almeida avait fait en secret pour JFK, si bien que celui-ci est demeuré l'une des figures les plus respectées du gouvernement cubain. Cette année-là cependant, quelques-uns des protégés d'Almeida furent mêlés à une grosse affaire de drogue. Or, on soupçonne que l'un d'eux ait pu dénoncer le commandant, car, peu après la fin des procès de ces jeunes protégés, Almeida disparut soudainement de Cuba. Aucune explication officielle ne fut fournie pour justifier son absence, qui fut très remarquée des exilés cubains et des journalistes.

À la suite de la disparition d'Almeida, Dean Rusk, qui était secrétaire d'État sous JFK, me révéla l'existence du projet de coup d'État de 1963. Présumant qu'Almeida était mort et sachant que l'associé de Trafficante et leader exilé cubain Tony Varona était décédé en 1992, Harry Williams consentit enfin à nous exposer, à moi et à mon collaborateur Thom Hartmann, certains détails du coup d'État. Williams nous expliqua la nature du travail que Bernard Barker avait effectué pour Trafficante et comment il avait appris que ces deux hommes étaient impliqués dans l'assassinat de JFK. Lors de cet entretien, Williams nous informa pour la première fois du rôle qu'avait joué Almeida dans le projet de coup d'État ; un ancien collaborateur de JFK et RFK qui devint par la suite un des tenants du pouvoir à Washington nous confirma peu après qu'Almeida avait effectivement été le leader de cette initiative.

Plus tard en 1992, le Congrès américain instaura le JFK Act. Cette loi permit de créer le JFK Assassination Records Review Board, un comité de révision dont la mission serait d'identifier et de rendre publics les documents liés à l'assassinat du président Kennedy. En novembre 1994, j'ai informé le comité du projet de coup d'État que caressait JFK en 1963, sans divulguer cependant l'identité du commandant Almeida.

En 1995, Almeida se manifesta de nouveau à Cuba, sans doute parce que sa présence était nécessaire pour stabiliser une économie qui s'était effondrée après la chute de l'empire soviétique. Le gouvernement cubain ne fournirait aucune explication officielle pour justifier le retour ou la longue absence d'Almeida. Harry Williams mourut le 10 mars 1996 ; dans les années précédentes, Thom et moi avions eu l'occasion de l'interroger plus de six fois en tant que source confidentielle. Bien que l'essentiel de ses dossiers au FBI et à la CIA soient toujours secrets, de son vivant, Williams aura eu l'occasion de voir déclassifiés quelques notes d'AMWORLD où il était question du travail qu'il avait accompli. Ces notes vinrent détailler et confirmer des renseignements que Williams nous avait révélés quatre ans plus tôt.

En 1997, le JFK Assassination Records Review Board a déclassifié des dossiers de Joseph Califano et des chefs d'état-major de l'armée américaine des centaines de pages concernant le projet de coup d'État de 1963. Cependant, le commandant Almeida n'est mentionné nulle part dans ces documents – on n'y trouve que des références non précises à des « officiers haut gradés de l'armée cubaine » destinés à mener le putsch. Un membre du comité de révision a communiqué avec moi à la fin de 1997 et en 1998, et je lui ai fourni à titre confidentiel des renseignements parmi lesquels AMWORLD et Almeida étaient mentionnés pour la première fois. L'officiel en question tenta de rendre cette information publique, mais il n'y parvint pas.

Le comité de révision arriva à la fin de son mandat en septembre 1998. Bien qu'il fût parvenu à faire déclassifier plus de 4,5 millions de documents, plusieurs millions de pages demeuraient encore secrètes – c'est du moins ce que rapporta le réseau NBC News le 29 septembre 1998.

David Atlee Phillips mourut en 1988. Peu avant sa mort, il dirait à l'un de ses anciens collègues que le meurtre de JFK était «une conspiration impliquant probablement des agents des services de renseignement américains». Le musicien Shawn Phillips, qui était le neveu de David Atlee Phillips, dit que son père avait parlé à ce dernier au téléphone alors qu'il était mourant et qu'il lui avait demandé: «Étais-tu à Dallas ce jour-là?» David Atlee Phillips avait répondu «oui», puis avait raccroché aussitôt. S'agissait-il là d'un aveu? Sentant son heure approcher, Phillips avait-il ressenti le besoin de se confesser du meurtre de JFK? Pas nécessairement. En 1963, Phillips était impliqué dans AMWORLD, une initiative qui voyait certaines de ses opérations basées à Dallas; Phillips avait par ailleurs grandi à Fort Worth et plusieurs de ses amis et anciens compagnons de classe vivaient dans la région. De plus, il est difficile de croire que Phillips aurait pris le risque de rencontrer Lee Oswald à Dallas ainsi qu'il l'avait fait moins de trois mois avant l'attentat, et de surcroît dans un endroit public, s'il avait été impliqué d'une manière ou d'une autre dans l'assassinat du président. Quoi qu'il en soit, nous ne saurons réellement la vérité sur l'implication d'individus tels Phillips, William Harvey et E. Howard Hunt qu'une fois que les dossiers liés au meurtre de JFK auront été déclassifiés.

Richard Helms mourut le 23 octobre 2002. Dans les décennies précédentes, Helms était parvenu à préserver le secret des diverses entreprises de dissimulation auxquelles il avait été mêlé, et ce, sans que cela porte définitivement atteinte à sa réputation. Son ancien protégé, E. Howard Hunt, décéda le 23 janvier 2007. Dans l'autobiographie qu'il publia à titre posthume, Hunt admet que David Atlee Phillips avait supervisé Alpha 66, le groupe d'exilés cubains extrémistes d'Antonio Veciana, pour le compte de la CIA. Hunt écrivit par ailleurs que Richard Helms «avait l'habitude de mentir ou de nier toute implication quand il était mêlé à une affaire louche».

Au sujet du meurtre de JFK, Hunt ne propose que des suppositions – dont certaines sont en opposition avec les remarques qu'il avait faites à son fils lors d'une «confession» qu'ils avaient enregistrée sur ruban audio. Il tient dans son autobiographie des propos inexacts dont la fausseté a été démontrée, et d'autres qu'il a manifestement grappillés dans divers ouvrages sur JFK et sur les théories entourant son assassinat ; Hunt concocte avec tout cela le récit d'une vaste conspiration à laquelle auraient participé Lyndon Johnson, Cord Meyer, William Harvey, David Atlee Phillips, David Morales, Frank Fiorini, ainsi que le tueur à gages français Lucien Sarti. (Avant de mourir, Hunt tenterait de vendre son histoire à Kevin Costner pour plusieurs millions de dollars.)

Il est intéressant de noter que, dans son autobiographie, Hunt ne fait aucune mention des liens que ses bons amis Manuel Artime et Bernard Barker entretenaient avec la Mafia, ni de l'implication de ceux-ci dans les complots CIA-Mafia. Bien que cette omission semble très révélatrice de prime abord, nous devrons attendre que le reste des documents portant sur l'assassinat de JFK soit déclassifié pour savoir si Hunt a directement été impliqué dans l'affaire, ou s'il a tout simplement été manipulé par Barker à la demande de Trafficante.

Bernard Barker mourut le 5 juin 2009. Dans la même année, le 11 septembre, le commandant Juan Almeida décéda à Cuba. Le gouvernement et le peuple cubains n'eurent jamais vent du travail qu'il avait effectué pour John et Robert Kennedy. Dans les dernières années de sa vie, après que la maladie eut obligé Fidel Castro à céder les rênes du pouvoir, Almeida continua de jouir d'un grand prestige dans son pays.

En 1986, le sénateur Edward Kennedy réussit à faire libérer le dernier soldat qui avait été constitué prisonnier à Cuba durant l'invasion de la baie des Cochons. L'ancien leader cubain Eloy Menoyo fut lui aussi relâché cette année-là, après vingt et un ans d'incarcération dans une prison cubaine. Menoyo retournerait à Cuba par la suite et travaillerait au nom de la paix. Il mourut en 2012. Les ex-leaders exilés cubains Manolo Ray et Antonio Veciana sont toujours vivants : le premier vit à Miami et le second, à Porto Rico.

Plusieurs exilés cubains vétérans d'AMWORLD et soldats américano-cubains issus de Fort Benning ont formé le Conseil militaire américano-cubain (CAMCO), un regroupement voué au rétablissement pacifique des relations entre Cuba et les États-Unis. Nonobstant ce noble objectif, il n'y aura probablement pas normalisation des relations entre les deux pays tant que les dossiers relatifs à l'assassinat de JFK demeureront classifiés – le très respecté groupe de réflexion de Washington OMB Watch estime le nombre de ces documents à plus d'un million. Bien que le JFK Act de 1992 exige que ces documents soient rendus publics, la CIA compte les garder classifiés jusqu'en 2017 ; l'Agence a même entrepris des recours juridiques pour se réserver le droit de les tenir secrets par-delà cette date. Maintenant que le commandant Almeida n'est plus de ce monde, les États-Unis n'ont plus aucune raison valable d'occulter ces documents au public pour des considérations de sécurité nationale.

En date du 16 septembre 2013, les Archives nationales refusaient toujours de dévoiler au public et aux journalistes américains combien de documents papier et audio relatifs à l'assassinat de JFK étaient encore tenus secrets. Tant que ces documents ne seront pas rendus publics, il se trouvera des anciens de la CIA pour continuer d'affirmer ou d'insinuer que Fidel Castro a tué JFK, perpétuant de ce fait la guerre froide que les États-Unis livrent depuis plus de cinquante ans à Cuba.

Pour que le reste des dossiers liés à l'assassinat de JFK soit rendu public, il faut que les gens fassent pression auprès du Congrès américain et de la Maison-Blanche. Outre leur valeur historique, ces documents sont devenus un symbole de notre processus démocratique. Et ils sont d'une importance capitale pour des individus comme l'ex-agent des services secrets Abraham Bolden, qui, plus de cinquante ans après la mort du président, continue de lutter afin que son nom soit blanchi. Ces documents représentent pour lui un ultime espoir d'obtenir justice.

Documents officiels du gouvernement américain

Cette note fait référence à CAMTEX, une opération secrète du FBI qui ciblait le parrain de la Mafia Carlos Marcello alors qu'il était en prison et qui obtint de celui-ci qu'il se confesse du meurtre de JFK. L'informateur Jack Van Laningham y est mentionné sous le nom de code DL 2918-OC, et on y évoque la possibilité de procéder à une surveillance électronique de Marcello.

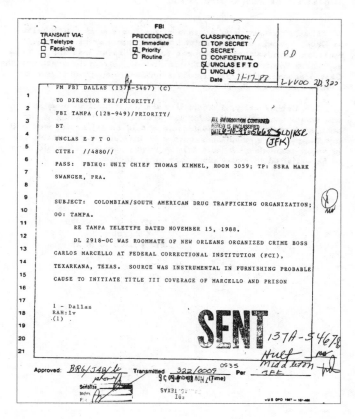

Cette note datée du 29 mai 1963 a été diffusée deux semaines après que le commandant Juan Almeida, considéré comme le troisième homme le plus puissant du gouvernement cubain, se fut dit prêt à renverser Fidel Castro s'il obtenait en cela l'appui du président Kennedy.

TOP SECRET ~~SENSITIVE~~

THE JOINT CHIEFS OF STAFF
WASHINGTON 25, D. C.

CM-605-63

29 MAY 1963

MEMORANDUM FOR THE DIRECTOR, JOINT STAFF

SUBJECT: Actions Related to Cuba (U)

    1. In connection with study of the courses of action related to Cuba, I would like the Joint Staff as a matter of priority to make an examination of the pros and cons of an invasion of Cuba at a time controlled by the United States in order to overthrow the Castro government. The report should develop conclusions for submission to the Secretary of Defense.

    2. Concurrently, I would like the Joint Staff to develop and submit an outline plan for the preliminaries leading up to such an invasion. Included therein should be (a) a proposed date for D-Day, (b) a possible sequence of incidents out of which the invasion could develop, and (c) the requirements that would have to be satisfied to make any cover plan plausible.

(Sgd) MAXWELL D. TAYLOR

MAXWELL D. TAYLOR
Chairman
Joint Chiefs of Staff

Après plusieurs mois de planification intensive, la date du coup d'État JFK-Almeida fut fixée au 1er décembre 1963, ainsi que l'indique cette note envoyée le matin du 22 novembre 1963 par le directeur de la CIA John McCone à la station de la CIA à Miami. Le projet de coup d'État et l'une de ses principales composantes, l'opération AMWORLD, seraient tenus cachés à la commission Warren ainsi qu'aux cinq autres commissions d'enquête gouvernementales qui se pencheraient par la suite sur le meurtre de JFK.

WAVE

RYBAT TYPIC YOBITE AMWORLD

1. NASIN ELIAS HAS ASKED NAVY IN GUANTANAMO BASE TO PASS FOLL MSG TO ████████

2. GENERAL UPRISING SCHEDULED FOR 1 DEC PARTICIPATING GROUPS FND. MRR AND MID.

3. ON 14 NOV NASIN'S SOURCE MET WITH (UNIDENTIFIED) COORDINATOR-GENERAL OF FND WHO INDICATED FND, MRR, MID AND SUB-ORGANIZATIONS PLAN GENERAL UPRISING BEFORE 1 DEC. UPRISING PLANNED AS RESULT OF MIL SERVICE ACT WHICH IN OPINION OF GROUP LEADERS WOULD TREMENDOUSLY REDUCE CLANDESTINE MOVEMENT IN CUBA. SINCE MANY ANTI-REGIME PERSONNEL HAVE REMAINED INACTIVE WAITING FOR CHANCE TAKE EFFECTIVE ACTION, AND SINCE DRAFT WILL SOON PREVENT SUCH ACTION, SOURCE FELT PROBABLY THEY WILL JOIN FIGHT, EVEN WITHOUT WEAPONS. IT DECIDED GROUPS WOULD MAINTAIN PASSIVE STATUS UNTIL 23 NOV IN ORDER ENABLE OVERALL COORDINATOR ARTIME BUESA TO PROVIDE INSTRUCTIONS AND SUPPLIES. IF UPRISING WERE SUPPORTED, IMMEDIATE SUPPLY OF EQUIPMENT WOULD BE

REPRODUCTION BY OTHER THAN THE ISSUING OFFICE IS PROHIBITED.

En 1963, Robert Kennedy formerait un sous-comité secret du Conseil de sécurité nationale dont le mandat serait d'élaborer des plans d'urgence qui détermineraient des mesures à prendre dans l'éventualité où Castro apprendrait que les États-Unis préparaient un coup d'État contre lui et tenterait « d'assassiner des membres du gouvernement américain » en guise de représailles. Ces plans contribueraient au secret et à la controverse qui entoureraient l'assassinat de JFK.

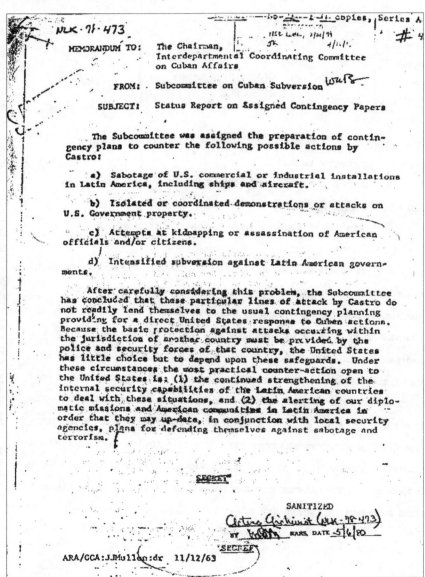

JFK a tenu la Mafia à l'écart de son projet de coup d'État et s'est assuré qu'elle ne pourrait pas rouvrir ses casinos à Cuba si le putsch s'avérait être une réussite. Cette note démontre que le mafioso John Martino, un associé des parrains Carlos Marcello et Santo Trafficante, était au courant de ce projet de coup d'État (lisez bien les trois dernières lignes du premier paragraphe). Une douzaine de membres de la Mafia avaient été informés de l'existence de cette opération ultrasecrète, une connaissance qui leur permit de lier l'assassinat de JFK au coup d'État et de déclencher une entreprise de dissimulation qui occulterait le rôle qu'ils avaient joué dans le meurtre de JFK.

16

Commission No. 657

UNITED STATES DEPARTMENT OF JUSTICE

FEDERAL BUREAU OF INVESTIGATION

In Reply, Please Refer to File No.

Miami, Florida

RE: LEE HARVEY OSWALD;
INTERNAL SECURITY - RUSSIA - CUBA.

On February 15, 1964, John V. Martino, born August 3, 1911, at Atlantic City, New Jersey, and resident, with his family, at 2326 Alton Road, Miami Beach, Florida, stated he was aware of the article which had appeared in the Memphis, Tennessee, "Press-Scimitar," on January 30, 1964. Mr. Martino said he had been interviewed by Kay Pittman of the "Press-Scimitar" on the day before he gave a lecture in Memphis on the situation in Cuba. With regard to the content of the newspaper article, Mr. Martino said it had been completely twisted by the reporter, and he had reprimanded her for it while in Memphis. He said, specifically, that he had never stated that Oswald had been paid to assassinate President Kennedy. He said he does not work with the Cuban underground, as quoted in the article, although he has sources of information concerning activities in Cuba. He said he was quoted correctly in the statement that his sources informed him that President Kennedy was engaged in a plot to overthrow the Castro regime by preparing another invasion attempt against Cuba.

Martino refused to divulge the sources of his information or how they might know what plans President Kennedy might have had. He said it was the opinion of his sources,

Bibliographie annotée

Voici quelques-unes des sources bibliographiques qui ont été utilisées dans *L'assassinat de JFK : affaire classée*. Nous ne pouvons pas dresser ici la liste de tous les livres, documents et articles consultés, mais vous pourrez trouver la source exacte de la plupart des citations au moyen de Google. Chacun de mes précédents ouvrages sur l'assassinat de JFK contenait environ 2000 références bibliographiques, soit quasiment une pour chaque ligne ou paragraphe. J'ai choisi de ne relever ici que les références les plus importantes et de les présenter de façon qu'elles soient faciles à consulter. D'autres références seront disponibles à compter du 10 novembre 2013 à thehiddenhistoryofthejfkassassination.com.

Pour plus d'information concernant les sujets traités dans *L'assassinat de JFK : affaire classée*, consultez mes livres précédents. *Ultimate Sacrifice* (édition de poche : 2008, Counterpoint, 952 pages) se penche plus particulièrement sur le coup d'État cubain que JFK préparait en 1963, ainsi que sur les événements qui ont précédé l'assassinat du président Kennedy. *Legacy of Secrecy* (édition de poche : 2009, 923 pages) présentait de nouvelles informations sur le meurtre de JFK et examinait les événements et entreprises de dissimulation qui en ont découlé. Dans plusieurs chapitres de *Watergate : The Hidden History* (édition de poche : 2013, 808 pages), l'assassinat de JFK est mis en contexte par rapport aux carrières que Richard Helms, E. Howard Hunt et Bernard Barker ont menées à la CIA, et à leur lien avec le mafioso Johnny Rosselli. On trouve dans l'édition de poche des renseignements importants qui ne figurent pas dans l'édition cartonnée.

Je cite ici les livres les plus marquants et les mieux documentés sur l'assassinat de JFK. Tous ces ouvrages ont résisté à l'épreuve du temps. Certains ne sont pas encore offerts en version électronique.

D'autres sont épuisés, mais on en trouve tout de même des exemplaires sur Internet.

Tous les documents gouvernementaux cités dans le présent ouvrage ont été déclassifiés et sont disponibles aux Archives nationales des États-Unis. Des 4,5 millions de pages que détiennent les Archives sur l'assassinat de JFK, seules quelques centaines sont disponibles en ligne, et la plupart d'entre elles ne portent que sur le coup d'État JFK-Almeida. Pour en prendre connaissance, visitez archives.gov/research/JFK.

Près d'un million de pages de documents sur l'assassinat de JFK peuvent être consultées en ligne à maryferrell.org en utilisant les informations et numéros de document contenus dans cette bibliographie. L'information fournie vous permettra bien souvent de localiser les documents correspondants simplement en lançant une recherche sur Google.

Vous trouverez également des documents à la Harold Weisberg Collection de Hood College (jfk.hood.edu/index.shtml?home.shtml), sur les sites JFK Lancer (jfklancer.com) et JFK Facts (jfkfacts.org), ainsi qu'aux archives de la sécurité nationale (www2.gwu.edu/~nsarchiv).

RAPPORTS GOUVERNEMENTAUX :

Voici quelques-uns des rapports issus de comités et commissions d'enquête gouvernementales qui ont été cités dans ce livre :
- JFK Assassination Records Review Board *Final Report* (1998). history-matters.com/archive/contents/contents_arrb.htm
- House Select Committee on Assassinations *Final Report* (1979). history-matters.com/archive/contents/hsca/contents_hsca_report.htm
- House Select Committee on Assassinations, 12 volumes de preuves et témoignages complémentaires. history-matters.com/archive/contents/hsca/contents_hsca_vols.htm
- Les 26 volumes d'audiences de la commission Warren (beaucoup plus utiles que le rapport final publié en un seul volume). Tous les volumes peuvent être consultés à history-matters.com/archive/contents/wc/contents_wh.htm.
- Les deux volumes de la commission sénatoriale Church (*voir* Church, sénateur Frank).
  Alleged Assassination Plots Involving Foreign Leaders (New York: W.W. Norton & Company, 1976). Voir aussi le volume V du rapport de la commission Church (titre officiel: *The Investigation of*

the Assassination of President John F. Kennedy: Performance of the Intelligence Agencies). Vous trouverez les deux documents en ligne à history-matters.com/archive/contents/contents_church.htm.

- Senate Committee on Government Operations, Permanent Subcommittee on Investigations: *Organized Crime and Illicit Traffic in Narcotics*, 1963.
- Investigation of Improper Activities in the Labor or Management Field, audiences du Senate Select Committee, 1959.

Entrevues :

Les entrevues citées dans ce livre ont été réalisées auprès d'une cinquantaine d'individus au cours des 23 dernières années : elles débutent avec l'entrevue que j'ai faite en 1990 avec Dean Rusk, secrétaire d'État sous JFK, et se poursuivent jusqu'en 2013. Sont énumérées ci-après la plupart des entrevues importantes provenant de sources non confidentielles. Six de mes sources ont exprimé le souhait de demeurer confidentielles ; toutes les autres sont citées dans le texte.

Une douzaine d'entrevues ont été réalisées avec l'informateur du FBI dans l'opération CAMTEX, Jack Van Laningham ; la première a eu lieu en août 2009 et la dernière, en 2012. Van Laningham a également été le sujet d'un document d'archives, filmé professionnellement sur une période de deux jours, dans lequel il discute des différents aspects de CAMTEX et du temps qu'il a passé en compagnie de Carlos Marcello. D'autres entrevues ont été réalisées en lien avec CAMTEX, dont celle du superviseur du FBI Thomas Kimmel, celle de l'officiel du FBI qui a écouté toutes les conversations de Marcello enregistrées durant l'opération, et celle de la source qui se trouvait avec Joe Marcello quand Carlos a appris que Van Laningham était un informateur du FBI.

D'autres entrevues ont été citées dans ce livre. En voici quelques-unes qui ont été réalisées par moi ou par mon assistant à la recherche, Thom Hartmann :

- Dean Rusk, secrétaire d'État de JFK, 08-01-90.
- Dave Powers, adjoint de JFK. Réalisée le 05-06-91 à la bibliothèque présidentielle John F. Kennedy.
- John Crimmins, coordonnateur des Affaires cubaines au département d'État américain sous JFK, 06-03-95, 08-03-96, 18-04-96.
- Richard Goodwin, l'adjoint de JFK qui a confirmé que Robert Kennedy lui avait dit que « le mafioso de La Nouvelle-Orléans »

– c'est-à-dire Carlos Marcello – était derrière l'assassinat de JFK. 15-04-98.

- Enrique «Harry» Ruiz-Williams (Harry Williams), principal collaborateur de RFK parmi les leaders exilés cubains : 24-02-92 ; 04-92 ; 13-11-92 ; 24-07-93 ; plus quatre entrevues téléphoniques. L'ex-agent du FBI William Turner m'a fourni la transcription de son interrogatoire d'Harry Williams datant du 28-11-73.

- D'autres leaders exilés cubains ont été interviewés, y compris Antonio Veciana, qui a rencontré Oswald en 1963 pour discuter avec lui de la possibilité d'assassiner Castro (02-06-93). Une entrevue en ligne a été réalisée avec le leader exilé cubain Manolo Ray (09-02-06).

- Les procureurs du département de la Justice qui ont plaidé contre la Mafia et Jimmy Hoffa sous Robert Kennedy nous ont été d'une aide précieuse au fil des années. En plus de nos nombreux entretiens avec Ronald Goldfarb et G. Robert Blakey, des entrevues ont été réalisées avec Marvin Loewy, Thomas Kennelly et John Diuguid, qui a plaidé contre Marcello en novembre 1963.

- Entrevues au sujet de l'attentat contre JFK qui devait avoir lieu à Tampa le 18 novembre 1963, quatre jours avant celui de Dallas : entrevue avec J. P. Mullins, qui était le chef de police de Tampa en novembre 1963 (10-12-96) ; entrevue téléphonique avec l'ancien directeur de l'Unité de renseignement de la Floride, qui faisait partie de l'équipe de sécurité de JFK à Tampa (10-12-96) ; entrevue avec l'ex-épouse de Gilberto Lopez (02-03-96).

- Entrevues au sujet de l'attentat contre JFK qui devait avoir lieu à Chicago le 2 novembre 1963, trois semaines avant celui de Dallas : entrevue avec l'ex-agent des services secrets Abraham Bolden (15-04-98) ; entrevues avec Pierre Salinger, secrétaire de presse de JFK (03-04-98 et 10-04-98) ; entrevues téléphoniques avec Jim Allison, qui était présent quand Jack Ruby a reçu un paiement d'environ 7000 $ à Chicago quelques semaines avant l'attentat prévu contre JFK dans cette ville (14-04-98, 15-04-98 et 16-04-98).

DOCUMENTS :

Plusieurs milliers de pages de documents ont été consultées en préparation de la rédaction de ce livre. En voici quelques-uns des plus importants :

- Parmi les documents du FBI puisés aux Archives nationales au sujet de CAMTEX, de Jack Van Laningham et de Carlos Marcello, on trouve : lettre à Van Laningham provenant de Carl Podsiadly, du bureau du FBI à San Francisco (06-88) ; lettre à Van Laningham du département de la Justice (05-04-88) ; note du FBI concernant la confession de Marcello (DL 283A-1035-Sub L, 07-03-86) ; note prioritaire du FBI de Dallas au directeur du FBI (11-88) ; rapport FD-302 du FBI daté du 07-03-86, dicté le 06-03-86, déclassifié 06-98 ; lettre du chargé de dossiers du pénitencier fédéral de Dublin, Californie, adressée à des agents du FBI (21-06-88) ; lettre de Van Laningham au quartier géné-ral du FBI à Washington (18-0-88) ; note prioritaire du bureau du FBI de San Francisco au directeur du FBI à Washington (09-88), disponible aux Archives nationales. Consultez les documents du FBI numérotés 124-10182-10430 et 124-1019310471.
- Tous les documents de la commission Warren – nous avons consulté environ 50 000 d'entre eux sur microfiches.
- HSCA : le « Dossier » dans lequel Castro a compilé les tentatives d'assassinat que la CIA a perpétrées contre lui porte le numéro 180-10090-10232.
- Rapport de l'inspecteur général de la CIA sur l'invasion de la baie des Cochons (1961).
- Rapport de l'inspecteur général de la CIA sur les complots CIA-Mafia (1967).
- Note du FBI concernant la rencontre de décembre 1963 durant laquelle Santo Trafficante et Frank Ragano parlent des mon-tants versés pour l'assassinat de JFK (FBI 124-10273-10448).

Notes concernant le coup d'État JFK-Almeida :
- Ébauche de projet datée du 26-09-63, tirée des dossiers de Joseph Califano (document 198-10004-10001, déclassifié le 07-10-97).
- Copie d'un document du département d'État faite par l'armée, tirée des dossiers de Joseph Califano (1963, document 198-10004-10072, déclassifié le 24-07-97).
- Document des chefs d'état-major daté du 04-12-63, incluant un rapport de Cyrus Vance daté du 30-11-63 (document 202-10002-101116, déclassifié le 07-10-97).
- Document des chefs d'état-major totalisant 80 pages, daté du 04-12-63 et incluant un rapport de Cyrus Vance daté du 30-11-63 (document 202-10002-101116).

- "Courses of Action Related to Cuba", document des chefs d'état-major daté du 01-05-63 et révisé le 13-05-63 (document 202-10002-10018, déclassifié le 23-07-97).
- Note de la CIA, AMWORLD, 28-06-63 (document 104-10315-10004, déclassifié le 27-01-99).
- Note de la CIA, AMWORLD, 22-11-63 (document 84804, déclassifié en 1993).
- Note de la CIA datée du 20-02-61, page 28 d'une étude sensible (1978, CIA 104-10400-10200, déclassifiée le 31-10-98).
- Note de la CIA datée du 17-03-61, page 29 d'une étude sensible (1978, CIA 104-10400-10200, déclassifiée le 31-10-98).
- CIA 104-10400-10200, déclassifié le 31-10-98. Information du 12-03-63 citée en page 39.
- Communiqué du chef de la station de la CIA à Caracas, SAS, 28-02-64.
- Câble de la CIA au directeur, 10-12-63 (CIA 104-10076-10252).
- Communiqué de la CIA, AMWORLD, 31-10-63 (document 104-10098-10093, déclassifié le 20-06-96).
- Dossier de la CIA/DCD sur Bernard Barker (Archives nationales, document 1994.03.08.09 : 46 : 690007, déclassifié le 08-03-94).
- Document de la CIA daté du 06-12-63, de JMWAVE au directeur, rendu public en 1993 dans le cadre du programme de révision historique de la CIA.
- Dossiers de l'opération AMWORLD datant de 1964, incluant CIA 104-10308-10080, 104-10308-10084, 104-10308-10098 et plusieurs autres.
- *Foreign Relations of the United States*, Volume XI, département d'État.

Documents concernant les plans de contingence élaborés à l'automne de 1963, pour parer à d'éventuels assassinats d'officiels américains par Cuba :
- Bibliothèque présidentielle John F. Kennedy, document NLK 78-473, déclassifié le 06-05-80.
- Documents du département de l'Armée datés du 14-09-63 et du 27-09-63, fournis par le département d'État, tirés du dossier SSCIA 157-10005-10372, qui est daté du 27-03-76 et a été déclassifié le 18-02-94.

Notes découvertes en 2012 qui traitent des complots CIA-Mafia, de Johnny Rosselli et de l'affaire Watergate :

- Note de la commission Watergate au sénateur Ervin. Sujet : pertinence de la résolution S. Res. 60 concernant les activités de John Rosselli à la CIA (12-73).
- Interrogatoire de John Rosselli par la commission Watergate (20-02-74).
- Relevés téléphoniques de Robert Kennedy (Archives nationales). Vingt-cinq appels d'Harry Williams à Robert Kennedy datant de 1963 sont documentés, de même que 13 autres appels faits du 31-07-62 au 22-10-62.
- Document de la CIA sur Gilberto Lopez, 03-12-63 (document 1994.04.06.10 : 28 : 12 : 530005, déclassifié le 06-04-94) ; nous avons aussi consulté au sujet de Lopez plusieurs notes tirées des dossiers de travail de Russ Holmes, archiviste à la CIA. Document daté du 27-01-64 au sujet de Miguel Casas Saez (F82-0272/1, déclassifié le 16-08-83) ; note de la CIA concernant Saez, rendue publique le 16-08-93 mais toujours partiellement censurée.
- Brouillon de note de la commission Warren rédigée par David Belin le 11-07-64. Sujet : probabilité qu'Oswald se soit rendu à Mexico le 22-11-63.
- "Countering Criticism of the Warren Report", note de la CIA datée du 04-01-67 (CIA 104-10404-10376 ; CIA 104-10009-10024).

Au sujet de la balle qui se trouvait dans le fusil d'Oswald et du projet de coup d'État contre Castro :
- Airtel du 08-11-63, SAC (Special Agent in Charge), San Antonio, au directeur du FBI (HSCA #1801007810062, déclassifié le 29-11-93) ; SAC, San Antonio, au directeur du FBI (HSCA #1801007810066) ; SAC, Dallas et Miami, au directeur ; SAC, San Antonio (25-10-63, HSCA #180-10078-10069-1, déclassifié le 29-11-93). Voir aussi « The Fourth Tramp », article de Ray et Mary La Fontaine paru dans le *Washington Post* le 07-08-94.

Articles :
Plus d'une centaine d'articles ont été cités dans le texte. Les suivants figurent parmi les plus importants :
    « A Presumption of Disclosure : Lessons from the John F. Kennedy Assassination Records Review Board », par OMB Watch, disponible à ombwatch.com.

Bernstein, Carl, « The CIA and the Media », *Rolling Stone*, 20-10-77.

Black, Edwin, article sur la tentative d'assassinat du 02-11-63 à Chicago, *Chicago Independent*, 11-75.

« Cuban Exiles in New Drive for Unity to Topple Castro », *The New York Times*, 11-05-63, citant un rapport de l'Associated Press daté du 10-05-63.

Johnson, Haines, « One day's events shattered America's hopes and certainties », *Washington Post*, 20-11-83 ; « Rendezvous with Ruin at The Bay of Pigs », *Washington Post*, 17-04-81 ; « The CIA's Secret War on Cuba » *Washington Post*, 10-06-77, B1 ; « The New Orleans Plot », *Washington Sunday Star*, 26-02-67.

Kohn, Howard, « Execution for the Witnesses », *Rolling Stone*, 02-06-77.

MacPherson, Myra, « The Last Casualty of the Bay of Pigs », *Washington Post*, 17-10-89.

Malone, William Scott, « The Secret Life of Jack Ruby », *New Times*, 23-01-78.

Morley, Jefferson, « The Good Spy », *Washington Monthly*, 12-03 ; « What Jane Roman said », paru à l'origine dans le *Washington Post*.

Newfield, Jack, « I want Kennedy killed », *Penthouse*, 05-92.

Summers, Anthony et Robbyn, « The Ghosts of November », *Vanity Fair*, décembre 1994.

Szulc, Tad, article au sujet des plans de contingence visant Cuba, *Boston Globe*, 28-05-76, ainsi qu'une version légèrement différente du même article parue dans *The New Republic* le 05-06-76 ; Tad Szulc, « Cuba on our Mind », *Esquire*, février 1973 ; « Castro Reported Quarreling Again with Red Backers », cahier spécial du *New York Times*, 02-09-63.

Au sujet de la tentative d'assassinat du 18 novembre 1963 à Tampa : « Threats on Kennedy Made Here », *Tampa Tribune*, 23-11-63 ; « Man Held in Threats to JFK » *Miami Herald*, 24-11-63 ; Mary Everett, « Charm takes over in Tampa », *St. Petersburg Times*, 11-11-99 ; Skip Johnson et Tony Durr, « Ex-Tampan in JFK Plot ? », *Tampa Tribune*, 05-09-76 ; Rory O'Connor, « Oswald Visited Tampa », *Tampa Tribune*, 24-06-76 ; Tim Gratz et Mark Howell, « The Strange Flight of Gilbert Lopez », *Key West Citizen*, 20-11-03.

LIVRES

Des centaines d'ouvrages cités dans le texte, les livres ci-après comptent parmi les plus importants.

BENSON, Michael. *Who's Who in the JFK Assassination*, New York, Citadel Press, 1993.

BLAKEY, G. Robert, et Richard N. BILLINGS. *The Plot to Kill the President*, New York, Times Books, 1981.

CAIN, Michael J. *The Tangled Web: The Life and Death of Richard Cain — Chicago Cop and Mafia Hitman*, New York, Skyhorse Publ., 2007.

DAVIS, John H. *Mafia Kingfish: Carlos Marcello and the Assassination of John F. Kennedy*, New York, Signet Books, 1989.

—. *The Kennedy Contract: The Mafia Plot to Assassinate the President*, New York, HarperPaperbacks, 1993.

FENSTERWALD, Bernard, et Michael EWING. *Coincidence or Conspiracy?*, New York, Zebra Books, 1977.

FONZI, Gaeton. *The Last Investigation*, New York, Thunder's Mouth Press, 1993.

GOLDFARB, Ronald. *Perfect Villains, Imperfect Heroes: Robert F. Kennedy's War Against Organized Crime*, New York, Random House, 1995.

HANCOCK, Larry. *Someone Would Have Talked*, Southlake (Tex.), JFK Lancer Productions and Publications, 2010.

HINCKLE, Warren, et William W. TURNER. *Deadly Secrets: The CIA-Mafia War Against Castro and the Assassination of JFK*, New York, Thunder's Mouth Press, 1992.

HURT, Henry. *Reasonable Doubt: An Investigation into the Assassination of John F. Kennedy*, New York, Henry Holt, 1987.

KAISER, David. *The Road to Dallas: The Assassination of John F. Kennedy*, Cambridge (Mass.), Belknap Press of Harvard University Press, 2008.

KANTOR, Seth. *The Ruby Cover-Up*, New York, Zebra Books, 1980. Nouvelle édition de l'ouvrage paru d'abord sous le titre *Who Was Jack Ruby?* (New York, Everest House, 1978).

KRÜGER, Henrik. *The Great Heroin Coup: Drugs, Intelligence, and International Fascism*, Boston, South End Press, 1980.

KURTZ, Michael L. *The JFK Assassination Debates: Lone Gunman Versus Conspiracy*, Lawrence (Kan.), University of Kansas Press, 2006.

LAW, William Matson, avec Allan EAGLESHAM. *In the Eye of History: Disclosures in the JFK Assassination Medical Evidence*, Southlake (Tex.), JFK Lancer Productions and Publications, 2005.

LIFTON, David S. *Best Evidence: Disguise and Deception in the Assassination of John F. Kennedy*, New York, Carroll & Graf, 1988.

MAHONEY, Richard D. *Sons & Brothers: The Days of Jack and Bobby Kennedy*, New York, Arcade Books, 1999.

MEAGHER, Sylvia. *Accessories After the Fact: The Warren Commission, the Authorities and the Report*, New York, Vintage Books, 1992.

MOLDEA, Dan E. *The Hoffa Wars: The Rise and Fall of Jimmy Hoffa*, New York, S.P.I. Books, 1993.

NEWMAN, John. *Oswald and the CIA*, New York, Carroll & Graf, 1995.

NEWSDAY (journalistes et rédacteurs en chef de). *The Heroin Trail*, New York, New American Library, 1992.

NOYES, Peter. *Legacy of Doubt*, New York, Pinnacle Books, 1973. Nouvelle édition: *Legacy of Doubt: Did the Mafia Kill JFK?*, s. l., CreateSpace Independent Publishing Platform, 2010.

POWERS, Thomas. *The Man Who Kept the Secrets: Richard Helms and the CIA*, New York, Knopf, 1979.

RAGANO, Frank, et Selwyn RAAB. *Mob Lawyer*, New York, Scribners, 1994.

RAPPLEYE, Charles, et Ed BECKER. *All American Mafioso: The Johnny Rosselli Story*, New York, Doubleday, 1991.

RUSSELL, Dick. *The Man Who Knew Too Much*, 2e éd., New York, Carroll & Graf, 2003. Cette nouvelle édition est légèrement différente de l'édition originale (New York, Carroll & Graf, 1992), chacune contenant des informations que l'autre ne contient pas.

SCHEIM, David. *The Mafia Killed President Kennedy*, New York, S.P.I. Books, 1992.

SCOTT, Peter Dale. *Crime and Cover-Up: The CIA, the Mafia, and the Dallas-Watergate Connection*, Santa Barbara (Calif.), Open Archive Press, 1993.

—. *Deep Politics and the Death of JFK*, Berkeley (Calif.), University of California Press, 1993.

SUMMERS, Anthony. *Conspiracy*, éd. aug. et mise à jour, New York, Paragon House, 1989.

SUMMERS, Anthony, avec Robbyn SWAN. *The Arrogance of Power: The Secret World of Richard Nixon*, New York, Viking Press, 2000.

TALBOT, David. *Brothers: The Hidden History of the Kennedy Years*, New York, Free Press, 2007.

THOMPSON, Josiah. *Six Seconds in Dallas: A Micro-Study of the Kennedy Assassination*, New York, Bernard Geis, 1967.

VALENTINE, Douglas. *The Strength of the Wolf: The Secret History of America's War on Drugs*, New York, Verso, 2004.

Remerciements

Ce livre est le fruit de vingt-cinq années de recherche, et à ce titre il s'appuie en partie sur le travail que j'ai effectué pour les trois autres titres que j'ai écrits sur la vie et la mort du président Kennedy : les idées énoncées avec précision et concision dans mes autres livres se sont parfois trouvées adaptées et reformulées dans le présent ouvrage. Avant de remercier tous les gens qui ont fait de ce livre une réalité, je voudrais rendre hommage à tous ceux qui m'ont soutenu durant la production de mes livres précédents. Je ne peux pas tous les nommer ici, mais je veux qu'ils sachent que je me souviens d'eux et que leurs efforts ont été grandement appréciés.

Charlie Winton, fondateur et PDG des éditions Counterpoint, m'a toujours aidé à construire et façonner mes livres, et cet ouvrage-ci n'y fait pas exception. Éditeur littéraire dans le pur sens du terme, Charlie a beaucoup contribué à la qualité de mon travail, notamment en m'aidant à ordonner de façon logique les données souvent éparses qui sont le matériau brut avec lequel je dois composer.

Brad Strickland, qui est lui-même un auteur de talent, m'a aidé à affiner ma prose. Un gros merci également à Ashley Zeltzer pour ses magnifiques photos.

Ce livre n'aurait jamais pu naître si ce n'avait été de Jack Van Laningham, un authentique héros américain qui a risqué sa vie pour venir en aide au FBI. Merci également au fils de Jack, Craig, qui m'a procuré les preuves dont j'avais besoin pour corroborer l'incroyable récit de son père.

Thom Hartmann est le meilleur assistant à la recherche que l'on puisse espérer. M'ayant aidé durant mes six premières années de recherche, il demeure à ce jour un ami très cher et un de mes plus ardents supporters. C'est toujours un plaisir que d'être invité à son émission de radio ou de télévision, surtout parce que cela me donne l'occasion de travailler avec son épouse, Louise Hartmann, et avec l'excellente productrice Shawn Taylor. Restez au fait de leurs nombreux projets en visitant le site de Thom (thomhartmann.com).

Mes réalisations n'auraient jamais vu le jour sans mon père, Clyde Waldron, qui est depuis toujours mon fidèle partenaire dans cette entreprise littéraire. Je m'estime heureux de compter Earl Katz ainsi que George et Leonardo DiCaprio au nombre de mes supporters. Avec la participation de Robert De Niro, ils porteront bientôt à l'écran l'histoire de Jack Van Laningham.

Ami et supporter de longue date, Ron Goldfarb m'a beaucoup aidé dans les premières étapes de la réalisation de ce livre qui est véritablement le fruit d'une collaboration internationale : Stéphane Risset a effectué des recherches pour moi en France ; Paul Byrne et John Simkin ont fait de même en Angleterre ; tandis que Kate Willard a été ma recherchiste en Australie. Henry Rosenbloom et son équipe des éditions Scribe font toujours un boulot impeccable quand vient le temps de présenter mon travail en Australie.

Je tiens à remercier tout spécialement les individus qui ont été mes principales sources dans ce livre, y compris Daniel Sheehan (qui vient tout juste de publier son autobiographie), Travis Kiger, Casey Quinlan et Thomas Kimmel, de même que tous les autres qui m'ont demandé de préserver leur anonymat.

Dans mon propre travail, je me fie énormément à l'ouvrage et à l'expertise de distingués collègues tels Dan Moldea, Peter Dale Scott, Anthony Summers et Robbyn Swan, le regretté John H. Davis, John Newman, Dick Russell et William Turner. J'encourage fortement mes lecteurs et lectrices à découvrir le travail de ces auteurs et recherchistes de talent. Mike Cain a été pour moi une précieuse source d'information sur la Mafia de Chicago, et Gordon Winslow m'a raconté une foule de choses au sujet des exilés cubains. Vince Palamara a mis à contribution sa vaste connaissance des services secrets. Merci également à Larry Hancock et Stuart Wexler, qui sont toujours prêts à me faire part de leurs nouvelles découvertes. Et si je n'ai pas eu ici à démolir systématiquement la commission Warren, c'est que l'historien Gerald McKnight l'avait fait avant moi dans son livre *Breach of Trust*.

Liz Smith (wowowow.com) demeure une icône du journalisme américain : encore et toujours, elle se fait un devoir de rapporter la vérité. J'apprécie beaucoup la manière dont Mark Crispin Miller couvre l'actualité sur son site, markcrispinmiller.com. Mark Karlin fait de même sur buzzflash.com.

Merci à Rex Bradford et à la Mary Ferrell Foundation pour leur travail remarquable; grâce à eux, des millions de documents liés à l'assassinat de JFK sont maintenant disponibles en ligne. On trouve sur Internet plusieurs autres ressources excellentes, dont les archives de la sécurité nationale; JFK Lancer, qui est géré par Debra Conway et Sherry Fiester; et le blogue de Bill Kelly (jfkcountercoup.blogspot.com).

Je remercie Susan et Chris Barrows pour leur soutien indéfectible, ainsi que Jim Steranko, pour son encouragement et l'intérêt qu'il a porté à ce projet dès le début.

À tous ces gens formidables, et à ceux que j'aurai oubliés, je communique mes remerciements les plus chaleureux. Merci de m'avoir aidé à faire de ce livre une réalité.

Lamar Waldron
17 septembre 2013

Notes

1. Dont le nom complet était Santo Trafficante Jr.
2. Joué par Donald Sutherland, Monsieur X est un personnage basé sur L. Fletcher Prouty, un colonel à la retraite qui fut engagé comme conseiller pour le film *JFK*. On découvrit avant que ce dernier ne soit terminé qu'il avait fourni de fausses informations, ce qui est indiqué dans la version publiée du scénario. Lorsque le colonel Prouty témoigna devant le comité de révision des dossiers relatifs à l'assassinat de JFK (JFK Assassination Records Review Board), la majorité de ses allégations furent rejetées.
3. Wecht était le seul membre du panel à n'avoir pas entretenu de liens personnels ou professionnels avec les médecins qui avaient fait l'autopsie de JFK, et le seul qui fut en désaccord avec la théorie de la balle unique.
4. George DeMohrenschildt connaissait bien Jackie Kennedy et George H. W. Bush. Le jour même où il était censé se faire interroger par un enquêteur du HSCA, DeMohrenschildt s'est suicidé. Le même jour, un tueur à gages de Chicago du nom de Charles Nicoletti – qui en 1963 avait travaillé avec Johnny Rosselli et la CIA à l'élaboration des complots visant à renverser Castro, et que l'on soupçonnait d'avoir été à Dallas le jour où JFK fut assassiné – fut abattu dans le style typique de la Mafia alors qu'il était lui aussi sur le point de parler aux enquêteurs du HSCA.
5. À la fin des années 1970, le HSCA a étudié les liens potentiels qu'il pouvait y avoir entre les agences de renseignement américaines et les autres jeunes hommes qui, tout comme Oswald, étaient momentanément passés à l'Est. Cependant, en 2003, Robert Blakey dit dans son entrevue à PBS qu'il n'était «plus certain que la CIA avait coopéré à cette occasion avec le comité».
6. John Diuguid, ex-procureur au département de la Justice, note cependant une exception: dans les années 1960, un informateur du Bureau des stupéfiants avait porté un micro caché lors d'une rencontre avec Marcello, mais il était mort de peur et n'avait jamais consenti à renouveler l'expérience.
7. Le grand-père de Thomas Kimmel, l'amiral H. E. Kimmel, commandait la base navale de Pearl Harbor lorsque celle-ci fut attaquée le 7 décembre 1941. L'amiral Kimmel fit office de bouc émissaire dans cet incident historique dont les détails réels furent occultés pendant de nombreuses décennies.
8. Les agents de la CIA E. Howard Hunt, David Atlee Phillips et Davis Morales participèrent à ce coup d'État ainsi qu'aux attentats de la CIA visant Fidel Castro; Morales rendrait par la suite des aveux crédibles l'impliquant dans le meurtre de JFK.
9. Bien que n'étant pas constitué en personne morale, le Las Vegas Strip est en réalité une municipalité qui porte le nom de Paradise.
10. On soupçonne que Marcello détenait secrètement des parts dans plusieurs clubs de Dallas, y compris les cinq clubs gais de la ville. Il était étonnant de trouver autant de clubs gais dans une ville aussi conservatrice que Dallas l'était au début des années 1960, mais il est probable que ces établissements existaient justement parce qu'ils bénéficiaient de la protection de la Mafia.
11. À la fin d'août 1960, avant de se tourner vers Maheu, la CIA avait procédé à une enquête de vérification sur Guy Banister, indiquant par là qu'elle songeait à lui confier une opération délicate. Maheu fut choisi à sa place, apparemment par Nixon, et Banister fut affecté à une autre opération de la CIA à Cuba.
12. Personne n'a jamais publiquement établi le lien entre le pot-de-vin remis à Nixon en septembre 1960 et le fait que les principaux donateurs – Marcello, Trafficante et Giancana – travaillaient à la demande de Nixon aux complots d'assassinat contre Castro. Ce rapprochement fut fait pour la première fois en 2012, dans mon livre *Watergate: The Hidden History*.
13. Campbell avait été la maîtresse de JFK, mais il n'était pas vrai qu'elle servait d'intermédiaire entre lui et Giancana, ainsi qu'elle le prétendait. Les biographes de Johnny Rosselli ont démenti ces allégations de façon très convaincante.
14. Becker a consulté un locuteur sicilien après la rencontre pour vérifier s'il avait bien compris ce qu'avait dit Marcello.
15. Le House Select Committee on Assassinations a analysé les deux photos et les a déclarées authentiques.
16. Ces entretiens secrets entre Ruby et Walker sont d'autant plus intéressants qu'ils étaient tous deux des homosexuels inavoués, un fait qui n'était pas de notoriété publique à ce moment-là. L'homosexualité de Ruby fut dévoilée dans de nombreux mémos du FBI, tandis que celle de Walker fut mise au jour lorsqu'il fut arrêté à Dallas pour avoir sollicité les faveurs sexuelles d'un policier en civil.
17. Lorsque Knight entendit dire que le mafioso en question venait de Los Angeles, il présuma tout de suite qu'il s'agissait de Mickey Cohen, qui était alors le gangster le plus célèbre d'Amérique. Mais Cohen se trouvait en prison à ce moment-là. Par conséquent, le mafioso de Los Angeles devait être Johnny Rosselli ou l'un de ses associés.

18. Les anciens membres du cabinet Kennedy que j'ai interviewés s'entendent tous sur le fait que John et Robert Kennedy employaient le terme «éliminer» lorsqu'ils s'adressaient aux participants du coup d'État JFK-Almeida, d'AMTRUNK et de l'escouade CIA-DIA. Plus souvent qu'autrement, il fallait prendre l'expression dans le sens d'«éliminer le régime de Castro» plutôt que dans celui d'éliminer l'individu lui-même.

19. Bien que la majorité des documents déclassifiés qui font mention de QJWIN aient été caviardés, les notes personnelles de William Harvey l'identifient comme étant José Marie Mankel – Harvey lui-même avait cependant demandé à ce que les documents de ZR/RIFLE soient «falsifiés et antidatés». Mankel est identifié ailleurs par le nom de code QJWIN-1, et tous les assassins recrutés par lui sont appelés «QJWIN». Les historiens ont attribué diverses identités à QJWIN, dont celles de Moses Maschkivitzan, Jean Voignier et Michel Mancuso.

20. La réticence du FBI à s'en prendre à Marcello avait peut-être à son origine une histoire de chantage : Johnny Rosselli avait raconté un jour à Jimmy «The Weasel» Fratianno que J. Edgar Hoover avait déjà été arrêté à La Nouvelle-Orléans pour avoir commis des actes homosexuels, et que c'était pour cela qu'il ne pouvait pas toucher au parrain.

21. Également connu sous le nom d'Herminio Diaz Garcia.

22. Dont le nom complet est Eloy Gutiérrez Menoyo.

23. La liste complète des dix-huit parallèles existant entre Oswald et Lopez sera bientôt disponible sur le site thehiddenhistoryofjfkassassination.com.

24. Après analyse des faits et preuves, j'en suis arrivé à la conclusion que Lopez n'entretenait que des rapports indirects avec le crime organisé. Il n'a jamais travaillé pour la Mafia en toute connaissance de cause et se faisait probablement manipuler par elle.

25. Fait intéressant, avant la révolution cubaine, la villa de Castro appartenait à la famille d'Ethel Kennedy, épouse de Robert Kennedy.

26. Il y a un autre mythe voulant que JFK ait annulé un défilé le 18 novembre à Miami, où il donna un discours après sa visite à Tampa. Le HSCA s'est également penché sur cette question et a déterminé qu'il n'y avait pas eu de défilé planifié pour Miami.

27. James McCord travaillait à ce moment-là au service de la sécurité de la CIA. Après avoir pris sa retraite de l'Agence, il participerait au célèbre cambriolage de l'hôtel Watergate, crime pour lequel il serait inculpé puis condamné. Contrairement à Howard Hunt qui n'était pas très élogieux à l'endroit de McCord, Harry Williams et les autres membres de l'équipe Kennedy ne disaient que du bien à son sujet.

28. On imagine aisément ce qui aurait pu se passer si Ruby avait croisé Oswald à la sortie de l'entrepôt de livres. Il aurait pu lui tirer dessus en prétendant qu'il s'agissait d'un voleur et serait ainsi passé à l'histoire comme l'homme qui avait tué l'assassin de JFK. Ce geste aurait fait de lui un héros.

29. La superviseure de Victoria Adams, Mme Garner, vint étayer le témoignage de celle-ci en disant : «Après que mademoiselle Adams se fut engagée dans l'escalier, j'ai vu M. Truly et un policier [Marion Baker] montant ce même escalier.»

30. La commission Rockefeller et le House Select Committee on Assassinations ont fait enquête sur les témoignages disant que deux des «trois vagabonds» qui avaient été photographiés sur Dealey Plaza étaient nuls autres que Hunt et Fiorini. Ces allégations s'avérèrent sans fondement. La police de Dallas identifia plus tard les trois hommes et divulgua leur identité.

31. Ce scénario ressemble étrangement à une scène du film noir de 1948 *He Walked the Night*, dont Johnny Rosselli était l'un des producteurs. Dans le film de Rosselli, le meurtrier est un ex-soldat qui abat un policier puis cache son fusil en l'enveloppant d'une couverture, ainsi qu'on dit qu'Oswald l'avait fait.

32. La veille du meurtre de JFK, un ou plusieurs conspirateurs armés auraient pu pénétrer par effraction dans l'entrepôt de livres à la faveur de la nuit, l'édifice étant peu sécurisé. Ils auraient pu se cacher sur le toit ou dans l'entrepôt même, parmi les rangées de boîtes empilées. Il était encore possible pour un intrus de s'infiltrer dans l'entrepôt juste avant le défilé de JFK, soit par la porte arrière du bâtiment ou par le quai de chargement.

33. Pour plus d'information au sujet des affiliations criminelles de Sirhan et de certains de ses frères, et pour en savoir plus sur les rapports du FBI qui disaient que Jimmy Hoffa avait mis la tête de RFK à prix, consultez mon ouvrage précédent, *Legacy of Secrets*.

34. Pour plus d'information à ce sujet, consultez mon édition révisée de *Watergate: The Hidden History* (2013).

35. Ragano admettrait par la suite à G. Robert Blakey qu'il ne se souvenait pas de la date exacte où Trafficante lui avait fait la remarque concernant les Kennedy. Il avait tout simplement inscrit dans son autobiographie la date qui lui semblait la plus plausible.

Index

C

Cain, Michael, 418
Cain, Richard, 131, 146, 224-225, 247, 251, 288, 378-379, 395, 418
Califano, Joseph A., J.-R., 20, 257, 307, 377-378, 382, 411, 451
CAMCO, 453
Campbell, Judith, 132, 147-148
Campisi, Joe, Sr., 30-31, 90, 106, 116, 121, 175, 183, 279, 313, 317-318, 366, 387-388, 395
CAMTEX, 10, 13, 28, 32, 35, 66-68, 72-73, 76-77, 114, 121, 139, 175-176, 179, 184, 432, 441-442, 444-445, 449, 455
Canada, 30, 262, 273, 387-389
Canfield, Michael, 333-334
Capone, Al, 112, 227
Caracci, Frank, 448
Carlin, Karen, 391, 393-395
Carolla, Sam, 80-82, 85, 106
Carousel Club (TX), 81, 120-122, 180, 183, 317-318, 390
Carrico, Charles, 327, 340
Carroll, Joseph, 54, 231
Case Closed (Posner), 25
Casino (Scorsese), 96
Castro, Fidel, 13, 15, 18, 22, 24, 26, 31, 33-34, 47, 51, 54, 57, 63-64, 89-90, 109-110, 117-120, 123-137, 141-146, 148-149, 151, 159-164, 166, 169, 171-172, 176, 185, 187-191, 193-204, 206, 208, 210, 212, 215-220, 222, 225-226, 229, 232-239, 242-243, 245, 248-249, 252-253, 255-261, 268-271, 273-274, 278, 283, 285, 292, 294-295, 300-301, 307-309, 311, 316, 324, 355-356, 365, 367-369, 377, 379-383, 392, 396-397, 400-405, 407-413, 419-422, 427-428, 430, 433-435, 447, 453-454, 456, 458
Castro, Raul, 90, 118-119, 137, 197, 201, 217
Castro's Secrets (Latell), 26
CBS News, 19, 44, 145, 318, 352
Cellar Club (TX), 318-319
Centre médical pour prisonniers fédéraux, 70, 73, 441
Chase, Gordon, 410
Chacal (Forsyth), 305
Chavez, Frank, 356
Cheney, Dick, 430
Cheramie, Rose, 304-305, 415
Chicago (IL), 14, 22, 27, 29-30, 53, 62-64, 80, 88, 93, 100, 108-109, 112-113, 115, 131-132, 146, 152, 166, 168, 172-173, 185, 190, 221, 224, 229, 250-251, 263-264, 268-273, 277, 279-281, 283-291, 295, 297-301, 304, 312-313, 318-321, 367, 377-379, 395, 408-409, 416, 418, 431, 435
Chicago Daily News, 269-270, 283
Chicago, service de police de, 131
Chicago Sun Times, 229
Chili, 428
Chotiner, Murray, 101, 426
Christenberry, Herbert, 353
Church, Frank, 429
Church, commission, 24, 143, 210, 212, 296, 311, 356, 420, 429, 431-435
Churchill Farms (LA), 31, 99, 144, 154, 181, 183-185, 290-291, 313, 432
CIA, 13-15, 18, 20-24, 26, 31, 33-34, 47-59, 63-64, 67, 90, 94, 109-110, 119-120, 123-127, 129-138, 141-146, 148-152, 155, 163-168, 170, 172, 185, 187-199, 201-203, 207-213, 215-226, 229, 231-235, 237-238, 240-248, 250-253, 256, 259, 261, 265, 268-271, 274-278, 283, 285, 288, 294, 296, 303, 305, 307-309, 311, 314, 319-320, 334, 341, 350-351, 354-355, 357, 363-364, 367-368, 373, 378-382, 384-385, 387-389, 391, 397-398, 401, 403, 405-414, 417-422, 424, 427-439, 447, 451-454, 457 ; voir aussi : Barker, Bernard ; CIA-Mafia, complots ; McCone, John ; Morales, David
CIA-Mafia, complots, 18, 22, 24, 50, 54, 58, 94, 124, 127, 129, 133, 136-137, 141-142, 145-146, 148-149, 185, 187-188, 191, 197, 201, 207, 209-211, 213, 215-216, 220-226, 229, 232, 252, 261, 288, 307, 311, 355, 367-368, 380, 397, 407-408, 413, 418-419, 422, 424, 427-429, 431-432, 434-435, 438, 453
CIA, services techniques de la, 193
Civello, Joseph (Joe), 90, 106, 113, 116, 183, 363, 393, 400
Clancy, Frank, 83, 87-88
Clemons, Acquilla, 344-346
Clinton, Bill, 19
CNN, 11

Cohen, Mickey, 101, 113, 115, 128, 417
Colby, William, 432
Coll, Thomas B., 287
Columbus (GA), 92
Comité d'équité envers Cuba, 52, 55-56, 61, 63, 165-168, 171, 189, 233-234, 236-238, 240, 242, 251, 274, 296-298, 358, 365, 379, 385
Comité pour libérer Cuba, 365
Commission de l'énergie nucléaire, 144
communisme, 51-52, 54, 61, 244
Congo, 133
Connally, John, 19, 37-39, 41-43, 45-46, 326-328, 340, 351-352, 372, 377
Connally, Nellie, 37, 39, 327
Conseil de sécurité nationale, 33, 124, 151, 192, 194, 217, 410, 458
Conseil révolutionnaire cubain, 222
contingence, plans de, 199, 203, 231, 257-260, 283-284, 295, 372-374, 378, 386
Cooper, John, 401
Cooper, Sherman, 39
Corée, guerre de, 269
Costa Rica, 221, 225, 246
Costello, Frank, 81-82, 85-86, 90, 93
Costner, Kevin, 23, 453
Couch, Malcolm, 338
Craig, Roger, 336
Crimaldi, Charles, 432-433
Crimmins, John H., 257, 260, 284, 410
crise des missiles de Cuba, 13, 33, 47-48, 150-151, 159-161, 187, 192, 276, 284, 294, 386
Cronkite, Walter, 352-353
Crozier, Ross, 241
Cuba, 13, 15, 26, 31, 33-34, 47-48, 52-57, 61, 63-64, 87-90, 94, 101, 110-111, 115-120, 123-124, 126-127, 130-138, 141-142, 147-151, 156, 158-168, 171, 186-187, 189-207, 209-210, 215-218, 221, 225-226, 229, 232-234, 236-242, 246-252, 255-261, 264, 267-278, 283-286, 293-298, 300-301, 303-304, 307-309, 311-312, 314, 316, 319-320, 324, 343, 357-249, 364-365, 368, 372, 378-380, 382-383, 385-386, 389, 392, 396, 398-399, 402-404, 407, 410-412, 417, 419, 421-422, 428-429,

Fowler, Alberto, 423
Fox, Sylvan, 22
*The Unanswered Questions
about President Kennedy's
Assassination*, 22
Frazier, Wesley Buell, 266, 314-316
Freeh, Louis, 73
Freidin, Seymour, 354
French Connection, 26, 31, 88, 107, 114-115, 219, 253, 263, 304-305, 310, 388-389
French Connection, The (Friedkin), 219
Friedkin, William, 219
Fritz, Will, 114, 341, 363-365, 390, 393-394
Fruge, Francis, 304, 415

G
Galloway, Calvin, 373-374
Galveston (TX), 92, 362-363
Garcia, Herminio Diaz (voir Diaz, Herminio)
Garde nationale, 92, 173-174, 248, 263
Garner, Darrell Wayne, 346
Garner, Jesse, 362
Garrett, Si, 92
Garrison, Jim, 23, 25, 362, 396, 423-424
Gaudet, William George, 245
Gaulle, Charles de, 220, 305
General Motors, 26, 139
Géorgie, 38, 91-92, 177, 271, 292, 335, 401, 419
Giancana, Sam, 24, 29, 108-109, 112, 117-118, 127-129, 132, 145-147, 152, 172, 191, 221, 224-225, 228-229, 253, 320, 378, 415, 422, 427, 431-433, 436
Gill, G. Wray, 86, 361-362
Goble, T. N., 58
Goldfarb, Ronald, 20
Goldwater, Barry, 97, 105, 294, 310, 323
Golz, Earl, 181, 341
Goodwin, Richard, 20, 296, 409
Gotti, John, 71
Grand Isle (LA), 173-175
Granello, Salvatore, 109-110
Greenbaum, Bess, 97
Greenbaum, Gus, 97, 310
Greer, William (Bill), 321, 327
Griffith, Michael T., 44, 344-345
Guantanamo (CU), 133-137, 142, 149, 188, 308, 357
Guatemala, 27, 87, 94-95, 124-125, 134, 138, 144, 179, 224, 282
guerre de Sécession, 80

guerre froide, 15, 26, 34, 47, 49, 61, 158, 187, 236, 244, 343, 454
Guevara, Che, 90, 137, 197, 203, 255, 410-411, 422
Guthman, Ed, 354
Guthrie, Steve, 113

H
Haig, Alexander, 15, 20, 257, 307, 372, 377-378, 381-382, 405
Hall, Loran, 190-191, 227, 419, 423
Hancock, Larry, 413
Hanna, Walter, 92
Hanssen, Robert, 73
Hardy, A. Gordon, 279-281
Harker, Daniel, 259
Harkness, D. V., 332, 390
Harris, Larry, 344, 346, 352
Hart, Gary, 24, 434
Hartmann, Thom, 11, 21, 241, 450
Harvey, William, 144-145, 147, 151, 188, 211, 216, 219, 229, 248, 389, 422, 427, 432, 434, 452-453
Hauser, Joe, 70, 175-176, 178-179, 437, 440
Havane, La (CU), 89-90, 96, 110-111, 115-119, 131, 133, 136, 141, 155, 162, 165, 188-189, 211-212, 240, 256, 258-259, 296, 309, 356, 382, 405, 416
Helms, Richard, 23, 50-51, 53, 55, 57, 125, 145, 147-148, 151-152, 187, 189, 192-194, 199, 210-211, 215-218, 223-225, 229, 232, 242-243, 246-247, 305, 307, 311, 319, 354-355, 380, 384-385, 389, 401, 406-408, 412-414, 417, 420-422, 424, 426-427, 431-433, 437-438, 452
Hennessey, David, 80
Hersh, Seymour (Sy), 109, 294-295
He Walked by Night (Werker), 93
Hidell, Alex J. (voir Oswald, Lee Harvey)
Hill, Jean, 332, 336, 348
Hoch, Paul, 58
Hoffa, Jimmy, 20, 24, 29, 102, 106, 109-110, 113, 115, 118-120, 123-124, 128-130, 152-155, 157, 185, 191, 228, 262-263, 279-280, 291-292, 320, 356, 359, 409, 415-416, 424, 426, 428-429, 432-433, 436-437

syndicat des Teamsters, 101-102, 109-110, 112, 129-130, 153, 157, 176, 228, 262, 279, 281, 310, 318, 356, 429, 432, 437
Hollywood (CA), 29, 93, 108, 172
Honduras, 138, 143
Hoover, J. Edgar, 23, 25, 33, 61, 86, 91-93, 102, 132, 147-148, 153, 178, 203, 210, 267, 314, 341, 354, 358, 360, 364, 371, 373, 381, 385, 398-401, 404-405, 415, 419
Horne, Douglas, 376
Hosty, James, 266-267, 358, 363-364
House Select Committee on Assassinations (HSCA), 17, 24, 50, 59, 69, 118, 155, 157, 205, 212, 239, 275, 312, 346, 362, 383, 393, 435, 437-439
Houston (TX), 316-317, 362-363, 367, 388, 415
Houston, Lawrence, 146
Howard, Lisa, 255
HSCA (voir House Select Committee on Assassinations)
Hudson, Emmett, 336
Hudson, John Wilson, 111
Hughes, Howard, 54, 101, 126, 128, 427
Human Events, 403
Humes, James, 39, 372, 375
Hundley, William (Bill), 33, 93, 228-229, 415
Hunt, E. Howard, 57, 124-125, 131, 135-136, 141-143, 145, 192, 207-209, 222, 225, 229, 231-232, 234, 261, 319, 333, 412-413, 420-421, 427-428, 434, 436, 438, 452-453
Huntley, Chet, 358
Hurt, Henry, 40, 167, 317, 345, 347, 349, 351, 400

I
I Led Three Lives, 49, 52, 168, 244
INCA, 235, 240, 245
Inquest (Epstein), 22
INS (Service d'immigration et de naturalisation des États-Unis), 52, 138, 388
IRS (agence du revenu américaine), 85, 121, 138, 172, 180, 187, 227
Italie, 85, 96, 442
I Was Castro's Prisoner (Martino), 270, 403

J
Jackson, Bob, 338
James, Dennis, 43

Roberts, Ray, 337
Rochester (MN), 449
Rockefeller, commission, 24,
  429, 431
Rockefeller, Nelson, 294
Rolling Stone, 118, 420
Roosevelt, Franklin D., 91, 265
Roppolo, Carlo, 154
Rosselli, Johnny, 17-18, 24, 29,
  33, 57, 63, 93-97, 108, 112,
  114, 117-118, 126-128, 130,
  136, 143-145, 147-149, 152,
  158, 165, 167, 172-173, 185,
  187-192, 196-197, 205-207,
  209, 211-213, 216, 218-221,
  224, 228-229, 232, 242, 245,
  250, 253, 260-261, 264, 276-
  281, 288, 310, 320, 347, 357,
  366-367, 378, 380-381, 395-
  398, 401, 404, 408, 413-414,
  416, 418, 422, 424-427, 429-
  430, 432-436, 447
Rothman, Norman, 115
Rowley, James, 286, 333
Rubenstein, Jack (voir Ruby,
  Jack)
Ruby, Earl, 395
Ruby, Jack, 10, 13, 18, 22, 24-25,
  31-32, 34, 46-47, 59, 63, 66,
  81, 105-106, 111-122, 152,
  163, 169, 172, 175, 179-186,
  205-206, 221, 239, 249, 251,
  276, 279-281, 291-292, 304,
  316-319, 325, 335, 338-340,
  346-347, 352, 356, 362-366,
  368, 390-396, 400-402, 405,
  409, 415-417, 419, 423, 448
Ruiz-Williams, Enrique (Harry)
  (voir Williams, Harry)
Rumsfeld, Donald, 430
Rush to Judgment (Lane), 22
Rusk, Dean, 34, 159, 198-199,
  204, 210, 217, 231, 257, 308-
  309, 374, 422, 450
Russell, Richard B. (Dick), 38,
  49, 109, 171, 237, 240, 265,
  381, 400-401, 419
Russie, 46-48, 50-52, 56, 168,
  171, 218, 236, 240, 244, 267,
  276-277, 295, 343, 366, 378,
  385-386, 389, 392, 399
Russo, Gus, 374, 381, 425
Rutledge, John, 364

S
Sacco, Filippo (voir Rosselli,
  Johnny)
Saez, Miguel Casas, 277-278,
  285, 300, 382-384, 407
Salinger, Pierre, 20, 102-103,
  107, 109, 126, 279, 284
Sanchez, Vasquez, 95

Sarti, Lucien, 453
Saturday Evening Post, 23
Scheim, David E., 113, 425
Schieffer, Bob, 318, 387
Schlesinger, Arthur, J.-R., 20,
  309, 355
Schweiker, Richard S., 434
  Accessories After the Fact, 22
Scoggins, William, 352
Scorsese, Martin, 96
  Casino, 96
Scott, Peter Dale, 363-364, 381,
  393, 408
Scott, Winston (Win), 242
Seagoville, prison de (TX), 442
Sehrt, Clem, 390
Senate Select Committee on
  Improper Activities in Labor
  and Management, 103, 105
services secrets, 14, 21, 30, 37,
  42, 49-50, 56, 59-60, 62, 64,
  166, 168, 221, 245-246, 251-
  252, 268-269, 273, 277, 283-
  284, 286-290, 292, 299-301,
  305, 312, 314, 318-319, 321,
  326-334, 336, 340-341, 364,
  375-377, 382, 395-396, 398,
  405, 418, 437, 454
Sessions, William, 77
Shackley, Ted, 222, 320, 422, 439
Shaw, Clay, 424
Shaw, Gary, 388
Sheehan, Daniel, 126
Sheeran, Frank, 262-263
Shenon, Philip, 13
  A Cruel and Shocking Act, 13
Sheridan, Walter, 20, 355, 409,
  416, 424
Sibert, James, 377
Sicile, 80, 85, 262-263
Sierra, Paulino, 196
Silverman, rabbin Hillel, 365
Silvers, Phil, 414
Sims, Patsy, 271
Sinatra, Frank, 94, 96, 132,
  147-148
Siracusa, Thomas, 82-84, 183
Sirhan, Sirhan Bishara, 425
Six Seconds in Dallas
  (Thompson), 22
Smith, Joe, 331-334
Smith, Joseph B., 307-308
Smith, Wayne, 212
SNFE, 201
Somersett, William, 292-293,
  324, 392, 395
*Sons and Brothers : The Days
  of Jack and Bobby Kennedy*
  (Mahoney), 55
Sorensen, Ted, 20, 392
Sorrels, Forrest, 312, 330, 341

Souètre, Jean, 305, 314, 388-
  389, 414 ; voir aussi Mertz,
  Michel Victor
Special Committee to Investigate
  Organized Crime in Interstate
  Commerce, 86
Specter, Arlen, 21, 43, 45
Spiegelman, Cliff, 43
Springfield (MO), 70, 73, 426,
  441
Starr, Jimmy, 367
States-Item, 54
Stockton, Bayard, 136
  Flawed Patriot, 136
Stone, Oliver, 25, 448
  JFK, 23, 25, 448
Stover, John, 43, 374, 376
Sturgis, Frank (voir Fiorini,
  Frank)
Suit, Hal, 272
Summers, Anthony, 39, 124-
  125, 128, 171-178, 246, 260,
  316-317, 335-337, 339, 346-
  347, 362, 417, 444
Summers, Malcolm, 332-333
Sumner, Gene, 177-179
Sun Herald, 425
Szulc, Tad, 194

T
Talbot, David, 408
Tampa (FL), 14, 22, 27, 29-30,
  32, 63-64, 69, 72, 79, 88-89,
  185, 220, 250-253, 264, 271,
  273-277, 279, 283-284, 286,
  292-304, 312-313, 318-319, 321,
  359-360, 367, 377, 383, 418,
  431, 435, 443-444, 448-449
Tampa, service de police de (FL),
  251, 298
Tampa Tribune, 297-298, 302,
  444
Tant qu'il y aura des hommes
  (Zinnemann), 94
Tatum, Jack, 346
Taylor, Maxwell, 150, 198-199,
  231, 250, 372
Teague, James, 37, 329
Teamsters, syndicat des, 101-102,
  109-110, 112, 129-130, 153,
  157, 176, 228, 262, 279, 281,
  310, 318, 356, 429, 432, 437 ;
  voir aussi Hoffa, Jimmy
Terminal Annex Building (TX),
  329
Texarkana (TX), 73, 175
Texarkana, pénitencier fédéral
  de (TX), 66, 69-72, 77, 175,
  179, 291, 441, 444
Texas Theater (TX), 61-62, 314,
  324, 341, 343-344, 347-351,
  353

Suivez-nous sur le Web

Consultez nos sites Internet et inscrivez-vous à l'infolettre pour rester informé en tout temps de nos publications et de nos concours en ligne. Et croisez aussi vos auteurs préférés et notre équipe sur nos blogues!

EDITIONS-HOMME.COM
EDITIONS-JOUR.COM
EDITIONS-PETITHOMME.COM
EDITIONS-LAGRIFFE.COM

Achevé d'imprimer au Canada
sur papier Enviro 100% recyclé

Table des matières